总主编 曾宪义 王利明

21世纪法学系列教材

破产法原理与案例教程

（第三版）

主　编 王欣新

副主编 王斐民

撰稿人 （以姓氏笔画为序）

王欣新 王斐民

乔博娟 李江鸿

赵泓任 徐阳光

郭丁铭

中国人民大学出版社

· 北京 ·

编审委员会

总　　序

曾宪義

在人类文明与文化的发展中，中华民族曾作出过伟大的贡献，不仅最早开启了世界东方文明的大门，而且对人类法治、法学及法学教育的生成与发展进行了积极的探索与光辉的实践。

在我们祖先生存繁衍的土地上，自从摆脱动物生活、开始用双手去进行创造性的劳动、用人类特有的灵性去思考以后，我们人类在不断改造客观世界、创造辉煌的物质文明的同时，也在不断地探索人类的主观世界，逐渐形成了哲学思想、伦理道德、宗教信仰、风俗习惯等一系列维系道德人心、维持一定社会秩序的精神规范，更创造了博大精深、义理精微的法律制度。应该说，在人类所创造的诸种精神文化成果中，法律制度是一种极为奇特的社会现象。因为作为一项人类的精神成果，法律制度往往集中而突出地反映了人类在认识自身、调节社会、谋求发展的各个重要进程中的思想和行动。法律是现实社会的调节器，是人民权利的保障书，是通过国家的强制力来确认人的不同社会地位的有力杠杆，它来源于现实生活，而且真实地反映现实的要求。因而透过一个国家、一个民族、一个时代的法律制度，我们可以清楚地观察到当时人们关于人、社会、人与人的关系、社会组织以及哲学、宗教等诸多方面的思想与观点。同时，法律是一种具有国家强制力、约束力的社会规范，它以一种最明确的方式，对当时社会成员的言论或行动作出规范与要求，因而也清楚地反映了人类在各个历史发展阶段中对于不同的人所作出的种种具体要求和限制。因此，从法律制度的发展变迁中，同样可以看到人类自身不断发展、不断完善的历史轨迹。人类社会几千年的国家文明发展历史已经无可争辩地证明，法律制度乃是维系社会、调整各种社会关系、保持社会稳定的重要的工具。同时，法律制度的不断完善，也是人类社会文明进步的显著体现。

由于发展路径的不同、文化背景的差异，东方社会与西方世界对于法律的意义、底蕴的理解、阐释存有很大的差异，但是，在各自的发展过程中，都曾比较注重法律的制定与完善。中国古代虽然被看成是“礼治”的社会、“人治”的世界，被认为是“只有刑，没有法”的时代，但从《法经》到《唐律疏议》、《大清律例》等数十部优秀成文法典的存在，充分说明了成文制定法在中国古代社会中的突出地位，唯这些成文法制所体现出的精神旨趣与现代法律文明有较大不同而已。时至20世纪初叶，随着西风东渐、东西文化交流加快，中国社会开始由古代的、传统的社会体制向近现代文明过渡，建立健全的、符合现代理性精神的法律文明体系方成为现代社会的共识。正因为如此，近代以来的数百年间，在西方、东方各主要国家里，伴随着社会变革的潮起潮落，法律改革运动也一直呈方兴未艾之势。

从历史上看，法律的文明、进步，取决于诸多的社会因素。东西方法律发展的历史均充分证明，推动法律文明进步的动力，是现实的社会生活，是政治、经济和社会文化的变迁；同时，法律内容、法律技术的发展，往往依赖于一大批法律专家以及更多的受过法律教育的社会成员的研究和推动。从这个角度看，法学教育、法学研究的发展，对于法律文明的发展进步，也有着异常重要的意义。正因为如此，法学教育和法学研究在现代国家的国民教育体系和科学研究体系中，开始占有越来越重要的位置。

中国近代意义上的法学教育和法学研究，肇始于19世纪末的晚清时代。清光绪二十一年（公元1895年）开办的天津中西学堂，首次开设法科并招收学生，虽然规模较小，但仍可以视为中国最早的近代法学教育机构（天津中西学堂后改名为北洋大学，又发展为天津大学）。三年后，中国近代著名的思想家、有“维新骄子”之称的梁启超先生即在湖南《湘报》上发表题为《论中国宜讲求法律之学》的文章，用他惯有的富有感染力的激情文字，呼唤国人重视法学，发明法学，讲求法学。梁先生是清代末年一位开风气之先的思想巨子，在他的辉煌的学术生涯中，法学并非其专攻，但他仍以敏锐的眼光，预见到了新世纪中国法学研究和法学教育的发展。数年以后，清廷在内外压力之下，被迫宣布实施“新政”，推动变法修律。以修订法律大臣沈家本为代表的一批有识之士，在近十年的变法修律过程中，在大量翻译西方法学著作，引进西方法律观念，有限度地改造中国传统的法律体制的同时，也开始推动中国早期的法学教育和法学研究。20世纪初，中国最早设立的三所大学——北洋大学、京师大学堂、山西大学堂均设有法科或法律学科目，以期“端正方向，培养通才”。1906年，应修订法律大臣沈家本、伍廷芳等人的奏请，清政府在京师正式设立中国第一所专门的法政教育机构——京师法律学堂。次年，另一所法政学堂——直属清政府学部的京师法政学堂也正式招生。这些大学法科及法律、法政学堂的设立，应该是中国历史上近代意义上的正规专门法学教育的滥觞。

自清末以来，中国的法学教育作为法律事业的一个重要组成部分，随着中国社会的曲折发展，经历了极不平坦的发展历程。在20世纪的大部分时间里，中国社会一直充斥着各种矛盾和斗争。在外敌入侵、民族危亡的沉重压力之下，中国人民为寻找适合中国国情的发展道路而花费了无穷的心力，付出过沉重的代价。从客观上看，长期的社会骚动和频繁的政治变迁曾给中国的法治与法学带来过极大的消极影响。直至70年代末期，以“文化大革命”宣告结束为标志，中国社会开始用理性的目光重新审视中国的过去，规划国家和社会的未来，中国由此进入长期稳定、和平发展的大好时期，以这种大的社会环境为背景，中国的法学教育也获得了前所未有的发展机遇。

从宏观上看，实行改革开放以来，经过二十多年的努力，中国的法学教育事业所取得的成就是辉煌的。首先，经过“解放思想，实事求是”思想解放运动的洗礼，在中国法学界迅速清除了极左思潮及苏联法学模式的一些消极影响，根据本国国情建设社会主义法治国家已经成为国家民族的共识，这为中国法学教育和法学研究的发展奠定了稳固的思想基础。其次，随着法学禁区的不断被打破、法学研究的逐步深入，一个较为完善的法学学科体系已经建立起来。理论法学、部门法学各学科基本形成了比较系统和成熟的理论体系和学术框架，一些随着法学研究逐渐深入而出现的法学子学科、法学边缘学科也渐次成型。1997年，国家教育主管部门和教育部高校法学学科教学指导委员会对原有专业目录进行了又一次大幅度调整，决定自1999年起法学类本科只设一个单一的法学专业，按照一个专业招生，从而使法学学科的布局更加科学和合理。同时，在充分论证的基础上，确定了法学专业本科教学的14门核心课程，加上其他必修、选修课程的配合，由此形成了一个传统与更新并重、能够适应国家和社会发展需要的教学体系。法学硕士和博士研究生及法律硕士专业学位研究生的专业设置、课程教学和培养体系也日臻完善。再次，法学教育的规模迅速扩大，层次日趋齐全，结构日臻合理。目前中国有六百余所普通高等院校设置了法律院系或法律本科专业，在校本科学生和研究生已达二十余万人。除本科生外，在一些全国知名的法律院校，法学硕士研究生、法律硕士专业学位研究生、法学博士研究生已经逐步成为培养的重点。

众所周知，法律的进步、法治的完善，是一项综合性的社会工程。一方面，现实社会关系的发展，国家政治、经济和社会生活的变化，为法律的进步、变迁提供动力，提供社会的土壤。另一方面，法学教育、法学研究的发展，直接推动法律进步的进程。同时，全民法律意识、法律素质的提高，则是实现法治国理想的关键的、决定性的因素。在社会发展、法学教育、法学研究等几个攸关法律进步的重要环节中，法学教育无疑处于核心的、基础的地位。中国法学教育过去二十多年所走过的历程令人激动，所取得的成就也足资我们自豪。随着国家的发展、社会的进步，在21世纪，我们面临着更严峻的挑战和更灿烂的前景。“建设世界一流法学教育”，任重道远。

首先，法律是建立在经济基础之上的上层建筑，以法治为研究对象的法学也就成为一门实践性很强的学科。社会生活的发展变化，势必要对法学教育、法学研究不断提出新的要求。经过二十多年的奋斗，中国改革开放的前期目标已顺利实现。但随着改革开放的逐步深入，国家和社会的一些深层次问题，比如说社会主义市场经济秩序的真正建立、国有企业制度的改革、政治体制的完善、全民道德价值的重建、环境保护和自然资源的合理利用等等，也已经开始浮现出来。这些复杂问题的解决，无疑最终都会归结到法律制度的完善上来。建立一套完善、合理的法律制度，构建理想的和谐社会，乃一项持久而庞大的社会工程，需要全民族的智慧和努力。其中的基础性工作，如理论的论证、框架的设计、具体规范的拟订、法律实施中的纠偏等等，则有赖于法学研究的不断深入，以及高素质人才特别是法律人才的养成，而培养法律人才的任务，则是法学教育的直接责任。

其次，21世纪是一个多元化的世纪。20世纪中叶发生的信息技术革命，正在极大地改变着我们的世界。现代科学技术，特别是计算机网络信息技术的发展，使传统的生活方式、思想观念发生了根本的改变，并由此引发许多人类从未面对过的问题。就法学教育而言，在21世纪所要面临的，不仅是教学内容、研究对象的多元化问题，而且还有培养对象、培养目标的多元化、教学方式的多元化等一系列问题，这些问题都需要法学界去思考、去探索。

中国人民大学法学院建立于1950年，是新中国诞生后创办的第一所正规高等法学教育机构。在半个多世纪的岁月中，中国人民大学法学院以其雄厚的学术力量、严谨求实的学风、高水平的教学质量以及丰硕的学术研究成果，在全国法学教育领域处于领先地位，并开始跻身于世界著名法学院之林。据初步统计，中国人民大学法学院已经为国家培养法学专业本科生、硕士生、博士生一万余人，培养各类成人法科学生三十余万人。经过多年的努力，中国人民大学法学院形成了较为明显的学术优势，在现职教师中，既有一批资深望重、在国内外享有盛誉的法学前辈，更有一大批在改革开放后成长起来的优秀中青年法学家。这些老中青法学专家多年来在勤奋研究法学理论的同时，也积极投身于国家的立法、司法实践，对国家法制建设贡献良多。

有鉴于此，中国人民大学法学院与中国人民大学出版社经过研究协商，决定结合中国人民大学法学院的学术优势和中国人民大学出版社的出版力量，出版一套“21世纪法学系列教材”。自1998年开始编写出版本科教材，包括按照教育部所确定的法学专业核心课程和其所颁布印发的《全国高等学校法学专业核心课程基本要求》而编写的14门核心课程教材，也包括法学各领域、各新兴学科教材及教学参考书和案例分析在内，到2000年12月3日在人民大会堂大礼堂召开举世瞩目的“21世纪世界百所著名大学法学院院长论坛暨中国人民大学法学院成立五十周年庆祝大会”之时，业已出版了50本作为50周年院庆献礼，到现在总共出版了80本。为了进一步适应高等法学教育发展的形势和教学改革的需要，最近中国人民大学法学院与中国人民大学出版社决定将这套教材扩大为四个系列，即：“本科生用书”、“法学研究生用书”、“法律硕士研究生用书”以及“司法考试用书”，总数将达二百多本。我们设想，本套教材的编写，将更加注意“高水准”与“适用性”的合理结合。首先，本套教材将由中国人民大学法学院具有全国影响的各学科的学术带头人领衔，约请全国高校优秀学者参加，形成学术实力强大的编写阵容。同时，在编写教材时，将注意吸收中国法学研究的最新的学术成果，注意国际学术发展的最新动向，力求使教材内容能够站在21世纪的学术前沿，反映各学科成熟的理论，体现中国法学的水平。其次，本套教材在编写时，将针对新时期学生特点，将思想性、学术性、新颖性、可读性有机结合起来，注意运用典型生动的案例、简明流畅的语言去阐释法律理论与法律制度。

我们期望并且相信，经过组织者、编写者、出版者的共同努力，这套法学教材将以其质量效应、规模效应，力求成为奉献给新世纪的精品教材，我们诚挚地祈望得到方家和广大读者的教正。

2006年7月1日

序　　言

法学教育是高等教育的重要组成部分，是建设社会主义法治国家、构建社会主义和谐社会的重要基础，并居于先导性的战略地位。在我国社会转型的新世纪、新阶段，法学教育不仅要为建设高素质的法律职业共同体服务，而且要面向全社会培养大批治理国家、管理社会、发展经济的高层次法律人才。近年来，法学教育取得了长足的进步，法科数量增长很快，教育质量稳步提高，培养层次日渐完善，目前已经形成了涵盖本科生、第二学士学位生、法学硕士研究生、法律硕士研究生、法学博士研究生的完整的法学人才培养体系，接受法科教育已经成为莘莘学子的优先选择之一。随着中国法治事业的迅速发展，我们有理由相信，中国法学教育的事业大有可为，中国法学教育的前途充满光明。

教育的基本功能在于育人，在于塑造德才兼备的高素质人才。法学教育的宗旨并非培养只会机械适用法律的“工匠”，而承载着培养追求正义、知法懂法、忠于法律、廉洁自律的法律人的任务。要完成法学教育的使命，首先必须认真抓好教材建设。我始终认为，教材是实现教育功能的重要工具和媒介，法学教材不仅仅是法学知识传承的载体，而且是规范教学内容、提高教学质量的关键，对法学教育的发展有着不可估量的作用。

第一，法学教材是传授法学基本知识的工具。初学法律，既要有好的老师，又要有好的教材。正如冯友兰先生所言：“学哲学的目的，是使人作为人能够成为人，而不是成为某种人。其他的学习（不是学哲学）是使人能够成为某种人，即有一定职业的人。”一套好的教材，能够高屋建瓴地展示法律的体系，能够准确简明地阐释法律的逻辑，能够深入浅出地叙述法律的精要，能够生动贴切地表达深奥的法理。所以，法学教材是学生学习法律的向导，是学生步入法律殿堂的阶梯。如果在入门之初教材就有偏颇之处，就可能误人子弟，学生日后还要花费大量时间与精力来修正已经形成的错误观念。

第二，法学教材是传播法律价值理念的载体。好的法学教材不仅要传授法学知识，更要传播法律的精神和法治的理念，例如对公平、正义的追求，尊重权利的观念。本科、研究生阶段的青年学子，正处在人生观、价值观形成的阶段，一套优秀的法学教材，对于他们价值观的塑造和健全人格的培养具有重要意义。

第三，法学教材是形成职业共同体的主要条件。建设社会主义法治国家，有赖于法律职业共同体的生成。一套好的法学教材，向法律研习者传授共同的知识，这对于培养一个接受共同的价值理念、共同的法律思维、共同的话语体系的法律共同体，具有重要的作用。

第四，法学教材是所有法律研习者的良师益友。没有好的教材，一个好的教师或可弥补教材的欠缺和不足，但对那些没有老师指导的自学者而言，教材就是老师，其重要作用是显而易见的。

长期以来，在我们的评价体系中，教材并没有获得应有的注重，对学术成果的形式优先考虑的往往是专著而非教材。在不少人的观念中，教材与创新、与学术精品甚至与学术无缘。其实，要真正写出一部好的教材，其难度之大、工作之艰辛、影响之深远，绝不低于一部优秀的专著，它甚至可以成为在几百年甚至更长的时间内发挥作用的传世之作。以查士丁尼的《法学阶梯》为例，所谓法学阶梯，即法学入门之义，就是一部教材。但它概括了罗马法的精髓，千百年来，一直是人们研习罗马法最基本的著述。日本著名学者我妻荣说过，大学教授有两大任务：一是写出自己熟悉的专业及学术领域的讲义乃至教科书；二是选择自己最有兴趣、最看重的题目，集中精力进行终生的研究。实际上，这两者是相辅相成的。写出一部好教材，必须要对相关领域形成一个完整的知识体系，还要能以深入浅出的语言将问题讲清楚、讲明白。没有编写教材的基本功，实际上也很难写出优秀的专著。当然，也只有对每一个专题都有一定研究，才能形成对这个学术领域的完整把握。

虽然近几年我国法学教育发展迅速，成绩显著，但是法学教育也面临许多挑战。各个学校的师资队伍和教学质量参差不齐，这就更需要推出更多的结构严谨、内容全面、角度各有侧重、能够适应不同需求的法学教材，为提高法学教学和人才培养质量、保障法学教育健康发展提供前提条件。

长期以来，中国人民大学法学院始终高度重视教材建设。作为新中国成立后建立的第一所正规的法学教育机构，中国人民大学法律系最早开设了社会主义法学教学课堂，编写了第一套社会主义法学讲义，培养了新中国第一批法学本科生和各学科的硕士生、博士生，产生了新中国最早的一批法学家和法律工作者。中国人民大学法律系因此被誉为“新中国法学教育的工作母机”。半个多世纪以来，中国人民大学法学院为社会主义法制建设培养了大批优秀的法律人才，并为法学事业的振兴和繁荣作出了卓越贡献，也因此成为引领中国法学教育的重镇、凝聚国内法律人才的平台和沟通中外法学交流的窗口，并在世界知名法学院行列中崭露头角。为了对中国法学教育事业作出更大的贡献，我们有义务也有责任出版一套体现我们最新研究成果的法学教材。

承蒙中国人民大学出版社的大力支持，我们组织编写了本套教材，其中包括本科生用书、法律硕士研究生用书、法学研究生用书和司法考试用书四大系列，分别面向不同层次法科教育需求。编写人员以中国人民大学法学院教师为主，反映了中国人民大学法学院整体的研究实力和学术视野。相信本套教材的出版，一定能够为新时期法学教育的繁荣发展发挥应有的作用。

是为序。

2006年7月10日

第三版编写说明

《中华人民共和国企业破产法》(以下简称《企业破产法》) 实施至今已是第十六个年头，全国人大常委会已经启动了对破产法的修改工作。总结过去的立法与司法经验，收集各类破产典型案例，汇集破产法的理论研究成果和司法实践收获，适应破产法修改的趋势，是本教程第三版修订的重要目标。第三版收入了第二版出版后最高人民法院颁布实施的司法解释、会议纪要等文件，其中包括2016年发布的《最高人民法院关于破产案件立案受理有关问题的通知》，2017年发布的《最高人民法院关于执行案件移送破产审查若干问题的指导意见》，2018年发布的《全国法院破产审判工作会议纪要》，2019年2月发布的《关于适用〈中华人民共和国企业破产法〉若干问题的规定(三)》、11月发布的《全国法院民商事审判工作会议纪要》(其中第十部分为“关于破产纠纷案件的审理”)。2020年《民法典》出台后，同年12月最高人民法院发布《关于适用〈中华人民共和国民法典〉有关担保制度的解释》等司法解释，出台《关于修改〈最高人民法院关于破产企业国有划拨土地使用权应否列入破产财产等问题的批复〉等二十九件商事类司法解释的决定》，对涉及破产问题的司法解释作出相应修改。虽然上述会议纪要文件不是司法解释，不能作为裁判依据被援引，但裁判文书在“本院认为”部分具体分析法律适用的理由时，可以根据会议纪要文件的相关规定进行说理。此外，国家发展和改革委员会、最高人民法院、财政部等十三个中央部门于2021年2月25日联合下发《关于推动和保障管理人在破产程序中依法履职进一步优化营商环境的意见》，对于推动和保障管理人依法履职，提高破产效率，充分发挥破产制度的作用，解决企业退出难问题，优化要素配置，加快打造市场化、法治化、国际化营商环境，作出具体规定。

本教程第三版增加、更新了部分案例和裁判文书，反映了我国《企业破产法》实施的最新进展；吸收了理论研究和实务发展的最新成果，引用了许多学者的论著中的观点，将其中的一些精彩段落作为“经典导读”向读者推荐。

本教程由王欣新教授担任主编，由王斐民副教授担任副主编并负责统稿工作。

本教程撰稿人及其撰写章节如下（以姓氏笔画为序）：

王欣新：第一章、第五章、第十二章；

王斐民：第九章、第十章、第十一章；

乔博娟：第四章；

李江鸿：第三章；

赵泓任：第二章；

徐阳光：第七章、第八章；

郭丁铭：第六章。

在此，对本书作者在写作过程中借鉴和引用文献资料的作者一并致谢。

编者谨识

2023年11月1日

第一版编写说明

破产法是我国市场经济体制确立和成熟的标志，也是我国市场经济地位获得国际普遍认同的重要考虑因素之一。在实践中，破产法是具有重大实用价值的部门法，与公司法、合伙企业法、债法、诉讼法、强制执行法等法律部门均具有密切联系，对保障市场经济秩序具有重要作用。

2006 年 8 月 27 日，第十届全国人大常委会第二十三次会议通过了《中华人民共和国企业破产法》(以下简称新破产法)。在新破产法于 2007 年 6 月 1 日实施前，最高人民法院发布了《关于审理企业破产案件指定管理人的规定》《关于审理企业破产案件确定管理人报酬的规定》《关于〈中华人民共和国企业破产法〉施行时尚未审结的企业破产案件适用法律若干问题的规定》三个司法解释，后于 2008 年发布了《关于债权人对人员下落不明或者财产状况不清的债务人申请破产清算案件如何处理的批复》，于 2009 年发布了《关于正确审理企业破产案件为维护市场经济秩序提供司法保障若干问题的意见》。此外，在其他法律、法规，如《商业银行法》《保险法》《证券法》《公司法》《合伙企业法》《证券公司风险处置条例》等条文中也有关于破产的法律规定。自新破产法实施以来，实践中依新法审理的案例大量出现，并且对新破产法的具体实施提出了一些新的问题和挑战。本书根据实践中的案例，尤其是新破产法实施后发生的最新案例，结合破产法的规定，对我国破产法从理论到实践进行重点分析、介绍，期望对读者学习和研究破产法提供一些帮助。限于篇幅，本书未能对破产法中的各项制度进行全面、深入、系统的介绍，如果读者对某项制度有浓厚的兴趣，则可以阅读本书中的“经典导读”。如果仍不能满足需要，则可以本书提供的参考教材、专著或者论文为线索，展开更深入的阅读与研究。本书还选取了一些典型的破产裁判文书，便于提高读者制作破产法律文书的能力，也便于读者从司法文书中发现一些法律问题。

本书分别由王欣新教授和王斐民副教授担任主编、副主编并统稿，撰稿人及其撰写章节如下（以姓氏笔画为序）：

王欣新：第一章、第五章、第七章；

王斐民：第九章、第十章、第十一章；

李江鸿：第三章；

余艳萍：第四章；

赵泓任：第二章；

郭丁铭：第六章；

魏现州：第八章。

本书作者在写作过程中借鉴和引用了大量文献资料，在此一并致谢。本书部分作者已经把本书中的一些内容和方法用于教学之中，取得了良好的教学效果。我们期待着读者的批评指正，期待提出继续改进的建议，共同完善这本教材，使其更适合于教学需要。

编者谨识

2010年4月8日

目 录

第九章 破产清算

第十章 金融机构破产的特殊问题

第十一章 合伙企业破产的特殊问题

第一章 破产法概述

本章概要

传统的破产制度是指破产清算制度，这是破产法最基本的制度，也是狭义的破产法律制度。但现代对破产法律制度通常采广义的理解，将清算以外的各种以避免债务人破产为主要目的的重整、和解制度也视为其组成部分。破产程序虽与民事诉讼、执行程序、非讼事件有相似之处，但是其在性质上应属于特殊程序。

狭义的破产法专指破产法典，如我国于 2006 年 8 月 27 日通过的《企业破产法》；广义的破产法还包括其他有关破产的法律、法规、规章、司法解释，以及散见于其他立法中的调整破产关系的法律规范，如《商业银行法》《保险法》《公司法》《合伙企业法》等立法中有关破产的规定。我国的破产法是兼具民商法和经济法双重性质的法律。

破产法的直接调整作用，是保障债务关系在债务人丧失清偿能力时有序、公平实现，维护全体债权人和债务人的合法权益，维护社会利益与经济秩序。破产法在调整债务关系的同时对市场经济还会产生广泛的间接社会影响：它有助于进一步完善市场经济优胜劣汰的竞争机制，利用破产的压力，促进企业完善法人治理机制，提高经济效益；通过破产与重整制度，优化社会资源的配置与使用，调整经济运行机制、产业与产品结构。但不可将破产法的间接社会影响与破产法的直接调整作用相混淆。破产法的制定与普遍实施是我国市场经济秩序最终基本确立的关键性标志之一。

在我国涉及破产的法律等规范性文件包括：2006 年 8 月 27 日，第十届全国人大常委会第二十三次会议第三次审议并通过了的《企业破产法》。2007 年在《企业破产法》实施前，最高人民法院发布的《关于审理企业破产案件指定管理人的规定》(以下简称《指定管理人规定》)、《关于审理企业破产案件确定管理人报酬的规定》（以下简称《确定管理人报酬规定》）、《关于〈中华人民共和国企业破产法〉施行时尚未审结的企业破产案件适用法律若干问题的规定》（以下简称《新旧破产法衔接的规定》）三个司法解释，2008年发布的《关于债权人对人员下落不明或者财产状况不清的债务人申请破产清算案件如何处理的批复》（以下简称《人员下落不明或者财产状况不清债务人批复》），2009年发布的《关于正确审理企业破产案件为维护市场经济秩序提供司法保障若干问题的意见》（以下简称《正确审理企业破产案件意见》）、《关于受理借用国际金融组织和外国政府贷款偿还任务尚未落实的企业破产申请问题的通知》，2010年发布的《关于对因资不抵债无法继续办学被终止的民办学校如何组织清算问题的批复》，2011年发布的《关于适用〈中华人民共和国企业破产法〉若干问题的规定（一）》（以下简称《企业破产法司法解释一》）、《充分发挥人民法院审理企业破产案件司法职能作用的通知》，2012年发布的《关于税务机关就破产企业欠缴税款产生的滞纳金提起的债权确认之诉应否受理问题的批复》（以下简称《欠缴税款滞纳金债权确认批复》）、《关于个人独资企业清算是否可以参照适用企业破产法规定的破产清算程序的批复》（以下简称《个人独资企业清算参照适用企业破产法批复》）、《关于审理上市公司破产重整案件工作座谈会纪要》（以下简称《上市公司重整座谈会纪要》），2013年发布的《关于适用〈中华人民共和国企业破产法〉若干问题的规定（二）》（以下简称《企业破产法司法解释二》），2016年发布的《最高人民法院关于破产案件立案受理有关问题的通知》，2017年发布的《最高人民法院关于执行案件移送破产审查若干问题的指导意见》（以下简称《执行案件移送破产审查意见》），2018年发布的《全国法院破产审判工作会议纪要》（以下简称《破产审判会议纪要》），2019年2月发布的《关于适用〈中华人民共和国企业破产法〉若干问题的规定（三）》（以下简称《企业破产法司法解释三》）、11月发布的《全国法院民商事审判工作会议纪要》（以下简称《民商审判会议纪要》）（其中第十部分为“关于破产纠纷案件的审理”），2020年12月发布的《最高人民法院关于适用〈中华人民共和国民法典〉有关担保制度的解释》（以下简称《民法典担保制度解释》）、《最高人民法院关于修改〈最高人民法院关于破产企业国有划拨土地使用权应否列入破产财产等问题的批复〉等二十九件商事类司法解释的决定》，2021年国家发展和改革委员会、最高人民法院、财政部等十三个中央部门联合下发的《关于推动和保障管理人在破产程序中依法履职进一步优化营商环境的意见》。

《企业破产法》的适用范围主要涉及适用主体、适用地域和适用时间。《企业破产法》的适用时间始于2007年6月1日；主要适用主体范围为法人型企业，参照适用主体范围则包括合伙企业等社会组织；《企业破产法》的适用地域范围，主要是指破产程序的域外效力问题，即一法域的破产程序对位于法域的破产人财产是否有效。我国的破产程序对债务人在中华人民共和国领域外的财产发生效力；外国法院作出的发生法律效力的破产案件的判决、裁定，涉及债务人在中华人民共和国领域内的财产时，若不违反中华人民共和国法律的基本原则，不损害国家主权、安全和社会公共利益，不损害中华人民共和国领域内债权人的合法权益，则由我国法院裁定承认和执行。

参考文献

1. 王欣新．试论破产法的调整机制与实施问题．中国法学，1991（6）

2. 邹海林，周泽新．破产法学的新发展．北京：中国社会科学出版社，2013

3. 王欣新．新破产法立法思想的创新．破产法论坛：第1辑．北京：法律出版社，2008

4. 韩长印．破产法教程．北京：高等教育出版社，2020

5. 王欣新．破产法理论与实务疑难问题研究．北京：中国法制出版社，2011

6. 石静遐．跨国破产的法律问题研究．武汉：武汉大学出版社，1999

7. 黄圆圆．跨界破产承认与救济制度研究．北京：对外经济贸易大学出版社，2020

8. 王晓琼．跨境破产中的法律冲突问题研究．北京：北京大学出版社，2008

9. 王欣新，梁闽海．《关于承认和执行与破产有关的判决示范法》及其对我国跨境破产立法的借鉴意义．人民司法，2018（34）

10. 石静遐．中美跨境破产合作实例分析：纽约南区破产法院承认与协助"洛娃重整案"．中国应用法学，2020（5）

11. 石静遐．香港法院对内地破产程序的承认与协助：以华信破产案裁决为视角．环球法律评论，2020（3）

12. 王欣新，王健彬．我国承认外国破产程序域外效力制度的解析与完善．法学杂志，2008（6）

13. 姚宏平，刘子平．国际破产程序域外效力的理论与实践：析一起承认与执行外国法院破产判决案．中国民商法律网，2009-09-01

14. 石静遐．我国破产程序域外效力的实例分析．中国民商法律网，2009-09-01

15. 徐阳光，范志勇．跨境平行破产程序的规范路径．人民司法，2020（25）

参考法规

1.《企业破产法》第1～5条、第133～135条

2. 最高人民法院《破产审判会议纪要》第九部分"跨境破产"

3.《企业破产法（试行）》（已失效）第1条、第2条

引 例 广东国际信托投资公司破产案

一、基本案情

1997年下半年，亚洲金融危机爆发。日本、美国、法国等国的外资银行为了撤资，纷纷要求广东国际信托投资公司（以下简称广国投）偿还到期债务。而此时的广国投因经营管理极端混乱，面对巨额的外债支付，已严重资不抵债。为防止金融风险蔓延，国家有关部门认定，对广国投依法实施破产。1999年1月11日，广国投及其三家全资子公司向广东省高级人民法院提出破产申请。作为全国最大的首例非银行金融机构破产案件，广国投破产案涉及490多个境内外债权人，申报债权高达467亿多元人民币，其中80%以上的是涉外债权。故该案引起海内外债权人及媒体的高度关注。

当时我国的法律不能完全适应企业破产案件审理的需要，司法解释也缺乏相应规则，如何公正、高效地审理好这一起超大型的金融机构破产案件，使之达到国际上同类案件裁判的水准，需要人民法院进行创造性的司法活动。这对人民法院的司法能力自然是一次严峻的挑战。时任最高人民法院院长肖扬专门批示，要求法院务必加强指导，坚决不能在审判环节出现任何纰漏。

法院的法官坚持依照法律法规，参照国际惯例和公开、透明的司法理念，从最大限度保护债权人的合法权益出发，千方百计提高债权清偿率，在法律适用上创造性地解决了许多疑难问题。在进入司法程序之前，法院就先行解决了广国投2万多名自然人5.9亿多元存款兑付和下属9家证券营业部8万多股民保证金被挪用的问题；广东省高级人民法院首创了“一带三”的审理模式，即一个母公司和三个全资子公司的案件，分别由广东省高级人民法院、广州市中级人民法院和深圳市中级人民法院审理，从而保证了审理的统一、公正和高效；广东省高级人民法院首次聘请中介机构参与破产清算工作和在债权人会议中设立债权人主席委员会制度，提高了破产清算工作的透明度，打消了境外债权人的疑虑；法院首创债权申报登记审核程序，债权申报人对清算组确认结果有异议，可由法院审理后依法作出最终裁定；在对外债权的追收上，广东省高级人民法院创造性地将广国投在省内的对外债权统一指定给债务人所在地的58家法院执行，其间共组织出动执行人员1万多人次，共执行案件280多件，涉及标的金额达180多亿元，极大地提高了债权清偿率；法院依法界定了破产企业投资权益的追收范围，首创基本结案后仍保留清算组的做法，以便继续追收和追加分配破产财产，使债权人的利益得到最大保护。

经过4年多艰苦卓绝的努力，2003年2月28日广国投破产案最终审结，债权清偿率达到12.52%，而国际上此类大型破产案一般要经历8～10年才能审结。2008年年初，广国投破产债权又追加清偿6亿元，使债权清偿比例被提高到15.52%。美国企业新闻社中经网评论说，“这起新中国成立以来国内最大、最复杂的企业破产案成为破产债权清偿率最高的经典案例”。美国《华尔街日报》评论认为，广国投宣告破产，标志着中国法治从此进入新纪元。

广国投破产案作为一个鲜活的案例，其成功审理为我国破产审判实践积累了经验，其中不少做法被此后的最高人民法院司法解释吸收，部分经验被2007年的《企业破产法》采纳。①

引例后续报道

1999年1月16日，广国投被依法宣告破产。

2003年2月28日，该案终结破产程序。为确保最大限度维护债权人权益，清算组继续保留，并负责破产财产处置和对外债权追收。

至2010年1月25日，广东省高级人民法院先后五次裁定准许执行破产财产分配，确认破产债权共计347笔，债权总金额为人民币201.1亿元，分配财产合计37.2亿元，破产财产分配累计清偿比例达到了18.5%。

2017年6月，清算组依法整体处置了广国投名下房产开发公司的投资权益和债权。之后，清算组对有关资产进行了公开拍卖，并分期回收投资权益的转让价款，分别对各项债权进行了审核确认。截至2020年12月24日，经清算组审核及法院裁定确认的广国投破产债权347笔、总额人民币20 078 239 479元，已分六次全部完成分配，所有破产债权实现100%受偿。

广东省高级人民法院2021年2月2日依法裁定：在广国投破产案清算组第六次破产财产分配方案执行完毕后，将公司剩余资产移交广东省财政厅。至此，我国首宗非银行金融机构破产案以全部债权足额受偿最终全面结案。

广国投破产案中破产债权最终得到足额清偿，得益于广东省高级人民法院在破产审判领域的积极探索实践。本案为依法妥善处置破产企业债权，全面保障企业破产后债权人和债务人的合法权益，提供了有益借鉴。②

二、法律问题

本案涉及的法律问题：如何正确理解破产法对债权人权益的公平保障？如何认识破产法的社会调整作用？

---

① 参见张娜：《广国投破产案：创造性司法活动的典范》，载《人民法院报》，2008-02-15。

② 参见董柳、潘玲娜：《“广国投案”破产债权最终足额清偿》，https://baijiahao.baidu.com/s?id=1628788442673933141&wfr=spider&for=pc，最后访问时间：2022-02-09。

第一节　破产与破产法

一、破产的概念与特征

在市场经济竞争规律的作用下，必然出现优胜劣汰的现象。企业退出市场的方式主要有解散、破产或被吸收、合并等，破产是市场淘汰竞争失败者的规范渠道，是市场经济发展到一定阶段必然出现的法律现象。破产法是市场经济社会法律体系的重要组成部分。在经济学上，破产通常是指当事人在经济活动中发生严重亏损，在财务上无法继续维持，已到事业倒闭、倾家荡产之地步。法律上的破产有其特定含义，是指处理经济上的破产时对债务如何清偿的法律制度，即对丧失清偿能力的债务人，经法院审理与监督，强制清算其所有财产，公平、有序地清偿全体债权人的债权的法律制度。破产的本质是一种特殊的债务清偿制度。

一般而言，破产的概念是指破产清算制度，这是破产法最基本的制度，也是狭义的破产法律制度。但现代对破产法律制度通常采广义的理解，将清算以外的各种以避免债务人破产为主要目的的重整、和解制度也视为其组成部分。

"破产"一词在使用时常有泛化，有时指整个破产制度，有时指破产程序，有时则是指破产原因即破产界限，也就是债务人所处的财务状况，有时又泛指债务人所处之被宣告破产的法律地位，须根据具体语境而定。在用于表述破产原因时，依据法律规定之不同，破产又可被分为事实上的破产和法律上的破产。事实上的破产，是指债务人因资产不抵负债，客观上不能清偿债务而破产，即没有足够的资产来清偿全部债务。立法上对此破产原因规定为资不抵债即债务超过。法律上的破产，是指债务人因不能清偿到期债务而破产。立法上对此破产原因规定为不能清偿到期债务，简称为不能清偿。二者在认定债务人是否破产的标准上存在一定差异。在法律上的破产发生时，债务人的账面资产可能超过负债，也可能低于负债，但即使在其资产负债表上资产超过负债，其却因无足够流动现金偿还到期债务，不得不以破产的方式还债，而在通过破产程序快速变现其财产时，资产变现的损失往往也会使其最终资不抵债。

从不同的角度分析，破产主要有以下法律特征。

(1) 从对债务的清偿角度看，破产具有执行程序的属性。与诉讼法中规定的执行制度相比，破产属于概括的或一般的执行程序，即为全体债权人的利益而对债务人的全部财产进行的执行程序，而普通的民事执行程序则是为个别债权人的利益而进行的个别财产执行程序。债务执行属司法程序，故破产程序必须在法院的管辖、审理下进行。由于破产属于权利实现的执行类程序，而不是诉讼程序，所以其不具有解决当事人间实体民事争议的功能，对这些实体民事争议，原则上均应在破产程序之外通过诉讼解决。

(2) 从启动原因看，破产是在法定的特殊情况下适用的法律程序。破产程序启动的普遍原因是债务人不能清偿债务，除法律另有规定外，破产在其他情况下不能适用。破产作为为全体债权人利益而进行的执行程序，除法律另有规定外，具有对其他债务清偿程序如个别执行程序的排他性优先适用效力，以保证能够实现立法之对全体债权人公平、有序清偿的目的。所以在适用破产程序之后，其他与之相冲突的对债务人财产的执行程序或清偿行为，以及为此采取的预备程序如诉讼强制措施或其他财产保全措施都应当停止或解除。出于保护全体债权人利益的目的，有的国家或地区的破产法还规定，如果法院在民事诉讼和民事执行过程中发现债务人不能清偿债务，可以依职权将案件转入破产程序。此外，根据民事责任的承担优先于行政责任和刑事责任中财产执行的原则，破产程序的启动还具有排除行政责任和刑事责任中对债务人财产的执行以及财产保全措施的效力。

(3) 破产是对债务人现存全部法律关系的彻底司法清算，当破产人为法人时，破产将使其丧失继续从事商事活动的经济基础与经营资格，并导致其民事主体资格消灭。破产清算的具体工作由管理人在法院的主持下进行，而不是由当事人自行进行。随着破产程序的启动，还产生对债务人或准债务人在人身、资格和财产等方面的一些公法与私法权利的限制的后果。

(4) 破产程序的实施宗旨，是要保证对债权人的公平、有序清偿和对债务人正当权益的合理保护，并进而实现对社会整体利益与经济秩序的维护。破产所要解决的主要矛盾之一，是多数债权人之间因债务人有限财产不足以清偿全部债权而发生的冲突，故立法对此特殊情况规定有专门的制度，如停止个别清偿、确定债权分配顺序、破产撤销权、破产抵销权、别除权等。破产程序还通过具有强制性的和解、重整与免责等制度对债务人的正当权益予以保护，尽力使具有挽救价值与希望的债务人避免破产，并在符合法定条件的情况下免除诚实债务人通过破产程序未能清偿的剩余债务，鼓励其在破产之后仍能积极参与经济活动，为社会和个人创造新的财富。

在理解破产概念时，应注意其与民事执行程序的区别。

第一，民事执行程序中的债务人通常具有清偿能力，但拒不履行义务，所以需要强制执行。而破产程序中的债务人已无清偿能力，不可能对所有债权人履行全部义务，故须以破产方式公平解决债务清偿问题。在民事执行程序中，强调债务人自动履行和债权人主动行使权利、申请强制执行。而在破产程序中，个别债权人的单独执行或债务人对个别债权人的自动履行因违背对全体债权人公平清偿的原则，反为法律所禁止。

第二，民事执行程序与破产程序都是为债权人的利益而进行，但民事执行程序是为保护个别债权人的利益，破产程序则是为公平保护全体债权人的利益：前者的目的只是实现债的个别清偿，所以实行“先下手为强”、个别执行优先的原则，而后者更强调在多数债权人间的清偿公平，实行平等执行优先的原则，所以破产程序具有优先于民事执行程序适用的效力。此外，民事执行程序只有在到期债权人取得生效司法裁判或仲裁裁决等执行依据后才可提起，而在破产程序中，对未到期和未取得生效裁判的债权人同样可给予公平清偿。

第三，民事执行程序涉及的标的范围广泛，随执行的债权内容而定，既包括财产，也包括行为义务，如强制排除妨碍等。破产程序执行的对象仅限于财产，所以只有能够表现为或能够被折算为货币的债权才能在破产程序中获得清偿。民事执行程序仅就债务人与执行标的相关的财产进行，且执行范围以申请执行者的债权范围为限，而破产程序则是对债务人既存的全部财产与经济关系进行彻底的清算和执行。

此外，在具体程序规定上，两者也有许多不同之处：在破产程序中无原告、被告之说，债权人、债务人都可以提出破产申请，甚至债务人的股东在符合法律规定的情况下也可以提出重整申请；破产财产的清算、分配由管理人进行，而民事执行程序由人民法院的执行员进行；破产程序中设有债权人会议、债权人委员会、管理人等专门的破产机构；在破产程序中，法院以裁定方式解决相关程序问题，而且为保证破产程序顺利、迅速进行，大多数裁定不允许上诉；等等。

由于破产程序与民事执行程序存在重大区别，所以，民事执行制度是不可能取代破产制度的。最高人民法院在 1992 年《关于适用〈中华人民共和国民事诉讼法〉若干问题的意见》（以下简称《若干意见》）（已失效）、1998 年《关于人民法院执行工作若干问题的规定（试行）》（以下简称《执行规定》）（已被修改）等一系列司法解释中，针对具有多数债权人的债务执行，规定了参与分配制度。根据这一制度，在已经取得执行依据的债权人对债务人的财产开始执行程序后至执行所得移交债权人之前，债务人的其他已取得金钱债权执行依据的债权人发现债务人无其他财产可供执行或其他财产不能清偿全部债权时，有权向人民法院申请对被执行人的财产参与分配。参与分配案件中可供执行的财产，按照各个案件债权额的比例进行分配。

建立参与分配制度主要出于两方面考虑：第一，我国破产法的适用范围未涵盖应经破产程序保障公平清偿利益的各种社会主体，参与分配的平等执行可缓解不能适用破产法造成的清偿不公的矛盾。第二，因观念偏见、社会保障等配套制度不健全、不当行政干预、法院内部机制阻碍，以及一些政府部门不履行解决破产社会问题的职责（如安置职工）等因素的制约，在立法规定的主体适用范围内，破产法有时也可能难以顺利实施，立法保障公平清偿的作用无法充分发挥。

最初，司法解释规定，参与分配仅适用于非破产法调整对象，因此对其社会作用尚可从积极方面进行评价。后《执行规定》第 96 条规定，“被执行人为企业法人，未经清理或清算而撤销、注销或歇业，其财产不足清偿全部债务的”，也参照适用参与分配，这就出现与《企业破产法》和公司强制清算司法解释之间的严重冲突。而在司法实践中，参与分配往往被普遍适用于所有被执行人，包括破产法的调整对象，这就对《企业破产法》的实施尤其是破产案件的受理产生了消极阻碍作用。

参与分配与破产制度在调整对象上的竞合，打乱了立法逻辑和权利保护体系。启动参与分配的前提，是债务人不能清偿所有债权即发生破产原因，对本应依破产法解决的问题适用参与分配，必然对破产法起到替代和干扰效应。参与分配与财产保全制度也存在冲突，财产保全本以保证个案判决的执行为目的，但在参与分配介入后，积极采取保全措施并全力查找债务人财产的债权人，在提供保全担保后却不能获得其判决的优先执行，这会打击其积极性，鼓励“搭便车”行为，也是不公平的。对同一问题如同时有两个不同利益结果的法律制度在调整，必然会发生冲突，造成适用上的竞争与混乱。参与分配实际替代破产制度尤其是在破产法适用领域内导致的整体社会效果是负面的，这不仅不能真正解决问题，反而可能会造成更大的不公平。

首先，参与分配制度产生的理由之一是有利于实现公平，但能够参与分配的仅限于对被执行人已取得金钱债权执行依据者，其他债权人无权参加，这本身就是有失公平的，是以对少部分人不完全公平、不透明程序的清偿，取代了破产程序对全体债权人的公平、有序清偿，制度设计就是不合理的。而且，有关司法解释对何种债权人可参与分配的规定也不统一。《若干意见》第297条规定，被执行人的已经起诉的债权人发现被执行人的财产不能清偿所有债权的，可向法院申请参与分配。但《执行规定》第90条规定，仅对被执行人已经取得金钱债权执行依据的债权人可申请对被执行人的财产参与分配。而2008年最高人民法院《关于适用〈中华人民共和国民事诉讼法〉执行程序若干问题的解释》（已被修改）第26条规定，诉讼期间进行分配的，执行法院应当将与争议债权数额相应的款项提存。据此，似又允许未取得金钱债权执行依据的债权人参与分配。此外，因参与分配没有对债权人的公告、通知等程序，即使是名义上被允许参与分配者也会因不能及时得知消息而无法参加。参与分配未能如破产制度那样根据债权的不同性质规定出较为完善、具体的清偿顺序，不能充分体现出社会公平。这些不协调的规定，使实践中的执行更为混乱，给执行法官留下过大的裁量与寻租空间，易出现通过恶意加快或拖延对参与分配财产的执行，达到排除或增加参与分配主体的目的和人为操纵分配结果的现象。这使参与分配对维护清偿公平、保障市场经济秩序反而产生消极作用。

其次，参与分配制度可分配的财产范围有限，只是已被采取执行措施的财产，无债务人全部财产收集程序，特别是没有破产制度之撤销权、追索缴纳股东出资、追索董事及高级管理人员非正常收入等强力制度保护，更不能纠正债务人的欺诈逃债和偏袒性清偿行为，追回被非法处置的财产。由于表面上发现的债务人财产均被执行，即使最后再进入破产程序，管理人也无财力去调查并追究债务人隐匿、转移财产等违法行为的责任，反而可能成为掩饰债务人欺诈逃债行为的外衣。

最后，参与分配不能保护诚实债务人的正当权益。债务人通过破产制度可免除余债偿还义务，还可有企业挽救的制度机会，这都是参与分配既不具备又可能予以破坏的功能。

据此，参与分配会严重影响破产法的顺利实施，尤其是破产的申请与受理。债权人在债务人破产时，自利本能会促使其寻求以强制执行获得个别清偿。如无参与分配，优先的执行只能实现对极少数债权人的清偿，这就迫使其他债权人要尽快申请启动破产程序，以维护清偿权益。而参与分配介入后，能主张执行的债权人都会力图以参与分配得到比破产更多的清偿，而不去申请破产，甚至以各种手段极力阻止破产程序的启动，这就使本应最积极申请破产的一部分债权人反而变成受理破产案件的最大阻力。《企业破产法》实施后，受理破产案件的数量不升反降，参与分配制度的干扰也是一个重要因素。

参与分配制度如果确实需要保留，其与破产制度必须有不相冲突的适用范围。目前，《企业破产法》仅适用于企业法人，同时对立法规定的其他组织可参照适用。自然人和立法未规定的组织不适用破产法，如司法政策认为有必要采取执行平等主义，可对其适用参与分配。若只考虑破产法的主体范围，对于纳入破产法适用范围的主体，应当废止参与分配。① 在我国破产法修订后将自然人纳入破产法适用主体范围后，参与分配制度的适用范

① 参见王欣新：《参与分配制度不应与破产法相冲突》，载《人民法院报》，2014－04－30。

围必须随之调整，乃至予以废除该项制度。

为解决这一问题，自2022年4月10日起施行的最高人民法院《关于适用〈中华人民共和国民事诉讼法〉的解释》（以下简称《民事诉讼法司法解释》）第506条规定："被执行人为公民或者其他组织，在执行程序开始后，被执行人的其他已经取得执行依据的债权人发现被执行人的财产不能清偿所有债权的，可以向人民法院申请参与分配。对人民法院查封、扣押、冻结的财产有优先权、担保物权的债权人，可以直接申请参与分配，主张优先受偿权。"第511条规定："在执行中，作为被执行人的企业法人符合企业破产法第二条第一款规定情形的，执行法院经申请执行人之一或者被执行人同意，应当裁定中止对该被执行人的执行，将执行案件相关材料移送被执行人住所地人民法院。"第514条规定："当事人不同意移送破产或者被执行人住所地人民法院不受理破产案件的，执行法院就执行变价所得财产，在扣除执行费用及清偿优先受偿的债权后，对于普通债权，按照财产保全和执行中查封、扣押、冻结财产的先后顺序清偿。"据此，可以适用参与分配制度的债务人，仅限于未纳入《企业破产法》适用范围的自然人或者其他组织，《企业破产法》适用范围内的企业及其他组织，不适用参与分配制度。

破产与民事执行两种程序也存在着密切的关系，它们都属于执行性质的程序，所以一些国家或地区的立法规定，在破产法未作规定的情况下，可以在破产程序中适用民事诉讼法的有关规定。我国《企业破产法》第4条也规定："破产案件审理程序，本法没有规定的，适用民事诉讼法的有关规定。"了解两者的异同之处，不仅有利于理解破产制度建立的必要性，而且有利于破产法的正确实施。

关于破产的法律性质如何，学者间观点不一，目前主要有三种学说。第一种学说是诉讼事件说。该学说主张破产属于诉讼事件，认为在破产程序中，债权人提出破产申请，相当于在民事诉讼中申请对债务人全部财产进行保全，破产申请的受理或破产宣告相当于财产保全裁定，债权人申报债权相当于提起或参加诉讼，债权的确认相当于对民事权利义务的判决，多数债权人间的关系则与诉讼中的共同诉讼人类似，对债务人全部财产的执行也与个别执行基本性质相同，只是在执行财产的范围与分配方式等方面有所区别。因此，破产程序相当于民事诉讼程序中财产保全、判决和执行程序的结合，应属诉讼程序。

第二种学说是非讼事件说。该学说主张破产的性质是非讼事件，理由是在破产程序中，债务人可以申请自己破产，而在民事诉讼中不存在债务人就自己的财产申请扣押执行的情况。在破产程序中设有管理人、债权人会议等专门机构，具有诉讼中不具备的债权人自治性质。破产债权的申报与民事诉讼中的起诉、请求法院裁判的性质不同，具有申请执行的性质，而且在破产程序中并不对当事人的实体权利义务作出裁判，只是加以实现。破产人不仅丧失对财产的管理、处分权，其人身自由与社会任职资格等也受到许多限制，与民事诉讼中的债务人的地位有所不同，故破产的性质应为非讼事件。此学说主要有两种观点：一种是清算说，认为破产程序是丧失清偿能力的债务人与债权人团体间进行的清算程序，性质与企业终止时的清算类同。另一种是行政行为说，认为破产法是以保障债权人公平清偿为目的的一种行政清算活动，法院选任管理人、召集债权人会议等均属于行政行为。

第三种学说是特殊程序说，也称特殊事件说。该学说认为，破产程序既可以由债权人申请开始，也可由债务人、准债务人自行申请开始，有的国家还规定在法定情况下可由一定的国家机关提出申请，少数国家或地区的法律甚至规定可以由法院依职权开始。破产程序涉及债务人的清算、有关当事人民事权益的实现等，与民事诉讼程序和非讼事件均有不同，其性质应属于一种特殊程序，即在法院主持下，对债务人全部财产的特别清算与执行程序。

笔者认为，破产程序是依破产法进行的，虽与民事诉讼、执行程序、非讼事件均有些相似之处，而且仅从对债务的清偿角度看，比这三者更具有概括执行程序的意义，但破产法上的许多制度是其他立法所不具备的，也是其他法律制度包括执行制度所无法容纳的，如债权人会议、管理人的设置、债权申报、破产宣告、破产财产分配等程序，破产抵销权、别除权、破产撤销权等权利的设立等。所以，其在性质上应属于特殊程序。

二、破产法的概念与性质

破产法是规定在债务人丧失清偿能力时，法院强制对其全部财产清算分配、公平清偿债权人，或通过债务人与债权人会议达成和解协议清偿债务，或进行企业重整，避免债务人破产倒闭的法律规范的总称。

对破产法的立法体现形式可以从狭义与广义不同角度予以理解。狭义的破产法专指破产法典，如我国于 2006 年 8 月 27 日通过的《企业破产法》；广义的破产法还包括其他有关破产的法律、法规、规章、司法解释，以及散见于其他立法中的调整破产关系的法律规范，如《民法典》《商业银行法》《保险法》《公司法》《合伙企业法》等立法中涉及破产的规定。最初的破产法仅指对债务人进行破产清算的法律，而现代意义上的破产法则均由破产清算制度与挽救债务人的和解、重整制度两方面的法律构成。在立法体例上，有的国家将这两类法律规定在同一部法典之中，如我国；有的国家则对之分别立法，如日本。

破产法与其他相关法律比较，具有以下特征：

（1）破产法的调整范围一般仅限于债务人已经丧失清偿能力的特殊情况（重整程序可以有例外）。破产法解决的主要是如何公平、有序清偿债务即权利的实现问题（即便是在和解、重整程序中，解决债务清偿也是居于主导地位的基础问题），对当事人间的实体权利义务争议则应在破产程序之外通过民事诉讼、仲裁等方式解决。破产法的性质及特点决定了其不具备解决民事实体权利义务争议时保障当事人诉讼权利的制度。

（2）破产法是实体与程序内容合一的综合性法律。根据法律规范的性质，破产法的基本内容可分为实体性规范、程序性规范、免责与复权（专指自然人破产）、法律责任等部分。实体性法律规范主要是有关于破产原因即破产界限、破产财产、破产债权、取回权、别除权、抵销权、撤销权、破产费用、共益债务等内容的规定。程序性法律规范主要是有关于破产申请与受理、管辖、破产宣告、债权人会议、管理人、破产财产的管理、变价与分配、破产程序的终结、和解程序、重整程序等内容的规定。有关法律责任的法律规范规定各种破产违法行为及其法律责任。免责与复权制度则专门适用于自然人破产与企业破产时的个人责任。免责制度规定，符合法定情况的债务人在依破产程序清偿债务之后，对未能清偿的余债可以依法免除清偿责任。复权制度则是指债务人因被宣告破产在公法、私法上所受之资格与权利的限制，在符合法定条件时的恢复。在立法体例上，有的国家按实体规范、程序规范、免责与复权、法律责任等不同性质的内容分编各自规定；有的国家则主要按破产程序进行的顺序依次规定，不作实体规范与程序规范之分。我国的破产立法便是采取后一种形式。

（3）破产法的基本制度主要源于民事债权和民事诉讼与执行制度，并遵循破产立法的宗旨，依据破产程序的特点、原则加以变更，对当事人的权利、义务予以必要的扩张或限制，同时兼顾对社会利益的维护。由于破产涉及的社会问题众多，不仅民法、民事诉讼法与之相关，社会保障法、劳动法、企业和公司法、证券法乃至刑法、行政法等都与之有密切联系，所以破产法的实施要依靠这些相关法律及配套制度的保障，单靠一部破产法是难以发挥其应有的社会调整功能的。

关于破产法的性质如何，属于哪一个法律部门，或者自身是否构成独立的法律部门，在学术上存在着不同见解。从各国的立法情况看，有的国家将破产法规定在民法或商法中，作为其组成部分；有的国家将破产法作为民事诉讼法的一个特别法，如葡萄牙；也有的国家将破产法视为经济法的组成部分；还有的国家将破产法视为独立的法律部门。不同国家对破产法的性质认识不一，主要是因其立法时的目的、社会背景不同，立法体例不同，以及破产法在各国的社会意义、具体作用不甚相同。破产法在旧中国历史上曾被视为民事诉讼法中一项特别法。

笔者认为，我国的破产法应是兼具有民商法和经济法双重性质的法律。早期的破产法仅以债务关系为调整对象，故属于民商法的范畴。而随着破产法在维护社会利益方面的作用日益得到重视，尤其是重整制度的创建，国家通过司法程序对破产案件的适当介入已为法律所确认。在当前公法、私法日益交融的情况下，法律部门的划分已呈现一定程度的相对性。同一部法律中可以同时存在具有不同法律部门属性的法律规范，可以有所交叉。如公司法、土地管理法等，既具有民商法的属性，也具有经济法的一定属性，可以从不同的角度研究①，破产法也是如此。

破产法最初产生的社会原因是为保护债权人的利益，解决在债务人丧失清偿能力时对全体债权人的有序、公平清偿问题。但随着社会的发展与进步，破产法的立法宗旨经历了从债权人本位到债权人与债务人的利益平衡本位，再到债权人、债务人与社会利益综合本位的变化过程。在现代社会中，债务清偿关系有时可能影响到当事人之外的他人利益乃至社会利益，尤其是公用企业、金融企业、超大型企业的破产，必然会影响到社会公众的利益，产生广泛的不利影响包括失业等社会问题，故当代各国在法律上十分重视对陷入债务危机的大型企业的挽救，以维护社会利益，避免因破产可能产生的社会负面作用。为此需要引入经济法的理念，通过国家的适当介入，才能完成现代破产法的历史使命。

从各国破产立法的情况看，体现国家介入因素的制度主要有：对重整制度的设置，尤其是允许法院在部分利害关系人组别反对的情况下强制批准重整计划；当事人达成的破产和解，须经法院许可后才生效；对特别行业如金融、电信、铁路交通、城市公共交通等公用行业企业的破产能力予以限制或排除，如美国破产法规定，保险公司、银行、作为公共

① 参见史际春、邓峰：《经济法总论》，137～138页，北京，法律出版社，1998。

承运人的铁路运输公司等不适用破产清算程序；对破产人公法、私法上的资格、权利的限制；对债务人破产清偿后的剩余债务强制予以豁免等。

此外，有些原在传统破产法中已有规定的制度，在现代立法观念的影响下也出现新的变化，如为破产的自然人保留其（包括其家庭）生活和工作所必需的财产的自由财产制度虽早已产生，但是对其设立目的的认识经历了不同阶段。其最初只是为了给债务人提供最低基本生活条件的保障，而在现代社会中，其目的是保障宪法所要求的“健康而富有文化性的最低生活”，使破产人作为健全的公民有可能重新起步，并要求破产法院、破产管理人在考虑自由财产的范围时，应牢记该目的。① 这种对自由财产制度设置目的认识的转化，也体现出经济法理念的影响。

作为市场经济重要标志的破产法与其他法律制度具有密切的联系。破产产生的种种社会问题不是一部破产法就能全部解决的，这是需要多个法律部门相互配合、综合发挥作用才能完成的社会任务。其中，破产法着重解决的是债务清偿的法律问题，调整的主要是民商事关系，而破产企业职工的社会保障、就业安置等问题应当由社会保障法、劳动法解决，其他社会问题也由相应的主导法律制度解决。对破产企业失业职工的救济、安置问题必须妥善解决，在一定意义上，它还体现着对社会整体利益的维护、对人权的维护。但这个问题不应在破产法中规定，因为其不属于破产法的调整范围，而是社会保障法的调整范围。

社会保障法律制度以国家为主导强制性建立，享受就业权利与社会保障是公民的宪法权利，也是国家对公民的义务。不同法律部门的基本原则、价值理念是不同的。破产法强调的是遵循市场经济竞争规律，优胜劣汰，保障对债务的公平、有序清偿，维护经济秩序；而社会保障法更多地强调对人权的维护，是对社会弱势群体的特殊保护，是对市场经济竞争之自然规律形成的利益体系作反向的政策性调整。如果把这两种不同的立法宗旨硬塞到一个法中，尤其是破产法中，必然会造成不同立法调整功能的混淆与立法原则间的冲突，进而人为地引发激烈的社会矛盾。妥善安置破产企业职工是各级政府应当履行的职责，应通过完善社会保障法、劳动法来解决。在《企业破产法》的实施中，不应再出现以破坏市场交易安全、损害债权人合法利益、破坏法制为代价，解决政府安置破产企业职工的困难的现象。

第二节 破产法的调整作用

我国《企业破产法》第 1 条规定，“为规范企业破产程序，公平清理债权债务，保护债权人和债务人的合法权益，维护社会主义市场经济秩序，制定本法”。

---

① 参见李永军：《重申破产法的私法精神》，载《政法论坛》，2002（3）。

一、破产法的社会调整作用

破产法的直接调整作用，是保障债务关系在债务人丧失清偿能力时的有序、公平实现，维护全体债权人和债务人的合法权益，维护社会利益与经济秩序。

商品经济是以交换为目的运转的经济模式，只有通过商品交换才能达到经营者的营利目的，商品的价值和使用价值才能得到实现。商品交换包括一手交钱一手交货、即时清结的交易方式和延期付款或交货的信用交易方式。信用交易是目前商品交换最重要的方式，信用关系也就成为维系市场经济正常运转的关键。信用交易在当事人间形成的借贷关系在法律上就是债。债还可能因不当得利、无因管理、侵权行为等形成，但因商品交换形成的债务关系始终在其中居主导地位。所以，保障债务关系的正常实现，维护债权人、债务人的正当权益，便成为确立市场经济秩序的基础，这是任何一个市场经济国家在法律制度上必须妥善解决的基本问题。①

对债的保护是国家各个法律部门的一项综合性任务，其中又以民法和民事诉讼法为主。前者规定债的实体问题，确认当事人间的权利义务关系，后者则通过诉讼与执行程序，保障债务关系得到顺利确认，并在必要时强制加以实现。在债务人有清偿能力而不履行债务或对债务有争议时，通过上述法律制度便可以保障债的履行，使被阻断的经济关系重新得以有序进行，维持商品交换与市场经济的正常运转。但在债务人丧失清偿能力，对到期债务无法还清的情况下，仍仅靠上述法律制度就不足以公平地解决债务问题了。

当债务人丧失清偿能力时，由于其无力还清所有债务，多数债权人的债权在债务人的有限、少量财产上发生竞合，使债务人在有清偿能力时仅存在于单个债权人与债务人之间的个别清偿矛盾进一步扩展到了多数债权人相互之间，一个债权人实现个别受偿，其他债权人就可能分文不获。这时如仍允许债务人主动对个别债权人进行清偿，允许债权人通过个别强制执行的方式实现债权，必然会造成同等权利的债权得不到同等清偿的不公平现象。

此种不公平的严重危害性在于，它是在国家无破产法时既有法律所保护的不公平，当事人对此没有合法的救济渠道。由此产生的后果必然是，债权人会竭力争抢个别优先清偿，甚至与债务人串通进行欺诈行为。债权人的正当权益没有合法渠道实现，迫使不甘受损者不得不自力救济维护权益，这就难免出现任意扣押债务人财产，抢东西还债，甚至非法拘禁债务人逼债等违法行为。由此造成债务关系不能顺利实现，商品交换无法正常进行，进而导致社会信用低下，经济秩序混乱。仅靠对当事人过激自力救济行为的处罚是不可能真正解决这些社会问题的，因为国家根本就没有制定正确解决问题的法律，国家不能公正维护当事人的正当权益才是问题发生的真正原因。

另外，任何人都可能在市场经济的激烈竞争中失败，破产之发生本为正常的商业风险，所以法律也应维护那些诚实而不幸经营失败者的正当权益，并给予适当救济。但依民法债权制度和民事诉讼与执行制度，当债务人丧失清偿能力还不起债时，他不仅要饱受多

① 参见王欣新：《试论破产法的调整机制与实施问题》，载《中国法学》，1991（6）。

重讼累，而且对债务永远负有清偿责任，这就使其在一次失败后可能永远也翻不过身来。还有的债务人事业虽陷入困境，但尚有挽救希望与价值，而在原有法律框架内则得不到重整事业的制度支持与法律机会。债务人要避免破产倒闭，必须逐个与所有债权人达成和解协议，而这是非常困难的。为此也需要立法保障债务人的正当权益，对诚实的破产人在破产程序中未能偿清的剩余债务依法免除，以鼓励其在破产后积极参与经济活动，创造新财富；保证那些事业尚有挽救希望者能够通过法律的强制性规定避免破产，获得新生，进而实现对社会经济秩序与社会整体利益的保护。

为此，在债务人丧失清偿能力时，要公正解决债务清偿等问题，保障社会经济秩序，实现法的公平、正义价值，就必须制定特殊的法律制度，这就是破产法。破产法为人们提供了保障债务关系有序、公平最终实现的法律途径。从对债权人的保障看，它不在于满足个别债权人的利益，更不是要使债权人都获得全额清偿（因客观上通常已不可能），而是要做到对全体债权人公平、有序的清偿。从对债务人的保障看，一方面，破产法为其提供了免受多重讼累、一体解决债务清偿纠纷的机会，并依法豁免其偿还破产程序中未能偿还的余债的责任；另一方面，破产法也为那些事业尚有挽救希望与价值的债务人提供了通过强制性和解或重整程序避免破产、再振事业的机会。

为达到上述目的，破产法必须具有与其他法律不同的特殊调整手段，这主要是通过对债权人、债务人及其他利害关系人原有民事权利义务以及民事执行手段加以适当扩张和限制而形成的：在破产程序启动后停止债权人、债务人的个别清偿行为，确立公平清偿的原则与合理的清偿顺序；设定破产撤销权以纠正债务人在破产案件启动前法定期间内损害债权人共同利益的欺诈性财产处分行为与对个别债权人的偏袒性清偿行为；调整破产债权人行使抵销权的条件；适当破除保证的从属性，扩张债权人对债务人的保证人和连带债务人的权利；设立债权人会议和债权人委员会，协调多数债权人的法律行为，维护债权人的共同利益；对债务人的权利也加以适当的扩张或限制，如在破产程序终结后依法免除破产人未偿还的余债，规定具有一定强制性质的和解与重整程序，为债务人提供避免破产的有利机会；设置管理人作为负责破产清算、对债权人公平清偿的专门机构，以保障破产程序顺利进行；等等。

破产法的特殊调整手段足以证明其在市场经济法律体系中所具有的毋庸置疑、不可替代的重要作用。从对债的保障看，其他任何法律都不具有破产法在债务人丧失清偿能力时解决债权人之间矛盾，对全体债权人公平、有序清偿，并维护债务人正当权益的作用。破产法的普遍实施，将彻底转变我国过去对债的保护只能到终止本次执行为止的状况，终结债务的无限拖延，通过打破几个链环的方式解开束缚大多数企业的债务锁链，使阻塞、混乱的商品交换等经济活动重新得以顺利、有序地进行。

没有破产法，国家对商品交换与债务关系的保护就始终存在体系上的缺陷，永远无法完备，而其他法律、政策的相关调整作用也将在此被稀释，甚至诱发相反的逆选择副作用，市场经济秩序将长期处于不稳定的危险状况。这是不以人的意志为转移的客观规律，违背它只能受到经济的惩罚，我国的实践已经证明了这一点，尽管有时由于其他社会矛盾的掩盖，使人们不易看清事物复杂表象下的本质。

二、破产法的间接社会影响

破产法在调整债务关系的同时对市场经济还会产生广泛的间接社会影响，它有助于进一步完善市场经济优胜劣汰的竞争机制，利用破产的压力，促进企业完善法人治理机制，提高经济效益；通过破产与重整制度，优化社会资源的配置与使用，调整经济结构，除清僵尸企业，提升营商环境等。破产法的这些间接社会影响对市场经济的发展与完善具有重要的意义，不容忽视，但同时我们也应当清醒地看到，这些社会影响都是通过破产法对债务关系的调整而间接产生的。不能将这些间接影响理解为我国制定破产法的根本动因，更不能以此来说明破产法存在与实施的必要性，否则便是本末倒置，必将产生危及破产法存在价值的种种错误认识。因为对上述各种社会问题，国家自有相应的主导性的法律制度和政策加以调整，破产仅是解决问题的手段之一，并非绝对不可缺少或不可替代的，如企业的竞争淘汰机制可通过并购、解散等实现，改善企业经营管理、提高经济效益的途径更是多方面的，而对产业与产品结构、资源配置的调整，甚至可采取行政手段解决。尽管这些调整手段不一定适合于各种情况，可能产生社会副作用，有些甚至不符合经济体制改革的方向，但确实可以在不适用破产法的情况下达到一定的调整效果，但唯独在对债务关系的特殊调整上，破产法的作用是任何其他法律或行政措施所无法替代的。因此，在理解破产法的立法必要性时，必须以市场经济的规律为认识基点。

我国过去对破产法的宣传曾存在一些失误：多从社会表象出发，片面、功利地强调其间接社会影响，而对其本质作用反而认识不足。这反映出一些人的思想上还没有真正认识市场经济的运行规律，仍将破产视为负面的概念，没有认识到破产法在推动市场经济健康发展方面的积极本质作用，更没有把对债务关系的保护视为维护我国基本经济制度必不可少的基石，给予其应有的重要地位。所以，当破产法的实施与改革中的旧体制发生矛盾，出现困难时，便冒出种种以其他制度取代破产法，甚至实施违背破产法立法宗旨的错误制度。一种新制度的实施是不可能一帆风顺的，不可能在不触犯现有体制、现行权利分配与既得利益的情况下，便一举解决全部问题。相反，它迫使人们痛苦地改变旧的观念，并非自愿地失去一些既得利益，与原有社会体制也会发生剧烈冲突。由于最初法律本身与其实施的社会环境总是不完善的，在法律施行中难免会产生一些令人不快的副作用，如社会保障制度不健全、职工失业增加导致社会救济、安置工作困难等，但这些消极现象从本质上讲并非破产法所造成的，它们早已在经济发展中或明或暗地客观存在，只不过是破产法的实施使其充分暴露出来。对这些社会问题完全可以通过完善社会保障制度与劳动立法等方法解决，但以此来否定破产制度、扭曲破产法实施的做法是错误的，必须予以纠正。

破产对社会经济发展是具有重大促进作用的，但人们认识到这一点需要转变思想。“在印度，人们往往对于企业破产抱有一种羞耻感，甚至会认为失败的企业家不是好的企业家。其实我们应该鼓励一种恰好相反的思维，企业家就是冒险者，冒险不一定成功，但能带给人们经验教训。人们应该容许企业家从破产中吸取教训，然后在认识到过去的错误的基础之上，开辟新的发展道路。所以说企业的破产和退出机制是相当重要的，如果这种机制不完善，可能会从一开始就压抑企业家的创业动力。"①

此外，建立完善的破产法制，也是我国在加入世界贸易组织后真正融入世界经济贸易体系、获得承认完全市场经济地位、提升营商环境的重要条件。欧盟理事会 1998 年 4 月 27 日制定的《第 905/98 号理事会条例》第 2 条即规定，给予一国市场经济地位的标准之一，就是企业应受破产法的约束与保护。所以，破产法的制定与普遍实施是我国市场经济秩序最终基本确立，并为世界各国所认可的关键性标志之一，必须予以充分重视。

第三节　破产法的历史沿革

一、破产法的产生与发展

现代破产法由各国不同的法律渊源逐步发展形成。具有破产法的社会调整作用的法律规定，最早萌生于简单商品经济社会的古罗马国家时期，其产生的最初动因，是为维护债权人的利益，保证对全体债权人的公平、有序清偿。而后随着社会的发展进步，债务人的利益、社会整体利益才逐步得到社会重视，被破产法纳入调整范围。

（一）古罗马国家时期破产法的萌芽

古罗马国家时期是奴隶社会，但其发达的商品经济基础诞生了罗马法体系，破产制度也萌芽于其中。早期的破产制度完全是从保护债权人利益的角度来调整债务关系的。

公元前 451 年至公元前 450 年间的古罗马《十二铜表法》的第三表"债务法"中规定：在债务人承认的债务到期后或债务为法庭判决确认后，债务人应在 30 日内还债。债务人逾期不能清偿，债权人有权自行将债务人拘捕起来，押至法官面前，陈述债务人负债及未能清偿的事实，申请执行。如债务人既不能清偿债务，又无人为其担保，法官即裁判将债务人交与债权人带回家中拘禁，拘禁期为 60 天。在拘禁期间，债务人可以与债权人谋求和解。和解不成时，债权人应在此期间将债务人于集市日三次带到集市，当众宣布债务人负债数额，看是否有人愿为其担保或替其还债赎身。如拘禁期满债务人仍无法还债，也不能找到担保人或替其还债者，债权人便有权将债务人售至国外为奴，还有权将债务人处死。债务人的其他债权人可以申请加入对债务人财产的执行，可以公平分享出卖债务人的价金，还可以将处死的债务人的肢体切块，分配尸体，即使尸体的分配与债权比例不符，也不构成犯罪。这些规定表明，在债务人丧失清偿能力时债的公平偿还问题已经纳入法律调整范围，破产法开始萌芽。

对债务人的处死分尸，一方面反映出对多数债权人的公平分配，另一方面，可能也是当时制约债务清偿的有效方法。据考证，罗马人将负债不偿视同盗窃，债权人扣押债务人

---

① 刘波：《印度创新的启示——访世界银行高级经济学家马克·杜茨》，载《经济观察家》，2009－07－20。

尸体是对其亲属的巨大压力。因为罗马人视亡魂为神明，债务人尸首不能安葬，则亡魂便不能安神于天国，必怨而降祸于其亲属。亲属惧祸降及其身，自必想方设法代为偿债。①

后来随着社会的发展进步，公元前 326 年，罗马参议院颁布了帕特利亚法案（Lex Poptelia），禁止因欠债将罗马平民处死或贩卖为奴隶，在债务清偿上废除对人身的执行，逐步转化为对财产的执行。此后，罗马法中又建立了总括拍卖、个别出卖以及委付等制度，破产清算法制板块逐步得到建立。

古罗马国家时期的破产法具有以下特点：

（1）破产法的执行对象，由对债务人人身与财产的共同执行逐步转化为对财产的执行。初期，破产往往是以债务人沦为奴隶而告终。古罗马的债务理论认为，“债的效力使债权人与债务人身体发生密切联系。因此，当债务人不能履行时，债权人当然就可以拘束他、监禁他，直至出卖、杀死他”②。罗马共和国中期以后，对债务人人身的执行才逐步被废止，转化为仅对财产的执行。

（2）实行自力救济与公力救济相结合，以自力救济为主的执行方式。自力救济是指由合法权益受到损害的公民，在法律允许的范围内自行维护其权益，表现为债权人有权拘捕、监禁债务人，有权处理债务人财产等。公力救济是指对合法权益受到侵害的公民，由国家以社会公共利益代表的身份维护其权益。在古罗马破产法中，自力救济的程度要远大于公力救济，这是由当时法制不完善、社会盛行自助主义的历史条件决定的。

（3）以审判形式对无力偿还债务者进行清算，债权人平等获偿，债务未获清偿部分的偿还责任并不免除。立法为债权人权益而设置，目的是使对债务人财产的清算和对多数债权人的清偿能够公正、有序进行。

（4）采取破产惩戒主义。破产人除要承担财产上的责任外，还要受到其他方面的惩处。古罗马法规定，对破产人给予丧廉耻的处分。丧廉耻者“无选举权和被选举权，也不得服兵役，其诉讼权亦受到限制，除为家属和恩主外，不得代他人进行诉讼，亦不得请他人代自己进行”③。

（二）中世纪欧洲各国破产法

在中世纪的欧洲，破产法律制度得到较大发展。意大利破产法首创商人破产主义，以停止支付作为破产原因，并为保护债权人利益建立了预防债务人欺诈性转让财产的嫌疑期制度，以追回被非法转让的财产。西班牙对破产法的发展也有重要的影响，据考证，和解程序最早便萌芽于其《七章律》。该法律规定，一个值得同情的债务人，有权同其大多数债权人达成一项延期偿还或减少债务的协议，债权人不同意的，也得受其约束。④

中世纪欧洲多数国家的破产法奉行商人破产主义，仍存在自力救济因素，立法以对债权人保护为宗旨，少有考虑债务人的利益，对债务人实行不免责主义，实行破产惩戒

---

① 参见周枏：《罗马法原论》，1 版，869 页，北京，商务印书馆，1996。

② 江平、米健：《罗马法基础》，216 页，北京，中国政法大学出版社，1991。

③ 周枏等编：《罗马法》，76 页，北京，群众出版社，1988。

④ 参见周枏主编：《经济法》，286 页，北京，知识出版社，1982。

主义。[①]

（三）近现代西方国家破产法

法国于1807年颁布了《拿破仑商法典》，其第三卷为“破产篇”。这是第一部系统的资产阶级破产法典，对后世影响甚大。该法实行商人破产主义，以停止支付为破产原因，对债务人不免责。

德国统一后，于1877年制定《德意志帝国破产法》，自1879年10月1日起施行。该法经修改后于1898年重新颁布，自1900年起施行。1877年《德意志帝国破产法》被誉为经典的百年法典。德国于1978年开始对破产法进行改革，并于1994年制定新的破产法。该法主要突出了以下内容：(1) 实行单一程序，消除破产程序与和解程序并存的状况；(2) 加大诉讼外重整的力度；(3) 采取措施，防止财团财产出现不足；(4) 加强债权人自治；(5) 提高分配的公正性；(6) 实行消费者支付不能制度和剩余债务免除制度。[②]

比利时在近代破产法上的主要贡献是首创独立的破产和解立法。1887年比利时颁布《司法和解法》，为预防债务人破产提出了法律救济渠道。该法此后为世界各国效仿，享有盛誉。

破产法在英美法系国家中出现较晚，是在借鉴大陆法系国家破产法的基础上产生的。英美法系国家本以判例法著称，但是破产法却长期体现为成文法的形式。英国第一部具有典型近代意义的破产法，是于1883年修改后颁布的破产条例，曾于1890年、1913年两次被修改。1914年英国颁布新破产法，该法适用于自然人破产案件，公司法人的破产则在公司法中规定，由此形成自然人与公司两套破产程序，这曾构成英国破产法的一个特点。1986年英国颁布《无力偿债法》，将自然人破产与公司法人的破产合为一体，并设置重整制度。

美国的破产法属于联邦立法。由联邦统一立法，是为了防止债务人利用各州立法的不统一，跨州转移财产、逃避债务。美国于1978年颁布了现行破产法典。该破产法典对世界破产立法最大的影响之一，是其第十一章所建立的重整制度。

近现代西方国家的破产法具有以下特点：

(1) 破产已经被视为市场经济生活中的一种正常法律现象，破除了破产惩戒主义的影响，免责主义已为多数国家所采纳。

(2) 以一般破产主义取代商人破产主义，法人作为破产法的主体出现。在投资者负有限责任的公司破产时，原本需要通过免责制度取得的余债免除利益，股东可以通过有限责任制度得以实现，这使债权人与债务人之间的利益关系出现新的变化。

(3) 广义的破产法由破产清算制度和预防债务人破产的和解、重整制度组成。重整制度是预防企业破产最为积极有效的措施，已经为世界各国所普遍采用。目前在一些国家的立法中存在缩小和解制度适用范围、扩大重整制度适用范围的趋势。

---

① 参见汤维建：《破产程序与破产立法研究》，13页，北京，人民法院出版社，2001。

② 参见《德国支付不能法》，杜景林、卢谌译，1页，北京，法律出版社，2002。

二、中国破产制度的历史沿革

（一）旧中国的破产法律制度

中国的破产法律制度始于清朝末年，此前债务人丧失清偿能力的，适用刑律调整，如清朝刑律规定，对于侵蚀倒闭商民，可由官厅拘捕监禁，分别查封寓所家产和原籍家产，勒令亲属两个月内将侵蚀各款偿清。1906 年，清朝商部起草颁行《破产律》，但因该法中采纳了一些具有资产阶级民主性的法律规范，并与过去“先洋款，后官款，后华商分摊”的惯例不符，户部遂行文向商部表示反对，而商部及上海、北京等地商界则表赞成。因遭强烈反对，该法于 1908 年被废止。

中华民国初期，1915 年北京法律修订馆曾参照德、日两国破产法拟定了一个破产法草案。因制定不够完备，草案未获通过实施。1927 年，为了应对日益增多的破产案件，北洋政府司法部将该破产法草案呈准暂予施行。

1933 年，国民政府制定《商人债务清理暂行条例》，并于同年 10 月 22 日公布施行。1935 年 7 月 17 日，国民政府制定并颁布《破产法》，自同年 10 月 1 日起施行。该法采一般破产主义，并规定有和解程序，对破产人实行非惩戒主义和免责主义。

（二）新中国破产法的产生与发展

新中国成立后不久，便长时期实行计划经济体制，否认商品经济的作用，自然也就谈不到制定破产法的问题。破产法律制度是在党的十一届三中全会以后，随计划经济体制向市场经济体制转化、企业法人制度的确立和改革开放的深入而逐步建立的。

在 1984 年 5 月召开的第六届全国人大第二次会议上，部分人大代表提出制定企业破产法的提案。同时，企业破产的试点工作在沈阳、武汉、重庆等地进行。1985 年 2 月 9 日，沈阳市人民政府发布《关于沈阳市城市集体所有制工业企业破产倒闭处理试行规定》，这是我国改革开放后第一个地方性破产规章。同年 8 月 3 日，沈阳市人民政府举行新闻发布会，由沈阳市工商管理局宣布给予沈阳市防爆器械厂、五金制造厂、农机三厂三企业破产警戒通告，限期一年整顿，整顿逾期无效即宣告破产。1986 年 8 月 3 日，沈阳市人民政府根据整顿结果由市工商管理局宣布沈阳市防爆器械厂破产。这是我国经济体制改革后第一家破产企业。这些试点工作为破产立法提供了实际经验。

经过第六届全国人大常委会第十六、十七、十八次会议三次审议，1986 年 12 月 2 日，第六届全国人大常委会第十八次会议通过了我国第一部破产法——《中华人民共和国企业破产法（试行）》[以下简称《企业破产法（试行）》]。《企业破产法（试行）》共 6 章 43 条，适用于全民所有制企业。该法规定自《全民所有制工业企业法》（当时尚未制定）实施满 3 个月之日起试行。后根据《全民所有制工业企业法》的制定实施情况，《企业破产法（试行）》从 1988 年 11 月 1 日起生效实施。1991 年 4 月 9 日，第七届全国人大第四次会议通过《中华人民共和国民事诉讼法》（以下简称《民事诉讼法》），其第二编中专设第十九章“企业法人破产还债程序”，适用于非全民所有制的法人型企业的破产案件，进一步扩大了破产制度实施的范围。至此，所有法人型企业均被纳入破产法的调整范围。

最高人民法院于1991年11月17日下发了《关于贯彻执行〈中华人民共和国企业破产法（试行）〉若干问题的意见》，于1992年7月14日下发了《若干意见》，此外还就企业破产案件审理的有关具体问题发布了一些司法解释文件。最高人民法院于2002年7月30日公布了《关于审理企业破产案件若干问题的规定》（以下简称《破产规定》）。该规定将此前最高人民法院有关司法解释的内容基本上总结涵盖于内，是较为详尽、全面的司法解释。

为促进国有企业的破产试行工作，国务院于1994年10月25日发布《关于在若干城市试行国有企业破产有关问题的通知》，对试点城市中破产企业职工的安置、破产财产（包括土地使用权）的处置、银行贷款损失的处理等破产法实施中的难点问题作出规定。但此后一些地方出现滥用破产政策侵害债权人权益的问题。1997年3月2日，国务院发布《关于在若干城市试行国有企业兼并破产和职工再就业有关问题的补充通知》，强调破产之特殊政策只适用于国务院确定的企业“优化资本结构”试点城市的国有工业企业。国务院有关部委还对此制定了一些规章。国务院上述两个通知中确定范围内的国有企业的破产，实行所谓政策性破产（或称计划内破产）制度，其实施目的与破产法不同，主要在于解决国有亏损企业的关闭与职工安置问题，故其实质是一种行政关闭程序，所以债务清偿顺序与破产法规定的不同，破产企业的所有财产包括担保物均要优先清偿职工债权与职工安置费用，以解决政府财政困难和社会难题，债权人的利益基本上得不到保障。此后，政策性破产的适用范围又被相继出台的有关规定不断扩大。

我国的破产法诞生后，对经济体制改革与市场经济建设起到重要的促进作用，表明了我国坚决走市场经济道路的决心。但《企业破产法（试行）》因受制定时经济体制改革与法律研究状况的局限，存在立法思想陈旧、体系杂乱、适用范围过窄、重要制度（如重整、管理人等制度）缺失、政府不正当行政干预过重、国有企业的政策性破产与法律冲突、法律规范粗略、缺乏可操作性、立法技术错误等诸多问题，已经不能适应对社会关系调整的需要，影响到破产制度的正确实施。总体上看，《企业破产法（试行）》十余年的试行，仍未能在中国普遍建立起规范的破产制度，其作用更多的是在人们意识中逐步培育起破产法是市场经济社会法律体系的重要组成部分的观念，故在我国市场经济体制已经逐步确立之后，制定统一的企业破产法，规范破产制度的实施，已是势在必行。

在1988年曾由国务院制定《破产法实施条例》，解决法律试行中的问题。条例由当时的国家经济体制改革委员会负责牵头制定，在1989年年初已完成第二稿，准备提交国务院审议，但因当时种种因素的制约，条例的制定工作未能继续进行。

1994年3月，制定一部新破产法的立法工作被第八届全国人大常委会提上日程。第八届全国人大财经委员会负责组织新破产法的起草工作，并于1995年形成立法草案，该草案经财经委员会全体会议讨论通过后准备提交全国人大常委会审议。但因对法律出台时机存在不同意见以及社会保障制度不健全等原因，全国人大常委会未安排对这一法律草案的审议。

第九届全国人大任期期间，全国人大财经委员会对破产法草案进行了反复修改，原拟于 2002 年上半年提交全国人大常委会审议，后因个别地方出现职工下岗社会不稳定现象，并存在对国有企业破产问题的认识分歧，终未能实现。

第十届全国人大常委会再次将企业破产法列入五年立法规划。第十届全国人大财经委员会于 2003 年 8 月 21 日成立了新一届破产法起草组。破产法起草组到上海、江苏、广东、海南等地进行破产立法调研，召开破产立法国际研讨会，对破产法草案逐条进行了讨论修改，并发往各地、各部门广泛征求意见，最终形成破产法草案审议稿。

2004 年 6 月 21 日，在第十届全国人大常委会第十次会议上，新破产法草案首次被提请审议；10 月于第十届全国人大常委会第十二次会议上进行了第二次审议。原计划是在当年 12 月提交第三次审议通过，但因在职工债权和担保物权债权何者清偿顺序更为优先的问题上发生重大争议，立法工作被停滞了近两年。2006 年 8 月 27 日，第十届全国人大常委会第二十三次会议第三次审议并通过了《企业破产法》，自 2007 年 6 月 1 日起施行，《企业破产法（试行）》同时废止。根据 2007 年 10 月 28 日第十届全国人大常委会第三十次会议《关于修改〈中华人民共和国民事诉讼法〉的决定》，删除《民事诉讼法》第十九章“企业法人破产还债程序”，将破产问题统一交由《企业破产法》调整。

《企业破产法》出台后在我国建立起了一套新的破产法律制度。2007 年在《企业破产法》实施前，最高人民法院制定了《指定管理人规定》《确定管理人报酬规定》《新旧破产法衔接的规定》三个司法解释；2008 年发布《人员下落不明或者财产状况不清债务人批复》；2009 年发布《关于依法审理和执行被风险处置证券公司相关案件的通知》《正确审理企业破产案件意见》《关于受理借用国际金融组织和外国政府贷款偿还任务尚未落实的企业破产申请问题的通知》；2010 年发布《关于对因资不抵债无法继续办学被终止的民办学校如何组织清算问题的批复》；2011 发布《企业破产法司法解释一》《关于正确适用〈中华人民共和国企业破产法〉若干问题的规定（一）充分发挥人民法院审理企业破产案件司法职能作用的通知》；2012 年发布《欠缴税款滞纳金债权确认批复》《个人独资企业清算参照适用企业破产法批复》《上市公司重整座谈会纪要》；2013 年发布《企业破产法司法解释二》；2016 年发布《最高人民法院关于破产案件立案受理有关问题的通知》；2017 年发布《执行案件移送破产审查意见》；2018 年发布《破产审判会议纪要》；2019 年 2 月发布《企业破产法司法解释三》，11 月发布《民商审判会议纪要》，其中第十部分为“关于破产纠纷案件的审理”；2020 年《民法典》出台后，12 月发布《民法典担保制度解释》等司法解释，出台最高人民法院《关于修改〈最高人民法院关于破产企业国有划拨土地使用权应否列入破产财产等问题的批复〉等二十九件商事类司法解释的决定》，对涉及破产问题的司法解释作出修改。2021 年国家发展和改革委员会、最高人民法院、财政部等十三中央部门联合下发《关于推动和保障管理人在破产程序中依法履职进一步优化营商环境的意见》。2019 年，全国人大常委会启动了对《企业破产法》的修改工作。我国的破产法制在不断健全完善之中。

第四节 《企业破产法》的适用范围

法律的适用涉及适用主体、适用地域和适用时间。法律的适用时间问题较为简单，《企业破产法》第 136 条规定："本法自 2007 年 6 月 1 日起施行，《中华人民共和国企业破产法（试行）》同时废止。"《企业破产法》从颁布到实施有一定实施准备期间，以进行制定必要的配套法律、法规、司法解释和行政规章，培训法官、管理人以及相关人员等工作。在《企业破产法》的适用问题上，需要重点研究的是主体适用范围和地域适用范围。

一、《企业破产法》的主体适用范围

破产法适用于哪些主体，即其对人的适用范围问题，体现为各国破产法中对债务人破产能力的规定。

（一）我国破产法对破产能力的规定

在我国旧破产立法体系之下，破产程序适用于企业法人，其中，全民所有制企业法人的破产适用《企业破产法（试行）》，非全民所有制企业法人的破产适用《民事诉讼法》第十九章"企业法人破产还债程序"。自然人、非法人的自然人企业如个人独资企业、合伙企业等无破产能力，非企业的公法人和公益法人也无破产能力。

早在《企业破产法》的制定过程中，起草工作组内部对应扩大破产法的主体适用范围已形成共识，虽然在将主体适用范围扩大到何种程度方面还存在分歧。在提交全国人大常委会第一次审议的《企业破产法（草案）》中，除企业法人外，破产法的适用对象扩大到个人独资企业、合伙企业等其他非法人型的营利性经济组织，并将因个人独资企业、合伙企业破产而可能随之发生的企业出资人和合伙人的破产也纳入法律调整范围，但草案提交审议后，因存在不同意见，最终破产法的主体适用范围未作实质性扩大。

根据《企业破产法》的规定，破产法的主体适用范围可分为直接主体适用范围与参照主体适用范围。《企业破产法》第 2 条规定，其直接主体适用范围是所有的企业法人，与旧破产法体系下的适用范围相同。同时，《企业破产法》第 135 条规定："其他法律规定企业法人以外的组织的清算，属于破产清算的，参照适用本法规定的程序。"据此规定，第一，可参照适用破产法规定程序的企业法人以外的组织，以企业为主，但不限于企业，可以涵盖合伙企业、个人独资企业、农民专业合作社、民办学校等社会组织。第二，要有其他法律明文规定这些组织的清算属于破产清算。因立法将参照适用的范围限于破产清算程序，所以，若依此文义解释，和解与重整程序便不能适用，但这不利于充分发挥破产法的社会调整作用，故应作适当扩大解释为宜。第三，这种适用是参照适用，即适宜的规定可以适用，不适宜的规定可以不适用，并非绝对严格地适用《企业破产法》。《企业破产法》实施后，最高人民法院陆续对个人独资企业、民办学校等主体参照适用《企业破产法》问题作出具体规定。

【案例 1—1】沭阳县胡集金桥学校破产清算案

江苏省沭阳县人民法院于 2014 年 6 月 24 日在《人民法院报》上刊登如下破产公告："本院根据申请人张某玉、孟某录等人的申请，于 2013 年 8 月 30 日裁定受理沭阳县胡集金桥学校破产清算一案。经查明，被申请人沭阳县胡集金桥学校对外所负债务，由债权人申报并经破产管理人审核后予以确认的债务总额累计 7 755 923.78 元，被申请人现有资产经本院查封、评估、拍卖，拍卖价格为 290 万元，被申请人现有资产不足以清偿全部债务。本院依照《中华人民共和国企业破产法》第一百零七条之规定，于 2014 年 6 月 6 日裁定宣告被申请人沭阳县胡集金桥学校破产。"

此外，《企业破产法》还规定了一些主体适用法律的特殊情况。该法第 134 条第 2 款规定："金融机构实施破产的，国务院可以依据本法和其他有关法律的规定制定实施办法。"这是因为金融机构的破产存在一些特殊问题，需要制定具体实施办法来解决。该法第 133 条规定："在本法施行前国务院规定的期限和范围内的国有企业实施破产的特殊事宜，按照国务院有关规定办理。"这是指国有企业的政策性破产。根据国务院有关文件规定，目前政策性破产已完全停止实施，彻底退出历史舞台。

（二）破产法关于破产能力的一般理论

确定破产法的主体适用范围，要遵循有关破产能力的一般理论。破产能力，是指债务人能够适用破产程序解决债务清偿问题的资格，也就是民事主体可以被宣告破产以清偿债务的资格，在广义上还包括适用破产挽救程序的资格。在此须注意民事权利能力与破产能力的关系。通常，具有民事权利能力是具有破产能力的前提，但因破产法是适用于特殊情况下的债务清偿程序，所以其适用的主体对象即具有破产能力者，与具有民事权利能力的主体范围也有所不同。一方面，各国基于社会政策和历史文化背景的不同，在破产法中往往规定某些具有民事权利能力的主体不具有破产能力，如国家政府机关等公法人；另一方面，为公平维护债权人的利益，又可能将破产程序适用于不具有民事权利能力的主体，如一些国家的破产法规定，遗产也具有破产能力。

1. 自然人的破产能力

破产制度最早是从自然人破产发展而来的。从适用的一般原则讲，存在个人破产制度的各国，对自然人的破产能力在历史上有两种立法主义，即商人破产主义和一般破产主义。

商人破产主义形成于中世纪意大利沿海商业城市。该主义主张在债务人不能清偿债务时，只对从事商事活动即以营利为目的活动的商人适用破产程序予以解决，对一般人仍适用民事诉讼执行等程序予以解决。采此理论的国家在立法上多不将破产法作为独立法典，而是将其作为商法典的一部分。大陆法系国家中的拉丁法系国家往往采此主义，如意大利、比利时、法国（1967 年立法修改前）。一般破产主义主张所有人均可适用破产程序，不因是否从事商事活动而有区别，消费者也可适用破产程序，英国、美国、德国、日本等国采用此立法主义。出于全面调整债务关系的需要，加之现代社会中商人的概念已为法人、公司、企业等所取代，20 世纪后各国制定的破产法中几乎已无再采商人破产主义的，一些过去采用商人破产主义的国家也有改采一般破产主义的趋势，如法国便在 1967 年颁布的破产法中摒弃了商人破产主义。

通常，各国破产立法还规定，自然人的破产能力可以延展到遗产或共同财产之上，即遗产或共同财产也具有破产能力，如德国破产法第 11 条中规定："依第 315 条至 334 条，可以对遗产、对延续共同财产关系中的共同财产或对共同财产关系中由夫妻双方共同管理的共同财产开始支付不能程序。"

2. 法人的破产能力

各国通常根据本国国情与社会政策，依法人不同的性质区分规定其是否具有破产能力。一般的原则是，除公法人外，对其他法人的破产能力普遍予以承认，同时又可根据具体情况，对个别类别法人的破产能力予以适当限制或排除。

第一，公法人。公法人是以行使社会公共管理职能为目的而设立的国家政府机关。如允许公法人破产清算，可能会导致社会管理职能瘫痪，社会秩序混乱，甚至发生社会政治危机。此外，公法人的经费是由国家财政负担，除发生财政危机外，一般不会出现不能清偿债务的情况，所以，各国立法通常规定公法人不适用破产程序。如德国破产法第 12 条即规定，对公法人不适用破产程序。但有些国家对地方市政当局的债务调整规定有特殊程序，通常是重整程序，如依美国破产法第 9 章的规定，洛杉矶市的奥兰治县县政府等曾据此申请了破产保护；美国密歇根州的底特律市在 2013 年 12 月 3 日，经美国联邦法院破产法官罗兹裁决，进入破产保护程序。在日本，一些公共性弱的公法人也可具有破产能力，这是日本学术界的普遍观点。①

第二，公益法人。公益法人属非营利社会组织，如政治党团、工会、商会、消费者协会、慈善组织等。对公益法人是否具有破产能力，存在两种观点。一种观点认为，公益法人虽不以营利为目的进行活动，但其性质仍属于私法人，破产法亦具有私法性质，所以公益法人应受破产法的调整，如日本法律规定，学校法人、宗教法人、商工会议所等均具有破产能力。另一种观点认为，公益法人活动的宗旨是为社会公益，与商事企业不同，不宜适用破产程序解决债务问题。大多数国家规定，公益法人有破产能力，同时对某些类型的

---

① 参见［日］石川明：《日本破产法》，何勤华、周桂秋译，33 页，北京，中国法制出版社，2000。

公益法人的破产能力加以限制或排除，以适应其社会政策的需要。

第三，企业法人。各国破产立法均承认企业法人具有破产能力，但有些国家出于社会政策需要，对特殊行业的企业如电信、金融及铁路交通、城市公共交通等公用企业的破产能力，往往在破产法或相应特别法中予以限制或排除，如美国破产法规定，保险公司、银行、作为公共承运人的铁路公司等不适用破产法中的清算程序，但可以适用重整程序。

（三）我国个人破产制度的建立

目前我国已经制定了《企业破产法》，但是尚未制定个人破产法，这就使很多因个人债务纠纷引发的社会问题与矛盾无法在破产制度下得到合理解决，并严重影响到《企业破产法》的顺利实施，进而影响到营商环境的提升和改革开放目标的实现。

个人破产的立法问题，是当前人们关注的社会热点之一。根据全国人大《企业破产法》实施情况评估显示，近80%的受访者认为非常有必要或是较为有必要在破产法的修改中引入个人破产制度。

个人破产立法的必要性和重要意义，在于其不仅是单纯的一项破产法律制度的建立，对个人债务人与债权人的正当权益会起到重要的保障作用，而且是我国在市场化、法治化、国际化方面推进的一项重大的社会政策，是对法律与社会的深度改革与开放，是对市场经济体制及其法律体系的健全、完善，对营商环境的提升具有重要意义，所以个人破产立法的目的，还包括通过其对市场经济与社会全方位、多层次的调整作用，实现更为广泛的社会利益，这是我们在评价和进行个人破产立法时必须予以充分考虑的。

第一，市场经济的发展需要最大限度释放所有市场主体的经济活力，尤其是企业家的创造能量，为创业、创新与竞争、发展提供制度支撑、风险控制和社会保障。个人破产法中的各项制度设计，要实现“促进竞争、鼓励创新、宽容失败、保障生存”的立法目的，通过自由财产和免责等个人破产特色制度激励债务人积极回归社会、创造财富，促进市场经济发展、维护社会稳定。

第二，通过建立企业与个人全面的市场主体破产制度，建立起规范、公平、有效的债务清偿机制，保障市场经济秩序，促进社会诚实、信用理念的发展，实现市场经济公平、公正的基本原则。

第三，个人破产法的制定有助于保障债务人的人权，即其作为人的生存权与发展权，进而为其在经济上提供人权的基础保障，使其在财务崩溃的情况下能够维持较为正常的经济活动与社会生活。这是任何一个市场经济社会都应当具备的基本功能，为此在个人破产法中要设置与企业破产不同的体现个人生存权和发展权的相关制度，尤其是自由财产与免责等制度。

第四，通过对个人债务在破产法律制度下的妥善处理，缓和、化解、消除由此可能产生的社会矛盾、负面因素，防范因债务纠纷激化、生活无出路产生的违法犯罪行为，建立稳定、和谐社会的坚实基础，为市场经济的健康发展提供法律与制度保障。所以，个人破产法的制定具有重要的积极社会意义。

建立个人破产制度的关键，是社会观念的改革、开放。在中国，典型的传统社会观念“欠债还钱、天经地义”，是以非市场化、非法治化的道德标准，绝对化地评价和解决法律与经济问题。“实际上，‘欠债还钱’这个观点的神奇之处就在于，即使根据标准的经济学理论，它也是不正确的。债权人理应承担一定程度的风险。如果不论多么愚蠢的贷款都能获得偿还——例如不存在破产法，那么结果将是毁灭性的：还有什么理由阻止债权人出借愚蠢的贷款呢?”① 由于历史、文化等多方面的原因，“个人破产的立法倡议，极易受到来自我国政治制度、意识形态和文化传统等多方面的挑战”②。破产就是放纵逃债等错误观念，构成对个人破产立法的巨大阻力，必须全力予以澄清和纠正。

还有的人认为，个人破产立法虽有必要性，但其实施环境与社会配套制度尚不完善，不宜立即立法。这一观点是不妥的。我国在建设与完善市场经济体制的过程中，必然会出现个人丧失债务清偿能力的现象，而“希望在完全没有正式法律框架（含催收立法）的情况下能妥善处理好由此引发的一系列社会和法律问题，也无疑是自欺欺人”③。立法配套制度的完善是一个相对性的问题。从某种意义上讲，任何一部法律出台时都存在配套制度不完善的问题。也就是说，没有一部法律在出台时其配套制度是完全完善的。其实，新出台的法律本身也会存在不完善的问题，也是在其实施中才逐步发现问题、解决问题的，所以需要定期进行立法修订。法律尚且不完善，又何谈配套制度的完全完善。评价法律配套制度是否完善，应当是相对于法律的一般性正常实施而言的，这是要通过比较类似法律、类似实施行为能否基本实现来确定的，例如，破产属于概括的执行行为，可以与类似的民事执行相比较。我国经过多年解决“执行难”的努力，执行中的查控财产、防止逃债等措施以及对失信人的惩处制度已经相对完善了，个人存款账户的实名制、不动产登记等制度的建立与完善（“中国城市家庭财产的统计说明，中国家庭财产的主要表现方式是储蓄和房产”④），说明解决个人破产问题已有较好的基础，加之《企业破产法》实施已有的丰富经验，个人破产立法已经具备了制定和实施的社会基础和制度保障。中国有句俗话，“水到渠成”，如总不放水，没有水的压力，就不会有人认真考虑渠是否需要建成，是否真的建成，更无法检验水到之时渠是否健全，是否存在漏洞，如何处理漏洞。

此外，个人破产牵涉社会的方方面面，十分复杂，所以在个人破产立法中要多程序、多渠道、多方式的解决个人债务问题，并辅之以各种庭外解决程序。个人破产制度的建设并不局限于破产司法程序之内，还必须将解决破产问题的实施触角延伸至破产程序之外，建立完善的相关制度，以保证个人破产立法宗旨的全面实现。

2020 年 8 月 26 日，借助经济特区立法权，《深圳经济特区个人破产条例》颁布，这是新中国成立后的第一部个人破产地方性法规，其出台迈出了个人破产制度改革试点的重要一步。2021 年 3 月 1 日，《深圳经济特区个人破产条例》开始施行，至今法院已经受理并审结了一批个人破产案件。此外，在最高人民法院的指导和部署下，浙江、江苏、山东等

① ［美］大卫·格雷伯：《债：第一个 5000 年》，孙碳、董子云译，3 页，北京，中信出版社，2012。

② 刘静：《个人破产制度研究——以中国的制度构建为中心》，12 页，北京，中国检察出版社，2010。

③ 齐砺杰：《债务危机、信用体系和中国的个人破产问题》，2 页，北京，中国政法大学出版社，2017。

④ 刘静：《个人破产制度研究——以中国的制度构建为中心》，113 页，北京，中国检察出版社，2010。

地通过个人债务集中清理方式，以实现与个人破产相似即所谓类个人破产的社会调整效果，广泛推动了个人破产的实质性试点工作。浙江省高级人民法院还印发了《浙江法院个人债务集中清理（类个人破产）工作指引（试行）》。“个人债务集中清理”在现有法律框架内属于执行和解的范畴，其试点的目的在于获得与实施个人破产制度类似的社会效果。“此项试点的实施具有重要的现实意义，除为制定个人破产法提供必要的制度实践和案例素材外，还可以缓解个人债务因没有破产法而产生的矛盾与困境，提供新的解决思路和路径。现在各地的实践主要是重点解决企业破产产生的自然人连带责任担保债务问题，并集中于个人破产最为典型的制度如自由财产制度、债务免责制度等方面进行试点，为推动个人破产制度的立法和实施提供很好的经验。”①

【案例 1—2】深圳市中级人民法院审结全国首例个人破产案②

2021 年 7 月 19 日中午，广东省深圳市中级人民法院将一份裁定书送到债务人梁某的手上——他的个人破产重整计划得到了法院的批准。这是全国首部个人破产地方性法规《深圳经济特区个人破产条例》自 2021 年 3 月 1 日正式施行以来，深圳市中级人民法院审结的首例个人破产案，也是裁定批准个人重整计划的第一案。

梁某是一名工程师，从 2018 年开始自主创业，先后投资开发蓝牙耳机、儿童早教机和额温枪等，获得 3 项专利，却一直未能打开市场实现盈利。为解决经营资金问题，梁某先后向 13 家银行、网络贷款公司等借款，加之疫情影响，债务滚动累计达 75 万余元，梁某最终无力清偿。2021 年 4 月，梁某依法向深圳市中级人民法院提出个人破产重整申请。《深圳经济特区个人破产条例》规定，在深圳经济特区居住，且参加深圳社会保险连续满 3 年的自然人，因生产经营、生活消费导致丧失清偿债务能力或者资产不足以清偿全部债务的，可以进行破产清算、重整或者和解。经法院审理查明，截至梁某债权申报截止之日，共有 11 家债权人向管理人申报 30 笔债权，债权总额 648 289.02 元，均为普通债权。经管理人审核，债权人以及债务人核对无异议，法院依法裁定确认 10 家债权人的债权，共计 564 216.91 元。经债务人自主申报、管理人调查：债务人梁某已婚，家庭名下无房无车，现金财产仅 8 万余元，本人名下有两项公司股权、两项有效知识产权，有两名未成年子女需要抚养。梁某创业失败后，到公司任职结构工程师，目前每月收入约 2 万元，有未来可预期收入，且偿债意愿较强，故深圳市中级人民法院同意梁某的重整申请，支持债务人在管理人协助下与债权人开展协商，制订重整计划草案。在第一次债权人会议上，梁某提交了豁免财产清单和重整计划草

① 王欣新：《个人破产法的立法模式与路径探究》，载《人民司法》，2020（10）。

② 参见唐荣、李文茜：《深圳中院审结全国首例个人破产案》，http：//www.legaldaily.com.cn/Lawyer/content/2022-03/30/content_8657504.htm，最后访问时间：2022－03－30。

案，深圳市破产事务管理署、深圳市破产管理人协会代表到场列席会议。经管理人测算，在破产清算情形下，梁某债权人的普通破产债权的受偿率约为33.34%；在重整情形下，普通破产债权的受偿率约为88.73%。债权人会议现场讨论并表决通过了梁某的豁免财产清单和重整计划草案。根据法院裁定批准的重整计划，未来3年，债务人梁某及其妻子除保留每月一家四口基本生活费用7 700元以及生活工作必需品作为豁免财产之外，承诺夫妻的其他收入均用于清偿债务，计划在36个月内清偿债权人的全部本金，债权人则依计划免除其利息、滞纳金等。如果梁某不能严格执行重整计划，债权人有权向法院申请对其进行破产清算。“之前每天都接到催债电话，全家人精神压力都特别大。现在终于可以松一口气了，重整计划给了我一个缓冲的空间。”收到裁定书后的梁某说。

2020年8月，深圳市人大常委会通过了《深圳经济特区个人破产条例》。同年11月，最高人民法院出台意见，支持在深圳开展破产制度改革试点，率先试行自然人破产制度。数据显示，截至2021年7月16日17时，深圳市中级人民法院共收到615件个人破产申请，533件清算申请。其中，债权人申请债务人破产清算23件、重整申请48件、和解申请34件。与企业破产案件相比，个人破产债务规模较小，申请主体主要是具有创办或者经营企业经历的中青年。设置个人破产制度的目的是帮助“诚实而不幸”的债务人实现经济再生。“诚实而不幸”是法院决定是否受理个人破产案件的前提，也是债务人进入破产程序后，法院裁定是否批准其减免债务申请的条件。在司法实践中，认定“诚实而不幸”要经过严格的法定程序，经债务人申报财产、债权人申报债权、管理人调查核实、债权人会议审议，并按重整计划、和解协议清偿，或者通过免责期考察，经过社会监督，法院才会裁定许可免责，认定其为“诚实而不幸”的人。

《深圳经济特区个人破产条例》规定，个人破产类型分为破产清算、重整、和解。以梁某案件为例，由于其未来有可预期的收入，法院并非“一刀切”宣告破产、免除其债务，而是选择适用重整程序，平衡债权人和债务人利益，让债权人也能最大程度地接受。当没有收入的债务人申请破产清算时，法院也并非简单地免去债务。条例规定了多种不能免除债务和不能免责的情形，比如因奢侈消费等行为而承担重大债务或者使财产显著减少，因故意损害他人导致的损害责任等。债务人所欠的税款、罚金，即便在个人破产后也不能被免除。此外，从破产裁定生效之日起，债务人要面临一个最短3年、最长5年的免责考察期。在破产程序中和免责考察期内，债务人的多种行为和权利受到限制，包括限制高消费、不能担任部分公司高管、按月如实申报收入支出等，顺利通过免责考察期的，才能免去剩余债务。

【案例 1—3】谢某某个人债务集中清理案[①]

谢某某因在大学期间盲目消费，欠下四十几万元的债务被杭州市萧山区人民法院采取强制执行措施，被列为失信被执行人、限制高消费，在大学毕业后也很难找到合适的工作。谢某某向萧山区人民法院提出个人债务集中清理的申请，法院收到申请后对其资产负债情况进行了审查。2021 年 9 月 3 日，法院召开已知债权人听证会，对谢某某是否存在转移资产、逃避债务、挥霍性消费、赌博诈骗等行为进行了调查，并听取已知债权人的意见。萧山区人民法院于 9 月 8 日依法裁定受理该案，并指定浙江天册律师事务所担任管理人。在管理人调查期间，谢某某积极配合管理人团队对其展开的财产调查工作，如实陈述了债务发生原因、家庭情况和财产状况等。

9 月 24 日，萧山区人民法院组织召开了关于谢某某个人债务集中清理案第一次债权人会议，管理人、谢某某和 3 位债权人参加了会议。会议审查了债权审查报告、财产状况报告、生活必需品清单报告，并顺利表决通过了财产分配方案。10 月 22 日，根据方案，75 669.16 元（现有资产）已由管理人全部分配给 3 位债权人。所有债权人均同意解除对谢某某的限制高消费等强制措施，萧山区人民法院对其进行信用修复。这是自 2020 年 12 月 2 日浙江省高级人民法院出台《浙江法院个人债务集中清理（类个人破产）工作指引（试行）》以来，萧山区首例个人债务集中清理终结案件。

（四）个人破产的主体适用范围

目前，在个人破产立法方面一个重要的争议问题是，如何确定其主体适用范围。对此主要有三种主张。第一，个人破产应先适用于在企业破产中产生的连带责任担保个人债务人，以后再逐步扩展到其他自然人主体。这一主张形式上的依据之一，是 2019 年十三个中央部门出台的《加快完善市场主体退出制度改革方案》（以下简称《改革方案》）。第二，个人破产立法应适用于从事营利活动的商自然人（以下简称商人），包括个人独资企业、合伙企业等自然人企业及其出资人和从事工商经营活动（具有营业执照）的个体工商户等，对消费者不适用破产法调整。第三，对所有自然人包括商人和消费者均适用破产法调整。

各国个人破产立法确定主体适用范围的考虑因素如下：第一，看自然人从事的经济活动产生的身份性质；第二，看自然人所负债务的社会性质；第三，具体国情是否有必要和可能根据上述区别对自然人适用破产制度，或分别或统一制定个人破产立法。本书认为，我国的个人破产应当对所有自然人同时统一立法适用，不需要也不应当因主体身份性质或债务性质存在差异而分别或分阶段立法。

---

① 参见《个案跟踪｜萧山法院：一位年轻姑娘通过个债清理程序重获新生》，http：//www.360doc.com/content/21/1102/14/943329_1002441808.shtml，最后访问时间：2021-10-22。

（1）第一种“个人破产立法只适用于或应先适用于在企业破产中产生的连带责任担保个人债务人，其他个人的破产问题应延后规定”的观点是不妥的。这种对个人破产立法适用主体范围的理解，在本质上解决的只是企业破产时衍生的个别个人破产问题，完全不具有建立个人破产制度的社会意义。这种观点是从企业破产的视角看问题、解决问题，而没有考虑个人破产本身的社会基点。将个人破产立法的主体适用范围完全依赖于企业无序的融资担保活动界定，既无科学性，也无逻辑，更不具有建立个人破产制度意义上的合理可行性。所以，这种观点对个人破产制度的建立不具有现实社会意义，是不可取的。

《改革方案》中，规定了“建立个人破产制度，重点解决企业破产产生的自然人连带责任担保债务问题。明确自然人因担保等原因而承担与生产经营活动相关的负债可依法合理免责。逐步推进建立自然人符合条件的消费负债可依法合理免责，最终建立全面的个人破产制度”等内容。这一规定不能被误解为是对个人破产主体适用范围的立法阶段性的界定。所谓“建立个人破产制度，重点解决企业破产产生的自然人连带责任担保债务问题”的表述，是要指出我国在仅有《企业破产法》实施的背景下，在当前实践中市场主体退出制度改革需要解决的重点问题。既然仅有《企业破产法》在实施，首先当然要考虑保障已有的企业破产如何顺利实施，要优先解决那些已经对《企业破产法》实施产生不利影响的社会矛盾，而尚未立法并实施的个人破产问题在实务中尚不具有如此之迫切性，所以需要重点解决的是“企业破产产生的自然人连带责任担保债务问题”。应特别注意的是，上述规定中也已经明确指出这是要解决“企业破产”产生的相关问题，而不是确定个人破产立法的主体适用范围。对个人破产立法的主体适用范围需要从完全不同的角度去考虑和分析，将该规定形式主义地理解为《改革方案》对个人破产主体适用范围立法时间的先后排序做出安排是不准确、不正确的，也是根本不可行的。据此，所谓逐步建立起全面的个人破产制度，不是指对个人破产主体适用范围要分不同时间和阶段立法，而是指在社会中要逐步建立起个人破产的有效机制。任何立法在出台后的实施中，都会视社会需要优先考虑解决一些紧迫性问题。

（2）第二种观点认为，个人破产立法只适用于从事营利活动的商人，包括个人独资企业、合伙企业等自然人企业及其出资人和从事工商经营活动（具有营业执照）的个体工商户等，消费者则不适用破产法调整，或者应当在条件成熟时另外立法调整。这种观点同样是不妥的，不符合我国实际国情。

如果按照这种观点确定个人破产立法的适用范围，其应具备的基本社会条件是能够较为准确地将商人与消费者相互区分，保证适用对象不相混淆，法律才能顺利实施，但目前我国商人和消费者两者的身份与债务已经在相当一部分人中存在不同程度的混同，难以从法律适用的角度予以区分。商人作为自然人必然会存在生活消费活动，发生消费债务，一人兼具有双重身份，同时并存有两种性质的债务，尤其是作为商人的主要群体——个体工商户（联合国国际贸易法委员会文件中所称的“个人企业经营者”）、小微企业的业主及其家庭成员可能都参与经营活动，并使用自己的消费信贷为企业融资，用于企业的启动资金或经营业务。实践中，个人的资产与资金在商务与消费的不同用途上严重混同，将消费信贷用于商事活动，或将商事活动的资金用于个人或家庭生活的现象十分普遍，经营债务与消费债务难以区分。一旦债务人因无力清偿债务而破产，即使企业是一个形式上独立的法人实体，也可能导致相关自然人（无论其身份是商人还是消费者）的连锁破产。从破产原因的角度看，商人因为消费债务而陷于破产境地的情况也是屡见不鲜。以身份或债务性质区分立法适用范围，还可能引发债务人对身份或债务性质的各种规避转换行为，制造选择性适用法律的漏洞。

随着市场经济的发展和科学技术的进步，电子商务、网络经济以及经营与办公模式的日益创新发展，尤其是在“大众创业、万众创新”“增加居民财产性收入”的社会政策之下，传统的商人与消费者的活动均发生很大变化。虽然典型的商人和消费者之间仍存在较为明显的差异，但在相当一部分社会群体中也已经出现两者界限逐渐模糊、相互交融的发展趋势，自然人的一些营利性活动已不再以取得营业执照即具有商人身份为必要前提。中央政策强调要“增加居民财产性收入”，所谓“居民”主要是指消费者，而不是专业于经营的商人；“财产性收入”主要就是通过资本参与商业性、营利性活动而获得的收入，不是消费者通过传统的工资、劳务报酬而获得的收入。

2019年实施的《电子商务法》第10条规定：“个人销售自产农副产品、家庭手工业产品，个人利用自己的技能从事依法无须取得许可的便民劳务活动和零星小额交易活动”，不需要办理市场主体登记。商人与消费者的法律外观界限不再清晰，存在广泛的灰色地带，且难以被识别、确认、监管。一部分人越来越多地在以消费者的外观身份进行或多或少的商事营利活动，甚至以此为业谋生。例如，坐在家中就可以进行的在网络和微信朋友圈中的代购和销售、证券投资等营利活动，这尤其在一些新兴业态领域普遍存在。实践中，对商人和消费者分阶段进行个人破产立法，法律实施困难的发生并不需要所有商人和消费者都达到无法区分的程度，只要有一部分商人与消费者、经营营利活动与生活消费活动出现混同，难以识别，就足以使法律的顺利实施受到严重不利影响。

此外，当事人的主体身份和债务性质在一定程度上可能依主观意思而任意地转换，这使其生产营利活动和生活消费活动的区分难度更大，使其商人或消费者的身份往往处于一种混同和游离状态，使法律更难以对其界限作出准确的规定和判断。因为进行营利活动与消费活动的主体可能具有同一性，两类债务的责任主体也具有同一性。据此，按照主体身份或债务性质分阶段进行个人破产立法，是不具有充分理由的。

将所有自然人均纳入破产法的调整范围，也符合大多数典型市场经济国家个人破产的历史发展路径。“英美法系许多国家很早就废除了只有商人才能破产的规定，这具有重要意义”①，有助于为市场经济的全面、顺利发展提供充分的法律制度保障。

我国的个人破产立法，还面临一个更为现实的问题，就是目前个人破产法并未被纳入全国人大常委会的五年立法规划和年度立法计划。一旦将部分自然人主体如消费者，排除出利用《企业破产法》修改而建立的个人破产法适用范围，以后再想将他们纳入个人破产法的调整范围内，可能就遥遥无期了。显然，新的破产法出台后，不可能立即对未被纳入该法的其他自然人制定破产立法，否则在破产法的修改中就应当直接解决这一问题。即使在一定周期后相关立法被纳入五年立法规划，完成立法并得以实施也将是很长一段时间以

① ［英］尹恩·拉姆齐著：《21世纪个人破产法——美国和欧洲比较研究》，刘静译，21页，北京，法律出版社，2021。

后之事了，无法适应社会发展的迫切法律需求。

为此，我国应当借《企业破产法》修改的东风，及时建立起全面的个人破产制度，将所有的自然人均纳入破产法的调整范围内，实现中央在《改革方案》中规定的目标，制定统一的破产法典，及时建立起所有市场主体的退出与挽救机制。

二、破产法的域外效力

（一）跨境破产法律问题概述

破产法在立法国的司法管辖领域内具有法律效力，这是法律之普遍原则。所谓破产法的地域适用范围，主要是指破产法的域外效力问题，即一法域的破产程序对位于其他法域的破产人财产是否有效。破产法的域外效力发生在跨境破产的情况下。

跨境破产，又称国际破产、越界破产，是指具有国际因素或涉外因素的破产案件。破产的涉外因素包括破产财产或债权人位于两个或两个以上国家以及债权构成中的涉外因素，如依据外国法产生的债权担保等。由于破产的核心问题是对破产人财产的公平清偿，因而跨境破产问题便突出地表现为破产人财产分布在不同国家时如何进行法律调整。从理论上讲，在统一、公平的破产程序下清偿所有债权人，才能全面、准确地实现破产法的社会价值，但如要依据统一的破产程序处理跨境破产案件，就需要使该破产程序具有域外效力，即对位于其他国家或法域的债务人财产发生同位于本国的债务人财产一样的法律效力，其核心是剥夺债务人对财产的管理与处分权，并禁止就债务人财产的个别清偿，由管理人统一收集、管理、分配债务人财产。

“破产法的域外效力”，与国际私法上一国民商法的域外效力有所不同①，它一般不涉及实体法的适用，仅使一国破产程序的开始对位于其他国家或法域的债务人财产同样发生“破产程序开始”的效力。由于破产程序开始后对债务人财产的权利请求应向破产案件受理国的法院提起，因而一国破产程序的域外效力还隐含有排除外国独立诉讼管辖权的效用，但由于民事诉讼程序与破产程序的启动乃是基于一国的司法管辖权，涉及主权问题，因而各国往往不会在立法中明确主张本国的破产程序可以排除外国独立的诉讼与破产管辖权，而是由本国破产代表向外国法院主张。只有承认外国破产法具有排除本国独立诉讼与破产管辖权的效力，才能达到协调各国破产管辖权的目的。

各国立法对跨境破产案件的管辖权规定通常有三种方式。第一，由债务人住所地法院管辖。这是典型的参照国内管辖权确定管辖原则。第二，主要利益中心地法院管辖。这是在国际合作中产生的国际破产管辖权原则，为1997年的《联合国贸易法委员会跨国界破产示范法》（以下简称《跨国界破产示范法》）及2001年的欧盟《破产程序条例》所确认。第三，长臂管辖权。较典型的长臂管辖是财产所在地法院管辖，如日本就规定了财产所在地

---

①　国际私法上对“法律域外效力”的表述为：“所谓法律的域外效力，是指一国法律对具有该国国籍的一切人具有法律效力，无论其人在该国境内还是在该国境外，这是属人效力的体现……值得注意的是，并不是所有的法律都同时具有域内效力和域外效力，只有在民商事立法方面的法律规定才同时具有域内效力和域外效力，如物权法、债权法、婚姻家庭法等。”参见王慧：《国际私法》，3页，北京，人民法院出版社，2003。

法院管辖原则。[①] 其他的长臂管辖理论与实践还包括基于营业所所在地管辖、基于商业利益的管辖、基于债务人具有本国国籍或居住在本国的管辖，甚至基于个人存在（债务人出现在本国）的管辖等。[②] 但依长臂管辖理论进行的破产程序可能难以获得外国法院的承认，因此不是解决跨境破产案件管辖权的主流做法。

并不是所有国家的立法都主张本国的破产程序具有域外效力，对此存在两种针锋相对的立法主义。支持一国破产程序具有域外效力的主张被称为普及主义。该主义认为，破产制度的核心价值之一在于一次性公平解决破产人全部债务清偿问题。为此，一国破产程序的效力不仅应及于本国国内，而且应及于破产人在国外的全部财产，无论其财产在何地均属破产财产，应由管理人统一占有、管理、分配。有学者认为，普及主义源于法国学者所主张的“破产之上再无破产”的法律格言。[③] 普及主义用以下理由证明自身的合理性：第一，普及主义可以保证债权人在统一程序下受偿，因此有助于公平偿付破产债权；第二，破产财产是债务人破产时的所有财产，而债务人的财产具有统一性，这种统一性不应因债务人在一国进入破产程序而人为中断。

与普及主义相反，否定一国破产程序域外效力的主张被称为属地主义。该主义基于国家领土主权原则产生，主张破产程序的效力仅及于本国国内，只有破产人在该国国内的财产才属于破产财产，其在他国的财产不受本国破产程序影响。属地主义的理由是国家司法主权原则。首先，其认为破产程序是一种准对物管辖权[④]，而一国法院只能对其领域内的破产财产行使对物管辖权。其次，其认为破产程序是利用国家权力对债权人的特殊债务清偿方式，具有强制执行程序的特点，而强制执行程序属于公法行为范畴，因此效力仅应及于一国的司法领域之内。

还有一些学者提出折中主义，主张视破产人财产的性质确认破产程序的效力，即破产程序对破产人在国外财产的效力及于动产而不及于不动产。主张破产法的效力及于动产，是因动产易于转移，要防止破产人利用破产案件的国际管辖权冲突非法转移资产，逃避债务，侵害债权人利益；主张破产程序的效力不及于不动产，则是为尊重不动产所在国的司法管辖主权。过去，英国[⑤]与英联邦国家[⑥]多采纳此主张。

---

① 日本2004年通过的破产法第5条第1、2款规定：“在破产案件中，债务人为营业者的，由管辖其主要营业场所所在地的地方法院管辖；作为营业者在外国有主要营业场所的，由管辖其在日本的主要营业场所所在地的地方法院管辖；作为营业者却不具有营业场所的以及非营业者，一般情况下由管辖其所在地的地方法院管辖。不存在前款所规定的管辖法院的，破产案件由债务人财产所在地（关于债权，为可以提起诉讼请求之地）的地方法院管辖。”参见李飞编著：《当代外国破产法》，715页，北京，中国法制出版社，2006。

② 参见石静遐：《跨国破产的法律问题研究》，82～83页，武汉，武汉大学出版社，1999。

③ 参见石静遐：《跨国破产的法律问题研究》，20页，武汉，武汉大学出版社，1999。

④ See David G. Epstein, *Bankruptcy and Related Law in Nutshell*, West Publishing Co., 2002, p. 25. 根据该书表述，一项准对物裁判只约束诉讼双方而没有对世效力，且裁判不产生对被告的个人责任，仅限于被扣押的财产。

⑤ 英国过去的相关规则，参见［英］J. H. C. 莫里斯主编：《戴西和莫里斯论冲突法》，1056～1059页，北京，中国大百科全书出版社，1998。

⑥ 根据相关学者的研究，在加拿大的各普通法省份或区，在没有进行相应的破产程序的情况下，关于外国法院依据该国法所作出的一项将破产人的财产转移于其受托人或其他代理人的财产转移令，如果该转移令所涉及的动产位于加拿大，而加拿大法律认为该法院具有管辖权，且依据该外国法，该破产人的受托人有权管理破产人所有的位于任何地点的动产的，则该判令在加拿大有效。但这一规则不适用于破产人在加拿大的不动产。参见刘仁山：《加拿大国际私法研究》，317页，北京，法律出版社，2001。

就公平保障破产债权人利益、解决债务清偿问题而言，普及主义的理论较为合理。但出于对司法主权和维护本国债权人利益的考虑，普及主义往往难以得到各国普遍、无条件的支持。属地主义虽维护了国家主权原则，在立法思想上也倾向于对本国债权人的保护，但是实际结果却未必如此。首先，本国债权人在属地主义原则下开始本国独立的破产程序，就债务人在本国的财产进行清算，有时获得的清偿比例比在普及主义原则下对债务人财产的统一分配还少，因此不得不继续参加在外国进行的破产程序，这并没有降低实现破产债权的成本。其次，属地主义不承认外国破产程序的域外效力，使本国债权人可以继续对债务人财产主张采取执行措施，但如果债务人在本国财产不多，这将使债权人间出现争夺债务人财产的无序现象。而且在属地主义下，对一个债务人的破产清偿，要由不同国家分别启动破产程序才能解决，债权人须赴各国申报债权受偿，实行起来也困难颇多，十分不便。在各国经济贸易往来日益增加的情况下，在破产程序的域外效力上完全采取属地主义，对本国的经济贸易发展、对外开放与国际合作也有不利之处。

随着经济全球化进程的加快，普及主义的主张在国际上得到更多支持，一些原采属地主义的国家也出现转向普及主义的立法趋势，各国在跨境破产问题上存在加速国际合作的趋势。近些年以美国、日本、欧盟等为代表的国际合作水平较高的国家和国际组织对跨境破产合作问题进行了卓有成效的探索，通过采纳联合国贸易法委员会制定的《跨国界破产示范法》、颁布欧盟指令、修改本国破产法、主要程序与从属程序相配合等方式，大大推进了各国互相承认破产程序效力的进程。

（二）我国《企业破产法》的规定与完善

我国《企业破产法》第 5 条对跨境破产问题作出了原则性规定，但跨境破产是一个十分复杂的问题，仅靠立法中的一个条款是不可能保障跨境破产顺利、普遍、快捷、常态化实施的。在《企业破产法》的修订中需要对此问题作较为详尽的规定，以健全、完善我国的跨境破产制度。在 2021 年，我国内地与香港特别行政区建立了相互认可和协助破产程序的机制，这是我国在涉及跨不同法域破产法律问题的解决上取得的一个重大成果。

2021 年 5 月 14 日，最高人民法院举行了主题为“建立内地与香港特别行政区相互认可和协助破产程序的机制”新闻发布会。会上最高人民法院发布了《最高人民法院和香港特别行政区政府关于内地与香港特别行政区法院相互认可和协助破产程序的会谈纪要》（以下简称《会谈纪要》）以及最高人民法院制定的《关于开展认可和协助香港特别行政区破产程序试点工作的意见》（以下简称《试点意见》）。《会谈纪要》和《试点意见》的发布，建立了两地破产程序相互认可与协助的机制。这是贯彻落实“一国两制”方针和香港基本法的重要举措，是完善区际司法协助体系的关键环节，是优化法治化营商环境的必然要求，同时也是打造跨境破产协助示范样本的有益探索，有助于我国全面建立跨境破产协助机制。上述文件作为对跨境破产协助制度的探索，有助于我国今后的跨境破产立法能够更好地体现不同法域或不同国家立法与实施的共同价值，并得到顺利的实施。《会谈纪要》和《试点意见》的出台，是我国在解决跨境破产问题上走出的重要一步，标志着我国在扩大开放和深化改革方面的进步，对于提升我国营商环境，在法治方面寻求全人类的共同价值具有重要的意义。

1. 我国破产程序的对外效力

我国《企业破产法》第 5 条第 1 款规定："依照本法开始的破产程序，对债务人在中华人民共和国领域外的财产发生效力。"在司法实践中，这种法律效力的实现，通常须依赖对方国家立法中有相应规定，并取得该国法院的承认。一般认为，我国破产程序域外效力的规定应包括《企业破产法》第 16 条至第 20 条的内容，即个别清偿无效、中止对债务人财产的执行措施、债务人的债务人或者财产持有人应向管理人清偿债务或交付财产、管理人取得对债务人未履行完毕之合同的选择履行权、解除对债务人财产的保全措施、中止对债务人的民事诉讼和仲裁等，管理人还可以向外国法院申请禁止债权人在该国提起独立的与债务人财产有关的民事诉讼。

2. 我国对外国破产裁判的承认

《企业破产法》第 5 条第 2 款规定："对外国法院作出的发生法律效力的破产案件的判决、裁定，涉及债务人在中华人民共和国领域内的财产，申请或者请求人民法院承认和执行的，人民法院依照中华人民共和国缔结或者参加的国际条约，或者按照互惠原则进行审查，认为不违反中华人民共和国法律的基本原则，不损害国家主权、安全和社会公共利益，不损害中华人民共和国领域内债权人的合法权益的，裁定承认和执行。"

据此规定，我国承认外国破产程序域外效力需要启动本国法院的承认程序，这与承认外国法院普通民商事裁判的程序相同。审查外国破产裁判的依据是国际条约或互惠原则。由于我国尚未缔结或参加任何承认外国法院破产裁判的国际公约，所以此处的国际条约主要指我国缔结的民商事双边司法协助条约。对与我国签订有民商事双边司法协助条约的国家，如果该条约中包括对破产案件的相互司法协助（通常司法协助是不包括破产事项的，需要专门条约规定），我国法院应按照条约中规定的条件审查外国代表提出的承认外国破产程序域外效力的申请。条约中规定的审查内容一般包括：合适的管辖权、裁判的终结性与执行力（也有表述为"发生法律效力"的）、审判程序具备最基本的公正性、在我国无冲突裁判或诉讼、公共秩序保留等情形。在我国以往对国际私法与破产法的研究文献中，往往将破产程序的域外效力称为破产宣告的域外效力。[①] 这是由于过去各国对外国破产程序域外效力的承认，要求外国代表提供外国破产宣告这一确定性法律效力的法院裁判，但由于各国破产法对破产程序的开始存在受理开始主义与宣告开始主义的区别，为防止在各国进入破产程序的时间差中出现债务人非法转移财产和外国债权人个别受偿现象，现在国际合作趋势是对外国破产程序的承认已经提前到破产申请提出或案件受理之时，不需要再等待外国法院的破产宣告。因此，所谓"发生法律效力"应被解释为发生破产程序开始的效力，而并不以作出破产宣告为条件。所谓"合适的管辖权"，根据目前国际上主流观点，在承认外国破产裁判时应当理解为以主要利益中心地为标准判定法院的破产程序是否具有管辖权及域外效力。

对与我国无民商事双边司法协助条约的国家，《企业破产法》规定人民法院应按照互惠原则进行审查。承认外国破产程序域外效力上的"互惠"，一般是指本国破产程序的域

---

① 参见屈广清主编：《国际私法导论》，2 版，321 页，北京，法律出版社，2005。

外效力在相同情况下也会得到该外国的承认。[1] 因此，如果一国立法确立了承认外国破产程序域外效力的基本规则，就可以认定其实行了法律互惠[2]，并不要求对方法院通过裁判作出互惠承认的事实，否则在一方首先作出承认裁判之前，就不会存在所谓的互惠。所有采纳《跨国界破产示范法》的国家以及在本国破产法中规定了与我国承认外国破产程序域外效力的条件相近似的国家，都应当可以通过互惠原则的审查。

《企业破产法》还规定，被承认的外国破产裁判必须不违反我国“法律的基本原则，不损害国家主权、安全和社会公共利益”。此项规定通常被称为公共秩序保留。公共秩序保留制度的适用标准，应当从承认外国破产裁判的结果出发，只有在承认的结果直接有悖于我国法律的基本原则，损害国家主权、安全和社会公共利益时，才可以公共秩序保留为由拒绝承认，不能仅仅因外国法与本国法存在不同，就借公共秩序保留排除其适用。

最后，《企业破产法》还规定，被承认的外国破产裁判不得“损害中华人民共和国领域内债权人的合法权益”。为此，必须先界定债权人“合法权益”的产生依据。如果债务人的主要利益中心地或住所地在我国境内，依《企业破产法》第 3 条规定，我国法院对其破产案件有管辖权。此时债权人的合法权益应根据我国各项法律包括破产法确定，如果受到外国破产裁判损害，可以对其拒绝承认。但如债务人的主要利益中心地不在我国，且我国法院对其破产案件没有管辖权，此时依国际私法之原则，债权人在破产法上的合法权益只能根据相应外国破产法判断。这时，外国破产程序损害我国债权人合法权益的情形，主要是指不能在该国破产程序中公平对待我国债权人，即处于同一清偿顺序的债权人受到不公平对待等。如果仅仅是外国破产法规定的债权清偿顺序与我国不同，原则上不宜视其为损害我国债权人“合法权益”的情形。因为我国没有对破产案件的管辖权，所以我国债权人本来就不享有我国破产法所规定的权益，包括清偿顺序利益。

“随着改革开放的深入和‘一带一路’倡议的推进，我国吸引外资数量与我国企业赴海外投资数量均有大幅提升。从 2015 年起我国已经成为全球第二大对外投资国，2018 年我国吸收外资规模创历史新高，达到了 8856.1 亿元人民币。然而，随着国际经济结构的持续调整，地区性经贸环境动荡，近年来全球能源、船运、百货零售等大型跨国企业破产案件频发，其中涉及我国跨国界债权人众多。”[3] 在我国的司法实践中，已经屡屡发生我国法院作出的破产裁定需要在境外获得法院承认以及对外国破产裁判予以承认的情况，需要通过跨境破产程序予以解决，并且已经存在我国法院承认外国破产裁判和外国法院承认我国破产裁判的案例。

---

① See Philip R. Wood, *Principles of International Insolvency*, Sweet & Maxwell, 1995, p. 83.

② 理论上，互惠原则可分为条约互惠、法律互惠和事实互惠。条约互惠，是指国家间在所签订的条约中给予彼此承认和执行外国民商事判决的互惠。法律互惠，是指法律上相互承认相对方国家的法院所作出的判决，也可以理解为在符合法定条件的前提下不拒绝相对方的判决。事实互惠，是指以存在承认和执行相对方国家法院所作出的判决的事实作为认定存在互惠的条件。参见王慧：《论我国承认与执行外国法院判决的法律依据》，原载《北大国际法与比较法评论》，第 4 卷第 1 辑（总第 6 期），转载于国际经济法网，http：//www.ielaw.com.cn/article/default.asp?id=5319，最后访问时间：2007-01-15。

③ 雷雨清、王欣新：《跨国界承认和执行与破产有关判决的示范法》与我国相关立法的完善，载《法律适用》，2019（19）。

【经典导读】

中美跨境破产合作实例分析：美国纽约南区破产法院承认与协助“洛娃重整案”①

北京市朝阳区人民法院（以下简称朝阳法院）于2019年5月13日裁定受理洛娃科技、双娃乳业和洛娃日化的破产重整申请。洛娃集团近年来在海外发行债券和进行并购等活动，因此其债务和资产不限于在中国境内。本案中有四家洛娃债券持有人，分别作为美国纽约州最高法院针对债务人及其关联公司两起债券偿付违约案件的原告。

为避免洛娃科技作为美元债券的发行担保人，其在美资产因个别债权人通过在美国纽约州法院的诉讼或执行而遭受损失，经洛娃中国重整程序任命的管理人以“外国代表人”身份，于2019年9月9日向美国纽约南区破产法院提出申请，请求该法院承认中国朝阳法院开始的洛娃中国重整程序，并中止债权人在美国纽约州法院的两起诉讼，以协助洛娃科技中国重整程序的进行。根据美国联邦民事诉讼法第157节、第1334节及第1410节等的规定，美国纽约南区破产法院对本案享有合适的管辖权，由该院法官Michael E. Wiles负责审理。在“洛娃重整案”中，自管理人申请启动美国破产法第15章程序后，纽约南区破产法院在一个月内迅速提供的各类救济措施对保全债务人在美财产、协助国内重整程序的进行起到重要保障作用。根据第15章规定，破产法院在经过合适通知和庭审后，有权签发承认外国程序的裁定。这种承认分为两类：如果外国程序由债务人主要利益中心（the center of its main interests，COMI）所在地法院开始，且符合其他规定条件，可被承认为“外国主要程序”；如果外国程序由债务人营业所所在地法院开启，则可被承认为“外国非主要程序”。承认外国主要程序和非主要程序的效力略有区别，但大体相同。美国破产法对于债务人的保护机制——“自动中止”——在承认后立即适用，包括中止对债务人的诉讼程序、中止对债务人财产的执行和担保权的暂停行使等，其实质在于通过禁止个别清偿以协助外国程序的进行。外国代表人除有权在正常业务范围内处理债务人事务外，第15章亦为获得承认的外国代表人提供了直接进入美国联邦和州法院的途径。外国代表人有权作为相关利益方参与未决破产案件以及参与债务人作为一方当事人的任何案件。外国代表人还可从美国法院寻求额外救济，有权提起充分（与辅助程序相对）破产案件。在“洛娃重整案”中，Wiles法官经过在申请当日进行的电话庭审以及之后关于临时救济和承认申请的两次开庭审理后，基于纽约南区破产法院对本案事项的合适管辖权、第15章程序由符合条件的外国代表人开始、中国重整程序由债务人主要利益中心所在地朝阳法院开启、相关文件的送达和通知符合相关法律要求、债权人提出的异议或被撤回或通过庭审得到协调解决、未有进一步异议等情况，于2019年10月8日签发正式裁定。除程序性事项外，“洛娃重整案”正式裁定的实体性内容主要包括：

第一，同意外国代表人申请并赋予其权利：承认洛娃中国重整程序为第15章意义上的“外国主要程序”，适用破产法第1517条和1520条规定的所有承认外国主要程序的效力，包括破产法第361条和第362条保护债务人及其在美财产的规定、外国代表人和债务人有权得到第1521条规定的所有保护和权利。中国重整程序中任命的管理人被赋予处理债务人在美财产和事务的充分权利，包括管理或变现所有或部分债务人在美财产的权利，有权调查证人、取证或发布有关债务人财产、事务、权利、义务和负债信息以及采取所有必要措施和行动，以确保本裁定给予的救济能够实际生效。

---

① 参见石静霞：《中美跨境破产合作实例分析：纽约南区破产法院承认与协助“洛娃重整案”》，中国应用法学，2020（5）。

第二，中止债权人的个别诉讼或执行：根据第 1520 条（a）规定，任何涉及债务人在美财产、权利、义务和负债的单个诉讼或执行程序必须中止。债权人如针对债务人位于美国和中国之外的财产进行执行或采取自我救济行为，则在合适情况下应对外国代表人提前 10 天给予书面通知，清楚表明要采取的行动以及该行动预计发生的准确地点。

第三，对异议债权人利益的保护：除非法院另有裁定，债务人不应转让、出售或转移债务人财产，并在得知任何其他债权人针对债务人在美国之外或中国境内的财产有任何执行行为或自我救济程序 3 天内，对异议债权人提供书面通知；债权人的权利、救济、债权及类似事项明确予以保留。如果异议债权人在中国重整程序中申报的债权没有被公平对待，债权人可继续寻求救济。本裁定不影响，也不禁止或以任何方式限制纽约州法院原告继续或提起新的针对非债务人被告的诉讼。

3. 国际上承认外国破产程序域外效力制度的借鉴

一国破产程序域外效力的实现，最终依赖于外国法院的承认。有些国家在本国立法中采纳《跨国界破产示范法》的有关规定，通过全球立法统一化的方式解决跨境破产问题。有些国家采取缔结区域性国际条约或双边条约的方法，相互承认对方破产程序在本国的法律效力。还有一些国家将外国的破产程序裁判视为外国司法裁判，按照相应的法律程序个案处理，在一定条件下承认其全部或部分效力。在承认外国破产程序效力的国家中，有的无须启动本国法院程序，在立法或司法实践中直接承认外国破产程序在本国的效力，也有的需要启动本国的承认程序——一般是由法院裁判承认外国破产程序裁判。而在承认外国破产程序域外效力的国家，承认一般也要求具备一定条件：第一，开始破产程序之法院要有适当的管辖权；第二，外国破产程序产生了终局性并可执行的裁判，通常可被理解为已有外国破产程序正式启动的裁判；第三，外国破产程序不违背本国的公共政策①；第四，存在互惠关系，但随着承认与执行外国法院裁判制度的国际实践向侧重保护当事人权益的方向发展，互惠原则逐渐被淡化甚至被放弃。

世纪之交承认外国破产程序域外效力的国际合作有了新的进展，联合国大会 1997 年 12 月 15 日第 52/158 号决议通过了联合国贸易法委员会制定的《跨国界破产示范法》，对各国跨境破产法律的发展起到重大的推动作用，已被多国采纳。如美国在 2005 年修改破产法时，废除第 304 条“受制于外国诉讼程序的破产案件”，以第 15 章“辅助程序与其他跨国界案件”取而代之。该章基本上采纳了《跨国界破产示范法》，同时加入了原第 304 条的部分内容，其第 1517 条“准予承认的命令”规定，在不明显违反美国的公共政策，并且申请人提交了符合法定条件的申请的情况下，可以承认不同类别（依据不同的管辖权）的外国破产程序。②

---

① 在一般英美冲突法理论上，公共政策（public policy）是“外国法的排除”的一个理由，主要是指法院在依自己的冲突规范本应适用某一外国实体法作为涉外民事关系准据法时，因其适用与法院国的重大利益、基本政策、道德的基本观念，或法律的基本原则相抵触而可以排除其适用的一种保留制度。参见［英］J. H. C. 莫里斯主编：《戴西和莫里斯论冲突法》，116～120 页，北京，中国大百科全书出版社，1998。

② 美国破产法第 15 章第 1517 条规定：“（a）以 1506 条为条件，在通知与进行听证后，应发出承认外国程序的命令，如果：（1）寻求承认的外国程序属于 1502 条定义的外国主要程序或外国非主要程序；（2）申请承认的外国代表是个人或机构；并且（3）该申请符合 1515 条提出的要求。（b）外国程序应被承认为：（1）外国主要程序，如果该外国程序正在债务人主要利益中心的所在国进行；或（2）外国非主要程序，如果债务人在正在进行该程序的外国拥有 1502 条所定义的营业所。”其中（a）（1）中提到的第 1502 条是公共政策保留条款。

欧盟理事会在2000年5月29日颁布了1346/2000号理事会《破产程序条例》（以下简称《条例》)。《条例》于2002年5月31日在欧盟国家（除丹麦）生效，取代了原欧盟国家间十多个双边或多边破产条约。《条例》并非要建立欧盟统一的破产法，而是强调要在欧盟内部加强跨境破产案件中的协调与合作。《条例》第3条规定：债务人主要利益中心所在国可以开始主要破产程序，该成员国法院对该破产案件有国际管辖权；对于公司或法人，如无相反证明，注册办事机构所在地得被推定为其主要利益中心所在地。债务人营业所所在地的成员国可以开始从属破产程序，但从属破产程序的效力是地域性的，仅及于债务人位于该国境内的财产，主要破产程序具有域外效力。《条例》第16条第1款规定，任何依据第3条①而享有管辖权的成员国法院所作出的开始破产程序之裁判②自生效之日起，其他所有成员国均应承认其效力。同时，《条例》也没有放弃“公共政策”的安全阀作用，其第26条规定：“任何成员国可以拒绝承认其他成员国开始的破产程序或拒绝执行该程序产生的裁决，如果承认或执行的后果明显违背该国的公共政策，特别是违背其基本原则、宪法权利或个人自由时。”该《条例》于2015年进行了修订。

4. 我国承认外国破产裁判的立法完善建议

关于承认外国破产裁判的具体规定，在《企业破产法》的修订中可以采取两种路径解决。路径之一可称为“国内法模式”，即规定承认外国破产裁判后，法院可以根据外国代表的请求，给予我国破产法所规定的救济，即个别清偿无效、中止对债务人财产的执行措施、债务人的债务人或者财产持有人应向管理人清偿债务或交付财产、管理人取得对债务人未履行完毕之合同的选择履行权、解除对债务人财产的保全措施、中止对债务人的民事诉讼和仲裁等。路径之二可称为《跨国界破产示范法》（包括其他跨国境破产的示范法）模式，即参考《跨国界破产示范法》第三章第19、20、21等条规定修改破产法，确立在申请期间与承认外国破产裁判后可给予外国代表的救济，以及对债务人住所地国家破产程序给予更多的协助。承认外国破产裁判可给予外国代表的救济主要包括：停止对债务人财产的执行，委托外国代表或法院指定的人变卖容易变质或不易保值的债务人财产；中止涉及债务人资产、权利、债务或责任的个人诉讼或个人程序，剥夺债务人对其财产的处分权等。这一方式有利于与国际上较为普遍适用的《跨国界破产示范法》保持协调，体现出我国更为开放的国际破产合作意愿，并对我国管理人在境外主张互惠条件可能有所帮助。当然，也可以将两种立法路径结合适用，建立我国更为完善的跨境破产法制。

此外，破产主要程序与从属程序③相配合的方法，也可以为我国所借鉴。该方法的核心是赋予有债务人营业场所的国家以“非独立破产管辖权”，使其可以启动从属破产程序，如欧盟《条例》中规定，在债务人主要利益中心所在地开始的破产程序是主要破产程序。主要破产程序具有国际管辖权，在债务人财产所在国没有开始从属破产程序时，主要破产程序可以直接对该国的债务人财产发生等同于本国破产程序的各种效力，从而制止该国债

---

① 此处未言明该域外效力仅限于主要破产程序，是因为《条例》第3条第4款规定了允许从属程序先于主要程序开始的特定条件。而此时先开始的“从属程序”在主要程序开始前也具有一定的域外效力。

② 原文系judgment，此处非仅指判决，并且此裁判可以是终局性的，也可以是非终局性的，参见第2条。

③ 在美国，相应程序被称为主要程序（main proceeding）与辅助程序（ancillary proceeding）或非主要程序（not main proceeding）。

权人的个别受偿或债务人的不当财产处分行为。与主要破产程序相对应，有债务人营业所的成员国开始的破产程序是从属程序。从属程序的效力是地域性的，仅及于债务人位于该国境内的财产。从属程序的功能主要有两方面：其一是保护本国债权人及与债务人在本国之营业有关的人的利益，其二是辅助主要程序，即协助管理、清算债务人在该国的大额财产并处理复杂债权债务关系。由于从属程序的功能有所限定，《条例》第 3 条第 3 款规定，在主要程序开始后开始的从属程序应当是清算程序。[①] 从属程序虽然仅对债务人在该国的财产生效，但其清偿对象仍是全体债权人。《条例》第 32 条第 1 款规定："任何债权人都可以既在主要程序中又在从属程序中申报其债权。"

《条例》第 4 条第 1 款规定，除非有例外规定，破产程序（无论是主要程序还是从属程序）及其效力适用程序开始国的法律。据此，程序开始国的法律可以决定破产程序开始、运行、结束的任何阶段的内容，如破产程序申请人的资格、管理人的指定、债务人财产及债务的确定与管理、破产债权的确认与清偿顺序、债务人的参加，以及《条例》第 4 条第 2 款所列举的项目。[②]《条例》第 5 条至第 14 条则规定了第 4 条规则的例外，即在涉及第三人的对物权、抵销中债务人之债权的准据法所认可的抵销权、所有权保留、有关不动产取得和使用的合同、支付系统与金融市场、劳动合同、须经登记的权利、共同体法下的专利和商标权、破产程序开始国以外的国家所禁止的损害行为、第三方购买者保护等问题时，不一定适用程序开始国的法律，而要适用调整上述法律关系的其他成员国法或共同体法。

《条例》第三章"从属程序"规定了主要程序与从属程序配合的具体方法。在主要程序开始后，已经开始或将要开始的地域性程序都称为从属程序，并受配合主要程序的强制性规则约束。清算人是实现主要程序与从属程序配合的核心，《条例》第 31 条规定了主要程序与从属程序的清算人的配合及信息交流义务：（1）在限制信息交流规则的约束之下，主要程序的清算人和从属程序的清算人有义务彼此交流信息。他们应当及时交流任何涉及相互程序的信息，特别是有关债权的申报、确认以及旨在终止程序的所有措施的信息。（2）在各自程序规则的约束下，主要程序和从属程序的清算人有义务相互合作。（3）从属程序的清算人应给予主要程序的清算人一个提前的机会，以提交关于清算或使用从属程序下的财产的建议。

《条例》还赋予主要程序的清算人介入并影响从属程序的权利，他可以要求从属程序的清算暂停 3 个月，并可以要求延长或重新开始从属程序；可以将重整程序转换为破产清算程序；可以在从属程序中提出拯救计划、和解或类似方案，如果这些计划或和解影响到主要程序中债权人的财务利益，则可以否决从属程序所提出的类似计划、和解或方案。

为了加强主要程序清算人对从属程序的影响能力，《条例》第 32 条规定：（1）任何债权人都可以在主要程序或任何附属程序中申报债权。（2）清算人应当接受已在其他程序中申报的债权，即使该债权已经在指定其为清算人的程序中申报过，如果这样做有利于指定

---

① See Council of the European Union, *Civil Law-European judicial cooperation*, General Secretariat of the Council, 2004, p. 97.

② See Council of the European Union, *Civil Law-European Judicial Cooperation*, General Secretariat of the Council, 2004, p. 99.

其为清算人的程序中的债权人；除非债权人反对这样做或其依债权准据法撤回了债权申报。(3) 主要程序与从属程序的清算人被授权作为债权人参加其他程序，特别是出席该债权人会议。本条的规定对主要程序与从属程序的配合，意义十分重大。因为主要程序的清算人可以代表多数债权人的利益参加任何从属程序，并借此对从属程序施加巨大的影响力，尤其在重整与和解的决策上。

破产清偿必须公平，《条例》第 20 条第 2 款规定："为了保证债权人的平等待遇，已在一个破产程序中获得破产补偿金（dividend，即我国所谓破产债权的清偿额）的债权人，只有在其他破产程序中同一清偿顺序的债权人获得与其等比例的破产补偿金后，才能参与该破产程序的分配。"由于各国破产法对债权的清偿顺序的规定可能不同，故《条例》以其他程序的破产债权清偿顺序为标准判断已在该程序中受偿的债权人是否有权继续参加分配。

最后，《条例》第 35 条还规定了从从属程序向主要程序转移财产的制度，"如果通过从属程序的财产清算能满足该程序下的所有债权，则该程序任命的清算人应立即将剩余财产转移给主要程序的清算人"。

综上可见，《条例》通过赋予有债务人营业所的国家以"非独立破产管辖权"，使其可以开始从属程序，并通过主要程序与从属程序的紧密配合，在解决跨境破产中本国债权人利益的保护与国际合作方面作出了成功的探索，其经验值得借鉴。

在我国现行破产法下，建立辅助程序还存在一定法律障碍，需要对立法进行相应调整和修改。从长远看，我国应根据本国国情采纳《跨国界破产示范法》的基本规定，建立辅助破产程序制度，这不仅可以低成本弥补我国破产立法的空白，还可以树立国际破产合作积极参与者的形象，并确立我国承认外国破产裁判的互惠条件，为管理人在境外主张我国破产程序的域外效力提供更为有利的条件，提升我国的营商环境，促进改革开放顺利向纵深进行。

【案例 1—4】华晨电力破产重整案①

华晨电力重整程序终止后，管理人委托 LATHAM & WATKINS 律师事务所向美国纽约南区破产法院递交申请，请求承认华晨电力破产重整程序为外国主要程序并给予相关救济。美国东部时间 2022 年 2 月 1 日上午 11：20（北京时间 2 月 2 日凌晨 0：20），纽约南区破产法院就本案进行聆讯，管理人负责人梁某海、管理人成员王某贤及管理人聘请的 LATHAM & WATKINS 律师通过在线庭审系统 Court Solutions 远程参加聆讯。因本案法律程序严谨，对各方利益保护公正，符合当代国际主流破产法律制度的宗旨，聆讯顺利进行，美国纽约南区破产法院在庭后 24 小时内即正式下达承认令，承认华晨电力破产重整案符合美国破产法第 1502 条规定的外国主要程序并给予相应救济。

① 本案例是从华晨电力股份公司管理人提供的报告中摘用的。

纽约南区破产法院认为，在中国进行的华晨电力破产重整程序是在债务人的主要利益中心所在地进行的，因此符合美国破产法第1502条规定的外国主要程序，有权获得美国破产法第1520条规定的所有救济，以及第1507条和第1521条规定的额外援助和酌情救济。法庭认为，对华晨电力破产重整程序给予承认和救济符合美国破产法第15章的宗旨，对保护债务人、债权人和其他利害关系方的利益是必要的，否则，中国破产重整程序为债务人的重组所进行的努力，可能会被某些债权人或其他利益方的行动所破坏，从而给债务人、债权人和其他利益方造成不可弥补的损害。因此承认华晨电力破产重整程序，对华晨电力重整成功至关重要，可以实现债务人和债权人等各方主体的利益最大化。

承认令的内容主要包括：批准申请；承认中国程序为外国主要程序；给予依美国破产法第1520条对外国主要程序的所有救济和保护；自华晨电力重整计划生效之日起，批准重整计划的中国法院裁定及重整计划在美国得到承认并获得礼遇，具有充分的法律效力；自重整计划生效之日起，禁止受重整计划影响的主体干扰重整计划执行的一系列行为。

华晨电力破产重整的域外效力在美国得到承认后，管理人于2022年2月3日就取得承认令事宜在新加坡交易所网站发布公告。之后，管理人、华晨电力及所聘请的LATHAM & WATKINS律师继续与美元债券持有人特别委员会的顾问团队就债券契约修订、质押合同、监管账户协议等事宜进行最后的修订及确认，并计划于本周完成上述美元债券相关协议的签署。该等协议的签署，将标志着约定适用纽约州法律的美元债券契约，通过美国法院对中国法院批准重整计划的裁定书予以承认，债券发行人得以在承认令的基础上，对债券契约进行重述及修订，最终完成了对债券的重组。这也标志着华晨电力重整计划在境内外开始全面执行。

【问题与思考】

1. 如何理解法律上的破产概念及其特征？
2. 如何理解破产程序与民事执行程序的关系？
3. 如何理解破产法的直接社会调整作用与间接社会影响的关系？
4. 为什么说破产法的制定与普遍实施是我国市场经济秩序最终基本确立的关键性标志之一？
5. 如何理解破产法的概念和基本特征？
6. 关于破产能力存在哪些主要的理论？
7. 我国《企业破产法》对破产能力是如何规定的？
8. 展望我国个人破产制度的建立。

9. 分析我国《企业破产法》对破产法域外效力的规定及立法完善措施。

【裁判文书】

广东省高级人民法院民事裁定书

（2021）粤破1号

申请人：广东国际信托投资公司破产清算组。住所地：广东省广州市越秀区×××路×××号。

负责人：林某，组长。

2020年12月30日，广东国际信托投资公司破产清算组向本院提交“终结广东国际信托投资公司破产程序的申请”，称截至2020年12月24日，清算组已全部完成广东国际信托投资公司（以下简称广东国投）破产债权分配，依法缴纳了清算所得税，尚有剩余破产财产，现申请本院裁定将剩余破产财产分配给广东省人民政府并全面终结广东国投破产程序。

本院查明，本院于1999年1月16日裁定宣告广东国投破产还债，依法指定成立清算组负责广东国投破产清算。2003年2月28日，本院裁定终结广东国投破产程序，保留广东国投破产清算组完成追收破产财产、追加分配等善后事宜。截至2020年12月24日，经清算组审核及本院裁定确认的广东国投破产债权347笔、总额人民币20 078 239 479元，已全部完成分配，所有破产债权实现100%清偿。清算组已依法缴纳广东国投清算所得税。截至2020年12月29日，广东国投尚有剩余破产财产：现金资产人民币3 521 297 007元，应收债权189项、担保代偿债权64项、股权投资21项、有产权证的留存房屋23套及诉讼中的案件3件。

另查明，广东省人民政府是广东国投唯一出资人。2020年12月14日，广东省人民政府办公厅向本院发来《广东省人民政府办公厅关于进一步明确广东国际信托投资公司破产案剩余破产财产权属的函》，要求将广东国投剩余现金财产移交广东省财政厅，非现金财产变更登记为广东粤财资产管理有限公司所有或由其承接并行使所有者权利。

本院认为：《中华人民共和国企业破产法》第一百二十条第二款、第三款规定：“管理人在最后分配完结后，应当及时向人民法院提交破产财产分配报告，并提请人民法院裁定终结破产程序。人民法院应当自收到管理人终结破产程序的请求之日起15日内，作出是否终结破产程序的裁定。裁定终结的，应当予以公告。”现广东国投破产财产最后分配已经完结，清算组提请本院裁定终结广东国投破产程序，符合上述法律规定，本院予以准许。根据谁投资谁受益的原则，参照《中华人民共和国公司法》第一百八十六条第二款“公司财产在分别支付清算费用、职工的工资、社会保险费用和法定补偿金，缴纳所欠税款，清偿公司债务后的剩余财产，有限责任公司按照股东的出资比例分配，股份有限公司按照股东持有的股份比例分配”的规定，本院认为，本案剩余破产财产应分配给广东国投唯一投资人广东省人民政府，并按照权利人广东省人民政府的指定分配财产。依照《中华人民共和国企业破产法》第一百二十条规定，裁定如下：

（一）全面终结广东国投破产程序；

（二）广东国投附表所列剩余现金移交广东省财政厅账户，广东国投附表所列对外股权、名下不动产变更登记为广东粤财资产管理有限公司所有，广东国投附表所列对外应收债权由广东粤财资产管理有限公司承接并行使所有者权利，广东国投附表所列对外诉讼案件的权利义务由广东粤财资产管理有限公司承接；

（三）广东国投破产程序终结后新发现的财产归广东粤财资产管理有限公司所有。

…………

承认国外破产判决效力的裁定

广东省佛山市中级人民法院民事裁定书

（2000）佛中法经初字第633号

申请人：B&T Ceramic Group s. r. l. 有限公司，住所地：via Calzavecchio n. 23，Casalecchio d/R (Bologna)，Italy。

法定代表人：Marco Tarozzi，总经理。

委托代理人：赵××，广东创誉律师事务所律师。

2000年12月18日，申请人B&T Ceramic Group s. r. l. 有限公司向本院提出申请，要求承认和执行以下判决、判处令及事项：（1）意大利米兰法院于1997年10月24日作出的第62673号破产判决，该判决宣告E. N. Group s. p. a. 股份集团公司破产；（2）意大利米兰市民事、刑事法庭于1999年9月30日作出的“被没收财产转让判处令”，该判处令的主要内容是破产的E. N. Group s. p. a. 股份集团公司于1999年5月5日被申请人B&T Ceramic Group s. r. l. 有限公司购买，责令破产监护人将E. N. Group s. p. a. 股份集团公司的破产财产完全交付于购买人B&T Ceramic Group s. r. l. 有限公司；（3）破产的E. N. Group s. p. a. 股份集团公司的所有财产，包括对南海娜塞提先锋陶瓷机械有限公司持有的98%股权，应完全交付申请人由申请人自由支配；（4）确认申请人对南海娜塞提先锋陶瓷机械有限公司持有98%股权，并恢复申请人在南海娜塞提先锋陶瓷机械有限公司的合法地位。

经审查，1993年3月4日，中外合资企业南海先锋磨具有限公司经南海市对外贸易委员会批准成立，合资双方中方为南海市吉利陶瓷实业公司，外方为意大利Nassetti Ettore s. p. a. 公司。至1995年12月26日，南海先锋磨具有限公司的投资总额为610万美元，注册资本为550万美元，其中中方出资11万美元，外方意大利Nassetti Ettore s. p. a. 公司出资539万美元，同时，南海先锋磨具有限公司变更名称为南海娜塞提先锋磨具有限公司。1997年11月19日，南海娜塞提先锋磨具有限公司再变更名称为南海娜塞提先锋陶瓷机械有限公司。1999年5月2日，Nassetti Ettore s. p. a. 公司与香港隆轩国际有限公司签订股权转让书，将其在南海娜塞提先锋陶瓷机械有限公司98%的股权转让给了香港隆轩国际有限公司。1997年5月9日，意大利Nassetti Ettore s. p. a. 公司变更名称为E. N. Group s. p. a. 股份集团公司。1997年10月24日，E. N. Group s. p. a. 股份集团公司被意大利米兰法院第62673号判决宣告破产。1999年4月14日，米兰法院破产庭作出了“关于E. N. Group s. p. a. 股份集团公司的破产不以拍卖形式出售分公司的法令”，判令将包括破产的E. N. 公司、破产的SATIUSMAC公司、破产的T. T. C. GONGSI、E. N. 公司持有股份的海外公司、设备和机械、商标、专利、生意网等无一例外，作为不可分割的整体进行出售。申请人B&T Ceramic Group s. r. l. 有限公司即向米兰法院报价购买。1999年9月30日，米兰市民事、刑事法庭颁布“被没收财产转让判处令”，责令破产监护人将上述公司的财产完全交付于购买人B&T Ceramic Group s. r. l. 有限公司，供其自由支配。

本院认为：意大利米兰法院于1997年10月24日作出的第62673号破产判决及意大利米兰市民事、刑事法庭于1999年9月30日作出的“被没收财产转让判处令”，符合我国法律及《中华人民共和国和意大利共和国关于民事司法协助的条约》规定的承认外国法院裁决效力的条件，故对其法律效力依法予以承认。对申请人要求将破产的E. N. Group s. p. a. 股份集团公司持有的南海娜塞提先锋陶瓷机械有限公司98%股权完全交付申请人由申请人自由支配及申请人要求确认对南海娜塞提先锋陶瓷机械有限公司持有98%股权的请求，由于该98%的股份已被转让给了第三人香港隆轩国际有限公司，无法发出执行令直接予以执行，故本案不作处理，申请人可以持本民事裁定书另行通过诉讼程序主张权利。依照《中华人民共和国民事诉讼法》第二百六十七条、第二百六十八条和《中华人民共和国和意大利共和国关于民事司法协助的条约》第二十条第一款、第二十一条、第二十六条的规定，裁定如下：

一、对意大利米兰法院于1997年10月24日作出的第62673号破产判决的法律效力予以承认。

二、对意大利米兰市民事、刑事法庭于1999年9月30日作出的“被没收财产转让判处令”的法律效力予以承认。

本裁定是终审裁定。

…………

美国承认中国法院关于华晨电力股份公司破产裁定的效力的承认令

美国纽约南区破产法院

关于： 华晨电力股份公司① 外国程序中的债务人	第15章 案件编号：2-210005（LGB）

承认令

承认外国程序并给予相关救济

根据安永华明会计师事务所（特殊普通合伙）作为华晨电力股份公司（以下简称“债务人”）正式授权的外国代表（以下简称“外国代表”）根据（《美国法典》第11篇——引者补）第15章提出的“关于承认外国主要程序和相关救济的经核实的申请”［第2号案］（以下简称“经核实的申请”）②，华晨电力股份公司是根据中国法律进行的破产重整程序（以下简称“中国程序”）的主体，目前正由北京市第一中级人民法院（以下简称“中国法院”）根据《中华人民共和国企业破产法》（以下简称“企业破产法”）第71条审理，申请本院发布如下命令：

a. 认定（i）债务人有资格成为《美国法典》第11篇第15章（11 U.S.C. §§101及以下）规定的“债务人”（《破产法》），（ii）中国程序是《破产法》第1502条意义上的“外国主要程序”，（iii）外国代表符合《破产法》第101（24）条关于“外国代表”的要求，以及（iv）申请书已适当提交并符合《破产法》第1515条的要求。

b. 根据《破产法》第1517条和第1520条，批准承认中国程序为“外国主要程序”。

c. 批准根据《破产法》第1520条给予外国主要程序的所有救济。

d. 承认中国程序、计划和中国法院批准计划的裁定（以下简称“批准裁定书”），给予其礼让，并在美国的领土管辖范围内承认其充分的效力，包括使该计划中规定的豁免（以下简称“豁免”）生效。

e. 永久禁止所有各方在美国对债务人或其位于美国领土管辖范围内的资产开始或继续进行与本计划不一致的任何行动或程序（以下简称“禁止令”）。

f. 指示债务人、受托人（包括任何可能适用的替代受托人）和任何其他相关方执行或交付所有同意书、文书、留置权和抵押权的解除或具有类似效力的文件，以及使本计划生效所需的其他文件，并授权受托人在与此相关的必要范围内提交这些文件（以下简称“指示”）。

g. 免除该命令的14天暂缓生效期；以及

h. 给予相关救济。

根据本案的记录和2022年2月1日举行的关于申请书的聆讯（以下简称“聆讯”）以及本院对申

---

① 债务人的统一社会信用代码的最后四位数是6704。债务人的注册地址是中华人民共和国北京市海淀区××南路20号××家园4号楼3层。

② 在此使用但未另作定义的术语应具有经核实的申请书中赋予它们的含义。

请书和梁先生声明的审查和审议，本院发现并确定申请书中寻求的救济符合《破产法》第 15 章的宗旨，并符合债务人及其债权人的最佳利益；对聆讯记录上所述的理由经过适当的审议后认为理由充分。

特此认定并决定①：

A. 根据《美国法典》第 28 篇第 157 条和第 1334 条以及美国纽约南区地区法院于 2012 年 1 月 31 日发布的 M－431 号经修订的常设命令（首席法官普雷斯卡），本法院有管辖权审议该申请和其中要求的救济。

B. 根据《美国法典》第 28 篇第 157（b）条，对申请书和其中所要求的救济的审议是一个核心程序，本法院可以根据美国宪法第 3 条的规定发布一个最终命令。

C. 根据《美国法典》第 28 篇第 1410（1）条，本法院的审理地点是适当的，因为（i）债务人有美国资产位于本区，（ii）契约受纽约法律管辖，并包含一个纽约法院选择条款。

D. 外国代表已经根据《破产规则》第 1011（b）条和第 2002（q）条以及《关于第十五章申请和相关救济的聆讯以及指定通知的形式和方式的命令》（备查文件号：11），对申请的提交和聆讯作出了良好、充分、适当和及时的通知给（i）美国纽约南区受托人；（ii）美元债券持有人特别委员会的律师；（iii）受托人；（iv）计划债权人（包括美元债券持有人）；以及（v）在本第 15 章案件中提交出庭通知的所有各方。考虑到所请求的救济的性质和本法院以前的命令，不需要其他或进一步的通知。

E. 没有尚未被推翻、撤回或以其他方式解决的反对意见或回应被提出。

F. 债务人有位于本区的财产，因此，根据《破产法》第 109 条和第 1501 条，债务人"有资格"成为本案中的债务人。

G. 中国程序是《破产法》第 101（23）条中定义的"外国程序"。

H 中国程序是在中国进行的，这也是《破产法》第 1517（b）（1）条中提到的债务人的"主要利益中心"所在。因此，根据《破产法》第 1502（4）条，中国程序是一项"外国主要程序"，根据《破产法》第 1517（b）（1）条，其有权被承认为外国主要程序，并有权获得《破产法》第 1520 条赋予外国主要程序的所有救济。

I. 外国代表是《破产法》第 101（41）条所定义的"人"，并已被正式任命和指定为《破产法》第 101（24）条所定义的债务人的"外国代表"。

J. 根据《破产法》第 1504 条和第 1509 条，本第 15 章案件的启动是适当的，并且申请书符合《破产法》第 1515 条的要求。

K. 外国代表和债务人（如适用）有权根据《破产法》第 1507 条和第 1521 条获得申请书中要求的额外援助和酌情救济（包括承认和执行计划以及其中的豁免和批准裁定书）。

L. 此处给予的救济是必要和适当的，符合公众利益和国际礼让，不违背美国的公共政策，根据《破产法》第 105（a）、1504、1507、1509、1515、1517、1520、1521 条的规定是有理由的，并且不会给任何利益方造成困难。如果对这些当事人可能造成任何困难或不便，那么所请求的救济给外国代表、债务人及其债权人和其他利益方带来的利益将超过这种困难或不便。

M. 这里给予的救济对于实现《破产法》第 15 章的宗旨和目标以及保护债务人、债权人和所有

---

① 根据《联邦民事诉讼规则》第 52 条的规定，本文和聆讯记录中列出的调查结果和结论构成了本法院对事实的调查结果和法律结论，《联邦破产程序规则》（以下简称《破产规则》）第 7052 条和第 9014 条在此适用。如果这里的任何事实调查结果构成法律结论，它们将被采纳。如果这里的任何法律结论构成对事实的认定，它们将被作为事实采纳。

利益方的利益是必要的。

N. 如不授予救济，重整计划、中国重整程序以及债务人完成重整计划中规定的重整的努力可能会被某些债权人或其他利益方的行动所阻挠，这将与《破产法》第 15 章的宗旨［特别是《破产法》第 1501（a）条的规定］相抵触。这种结果可能会威胁、挫败、拖延并最终危及重整计划中规定的重整的实施。如果没有禁令，债务人及其资产可能会受到司法、准司法、仲裁、行政或监管行动或程序的起诉，这些行动或程序与中国重整程序中针对债务人及其位于美国领土管辖范围内的资产的索赔有关，从而干扰并对债务人、其债权人和其他利益方造成不可弥补的损害。同样，如果没有指示，债务人执行重整计划条款和成功完成财务重组的能力也可能受到损害。

O. 此处所载的禁止令和指示（i）属于法院的管辖范围；（ii）对重整计划和中国程序的成功和目标至关重要；（iii）给债务人、其债权人和所有其他利益方带来重大利益，并符合他们的最佳利益。

P. 根据《破产法》第 1507（b）条的规定，这里给予的救济将合理地保证：（i）公正对待所有针对债务人财产的债权人或利益的持有人；（ii）保护美国的债权人在处理中国程序中的债权时不受损害和不便；（iii）防止对债务人财产的优先或欺诈性处置；以及（iv）基本上按照《破产法》规定的顺序分配债务人财产的收益。

Q. 所有债权人和其他利益方，包括债务人，在授予本文所命令的救济中得到了充分的保护，符合《破产法》第 1522（a）条的规定。

根据上述事实的调查结果，经过适当的审议和充分的理由，特此命令：

1. 批准申请书和其中要求的救济，任何尚未撤回或解决的反对意见或答复均被驳回，不予支持。

2. 根据《破产法》第 1517（a）、1517（b）（1）条，中国程序被确认为“外国主要程序”。

3. 外国代表被承认为《破产法》第 101（24）条所定义的与中国程序有关的“外国代表”。

4. 根据《破产法》第 1520 条给予外国主要程序的所有救济和保护，特此给予中国程序、债务人和债务人位于美国的资产（如适用），包括但不限于根据《破产法》第 362 条自动中止影响债务人及其位于美国境内的财产的行为。

5. 自本计划生效之日（以下简称“计划生效日”）起，本计划（包括豁免）以及在中国程序中的批准裁定书应在美国得到承认，获得礼让，并具有充分的效力和作用，根据第 105（a）条的规定，按照其条款具有约束力和完全可执行性。根据《破产法》第 105（a）、1507、1521、1525 条的规定，对其债权或利益受到本计划影响的所有实体［该术语在《破产法》第 101（15）条中有定义］及其各自的继承人具有约束力并可充分执行，如继承人、受让人、受托人、子公司、关联公司、官员、董事、代理人、雇员、代表、律师、受益人、监护人和类似官员，或通过任何这些人或实体提出权利主张的任何人（除债务人及其明确授权的代表和代理人外，统称为“受影响实体”），无论受影响实体是否同意受本计划约束或参与本计划。

6. 自计划生效日起，除非计划或使计划生效的任何其他文件，包括修正文件明确允许，所有受影响实体应在此被永久禁止主张受批准裁定书和计划影响的任何债务、索赔或利益，包括但不限于：

a. 对债务人的任何资产进行执行；

b. 开始或继续，包括发出或使用司法、准司法、行政、监管、仲裁或其他行动或程序的程序，或追偿，包括但不限于任何和所有未支付的判决、和解或其他针对债务人、其财产或债务人任何财产的任何直接或间接受让人或继承人的诉讼；或该受让人或继承人的任何财产，或寻求与上述任何情况有关的任何发现，在每一种情况下都与中国程序中债务人财产的管理、中国法律或执行或完成批准裁定书或计划（包括豁免）有任何不一致、相关联或干扰；

c. 采取或继续采取任何行动，以建立、完善或执行针对债务人或其任何财产或其收益的留置权或其他担保权益、抵销或其他索赔，在每种情况下都与中国程序中债务人财产的管理、中国法律或批准裁定书或计划（包括豁免）的实施或完成有任何不一致、相关联或干扰的地方；

d. 将债务人的任何财产转让、放弃或处置给外国代表及其授权代表和代理人以外的任何实体，或采取或继续采取任何行动以获得对这些财产的占有、混同或行使控制，而在每一种情况下都与中国程序中债务人财产的管理、中国法律或批准裁定书或计划（包括豁免）的执行或完成有任何不一致、相关联或干扰；

e. 以任何方式直接或间接开始或继续进行有关债务人资产、权利、义务或责任的个人诉讼或程序，或解决因本计划的任何规定（包括《免责声明》）或与本计划有关的中国法律而产生的任何争议，在每一种情况下，只要它们没有根据《破产法》第 1520（a）条和第 362 条被中止；

f. 宣布或考虑提出中国程序、计划、批准裁定书或本第 15 章案件成为任何协议、合同或安排下的违约或违约事件。

在各种情况下，上述禁令应仅在美国的领土管辖权内有效。

7. 自计划生效日起，任何判决，无论于何时何地获得，只要这种判决是对债务人或任何其他人责任的确定，即（a）根据计划相关的豁免，（b）根据计划取消、解除或重组的任何债务，或（c）基于与计划相关的企业破产法的适用，在每种情况下，与计划、批准裁定书或法律不一致的，在美国应不可执行。

8. 如果任何受影响实体已经提交融资声明、抵押、建筑物或机械留置权、待决案件或其他文件或协议，证明对债务人资产的或针对债务人资产的索赔、留置权、利益或抵押权，并且没有以适当的形式向债务人提交终止声明、清偿文书或解除这些抵押权，（a）特此指示每个此类个人或实体交付所有此类声明、文书和解除，（b）债务人在此被授权代表主张这些声明、文书、豁免和其他文件的个人或实体执行和提交，如果适用的话。每一个联邦、州和地方政府在此被指示接受任何和所有必要或适当的文件和文书，以使本计划和其中所约定的交易以及本命令生效。本命令被视为具有可记录的形式，足以存入每个联邦、州或地方政府机构、部门或办公室的存档或记录系统中。

9. 外国代表、受托人（包括可能适用的任何替代受托人）和债务人（a）被授权并被赋予权利，可以酌情且不再拖延地执行和交付文件，以实现本计划（包括豁免），并采取任何行动和执行任何必要的行为，以实施和实现本命令、批准裁定书和本计划的条款；（b）应被授权并被赋予权利，按照本计划规定的方式行使本计划中规定的所有同意和批准权。

10. 外国代表、债务人或其各自的代理人、代表、顾问或律师在准备、发放、申请、实施或以其他方式推动中国程序、其下考虑的文件、本命令、本第 15 章案件、本第 15 章案件中任何进一步的额外救济命令或与此相关的任何对抗性程序时采取的任何行动，都不会被视为构成对《破产法》第 306 条或第 1510 条赋予这些人的豁免的放弃。

11. 任何一方不得因遵循本命令的条款（无论是采取行动还是不采取行动）而承担任何责任，除非是该方自己的重大过失或故意的不当行为。

12. 这里的任何内容都不能禁止、损害或以其他方式补充或修改本计划或使本计划生效的任何其他文件，包括修正文件所赋予任何一方的权利，而且这里的任何内容都不能修改中国法院审理和裁定任何诉讼、行动或程序，以及解决可能与本计划或批准裁定书的任何规定，或与根据本计划或批准裁定书采取或不采取的任何行动或者对本计划或批准裁定书的管理有关的任何争端的专属权利。

13. 本条款不应禁止政府部门的治安或监管行为，包括刑事诉讼或程序。

14. 外国代表、债务人以及他们各自的代理人被授权送达或提供《破产规则》或本法院的地方规则所要求的任何通知。

15. 尽管《破产法》或《破产规则》有任何相反的规定，包括但不限于《破产规则》第 1018、3020（e）、6004（h）、7062、9014 条，（a）本命令应立即生效，并可在其生效后执行，（b）外国代表在实施、执行或实现本命令给予的救济方面不受任何限制，以及（c）本命令应构成《美国法典》第 28 编第 158（a）条意义上的最终命令。

16. 本法院应保留对本命令的实施、执行、修正或修改的管辖权。

…………

第二章

破产申请与受理

本章概要

破产申请的提出与受理，关系到破产程序启动的各个具体环节，涉及破产原因的界定、破产案件管辖、破产申请的权利义务主体、破产申请的提出条件与受理程序，以及破产申请受理的法律效力等具体问题，对于保障当事人的程序利益与破产程序的正常启动具有非常重要的意义。所谓破产原因，指认定债务人丧失清偿能力，当事人得以提出破产申请，法院据以启动破产程序的法律事实。学习本章应把握我国《企业破产法》及其司法解释对破产原因的规定，正确理解不能清偿、资不抵债与停止支付这三个基本概念，以及明显缺乏清偿能力的概念，并了解对破产原因进行立法时的背景情况。启动破产程序有申请主义与职权主义两种立法模式，我国破产法采取申请主义原则，即人民法院应当依据债权人、债务人等当事人的申请启动破产程序。和破产申请与受理相关的法律问题主要是破产案件的管辖、受理的具体程序、执行案件移送破产审查、债务人企业涉诉案件的处理、破产案件受理裁定的法律效力等。

参考文献

1. 杜万华．企业改革、破产与重整案件审判指导．北京：法律出版社，2018
2. 最高人民法院民事审判第二庭．最高人民法院关于企业破产法司法解释

（三）的理解与适用．北京：人民法院出版社，2019

3. 王欣新．破产法．北京：中国人民大学出版社，2011

4. 王欣新．破产法前沿问题思辨（上、下）．北京：法律出版社，2019

5. 王欣新．破产王道：破产法司法文件解读，北京：法律出版社，2021

6. 韩长印，何欢．破产界限的立法功能问题：兼评《企业破产法》司法解释《规定（一）》的实际功效．政治与法律，2013（2）

参考法规

1. 《企业破产法》第一章、第二章
2. 《公司法》第 187 条
3. 最高人民法院《企业破产法司法解释一》
4. 最高人民法院《企业破产法司法解释二》
5. 最高人民法院《企业破产法司法解释三》
6. 最高人民法院《破产审判会议纪要》
7. 最高人民法院《民商审判会议纪要》

引　例　深圳集电工业材料有限公司申请轻松点科技有限公司破产案[①]

一、基本案情

深圳集电工业材料有限公司（以下简称集电公司）对深圳市轻松点科技有限公司（以下简称轻松点公司）享有民事判决确认的债权，因申请强制执行无果，便以轻松点公司不能清偿到期债务，并且明显缺乏清偿能力为由，向深圳市中级人民法院提出破产清算申请。在听证调查程序中，集电公司提出，从“深圳法院网上诉讼服务平台”查询可知强制执行状况，该执行案件即（2016）粤 0306 执 9929 号的立案时间为 2016 年 9 月 8 日，结案时间为 2017 年 2 月 28 日；该案已经被终结执行，未获得任何清偿，该执行案件的承办法官也已确认结案。深圳市中级人民法院以集电公司未提供充分证据证明轻松点公司资产不足以清偿全部债务或者明显缺乏清偿能力，所欠款项是否可以在执行程序中得到清偿处于待定状态为由，裁定不予受理集电公司对轻松点公司的破产清算申请。

① 案例来源：广东省高级人民法院（2018）粤破终 22 号民事裁定书。

集电公司不服，向广东省高级人民法院提起上诉。广东省高级人民法院查明：一审中，集电公司已经提供以下证据证明轻松点公司有破产原因的法律事实：(1) 广东省深圳市宝安区人民法院（2015）深宝法民二初字第2647号民事判决书及执行立案通知书，主要证明轻松点公司不能清偿到期债务。(2)“人民法院公告”主要证明法定代表人下落不明且无其他人员负责管理财产。(3)“信用中国”主要证明轻松点公司明显缺乏清偿能力。轻松点公司不仅对集电公司负有到期债务且没有全部履行，而且对他人债务也没有全部履行；对他人负有债务的执行案号为（2016）粤03执1356号和（2016）皖0291执行176号，被执行人的履行情况都是“全部未履行”。(4)“深圳法院网上诉讼服务平台”查询单，主要证明轻松点公司明显缺乏清偿能力。

广东省高级人民法院认为：本案中，轻松点公司拖欠集电公司的货款629 000元及利息已被广东省深圳市宝安区人民法院（2015）深宝法民二初字第2647号民事判决所确认，集电公司也向法院申请执行但并未实现上述债权。从本案中轻松点公司法定代表人下落不明无法直接送达诉讼材料的事实看，轻松点公司已经停止生产经营，再根据集电公司提供的“深圳信用”“信用中国”证据的显示，轻松点公司对本案之外的数宗自身债务已无法全部清偿，且已被列入受惩黑名单。由上可以推定轻松点公司已经缺乏清偿能力，故认定轻松点公司具备破产原因，符合“明显缺乏清偿能力”的情形。广东省高级人民法院作出终审裁定：(1) 撤销广东省深圳市中级人民法院（2016）粤03破申103号民事裁定；(2) 本案指令广东省深圳市中级人民法院受理。

二、法律问题

本案涉及的法律问题主要包括：根据《企业破产法》及其司法解释的规定，什么情况下可以启动破产程序？哪些主体可以提出破产申请？当事人可以申请启动哪些破产程序？法院受理破产案件的标准是什么？对法院经审查后作出的破产受理裁定都能上诉吗？法院受理破产会产生何种法律效力？

第一节　破产原因

【案例 2—1】深圳市水指实业发展有限公司破产重整案①

深圳市水指实业发展有限公司（以下简称水指公司）成立于 1997 年，系房地产开发经营企业。2000 年，水指公司参与开发建设“典雅居”房地产项目。2004 年，该项目在取得预售许可证后开始预售。2005 年，该项目楼盘封顶。后因水指公司存在资金链断裂、违规经营、管理不善等问题，该项目未能最终竣工，水指公司亦被迫停止经营，继而引发 90 余宗诉讼和仲裁案件。在对上述判决与仲裁裁决的强制执行程序中，深圳市中级人民法院经调查发现，水指公司除有尚未竣工的“典雅居”房地产项目外，无其他任何可供执行财产。当时，“典雅居”房地产项目已被多轮查封，且该项目存在一房多卖、存量不清等诸多问题，强制执行水指公司困难重重。水指公司债权人无法通过强制执行程序获得清偿。

因水指公司已具备不能清偿到期债务且明显缺乏清偿能力的破产原因，经深圳市中级人民法院执行法官释明，申请执行人之一申请对水指公司进行破产清算。深圳市中级人民法院遂中止对上述案件的执行程序，并于 2012 年 3 月 15 日作出（2012）深中法破字第 5 号民事裁定书，裁定受理水指公司破产清算案，从而实现了执行程序与破产程序的首次顺利转换与衔接。深圳市中级人民法院受理水指公司破产清算案后，立即刊登受理公告并依法指定管理人接管水指公司。管理人对水指公司财产状况开展全面清查并受理债权申报。针对一房多卖、存量不清等问题，管理人采取审计财务资料、接受权利人申报、开展调查等方式，对房产销售情况予以重新造册。管理人最终查明，水指公司资产仅存“典雅居”房地产项目项下 54 套房产及该项目应收账款，评估值约为 8 500 万元。而经管理人审查确认的债权人共计 146 家，债权总额达 2.5 亿元。债权人中还包括大量缴纳部分房款的购房者以及拆迁未获补偿的拆迁户，社会矛盾突出。

因水指公司的大股东陈某在破产清算过程中申请对水指公司进行重整，并承诺引进重整方资金以提高水指公司债务清偿率，深圳市中级人民法院对大股东陈某的重整申请予以仔细审查后认为，大股东陈某系重整申请的适格主体，且水指公司尚具备一定的再生价值及自救可能，遂裁定自 2013 年 4 月

① 案例来源：深圳法院破产审判典型案例（下），中国破产法论坛官方微信号推荐，https：//mp. weixin. qq. com/s/Td5xqQ5XW 2r69SNnGh Jg。

15 日起对水指公司进行重整。在重整期间，针对负债性质复杂、社会矛盾突出等问题，水指公司提出了普遍提高清偿率，并合理细分负债类型给予清偿的重整计划草案，旨在更为公平地保护各类债权人利益。该重整计划草案经债权人会议的两次协商表决，最终获得通过。2014 年 1 月 22 日，深圳市中级人民法院依法裁定批准水指公司重整计划。2015 年 11 月 12 日，水指公司重整计划执行完毕，深圳市中级人民法院裁定终结破产程序。

破产程序既是一种集体偿债机制，又兼具促进债务人再生的功能。与“集体偿债机制”和“债务人再生目标”相适应，破产制度对以债务人企业为核心的既有债权债务关系、企业组织关系、企业产权结构等作出特殊的法律调整。这种特殊的法律调整，不仅会变更债务人、债权人之间的实体权利义务关系，在企业重整条件下还会对潜在投资者与债务人股东产生重要影响，并间接作用于市场交易的整体秩序。作为一项独立的法律调整，破产程序的启动和破产法律关系的产生与发展，需要特定的法律事实基础，即“破产原因”的出现。

一、破产原因概述

破产原因，又称“破产界限”，是指认定债务人丧失清偿能力，当事人得以提出破产申请，法院据以启动破产程序的法律事实，即引起破产程序发生的原因。① 破产原因有狭义和广义之分。狭义的破产原因仅指破产清算程序启动的原因；广义的破产原因还包括和解程序与重整程序的启动原因、其他国家破产立法中接管程序的启动原因等，泛指各种处理“危机企业”之法律程序的启动原因或条件，但重整程序开始的原因，较破产清算、和解程序更为宽松。如依我国《企业破产法》规定，不仅在破产原因已经发生时可以申请重整，在企业法人有明显丧失清偿能力的可能，即有发生破产原因可能时，就可以依法申请进行重整。

理解破产原因，首先应当明确其与“导致债务人破产的原因”之间的区别。商业活动中，导致债务人破产的原因很多，或者是经营管理不善，或者是产品市场萎缩，或者是资金链条断裂等。破产制度不关注这些让债务人陷入经营困境或者财务困境的具体缘由，而是密切关注债务人的债务清偿能力，其出发点是保障债权人利益，所以，破产原因是基于债务人“破产”的客观经济状态而由破产法或其他特别法律规定的启动破产程序的具体法定要件。【案例 2—1】中，水指公司被提出破产申请、法院决定是否启动破产程序的“破产原因”，不是导致债务人破产的“管理不善”或者“违规经营”，而是看是否满足“不能清偿”“资不抵债”“明显缺乏清偿能力”等法定情形。

破产原因不同于破产宣告的原因。在立法对破产清算程序采取宣告开始主义的国家，如日本，法院以作出破产宣告裁定的方式受理破产清算案件，启动破产程序，其破产原因

① 参见王欣新：《破产法》，4 版，37 页，北京，中国人民大学出版社，2019。

也就是破产宣告的原因；而在立法对破产清算程序采取受理开始主义的国家，如英国，法院受理破产申请标志着破产程序开始，破产原因仅指破产程序开始的原因，破产案件在法院受理后可能作出破产宣告进行清算，也可能根据当事人的申请转入和解或重整等挽救类程序。我国破产法以破产案件的受理作为破产程序的开始。破产原因仅在破产案件受理的时点上具有决定破产程序启动与否的实质性意义。破产原因与当事人尤其是债权人可以提出破产申请的原因之间也存在差异。为保障债权人的破产申请权，方便当事人提出破产申请，各国立法通常规定在若干种法律列举的情况下，可以推定债务人存在破产原因，并允许据此提出破产申请。这种情况下，债务人可以通过提出异议进行程序救济。而对于债务人提出破产申请，一些国家往往并不对债务人是否存在破产原因进行严格审查，因为对全体债权人进行集体清偿的破产清算程序与对多数债权人分别进行个别清偿，都是对债务的清偿。

在历史上，英美法系和大陆法系关于破产原因的立法曾有列举主义和概括主义的分野。列举主义在立法形式上受早期破产犯罪立法思想的影响，将着眼点放在债务人具体实施的不当行为上，故采用列举的方式逐项加以规定，其优点是规定具体、明确，便于当事人举证和法院认定，但弊端是难免挂一漏万，执行僵化、缺乏弹性，不易根据变化了的实际情况灵活、具体适用。[①] 英国、美国曾经是典型列举主义的代表，这与英美法系的判例法传统密切相关，遵循先例为法官查明或者发现成文法未列举的“破产行为”提供了平台，很大程度上克服了列举主义带来的局限性。[②] 概括主义则对破产原因从法学理论上作抽象概念性的规定，它着眼于破产程序启动的一般原因，而不是具体行为。在概括主义的立法模式下，法院的自由裁量权较大，有利于根据实际情况灵活适用法律，但如没有有效的制约机制，易发生法院的擅权行为。德国、日本、瑞士等是典型概括主义的代表。两种立法例各有利弊，目前已经出现相互交融的趋势。比如，由于破产法的立法理念发生了变化，立法目标逐渐侧重于破产挽救而非破产清算，对破产原因规定得越来越宽泛，法律的渐趋复杂对法官自由裁量权提出了更高要求，故而以往采取列举主义的英美法系国家也逐渐废除了对破产原因的完全列举规定，转而采用概括主义。[③]

在破产原因的立法模式逐渐融合并凸显概括主义趋势的背景下，各国立法都非常重视对破产原因的详细表述，即在一般概括规定的基础上，又针对具体情况作出区别性的规定，如德国破产法规定：破产程序一般性的开始原因为“支付不能”，如果债务人停止支付，便可认定为支付不能；而由债务人申请开始破产程序的，其“濒临支付不能”也为开始原因，对于法人（如股份有限公司、有限责任公司）和没有自然人负个人责任的人合公司（如两合公司），破产程序也可以“资不抵债”为由启动。[④] 除这种有层次性的规定外，德国破产法还对“支付不能”“停止支付”“濒临支付不能”“资不抵债”等一般概念及其适用除外条件作出明确规定。又根据日本破产法规定：债务人无法清偿到期债务，法院依

① 参见王欣新：《破产法》，4版，40页，北京，中国人民大学出版社，2019。

② 参见邹海林：《破产法——程序理念与制度结构解析》，58页，北京，中国社会科学出版社，2016.

③ 参见付翠英：《破产法比较研究》，175～176页，北京，中国人民公安大学出版社，2004。

④ 参见［德］莱因哈德·波克著，王艳柯译，《德国破产法导论》，43～49页，北京，北京大学出版社，2014。

据申请，以决定的方式开始破产程序；债务人停止支付的，推定为无法清偿到期债务；债务人为法人的，在适用第一种情形时，“无法清偿到期债务”是指“无法清偿到期债务或者资不抵债”。英国破产法规定了不能偿还债务的5种情形，同时，法院经审查后将公司资产少于债务认定为不能支付债务。[①] 而根据美国破产法，自愿申请不需要“不能清偿”的证明，非自愿申请则要求证明债务人不能一般性地清偿到期债务。破产原因在各国立法中的表述根据其适用对象、申请主体等因素的不同，既有一般性又有特殊性。

二、破产原因的一般概念

无论是概括主义、列举主义，抑或折中主义，不同的立法体例都有相同的立法目的，即都是为了准确规定可以启动破产程序及宣告破产的实质性条件。根据各国立法内容来看，要想正确理解破产原因，通常需要把握“不能清偿”“资不抵债”“停止支付”三个概念及其内在的联系和区别，而在我国则还需要把握“明显缺乏清偿能力”的概念。

（一）不能清偿

不能清偿，是指债务人对请求偿还的到期债务，因丧失清偿能力而无法偿还的客观财产状况，亦称为支付不能或不能支付。不能清偿在法律上的着眼点是债务关系能否正常维系。[②] 不能清偿的构成要件通常包括以下五个方面。[③]

（1）债务人丧失清偿能力，即不能以财产、信用或者技术等任何方法清偿债务。清偿能力是一个综合的概念，并非仅取决于债务人的货币性财产，往往包括债务人的信用或者技术等。我们不能狭隘地将“丧失清偿能力”简单理解为“丧失财产清偿能力”。

（2）债务人不能清偿的债务是已到偿还期限、被提出清偿要求且无争议的债务。首先，债务人不能清偿的债务必须是已经到期的债务。根据债权法的一般规定，所谓到期债务，主要是指以下情形：根据法律规定或者当事人约定，债务的清偿期限已经届至；法律未规定、当事人也未约定清偿期限的，根据债的性质或者其他情形可以确定债务清偿期已经届至；法律未规定、当事人也未约定、依债的性质或其他情形也无法确定清偿期的，如果债权人已经请求履行且给予了必要的准备时间的，也构成已届清偿期。据此，如果在到期前，债权人认为债务人到期后将无力清偿的，因为清偿义务尚未发生，不能将其视为不能清偿。其次，该到期债务已经被提出清偿要求且不存在争议。债权人对到期债务未提出偿还要求的，视为默许延期偿还，债务人即使已经无力偿还此债，但因不能清偿情况未实际发生，也不能认定其发生破产原因。另外，如果债务双方对要求偿还的债务存在争议，如债务人提出抗辩理由或者主张债务抵销，则应先由法院或仲裁机构作出生效裁判，确认权利义务关系。

（3）债务不限于以金钱给付为标的。非货币性支付债务在不能履行时，绝大多数都会

① 参见《英国破产法》，丁昌业译，107页，北京，法律出版社，2003。

② 参见王欣新：《破产法》，4版，41～43页，北京，中国人民大学出版社，2019。

③ See *Corporate Financial Distressing and Bankruptcy*, John Wiley & Sons, Inc, pp. 58 - 78, 2005.

依法转化为货币赔偿债务。无论是对货币债务还是对实物交付债务或货币赔偿债务的不能清偿，都是由于债务人丧失了清偿能力，因而均构成法律意义上的破产原因，但非货币性债务必须能够以货币评价时，才具有在破产法语境下评价其是否构成不能清偿的意义。

（4）债务人的不能清偿是全面的不能清偿且处于持续状态。作为破产原因，不能清偿必须是债务人对到期债务的全面不能清偿，而不能将对个别债务的不能清偿视为提起破产申请、启动破产程序的条件。同时，不能清偿，必须是在相当长时期内或可预见的相当时期内持续不能清偿。因一时的资金周转困难或者其他原因出现的暂时性中止支付，不构成破产法意义上的不能清偿。【案例 2—1】的强制执行程序中，水指公司除有尚未竣工的"典雅居"房地产项目外，无其他任何可供执行财产，但"典雅居"房地产项目已被多轮查封，诸多债权人无法通过强制执行程序获得清偿，"不能清偿"处于持续状态。

为减轻债权人提出破产申请时的举证责任、方便法院受理破产申请并及时作出裁决，需要破产法对破产原因规定相应的"破产原因推定"制度，如英国破产法第 123 条第 2 款规定，如果法院经考虑到公司的或有及预期债务后，有证据认为公司资产的价值少于公司的债务，则公司也被认为不能支付债务。[①] 我国破产法司法解释也规定了"不能清偿"的具体情形，【引例】中，债权人集电公司只要证明被申请人轻松点公司符合这些具体的法定情形，便可以推定债务人不能清偿到期债务。

（二）资不抵债

资不抵债，又称"债务超过"，是指债务人是法人时，法人的全部财产不足以清偿其全部债务。当然，资不抵债中的"资产"，并不一定仅指破产程序开始时的现有财产，有的国家还会考虑"资产"未来的发展前景，如有无经营增值可能。例如，根据德国破产法第 19 条的规定，对于法人和没有自然人承担个人责任的两合公司，债务人的财产在法院裁定受理与否时，不再能够支付现存债务，即为资不抵债，也为破产程序开始的原因。在评估债务人财产时，根据各种情况显示仍然极有可能继续经营企业的，应以继续经营企业作为评估的基础。在日本，也有学者认为，作为判断是否资不抵债之标准的资产评估不是以清算价格决定而应以营运价值来判断。[②]

实践中，债务人的资不抵债与不能清偿往往同时存在，但两者不能等同。"不能清偿"的概念，通常会考虑债务人清偿债务的各种手段，因此判断债务人是否不能清偿，需要综合判断债务人的财产、信用、能力等各种因素。而"资不抵债"的着眼点是资产与负债的比例关系，在评价债务人的清偿能力时，考察的是债务与资产的比例关系，债务无论是否到期都应计算在内。所以，两者的判断标准存在明显的差异。一方面，债务人的资产多于负债时，也可能会因为经营管理不善、资产结构不合理等原因，发生对到期债务缺乏支付能力的情况。另一方面，在债务人资不抵债时，也可能由于其具有良好的信用或融资能力等，解决债务清偿问题，并不必然导致债务人丧失清偿能力。

就适用范围而言，"资不抵债"和"不能清偿"也存在着明显的区别。根据多数国家

---

① 参见《英国破产法》，丁昌业译，107～108 页，北京，法律出版社，2003。

② 参见［日］山本和彦：《日本倒产法处理入门》，4 版，金春等译，51 页，北京，法律出版社，2016。

的立法，“不能清偿”作为一般的破产原因，适用于所有的破产主体，包括自然人破产和法人破产等；而“资不抵债”，通常仅作为法人的破产原因，而不适用于自然人破产。因为自然人并不因为破产宣告而消灭其人格，在资不抵债时，债务人还可以其信用或劳务进行清偿，也可以通过继续经营、工作等途径获得新的财产清偿债务，但法人经过破产宣告与清算，其法人人格即消灭，尤其是“资合性”法人（如股份有限公司），其信用基础就是法人的财产，无人对其承担无限责任。所以，当法人资不抵债时，往往就意味着其丧失了清偿能力，将此作为一种特殊破产原因具有合理性。但是，在判断法人是否“资不抵债”时，应当对资产作出全面考察，要合理确定有形财产以及商标、专利等知识产权的价值。

（三）停止支付

停止支付，通常是指债务人以其行为向债权人作出不能支付债务的主观意思表示。① 以停止支付作为破产原因，对债务人显然更为严厉。通常只有采取商人破产主义的大陆法系国家将其作为独立的破产原因，其他国家往往仅是将其作为推定债务人丧失清偿能力的原因，如日本破产法第 15 条第 2 款规定②，债务人停止清偿时，推定为不能清偿到期债务。

对“停止支付”的概念，必须明确以下几个要点：首先，停止支付是指债务人以主观意思表示作出的外部行为，而不是其财产客观状况，这是停止支付与不能清偿的主要区别；其次，停止支付包括明示、暗示等形式的各种行为，如债务人开出的票据得不到兑现，即可视为默示的停止支付；再次，停止支付的对象是到期要求清偿、无合理争议或经生效法律文书确定的债务；最后，须是对债务持续一定时间的停止支付，而非一时的中止履行。

停止支付与不能清偿的关系表现为：前者为外在的主观表示，后者为内在的客观经济状态；停止支付是债务人丧失清偿能力的最典型的外在行为表现，但是停止支付并不必然表明不能清偿，因为债务人并非一定基于客观事实产生积极的或消极的表示。不过，由于停止支付的状况客观上已经损害了债权人的利益，故立法允许债权人据此提出破产申请，在一定条件下，根据债务人停止支付的行为可以推定债务人已经处于不能清偿的状态。这“一定的条件”，便是指债务人停止支付到期债务并呈连续状态，且无相反证据能证明债务人能够清偿到期债务。③ 各国立法通常在将“不能清偿”作为破产原因的同时，规定“停止支付”作为不能清偿的推定事由，以合理解决债权人申请破产时的举证责任问题，法院可以据此判定债务人破产。

（四）明显缺乏清偿能力

我国《企业破产法》第 2 条中使用了一个“明显缺乏清偿能力”的概念，这是各国破

---

① 参见王欣新：《破产法》，4 版，45 页，北京，中国人民大学出版社，2019。

② 参见［日］山本和彦：《日本倒产法处理入门》，4 版，金春等译，51 页，北京，法律出版社，2016。

③ 参见汤维建主编：《企业破产法新旧专题比较与案例应用》，11 页，北京，中国法制出版社，2006。

产立法和破产法理论上没有的新概念。“明显缺乏清偿能力”与“停止支付”一样，都不能构成独立的破产原因，而是作为推定原因存在的。两者的差异主要体现在：“停止支付”是根据债务人的外在行为表现作出发生破产原因的推定，而“明显缺乏清偿能力”则不仅是从债务人的外在行为表现进行推定，而且可以通过债务人的资产负债情况等从内在清偿能力方面进行推定。[①] 债务人是否缺乏清偿能力，需要结合债务人可供抵偿债务的各种手段或者因素，包括资产、信用、知识财产等，予以综合评价。[②] 作为一个推定原因，“明显缺乏清偿能力”具有高度概括性，只有与“不能清偿到期债务”相结合，才能构成对破产原因的全面表述。

【经典导读】

日本倒产法中的程序启动原因[③]

与我国破产法不同，日本倒产法立法的一大特点，是根据清算型还是重整型以及适用主体的不同等采取单行立法的形式。目前，日本的倒产法规主要包括三部分：清算型的《破产法》与重整型的《民事再生法》《公司更生法》，关于每种倒产程序的开始原因，都有相应的具体规定。

破产程序，最主要的程序开始原因是债务人的不能清偿，即债务人因欠清偿能力，就到期债务处于一般性、持续性的未清偿状态。为了使对“不能清偿”的判断变得容易，破产法设计了推定规定，即债务人停止清偿时，推定为不能清偿到期债务。此外，当债务人是法人时，资不抵债也构成破产程序开始的原因；继承财产只有在资不抵债时才构成破产程序开始原因。

民事再生程序，开始原因主要有两类：（1）有导致破产程序开始的原因发生之虞的事实；（2）债务人如果清偿到期债务，会给继续经营带来明显障碍（《民事再生法》第 21 条第 1 款）。

公司更生程序，开始原因和民事再生程序一致，即债务人有可能具备破产原因事实，或者如果债务人清偿已届清偿期债务有可能严重影响营业的持续（《公司更生法》第 17 条第 1 款）。

三、我国《企业破产法》有关破产原因的规定

（一）我国立法对破产原因规定的概况

我国有关破产原因的法律规定集中于《企业破产法》第 2 条，即“企业法人不能清偿到期债务，并且资产不足以清偿全部债务或者明显缺乏清偿能力的，依照本法规定清理债务。企业法人有前款规定情形，或者有明显丧失清偿能力可能的，可以依照本法规定进行重整”。相关条款还包括该法第 7 条、第 70 条。最高人民法院《企业破产法司法解释（一）》进一步明确了破产原因的内部逻辑，并对破产原因中“不能清偿到期债务”“资产不足以清偿全部债务”“明显缺乏清偿能力”等关键概念作了较为具体的解释。

---

① 参见王欣新：《破产法》，4 版，47 页，北京，中国人民大学出版社，2019。

② 参见邹海林：《破产法——程序理念与制度结构解析》，64 页，北京，中国社会科学出版社，2016。

③ 参见［日］山本和彦：《日本倒产法处理入门》，4 版，金春等译，50～51、122、185 页，北京，法律出版社，2016。

在我国，破产程序的概念在广义上使用，具体包括清算、和解、重整三种类型。三种破产程序所适用的破产原因，既有统一性又有特殊性。一方面，“企业法人不能清偿到期债务，并且资产不足以清偿全部债务或者明显缺乏清偿能力”，构成破产清算程序、和解程序与重整程序的共同破产原因；另一方面，对已解散但未清算或者未清算完毕的企业法人，以及程序转换中的债务人而言，破产清算程序所适用的破产原因又体现出了一定的特殊性，例如对已解散公司的破产适用“资不抵债”标准。同时，对于重整程序，我国《企业破产法》规定了更为宽松的破产原因，即企业法人“有明显丧失清偿能力可能的”。整体而言，可以将“企业法人不能清偿到期债务，并且资产不足以清偿全部债务或者明显缺乏清偿能力”称为“一般破产原因”，同时可以将其他原因称为“特殊的破产原因”，具体又分为“特殊的破产清算原因”与“特殊的破产重整原因”。

同时，破产程序的不同阶段对破产原因也存在着不同的证明要求。就破产清算程序而言，破产原因可以分为破产申请和受理时的破产原因与破产宣告时的破产原因。[①] 破产申请和受理时的破产原因，可以理解为启动破产程序的原因或者条件，属于广义的破产原因范畴。根据《企业破产法》的相关规定，当事人可以据以提出破产申请、法院受理破产申请的原因主要有以下四种情形：第一，债务人不能清偿到期债务并且资不抵债；第二，债务人不能清偿到期债务并且明显缺乏清偿能力；第三，债务人不能清偿到期债务[②]；第四，企业法人已解散但未清算或者未清算完毕，资产不足以清偿债务的情形。这些原因或条件，都构成了破产申请权人申请破产清算程序的原因或条件。存在这些破产原因或条件，破产申请权人就可以申请启动破产清算程序，法院可据此裁定受理破产申请。当然，破产清算程序的启动并不必然导致破产宣告，只有在经过审理后，发现债务人确有破产原因存在且无人申请和解、重整或者和解与重整程序遇到法定障碍时，法院才能宣告债务人破产。【案例 2—1】中，水指公司在进入破产清算程序后，因大股东的申请进入重整程序，而不是直接宣告破产。根据我国《企业破产法》的规定，破产宣告所依据的破产原因仅有两种情形：第一，企业法人不能清偿到期债务，并且资产不足以清偿全部债务；第二，企业法人不能清偿到期债务并且明显缺乏清偿能力。破产宣告所依据的破产原因和启动破产程序的破产原因的主要区别在于：第一，前者仅适用于清算程序，后者适用于破产清算程序、和解程序和重整程序；第二，前者所依据的破产原因在进行破产宣告时进行了比较严格的解释，而后者为了便于启动破产清算程序，而对破产原因进行了相对宽松的解释。

（二）一般破产原因

根据我国《企业破产法》的规定，企业法人不能清偿到期债务，并且资产不足以清偿全部债务或者明显缺乏清偿能力的，债务人可以向人民法院提出重整、和解或者破产清算申请。为进一步明确破产原因，《企业破产法司法解释一》第 1 条规定：债务人不能清偿到

① 这种区分仅适用于破产清算程序，对和解或重整程序并不适用，因其不存在对破产原因进一步判断的要求。

② 具体参见《企业破产法》第 7 条第 2 款：债务人不能清偿到期债务的，债权人可以向人民法院提出对债务人进行重整或者破产清算的申请。

期债务并且具有下列情形之一的，人民法院应当认定其具备破产原因：（1）资产不足以清偿全部债务；（2）明显缺乏清偿能力。相关当事人以对债务人的债务负有连带责任的人未丧失清偿能力为由，主张债务人不具备破产原因的，人民法院应不予支持。据此，我国《企业破产法》中的破产原因包括两种情况：第一，债务人不能清偿到期债务，并且资产不足以清偿全部债务；第二，债务人不能清偿债务，且明显缺乏清偿能力。而且，司法解释强调对债务人清偿能力的独立界定，债务连带责任人的存在不能被视为债务人本身清偿能力的延伸。

根据《企业破产法司法解释一》第2条的规定，"不能清偿到期债务"，是指债务人以明示或默示的形式表示其不能支付到期债务，包括债权债务关系依法成立、债务履行期限已经届满、债务人未完全清偿债务三个方面的要件，而且只要这三个方面的要件同时具备，就可以认定为不能清偿到期债务。该条规定强调不能清偿债务的外部客观行为，而不是债务人的财产客观状况，实际上是将破产法理论上的"不能清偿"，变通解释为"停止支付"。将上述解释的"不能清偿到期债务"作为破产原因中的主要依据，尤其是作为债权人申请债务人破产清算时的破产原因的推定依据，易于债权人发现和举证证明，使债权人尽早启动破产程序，从而保护债权人的合法权益。①

《企业破产法司法解释一》第3条界定了"资不抵债"的认定条件，即债务人的资产负债表，或者审计报告、资产评估报告等显示其全部资产不足以偿付全部负债的，人民法院应当认定债务人资产不足以清偿全部债务，但有相反证据足以证明债务人资产能够偿付全部负债的除外。企业是否"资不抵债"，债务人最知晓真情，债权人则很难作出完整、正确的评价，所以，相关的证明责任主要适用于债务人自愿申请破产的情况，在债权人提出破产申请的情况下则排除资不抵债因素的适用。

《企业破产法司法解释一》第4条列举了认定"明显缺乏清偿能力"的具体情形，即债务人账面资产虽大于负债，但存在下列情形之一的，人民法院应当认定其明显缺乏清偿能力：（1）因资金严重不足或者财产不能变现等原因，无法清偿债务；（2）法定代表人下落不明且无其他人员负责管理财产，无法清偿债务；（3）经人民法院强制执行，无法清偿债务；（4）长期亏损且经营扭亏困难，无法清偿债务；（5）导致债务人丧失清偿能力的其他情形。该条规定实际上将"资不抵债"排除出确定破产申请原因的考虑因素范围，即使债务人资产大于负债，在该条列举的各种情况下也应认定其发生破产原因。在【引例】中，轻松点公司经法院强制执行，无法清偿债务，且轻松点公司对本案之外的数宗自身债务已无法全部清偿、还被列入受惩黑名单，符合"明显缺乏清偿能力"情形。

（三）特殊的破产原因

在一般破产原因之外，我国《企业破产法》根据程序的不同还有针对性地规定了特殊的破产清算原因与破产重整原因。

---

① 参见宋晓明、张勇健、刘敏：《〈关于适用企业破产法若干问题的规定（一）〉的理解与适用》，载《人民司法》，2011（21）。

特殊的破产清算原因，主要是针对已经解散但尚未清算或者未清算完毕的债务人企业而言的。根据我国《企业破产法》的规定，在企业解散清算过程中，如果发现企业资产不足以清偿全部债务的，清算责任人应向人民法院提出破产清算申请。换言之，企业法人解散清算过程中的破产原因（破产申请条件），不需要考虑“不能清偿”的客观要件，只要满足“资不抵债”标准，就可以提出破产申请。同时，根据《企业破产法司法解释一》第5条的规定，企业法人已解散但未清算或者未在合理期限内清算完毕的，债权人可以申请债务人破产清算。该条规定有利于遏制目前企业被吊销营业执照后不清算的恶意逃债现象。另外，对重整与和解程序中由于“法定原因”[①] 应当转入破产清算程序的，也不需要考虑一般破产原因，只要符合破产法有关程序转换的要件规定，就可以转为破产清算程序，这些法定转换条件本质上也构成了特殊的破产清算原因。和解程序与重整程序在依法转为破产清算程序时，不需要就一般破产原因的存在与否再作查明，法院可以直接宣告债务人破产。

特殊的破产重整原因，主要是指债务人企业“有明显丧失清偿能力可能的”，即在一般破产原因发生之前，债务人、债权人即可以向人民法院提出重整申请。破产立法之所以就重整程序规定了较为宽松的特殊破产原因，也是基于企业重整活动的客观需要。在债务人企业陷入经营困境或财务困境时，愈是能及早启动破产重整程序，愈是能提高重整成功的概率。当然，由于债权人申请破产重整或清算的条件是一样的，且司法实践中，债权人往往无法证明债务人是否具有破产的可能性，“有明显丧失清偿能力可能”这一重整原因，更大意义是在债务人自行申请破产重整时。[②] 我国《企业破产法》第7条第2款规定，债务人不能清偿到期债务时，债权人可以提出对债务人重整，该条第1款则笼统地规定了有《企业破产法》第2条规定的原因时，即包括“有明显丧失清偿能力可能”在内的各种破产原因出现时，债务人可以申请重整，可见“有明显丧失清偿能力可能”主要适用于债务人自愿提出重整的情形。[③] 我国《企业破产法》将“有明显丧失清偿能力可能”作为债务人重整程序的开始原因之一，体现了破产重整制度预防企业破产与挽救企业的制度功能。另外，可以在一般破产原因出现之前启动重整程序，这也是重整程序区别于破产清算程序的显著特征之一。

---

① 基于破产重整程序宽松的启动条件，如果当事人在一般破产原因发生之前启动重整程序，且在重整程序进行过程中或者在重整计划执行中遇到了明显的“障碍”，需要转为破产宣告程序时，往往不考虑当时是否存在一般破产程序。这些“障碍”主要基于我国《企业破产法》第78条、第79条第3款、第88条、第93条第1款（重整程序中），以及第99条、第103条第1款、第104条第1款（和解程序中）之规定。

② 参见吴在存主编：《破产审判的专业化与规范化——北京破产法庭的探索与实践》，153页，北京，法律出版社，2019。

③ 参见王欣新：《破产法》，4版，291页，北京，中国人民大学出版社，2019。

第二节 破产申请

【案例 2—2】仙人湖度假村有限公司破产清算转重整案①

2013 年 11 月 27 日，江苏省南京市中级人民法院（以下简称南京中院）根据南京仙人湖度假村有限公司（以下简称仙人湖公司）股东汪某的申请，裁定受理该公司强制清算案，并成立清算组全面接管公司。

2015 年 3 月 24 日，仙人湖公司清算组出具清算报告，仙人湖公司已资不抵债，遂向法院申请破产清算。南京中院审查后裁定受理了仙人湖公司的破产清算申请。同年 8 月 6 日，该院组织召开第一次债权人会议，表决通过了债权审核报告、财产状况报告、财产管理方案、财产变价方案和停止营业报告等。

2017 年 12 月 6 日，仙人湖公司股东及债权人南京市下关区滨江实业发展总公司（以下简称滨江总公司）向南京中院提出重整申请。2018 年 1 月 4 日，管理人向法院提交破产清算转重整的报告，认为重整具有必要性，重整计划草案具有可行性。同年 1 月 29 日，法院就重整申请进行听证。滨江总公司按约向法院交纳重整保证金。同年 3 月 2 日，该院裁定受理仙人湖公司的重整申请。

本案是“覆盖强制清算、破产清算、破产重整全流程”的典型案例。本案的核心是，当仙人湖公司在清算过程中资不抵债时，清算组提出破产清算申请是法定义务，而不是权利。清算组的破产清算申请义务不排斥仙人湖公司股东及债权人的破产申请权，债务人股东、债权人可以依破产法规定，对仙人湖公司提出破产重整申请。

一、破产程序启动的基本模式

破产程序自何时启动、由何人启动，关乎破产法一系列法律效力的产生，对债权人、债务人以及股东、职工等相关利害关系方的利益有着重要的影响。

关于破产程序的启动时间，有的国家采取宣告开始主义，如日本、法国、德国等国，

① 案例来源：江苏法院发布 2018 年度企业破产案件审理情况及十大典型案例，载中国破产法论坛微信公众号，https：//mp. weixin. qq. com/s/jD-vosN82wqs4kmjvJNwDA，最后访问时间：2019－09－28。

有的国家采取受理开始主义，如英国、美国。采取宣告开始主义的国家以法院作出破产宣告为破产清算程序开始的标志，破产申请的提出仅为破产程序的预备阶段，法院以作出破产宣告裁定的方式受理破产案件，并启动破产程序。[①] 如 2004 年日本破产法规定，出现破产程序开始的申请后，除“特定事由”外，法院认定存在破产程序开始原因的事实的，则作出破产程序开始的决定；破产人在破产程序开始时具有的一切财产，作为破产财团；破产人基于破产程序开始前发生的事由具有的、可以在将来行使的请求权，属于破产财团。[②] 在这些国家，和解、重整和清算程序是分开的，所谓的破产宣告主义主要是针对破产清算程序的启动而言的。采取受理开始主义的国家则以法院对破产申请的受理为破产程序开始的标志，破产案件受理后并非一定以对债务人作出破产宣告并进行财产清算而告终，破产案件还可能转入和解或者重整程序而终结。根据我国《企业破产法》的规定，破产程序的启动以法院受理破产案件为标志。

在破产程序的启动方式上，破产立法又有申请启动主义与职权启动主义之别。所谓的申请启动主义，是指法院必须依据债权人、债务人等当事人的申请启动破产程序，无权在无当事人申请的情况下，自行依职权启动破产程序。所谓职权启动主义，是指根据法律的特别规定，在债务人存在破产原因时，无须当事人的申请，法院可以依职权直接启动破产程序。目前各国一般采纳申请启动主义，仅在少数国家存在职权启动主义，而且通常也是将其作为申请启动原则的例外制度予以设置，如法国困境企业司法重整和司法清算法规定，在债务人申请启动和债权人传唤启动的基础上，法庭可以依职权立案。[③]

当代破产立法早已摒弃了破产有罪的概念，认为破产程序的启动主要是为了救济债权人，维护非常态下的债务清偿秩序，因而属于私法调整的范围，国家不宜过多干预，以免侵害当事人的民事处分权利。目前各国破产立法一般以申请主动主义为主。但有些国家的立法者认为，仅依靠申请主动主义，在债务人丧失清偿能力而又无人对其提出破产申请时，法律若不加干预，便难保对所有债权人的清偿公平。[④] 同时，现代破产法的发展又超越了原来的债权人本位，注重社会利益与债权人、债务人之间的利益平衡，呈现出清算与再建两种程序并重的格局，甚至有些国家（如法国）还特别强调重整程序的前置性。所以，一些国家或地区的破产法对破产程序的启动采用申请主义为主、职权主义为辅的原则。

我国破产法在破产程序启动上采取申请启动主义的原则。人民法院应当依照当事人的申请启动破产程序，无当事人的申请，人民法院不能自行启动破产程序。这种申请启动原则不仅适用于各种程序的首次启动，也适用于特定的程序转换情形，如破产清算程序向重整程序转换，重整程序向破产清算程序转换，以及和解程序向破产清算程序转换。[⑤] 然而，

---

① 参见王欣新：《破产法》，4 版，49 页，北京，中国人民大学出版社，2019。

② “特定事由”，主要指不预缴破产程序费用、以不正当的目的提出破产程序开始的申请以及申请缺乏诚意的。具体参见 2004 年日本破产法第 30 条、第 34 条。转引自李飞主编：《当代外国破产法》，728～732 页，北京，中国法制出版社，2006。

③ 参见李飞主编：《当代外国破产法》，359 页，北京，中国法制出版社，2006。

④ 参见王欣新：《破产法》，4 版，50 页，北京，中国人民大学出版社，2019。

⑤ 具体参见《企业破产法》第 70 条第 2 款、第 78 条、第 93 条和第 104 条，在这些情形下，申请启动程序的主体比较特殊，包括债务人的出资人、管理人或利害关系人，以及和解债权人。

须明确的是，程序转换过程中还存在职权启动的例外。换言之，在重整程序或和解程序进行过程中，如果发生了法定事由，人民法院也可以依职权直接宣告债务人破产。这种职权启动具有以下特征：第一，法院只能启动破产清算程序，而且只能直接宣告债务人破产；第二，债务人的重整程序或和解程序已经启动；第三，债务人在重整或和解程序中出现了特定的法定事由①，如重整程序中，债务人或者管理人未按期提出重整计划草案，和解程序中和解协议草案经债权人会议表决未获得通过，或者债权人会议已经通过的和解协议未获得人民法院认可；第四，法院裁定宣告债务人破产是其法定职责；第五，法院宣告债务人破产是与裁定终止原重整或和解程序同时进行的。

二、破产申请的主体

破产申请的提出与受理，在我国破产法中构成破产程序的独立阶段。破产申请是当事人或利害关系人向法院提出的请求债务人依破产程序清偿债务的申请。我国《企业破产法》将当事人提起破产清算程序、和解程序与重整程序的申请统一规定于一个章节之中，虽然在有的法律条款中使用的是“破产申请”的概念，但实际上涵盖了破产清算、和解与重整三种申请。②

（一）破产申请的权利主体

一般意义上，享有提出破产申请权利的人被称为破产申请权人，债权人与债务人构成破产申请的基本权利主体。由债务人提出破产申请的破产程序被称为“自愿破产”，而由债权人提出破产申请的破产程序则被称为“非自愿破产”。就具体破产程序而言，可以提出破产申请的权利主体往往还存在一定的区别，例如，各国法律通常规定，和解程序的启动通常只能由债务人向法院提出申请。

根据我国《企业破产法》的规定，破产清算程序的申请权利主体通常包括债务人、债权人；重整程序的启动主体，除债务人、债权人之外，还包括债权人提出破产申请启动破产清算程序后出资额占债务人注册资本1/10以上的出资人；而和解程序的启动，则只能由债务人提出。债务人可以直接向人民法院申请和解，也可以在人民法院受理破产申请后、宣告债务人破产前，向人民法院申请和解。【案例2—2】中，可以提出破产申请的权利主体主要有包括滨江总公司在内的债权人和债务人仙人湖公司及其股东。在债务人仙人湖公司进入破产清算程序后，债务人仙人湖公司股东和债权人滨江总公司还享有提出重整申请的权利。

（二）破产申请的义务主体

与债权人、债务人及其股东的破产申请权不同，根据我国《企业破产法》的规定，公司解散过程中，清算责任人提出破产申请则是其一项法定义务，即“企业法人已解散但未

---

① 这些特定事由主要包括《企业破产法》第79条第3款、第88条、第99条、第103条的规定。

② 参见王欣新：《破产法》，4版，51页，北京，中国人民大学出版社，2019。

清算或者未清算完毕，资产不足以清偿债务的，依法负有清算责任的人应当向人民法院申请破产清算”。根据最高人民法院《企业破产法司法解释二》，依法负有清算责任的人，包括未清算完毕情形下已经成立的清算组，以及应清算未清算情形下依法负有启动清算程序的清算义务人，即有限责任公司的全体股东，或者股份有限公司董事和控股股东。而且，清算责任人只能提出破产清算程序，不能选择重整程序或和解程序。清算责任人违反破产申请义务或者不及时履行申请义务，导致债务人财产减少，给债权人造成损失的，应当承担赔偿责任。【案例 2—2】中，清算组发现仙人湖公司资不抵债时，及时向法院申请破产清算就是在履行其法定义务。

三、破产申请的提出

（一）债务人的破产申请权

由于债务人对自身经营状况和财务状况最为了解，所以由其提出破产申请更为合理，也更有利于及时保护债权人的合法利益。这一论断是以假定债务人为善意和破产法设有免责制度为前提的。现代破产法所规定的债务人的免责制度，为债务人提出破产申请提供了有力激励。① 在重整制度中，债务人及时启动破产程序，可以有效避免其财产状况的进一步恶化，并能通过重整措施预防企业破产，从而在保障债权人利益的同时维持企业的营运价值。为此，各国破产法都规定了债务人的破产申请权。提出破产申请的行为本身，是债务人自主经营权的体现。我国《企业破产法（试行）》曾规定“债务人经其上级主管部门同意后，可以申请宣告破产”，这是不妥的。因为，从理论上讲，市场经济中的国有企业和其他非公有制企业一样，享有企业完整的财产所有权和经营管理处分权，而不应受到来自国家行政权力和因素的影响。② 提出破产申请，应属于企业内部的重大决策行为，只需要经过企业权力机关决定即可。国有独资企业或公司的股东是由国有资产管理部门代表的国家，企业破产应取得其同意，但这是源自“股权控制”关系，而不是行政权力的干预。

根据我国《企业破产法》规定，债务人申请破产是一种权利。然而，在公司达到破产界限时，若法律只确认企业债权人的权利，而不规定债务人企业主动申请破产的义务，是难以实现对全体债权人的保护的。③ 正如一些国家的立法规定，某些债务人申请破产既是其权利，也是其义务。权利是基于破产免责角度的评价，而义务则是基于对防止债务人隐瞒破产情况、恶意膨胀债务以及维护债权人利益和社会公共利益的考虑。法国、德国等国都规定债务人或者公司董事会、经理、负无限责任之股东的破产申请义务和相应责任。我国仅在《公司法》第 187 条中规定，清算组发现公司财产不足清偿债务的，负有向人民法院申请宣告破产的法定义务。

为体现破产法对债权人公平受偿的重视，国内有学者建议对“债务人”要作扩大化解

---

① 参见李永军：《破产法律制度》，64 页，北京，中国法制出版社，2000。

② 参见汤维建主编：《企业破产法新旧专题比较与案例应用》，64 页，北京，中国法制出版社，2006。

③ 参见白江：《公司支付不能或资不抵债时申请破产的义务和责任》，载《华东政法大学学报》，2008（1）。

释，在债务人丧失清偿能力时，债务人的股东、清算组、法定代表人、董事等高级管理人员及合伙人等负有申请破产的义务，并追究违反者的法律责任，以在不损害当事人相关权利的前提下，解决因无人提出破产申请而影响公平清偿的问题。[①] 其实，除债务人之外，许多国家和地区的破产法还规定了具有类似债务人地位的“准债务人”的破产申请权。[②]“准债务人”通常包括：法人的董事、经理；无限公司、两合公司或合伙企业的无限责任股东或合伙人；股份有限公司和有限责任公司的董事；前述企业的清算人；受遗赠人、继承人、遗嘱执行人及继承财产的管理人；等等。通常，“准债务人”提出破产申请，不需要法人的理事会或者董事会作出决议，也不需要由多数人提出，一个人就可以提出破产申请。在法定条件下，准债务人也负有申请破产的义务，如违反义务没有提出破产申请，则给予法律处罚。有的国家的立法还具体规定，在“准债务人”为数人时，如果全体一致同意提出破产申请，一般无须特别说明破产原因存在的事实，如非一致同意时，申请人应说明破产原因存在的事实。

最后，债务人提出破产申请受到破产能力的限制，与法律是否赋予其破产能力以及赋予其何种破产能力有关。破产程序不同，法律对破产能力的规定也往往会有一定的差异性，债权人也可以对自愿破产程序中债务人的“适格性”提出抗辩，如美国破产法规定：铁路公司、保险公司或者金融机构不是第 7 章（清算程序）的“适格债务人”；而股票经纪人和商品经纪人不是第 11 章（重整程序）的“适格债务人”[③]。英国立法规定，对未登记的公司，只能提出非自愿破产申请。在我国，根据金融法律法规的规定和司法实践，对金融企业的破产也有严格的限制，必须经过主管部门批准。[④]

（二）债权人的破产申请权

债权人申请破产，亦称为“非自愿破产”，是在债务人丧失清偿能力时债权人主张自己民事权利的法定方式，具有中断诉讼时效的法律效力。其他债权人在破产案件受理后申报债权，同样具有中断诉讼时效的法律效力。[⑤] 本章【引例】中，轻松点公司破产程序的启动就是典型的“非自愿破产”。债权人提出破产申请时应享有对债务人的债权，但这种债权的享有以法院作出受理破产案件的裁定为准。如果法院作出受理破产案件的裁定之后，债权人的债权因为法院判决或仲裁机构的裁定予以变更等原因消灭，或者被依法转让，此并不影响法院已经作出的受理破产案件的裁定或者破产宣告裁定的法律效力。

在提出破产申请的条件方面，债权人与债务人有所不同。由于债权人通常没有义务也没有能力掌握债务人的财务状况，因而债权人提出破产申请的条件仅为债务人不能清偿到期债务，而无须证明债务人“资不抵债”。《企业破产法司法解释一》第 6 条明确了债权人申请破产时的举证责任，即“债权人申请债务人破产的，应当提交债务人不能清偿到期

① 参见程春华：《破产救济研究》，212 页，北京，法律出版社，2006。

② 参见王欣新：《破产法》，4 版，54～55 页，北京，中国人民大学出版社，2019。

③ ［美］大卫·G. 爱泼斯坦、史蒂夫·H. F 尼科勒斯、詹姆斯·J. F 怀特：《美国破产法》，韩长印等译，19 页，北京，中国政法大学出版社，2003。

④ 参见李永军：《破产法——理论与规范研究》，70 页，北京，中国政法大学出版社，2013。

⑤ 参见王欣新：《破产法》，4 版，52 页，北京，中国人民大学出版社，2019。

债务的有关证据。债务人对债权人的申请未在法定期限内向人民法院提出异议，或者异议不成立的，人民法院应当依法裁定受理破产申请。受理破产申请后，人民法院应当责令债务人依法提交其财产状况说明、债务清册、债权清册、财务会计报告等有关材料，债务人拒不提交的，人民法院可以对债务人的直接责任人员采取罚款等强制措施”。据此，债权人只需要证明其到期债务未获清偿，即证明停止支付的事实即可，至于债务人是否丧失清偿能力，则通过债务人的异议程序将举证责任倒置于债务人，债权人无须自行证明。【引例】中，深圳市中级人民法院以“集电公司未提供充分证据证明轻松点公司资产不足以清偿全部债务或者明显缺乏清偿能力”为由，裁定不予受理破产申请，不当加重了债权人的证明责任，显然是不合适的。

对债权人可以按照不同标准进行分类，如根据是否对债务人特定财产享有担保权，可以将债权人分为担保债权人和无担保债权人；根据无担保债权是否具有优先效力，还可以将无担保债权人进一步分为优先债权人与普通债权人。根据我国《企业破产法》的规定，债权人包括担保债权人与无担保债权人，无担保债权人中享有职工债权与税收债权的主体是优先债权人，其他债权主体属普通债权人。不同类别的债权人，其破产申请权也是不同的。

1. 普通债权人的破产申请权

普通债权人利益的实现有赖于债务人全部财产（又称“责任财产”）的清偿，而且必须通过债务人的清偿行为。普通债权的平等性和包容性决定了一旦债务人丧失清偿能力，普通债权人只能通过破产程序才能公平受偿。为保障普通债权人的利益，各国破产法都规定其享有破产申请权。

与债务人相比，债权人的破产申请权往往受到一些限制。首先，有的国家立法对债权人行使破产申请权有申请人数尤其是代表债权数额的限制。如英国1914年破产法规定，一名债权人单独提出破产申请，其无担保的债权必须超过50英镑，否则必须与其他债权人共同提出申请。美国破产法规定，债权人总数在12人以上的，必须有3名以上债权人，其无担保的债权总额在10 000美元以上时，才可以提出破产申请。而且，美国破产法还规定，不允许仅为便于提出破产申请而转让分散债权。这种对债权人提出破产申请时代表债权额度的要求，也被称为破产水平。一些国家还规定债权人提出破产时须缴纳保证金，如英国破产法规定，债权人提出破产申请应缴纳200英镑的保证金，以担保赔偿破产申请错误时债务人因财产权利受限而受到的损失。这些规范反映出立法者对小额债权人破产申请权的限制，以及侧重于保护债务人权益和社会经济秩序的立法倾向。其次，有些国家对债权人可提出破产申请的程序也有限定。美国破产法第303条对债权人提出破产申请规定有很多限制性条件，如不能对农场主或非商业公司提出破产申请；同时第303条（a）将非自愿破产申请限定于第7章和第11章，不能适用于第12章和13章的程序。①

目前，我国《企业破产法》无上述申请限制规定，故原则上债权人只要求一人，且无论其债权数额多少，都可以提出破产申请。这不利于保障破产法实施的效率与合理性，如果任由小额债权人频繁提起破产申请，难免会造成讼累，导致司法资源的浪费，也可能影响和解程序与重整程序的顺利进行。

---

① 参见［美］布赖恩·A. 布卢姆：《破产法与债务人/债权人》，174～175页，北京，中信出版社，2003。

2. 优先债权人的破产申请权

我国《企业破产法》未就职工债权人的破产申请权作出明确规定，原则上应理解为“未予禁止”。但实践中，由于职工债权人主体较多、享有债权数额较小且结构较为分散，如果允许职工债权人随意提出破产申请，很容易会产生“滥用破产申请”的道德风险或者造成司法资源的浪费。同时，职工身份特殊，既是债权人，又是雇员，职工申请破产可能会出现债权与就业权、申请职工利益与其他职工利益之间的矛盾。① 况且，职工债权的“不能清偿”状态与普通债权的“不能清偿”，无论在规模还是在影响方面，都存在着较为明显的差异。所以，立法应当对职工债权人破产申请权的行使加以一定的限制，比如，可以规定职工债权人提出破产申请时应代表的最低债权数额、破产申请的提出方式（是由职工个体提出还是由工会组织提出），以及职工债权人提出破产申请的其他特殊问题。

关于如罚款、罚金等公法上债权之债权人是否享有破产申请权，存在不同观点。通常认为，公法上债权的债权人具有私法债权之债权人所不具备的权利救济途径，这使其更易于在破产程序之前保障债权的实现。在破产程序中，行政罚款、刑事罚金等债权本身属于劣后债权或除斥债权，在破产程序中是不予清偿或劣后清偿的，所以在相应债权人无法从债务人财产中获得清偿的情况下不应享有破产申请权。税务机关的税收债权属于兼具有公法和私法性质的债权，享有破产申请权和普通优先权，《企业破产法》第113条对此作有明确规定。但是，税务机关的破产申请权，一般限于对债务人的破产清算申请权，税务机关不享有重整申请权，因为其依照法定职责不能在重整程序中主动作出税收债权减免的让步，由其申请重整对挽救企业没有实际意义。②

3. 担保债权人的破产申请权

学界对是否规定担保债权人（破产法称之为“别除权人”）的破产申请权以及应如何规定，存在争议。有的学者认为，别除权人的债权有特定财产担保，债权的受偿不受破产程序影响，因此除担保物不足清偿担保债权外，没有必要赋予其破产申请权，否则可能导致无利害关系人滥用破产申请。也有学者认为，设有财产担保不能成为担保债权人无破产申请权的理由。因为担保是为特殊债权人利益而设，而债务人的一切财产既为所有债权人的共同担保，就不能以存在担保为由，剥夺债权人的破产申请权。③ 因此就债权的性质而言，别除权人享有破产申请权是合理的，况且，别除权人在破产程序中除债权利益外，还可能存在其他利益，如在重整程序中维系重要客户或供应商生存的需要等。所以，立法应赋予担保债权人破产申请权。

担保物权的设立，实际上使债权人获得了双重身份——债权人与担保债权人，也就同时给予债权人以选择权：或者以债权人的身份行使债权，或者以担保债权人的身份行使优先受偿权。④ 司法实践中，债务人破产时，担保债权人通常可以从担保物中获得优先受偿，没有必要通过破产申请实现债权的救济，但在担保债权人放弃优先受偿权，或者担保物的价值低于被担保债权的数额时，担保债权人可以行使破产申请权来保障其债权利益的实

① 参见王欣新：《破产法》，4版，54页，北京，中国人民大学出版社，2019。

② 参见王欣新：《破产法》，4版，54页，北京，中国人民大学出版社，2019。

③ 参见陈荣宗：《破产法》，117～118页，台北，三民书局，1986。

④ 参见李永军：《破产法律制度》，73页，北京，中国法制出版社，2000。

现。此时，担保债权人的身份实际上已发生了变化，即由原来的担保债权人变为普通债权人或者同时兼有两者的身份。我国《企业破产法》对担保债权人的破产申请权没有作出限制规定，从债权性质分析，赋予担保债权人破产申请权更为合理。

4. 其他特定债权人的破产申请权

第一，关于债权未到期的债权人是否享有破产申请权，应结合破产原因的规定分析。各国破产法对破产原因的规定通常有两个标准：一个是资产负债表标准，即资不抵债，又称"债务超过"；另一种是现金流标准，即"不能清偿"。如果法定破产原因是资不抵债，则破产申请权的行使与债权是否到期无关，债权未到期的债权人可享有破产申请权。但如立法以不能清偿到期债务作为破产原因，采取现金流标准，则债权未到期的债权人因为债务尚未到期而不能享有破产申请权。我国《企业破产法》对债权人提出破产申请的条件的规定是"债务人不能清偿到期债务"，所以债权未到期的债权人没有破产申请权，但债权未到期的债权人没有破产申请权，并不意味着其不能参与破产程序，破产案件被受理后，未到期债权视为到期，可以参加破产清偿。

第二，"自然债务"的债权人无破产申请权。提出破产申请的债权人必须有实体法上的依据，而"自然债权"在民法上无请求力与执行力，仅有保持力，如债务人自愿清偿，债权人接受有法律上的依据而不构成不当得利。如果允许"自然债务"的债权人提出破产申请，等于不当地赋予其债权请求力，所以"自然债务"债权人无破产申请权。

第三，对外国债权人的破产申请权，各国通常均不加限制，我国破产法对此未作规定。学界的通说认为，对外国债权人的破产申请权应采取对等原则。如债权人所在国对我国债权人的破产申请权不作限制，我国也应承认该国债权人在我国的破产申请权，反之则不予承认。

(三) 其他主体的破产申请权

除债务人、债权人可以提起破产申请外，一些国家的破产法还规定了其他主体的破产申请权。如法国司法重整和司法清算法规定，法院可以根据检察官的申请启动司法重整程序；英国 1986 年破产法规定，国务大臣和官方接管人可以申请公司解散。[①] 我国破产法也规定：国务院金融监管部门可以对金融机构向人民法院提出破产申请；在破产重整程序中，符合法定条件的股东可以提出重整申请。

根据《企业破产法》第 134 条规定：商业银行、证券公司、保险公司等金融机构发生破产原因时，国务院金融监督管理机构可以向人民法院提出对该金融机构进行重整或者破产清算的申请。国务院金融监督管理机构依法对出现重大经营风险的金融机构采取接管、托管等措施的，可以向人民法院申请中止以该金融机构为被告或者被执行人的民事诉讼程序或者执行程序。

另外，债务人的出资人提出重整申请必须满足以下三个条件：第一，是由债权人申请对债务人进行破产清算；第二，期限是法院受理破产申请后、宣告债务人破产之前；第三，出资人的出资额须占债务人注册资本的 1/10 以上。

---

① 参见《英国破产法》，丁昌业译，109 页，北京，法律出版社，2003。

（四）破产申请与破产程序类型

在不同的破产申请主体提出启动不同程序类型的破产申请时，法院应当选择启动何种破产程序是现实中需要被解决的问题。我国《企业破产法》对此无明确规定，法院应当根据债务人的客观情况并权衡破产法的价值目标作出裁定。在债务人具有挽救希望和挽救价值时，应优先适用重整、和解等挽救程序。法院可在必要时采取听证、调查等程序以保障选择的正确，并制衡法官的自由裁量权。

在某一主体提出破产清算申请被法院裁定受理后，其他主体又提出破产和解（债务人提出）或者破产重整申请时，法院可以依法决定是否转换程序。此外，根据我国《企业破产法》规定，重整程序与和解程序都存在转换为破产清算程序的可能。这种程序转换可以分为“依职权转换”与“依申请转换”两种类型。其中，在“依申请转换”模式下，法院必须在管理人或者利害关系人（包括和解债权人）提出请求后才能转换程序。“依申请转换”的具体条件包括：（重整程序中）债务人的经营状况和财产状况继续恶化，缺乏挽救的可能性；债务人有欺诈、恶意减少债务人财产或者其他显著不利于债权人的行为；由于债务人的行为致使管理人无法执行职务；债务人不能执行或者不执行重整计划；（和解程序中）债务人不能执行或者不执行和解协议。

四、破产申请的程序

（一）破产申请文件

破产申请文件主要包括破产申请书和相关证据，以及法律要求提交的其他法律文件或证明材料。根据我国《企业破产法》第 8 条的规定，破产申请权人向人民法院提出破产申请，应当提交破产申请书和有关证据。

破产申请书，是破产申请权人向人民法院递交的，请求其启动破产程序的法律文书。各国法律往往对破产申请书的内容作有明确要求，以方便法院的审查和受理。我国《企业破产法》要求破产申请书必须包括以下内容：第一，申请人、被申请人的基本情况，包括姓名或名称、地址、法定代表人的姓名和地址、联系方式等；第二，申请目的，即申请启动何种程序，清算程序、和解程序还是重整程序；第三，申请的事实和理由，通常指债务人发生破产原因的情况；第四，人民法院认为应当载明的其他事项。破产申请书所载事项应当有相关证据证明，所以，法律要求申请人提交破产申请书时必须附有相关证据。

债务人提出破产申请时，除需要提交以上破产申请书和相关证据外，还需要向人民法院提交财产状况说明、债务清册、债权清册、有关财务会计报告、职工安置预案以及职工工资的支付和社会保险费用的缴纳情况。其中，对“职工安置预案”要求的合理性值得质疑。这一规定是《企业破产法（试行）》时期政策性破产影响的产物，表面上看是要维护破产企业职工的权益，但实际上不仅做不到这一点，反而会损害当事人破产申请权的正常行使。[①] 企业面临破产，自身尚不能保，自然更没有能力去安置失业职工，而且安置职工本身不是破产企业（尤其是私营企业、外商企业等）的任务，而是政府有关部门的工作责

① 参见王欣新：《破产法》，4 版，55 页，北京，中国人民大学出版社，2019。

任。即使是要求债务人提交职工安置方案，实际上其也只能提交由地方政府制订的方案。该条款的存在，实践中会导致法院因申请人无法提交职工安置预案而难以受理案件，将本应早日进入破产程序的企业拒之门外，使其有限的财产消耗流失，进一步扩大债权人（包括职工）的损失，这显然是违背破产法立法目的的。

司法实践中，各地法院通常会细化当事人提出破产申请时需要提供的材料。通常情况下，债权人申请时要提交的材料要大大少于债务人、清算责任人申请时要提交的。例如，根据北京破产法庭的梳理[①]，债权人申请时要提交的材料，主要有6类：（1）破产申请书；（2）债权人及债务人的主体资格证明；（3）债权发生的事实及债权性质、数额、有无担保等情况，并附证据；（4）债务人不能清偿到期债务的证据；（5）申请债务人重整的，应提交债务人具有重整价值的证据材料；（6）申请上市公司重整的，应提交重整的必要性和可行性评估报告，上市公司住所地省级人民政府向证券监督管理部门的通报情况材料，以及证券监督管理部门的意见、上市公司住所地人民政府出具的维稳方案。债务人申请提交的材料，有14类：（1）破产申请书；（2）债务人主体资格证明；（3）债务人股东会或股东大会、董事会、职工持股人大会或其他依法履行出资人义务的人同意申请破产的文件；（4）债务人法定代表人、董事、监事、高管和部门负责人名单、联系方式；（5）财产状况说明；（6）债务清册；（7）债权清册；（8）资产负债表、资产评估报告或审计报告；（9）债务人涉及的诉讼、仲裁、执行情况；（10）企业职工情况和安置预案；（11）职工、高管工资的支付和社会保险费用、住房公积金的缴纳情况；（12）债务人为国家出资企业的，应提交工会或职工代表大会对企业申请破产的意见；（13）申请重整的，提交必要性和可行性评估材料；（14）申请和解的，提交和解协议方案。清算责任人申请提交的材料，也有11类：（1）破产申请书；（2）债务人主体资格证明；（3）清算责任人基本情况或清算组成立文件；（4）债务人解散的证明材料；（5）债务人未清算的，资不抵债的财务报告；（6）经过清算的，资不抵债的清算报告；（7）债务清册；（8）债权清册；（9）债务人涉及的诉讼、仲裁、执行情况；（10）职工情况和安置情况；（11）职工、高管工资的支付和社会保险费用、住房公积金的缴纳情况。当然，当事人提供这些材料，是为了给法院审查是否受理破产申请以及顺利审理破产案件提供有利条件，当事人提交证据材料的义务与法院受理破产申请标准之间并无对应关系。[②] 法院判定是否受理破产申请的标准，不是看申请人是否提交了法律规定的全部证据材料，而是债务人是否存在破产原因。只要法院能够根据债务人的外观行为判定债务人存在破产原因，就应当受理破产申请。

（二）破产申请费用

法院审理破产案件是要收取费用的，但由于破产案件具有与普通民事诉讼不同的特点，所以二者费用的收取方法有所不同，而且各国之规定宽严不一样，对不同申请人的规定也有所区别。在日本，申请人申请破产程序开始时，必须预缴法院规定的一些程序推进

---

① 参见吴在存主编：《破产审判的专业化与规范化——北京破产法庭的探索与实践》，101～105页，北京，法律出版社，2019。

② 参见王欣新：《转换观念完善立法依法受理破产案件》，载《破产法前沿问题思辨（上册）》，98页，北京，法律出版社，2019。

相关的费用，当事人不能按时缴纳预缴程序费用的，法院将驳回申请。但是，在必要情形下，为保护申请人以及利害关系人利益，法院可以裁定用国库资金为当事人临时垫付。预缴程序费用的金额，基于构成破产财团的财产数额、债务人自身的负债状况以及债权人人数来决定。① 德国破产法第 4a 条规定②，破产程序费用可以延期支付，但预计债务人的财产不能抵偿程序费用的，破产法院即驳回开始破产程序的申请。美国破产法规定③，债务人提起破产申请时必须缴纳申请费。在很多国家，破产案件中不存在“贫民诉讼”的法律规定。不缴纳申请费是法院驳回申请的法定根据之一。由此可见，破产申请费用的缴纳一般是申请人申请启动破产程序的要件之一。

我国《企业破产法》中没有规定破产申请费用缴纳的问题。根据《诉讼费用交纳办法》的有关规定，破产案件诉讼费用作为破产费用，应在案件受理后根据破产财产状况确定金额，并从债务人财产中随时拨付，申请人不负有预交破产案件诉讼费用的义务。④ 破产案件申请费依据破产财产总额计算，按照财产案件受理费标准减半交纳，但最高不超过 30 万元。《企业破产法司法解释一》第 8 条规定，破产案件的诉讼费用，应根据《企业破产法》第 43 条的规定，从债务人财产中拨付。相关当事人以申请人未预先交纳诉讼费用为由，对破产申请提出异议的，人民法院不予支持。据此，法院不得要求申请人预先交纳破产案件受理费或者其他费用，不得以申请人未预先交纳诉讼费用为由裁定不予受理破产申请。关于具体交纳期限，《诉讼费用交纳办法》第 20 条第 2 款规定，破产案件申请费在“清算后交纳”，该规定仅适用于破产清算案件。对于债务人申请和解案件，只有在债权人会议通过和解协议后，才具有“可交纳”破产案件诉讼费用的条件；对于重整案件，只有在各表决组通过重整计划草案或者法院依法批准重整计划草案后，才具有“可交纳”的条件。⑤

【案例 2—3】深圳市君和利达资产管理有限公司申请河源市旅游总公司破产案⑥

河源市旅游总公司系于 1988 年 5 月 20 日经河源市工商行政管理局批准登记设立的全民所有制企业，注册资本 200 万元，经营范围为国内旅游业务、入境旅游业务、出境旅游业务。2002 年 4 月 19 日，广东省河源市源城区人民法院作出（2002）源法经初字第 234 号民事判决，判决河源市旅游总公司偿付中国工商银行河源市分行借款 120 万元及利息等费用。2009 年 7 月 18 日，中国工商银行河源市分行将上述债权转让给中国信达资产管理公司深圳办事处，后该办事处又将债权转让给深圳市君和利达资产管理有限公司。

---

① 参见［日］山本和彦：《日本倒产法处理入门》，4 版，金春等译，48～49 页，北京，法律出版社，2016。

② 参见李飞：《当代外国破产法》，723 页，北京，中国法制出版社，2006。

③ 参见［美］大卫·G. 爱泼斯坦、史蒂夫·H. 尼克勒斯、詹姆斯·J. 怀特：《美国破产法》，韩长印等译，22 页，北京，中国政法大学出版社，2003。

④ 参见杜万华主编：《企业改革、破产与重整案件审判指导》，107 页，北京，法律出版社，2018。

⑤ 参见杜万华主编：《企业改革、破产与重整案件审判指导》，111 页，北京，法律出版社，2018。

⑥ 案例来源：广东省高级人民法院（2019）粤破终 5 号民事裁定书。

2016年7月4日，广东省河源市源城区人民法院作出（2016）粤1602执恢2号执行裁定，变更申请执行人中国工商银行河源市分行为深圳市君和利达资产管理有限公司。

随后，深圳市君和利达资产管理有限公司以河源市旅游总公司未履行生效判决确定的还款义务为由，向河源市中级人民法院申请破产清算。2018年12月17日，河源市中级人民法院作出（2018）粤16破申1号民事裁定：对深圳市君和利达资产管理有限公司的申请，不予受理。理由是：在执行中经查河源市旅游总公司无财产可供执行，无法支付破产费用及管理人报酬，河源市旅游总公司没有进行破产清算的价值。

深圳市君和利达资产管理有限公司不服，向广东省高级人民法院提出上诉。广东省高级人民法院查明，河源市旅游总公司及其益民街、新风路、文明路三个营业部目前均处于营业状态。法院认为，破产费用及管理人报酬，应在破产程序中从破产财产中支付，破产财产需在破产程序中确定，河源市旅游总公司尚有营业部在正常经营中，一审法院以企业无法支付破产费用及管理人报酬为由不予受理破产申请不当，应予以纠正。2019年3月29日广东省高级人民法院作出终审裁定：撤销河源市中级人民法院（2018）粤16破申1号民事裁定；指令广东省河源市中级人民法院受理。

（三）破产申请的撤回

我国破产法采取申请启动主义，因此也允许破产申请权人撤回申请，这既是对其处分权的尊重，也符合破产程序启动的基本原则。《企业破产法》第9条规定，人民法院受理破产申请前，申请人可以请求撤回申请。

立法允许申请人在人民法院作出受理破产案件的裁定之前撤回申请，是因为法院作出受理破产案件的裁定后，需采取相应法定措施（如停止个别清偿、指定管理人等），债务人、债权人、股东等相关利害关系人的行为和利益因此要受到破产程序的控制和影响，他们之间的利益格局也会发生变化。所以，无论是为保护相关利害关系人的合法利益，还是为防止滥用司法程序，或者是出于对法律程序稳定性的考量，人民法院受理破产申请以后，都不应允许申请人再撤回破产申请。在破产申请为义务的情形下，不允许申请人撤回破产申请，如我国《公司法》第187条规定了清算组的破产申请义务。同时，很多国家破产法规定，破产申请的提出，会导致“自动冻结”生效或者法院可以采取保全措施，由此，在破产申请提出之后、法院裁定受理之前的期间会对很多主体产生保全效力。对此，申请人即便在破产案件受理之前请求撤回破产申请，也应经过法院的审查批准，如日本《公司更生法》第44条规定，如果法院根据利害关系人的申请或依职权作出财产保全处分的，未经法院许可，不得撤回申请。

根据民事诉讼法的一般原则，破产申请撤回之后，申请人仍然有权再次提出破产申请。但是，对申请人的再次申请行为作出某些限制也是各国通行的做法，如限制再次申请的次数、两次申请时间的间隔，以避免恶意的反复申请。

五、破产申请的效力

为保障破产程序的正常进行，很多国家破产立法都针对当事人的破产申请行为规定了相应的法律效力。如自愿破产申请在美国可以直接启动破产案件并同时获得“救济令”，但在强制破产申请提出到法院发出“救济令”之间存在一个“强制空档”期间。为保全破产财产、防止流失，美国破产法规定，破产法院可以任命一名临时破产托管人去管理债务人的财产或经营债务人的业务，破产法的部分条款开始适用。① 德国破产法和日本破产法也有类似规定。② 德国破产法规定，法院在破产申请提出后应当采取一切必要措施，以防止在对申请作出裁判之前债务人财产状况发生不利于债权人的变动，债务人则有权对采取措施的命令提出即时抗告。根据日本破产法，破产申请提出后，法院认为有必要时，依照利害关系人的申请或职权，在就破产程序开始的申请作出决定前，可以采取一些中止程序的命令，也可以就债务人财产作出禁止处分的财产保全措施以及其他保全措施的命令。

我国破产程序的开始以破产申请的受理为标志，因此破产法的基本法律效力都发生在破产案件受理之后，而对于破产申请后、破产案件受理前这段时间缺乏相应的法律规制。破产申请的效力之一，是保全可能即将发生变动的财产秩序和法律关系，预防债务人财产的不当减少，使破产程序能正常启动，并为破产程序的顺利进行创造必要的客观条件。否则，破产程序开始后，破产法所规定的债务人“禁止行为”和破产管理人撤销权等措施可能会因为债务人事先的“道德风险”而成为“法律白条”。所以，未来的破产立法和实践应当关注破产申请的法律效力，并据此设置相应的程序和措施。

【经典导读】

美国破产法中的自动冻结③

美国破产法第 362 条的规定特别引人注目，该条理论上被概括为 “Automatic Stay”，意为“自动冻结”。自动冻结是破产程序中必不可少的一个环节和构件，旨在规制债权人的追偿行为，在效果上类似法定禁令，是由破产申请行为本身所自动触发的。

自动冻结制度，对有效实现破产程序的如下两项主要功能至关重要：一是公平对待所有债权，二是为诚实债务人提供财务重生的喘息机会。与债务人财产不受债权人控制的个别执行不同，破产案件中债权的处理必须在破产法院的监督和控制之下以有序的方式进行。个别债权人不得通过违反自动冻结的方法而获得超越其他债权人的优势；这样，债务人也可以从债权人的追偿行为中暂时解脱出来。自动冻结就是要维持债务人在破产案件启动之时的财产现状，直至

① 参见［美］大卫·G. 爱泼斯坦、史蒂夫·H. 尼科勒斯、詹姆斯·J. 怀特：《美国破产法》，韩长印等译，29 页，北京，中国政法大学出版社，2003。

② 参见李飞：《当代外国破产法》，20、21、724、729 页，北京，中国法制出版社，2006。

③ 参见［美］查尔斯·J. 泰步：《美国破产法新论（上册）》，3 版，韩长印等译，237、238 页，北京，中国政法大学出版社，2017。

破产法院采取相关行动。所以，从本质上来说，自动冻结的作用表现为在案件审理期间为债权人和债务人提供临时性的保护。

当然，冻结不是绝对的，也不是永久的。当自动冻结的基础原因消失后，冻结也将自动终止。此外，法院也可以根据特定受损当事人的请求裁定解除冻结，前提是：破产案件的进行不再需要维持对特定财产的冻结，或者对请求解除冻结的当事人的保护至关重要。

最后，并非所有针对债务人或者债务人财产的行为都一开始就必须被冻结。在有些场合，国会主张其他政策高于自动冻结制度背后的政策利益，比如，各州实施的在刑法或者环境保护法上的利益。因此，国会将相关行为排除在了自动冻结的范围之外，即使该行为本应根据美国破产法第362条的规定而被冻结。此时，债务人如还想请求法院下达冻结禁令，就需要承担积极的证明责任。

第三节 破产案件的受理

一、破产案件的管辖

各国立法关于破产案件管辖法院的规定主要有以下几种模式：(1) 专门法院管辖。在此模式下，破产案件由专门法院系统管辖，采用该模式的国家主要有美国等。美国的破产案件由联邦地区法院审理，破产法院是联邦地区法院的一个重要组成部分[①]，在联邦地区法院下共设有94个地区破产法院（庭），并在11个联邦巡回审判区设置破产上诉法院。(2) 商事法院管辖。实行商人破产主义的国家，往往根据破产人身份的不同确定管辖法院。采用这种管辖模式的国家有法国等。2002年俄罗斯联邦破产法第6条规定，破产案件由仲裁法院审理[②]，也属于此种类型。(3) 普通法院管辖。规定由普通法院管辖破产案件的国家主要有德国和日本，如德国破产法规定，州法院所在地辖区的初级法院作为破产法院对该州法院辖区的破产程序具有专属管辖权。[③]

我国《企业破产法》第3条规定，破产案件由债务人住所地人民法院管辖。据此，破产案件的地域管辖以债务人的住所地为确定原则。债务人住所地，通常是指债务人登记的住所地，一般是其主要办事机构所在地。所谓主要办事机构[④]，是指管辖全部组织的中枢机构，是债务人业务的中心点，但并非必须是债务人经营业务活动的场所。主要办事机构所在地一般是债务人登记的住所地或主要营业场所。根据2022年3月1日施行的《市场主

---

① 参见［美］大卫·G. 爱泼斯坦：《破产及相关法律》（影印本），6版，129页，北京，法律出版社，2005。

② 参见李飞：《当代外国破产法》，148页，北京，中国法制出版社，2006。

③ 参见李飞：《当代外国破产法》，12页，北京，中国法制出版社，2006。

④ 参见李永军：《破产法——理论与规范研究》，62页，北京，中国政法大学出版社，2013。

体登记管理条例》的规定，住所或者主要经营场所是市场主体登记的必要事项之一。企业登记的住所或主要经营场所与实际的主要办事机构所在地不一致时，如果有证据支持，破产案件可以由主要办事机构所在地的法院管辖。同时，对采用实质合并方式审理关联企业破产案件的，应由关联企业中的核心控制企业住所地人民法院管辖；核心控制企业不明确的，由关联企业主要财产所在地人民法院管辖。多个法院之间对管辖权发生争议的，应当报请共同的上级人民法院指定管辖。[①]

我国破产法对级别管辖未作明确规定。最高人民法院《破产规定》第2条规定：基层人民法院一般管辖县、县级市或者区的工商行政管理机关核准登记企业的破产案件；中级人民法院一般管辖地区、地级市（含本级）以上的工商行政管理机关核准登记企业的破产案件；纳入国家计划调整的企业破产案件，由中级人民法院管辖。据此，破产案件的级别管辖以企业登记机关的行政级别为标准。

须注意，我国有部分地方实现了破产案件的集中管辖。实践中，为了实现破产审判的专业化建设，国家鼓励中级人民法院特别是省会城市、副省级城市所在地的中级人民法院设立清算与破产审判庭。同时，根据破产案件数量、案件难易程度、审判力量等情况，合理分配各级法院的审判任务。对于债权债务关系复杂、审理难度大的破产案件，高级人民法院可以探索实行以中级人民法院集中管辖为原则，基层人民法院管辖为例外的管辖制度。[②] 在此背景下，全国不少地方中级人民法院清算与破产审判庭相继成立。例如，2016年9月，北京市第一中级人民法院成立清算与破产案件专业审判庭，对原由北京市各中级人民法院受理的公司强制清算、破产案件进行集中管辖。随着破产审判实践的发展，2019年最高人民法院部署推动在北京、上海、深圳三地成立破产法庭，破产案件审判的集中管辖又迈出了实质性的一大步。例如，北京破产法庭成立后，自2019年11月1日起，北京市区级以上（含区级）市场监督管理部门核准登记公司的强制清算和破产案件，相应的衍生诉讼案件以及跨境破产案件由北京破产法庭集中管辖。[③] 集中管辖模式的不断创新，放宽了对债务人登记机关行政级别的严格要求，拓展了中级人民法院对破产案件的管辖范围，增强了破产案件审判的独立性，更加符合破产审判专业化市场化的发展需要。截至2021年年底，全国已在深圳、北京、上海、广州、天津、重庆、杭州、温州、济南、青岛、南京、苏州、厦门、成都、海口15个城市设立破产法庭，实现了区域性的破产案件集中管辖，大大提升了破产案件审判的专业性。此外，对于关联企业破产案件，多个关联企业成员均存在破产原因但不符合实质合并条件的，法院可根据程序协调的需要，综合考虑破产案件审理的效率、破产申请的先后顺序、成员负债规模大小、核心控制企业住所地等因素，由共同的上级人民法院确定一家人民法院集中管辖。[④]

---

① 参见《破产审判会议纪要》第35条。

② 参见《最高人民法院关于在中级人民法院设立清算和破产审判庭的工作方案》（法〔2016〕209号）和《破产审判会议纪要》第2条。

③ 参见《北京市高级人民法院关于调整公司强制清算案件及企业破产案件管辖的通知》。

④ 参见《破产审判会议纪要》第38条。

【经典导读】

美国的破产法院①

美国的破产法院体系，深深植根于其宪法传统。作为联邦制国家，其1787年《宪法》第1条第8款设置了“破产条款”，明确将破产法立法权保留在联邦，破产法的适用自然也归属于联邦法院。美国的联邦法院系统包含三级，最高一级是最高法院，中间一级是12个巡回法院，最低级是94个区法院。破产法院属于区法院的一个部门，因此94个区法院就对应有94个破产法院。每个破产法院至少有一个破产法官，最多会有22个破产法官（加利福尼亚州中心法院）。破产法官队伍庞大，全国的破产法官与非破产法官的比例基本上是1∶2。由于权力根源的不同，破产法官与其他联邦法院的法官在数量、任免、任期等诸多方面存在不同。破产法官的任期为14年，而且只能连任一次。

需要明确的是，破产法院并不享有破产案件的原始管辖权。国会将破产案件的原始管辖权赋予了区法院，区法院再选择是由破产法院还是自身行使破产案件的管辖权。虽然区法院享有破产案件的管辖权，但是大部分区法院法官没有精力也没有能力审理复杂的破产案件，因此实践中，区法院将与破产案件相关的“一揽子”审判权均授予破产法院和破产法官。但当区法院认为必要时，特别是案件可能影响到跨州贸易时，区法院可以全部或部分撤回破产法院对某个案件的管辖权，由区法院的法官进行审理。

破产法院是联邦法院体系的一部分，在财政、适用法律和人员上均具有独立性。财政上，经费是由联邦司法系统内的联邦司法会议在征求法院同意后，做出预算报告，经国会审批。适用法律上，破产法院适用的法律是破产法。根据美国《宪法》，国会对制定全国统一的破产法律具有立法权，州法院无权干涉。这样，各州的立法机关便不能依据各州实际情况制定破产法律，对各州的债权人作倾向性的保护。破产法院的法官虽然与一般的联邦法院法官在任命程序上有所不同，但是其仍然不受州议会或者州政府的干涉。破产法官由破产法院所在区法院的上级法院，即巡回法院进行任命。而对破产法官的免职则必须经过巡回区审判委员会的多数法官同意且必须经过严格的程序后才能生效。

历史上，对破产法院裁决的上诉应当向区法院提起。但是在1978年—1984年年间，对破产法院裁决的上诉既可以直接向破产法院所在区的巡回法院提起，也可以向设在每一个巡回法院内的破产专门上诉小组提起。不过，由于大多数巡回法院没有建立破产上诉法庭，同时1984年对破产法的修改又限制了直接上诉的可能性，因此目前上诉案件的审理又退回到了1978年前的模式，即由区法院的法官进行。对区法院裁决的上诉，应该向巡回法院提起。

二、破产申请的受理标准

破产申请提出后，法院应根据何种标准或条件受理破产申请，是启动破产救济程序的关键。破产申请的受理在整个破产救济程序中具有重要的法律意义。在一些大陆法系国家，对破产清算申请的受理是以宣告债务人破产为标志的。但在我国，破产申请的受理不等同于破产宣告，是否宣告债务人破产要视案件审理情况而定。与之相应，当事人提出破

---

① 参见陈夏红：《破产法庭的联想：从美国到中国》，载《破产法札记》，陈夏红著，239～240页，北京，法律出版社，2021。

产申请、法院受理破产申请与作出破产宣告时应把握的法定标准是有区别的。人民法院在受理破产案件时，主要是对当事人的申请进行形式审查。审查的内容主要包括以下几个方面：（1）债务人的“适格性”，即债务人具有破产能力，符合破产法的适用范围。（2）法院具有管辖权。（3）申请人依法提交材料。（4）申请人能够初步证明存在破产原因（包括重整原因）。人民法院经过审查认为破产申请符合法定条件的，应当裁定受理破产申请，启动破产程序。

破产申请受理的标准应根据申请主体以及程序性质的不同而有不同的要求。具体而言，衡量债务人申请破产时应否进入破产清算程序，应当以《企业破产法》第2条第1款之规定为依据；而对于启动破产预防程序，或者是在债权人提出强制性破产申请的情况下，则不宜恪守上述标准。[①] 例如，债务人提出破产重整申请，应符合《企业破产法》第2条规定的“发生破产原因”或“有明显丧失清偿能力可能”，并具有挽救希望与价值；债权人对债务人提出破产重整申请或破产清算申请时，只要债务人符合《企业破产法》第7条规定的“不能清偿到期债务”的标准即可。

【案例2—4】深圳市新物种文化传媒有限公司申请破产案[②]

深圳市新物种文化传媒有限公司（以下简称为新物种公司）于2017年12月22日成立，注册资本金为50万元，其股东为李某涛、宋某民和深圳追梦者投资管理有限公司，持股比例分别为20%、60%和20%。2018年，新物种公司以公司严重资不抵债为由向深圳市中级人民法院申请破产清算。法院于2018年11月29日对申请人提出的破产申请进行了听证调查，申请人的法定代表人宋某民到庭参加了听证。

法院查明，申请人向法院提交的深圳安汇会计师事务所作出的“清产核资报告”载明：截至2018年9月30日，新物种公司的净资产为−614 052.51元。申请人同时向法院提交了新物种公司“关于同意新物种公司破产的股东决议”。该文件载明，新物种公司于2018年10月15日召开全体股东会，议程是对新物种公司因资不抵债，进行破产申请等相关事宜进行表决，最终达成一致意见通过。出席股东签字为宋某民、李某涛、朱某。

法院查明，新物种公司的股东为李某涛、宋某民和深圳追梦者投资管理有限公司，新物种公司提交的股东会决议上仅有李某涛和宋某民两名股东的签字，没有深圳追梦者投资管理有限公司的公章。关于股东决议上另一个自然人朱某的签字，新物种公司没有提交证据证明朱某与深圳追梦者投资管理有限公司的关系，亦未在法院规定的期间内向法院补充提交盖有深圳追梦者投资管理有限公司公章的股东会决议。法院遂裁定：不予受理新物种公司的破产申请。

---

① 参见韩长印：《破产界限之于破产程序的法律意义》，载《华东政法学院学报》，2006（6）。

② 案例来源：广东省深圳市中级人民法院（2018）粤03破申400号民事裁定书。

本案受理的核心问题是，破产申请是否体现了全体股东的意志。企业法人向人民法院提出破产清算申请，应当提供其开办人或者股东会议决定企业破产的文件。申请人新物种公司主张公司全体股东均同意向法院申请破产清算，但其提交的股东会决议并未体现所有股东的意思表示，亦未提交证据证明其已经通知新物种公司的全体股东到会表决。由于破产程序具有不可逆性，新物种公司自行向法院申请破产清算时，是否已经履行通知全体股东的义务以及提交的股东会决议是否为有效决议尚不明确，故人民法院不宜受理申请人提出的破产申请，申请人可在完善相关手续和资料后另行提出破产申请。

三、破产申请的受理程序

破产申请受理的程序主要包括异议程序、审查程序、处理决定、审判监督等。

（一）债务人的异议程序

在债权人提出破产申请时给债务人必要的异议权，是很多国家的普遍做法。因为破产案件的受理会对债务人的民事权利、正常营业、商业声誉等产生严重影响，所以人民法院在审查债权人提出的破产申请时，应当充分保障债务人的异议权利。根据我国《企业破产法》的有关规定：债权人提出破产申请的，人民法院应当自收到申请之日起 5 日内通知债务人。债务人对申请有异议的，应当自收到人民法院的通知之日起 7 日内向人民法院提出。法院须在异议期满之后才能裁定是否受理案件。关于异议权的主体，仅限于债务人，其他利害关系人虽能参加有关听证程序并发表意见，但并无异议权。异议应当以书面形式提出。在无生效法律文书确认债权情况下，为防止债务人对债权人破产申请任意地以债权争议为由恶意拖延阻碍审理进程，应当对债务人提出的异议进行合理性审查，以确定是否成立。[①] 依据债务人与债权人签订的合同、债权确认函、支付凭证、对账单及还款协议等证据可以确认债权，而债务人提出异议但并未提交反证的，应当视为对债务不存在合理争议，认定债务人异议不成立。

（二）审查程序

人民法院收到申请人提出的破产申请时，应当对申请人的主体资格、债务人的主体资格和破产原因，以及申请人是否依法提交了在申请阶段必需的有关材料和证据等及时进行审查。法院的审查方式主要有书面审查和听证审查两种方式。书面审查，通常适用于事实清楚、法律关系明确、证据确实充分的情形。听证审查，则主要适用于以下情形：（1）法院受理案件之前又有其他申请人提出不同类型的破产申请的；（2）被申请人为上市公司

---

① 参见吴在存主编：《破产审判的专业化与规范化——北京破产法庭的探索与实践》，109 页，北京，法律出版社，2019。

时，债权人提出重整申请，上市公司在法定时间内提出异议的；（3）关联企业破产情形的实质合并申请；（4）法院认为有必要进行听证的其他情形。[①] 听证会一般由合议庭委托承办法官主持，破产申请人、被申请人参加，与破产申请存在利害关系的人可经由法院通知或向法院申请参加听证会。重大案件的听证会应当由合议庭全体成员参加。[②]

关于法院审查的期限，主要区分两种情形：一是债权人、清算责任人（清算组除外）提出破产申请的，法院应当自编立“破申”案号之日起 5 日内通知债务人。债务人对申请有异议的，应当自收到法院通知之日起 7 日内向法院提出。法院自异议期满之日起 10 日内裁定是否受理。二是债务人、清算组提出破产申请的，法院应当自编立“破申”案号之日起 15 日内裁定是否受理。有特殊情况需要延长裁定受理期限的，经上一级法院批准，可以延长 15 日；延长期限内仍无法审结的，可再次向上一级法院申请延长审查期限。此外，对实质合并申请的审查，是在收到申请之日起 30 日内作出裁定。[③]

当然，在审查过程中，听证、确定管理人等相关事宜的期限应当从审查期限中予以扣除，主要包括：（1）当事人补充、补正相关材料的期间；（2）听证审查及召开听证会的时间；（3）法院裁定受理前需要确定管理人的，确定管理人的时间；（4）公告送达的时间；（5）需要报请上级法院指定管辖的，确定管辖的期间；（6）需要向市场监督管理部门、银保监会、证监会等监管部门调查相关情况或者向其他单位或个人调取相应证据的，调查取证的期间等。[④]

（三）处理决定

当事人提出申请，经过异议期间或者法定期间后，人民法院认为符合法律规定的，应当裁定受理破产申请。人民法院受理破产申请的，应当自裁定作出之日起 5 日内送达申请人。债权人提出申请的，人民法院应当自裁定作出之日起 5 日内送达债务人。债务人应当自裁定送达之日起 15 日内，向人民法院提交财产状况说明、债务清册、债权清册、有关财务会计报告以及职工工资的支付和社会保险费用的缴纳情况，这是债务人的义务。须明确的是，债务人如果不能依据《企业破产法》第 11 条第 2 款的规定向人民法院提交财产状况说明、债权债务清册等相关材料，并不影响人民法院根据债权人的破产申请启动债务人破产清算程序。[⑤]

法院裁定受理的，应当自裁定受理破产申请之日起 25 日内通知已知债权人，并予以公告。通知的目的在于告知债权人破产案件受理事宜，以便其及时申报债权，公告的目的则还有向与债务人有利益关系的所有利害关系方和社会公众披露债务人开始破产程序的信息。通知和公告应当载明的事项主要包括：（1）申请人、被申请人的名称或者姓名；

---

① 比如，对于债权债务关系复杂、债务规模较大，或者涉及上市公司重整的案件，人民法院在审查重整申请时，可以组织申请人、被申请人听证。参见《破产审判会议纪要》第 15 条。

② 参见吴在存主编：《破产审判的专业化与规范化——北京破产法庭的探索与实践》，109～111 页，北京，法律出版社，2019。

③ 参见《破产审判会议纪要》第 33 条。

④ 参见吴在存主编：《破产审判的专业化与规范化——北京破产法庭的探索与实践》，112～113 页，北京，法律出版社，2019。

⑤ 具体参见《最高人民法院关于债权人对人员下落不明或财产状况不清的债务人申请破产清算案件如何处理的批复》（法释［2008］10 号）。

(2) 人民法院受理破产申请的时间；(3) 申报债权的期限、地点和注意事项；(4) 管理人的名称或者姓名及其处理事务的地址；(5) 债务人的债务人或者财产持有人应当向管理人清偿债务或者交付财产的要求；(6) 第一次债权人会议召开的时间和地点；(7) 人民法院认为应当通知和公告的其他事项。

人民法院裁定不受理破产申请的，应当自裁定作出之日起 5 日内送达申请人并说明理由。申请人对裁定不服的，可以自裁定送达之日起 10 日内向上一级人民法院提起上诉。【引例】中，针对中级人民法院不予受理破产申请的裁定，作为申请人的债权人在法定期间内向省高级人民法院提起了上诉，并最终得到了支持。人民法院裁定受理破产申请前，提出破产申请的债权人的债权因清偿或者其他原因消灭的，因申请人不再具备申请资格，人民法院应当裁定不予受理。但该裁定不影响其他符合条件的主体再次提出破产申请。为防止出现“破产胁迫下的清偿”或者“偏袒性清偿”，破产申请受理后，管理人可以上述清偿符合《企业破产法》第 31 条、第 32 条为由请求撤销。①

人民法院受理破产申请后至破产宣告前，经审查发现在破产案件受理的时点债务人未发生破产原因的，可以裁定驳回申请。申请人对裁定不服的，可以自裁定送达之日起 10 日内向上一级人民法院提起上诉。裁定不予受理和裁定驳回起诉的主要区别在于判断标准及适用的阶段不同。裁定不予受理的判断标准，是破产申请未达到人民法院受理破产申请的审查标准或者债务人的异议成立，而且发生在法院受理破产申请之前；而裁定驳回起诉的标准是经过受理后的实质审查，发现在破产案件受理之时点债务人未发生破产原因，是发生在破产申请受理之后、破产宣告之前。但在两种情况下当事人均可获得程序上的救济权，可在法定期间内向上一级人民法院提起上诉。

(四) 破产申请受阻的救济

实践中，有的法院消极对待当事人的破产申请，不接收申请人的申请材料，或在接收申请人材料后不出具收到申请及所附证据的书面凭证，导致法定审查期间难以计算，损害了当事人的合法权益。为解决这一问题，《企业破产法司法解释一》第 7 条规定，人民法院收到破产申请时，应当向申请人出具收到申请及所附证据的书面凭证。人民法院认为申请人应当补充、补正相关材料的，应当自收到破产申请之日起 5 日内告知申请人。当事人补充、补正相关材料的期间不计入《企业破产法》第 10 条规定的期限。同时，《企业破产法司法解释一》第 9 条规定，申请人向人民法院提出破产申请，人民法院未接收其申请，或者未按本规定第 7 条执行的，申请人可以向上一级人民法院提出破产申请。上一级人民法院接到破产申请后，应当责令下级人民法院依法审查并及时作出是否受理的裁定；下级人民法院仍不作出是否受理裁定的，上一级人民法院可以径行作出裁定。上一级人民法院裁定受理破产申请的，可以同时指令下级人民法院审理该案件。该条规定通过强化上级人民法院对下级人民法院在破产案件受理方面的审判监督职能，给破产申请受阻的当事人提供了一种程序救济。据此，破产申请人有证据证明法院未接收申请人提出的破产申请、未向申请人出具收到申请及所附证据的书面凭证，或者未在法定期限内作出是否受理裁定的，可直接向上一级人民法院提出破产申请。

---

① 参见最高人民法院《民商审判会议纪要》第 108 条。

为给破产申请人提供有利证据，实践中鼓励当事人通过“全国企业破产重整案件信息网”提交破产申请[1]，虽然其目前还不具有替代线下书面向法院提出破产申请的法律效力，但是由于它具有特殊的预约登记功能，而且具有对当事人已经提出破产申请这一事实的证据保全功能，当事人可以依此判断收到破产申请的法院是否在法定期间内作出是否受理破产申请的裁定，并借此向上级法院提出破产申请。[2]

四、立案登记制与破产案件受理

2015 年 5 月，我国开始立案登记制改革，以求破除长期以来政策性破产实践带来的所谓“严把受理关”的旧理念，完善破产案件受理机制，解决破产案件“受理难”问题。从有关文件和规定看，在应当适用立案登记制的案件范围中，没有直接列明包括破产案件，而在不适用范围中，则明确了不包括破产案件。[3] 对此，我们认为，鉴于破产案件的特殊性和复杂性，尽管目前有关文件对破产案件是否适用立案登记制没有明确表态，但也留有适用的制度空间，我们应本着立案登记制改革的价值精神，以破产案件是否需要进行实质性审查作为是否适用的判断标准。[4] 具体来说，可以从三个方面来把握。

从申请主体角度分析，对于债务人申请的破产清算案件以及申请和解的案件，原则上可以适用立案登记制。对于债权人申请的破产清算案件，债务人经人民法院通知在法定期限内对申请没有提出异议的，原则上也可适用立案登记制；但债务人在法定期限内对申请提出异议的，在异议成立的情况下，由于应转入对相关争议的实质性审查，而不适用立案登记制。

从破产案件的申请类型分析，当事人提出申请的破产清算案件、和解案件原则上可以适用立案登记制，但提出重整申请的案件则不适用立案登记制。因为对重整案件的立案审查，除了要求重整申请符合《企业破产法》关于破产申请的一般要件外，还要就债务人是否符合适用重整程序挽救的条件以及是否具有重整成功的可能进行实质性审查，这种审查通过简单的立案登记无法解决。

从债务人主体的性质分析，某些企业主体的破产申请，由于法律、法规、司法解释或有关指导文件有特别规定，不适用立案登记制。比如，金融企业，因为《企业破产法》第 134 条有特殊规定，对商业银行、证券公司、保险公司等金融机构的破产立案，通常需要事先与金融监督管理机构进行必要的沟通，取得其同意。再如，上市公司，申请人提出破产重整申请，通常还需要提交具有重整可行性的报告、上市公司住所地省级人民政府向证券监督管理部门的通报情况材料以及证券监管部门的意见、上市公司住所地人民政府出具的维稳预案等。

当然，根据《关于人民法院推行立案登记制改革的意见》，立案登记有两种方式：当

---

① 参见最高人民法院《民商审判会议纪要》第 107 条。

② 参见王欣新：《破产王道——破产法司法文件解读》，217～219 页，北京，法律出版社，2021。

③ 具体参见《关于人民法院推行立案登记制改革的意见》和《最高人民法院关于人民法院登记立案若干问题的规定》。

④ 参见王欣新：立案登记制改革与破产案件受理机制改革，载《破产法前沿问题思辨（上册）》，69～88 页，北京，法律出版社，2019。

场登记立案和在法律规定的期限内决定是否立案。考虑到破产案件的复杂性，关于破产案件的立案登记，应当坚持以在法律规定的期限内立案为原则，以当场登记立案为例外。

五、执行案件移送破产审查

为建全市场主体救治和退出机制，最高人民法院在2015年出台的《民事诉讼法司法解释》规定了“执转破”制度，2017年又出台《执行案件移送破产审查意见》。《执行案件移送破产审查意见》规定执行案件移送破产审查，应同时符合以下三个条件：（1）被执行人为企业法人；（2）被执行人或者有关被执行人的任何一个执行案件的申请执行人书面同意执行案件移送破产审查；（3）被执行人不能清偿到期债务，并且资产不足以清偿全部债务或者明显缺乏清偿能力。《执行案件移送破产审查意见》还明确了执行法院的征询、决定程序，移送材料及受移送法院的接受义务，受移送法院破产审查与受理，受移送法院不予受理或者驳回申请的处理，以及审判监督程序等。根据《执行案件移送破产审查意见》，“执转破”程序启动的关键主体是执行法院，即执行法院采取财产调查措施后，发现作为被执行人的企业法人符合《企业破产法》第2条规定的，应当及时询问申请执行人、被执行人是否同意将案件移送破产审查。所以，“执转破”的程序启动兼有一定的职权主义色彩，不以债权人、债务人的主动申请为前提，当事人只需要同意即可。这样做，一定程度上弥补了我国破产程序启动申请主义的不足，有效解决了“执行难”“破产案件受理难”等问题。当然，为避免移送的随意性，对执行法院的职权行为，《执行案件移送破产审查意见》还规定了严格的内部决定程序。比如：执行案件承办人提出“执转破”审查意见，经合议庭评议同意后，由执行法院的院长签署移送决定；基层法院决定移送的，在作出决定前，应先报请其所在地中级人民法院执行部门审核同意；等等。2018年3月，最高人民法院印发《破产审判会议纪要》专门规定“执行程序与破产程序的衔接”，进一步完善了“执转破”制度。

【案例2—5】松晖实业（深圳）有限公司执行转破产清算案①

松晖实业（深圳）有限公司（以下简称松晖公司）成立于2002年12月10日，主要经营工程塑料、塑胶模具等生产、批发业务。2015年5月，松晖公司因经营不善、资金链断裂等问题被迫停业，继而引发1 384宗案件经诉讼或仲裁后相继进入强制执行程序。在执行过程中，深圳市宝安区人民法院（以下简称宝安法院）查明，松晖公司名下的财产除银行存款3 483.13元和机器设备拍卖款1 620 000元外，无可其他供执行的财产，459名员工债权因查封顺序在后，以拍卖款受偿无望，故执行程序陷入僵局。2017年2月23日宝安法院在征得申请执行人深圳市宝安区人力资源局同意后，将其所涉松

① 案例来源：松晖实业（深圳）有限公司执行转破产清算案，https：//www.chinacourt.org/article/detail/2018/03/id/3219365.shtml，最后访问时间：2019-09-30。

晖公司执行案移送破产审查。2017年4月5日，广东省深圳市中级人民法院（以下简称深圳中院）裁定受理松晖公司破产清算案，松晖公司其他执行案件相应中止，所涉债权债务关系统一纳入破产清算程序处理。

本案是通过执行案件移送破产审查，从而有效化解执行积案、公平保护相关利益方的合法权益、精准解决“执行难”问题的典型案例。由于松晖公司财产不足以清偿全部债权，债权人之间的利益冲突激烈，尤其是涉及的459名员工权益，在执行程序中很难平衡。通过充分发挥执行转破产工作机制，一是及时移送、快速审查、依法审结，直接消化执行积案1 384宗，二是及时让459名员工的劳动力资源重新回归市场，让闲置的一批机器设备重新投入使用，有效地利用破产程序打通解决了执行难问题的“最后一公里”，实现对所有债权的公平清偿，其中职工债权依法得到优先受偿。

六、破产申请受理的法律效力

在我国，破产申请的受理作为启动破产程序的标志，会产生组织、程序与实体等方面的法律效力。组织方面的法律效力，主要是指定管理人，并由其接管债务人企业，成为债务人企业代表；程序方面的法律效力，主要表现为对既有程序的特殊调整和开始新的程序；实体方面的法律效力，主要体现为对原有权利的限制和新权利的产生。实践中，法院在裁定受理破产申请的同时，通常会在《人民法院报》等报纸或“全国企业破产重整案件信息网”等媒体上发出公告，告知案件受理、债权人在公告之日起规定期间内申报破产债权、指定破产管理人等事项；下发已知债权人申报债权通知、中止民事执行程序通知书、债务人开户银行停止结算通知等一系列相关的法律文书；还要向债务人下发保护企业财产公告、指定企业留守人员通知书、限期应递交的有关材料通知及合议庭组成人员通知书。这些措施是破产申请受理的当然法律效力，对随后债务人财产的维持、破产程序的顺利进行具有重要的意义。

（一）管理人的指定

根据《企业破产法》第13条的规定，人民法院裁定受理破产申请的，应当同时指定管理人。据此，指定管理人是法院受理破产申请后的法定职责之一，应与破产申请受理裁定同时作出。作为破产程序中的核心机关之一，管理人的产生，标志着破产程序的实质性展开。

（二）程序方面的法律效力

1. 既有程序的调整

破产程序的启动，目的是在债务人出现破产原因或即将“陷入破产”时，开始集体偿债程序或者再生重建程序。为保障对破产财产管理与分配的秩序和效率，或者为再生重建创造必要和宽松的法律环境，我国破产法对破产申请受理时原有以债务人为核心的法律程序作出一些特殊调整，主要包括保全措施的解除、执行程序的中止、民事诉讼和仲裁程序的中止与恢复、诉讼专属管辖等四个方面。

（1）解除有关债务人财产的保全措施。《企业破产法》第19条规定，人民法院受理破产申请后，有关债务人财产的保全措施应当解除。债务人财产在人民法院受理破产申请后，自动受到破产程序禁止个别清偿之保全效力的保护，有关债务人财产的其他保全措施应当解除。保全措施通常是指人民法院依法对债务人财产采取查封、扣押和冻结等方式限制其处分的法律措施，目的在于保障某种债权利益的实现。同时，保全措施也包括行政处罚过程中的保全措施，如海关、税务机关、市场监督管理部门等采取的财产扣押、查封等措施，还包括刑事诉讼中公安机关、司法机关采取的相关措施。[①] 破产程序中解除保全措施的目的，在于破除债务人财产上影响破产程序正常进行各种的"负担"，保证债权人的平等受偿，并在企业重整程序中为债务人重整创造条件。

（2）中止有关债务人财产的执行程序。这主要是因为在同一财产之上不能同时并存个别民事执行与破产概括执行两种性质冲突的执行程序，而且破产概括执行程序具有优先于民事执行程序的效力。理解破产法关于执行程序中止的规定，必须把握以下四个方面的内容：其一，应当中止的执行程序，不仅包括民事执行，还包括行政执行和刑事执行。[②] 其二，人民法院受理破产案件后，对债务人财产的民事执行程序尚未开始的不得开始；已经开始尚未执行完毕的，不得继续执行，但对已经完结的执行程序无溯及力。其三，应当中止的执行程序仅限于以财产为标的的执行程序，针对债务人提出的非财产性执行程序不受影响，原则上可继续进行。其四，有物权担保的债权人就债务人特定财产提起的执行程序原则上可以不受中止效力的影响，但重整程序除外。因为，别除权人对担保物的优先受偿权，不仅是就担保物的价款优先受偿，而且包括不受破产与和解程序对债务清偿所作的各种限制。

司法实践中，为维护债务人财产的完整性，相关人民法院拒不解除保全措施或者拒不中止执行的，破产受理人民法院可以请求该法院的上级人民法院依法予以纠正。对债务人财产采取保全措施或者执行措施的人民法院未依法及时解除保全措施、移交处置权，或者中止执行程序并移交有关财产的，上级人民法院应当依法予以纠正。相关人员违反上述规定造成严重后果的，破产受理人民法院可以向人民法院纪检监察部门移送其违法审判责任线索。有关债务人财产被其他具有强制执行权力的国家行政机关，包括税务机关、公安机关、海关等采取保全措施或者执行程序的，人民法院应当积极与上述机关进行协调和沟通，取得有关机关的配合，参照上述具体操作规程，解除有关保全措施，中止有关执行程序。[③]

（3）中止有关债务人的民事诉讼或者仲裁程序。人民法院受理破产案件后，对债务人企业已经开始而尚未结诉讼如何处理，将影响到相关当事人的实体权益以及破产程序的进

① 参见王欣新：《破产法》，4版，69页，北京，中国人民大学出版社，2019。

② 参见最高人民法院《民商审判会议纪要》第109条第2款。

③ 参见最高人民法院《民商审判会议纪要》第109条。

行。在破产案件受理后，债务人丧失对其财产的管理、处分权，自然也就无权再就破产财产权益继续进行诉讼，相应的诉讼权利应由管理人行使。根据《企业破产法》第20条的规定：人民法院受理破产申请后，已经开始而尚未终结的有关债务人的民事诉讼或者仲裁应当中止；在管理人接管债务人的财产后，该诉讼或者仲裁继续进行。《企业破产法司法解释二》第21条进一步对应中止的诉讼情形作出了细化规定，包括：1）主张次债务人代替债务人直接向其偿还债务的；2）主张债务人的出资人、发起人和负有监督股东履行出资义务的董事、高级管理人员，或者协助抽逃出资的其他股东、董事、高级管理人员、实际控制人等直接向其承担出资不实或者抽逃出资责任的；3）以债务人的股东与债务人法人人格严重混同为由，主张债务人的股东直接向其偿还债务人对其所负债务的；4）其他就债务人财产提起的个别清偿诉讼。“需注意的是，法律规定的‘在管理人接管债务人的财产后，诉讼或者仲裁继续进行’的文义表述是不准确的，其实质含义，应当是指在管理人能够接管债务人的诉讼或仲裁事务，具备继续进行条件时，诉讼或者仲裁方可继续进行，不能简单地理解为管理人接管了债务人的财产。因为根据破产法的规定，管理人一经指定，立刻就应当接管债务人的财产。如果按此简单理解，将使立法为管理人接管并继续债务人的诉讼或仲裁事务留出的准备时间被完全剥夺。”① 为此，《民商审判会议纪要》第110条特别规定，人民法院受理破产申请后，已经开始而尚未终结的有关债务人的民事诉讼，在管理人接管债务人财产和诉讼事务后继续进行。除外，立法对管理人接管后诉讼或仲裁继续的时间节点目前没有明确规定，考虑到管理人接管需要一定准备时间，应当明确适当的接管期限。一般的破产案件应当自管理人被指定之日起2个月内完成；确因客观原因无法在2个月内完成接管的，经法院许可，可适当延长，但最长不宜超过3个月；超过3个月仍未完成接管的，可以视为接管完毕，诉讼或者仲裁继续进行。②

（4）有关债务人新发生民事诉讼的专属管辖。破产申请受理后对正常程序的特殊调整，还体现在对新发生的有关债务人的民事诉讼的专属管辖上。所谓的专属管辖，是指法律强制规定某类案件只能由特定法院管辖，其他法院无管辖权，当事人也不得协议变更的管辖。③《企业破产法》第21条规定，人民法院受理破产申请后，有关债务人的民事诉讼，只能向受理破产申请的人民法院提起。据此，受理破产申请的人民法院形成了对有关债务人的民事诉讼的专属管辖。需注意的是，不能将专属管辖与前述“中止后继续的诉讼”相混淆。前者是指新的相关民事诉讼只能向受理破产申请的法院提起，后者虽然因为破产申请的受理而暂时中止，但在指定管理人并且管理人能履行诉讼职责后仍由原法院进行审理，不改变法院管辖。对于有关债务人民事诉讼的专属管辖，《企业破产法司法解释二》第47条作出特别规定，包括两种情形：一是受理破产申请的人民法院管辖的有关债务人的第一审民事案件，可以依据2023年《民事诉讼法》第39条的规定，由上级人民法院提审，或者报请上级人民法院批准后交下级人民法院审理；二是如对有关债务人的海事纠纷、专利纠纷、证券市场因虚假陈述引发的民事赔偿纠纷等案件不能行使管辖权的，受理破产申

① 王欣新：《破产法》，4版，67页，北京，中国人民大学出版社，2019。

② 参见王欣新：《破产法》，4版，67页，北京，中国人民大学出版社，2019。

③ 参见江伟、汤维建：《民事诉讼法》，95页，北京，中国人民大学出版社，2000。

请的人民法院可以依据2023年《民事诉讼法》第38条的规定，由上级人民法院指定管辖。

【案例2—6】破产案件受理后“有关债务人的民事诉讼”的专属管辖[①]

北京市第一中级人民法院（以下简称北京市一中院）受理原告丁先生诉被告北京瑞海国际商务酒店有限公司、被告北京西友瑞海房地产开发有限公司委托合同纠纷一案后，被告北京西友瑞海房地产开发有限公司在提交答辩状期间对管辖权提出异议，认为本案诉讼标的金额很小，远远达不到北京市一中院的管辖标准，为了节省有限的诉讼资源，申请将案件移送给北京市海淀区人民法院审理。

北京市一中院认为，《企业破产法》第21规定：“人民法院受理破产申请后，有关债务人的民事诉讼，只能向受理破产申请的人民法院提起。”上述规定是关于人民法院受理破产申请后，有关债务人民事诉讼专属管辖的规定，专属管辖系管辖的特别规定，不因诉讼标的额等因素而改变。本院于2013年11月14日作出（2013）一中民破字第13237-1号民事裁定书，裁定受理北京瑞海国际商务酒店有限公司破产清算申请，并指定北京市天元律师事务所为破产管理人。丁先生在本院受理破产申请后，提起有关债务人北京瑞海国际商务酒店有限公司的民事诉讼，本院作为破产申请的受理法院，对本案有管辖权，故北京西友瑞海房地产开发有限公司所提管辖权异议没有事实和法律依据，不予支持。

2. 新程序或期间的开始

首先，是债权申报程序的开始。人民法院受理破产申请后，应对债权人进行通知、发布公告，启动债权申报程序。债权申报，是债权人在法院指定的期间内，向法院或其指定机关呈报债权，以表明其参加破产程序并依法行使权利的意思表示。破产案件受理之后，债权人不能再通过个别诉讼与执行实现其债权，必须通过参加破产集体清偿程序获得相应的救济，为此必须申报债权，未经申报的债权不得参与破产财产的分配。

其次，在重整程序中，自重整申请受理时起重整期间开始计算。《企业破产法》第72条规定，自人民法院裁定债务人重整之日起至重整程序终止，为重整期间。重整期间是重整计划提出、通过、批准的活动期间，对担保物权、取回权等有重要影响。

最后，诉讼时效的中断与开始。根据《企业破产法司法解释二》第19条的规定：债务人对外享有债权的诉讼时效，自人民法院受理破产申请之日起中断；债务人无正当理由未对其到期债权及时行使权利，导致其对外债权在破产申请受理前一年内超过诉讼时效期间的，人民法院自受理破产申请之日起重新计算上述债权的诉讼时效期间。对此，应区分两

① 案例来源：北京市第一中级人民法院（2014）一中民初字第1720号民事裁定书。

种情况理解：一是在通常情况下，破产程序启动后，债务人企业的管理权由管理人接管，对外主张权利以中断诉讼时效的行为也将由管理人为之。这时诉讼时效中断的事由，是权利行使主体的变更，而非当事人主张权利。我们认为，考虑到新的权利行使人信息不对称这一实际因素，破产程序启动后，不应持续中断诉讼时效，而应在时效中断后，从管理人知道或者应当知道权利被侵害时重新计算诉讼时效。二是关于债务人自行管理的重整程序，诉讼时效虽因破产程序的启动而中断，但在债务人经法院批准自行管理，并从管理人手中接管财产和营业事务后，诉讼时效即应开始恢复计算。①

（三）实体方面的法律效力

破产程序的目的主要是弥补传统债权救济手段的不足，并满足全体债权人的公平清偿要求，防止在债务关系“生态失衡”情况下各债权人在“公共鱼塘”中的私自“钓鱼行为”，即通过国家司法权力的介入和必要的管理程序，尽量使“公共鱼塘”能够休养生息，恢复原有的“生态平衡”，或者让大家公平地参与“公共鱼塘”产品的分配。所以，简单地改变或设置某些程序还不足以实现这些目标，法律还有必要对破产当事人或利益相关者的权利、义务作出必要的特殊调整。

1. 权利的限制

权利的限制，首先表现为对债务人权利的限制。在人民法院受理申请后，债务人就丧失了对财产的控制权，其全部财产由管理人接管，债务人的债务人或者财产持有人应当向管理人清偿债务或者交付财产。同时，《企业破产法》还禁止破产申请受理后债务人的个别清偿行为。债务人全部财产的移交和个别清偿行为的禁止，可以有效避免债务人在破产申请受理后作出有损债权人利益的行为，有利于保持债务人的财产以及对全体债权人的公平清偿。根据《企业破产法》的规定，如果债务人的债务人或者财产持有人故意违反法律规定向债务人清偿债务或者交付财产，使债权人遭受损失的，不免除其清偿债务或交付财产的义务。为区分当事人的相关行为是否构成故意违反规定，《企业破产法》第 14 条规定，人民法院应当自裁定受理破产申请之日起 25 日内通知已知债权人，并予以公告。通知和公告应当载明事项之一，就是债务人的债务人或者财产持有人应当向管理人清偿债务或者交付财产的要求。于是，该事项的通知或公告便有了提示作用，使相关当事人负有相应的注意义务。与这些权利限制相对应，《企业破产法》还规定了债务人的有关人员在破产申请受理后至破产程序终结前应当承担的一系列义务，如妥善保管其占有的财产、印章和账簿、文书等资料；根据人民法院、管理人的要求进行工作，并如实回答询问；列席债权人会议并如实回答债权人的询问；未经人民法院许可，不得离开住所地；不得新任其他企业的董事、监事、高级管理人员。债务人的有关人员，是指企业的法定代表人；经人民法院决定，可以包括企业的财务管理人员和其他经营管理人员。债务人有关人员违反上述规定，擅自离开住所地的，法院可以予以训诫、拘留，或者依法处以罚款。

其次，权利的限制，还表现在对特定股东权利的限制上。债务人陷入资不抵债的破产境地时，股东的剩余索取权失去了存在条件。此时债务人的控制权由股东手中转移到债权

---

① 参见王欣新：《破产法前沿问题思辨（上册）》，108～110 页，北京，法律出版社，2019。

人手中（重整程序可能除外）。为防止引发道德风险，阻碍破产程序的正常进行，破产法对债务人企业的出资人和董事、监事及高级管理人作出某些强制性的规定。例如，《企业破产法》第35条规定，人民法院受理破产申请后，债务人的出资人尚未完全履行出资义务的，管理人应当要求该出资人缴纳所认缴的出资，而不受出资期限的限制。根据该法第77条的规定，在重整期间，债务人的出资人不得请求投资收益分配。在重整期间，债务人的董事、监事、高级管理人员不得向第三人转让其持有的债务人的股权，但经人民法院同意的除外。这些限制有利于清算与重整程序中债务人资产的保持，也有利于稳定重整程序中的利益格局，为重整成功创造必要的条件。

最后，为公平保障全体债权人的利益以及在债权人与相关利害方的利益间保持平衡，破产法对债权人的某些权利也作出限制。第一，表现为对债权人救济权利的限制，即破产申请受理后，债权人不能再主张个体救济，必须通过破产这一“集体偿债程序”实现其债权。第二，在重整程序中，为保障重整成功，破产法对债权人规定了更为严格的限制性规范，这集中体现在对担保物权的限制上。《企业破产法》第75条规定：在重整期间，对债务人的特定财产享有的担保权暂停行使。但担保物有损坏或者价值明显减少的可能，足以危害担保权人权利的，担保权人可以向人民法院请求恢复行使担保权。立法之所以规定暂停担保权的行使，原因就在于对重整程序所需要使用的企业财产予以权利支持，为此需要对债务的清偿重新安排，对担保债权人的担保权作出一定限制。但须明确的是，这种限制以担保财产为重整所必需为前提，非重整所必需的财产不得暂停担保权行使，不得损害债权人的担保利益，而且这种限制是“暂时”的，可以因特定事由出现而取消。第三，破产申请受理后，债务人欠缴款项产生的滞纳金，包括债务人未履行生效法律文书应当加倍支付的迟延利息和劳动保险金的滞纳金，债权人作为破产债权申报的，人民法院不予确认。①

在破产清算程序启动后，取回权人可以立即行使取回权，而无论原定取回期限是否已到。但根据《企业破产法》第76条的规定，债务人合法占有的他人财产，该财产的权利人在重整期间要求取回的，应当符合事先约定的条件。据此，重整申请受理后，取回权人的权利受到一定的限制。

2. 新权利的产生

破产申请受理后，为实现破产法的立法目标，法律在限制当事人部分权利的同时，也在一些权利方面作出扩张，甚至导致新的权利产生。这主要表现为管理人的合同履行选择权、撤销权，债权人的破产抵销权，保证债权视为到期以及破产费用和共益债务等新的债权。

首先，产生管理人的“新生权利”。

管理人具有广泛的职权，与破产申请受理的法律效力密切相关的，主要体现为对合同继续履行与否的选择权以及对债务人特定行为的撤销权。

《企业破产法》第18条规定：人民法院受理破产申请后，管理人对破产申请受理前成立而债务人和对方当事人均未履行完毕的合同有权决定解除或者继续履行，并通知对方当事人。管理人自破产申请受理之日起2个月内未通知对方当事人，或者自收到对方当事人

① 参见《企业破产法司法解释三》第3条。

催告之日起30日内未答复的，视为解除合同。管理人决定继续履行合同的，对方当事人应当履行；但是，对方当事人有权要求管理人提供担保。管理人不提供担保的，视为解除合同。据此，可以从三个方面分析管理人对于未履行完毕合同的处置权：其一，管理人具有决定权，可以要求对方当事人继续履行合同，或者单方解除合同。这种决定权在一定程度上限制了对方当事人的合同处分权。其二，管理人决定权的对象，是破产申请受理前双方当事人均未履行完毕的合同，不包括一方履行完毕、另一方当事人未履行完毕的合同。如对债务人已经完全履行而对方当事人尚未履行或未履行完毕的合同，管理人无权决定解除，只能要求对方当事人继续履行。其三，管理人的决定权受到一定限制。一方面，表示履行的意思表示必须明示并通知对方当事人，而且应当在自破产申请受理之日起2个月内通知；另一方面，为保障对方当事人的合法权益，管理人要求对方当事人履行合同时必须满足对方当事人的担保请求。在此需要明确的是，债务人为他人担保而签订的担保合同，管理人无权要求解除，必须继续履行。担保责任不因担保人的破产而解除，是一项基本原则。①

域外破产法一般均赋予管理人对是否继续履行双务合同的选择权。法国85～98号法律第37条第1款规定："管理人有权单方面要求履行有效合同，同时他得执行债务人向对方当事人承诺的给付。"德国破产法第103条规定："在支付不能程序开始时，双务合同未为债务人和另一方当事人履行、或未为其完全履行的，支付不能管理人可以替代债务人履行合同、并向另一方当事人请求履行。管理人拒绝履行的，另一方当事人只能作为支付不能债权人主张不履行的债权。另一方当事人催告管理人行使其选择权的，对于自己是否打算请求履行这个问题，管理人应当不迟延地作出表示。管理人不作出表示的，其不得坚持要求履行。"

【案例2—7】破产申请受理后"待履行合同"的处理②

甲纺织厂因不能清偿到期债务，于2007年10月被人民法院裁定受理其破产清算案件。管理人在清理该破产企业已经签订但尚未履行或正在履行合同的过程中，发现该破产企业在破产前与乙纺织公司签订了一份租赁合同。该租赁合同约定：甲纺织厂将其厂房、设备等资产租赁给乙纺织公司；乙纺织公司利用租赁财产开展生产经营，并由甲纺织厂以劳务输出的形式安排部分下岗职工到乙纺织公司就业，以缓解职工失业对社会稳定带来的压力；租金为每月50万元；租赁期间为10年。上述租赁合同已经实际履行3年，在此期间，乙纺织公司为了扩大再生产，在征得甲纺织厂同意的前提下，投入资金200万元对其所租赁的设备进行改造。管理人认为上述租赁合同不仅可以为管理人增加租金收益，而且也可以妥善解决失业职工的就业问题，有利于社会的稳定，遂决定继续履行合同。

① 参见王欣新：《破产法》，4版，72页，北京，中国人民大学出版社，2019。

② 参见朱国全：《刍议管理人的"合同解除权"与合同相对人"买卖不破租赁权"之间冲突之解决》，载《破产法论坛》，第3辑，264页，北京，法律出版社，2009。

破产申请受理后，管理人可以就债务人在破产申请受理前特定时期内的违法行为请求人民法院予以撤销。对此，《企业破产法》在第31条、第32条中作有详细规定，本章中不再赘述。

其次，破产申请受理也会使一些债权根据《企业破产法》及其司法解释的规定发生一些"非常态"的变化。

未到期的债权，在破产申请受理时视为到期；买受人破产，其管理人决定继续履行所有权保留买卖合同的，原买卖合同中约定的买受人支付价款或者履行其他义务的期限在破产申请受理时视为到期，买受人管理人应当及时向出卖人支付价款或者履行其他义务[①]；在保证人被裁定进入破产程序的，主债务未到期的，保证债权在保证人破产申请受理时视为到期[②]；附利息的债权，自破产申请受理时起停止计息；附条件、附期限的债权和诉讼、仲裁未决的债权，债权人可以申报债权要求清偿。另根据《企业破产法》第40条之规定，债权人在破产申请受理前对债务人负有债务的，可以依法向管理人主张抵销。

此外，破产申请的受理也决定了破产费用和共益债务的起算期间。根据《企业破产法》规定，此类特殊债权可以由债务人财产随时清偿，具有"超级优先权"的属性。同时，《企业破产法司法解释三》第1条对破产费用作了扩大解释，即受理前，债务人尚未支付的公司强制清算费用，未终结的执行程序中产生的评估费、公告费、保管费等执行费用，受理后可以参照《企业破产法》关于破产费用的规定，由债务人财产随时清偿。之所以这样规定，原因是这些费用体现了"为全体债权人共同利益支出"的目的性。[③] 比如，在执行案件移送破产审查且破产案件受理导致执行中止的情况下，单个执行程序的结果包括鉴定、评估、拍卖等为破产程序所吸收，相关费用就体现了共同利益所在。

【问题与思考】

1. 论我国破产法中的破产原因。
2. 我国破产法规定可以提出破产申请的主体有哪些?
3. 破产申请的受理会产生哪些法律效力?

【裁判文书】

国泰世行控股集团有限公司破产和解案[④]

---

① 参见《企业破产法司法解释二》第37条。

② 参见《企业破产法司法解释三》第4条。

③ 参见最高人民法院民事审判第二庭：《最高人民法院关于企业破产法司法解释（三）的理解与适用》，21页．北京，人民法院出版社，2019。

④ 参见北京市第一中级人民法院（2018）京01破9号民事裁定书。

第三章

破产管理人制度

本章概要

破产管理人或称管理人，是指破产案件受理时指定的，在法院及相关主体的监督之下具有接管债务人企业并负责调查、管理、处分债务人财产，决定债务人内部管理、日常开支，代表债务人参加诉讼、仲裁，提议召开债权人会议等法定职责的专门机构。

破产管理人的法律特征包括职责（权）的法定性、地位的中立性、存续的临时性和功能的多重性。

在国内外，关于管理人地位的学说很多，包括代理说、职务说、破产财团代表说、债务人企业法定代表人说、清算法人机关说以及特殊机构说等。

根据我国《企业破产法》规定，管理人可以由有关部门、机构的人员组成的清算组或者依法设立的律师事务所、会计师事务所、破产清算事务所等社会中介机构担任。人民法院还可以根据债务人的实际情况，在征询有关社会中介机构的意见后，指定该机构中具备相关专业知识并取得执业资格的人员担任管理人。

受理破产案件的人民法院指定管理人，一般从本地管理人名册中指定；对于商业银行、证券公司、保险公司等金融机构以及在全国范围内有重大影响、法律关系复杂、债务人财产分散的企业破产案件，可以从其他地区人民法院编制的管理人名册中指定管理人。管理人的指定有随机方式、竞争方式和接受推荐三种方式。

管理人应当勤勉尽责，忠实执行职务，认真做好每一项工作。违背这一义务，管理人将承担相应的法律责任。

对管理人的报酬一般采取事先确定标准、事中观察调整、事后确定数额的做法。为此，管理人报酬方案需要在指定管理人时确定。管理人报酬方案拟订后，通常要随破产案件进程作适当调整才得以最终确定。

参考文献

（一）著作

1. 汪世虎．破产管理人选任机制创新研究．武汉：华中科技大学出版社，2019

2. 谢俊林．中国破产法律制度专论．北京：人民法院出版社，2005

（二）论文

1. 刘春玲．论破产清算组的法律地位．现代法学，1993（4）

2. 张艳丽．企业破产管理人法律地位评析．北京理工大学学报（社会科学版），2004（12）

3. 张在范．论破产管理人的法律地位．北方论丛，2005（1）

4. 李季宁．管理人制度相关问题探析．法律适用，2007（10）

5. 康晓磊，仲川．对破产管理人法律地位的思考．法学论坛，2007（11）

6. 郭玉昆．论破产管理人的法律地位：对我国破产管理人相关制度的思考．西南科技大学学报（哲学社会科学版），2008（4）

7. 王欣新，郭丁铭．论我国破产管理人职责的完善．政治与法律，2010（9）

8. 李江鸿．论破产管理人的民事责任：以英美法之借鉴为视角．政治与法律，2010（9）

9. 陈政．放权与控权：破产管理人破产财产处分权的合理配置．河北法学，2014（5）

10. 潘红艳．破产管理人执业责任保险制度研究．保险研究，2021（5）

11. 卫子豪．破产管理人制度的完善．人民司法（应用），2021（1）

12. 贺小荣，王富博，杜军．破产管理人与重整制度的探索与完善：《全国法院破产审判工作会议纪要》的理解与适用（上）．人民司法（应用），2018（18）

13. 王静，蒋伟．破产管理人自治模式实证研究．法律适用，2018（14）

14. 王欣新．管理人制度的发展与创新．人民司法（应用），2017（19）

15. 陆晓燕．破产管理人制度中司法控制与当事人自治之间的制衡：破产管理人选任制度价值探究．人民司法（应用），2015（1）

参考法规

1.《企业破产法》第 22～29 条、第 58 条
2.《注册会计师法》第 20～21 条、第 39 条
3.《律师法》第 49～51 条
4.《商业银行法》第 71 条
5.《保险法》第 90 条
6. 最高人民法院《指定管理人规定》
7. 最高人民法院《确定管理人报酬规定》
8. 最高人民法院《企业破产法司法解释一》
9. 最高人民法院《企业破产法司法解释三》
10. 最高人民法院《关于为改善营商环境提供司法保障的若干意见》
11. 最高人民法院《破产审判会议纪要》
12. 最高人民法院《执行案件移送破产审查意见》
13. 最高人民法院《关于发布第 29 批指导性案例的通知》

引 例 威海世昌贸易有限公司破产清算案①

一、基本案情

威海世昌贸易有限公司（以下简称世昌贸易公司）成立于 2009 年，注册资本 9 000 万元，主营业务是煤炭批发。世昌贸易公司自 2014 年停止经营，多起案件在强制执行中。2020 年 11 月 26 日，世昌贸易公司向威海市中级人民法院（以下简称威海中院）申请破产清算。威海中院经审查发现，世昌贸易公司资产数额和债权人人数较少，决定适用简易程序审理。2020 年 12 月 23 日，威海中院裁定受理该案，当日以随机方式指定某律师事务所担任管理人。管理人在 3 天内完成了接管，接管后管理人及时完成了财产调查和债权审核，形成了相应的报告。在调查中，管理人发现案件受理前 6 个月内有一笔付款属于个别清偿，应予撤销，经过释明，个别清偿金额被追回；发现一笔 581 万元的债权已经超过诉讼时效，对该笔债权不予确认。2021 年 1 月 25 日，世昌贸易公司第一次债权人会议以现场加网络的方式召开，财产调查报告、财产变价方案、财产分配方案等获得通过。管理人依据财产变价方案对经法院强制执行仍无财产可供执行的对外债权采用网络拍卖的方式进行处置，三次拍卖均流拍，线下处置也未成功，最终核销该笔债权。2021 年 3 月 17 日，因世昌贸易公司破产财产不足以清偿破产费用，经管理人申请，威海

① 案例来源：山东省威海市中级人民法院（2020）鲁 10 破 1 号民事决定书。

中院裁定终结破产程序。管理人经申请破产援助基金，最终获得基金支付的3.5万元的报酬。

二、法律问题

本案涉及的法律问题主要有：第一，管理人指定的方式有哪些？第二，管理人有哪些职权与义务？第三，管理人的报酬如何确定？第四，在无产可破案件中，管理人的报酬如何解决？

第一节 破产管理人制度概述

一、破产管理人的概念

在破产程序中，对破产财产的管理和处分是关键性工作。基于公正和效率的综合考虑，这一工作既不能由债务人完成，也不能由某个债权人或债权人集体完成，更不能由法院完成。在现代破产法中，对破产财产进行管理和处分的主体是破产管理人。

破产管理人或称管理人，是指破产案件受理时指定的，在法院及相关主体的监督之下接管债务人企业并负责调查、管理、处分债务人财产，决定债务人内部管理、日常开支，代表债务人参加诉讼、仲裁，提议召开债权人会议，履行相关法定职责的专门机构。破产管理人在各国有不同称谓，大陆法系一般称之为管理人或管财人，英国将其统称为破产执业人（insolvency practitioner）或办公负责人（office holder），美国则称之为受托人（trustee）。联合国国际贸易法委员会在《破产法立法指南草案》中将其统称为“破产代表”。

破产管理人有广义和狭义之分。广义的破产管理人是对破产清算、和解和重整三个程序中负责债务人财产管理和其他事项的机构的统一称谓。狭义的破产管理人则专指在破产清算程序中，全面接管破产企业并负责其财产清算分配的机构。我国《企业破产法》舍弃了《企业破产法（试行）》中的清算组称谓，改采广义的破产管理人概念。

破产管理人制度可以追溯至古罗马时期。在古罗马法中，与破产管理人制度的起源密切相关的是古罗马诉讼程序中的财产执行程序，随着该财产执行程序从法定诉讼阶段（legis actiones）、程式诉讼阶段（formula）到非常诉讼阶段（cognitio extra ordinem）的演进，破产管理人制度逐步显露端倪。在法定诉讼阶段，财产执行主要采取私力个别性救济，不注重债权人之间的平等受偿，因此并无专门管理债务人财产之必要。到了程式诉讼阶段，法官可以依债权人请求，允许其占有债务人财产，并且在法院宣告将债务人财产交债权人占有30日后，债权人可以因财产变价而向法院申请在债权人中选任管财人（magister），作为拍卖财产的特别负责人。罗马帝国成立后，古罗马诉讼程序发展至非常诉讼阶段。这一阶段的财产委付制度要求，在债务人无力清偿债务时，经两个以上有执行名义的债权人申请，或者经债务人本人作出委付全部财产供债权人分配的意思表示，裁判官可谕令扣押债务人的全部财产，交由财产管理人（curator）悉数变卖以所得价金公平分配给各债权人。这里的财产管理人已和现代破产法中的破产管理人已非常类似。

二、破产管理人的法律特征

破产管理人具有以下法律特征。

（一）职责（权）的法定性

在各国破产立法中，大都对管理人的职责有明确规定。我国《企业破产法》第25条集中规定了管理人的九项职责，此外，对管理人职责的规定还散见于《企业破产法》的其他条文中。立法明确规定管理人的职责，是出于对管理人和其他参与破产程序的利害关系人之间相互制约平衡的通盘考虑，借此增加破产程序的确定性。职责的法定性也有利于保证管理人的相对独立地位，使其免受法院的不当或过度干预。然而，由于破产案件涉及的具体内容非常复杂，如果在《企业破产法》实施初期将管理人职责的法定性绝对化，可能有害于破产程序的顺利运行。因此，我国《企业破产法》在具体规定管理人基本职责的同时，也要求管理人履行人民法院认为其应当履行的其他职责。但需要注意的是，这种未加限制的授权可能产生法院对管理人授权不当的问题，应予以防范。[①]

（二）地位的中立性

管理人职责的法定性为管理人保持中立地位提供了必要保障。管理人地位的中立性，是指管理人在各方利益存在冲突的破产程序中，不代表债务人、债权人、股东或其他主体任何一方的单方利益，在行使职责过程中不具有利益倾向性。破产法的基本理念经历了从债权人中心主义到债权人和债务人利益兼顾，再到债权人、债务人和社会公共利益兼顾三个阶段，破产管理人的地位的中立性特征正是随着这种理念的演进逐步确立的。

（三）存续的临时性

破产管理人只是一种具有临时性特征的职位，而非一种长期固定职位。管理人在破产程序开始时接受专门指定并依法履行职责，在破产程序终止时或者重整计划执行监督期满时自动退出。在这一程序之外，具有担任管理人资格的主体并不能被视为法律意义上的管理人。

（四）功能的多重性

在我国，管理人制度统一适用于破产清算、和解与重整程序。在破产程序中，管理人发挥的功能具有多重性，包括公平清算、利益平衡、经营管理和程序监督等项内容。管理

---

① 参见王欣新、郭丁铭：《论我国破产管理人职责的完善》，载《政治与法律》，2010（9）。

人的这一特征是由破产程序的复杂性和多元性决定的。

三、破产管理人地位各学说及其评价

破产管理人的地位问题在注重抽象逻辑思维的大陆法系国家引发了热烈的讨论，并形成多种学说。在国内早期的破产法学研究中，管理人的地位也颇受关注。以下对各主要学说作一介绍和评价。

(一) 国外破产管理人地位各主要学说及其评价

1. 代理说

代理说是最早一种关于管理人法律地位的学说。根据该说，破产程序的性质为债务清偿程序，其重心在于破产人和债权人之间的私人清偿关系。基于对管理人代理对象的不同认识，代理说可分为债权人代理说和债务人代理说。前者认为，在破产宣告后，破产债权人在财团所属财产的基础上，取得破产质权，而管理人代理行使该破产质权。债务人代理说，也称为破产者代理说，认为破产财团仍然属于破产人，管理人则作为破产人的代理人行使权力。

代理说虽然能够确定管理人行为的目标，但对管理人某些职权的行使不能给出合理解释。第一，代理人无权否认或撤销被代理人的行为，而管理人却能依法对破产人的行为行使撤销权。第二，管理人的某些职务行为具有执行性质，这也与代理关系的特征不符。此外，将管理人视作债务人或债权人的代理人，也与管理人地位的中立性要求相冲突。

2. 职务说

职务说是破产程序公力救济主义的产物，最早源自 1892 年德国民事判例集中所载的一个判例。[①] 职务说分为公法上的职务说和私法上的职务说。前者将管理人视为公法上的执行机关；后者将管理人视为私人性质，认为管理人是以私人的名义行使国家委托的职责。职务说认为管理人不以特定的利害关系人——债权人或债务人——为背景行使职务，只是依法负责破产程序规定的事项，这一点明显区别于代理说。

职务说符合管理人行使职权的中立性特征，但也存在不足。反对公法上的职务说者指出：其一，管理人虽由法院指定，却属社会中介机构成员，不是法院工作人员，不具有公吏身份。管理人的权限由破产法规定，而非法院组织法规定。其二，占有和管理破产财产不是管理人行使强制权的结果，不能将管理人同执行机关及其工作人员相提并论。其三，根据破产法的一般理论，管理人是诉讼法上的当事人。如果管理人具有公吏身份，将导致国家的执行机关成为破产程序中的诉讼当事人，这显然与执行法的理论相背离。[②] 根据私法上的职务说，管理人以自己名义行使职务，行为的效果却在于第三人而不在于自己，这在理论解释上也存在困难。

3. 破产财团代表说

破产财团代表说，也称为机关说，建立在破产财团概念基础上，最早由德国汉堡大学

---

① 参见汤维建：《破产程序与破产立法研究》，287 页，北京，人民法院出版社，2001。

② 参见柴发邦：《破产法教程》，134 页，北京，法律出版社，1990。

鲍狄奇（Botticher）教授于1964年提出。所谓破产财团，是指在破产宣告时作为履行债务的担保，以满足破产债权为目的的破产人的总财产。依据该说，管理人是破产财团的代表机关。

这一学说不以特定的利害关系人为背景，能够很好地解释管理人的权能，且能合理说明管理人的各种行为，是日本法学界通说。[①]

（二）国内破产管理人地位各主要学说及其评价

国内关于破产管理人的地位先后产生了多种学说[②]，除了上述几种学说外，还包括破产企业法定代表人说、清算法人机关说、特殊机构说、双重地位说、独立主体说、信托受托人说等。[③]

1. 破产企业法定代表人说

该说认为，管理人对外代表破产企业，进行必要的活动，对内主持破产财产的处置和分配，是破产企业的法定代表人。因为：一方面，在破产清算期间企业人格视为存续，而该主体的代表人不能是破产人或债权人，只能是管理人；另一方面，这种观点也较好地解释了管理人的行为效力何以归属于破产企业。

该学说面临和代理人说同样的困难，即无法合理解释管理人的撤销权。因为按照一般法理，破产企业的法定代表人或者代理人是不能撤销破产企业的行为的。因此，对这种观点的响应者不多。

2. 清算法人机关说

该说认为，企业法人被宣告破产后成为清算法人，清算法人与被宣告破产的企业法人既有联系，又有区别。管理人可以被视为清算法人的机关。[④]

该说是在批判债务人代理说和债务人与债权人同时代理说[⑤]的基础上提出来的，但实际上并没有能真正解决债务人代理说在解释管理人撤销权问题上遇到的困难。此外，该说提出的清算法人的概念也缺乏立法上的依据。

我国《企业破产法》第58条第3款规定：债务人、债权人对债权表记载的债权有异议的，可以向受理破产申请的人民法院提起诉讼。依据该规定，在编制债权表时管理人和债务人可能存在不同的立场和意见，其主体地位不容相互代表。对这一现象，破产企业法定代表人说和清算法人机关说均不能给出合理解释。

3. 特殊机构说与专门机构说

该说认为，代理说、职务说、财团代表说均不能准确概括管理人的法律地位，因而管理人是接管破产企业，对破产财产进行清算程序的特殊机构。[⑥] 该说充分认识到破产管理

① 参见［日］石川明：《日本破产法》，何勤华、周桂秋译，156页，北京，中国法制出版社，2000。

② 由于《企业破产法（试行）》中的清算组相当于《企业破产法》中狭义的管理人概念，因而本章对关于清算组法律地位的学说一并讨论，在描述上统一采用《企业破产法》中的管理人概念。

③ 参见柯善芳、潘志恒：《破产法概论》，144～145页，广州，广东高等教育出版社，1988。

④ 参见马俊驹：《我国企业破产程序若干问题探讨》，载《政法论坛》，1989（5）。

⑤ 该说主张，管理人同时作为债务人和债权人的代理人。

⑥ 参见柴发邦：《破产法教程》，136页，北京，法律出版社，1990。

人功能和职责的多样性，但将破产管理人界定为特殊机构并无益于诠释其法律地位。有实务专家认为，基于破产法目标从单一到多元的转化，管理人的法律地位可定性为：破产受理后依法成立的从事破产清算、重整、和解事务，在此过程中平衡维护债权人利益、债务人利益和社会公共利益多重利益的专门机构。① 这种界定扩充了管理人的目标，并从单一的清算程序扩充到重整、和解程序，但是专门机构的说法与特殊机构的说法并无本质区别。

4. 双重地位说

该说认为，管理人具有双重性质，既是人民法院选任的协助法院进行清算的执行组织，又是独立的民事主体和诉讼主体，可以独立进行与清算有关的活动，双重性质和地位是履行职务的客观需要。②

该说和特殊机构说类似，均认识到了破产管理人职责的多样性，但也同样未能对破产管理人的法律地位给出确定性的诠释。双重地位说实质上仍属特殊机构说范畴。

5. 独立主体说

独立主体说主张，现有的其他学说均不能准确概括破产管理人的特征，应当将破产管理人定位为独立法律主体，在破产程序中起均衡利益相关者的作用。作为独立主体的破产管理人具有中立性、独立性和专业性。该说同时主张，现有破产管理人的选任方式和报酬确定方式均应当根据破产管理人的独立地位重新设计。③

该说除更加强调破产管理人的独立性之外，实质上仍属特殊机构说范畴。

6. 信托受托人说

信托受托人说主张将信托制度融入破产法，破产人是委托人，破产管理人是受托人，而债权人为最终受益人，破产财产即成为信托财产。破产宣告后，作为委托人的破产人将破产财产作为信托财产转移给破产管理人，让其为了所有债权人的共同利益而管理处分破产财产。这样，破产管理人作为破产财产法律上的所有权人取得独立的主体地位，它可以其自身的名义从事法律行为。④

该说最大的优点是能够合理解释破产管理人以自己名义从事法律行为并独立作出某些决定。然而，该说也存在一些解释上的困难，比如：受托人何以能够撤销委托人在信托关系出现之前作出的某些行为？信托事项何以是法律明确规定的而非双方的合同约定的？考虑到重整与和解程序注重债权人利益、债务人利益、出资人利益、社会利益等各方面利益的特征，上述将债权人视为最终受益人的解释也有所不妥。

7. 破产财团代表说

该说沿袭了国外破产财团代表说的观点，主张在立法中采用破产财团的概念，赋予其

① 参见陆晓燕：《破产管理人制度中司法控制与当事人自治之间的制衡——破产管理人选任制度价值探究》，载《人民司法（应用）》，2015（1）。

② 参见李桂模：《论破产清算组的法律地位》，载《法学论丛》，1993（2）。

③ 参见康晓磊、仲川：《对破产管理人法律地位的思考》，载《法学论坛》，2007（11）。类似观点还可参见郭玉昆：《论破产管理人的法律地位——对我国破产管理人相关制度的思考》，载《西南科技大学学报（哲学社会科学版）》，2008（4）。

④ 参见张艳丽：《企业破产管理人法律地位评析》，载《北京理工大学学报（社会科学版）》，2004（12）。

独立人格，并将破产管理人确定为破产财团的代表人。①

该说亦是本书所主张的学说的理论基础，它一方面可以合理解释破产管理人的大多数职权行为，另一方面又能避免独立机构说或者双重地位说等类似学说含混不清的缺陷，尤其是，该说能够很好地解释破产管理人的撤销权，从而克服了代理说、破产企业法定代表人说、清算法人机关说等学说解释上的困难。同时值得一提的是，该说对于重整、和解中管理人的职权行为也有很好的解释力（重整程序中的债务人自行管理情形除外）。

反对该说的主要理由有两点：其一是该说要求破产管理人以破产财团的名义处理破产程序中的各种事务，但在立法和实践中破产管理人始终都是以其自己的名义从事活动的。②其二是既然破产财团是一独立权利主体，作为其代表（理）人的破产管理人理应由财团财产的捐助人（在此破产人相当于捐助人的地位）决定，而不应由法院这一外来力量指派。③

笔者认为，对破产管理人这一较新的法律主体的地位进行阐释时，宜抱着一种理论开放、发展的态度，着重从基本原理、主要方面来认识，绝对化地按照传统理论来衡量新生制度是不必要的。从这个意义上说，我国的破产管理人是由法院指派并以自己名义代表破产财产集合从事法定活动、享有法定职权职责的专业机构。要正确认识破产管理人的法律地位，须明确以下几点。

其一，诠释破产管理人的法律地位离不开特定的破产法律制度。应当看到，各国对破产管理人的具体规定是存在差异的，而这些规定正是我们认识破产管理人法律地位的依据。比如，由债权人会议抑或法院选任管理人，势必对认识管理人法律地位产生不同影响，这也是债权人代理说和职务说分歧的重要背景因素之一。因此，对管理人的法律地位泛泛而谈的定性并不准确。

其二，讨论破产管理人的法律地位大致有两个方面的目的预设：一是立法诠释，二是立法建议。前者旨在用一种理论来诠释破产管理人的法律地位，后者则意图将相应的理论明确规定或贯彻在针对破产管理人的立法中。笔者主张，鉴于破产程序中公司治理的特殊性和破产管理人职责的法定性，对破产管理人法律地位的讨论宜限定在认识论层面，立法对管理人权利义务的设置应紧扣破产法立法目的和原则，平衡债务人、债权人及社会公众的多方利益，应当避免基于地位理论演绎规则，以致本末倒置。

其三，在对破产管理人的法律地位进行诠释时，不妨采用类型化、相对化、具体化思路处理。不强求把破产管理人归类现有法律理论中的某种身份地位，而是从破产法对管理人的具体规定提炼其法律地位。

其四，认识破产管理人的法律地位要区分广义破产管理人和狭义破产管理人两种情况，尤其要考虑到广义破产管理人功能的多重性特征。一般来说，在不同的破产程序中，破产管理人在立场和利益关注点方面会有所不同：破产清算程序管理人的利益关注重心在于债权人，而破产重整和和解程序因其以债务人继续存续为预设，需要兼顾包括债权人、债务人、股东及利害关系人在内的各方面利益。对这种不同也应当在认识破产管理人法律

① 参见刘春玲：《论破产清算组的法律地位》，载《现代法学》，1993（4）。

② 参见张在范：《论破产管理人的法律地位》，载《北方论丛》，2005（1）。

③ 参见刘春玲：《论破产清算组的法律地位》，载《现代法学》，1993（4）。

地位时予以重视。

第二节 管理人的资格

一、管理人任职的主体资格

（一）管理人由自然人还是机构担任

管理人任职的主体资格主要涉及两个问题：一是管理人应当由自然人还是机构担任，二是管理人任职的具体资格要求。对于前者，多数国家立法规定，管理人须由自然人而非社会组织出任。如德国破产法第 56 条第 1 款规定："应当任命一名对具体案件来说合适的、特别是懂行且独立于债权人及债务人的自然人为破产管理人。"英国破产法第 390 条第 1 款规定："非自然人无资格担任破产执业人。"俄罗斯破产法第 20 条也规定，只有符合一定资格要求的俄罗斯联邦公民才可以成为仲裁管理人。

少数国家规定，管理人不限于自然人，也允许机构担任管理人。如日本破产法第 74 条第 2 款规定："法人亦可担任破产管理人。"美国破产法第 321 条规定，受托人可以是有能力胜任托管人职责的自然人，也可以是依据公司章程或者法律规定授权担任受托人的公司。在司法实践中，大多数国家的管理人都是由自然人担任的，但是允许法人担任管理人的趋势有所发展。[①] 在《企业破产法》立法时，对于个人能否担任管理人，有的人持不同意和不信任的态度，认为个人的能力和信用不足，且缺乏承担法律责任的财产。但从前文可知，个人担任管理人是各国破产法的通例。依据我国《企业破产法》第 24 条的规定：管理人可以由清算组、社会中介机构担任，也可以由个人担任。个人担任管理人的，依法应当参加执业责任保险。

（二）管理人任职的具体资格

各国对管理人认定方式的规定有所不同。在英国，具有会计师、律师资格的人可以充当破产管理人，其他符合条件的人也可以充当破产管理人。作为专职破产管理人，则必须首先通过专业特殊考试，具有 3 年以上从事破产事务的经验，并且参加相关的行业协会。而在德国，只要是具有专业知识的人就可以被法院任命为破产管理人。澳大利亚的破产管理人可能由破产管理人办公室官员担任，或者由私人管理人出任。充当私人管理人必须具有特定的教育背景，具有一定的学历，获得法律、商业或者其他专业的学位，不能有犯罪记录。管理人可由法院任命，也可由律师协会发给执照。

我国《企业破产法》在立法时对管理人的资格问题曾存在不同观点。对个人的破产执业资格问题，有人主张设置管理人资格考试，因为并非所有的律师、注册会计师都能胜任

---

① 参见王欣新：《破产法》，4 版，81 页，北京，中国人民大学出版社，2019。

管理人的工作。有人认为，凡具有律师、注册会计师资格者即可取得管理人执业资格，无须再进行考试，否则可能会造成新的市场准入障碍，出现业务垄断，妨碍竞争。对机构的破产执业资格问题，有人认为，管理人的执业资格仅指个人的资格，对机构不应再设置资格要求。有的人则认为，并非所有的律师事务所、会计师事务所、破产清算事务所等社会中介机构都能胜任破产管理工作，所以对社会中介机构也应设置执业资格，并通过考核、年检等制度加以规范。从长远考虑，对担任管理人的个人设置管理人资格考试制度较为有利，对社会中介机构担任管理人的资格也应设定一定的条件——如具有管理人资格者的人数等要求，并通过入册审核、管理人名册动态调整等方式进行规范管理。

（三）管理人的人数问题

关于管理人应为一人还是多人的问题，各国规定也有所不同。依据德国破产法第 56 条的规定，应当任命一名破产管理人。俄罗斯联邦破产法第 45 条规定，仲裁法院应当批准一名候选人为仲裁管理人。在法国和日本存在管理人是多人的情况。依据《法国商法典》第六卷第 621—8 条的规定，法庭一般指定一名司法管理人，但法庭可以依职权或者应检察官的要求，指定数名司法管理人。日本破产法第 76 条规定：破产财产管理人为多人的可以共同执行任务。但是在取得法院的许可后，可以各自单独地执行任务，也可以进行分工。破产财产管理人为多人的，第三人的意思表示，仅需对于其中一人进行即可。

我国《企业破产法》和最高人民法院《指定管理人规定》没有对管理人的人数作出明确规定，但在国内外立法及司法实践中，大多只任命一人为管理人，必要时也可任命多人。有人以单一机构不能完成破产中的所有工作为由（如担任管理人的律师事务所不能完成审计工作），提出可以指定两名以上管理人。笔者认为：指定多名管理人联合管理也是可以的，但在实践中要防止出现协调上的困难，要避免因相互推诿职责或相互争权，影响破产程序的顺利进行。管理人也可以依法聘用相关机构或人员，以满足破产程序的工作需求。

【案例 3—1】律师事务所和会计师事务所组成联合管理人

A 公司是一家从事太阳能光伏生产的民营企业，2020 年以后公司持续亏损。2022 年 4 月，债权人 B 公司以 A 公司不能偿还到期债务为由，向法院申请对 A 公司进行破产重整。法院受理后指定一家律师事务所和一家会计师事务所组成联合管理人。

允许管理人联合执业，从行业特点上有利于发挥知识技能互补优势，从地域上有利于地区间的经验传递，但是否能够实现预期效果，有赖于对各自职责的厘清、对联合工作机制等相关事项的明确，应注意避免出现职责边界不清导致的各种弊端。实践中，有些法院强制要求律师事务所和会计师事务所必须采取联合执业模式，这一做法限制了两类中介机构单独执业、担任破产管理人的权利。所以，最高人民法院在《破产审判会议纪要》中明确，在管理人联合执业的问题上，法院不能“拉郎配”，须尊重各中介机构的意见，须从优势互补、权责一致方面考虑是否允许联合执业。①

二、我国立法对管理人任职资格的规定

管理人在破产程序中有重要的职权，其能力和品德事关破产程序能否顺利进行、能否取得良好的效果，因此对管理人任职资格的规定十分重要。管理人任职资格可分为积极资格和消极资格。积极资格是指具备什么条件可以担任破产管理人，消极资格则是指在何种情况下不能担任管理人。

各国立法大都重视对管理人资格的规定。根据德国破产法第 56 条，破产管理人须有专业知识，实践中可由大学教授、律师、会计师等专业人士担任。美国破产法第 321 条也要求受托人为自然人时，其需有能力胜任受托人的职责。一般要求任职的管理人具有较高道德水准且与债务人和债权人无利益冲突。依据英国破产法第 390 条，破产执业人必须取得从业资格，而取得从业资格的途径有两条：一是取得被承认的职业团体，如会计师公会等的成员资格；二是经有权机构——贸工部授权。《法国商法典》第六卷第 621—8 条第 5 款规定，企业主或法人企业领导人的第四等亲以内的任何亲属或姻亲，均不得担任破产管理人。我国《企业破产法》第 24 条对管理人任职的积极资格和消极资格作了较为详尽的规定。

（一）管理人任职的积极资格

《企业破产法》第 24 条第 1 款和第 2 款规定：管理人可以由有关部门、机构的人员组成的清算组或者依法设立的律师事务所、会计师事务所、破产清算事务所等社会中介机构担任。人民法院根据债务人的实际情况，可以在征询有关社会中介机构的意见后，指定该机构具备相关专业知识并取得执业资格的人员担任管理人。据此，管理人可以由以下主体担任。

1. 有关部门、机构的人员组成的清算组

我国《企业破产法》保留了清算组的规定，允许其在特定情况下担任管理人，这主要是考虑到企业由破产程序外启动的清算程序转为破产程序的衔接以及国有企业破产特别是政策性破产等特殊情况的需要。《指定管理人规定》第 18 条明确了清算组担任管理人的案件范围。

（1）破产申请受理前，根据有关规定已经成立清算组，人民法院认为符合《指定管理人规定》第 19 条的规定。在破产申请受理前，债务人企业可能已经进入普通清算程序，依据相关法律规定成立了清算组。破产程序启动后，人民法院经过审查认为清算组的组成符合破产法律规定的，可以指定原清算组为管理人，否则须另行指定管理人。《指定管理人规定》第 19 条规定：清算组为管理人的，人民法院可以从政府有关部门、编入管理人名册的社会中介机构、金融资产管理公司中指定清算组成员，人民银行及金融监督管理机构可

---

① 参见贺小荣、王富博、杜军：《破产管理人与重整制度的探索与完善：〈全国法院破产审判工作会议纪要〉的理解与适用（上）》，载《人民司法（应用）》，2018（13）。

以按照有关法律和行政法规的规定派人参加清算组。在必要时，可以在人民法院指定清算组担任管理人之前对其成员进行调整，以符合破产法的要求。需要指出的是，《指定管理人规定》第19条属于指导性规定，法院应当根据具体案件情况确定清算组人员组成，并非要求所有的清算组都必须由该条所列的全部成员组成。

（2）《企业破产法》第133条规定的案件。《企业破产法》第133条规定：在本法施行前国务院规定的期限和范围内的国有企业实施破产的特殊事宜，按照国务院有关规定办理。此条规定指的是国有企业政策性破产案件。政策性破产案件通过让清算组担任管理人，使政府有关部门参加破产清算，可以为对破产企业职工的安置救济、将退休人员移交社会化管理、非经营性资产的移交、长期投资的清理、税收等问题的解决，提供行政上的支持和配合。根据政策性破产案件的特点，可以在受理后成立清算组，并指定清算组为管理人。

（3）有关法律规定企业破产时成立清算组的。在《企业破产法》出台前，由于没有管理人制度，法律一般规定某些金融机构在破产时应成立清算组进行清算。如《商业银行法》第71条规定："商业银行被宣告破产的，由人民法院组织国务院银行业监督管理机构等有关部门和有关人员成立清算组，进行清算。"之所以允许在金融机构的破产案件中指定清算组担任管理人，我们的理解：一是受限于旧的立法，二是考虑到现阶段金融监督管理机构和相关行政部门参与、监督的必要性。需要注意的是，2009年修订前的《保险法》第87条规定："保险公司被宣告破产的，由人民法院组织保险监督管理机构等有关部门和有关人员成立清算组，进行清算。"但2009年2月修订后的《保险法》即取消了在破产程序中成立清算组的规定，仅在解散、撤销情形规定了中清算组的安排。

（4）人民法院认为可以指定清算组为管理人的其他情形。这一兜底性条款赋予法院较大的自由裁量权。目前在大量破产案件中，法院仍然延续原有的做法，指定清算组担任管理人。因此，如果不对兜底性条款的适用进行适当限制，则管理人名册的适用空间可能被不当压缩。有学者提出，可以考虑将上述其他情形限定为无产可破案件以及历史遗留问题多、协调任务重，存在稳定隐患的案件。① 有实务专家认为，清算组适用的兜底应以"有借助政府力量之必要"为严格条件，而且应在指定时审查、调整清算组管理人的人员构成。② 我们认为，指定清算组担任"无产可破"案件或"有借助政府力量之必要"案件的管理人，虽然能一定程度解决管理人报酬问题，并借助政府力量解决管理人无力解决的历史问题，但却不合理地增加了案件处理的非专业性、非独立性，案件的时间、成本也可能会增加，作为一种过渡性制度安排，并非长久之计。

2. 律师事务所和会计师事务所

依据《企业破产法》的规定，律师事务所和会计师事务所是担任破产管理人的主要主体。这是各国破产立法的惯例，但在国外破产立法及实践中，律师、注册会计师个人担任管理人更为普遍。

---

① 参见李季宁：《管理人制度相关问题探析》，载《法律适用》，2007（10）。

② 参见陆晓燕：《破产管理人制度中司法控制与当事人自治之间的制衡——破产管理人选任制度价值探究》，载《人民司法（应用）》，2015（1）。

3. 破产清算事务所

在《企业破产法》出台之前，破产清算事务所这一机构就已长期存在，且其中一些机构办理过多起破产案件。破产清算事务所在性质上应属于商业性中介组织，它是我国破产实践中的产物，在国外破产实践中比较少见。目前一些破产清算事务所在长期的破产实践中积累了一定经验，比一些未办理过破产案件的律师事务所和会计师事务所更具知识和经验上的优势。因此，《企业破产法》规定破产清算事务所可以担任管理人。

4. 对立法规定的“等社会中介机构”的理解

《企业破产法》在规定可以由律师事务所、会计师事务所以及破产清算事务所担任管理人时，使用了“等社会中介机构”的用词。对此用语的理解存在分歧，有人主张“等内说”，有人主张“等外说”。“等外说”认为，担任管理人的社会中介机构不应当仅限于法律规定的三个主体，还应当包括诸如资产评估事务所等社会中介机构。《指定管理人规定》原则上采纳了“等内说”，未明确授权上述三类机构之外的社会中介机构担任管理人。

5. 社会中介机构中具备相关专业知识并取得执业资格的人员

《企业破产法》规定，人民法院根据债务人的实际情况，可以在征询有关社会中介机构的意见后，指定该机构具备相关专业知识并取得执业资格的人员担任管理人。据此，能够担任管理人的个人只能是律师或者注册会计师，破产清算事务所中的个人由于不可能取得相关的执业资格（虽可能通过相关的执业资格考试，但因非在相关机构中从事该职业专职工作而无法取得实际执业资格）而不能担任个人管理人。

《指定管理人规定》进一步规定，对于事实清楚、债权债务关系简单、债务人财产相对集中的企业破产案件，人民法院可以指定管理人名册中的个人为管理人。需注意的是，个人担任管理人的条件与破产案件的标的额并无直接关系。

为了解决个人担任管理人失职可能造成的巨额财产损失和个人偿付能力有限的矛盾，保证个人管理人对其违法失职行为的赔偿责任能够实现，我国《企业破产法》统一要求个人担任管理人的，应当参加执业责任保险。但在实践中，这一制度如何操作尚存在很多问题，例如，有管理人资格的个人应当在何时、以何种方式参加执业责任保险？立法对此种执业责任保险的保险金额的最低限额是否有必要作出规定？如果有必要，确定限额的依据是什么？保险费用由谁支付？责任范围如何确定？从《企业破产法》第 24 条第 4 款观察，个人担任管理人的，应当参加执业责任保险。这个“应当”规定应理解为强制性，而非政策性或引导性规定。[①] 因此，《指定管理人规定》第 8 条明确要求，个人申请编入管理人名册的，应当提交执业责任保险证明。

（二）管理人任职的消极资格

《企业破产法》第 24 条第 3 款规定，不得担任管理人的情形包括：（1）因故意犯罪受过刑事处罚；（2）曾被吊销相关专业执业证书；（3）与本案有利害关系；（4）人民法院认为不宜担任管理人的其他情形。

---

① 参见潘红艳：《破产管理人执业责任保险制度研究》，载《中国保险》，2021（1）。

1. 因故意犯罪受过刑事处罚

管理人不仅需要具有专业能力，还需要具有很好的道德操守。如果一个人曾经有过故意犯罪记录，其品德便值得怀疑，不得担任管理人。但是，如仅有过失犯罪记录，或虽有过故意犯罪，但被免予刑事处罚的，依法不构成管理人任职的消极条件。

2. 曾被吊销相关专业执业证书

社会中介机构的专业人员，如果曾被吊销过相关专业执业证书，则不得担任管理人。如根据《注册会计师法》的规定，注册会计师执行审计业务，委托人示意其作不实或者不当证明或者委托人故意不提供有关会计资料和文件时，注册会计师仍然没有拒绝出具有关报告，情节严重的，可以由省级以上人民政府财政部门暂停其执行业务或者吊销注册会计师证书。根据《律师法》的规定，律师有泄露国家秘密或者行贿、指使、诱导当事人行贿等情形的，由省级人民政府司法行政部门吊销其律师执业证书。但需注意，对此处的所谓"相关专业执业证书"应当作狭义理解，如果是与管理人专业执业无相关性的执业证书被吊销，则应不影响管理人的任职资格。

3. 与本案有利害关系

管理人或被指定为管理人的清算组的成员执行职务要求保持公平、中立，与破产案件有利害关系者不得担任管理人。此处所谓"利害关系"应包括一定范围的亲属关系和债权债务关系、雇佣关系、合伙关系等。

《指定管理人规定》第 23 条规定："社会中介机构、清算组成员有下列情形之一，可能影响其忠实履行管理人职责的，人民法院可以认定为企业破产法第二十四条第三款第三项规定的利害关系：（一）与债务人、债权人有未了结的债权债务关系；（二）在人民法院受理破产申请前三年内，曾为债务人提供相对固定的中介服务；（三）现在是或者在人民法院受理破产申请前三年内曾经是债务人、债权人的控股股东或者实际控制人；（四）现在担任或者在人民法院受理破产申请前三年内曾经担任债务人、债权人的财务顾问、法律顾问；（五）人民法院认为可能影响其忠实履行管理人职责的其他情形。"

《指定管理人规定》第 24 条规定："清算组成员的派出人员、社会中介机构的派出人员、个人管理人有下列情形之一，可能影响其忠实履行管理人职责的，可以认定为企业破产法第二十四条第三款第三项规定的利害关系：（一）具有本规定第二十三条规定情形；（二）现在担任或者在人民法院受理破产申请前三年内曾经担任债务人、债权人的董事、监事、高级管理人员；（三）与债权人或者债务人的控股股东、董事、监事、高级管理人员存在夫妻、直系血亲、三代以内旁系血亲或者近姻亲关系；（四）人民法院认为可能影响其公正履行管理人职责的其他情形。"

【案例 3—2】与案件有利害关系的人不可以做管理人

A 房地产开发有限公司（以下简称 A 公司）成立于 2010 年，有甲、乙、丙三个股东。丙为 B 科技园区所属企业，同时也是 A 公司的债权人。2017 年 5 月 4 日，丙以债权人身份向法院申请 A 公司破产。法院受理该案后指定清算组为管理人，清算组 15 名成员均来自政府部门。在清算组成员中，张某为

B科技园区管委会办公室主任秘书，而该办公室主任即为丙的法定代表人。在该案审理过程中，甲、乙认为张某与本案有利害关系，不应担任清算组成员，并据此提出异议。

从《指定管理人规定》的规定来看，张某与本案的关系不属于其第23条第1项至第4项和第24条第1项至第3项具体列明的利害关系范围。但考虑到张某与债权人丙之间的特殊关系，张某担任清算组成员有可能影响其忠实、公正履行管理人职责，因此法院应当行使自由裁量权将其予以撤换。

4. 人民法院认为不宜担任管理人的其他情形

这是一项兜底条款，赋予法院在任命管理人时较大的自由裁量权，因为前述三种消极资格规定可能未囊括不适宜担任管理人的所有情形。《指定管理人规定》对此作进一步细化，规定社会中介机构及个人具有下列情形之一的，不得担任管理人：(1) 因执业、经营中故意或者重大过失行为，受到行政机关、监管机构或者行业自律组织行政处罚或者纪律处分之日起未逾3年；(2) 因涉嫌违法行为正被相关部门调查；(3) 因不适当履行职务或者拒绝接受人民法院指定等原因，被人民法院从管理人名册中除名之日起未逾3年；(4) 缺乏担任管理人所应具备的专业能力；(5) 缺乏承担民事责任的能力；(6) 人民法院认为可能影响履行管理人职责的其他情形。

三、管理人名册制度

(一) 管理人名册制度简介

为了满足破产市场的迫切需求和避免造成新的市场准入障碍，在《企业破产法》实施时，我国没有规定专门的破产管理人执业资格考试制度。为使候选担任管理人的中介机构的数量与实际发生的破产案件的数量相互均衡，在管理人的职业资格管理上我国采用管理人名册制度。管理人名册制度是指，由高级人民法院或者中级人民法院依据社会中介机构和个人申请，并经人民法院评审委员会审定通过，将公示期满后审定的管理人名册上报备案，并以此作为以后法院在破产案件中指定管理人的基本依据的一项制度。人民法院应当分别编制社会中介机构管理人名册和个人管理人名册，破产案件的管理人原则上应从管理人名册中指定。我国的管理人名册制度是在《指定管理人规定》中确立的。

法院根据执业业绩、专业水平、具备从业资格人员数量等因素评审确定管理人名册的制度，有利于消除法院在管理人指定工作中的盲目性和随意性，保证破产案件的办案质量。在有类似制度的国家中，有的是建立专门的管理人名单，如德国制定有一份包含1 600名左右管理人的名单，并由法院向管理人颁发选任证书。有些国家和地区则是将相关行业协会提供的会员名单直接作为管理人名单，如法国设立有管理人全国委员会，由该委员会制定管理人名单。

管理人名册实行动态管理，人民法院可以根据企业破产案件受理数量情况、管理人履行职务以及管理人资格变化等因素，对管理人名册适时进行调整。因此，暂时未被编入管理人名册的机构和个人仍有被编入的可能，而被编入名册的机构和个人在不符合管理人任职资格时将被除名。

（二）编入管理人名册的申请

人民法院应当通过本辖区有影响的媒体就编制管理人名册的有关事项进行公告，内容包括申报条件、提供的材料、评定的标准及程序、管理人职责及法律责任、提交申报材料的截止时间等事项。法律规定具有任职资格的机构和个人可以申请编入管理人名册。《指定管理人规定》对申请材料等作了详细规定。

（三）编入管理人名册的评审

人民法院应当组成成员不少于7人的专门评审委员会，决定编入管理人名册的社会中介机构和个人名单。评审分为初审阶段和公示阶段。人民法院应当根据本辖区社会中介机构以及社会中介机构中个人的实际情况，结合其执业业绩、能力、专业水准、社会中介机构的规模、办理企业破产案件的经验等因素制定管理人评定标准。

初审阶段，评审委员会根据申报人的具体情况评定其综合分数，并确定管理人初审名册。在公示阶段，人民法院应当将管理人初审名册通过本辖区有影响的媒体进行公示，公示期为10日。人民法院应当审查对编入初审名册的社会中介机构和个人提出的异议。异议成立，申请人确不宜担任管理人的，人民法院应当将该社会中介机构或者个人从管理人初审名册中删除。公示期满后，人民法院应当审定管理人名册，并通过全国有影响的媒体公布，同时逐级报最高人民法院备案。

管理人名册编制与更新机制的有效性与科学性值得关注，编制与更新机制及运用效果如不佳，将对破产案件管理带来长期危害。良好的管理人名册编制与更新机制应能够实现能者上、劣者下的效果，应当加强对管理人的执业评价，并与管理人名册动态调整挂钩，减少入围评审环节的主观性因素，建立规范的考试考评机制。2018年9月，某省高院发布编制破产案件管理人名册公告，采取专业能力测试和评审相结合的入围模式，分别占权重60％和40％，较好地配置了入围环节的主客观评价权重，是一种有益的探索。

值得注意的是，执业经验在管理人入围评审中作为一项评审指标固然必要，但如管理人名单数量缺乏弹性、扩展受限，则应考虑适当压缩执业经验评审权重，防止出现管理人名册僵化、队伍发展难以引入新生力量的问题。

（四）管理人名册的跨区运用

根据《指定管理人规定》，受理企业破产案件的法院指定管理人，一般应从本地管理人名册中指定。对于商业银行等金融机构以及在全国范围内有重大影响、法律关系复杂、债务人财产分散的企业破产案件，法院可以从所在地区高级人民法院编制的管理人名册列明的其他地区管理人或异地人民法院编制的管理人名册中指定管理人。最高人民法院2018年《破产审判会议纪要》则进一步鼓励探索管理人跨区域执业。根据该纪要的精神，除从本地名册选择管理人外，各地法院还可以探索从外省、市管理人名册中选任管理人，确保于重大破产案件能够遴选出最佳管理人。管理人名册属地规则的内容应当兼顾原则性和灵活性，体现司法政策的务实性。

（五）管理人的分级管理

《指定管理人规定》未建立管理人的分级制度，但是随着《企业破产法》的实施，一些地方法院探索管理人的分级管理，取得了良好的效果，不仅促进了管理人勤勉履职，也降低了管理人指定的制度性成本。2018 年《破产审判会议纪要》第 6 条规定，法院在编制管理人名册时，可以根据管理人的专业水准、工作经验、执业操守、工作绩效、勤勉程度等因素，合理确定管理人等级，对管理人实行分级管理、定期考评、动态调整。

第三节　管理人的指定与职权终止

一、管理人的指定

（一）管理人的指定时间

大陆法系和英美法系国家就破产程序的开始存在宣告开始主义和受理开始主义两种不同的制度，破产管理人的选任时间也有所不同。德国、法国、日本等大陆法系国家传统上采取破产宣告开始主义，管理人于破产宣告时指定。如果在破产案件受理前有保护债务人财产的必要，则一般通过临时性的财产保全措施加以实现。以英国、美国为代表的英美法系国家实行破产受理开始主义，一般于破产受理时便指定一名临时管理人对债务人进行全面管理，在破产宣告后方指定正式的管理人。从对债务人财产保护的角度看，破产受理开始主义要比破产宣告开始主义更为有利，代表着破产法的发展方向。

我国《企业破产法》采取破产受理开始主义。该法第 13 条规定，人民法院裁定受理破产申请的，应当同时指定管理人。但与英美等破产受理开始主义国家立法不同的是，我国并没有设置临时破产管理人制度，法院于破产受理之时就须指定正式的破产管理人。

【案例 3—3】指定临时破产管理人

A 供销合作社不能偿还到期债务，债权人向法院申请对 A 供销合作社进行破产清算。因该供销社长期经营不善，管理混乱，固定资产所剩无几，账册等财务资料、职工档案均不完整。据初步调查，原企业有价值的财产已基本被处置殆尽。在法院审查是否应受理破产申请的阶段，债务人如果仍对企业财产享有管理权、经营权、处分权，债务人做假账以及与他人恶意串通增加债务数额或处置相关资产的可能性极大。鉴于上述情况，法院提前要求作为清算组成员的政府工作人员组成工作组，立即接管企业或加强对公章、财务账册及其他资产的管理。

我国破产制度中没有临时破产管理人的设置，破产管理人应当在法院受理破产案件时指定。在上述案例中，法院迫于实际工作需要，要求组成工作组在受理破产申请前即开展接管工作。这种创新性做法可能对于解决实际问题有所帮助，但缺乏法律依据。如果统一要求在提出破产申请的同时指定临时破产管理人并开展接管工作，亦须考虑到恶意的破产申请可能带来的危害。笔者认为，为解决上述问题，在现有立法框架下，应完善有关欺诈行为惩罚制度，增强对债务人违法行为的威慑，并有效发挥撤销权等法律工具的作用。

【案例 3—4】延后指定破产管理人

2007 年 9 月，A 证券公司清算组根据中国证券监督管理委员会委托，以被申请人 A 证券公司资不抵债，不能清偿到期债务为由，向法院申请 A 证券公司破产清算。法院于 9 月 7 日裁定受理。因案件涉及证券公司清算，社会影响面广，清理难度大，疑难法律问题多，10 月 16 日经审判委员会讨论，法院决定该案采用竞争方式从中介机构中指定管理人。法院向所有 36 家在册管理人发出了邀请，共 30 家机构参与了竞争，法院专门成立了评审委员会进行打分评比从而最终确定了本案管理人。10 月 25 日，法院正式作出指定管理人决定书。

严格从破产法的规定来看，法院应当在裁定受理破产申请的“同时”指定破产管理人。但在实践中，对于需要以竞争方式选择管理人的情形，如根据“同时”的文义要求推迟受理时间，则难以满足中止诉讼、执行与对抗保全措施等具有紧迫性的合理诉求。综合来看，法院裁定受理破产案件与指定管理人为两项不同的工作，且依据立法，中止诉讼、执行与对抗保全措施等不以管理人提出申请为条件，因此，以竞争方式选择管理人，在确实来不及时可以适当延后管理人的指定时间。但破产申请受理后，债务人财产面临来自债务人、利害关系方不当转移、侵夺或处置的风险是客观存在的。因此，在以非随机方式指定管理人的案件中，法院应当在受理前审查阶段及早开始管理人指定工作。

(二) 管理人的指定权限

对于管理人的指定主体，各国有不同的立法模式。第一种是由法院指定选任，日本、法国、意大利均采此例；第二种是由债权人会议选任，英国、加拿大等采用此例。除上述两种典型模式外，还有折中的制度安排，即先由法院指定管理人，同时允许在债权人会议召开时另行选任，或以债权人会议选任为原则，以法院等选任为补充。不同的管理人选任方式反映了各国破产法学说对法院和债权人会议的不同定位：以债权人自治理论为主导的立法，通常规定由债权人会议选任管理人，而强调法院在破产程序中干预作用的立法，往往赋予法院在指定管理人问题上更大的决定权。

事实上，无论是由法院还是由债权人会议指定管理人，都可能有不足之处。由债权人会议指定管理人虽然能够最大限度代表债权人的利益，但也可能导致对其他利益相关者权益的忽视或损害。在债权人内部，对管理人的选任也可能出现争议，债权人都想指定自己推荐的社会中介机构担任管理人，再加上烦琐的债权人会议表决程序，不利于提高破产程序的效率。另外，在破产案件受理时，债权人会议无法立即召开，往往需要由法院指定临时管理人，待债权人会议召开时再选任正式管理人。这其中难免涉及管理工作的交接等问题，也会使破产管理工作复杂化和低效化。如果将管理人完全交由法院指定，虽然在效率上有明显优势，但是尊重债权人的自主权不够，且易出现法官寻租受贿、指定不公等问题，债权人利益受到损害时也不易得到及时救济。

从破产法的发展历史看，各国破产法在破产管理人的选任主体上，普遍寻求一种融法院指定和债权人会议选任于一体的方法，绝对由法院指定或绝对由债权人会议选任都不是现代破产法的发展趋向。① 我国《企业破产法》在授权人民法院指定管理人的同时，允许债权人会议在认为管理人不能依法、公正执行职务或者有其他不能胜任职务情形时，申请人民法院予以更换，既有利于保证破产程序的效率，也兼顾了债权人作为利益最相关者应有的权利。另外，值得注意的是，一些地方也在开始探索能够融合债权人意愿和法院指定权力的新方向。例如，2021 年 11 月 25 日由上海市第十五届人民代表大会常务委员会通过并于 2022 年 1 月 1 日施行的《上海市浦东新区完善市场化法治化企业破产制度若干规定》强化了债权人及利害关系人关于指定管理人的建议权，同时对人民法院的指定权进行了一定程度的限制。该规定第 17 条规定：债权人或者债务人提出破产申请时，可以向人民法院书面提名一名管理人人选。被提名人选符合任职条件并事先作出相关书面承诺的，人民法院应当指定其担任破产案件管理人。数名申请人同时提出破产申请且提名的管理人人选不一致的，人民法院应当组织全体申请人协商，协商一致的，人民法院应当指定其担任破产案件管理人；协商不成的，人民法院应当直接指定管理人。该规定第 18 条规定：债权人会议可以作出更换管理人的决议，并由人民法院指定新的管理人。人民法院召集第一次债权人会议时，可以组织债权人就是否更换管理人进行讨论和表决，债权人会议确定了符合任职条件的管理人人选的，人民法院应当指定其担任破产案件管理人。这些探索为修订《企业破产法》提供了有益经验。

【案例 3—5】多个案件指定同一破产管理人

A、B、C、D 为同一集团的四家成员企业，因盲目扩张导致资金链断裂，陷入债务危机。2016 年 10 月 10 日，四家企业同时向法院申请破产重整。2017 年 3 月 1 日，法院裁定受理该四家企业的重整申请，并根据企业关联程

① 参见汤维建：《破产程序与破产立法研究》，292 页，北京，人民法院出版社，2001。

度较高的情况，指定同一管理人。2017 年 6 月 1 日，鉴于四企业存在人格高度混同的情形，法院经债权人会议决议同意，准许了管理人提出的实质合并重整申请。

在关联程度较高的多家企业同时提起破产程序的情形，法院可以指定同一管理人进行管理，这种安排便于管理人从整体上把握各关联主体之间的关系，避免了因指定不同管理人可能导致的不必要的破产协调成本，并为后续在符合条件基础上通过合并重整妥善处理打好了基础。

（三）管理人的指定方式

人民法院指定管理人，一般应从本地管理人名册中指定，但对于商业银行、证券公司、保险公司等金融机构以及在全国范围内有重大影响、法律关系复杂、债务人财产分散的企业破产案件，可以从其他地区人民法院编制的管理人名册中指定。根据《指定管理人规定》，管理人的指定有随机方式、竞争方式和接受推荐三种方式。

1. 随机方式

普通破产案件指定管理人通常采取轮候、抽签、摇号等随机方式。轮候方式，指将管理人名单按某种顺序编列，人民法院按照破产案件立案的顺序依次从名单中指定管理人。如果轮到某一社会中介机构，其有正当理由拒绝担任管理人，则本轮对其轮空；如第二次轮到其仍拒绝担任管理人的，便取消其担任管理人的资格。这种方式基本上消除了法院的寻租空间，但也存在一定缺陷，如同时有两个破产案件需要立案，而管理人收费有较大差别时，也可能存在人为操作的空间。以抽签和摇号方式指定管理人，是将管理人名单、个人管理人名单的顺序打乱，进行随机摇号或抽签，人民法院根据摇号或抽签的结果指定管理人。

总的来看，随机方式能够保证形式上的公平，但不能保证选出的管理人最适合案件具体要求，而且由于列入名册中的管理人没有实质竞争压力，这也不利于管理人市场的专业化发展。2018 年《破产审判会议纪要》明确将以随机方式选定管理人的适用情形限定为“债务人财产数量不多、债权债务关系简单的破产案件”，同时允许中级以上人民法院综合考虑管理人的专业水准、工作经验、执业操守、工作绩效、勤勉程度等因素，合理确定管理人等级，并将随机选定管理人的方式限定于相应等级的管理人队伍。上述司法政策对于降低以随机方式选定的消极影响有积极意义。

2. 竞争方式

随机选定管理人的方式固然能够保证形式上的公平，但恐怕不能满足金融机构等有重大影响、法律关系复杂的企业破产案件对管理人较高的资质要求。有鉴于此，《指定管理人规定》第 21 条规定：对于商业银行、证券公司、保险公司等金融机构或者在全国范围有重大影响、法律关系复杂、债务人财产分散的企业破产案件，人民法院可以采取公告的方式，邀请编入各地人民法院管理人名册中的社会中介机构参与竞争，从参与竞争的社会中介机构中指定管理人。2018年《破产审判会议纪要》第7条明确规定，上市公司破产案件、在本地有重大影响的破产案件或者债权债务关系复杂，涉及债权人、职工以及利害关系人人数较多的破产案件，在指定管理人时，一般应当通过竞争方式依法选定。该规定进一步扩充了指定管理人的竞争机制，扩大了采用竞争方式指定管理人的案件范围。按照现有规定，参与竞争的社会中介机构不得少于3家。采取竞争方式指定管理人的，人民法院应当组成专门的评审委员会。评审委员会应当结合案件的特点，综合考量社会中介机构的专业水准、经验、机构规模、初步报价等因素，从参与竞争的社会中介机构中择优指定管理人。被指定为管理人的社会中介机构应经评审委员会成员1/2以上通过。采取竞争方式指定管理人的，人民法院应当确定一至两名备选社会中介机构，作为需要更换管理人时的接替人选。确定备选社会中介机构，是由于竞争方式程序复杂、耗时费力，倘若出现管理人需要更换的情形，再次竞争指定会使债务人财产的管理工作出现较长时间的空白，对破产程序的进展不利。

3. 接受推荐

对于经过行政清理、清算的商业银行、证券公司、保险公司等金融机构的破产案件，人民法院除可以指定已经成立的清算组履行管理人职务外，还可以在金融监督管理机构推荐的已编入管理人名册的社会中介机构中指定管理人。金融监督管理机构推荐的管理人通常都参加了对该金融机构破产前的一些行政处理事务，或者有类似的工作经验，由其担任管理人，可以节省破产费用和时间，并保证工作质量。

人民法院指定管理人应当制作决定书，并向被指定为管理人的社会中介机构或者个人、破产申请人、债务人、债务人的企业登记机关送达。决定书应与受理破产申请的民事裁定书一并公告。受理企业破产案件的人民法院应当将指定管理人过程中形成的材料存入企业破产案件卷宗，债权人会议或者债权人委员会有权查阅。

管理人无正当理由，不得拒绝人民法院的指定。管理人无正当理由拒绝人民法院指定的，编制管理人名册的人民法院可以决定停止其担任管理人1年至3年，或者将其从管理人名册中除名。

管理人应当自己履行职责，必要时也可以聘请专业机构或者人员协助履行职责。为避免管理人以签订承包合同、聘请本专业的其他社会中介机构或者人员为工作人员等形式，将其管理工作直接或者变相转移给其他社会中介机构或者个人，《确定管理人报酬规定》规定，律师事务所、会计师事务所聘请本专业的其他社会中介机构或者人员协助履行管理人职责的，所需费用从其报酬中支付。破产清算事务所聘请其他社会中介机构或者人员协助履行管理人职责的，所需费用从其报酬中支付。

（四）清算组的指定

在清算组担任管理人时，可以由法院指定其成员或由有关部门派出其成员。法院指定的范围包括政府有关部门、编入管理人名册的社会中介机构、金融资产管理公司，有关部门派出其成员是指人民银行及金融监督管理机构按照有关法律和行政法规的规定派人参加清算组。考虑到金融资产管理公司作为成员参与过多起破产清算和重组方面的工作，积累了相当多的经验，立法赋予其担任清算组成员的资格。

【案例 3—6】破产管理人吸收其他成员

A公司属于国有企业，历史遗留问题较多，破产中存在注册资金不足、财务状况不清、不良债权较多以及职工安置资金不足等诸多难题。法院认为，若严格按照有关司法解释，从管理人名册中指定社会中介机构担任破产管理人，因其实际执行力严重欠缺，将很难解决上述问题。有鉴于此，法院采取变通做法，决定由列入管理人名册的某清算事务所聘请地方政府中发展改革、国有资产监督管理、人力资源和社会保障等相关部门的有关同志作为该破产管理人成员，具体实施破产清算。

在上述案例中，法院并未明确采用清算组担任管理人模式，而是由担任管理人的清算事务所聘请有关部门人员作为管理人成员。这种做法缺乏明确的法律依据。

二、管理人的职权终止

管理人的职权终止包括三种情况：职务履行完毕、辞职和解任。

1. 职务履行完毕

在不同的破产程序中，管理人职务履行完毕的具体情况有所不同。在清算程序中，管理人应当在法院裁定终结破产程序之日起10日内，持人民法院终结破产程序的裁定，向破产人的原登记机关办理注销登记。管理人于办理完毕注销登记的次日终止执行职务。但在存在诉讼、仲裁未决等情况下，管理人仍需处理遗留事务，不能立刻终止执行职务。依法律规定，破产财产分配时，对于诉讼或者仲裁未决的债权，管理人应当将其分配额提存。自破产程序终结之日起满2年仍不能受领分配的，人民法院应当将提存的分配额分配给其他债权人。在这种情况下，管理人的履行职务期限可能要延续至提存分配额分配完成之时。在重整程序中，管理人的职务履行行为在重整计划执行期间随着监督期的届满而终止。《企业破产法》规定，监督期届满时，管理人应当向人民法院提交监督报告。自监督报告提交之日起，管理人的监督职责终止。在和解程序中，债权人会议通过和解协议的，由人民法院裁定认可，终止和解程序，并予以公告。管理人应当向债务人移交财产和营业事务，并向人民法院提交执行职务的报告，其职务履行即告终结。另外，在破产程序中庭外自行和解的情况下，即人民法院受理破产申请后，债务人与全体债权人就债权债务的处理自行达成协议的，可以请求人民法院裁定认可，并终结破产程序，管理人的职务也因此终结。

2. 辞职

各国破产法大都规定，破产管理人一经选任后无正当理由不得辞职。我国《企业破产法》第29条规定，管理人没有正当理由不得辞去职务。管理人辞去职务应当经人民法院许可。管理人的辞职行为受到限制，主要是出于对破产案件处理效率等方面的考虑。但立法也允许管理人在有正当理由的情况下辞职，如个人管理人因身体健康状况不能继续管理工作或者存在明显的回避事由等情况。

管理人申请辞去职务未获人民法院许可，但仍坚持辞职并不再履行管理人职责的，人民法院可以决定对管理人处以罚款，编制管理人名册的人民法院可以决定停止其担任管理人 1 年至 3 年，或者将其从管理人名册中除名。

3. 解任

管理人的解任，是指当管理人出现依法不能继续任职的情况时，由任命主体辞退管理人。各国立法对管理人的解任大都作出明确规定。英国破产法第 19 条规定，公司管理人可以在任何时候被法院命令辞退。德国破产法第 59 条规定，破产法院可以因重大事由而免除支付不能管理人的职务。此项免除可以依职权进行，或者依管理人、债权人委员会或者债权人会议的申请进行。

我国《企业破产法》第 22 条规定，债权人会议认为管理人不能依法、公正执行职务或者有其他不能胜任职务情形的，可以书面申请人民法院予以更换。法院也可以依法作出更换管理人的决定。根据《指定管理人规定》，社会中介机构管理人有下列情形之一的，人民法院可以根据债权人会议的申请或依职权径行决定更换管理人：（1）执业许可证或者营业执照被吊销或者注销；（2）出现解散、破产事由或者丧失承担执业责任风险的能力；（3）与本案有利害关系；（4）履行职务时，因故意或者重大过失导致债权人利益受到损害；（5）有重大债务纠纷或者因涉嫌违法行为正被相关部门调查。个人管理人有下列情况的，人民法院也可以根据债权人会议的申请或径行决定更换管理人：（1）执业资格被取消、吊销；（2）与本案有利害关系；（3）履行职务时，因故意或者重大过失导致债权人利益受到损害；（4）失踪、死亡或者丧失民事行为能力；（5）因健康原因无法履行职务；（6）执业责任保险失效；（7）有重大债务纠纷或者因涉嫌违法行为正被相关部门调查。

【案例 3—7】法院依职权更换管理人

2018 年 12 月，法院受理 A 公司破产清算案，并指定 B 会计师事务所为管理人。截至 2020 年 12 月，管理人尚未完成债权初步审核工作，对于已有生效判决文书确认的债权，管理人仍然以无财务账册为由，认为无法审核。法院认为，B 会计师事务所缺乏担任管理人应具备的专业能力，不能胜任职务，严重拖延清算进度，损害债权人利益，故根据最高人民法院《指定管理人规定》第 23 条的规定，依职权径行更换管理人。

人民法院决定更换管理人后，原管理人拒不向新任管理人移交相关事务的，人民法院可以决定对管理人处以罚款。编制管理人名册的人民法院可以决定停止其担任管理人 1 年至 3 年，或者将其从管理人名册中除名。

【案例 3—8】债权人会议申请更换管理人

2019 年 2 月，某人民法院受理了一国有企业的破产申请，指定该企业事先成立的清算组为管理人，清算组成员中包括了某律师事务所。债权人会议认为该律师事务所不能依法、公正执行职务，作出决议并向法院提出更换管理人成员的申请，法院以债权人申请无法律依据为由予以驳回。

债权人会议是否可以只申请更换清算组管理人的部分成员？立法和司法解释对此问题并未予以明确。笔者认为，根据“举重以明轻”的法律解释规则，作为有申请更换管理人权利的债权人会议，当然应有权申请更换作为管理人成员的清算组组成人员。

第四节　管理人的职责、义务与监督

一、管理人的职责

由于各国立法对管理人的概念采用广义或狭义的态度不同，管理人的职责也有所不同。多数国家采取狭义管理人概念，立法规定的管理人职责限于在清算程序中的职责。我国《企业破产法》采取广义的管理人概念，对管理人的职责规定统一适用于破产清算、重整和和解三种程序。

根据我国《企业破产法》，管理人依法应当履行下列职责：（1）接管债务人的财产、印章和账簿、文书等资料；（2）调查债务人财产状况，制作财产状况报告；（3）决定债务人的内部管理事务；（4）决定债务人的日常开支和其他必要开支；（5）在第一次债权人会议召开之前，决定继续或者停止债务人的营业；（6）管理和处分债务人的财产；（7）代表债务人参加诉讼、仲裁或者其他法律程序；（8）提议召开债权人会议；（9）人民法院认为管理人应当履行的其他职责。此外，《企业破产法》第 26 条、第 69 条也规定了与管理人职责有关的事项。

需要注意的是，《企业破产法》第八章“重整”中，规定了自行管理的重整模式。在此模式下，债务人的财产和营业事务由债务人自己负责，管理人只行使监督权。这是《企业破产法》关于管理人职责的一种特殊规定。

（一）接管债务人的财产、印章和账簿、文书等资料

管理人上任后的首要职责就是全面接管债务人的财产和事务。规定这一职责的目的是在债务人丧失对其财产与事务管理权的情况下，迅速实现对债务人财产与事务的全面控制与保全，防止损害债权人利益的行为发生，这也是破产管理工作顺利进行的基础。应接管

的债务人的财产包括有形财产和无形财产，债务人的法定代表人要向管理人办理移交手续。债务人的印章包括企业的行政章、合同章、财务章等全套印章。债务人的文书主要包括企业的设立合同、章程、营业执照、房地产证、企业的人事档案、劳动合同档案、经营合同等文件。

管理人应当及时履行接管职责，并注意防范债务人及相关人员出现转移财产、倒签合同或擅自对外签订合同等损害债权人利益的行为。如果债务人怠于或拒绝交出其财产、印章和账簿、文书等资料，管理人应有权申请法院强制执行。有学者认为，如果破产程序开始的裁定有执行力，会给执行机关带来执行上的困难。因为破产程序开始的裁定中应当交付的内容并不十分明确，当就交付内容发生争议时，只能通过诉讼解决。[①] 但《企业破产法》对管理人所要接管的内容范围规定是相当明确的，包括债务人的财产、印章和账簿、文书等资料，所以在债务人怠于或者拒绝交出时，管理人可以直接依据破产受理裁定请求法院强制执行。在日本，破产者拒绝交出财产时，管理人可以将破产宣告决定正本作为债务名义而申请执行。[②] 德国破产法第148条第2款也规定："财物处于债务人管束之下的，管理人可以根据具有执行力的程序开始裁定的正本以强制性方式请求交付。"此时以支付不能案件的审理法院作为执行法院。

需要注意的是，尽管程序开始裁定的正本可以作为执行依据，但该项执行只能针对破产债务人，而不能针对破产债务人之外的其他主体，在第三人占有破产债务人财产并不予归还的情形下，管理人只能通过诉讼或仲裁解决。

管理人接管债务人财产职责还体现为接受执行法院移交的债务人财产。根据《执行案件移送破产审查意见》第16条，执行法院收到受移送法院受理裁定后，应当于7日内将已经扣划到账的银行存款、实际扣押的动产、有价证券等被执行人财产移交给受理破产案件的法院或管理人。执行法院将债务人财产移交给受理破产案件法院通常适用破产程序已受理但尚未指定管理人的情形。

【案例3—9】未执行完毕款项移交管理人

2019年5月15日，甲法院受理了债权人A提出的关于B公司的破产申请，同时指定D律师事务所为管理人。此前，债权人C根据相关诉讼结果向乙法院申请执行B公司财产，执行款项已经于2019年5月15日划付至乙法院账户，但未于当日完成向申请执行人C的支付。乙法院就是否应当向D律师事务所移交该笔款项发生争议。

根据《企业破产法》第19条，人民法院受理破产申请后，有关债务人财产的执行程序应当中止。根据《执行案件移送破产审查意见》第16条，执行法院收到受移送法院受理裁定后，应当于7日内将已经扣划到账的银行存款、实际扣押的动产、有价证券等被执行人财产移交给受理破产案件的法院

---

① 参见李永军：《破产法律制度》，163页，北京，中国法制出版社，2000。

② 参见［日］石川明：《日本破产法》，何勤华、周桂秋译，207页，北京，中国法制出版社，2000。

或管理人。据此，款项未从法院账户划出应当理解为执行程序未完成，财产所有权尚未变动至申请执行人C，仍属于B公司的财产，应当移交。

（二）调查债务人财产状况，制作财产状况报告

调查债务人的财产并制作财产状况报告，是进行破产程序的必要工作。各国破产法一般都要求管理人就任后迅速进行这一工作，如英国破产法第22条规定，当管理令被作出时，管理人应立即要求担任或曾经担任公司官员的人员、管理令作出前一年内参加公司组建的人员、受雇于公司或者曾于该年内受雇于公司的人员的部分或全部以规定的形式作出并向他提交一份包括公司资产、债务详细情况在内的关于公司事务的报告。在清算程序中，调查债务人财产状况是制定财产变价、分配等方案的前提。在重整程序中，管理人对债务人财产和事务的管理，以及制订重整计划，也都需要事先了解债务人的财产状况。在和解程序中，只有债务人的财产状况被债权人充分了解，和解协议才有可能在债权人会议上得到通过。因此，调查债务人财产的工作需要管理人尽快完成。但目前《企业破产法》规定管理人调查权的对象为“债务人财产状况”，未明确调查对象应完全涵盖债务人原管理人员及有关人员，与管理人的职能并不完全契合。①

在破产程序中，经调查债务人财产状况发现“无产可破”的情况并不少见。根据立法及相关司法政策，申请受理后，经管理人调查，债务人财产不足以清偿破产费用且无人代为清偿或垫付的，人民法院应当依管理人申请裁定宣告破产并裁定终结破产清算程序。

（三）决定债务人内部管理事务

进入破产程序后，债务人的内部管理事务由管理人决定，如企业人员的留守或者劳动合同的解除，聘用必要的工作人员等。关于管理人对债务人内部管理事务的决定权，实践中需要关注这一权利被滥用的可能性，需要对管理人在企业经营能力和经验欠缺的情况下不当干预企业经营事项给予关注。

【案例3—10】管理人聘用工作人员及中介机构

A公司破产后，法院指定B清算所担任管理人。为勤勉尽责、忠实履行职务，结合本案实际，管理人须聘用若干必要工作人员及审计、评估等各中介机构协助工作。在征得人民法院同意后，管理人根据工作要求确定了必要工作人员的工资标准，并面向各中介机构进行选聘。管理人将选聘的过程和最终结果向法院作了报告，并获得了法院的认可。

① 参见王欣新、郭丁铭：《论我国破产管理人职责的完善》，载《政治与法律》，2010（9）。

【案例 3—11】管理人聘请中介机构的方式

在某法院审理 A 公司破产案件过程中，对破产案件中拍卖、审计以及评估机构的选定方式产生分歧：一种意见认为，应由法院从司法技术专业机构和拍卖机构名册中选择；另一种意见认为，管理人有权自行选择。法院最终采纳第一种意见，认为破产案件应按照法院关于对拍卖、审计、鉴定以及评估机构的管理规定，由法院司法技术管理部门统一对外委托。

在【案例 3—11】中，第二种意见更符合法律规定和实践需要。《企业破产法》第 28 条规定：管理人经人民法院许可，可以聘用必要的工作人员。最高人民法院《确定管理人报酬规定》中还对管理人而不是法院聘请中介机构的费用负担作出规定。该规定第 14 条规定：律师事务所、会计师事务所通过聘请本专业的其他社会中介机构或者人员协助履行管理人职责的，所需费用从其报酬中支付。破产清算事务所通过聘请其他社会中介机构或者人员协助履行管理人职责的，所需费用从其报酬中支付。管理人经人民法院许可聘用企业经营管理人员，或者管理人确有必要聘请其他非本专业社会中介机构或人员处理重大诉讼、仲裁、执行或审计等专业性较强工作，如所需费用需要列入破产费用的，应当经债权人会议同意。

管理人聘请有关中介机构，也应当经人民法院许可。管理人聘用中介机构，可以在司法技术管理部门确定的机构名册中选择确定，也可以在这些名册之外的机构中确定。在法院名册内的机构具有一定的垄断性，允许聘请名册之外的机构则可通过竞争降低聘用成本、提高服务质量。对管理人在名册内外选择聘用中介机构的权利，法院不应加以限制，但要予以监督。

（四）决定债务人的日常开支和其他必要开支

管理人就任后，对债务人的日常开支及其他必要开支，如工作人员的薪酬、继续营业情况下的各种支出等，由管理人决定。但需注意，因债务人开支事项关系到债权人等利害关系人的利益，因此有些预期较大的开支事项也受到限制。

（五）在第一次债权人会议召开前，决定继续或停止债务人的营业

企业进入破产程序后是否继续营业对债权人利益影响重大。按照各国立法惯例，是否继续营业要由债权人会议决定，不能由管理人决定。但在法院受理破产案件后、第一次债权人会议召开前的期间内，债务人是否继续营业则由管理人决定，并经由法院许可。在第一次债权人会议召开时，再由债权人会议决定继续营业问题。

（六）管理和处分债务人的财产

管理和处分债务人的财产是管理人的核心职责。对债务人财产的管理主要是指保证财产的安全，防止破产财产遭受各种损失，使破产财产变现价值最大化，清理、回收债务人

的财产、债权等。管理人处分债务人财产的活动主要包括：决定解除或者继续履行债务人与对方当事人均未履行完毕的合同；确认别除权、抵销权和取回权等权利；对破产财产中的非货币财产进行变现；行使撤销权等。因管理人处分债务人财产的行为对债权人影响较大，为对破产程序参与主体的权利义务进行平衡，各国一般对管理人的该项权利设定了一些限制。

（七）代表债务人参加诉讼、仲裁或者其他法律程序

在人民法院受理破产申请后，已经开始而尚未终结的有关债务人的民事诉讼或者仲裁应当中止；在管理人接管债务人的财产与诉讼、仲裁事务后，由其代表债务人参加该诉讼或者仲裁等法律程序。在破产申请受理以后，管理人为取回被他人占有的债务人财产或为行使债权，或为解决对债务人的新争议，可以代表债务人提起诉讼或仲裁。在重整计划规定的监督期内，管理人应当代表债务人参加监督期开始前已经启动而尚未终结的诉讼、仲裁活动。管理人代表债务人提起或参加诉讼的，可以直接以“某公司（债务人名称）管理人”列示其身份。

【案例 3—12】管理人代表债务人参加诉讼

A 公司进入破产程序后，B 公司因对管理人确认的债权数额存在异议，以 A 公司为被告、以 A 公司管理人为第三人向法院提起诉讼。法院接到诉状后，经向 B 公司释明，B 公司申请撤回将 A 公司管理人列为本案第三人的请求，法院予以准许，并将 A 公司原法定代表人变更为公司重整管理人。

依据《企业破产法》的规定，管理人是债务人在诉讼中的代表，因此债权人将破产债务人列为被告并将管理人列为第三人的做法与立法规定不符，应当予以调整。

（八）提议召开债权人会议

债权人会议是破产程序中的重要机关，关于债务人财产及营业等诸多事项的决定权属于债权人会议，如决定继续或者停止债务人的营业，通过重整计划，通过债务人财产的管理方案、变价方案以及分配方案等。为保证债权人会议及时审议相关事项，法律赋予管理人提议召开债权人会议的权利。

（九）人民法院认为管理人应当履行的其他职责

此为兜底条款。由于破产事务复杂，涉及很多方面，立法尽管作了详尽列举，仍然难保不出现缺漏，因此有必要对法院作出授权性规定，允许法院根据案件的具体情况决定管理人应当履行的其他职责。

以上各项内容是破产法对管理人职责的集中概括性规定，由于管理人参与各种破产程序的职责较为复杂，集中规定难免出现不协调，因而，对管理人职责的规定还散见于其他

相关条款以及司法解释中。如在清算程序中，人民法院受理破产清算申请后，第一次债权人会议上无人提出重整或和解申请的，管理人应当在债权审核确认和必要的审计、资产评估后，及时向人民法院提出宣告破产的申请。在重整程序中，管理人要在法定期限内提交重整计划草案；管理人负责监督重整计划的执行；在债务人自行管理财产和营业事务的情况下，管理人对其进行监督，还需制定监督债务人的具体制度；在特定情形下，管理人可以请求人民法院终止重整，宣告破产；管理人负责管理财产和营业事务的，可以聘任债务人的经营管理人员等。在破产清算与破产和解程序中，对债务人特定财产享有担保权的债权人可以随时向管理人主张就该特定财产变价处置行使优先受偿权，除可能降低其他破产财产的价值而应整体处置的情形外，管理人应及时变价处置。另外，管理人就任后，凭指定管理人决定书按照国家有关规定刻制管理人印章，并交人民法院封样备案后启用。管理人终止执行职务后，应当将印章交公安机关销毁，并将销毁的证明送交人民法院。根据国家发展和改革委员会、最高人民法院等十三个中央部门联合发布的《加快完善市场主体退出制度改革方案》相关要求，后续还需明确管理人履职过程中发现恶意逃废债等违法行为时依法提请法院移送侦查的职责等。上述内容也都涉及管理人的职责。

二、管理人的义务与责任

管理人拥有广泛的职权，在破产程序中可能对相关主体利益造成重大影响。为避免管理人滥用职权，维系管理人和法院、债权人以及债务人之间的信任关系，我国《企业破产法》第27条概括规定了管理人的义务，即“管理人应当勤勉尽责，忠实执行职务”。管理人的勤勉、忠实义务，并非如《公司法》规定的董事、监事、高级管理人员对公司的勤勉、忠实义务，而是依《企业破产法》的规定勤勉尽责、忠实执行职务，即以一个善良管理人的注意执行职务，依法认真做好每一项工作。

【案例3—13】管理人申请由投资人先行投入部分资金恢复企业部分产能

A公司是一家拥有酒精生产许可证的企业，对地方经济发展具有重要影响。2018年1月，法院裁定受理A公司及其关联公司的破产重整申请。因酒精生产许可证所承载的资质属于稀缺资源及A公司的核心资产，鉴于该生产许可证已经脱审、面临灭失风险的现状，综合考虑其他情况，投资人提出先投入部分资金恢复企业部分产能。在此情况下，管理人向法院申请由投资人先行投入部分资金进行试生产。法院认为，管理人的申请有利于恢复企业持续经营能力和保障各当事人利益，也符合破产保护理念，因此予以准许。

对于管理人能否申请企业开展试生产，现行法律法规并无明确规定，在【案例3—13】中管理人根据重整公司实际需要及时提出具有个性化的试生产申请，并得到法院的认可，较好地尽到了勤勉尽责的法律义务。

《企业破产法》第130条规定："管理人未依照本法规定勤勉尽责，忠实执行职务的，人民法院可以依法处以罚款；给债权人、债务人或者第三人造成损失的，依法承担赔偿责任。"本条规定了两种责任：一是司法责任，二是民事责任。有学者认为，管理人勤勉忠实的对象是法院而非其他人，管理人与债权人、债务人之间不存在特殊关系，因此认为《企业破产法》第130条把两种责任规定在一起，容易引起误解，应分别规定。[①] 我们认为，该条规定容易产生歧义，并非源于管理人勤勉尽责的对象不明，而是法条规定自身不清晰，该条后半句规定的民事责任是否须以前半句规定的司法责任为前置条件，语意不明。从形式逻辑解释，管理人未依照《企业破产法》规定勤勉尽责，忠实执行职务，给债权人、债务人或者第三人造成损失的，依法承担赔偿责任，不应以法院追究管理人司法责任为前提。此外，现有立法对追究管理人民事责任的管辖权是否应集中到审理该破产案件的法院还不清晰。

最高人民法院《企业破产法司法解释二》第33条规定：管理人或者相关人员在执行职务过程中，因故意或者重大过失不当转让他人财产或者造成他人财产毁损、灭失，导致他人损害产生的债务作为共益债务，由债务人财产随时清偿不足弥补损失，权利人向管理人或者相关人员主张承担补充赔偿责任的，人民法院应予支持。上述债务作为共益债务由债务人财产随时清偿后，债权人以管理人或者相关人员执行职务不当导致债务人财产减少给其造成损失为由提起诉讼，主张管理人或者相关人员承担相应赔偿责任的，人民法院应予支持。

各国立法对管理人的义务及责任问题大都有所规定。如德国破产法规定：管理人应当以通常并认真的管理人之注意义务负责任，其不履行义务的，法院在先行警告之后可以对其科处罚款；管理人因过失而违背其法定义务的，对全体当事人负有损害赔偿的责任。英国破产法第212条也规定了清算人、管理人、行政接管人的个人责任[②]，法院经相关人员申请，可以调查清算人、管理人、行政接管人的行为，并责令其承担相应的个人责任。美国破产法对托管人的责任规定得不甚明确，但最高法院和各巡回上诉法院的大量案件中形成了追究托管人个人责任的判例。[③]

目前我国对于规范管理人责任的严格程度以及责任类型等问题如何通过立法予以解决，也存在不同观点。一派主张，应当强化管理人的义务，如在管理人选任之时，要求其提供适当的财产作为责任担保，或将管理人的民事责任认定为特殊侵权责任，采取严格责任的归责原则等。另一派则主张，在一定程度上减轻管理人的责任。有人提出，如果管理人仅有轻微过失，则不应追究责任。另外，有人主张，当管理人有严重失职行为时，人民法院除撤销其管理人资格外，还应向管理人的主管机构提出司法建议，给予其行政处罚。

---

① 参见朱文龙：《破产管理人的民事责任研究》，载《社会科学动态》，2020（4）。

② 英国破产法中，不同破产程序的管理主体名称不一，清算程序中称作清算人（liquidator），管理接管程序中称作管理接管人（administrative receiver），管理程序中称作管理人（administrator）。

③ 美国各联邦巡回上诉法院，针对破产管理人的责任问题有明显的意见分歧，大致有推定免责、故意责任、严重过错责任、一般过错责任、严格责任等数种观点。美国破产审查委员会（The National Bankruptcy Review Commission）针对第十一章以外的管理人，推荐的归责原则是严重过错责任（gross negligence）。

三、对管理人的监督

根据《企业破产法》规定，管理人应当向人民法院报告工作，并接受债权人会议和债权人委员会的监督。管理人应当列席债权人会议，向债权人会议报告职务执行情况，并回答询问。此外，管理人主要由社会中介机构和相关具有特定职业资格的个人担任，也应当依法接受行政监督和自律监督。

（一）法院的监督

在破产程序中，法院主要通过三种形式监督管理人：一是接受管理人执行职务行为的报告，二是依法对管理人的某些请求行使审批权，三是对其他主体的监督意见居中裁判。法院是监督管理人最有力的权威主体，但其行使监督权一般具有被动性特征，实践中，根据破产案件具体情况，法院也在积极探索依职权主动作出监督事项决定。

管理人向法院所作报告可以分为常规报告和临时报告。管理人应依破产程序的进程和人民法院的要求向人民法院报告工作。当管理人进行重大财产处分行为时，如果未设立债权人委员会，管理人应依法向人民法院报告，接受其监督。这些重大财产处分行为包括：(1) 土地、房屋等不动产权益的转让；(2) 探矿权、采矿权、知识产权等财产权的转让；(3) 全部库存或者营业的转让；(4) 借款；(5) 设定财产担保；(6) 债券和有价证券的转让；(7) 履行债务人和对方当事人均未履行完毕的合同；(8) 放弃权利；(9) 担保物的取回；(10) 对债权人利益有重大影响的其他财产处分行为。许可权也是法院对管理人进行监督的主要方式之一。《企业破产法》规定管理人的多项行为要事先经过法院的许可，包括第一次债权人会议召开之前管理人决定是否继续债务人的营业、聘用工作人员、辞职等。另外，管理人拒绝接受债权人委员会监督的，债权人委员会有权就监督事项请求人民法院作出决定。这也是法院实现监督权的方式之一。

（二）债权人会议的监督

债权人可以通过债权人会议或者债权人委员会依法实施对管理人的监督。债权人会议的监督途径主要包括以下方面：(1) 管理人应当列席债权人会议，向债权人会议报告职务执行情况，并回答询问；(2) 管理人拟定的债务人财产的管理方案、变价方案以及分配方案须经债权人会议通过；(3) 管理人行为受到质疑时，债权人委员会或者占债权总额 1/4 以上的债权人可以向债权人会议主席提议召开债权人会议，要求管理人报告工作；(4) 管理人遇到特定重大事项，也可以主动提议召开债权人会议，汇报情况，接受其监督。

（三）债权人委员会的监督

《企业破产法》规定，债权人会议可以决定设立债权人委员会。债权人委员会的职责主要是监督管理人，包括监督其对债务人财产的管理和处分行为，监督破产财产分配等。债权人委员会执行职务时，有权要求管理人对其职权范围内的事务作出说明或者提供有关文件。管理人违反法律规定拒绝接受监督的，债权人委员会有权就监督事项请求人民法院作出决定，人民法院应当在 5 日内作出决定。在债权人会议设立债权人委员会时，如果管理人实施《企业破产法》第 69 条规定的行为，应当及时报告债权人委员会接受监督。

我国《企业破产法》规定的管理人重大事项报告制度借鉴了各国的立法经验，但有所变通。日本破产法中设有监察委员制度，监察委员亦由债权人会议选任。该法第 197 条规定，管理人实施包括变卖不动产物权在内的 14 种重大行为时，应经监察委员同意。但对其中部分职权行为，当涉及价额不超过一定限度时，管理人可自行决定。① 德国破产法也规定在设立债权人委员会之情形，管理人准备实施对破产程序特别重要的法律行为时，应当征得债权人委员会的同意。但与日本立法不同，该法未对所谓“特别重要的法律行为”进行全面列举，而是部分列举，部分交由管理人裁量。②

需要注意的是，日本破产法规定的监察委员对管理人重大行为的批准，仅适用于破产清算程序。③ 因在破产清算程序中，债权人是主要的、甚至唯一的利益相关者，而在重整等再生型程序中，管理人在履行职责时需要兼顾债权人、债务人利益以及社会利益，如果于后一情形中管理人在实施重大行为时需要经过代表债权人利益的债权人委员会的批准，管理人的中立性便不能保证。正因为此，日本规定对于重整中管理人的一些重大行为，法院可要求经其许可后实施。④

我国《企业破产法》对债权人委员会的规定统一适用于破产清算、和解与重整三种程序。在破产清算程序中，由于债权人委员会不能实质性影响管理人的履职行为，管理人受到的监督非常有限。笔者认为，我国《企业破产法》实施以来，管理人相对缺乏业务经验，仅规定其在实施重大财产处分行为时应向债权人委员会报告而无须批准，缺乏有力监督，应借鉴德、日立法经验，要求破产清算程序的管理人在行使某些重大职权行为时，须经过债权人委员会的同意。

【案例 3—14】债权人委员会对管理人进行监督

2018 年 3 月，法院裁定受理 A 公司破产重整申请。A 公司的债权人总数近 5 000 人，在法院指定的申报期内有 650 人申报债权，经选举产生债权人委员会（以下简称债委会），其成员分散于厦门、深圳、北京、上海等地。法院建议，债委会采取定期会议制度，管理人对其计划中拟采取的《企业破产法》第 69 条规定的行为，应当事先向债委会作出报告，债委会表决后形成债委会决议并作成记录，依法报送法院存档备考。管理人在债委会定期会议空档期间必须临时实施《企业破产法》第 69 条规定的行为和其他可能涉及债权人重大利益的行为时，可以采用传真、电子邮件等通信的方式报告各债委会成员，各债委会成员应以书面方式作出回复，管理人将上述书面文件报送法院备查。

---

① 参见日本破产法第 197 条。

② 参见德国破产法第 160 条第 2 款。

③ 德国没有与破产清算相并列的重整程序，其重整计划制度可被视为破产清算中的一种特殊制度。

④ 参见日本破产法第 197 条。

值得注意的是，根据《企业破产法》第69条规定之文字含义，管理人实施借款、设定财产担保、债权转让及放弃权利等行为，即便价额很小也须上报，但实践中库存或营业的转让只要不是全部转让，依法便无须上报，第69条的规定显然是难以适应实践之需要的，应当予以修正完善。

目前，国内有学者认为我国破产管理人监督机制不够完善，并借鉴国外经验提出若干立法建议：一是建议我国成立专门监督管理人的行政部门；二是建议我国在破产程序中专门建立监督人这一机构；三是完善现有法院、债权人会议、债权人委员会等监督主体的作用。笔者认为，国外设立对管理人具有监管职能的行政部门，是与其本国的管理人体制相适应的。美国管理人办公室（United States Trustee）固然有监督管理人的职权，但这与其指定管理人的职权是协调一致的。[①] 英国贸工部下属的破产事务局（Insolvency Service，IS），其职责包括针对破产立法的形式和有效性提出建议，确保那些职业团体以适当的规则正确地约束其成员，确保这些规则被有效地执行，并以这些规则来约束贸工部授权的破产执业人。[②] 这些职责与英国管理人"行政监督下的自治管理"体制是一致的。我国的情况与上述国家有所不同，设立监督管理人的行政部门有无必要，尚待进一步研究。主张在破产程序中另设监督人机构的理由也不够充分，而且如监督人由无利害关系人担任，其能否尽职尽责地履行监督职能，各监督主体的监督职责如何划分和协调等问题，也有待慎重研究。为更好地发挥债权人会议、债权人委员会的监督效能，有的人提出，应赋予债权人会议及债权人委员会诉权及申请法院发布"禁止令"的权利。[③] 应当说，设定申请"禁止令"的权利有助于提高债权人监督管理人的主动性，但偏于强调禁止或限制的意思，在手段上具有一定的消极性。

（四）行政监督和自律监督

管理人主要由履行特定法律职责的社会中介机构和具有特定职业资格的个人担任，除在企业破产程序中接受法院、债权人会议及债权人委员会监督外，还应当接受政府的行政监督和相应自律组织行业的自律监督。

2019年，国家发展和改革委员会、最高人民法院等十三个中央部门联合印发《加快完善市场主体退出制度改革方案》，其中明确指出，各地政府应当在总结完善司法与行政协调机制实践经验的基础上，进一步明确政府部门承担破产管理人监督管理等破产行政管理职责。此外，包括职业规范、考核标准、履职评价、投诉处理等在内的管理人行业监督制度也在深圳等地逐步建立、完善。在自律监督方面，担任管理人的律师事务所、会计师事务所接受各自所在律师协会、注册会计师协会的自律监督，随着一些地方成立管理人协

---

① 根据美国《司法体系与司法程序法》第586条，联邦破产管理人的主要职责有：在清算程序中指定破产管理人并监督其行为，在某些情况下还可以亲自担任破产管理人；在重整程序中监督信息披露和重整计划，指定并监督债权人委员会。

② 英国的破产执业人有两种：一种是经认可的七大职业团体的成员，另一种是经贸工部直接授权的主体。

③ 参见陈政：《放权与控权：破产管理人破产财产处分权的合理配置》，载《河北法学》，2014（5）。

会，管理人的自律监督体系趋于更加完善。根据相关司法政策，法院应当支持、引导、推动本辖区范围内管理人名册中的社会中介机构、个人成立管理人协会，加强对管理人的管理和约束，维护管理人的合法权益，逐步形成规范、稳定和自律的行业组织，确保管理人队伍既充满活力又规范有序发展。截至 2022 年 6 月 30 日，全国各地破产管理人协会达到 200 家，其中省级管理人协会有 17 家。协会的建立和自律制度的完善，有助于保障管理人依法高效履职，促进管理人行业规范健康发展，有利于提升破产审判的质效。但是，各地的协会在实际运作中做法有较大的差异，如业务主管单位多元（一些是当地，一些是司法局）、会员资格不同（一些被限定于名册中的机构和人员，一些则是愿意从事管理人业务的中介机构和人员）、承担职责不同（一些还承担破产援助基金的工作，一些地方则另设机构承担破产援助基金的工作）等。有实务专家认为，各地做法有待于实践检验。①

第五节　管理人的报酬

破产管理是一项耗时费力而又责任重大的事务，各国破产立法均规定，管理人享有取得报酬的权利。我国《企业破产法》第 28 条第 2 款规定，管理人的报酬由人民法院确定。债权人会议对管理人的报酬有异议的，有权向人民法院提出。最高人民法院《确定管理人报酬规定》对管理人报酬的事项作了较为全面的规定，初步建立了我国管理人报酬制度。

一、管理人报酬的确定权限

从各国立法情况看，对管理人报酬的确定大体上有两种模式。德国、日本均规定管理人的报酬由法院决定。德国破产法第 64 条规定，支付不能管理人的报酬和应当向其归还的垫款由破产法院以裁定形式确定。对于该项裁定，管理人、债务人和任何支付不能债权人均有权立即抗告。日本破产法第 87 条第 1 款规定：破产财产管理人可以接受预付的费用以及法院确定的报酬。

英国、澳大利亚、加拿大、俄罗斯等国主要是由债权人会议或其他机构决定管理人的报酬。英国破产法规定，管理人由贸工部指定，其报酬也由其确定，否则，管理人的报酬由债权人会议或由其授权监察委员会确定，1/4 以上的债权人或者占有 1/4 以上债权额的债权人不同意其他债权人确定的过高数额时，经破产人请求，可由贸工部确定其报酬数额。澳大利亚法律规定：管理人的报酬由债权人在第一次债权人会议或者审议管理人提出

① 参见王静、蒋伟：《破产管理人自治模式实证研究》，载《法律适用》，2018（14）。

的关于公司前途建议的债权人会议上确定；如果债权人会议没有确定其报酬，管理人可以请求法院决定。俄罗斯破产法第 26 条规定："1. 仲裁管理人因履行其职权每月所得的报酬数额，由债权人（债权人会议）确定，仲裁法院批准，如果本联邦法律没有不同规定，该报酬数额应当不少于 1 万卢布。如果因未履行或未正当履行所承担的义务，仲裁管理人被仲裁法院停职，可以不支付该仲裁管理人的报酬。2. 破产债权人、被授权机关或债权人会议，可以确定仲裁管理人的额外报酬，该额外报酬由仲裁法院批准，由债权人的资金支付，并根据仲裁管理人的履职结果予以支付。3. 如果本联邦法律、债权人会议或债权人之间达成的协议没有不同规定，仲裁管理人聘用的协助其履行职务的人员的报酬，由债务人财产支付。"

管理人报酬由债权人会议确定的方式，虽有利于尊重债权人的自主权，但可能出现利益冲突等问题，目前我国规定由法院确定，较为适宜。我国进行破产立法时在管理人报酬由谁确定的问题上，曾有不同的观点。在提交全国人大常委会第一次审议的《企业破产法（草案）》中曾规定，管理人的报酬由债权人会议决定，但在此后的草案中，均将对管理人报酬的决定权改由人民法院行使。

根据《企业破产法》及《确定管理人报酬规定》，虽然管理人报酬由人民法院确定，但债权人会议对管理人的报酬有异议的，有权向人民法院提出。管理人、债权人会议对管理人报酬方案有意见的，可以进行协商。双方就调整管理人报酬方案的内容协商一致的，管理人应向人民法院书面提出具体的请求和理由，并附相应的债权人会议决议。人民法院经审查认为上述请求和理由不违反法律和行政法规的强制性规定，且不损害他人合法权益的，应当按照双方协商的结果调整管理人报酬方案。上述对债权人会议就管理人报酬的知情权、协商权和异议权的规定，在一定程度上克服了管理人报酬完全由人民法院决定或由债权人会议决定的缺点，融合了两者的合理之处。值得注意的是，债权人会议属于议事性主体，作为协商一方其表意行为需要借助召集会议方式作出，具有一定的复杂性和特殊性。

二、管理人报酬的确定办法

（一）管理人报酬的范围

管理人的报酬，是指管理人因付出管理劳动而获得的纯报酬。为避免出现重复计酬现象，司法解释规定，律师事务所、会计师事务所聘请本专业其他社会中介机构或者人员协助履行管理人职责的，所需费用从管理人报酬中支付；律师或者注册会计师个人担任管理人聘请本专业社会中介机构或者个人协助履行管理人职责的，所需费用从管理人报酬中支付；破产清算事务所聘请其他社会中介机构或者人员协助履行管理人职责的，所需费用从其报酬中支付；上述费用不得作为破产费用从债务人财产中支付。只有律师事务所、会计师事务所聘请非本专业其他社会中介机构或者人员协助履行管理人职责的，所需费用才可以作为破产费用从债务人财产中支付。

【案例 3—15】管理人报酬的范围如何确定

2007 年 8 月 1 日，某公司作为债务人向其住所地法院提起破产申请。8 月 10 日，法院裁定受理，同时指定甲会计师事务所为管理人。8 月 23 日，管理人聘请乙资产评估事务所对债务人所有的资产进行了整体评估。此后，管理人和债权人就评估费用的开支问题发生争议。多数债权人认为，甲会计师事务所聘请的乙资产评估事务所属于其本专业的社会中介机构，依据《确定管理人报酬规定》第 14 条，该笔费用应当从管理人报酬中支付。管理人则提出由于其自身不具备资产评估资质，无法独立完成债务人的资产评估工作，相关费用应当从破产财产中支付。

目前在实践中，会计师事务所担任管理人时，有时受资质限制，某些本专业的工作仍然须由其他中介机构完成。考虑到这种情况，对《确定管理人报酬规定》第 14 条应予进一步明确。【案例 3—15】中的管理人不具备资产评估资质，因此聘请其他中介机构的评估费用不宜从其报酬中支付。当然，有些会计师事务所与评估机构名为不同机构，实则为一套班子，这种情况下应当将其视为同一机构，评估费用只能从管理人报酬中支付。①

《确定管理人报酬规定》第 13 条规定：管理人对担保物的维护、变现、交付等管理工作付出合理劳动的，有权向担保权人收取适当的报酬。管理人与担保权人就上述报酬数额不能协商一致的，人民法院应当参照本规定第 2 条规定的方法确定，但报酬比例不得超出该条规定限制范围的 10%。据此，管理人管理担保物的报酬确定和对管理人一般报酬的确定不同，以其付出合理劳动为条件，而且规定有更低的上限标准。

（二）管理人报酬的一般确定办法

各国对管理人报酬的确定主要有两种办法：一种是按时计酬，另一种是按标的计酬。按时计酬是以管理人的工作时间为计酬依据，而按标的计酬是根据可分配的破产财产价值的一定百分比计酬。《确定管理人报酬规定》采纳了后一模式。

《确定管理人报酬规定》第 2 条规定，人民法院应根据债务人最终清偿的财产价值总额，在以下比例限制范围内分段确定管理人报酬：（1）不超过 100 万元（含本数，下同）的，在 12%以下确定；（2）超过 100 万元至 500 万元的部分，在 10%以下确定；（3）超过 500 万元至 1 000 万元的部分，在 8%以下确定；（4）超过 1 000 万元至 5 000 万元的部分，在 6%以下确定；（5）超过 5 000 万元至 1 亿元的部分，在 3%以下确定；（6）超过 1 亿元至 5 亿元的部分，在 1%以下确定；（7）超过 5 亿元的部分，在 0.5%以下确定。担保权人优先受偿的担保物价值，不计入前述规定的财产价值总额。高级人民法院认为有必要的，可以参照上述比例在 30%的浮动范围内制定符合当地实际情况的管理人报酬比例限制范

① 参见李季宁：《管理人制度相关问题探析》，载《法律适用》，2007（10）。

围，并通过当地有影响的媒体公告，同时报最高人民法院备案。对管理人报酬规定上限比例主要是为了防止其报酬过高给债权人利益造成损害。美国破产法对托管人的收费也规定有最高界限，即收费不得超过破产财产总额的3%至15%。①

根据《确定管理人报酬规定》，按标的计酬的"标的"是指债权人最终获得清偿的财产价值总额。在《企业破产法（试行）》实施期间的司法实践中，一些案件是以破产财产总额而非最终获得清偿的财产价值总额为基数计酬的。这种做法不适当地扩大了计酬的标的，导致无论管理人努力与否，都不会对其报酬有什么影响，不能激励管理人勤勉、忠实地履行职务，不利于对债权人利益的保护，故该规定采纳了以最终获得清偿的财产价值总额为标的的计酬方式。

【案例3—16】管理人报酬的确定方式

2017年8月23日，某公司作为债务人向人民法院提起重整申请。法院于9月6日裁定受理该申请，同时在管理人名册中随机选定一家律师事务所担任管理人。9月7日，债务人向法院提交了一份由其在重整期间自行管理的申请，法院随后裁定同意。在重整过程中，管理人与债务人、债权人就管理人的报酬产生争议。管理人主张，其报酬应当根据《确定管理人报酬规定》第2条，按照最终获得清偿的财产价值总额的一定比例计算，而债权人和债务人认为，在自行管理情况下，管理人只行使监督职权，其报酬不应该与最终获得清偿的财产价值总额相挂钩。

我国《企业破产法》规定了债务人自行管理的重整模式。管理人在债务人自行管理情形下主要行使监督权，这与管理人在其他破产程序或管理人重整模式下的职权有所不同。在【案例3—16】的情形下，管理人的报酬应该结合其工作时间、工作内容和工作效果适当确定，不宜适用《确定管理人报酬规定》第2条，与最终获得清偿的财产价值总额相挂钩。

（三）以竞争方式指定管理人时的报酬确定

与随机方式和接受推荐方式指定管理人不同，在以竞争方式确定管理人的情况下，管理人的报酬事项在其参与竞争过程中已经报过价，并且是作为其最终被选择的重要因素。因此，以此种方式指定管理人的，管理人的报酬确定方式具有特殊性。《确定管理人报酬》第5条规定："人民法院采取公开竞争方式指定管理人的，可以根据社会中介机构提出的报价确定管理人报酬方案，但报酬比例不得超出本规定第二条规定的限制范围。上述报酬方案一般不予调整，但债权人会议异议成立的除外。"

（四）清算组成员的报酬问题

清算组成员可能包括政府有关部门的人员、社会中介机构、金融资产管理公司的人

① 参见潘琪：《美国破产法》，143页，北京，法律出版社，1999。

员、人民银行及金融监督管理机构的人员。根据《确定管理人报酬规定》第 15 条：清算组中有关政府部门派出的工作人员参与工作的不收取报酬。其他机构或人员的报酬根据其履行职责的情况确定，人民法院应当根据案件的具体情况和他们履行职责的情况，参照《确定管理人报酬规定》确定其应得的报酬。

(五) 管理人更换时的报酬问题

管理人在职务执行终止之前有可能辞职或者被解职，需要有新管理人上任，这时根据《确定管理人报酬规定》第 16 条确定管理人报酬："管理人发生更换的，人民法院应当分别确定更换前后的管理人报酬。其报酬比例总和不得超出本规定第二条规定的限制范围。"

(六) 管理人承继时的报酬问题

管理人承继，是指某社会中介机构或个人已经参与过该企业的解散清算或行政清算，而在破产程序中又被法院指定为管理人。在此种情况下，企业破产清算中的一些工作，如通知债权人、接受申报并确认债权、收集并管理债务人财产等，可能已经在之前进行的一般清算中已完成，清算人相应报酬已获支付。因此，在管理人承继续任情况下其工作量会有所减少，人民法院应当在确定管理人报酬时对此予以考虑，酌减其报酬比例。

三、管理人报酬方案

由于破产案件的具体情况相当复杂，一次性确定管理人报酬而不做更改几乎不可能，一般规定是采取事先确定标准、事中观察调整、事后确定数额的做法。为此，管理人报酬方案需要在指定管理人时确定。管理人报酬方案拟订后，通常要随破产案件进程作适当调整才得到最终确定。管理人报酬在激励、约束管理人勤勉履职方面有重大作用，对报酬方案应当审慎制定。

(一) 管理人报酬方案的确定

《确定管理人报酬规定》第 4 条规定："人民法院受理企业破产申请后，应当对债务人可供清偿的财产价值和管理人的工作量作出预测，初步确定管理人报酬方案。管理人报酬方案应当包括管理人报酬比例和收取时间。"管理人报酬的收取方式有两种模式：一是管理人分期收取报酬，二是在案件结案时管理人一次性收取报酬。人民法院应当结合破产案件的实际情况确定报酬收取方式，不允许对管理人预付全部报酬。2018 年《破产审判会议纪要》进一步提出，管理人报酬原则上应当根据破产案件审理进度和管理人履职情况分期支付。案情简单、耗时较短的破产案件，可以在破产程序终结后一次性向管理人支付报酬。2018 年《破产审判会议纪要》第 10 条设计的以分期支付为主、一次性支付为辅的报酬支付方式，有利于避免一次性支付管理人报酬下管理人缺乏激励的问题，也有利于避免管理人长期无法获得合理回报而不能正常发挥作用的问题。①

---

① 参见贺小荣、王富博、杜军：《破产管理人与重整制度的探索与完善——〈全国法院破产审判工作会议纪要〉的理解与适用（上）》，载《人民司法（应用）》，2018（13）。

根据司法解释的规定，人民法院确定管理人报酬方案时，应当考虑的因素包括：（1）破产案件的复杂性；（2）管理人的勤勉程度；（3）管理人为重整、和解工作作出的实际贡献；（4）管理人承担的风险和责任；（5）债务人住所地居民可支配收入及物价水平等。司法解释没有明确人民法院在受理案件后确定管理人报酬方案的期限。

在“无产可破”案件中，管理人报酬的实现可能存在困难。《最高人民法院关于为改善营商环境提供司法保障的若干意见》（法发〔2017〕23号）提出，要推动设立破产费用专项基金，为“无产可破”案件提供费用支持。目前，有些地方设立了类似基金，因此在部分案件中，管理人报酬方案的确定可能涉及基金财产支付事项。

【案例3—17】管理人报酬的支付方式

在A公司重整案中，经管理人提出、债权人大会表决通过的管理人报酬为500万元（不含管理人执行职务的费用100万元、聘请中介机构的费用1 500万元）。经审查，法院认为应依照破产财产的总额，按最高人民法院规定的相关比例要求先行确定管理人报酬。在此基础上，适当考虑管理人完成工作的情况，在报酬总额中划定浮动金额，作为奖惩资金，在重整计划执行完毕后予以支付。上述款项应当按照管理人工作进度，按比例、分阶段支付，相应的支付阶段分别为：（1）在完成债权资产核查、资产接管，制订完毕重整计划后；（2）重整计划获得通过和法院批准后；（3）完成重整计划执行的监督工作后。

在人民法院受理案件时，债权人最终获得清偿的财产价值总额不能确定，并且管理人的勤勉程度、实际贡献等计酬因素无法事先确定，因而管理人报酬方案中通常不能给出完全确定的管理人报酬数额。至于管理人是分期收取报酬还是一次性收取报酬以及收取报酬的条件、程序等，可以在管理人报酬方案中确定。在上述案例中，对管理人报酬采取了基本确定、有所浮动（以设置奖惩资金方式）的方案，合理地兼顾了确定管理人报酬的各项因素。

（二）管理人报酬方案的调整

管理人报酬问题影响到管理人的积极性和债权人的满意度，两者都对破产程序的进展有重要影响。仅由法院确定管理人报酬可能出现管理人积极性不高或者债权人不满意的情况。另外，管理人报酬有必要根据案件具体情形作出调整。当管理人的勤勉程度不够时，可以考虑降低其报酬，管理人为重整作出的贡献因为特殊原因而显著改变时，如在重整中债务人申请自行管理财产和营业事务并获得法院批准，其报酬也理应进行调整。因此，管理人报酬方案在最初确定后要依据公正原则适时进行调整。管理人报酬方案的调整有三种途径。

1 管理人和债权人会议协商调整

管理人、债权人会议对管理人报酬方案有意见的，可以进行协商。双方就调整管理人报酬方案的内容协商一致的，管理人应向人民法院书面提出具体的请求和理由，并附相应的债权人会议决议。人民法院经审查认为上述请求和理由不违反法律和行政法规强制性规定，且不损害他人合法权益的，应当按照双方协商的结果调整管理人报酬方案。也就是说，法院一般情况下应当采纳管理人和债权人会议就管理人报酬事项协商的结果。值得注意的是，管理人和债权人会议协商确定的管理人报酬，理论上可以高于司法解释规定的管理人报酬收取比例，法院可以不干预当事人间不损害他人利益的自愿约定。但同时须注意，当债务人在资产超过负债情况下主动提出重整时，管理人报酬过高可能会损及出资人利益，为实现对各方利益的均衡保护，立法应允许出资人参与管理人报酬事项的协商。

2. 人民法院依职权调整

人民法院可以对管理人报酬方案依职权进行调整。各国大都规定了法院对管理人报酬的确定权。如英国破产法规定，非官方管理人的报酬由债权人会议决定，双方发生争议时由法院决定。日本破产法规定，法院根据管理人分配的资产来计算管理人报酬。韩国破产法第 30 条规定，破产管理人的报酬和特殊报酬由法院决定，并应与管理人的任务和责任相适应。根据我国司法解释的规定，人民法院确定管理人报酬方案后，可以根据破产案件和管理人履行职责的实际情况进行调整。调整所要参考的因素和确定管理人报酬方案时考虑的因素一致。人民法院应当自作出调整管理人报酬方案之日起 3 日内，书面通知管理人。管理人应当自收到上述通知之日起 3 日内，向债权人委员会或者债权人会议主席报告管理人报酬方案调整内容。

3. 债权人会议向人民法院申请调整管理人报酬

根据司法解释的规定，债权人会议对管理人报酬有异议的，应当向人民法院书面提出具体的请求和理由。异议书应当附有相应的债权人会议决议。人民法院应当自收到债权人会议异议书之日起 3 日内通知管理人，管理人应当自收到通知之日起 3 日内作出书面说明。人民法院认为有必要的，可以举行听证会，听取当事人意见。人民法院应当自收到债权人会议异议书之日起 10 日内，就是否调整管理人报酬问题书面通知管理人、债权人委员会或者债权人会议主席。

【案例 3—18】管理人报酬的调整

A 公司成立于 2012 年，主营业务为水利、交通及建筑工程设计和施工。截至 2016 年 8 月，法院生效判决确认的公司债务金额为 5 000 余万元。2016 年 8 月 10 日，A 公司的债权人 C、D 以 A 公司不能清偿到期债务为由向法院申请对 A 公司进行破产清算，法院受理并指定管理人。随后，法院根据对债务人可供清偿的财产价值和管理人的工作量所作预测，制定了管理人报酬方案。但债权人认为管理人报酬过高，在通过债权人会议决议后，正式向法院提出调减管理人报酬的异议书。法院对债权人会议所提异议依法进行审查，最终促成管理人与全体债权人达成协议，即下浮管理人报酬 50%。

四、管理人报酬的支付和收取

管理人报酬方案经过调整最终确定后，成为支付管理人报酬的依据。在清算程序中，最终确定的管理人报酬及收取情况应当列入破产财产分配方案。在重整、和解程序中，管理人报酬方案内容应列入重整计划草案或者和解协议草案。

根据司法解释的规定，管理人收取报酬时应当向人民法院提出书面申请。申请书应当包括：（1）可供支付报酬的债务人财产情况；（2）申请收取报酬的时间和数额；（3）管理人履行职责的情况。人民法院应当在收到管理人收取报酬申请之日起10日内，确定支付管理人的报酬数额。

管理人报酬从债务人财产中优先支付。债务人财产不足以支付管理人报酬及其执行职务费用的，管理人应当提请人民法院终结破产程序。但债权人、管理人、债务人的出资人或者其他利害关系人愿意垫付上述报酬和费用的，破产程序可以继续进行。该项垫付款项作为破产费用从债务人财产中优先清偿。允许债权人、管理人、债务人的出资人等利害关系人在债务人财产不足以支付管理人报酬和管理人执行职务费用时垫付资金，原因之一是通过破产程序的继续进行，使管理人能够查明破产企业是否存在破产欺诈等行为，以行使撤销权最大限度追回财产，维护各方当事人权益。

【问题与思考】

1. 如何理解管理人的法律特征？
2. 简述管理人任职的积极资格和消极资格。
3. 简述法院指定管理人的时间和方式。
4. 结合我国破产立法规定，分析管理人的职责。
5. 简述我国破产法中的管理人监督体制。
6. 请对破产财产不足以支付破产费用时如何解决管理人的报酬问题提出立法建议。

【裁判文书】

20××年6月16日，A公司依法向某市中级人民法院提出破产申请。同月26日，某市中级人民法院依法受理了该案，并同时指定某律师事务所为破产管理人。管理人在被指定后，于6月26日至28日完成对A公司的全面接管。此后，管理人在全面调查、清理债务人财产及经营状况的基础上，制定了针对债务人财产的管理方案。以下为该案的相关法律文书。

某市中级人民法院

民事决定书

债务人A公司于20××年6月16日申请破产一案，经审查，本院决定受理。依据《中华人民共和国企业破产法》第十三条之规定，现决定指定某律师事务所为债务人A公司的管理人。

依据《中华人民共和国企业破产法》第二十五条，管理人履行下列职责：

（一）接管债务人的财产、印章和账簿、文书等资料；

（二）调查债务人财产状况，制作财产状况报告；

（三）决定债务人的内部管理事务；

（四）决定债务人的日常开支和其他必要开支；

（五）在第一次债权人会议召开之前，决定继续或者停止债务人的营业；

（六）管理和处分债务人的财产；

（七）代表债务人参加诉讼、仲裁或者其他法律程序；

（八）提议召开债权人会议；

（九）人民法院认为管理人应当履行的其他职责。

《中华人民共和国企业破产法》对管理人另有规定的其他职责。

特此决定。

20××年6月26日

A公司破产程序财产管理方案

管理人于20××年6月26日至28日依法接管A公司（以下简称债务人）之后，对债务人的财产及经营状况进行了全面清理，根据债务人的财产性质采取了相应的管理措施，并制定破产程序中有关债务人财产的如下管理方案：

一、对债务人房屋的管理

债务人的房屋位于某市某区某大街18号，具体包括工业用房1 800平方米、住宅用房2 300平方米以及门面房6间，共计380平方米（注：均为建筑面积）。管理人对债务人房屋的管理包括两个方面：

1. 根据法律规定，并结合债务人实际情况，在向某市中级人民法院报告后，管理人决定继续履行公司与甲公司签订的“商业用房出租合同”。

2. 管理人在向某市中级人民法院报告后，决定继续委托某物业公司对债务人所属的全部住宅用房进行管理。

二、对债务人车辆的管理

债务人有13辆汽车。管理人接管债务人后，将所有汽车封存于某地下停车场。未经破产管理人负责人许可，任何人都不得使用债务人的车辆。同时，为避免车辆长期闲置而导致车辆价值的减损，管理人定期将车辆开到维修店进行必要的保养，并按时缴纳各种税费。

三、对债务人办公用品及电器的管理

债务人的办公用品及电器几乎全部存放于债务人办公楼。为节约成本和方便办公，管理人对这些物品留存清单后，指令王某某、李某某妥善保管。

四、对债务人财务的管理

管理人在接管债务人后，开立了管理人账户，并将债务人账户中的存款划入管理人账户。

债务人的日常收入来自房屋出租租金，管理人将这些收入全部存入破产管理人账户。债务人的日常支出包括人员报酬支出、各项税费支出及其他费用等，这些费用由管理人负责人审批后直接支付。对于审计费和即将发生的评估费、拍卖费等数额较大的单项费用，在向某市中级人民法院请示后，由管理人负责人决定。

五、对债务人债权的管理

…………

A公司管理人
20××年7月3日

管理人：

本院于____年____月____日收到____________________，____________________。经研究，答复如下：

________________。

此复

____年____月____日

第四章

债务人财产

本章概要

债务人财产指的是破产申请受理时属于债务人的全部财产，以及破产申请受理后至破产程序终结前债务人取得的财产。

《企业破产法》对“债务人财产”和“破产财产”概念进行了区分，债务人财产的概念泛指破产程序（包括破产重整、破产和解和破产清算）中债务人的所有财产，而破产财产仅指企业被宣告破产后，在清算程序中供债权人进行分配的财产。关于债务人财产的性质，学界观点不一，本书认为债务人财产的性质是权利客体，其形式上的所有权归债务人（破产人）。债务人财产的构成范围涉及两个问题：一是构成债务人财产的时间段；二是构成债务人财产的财产范围，即与债务人有关的财产中，哪些属于债务人财产，哪些不属于债务人财产。

破产撤销权是清理、回收债务人财产，体现破产法公平清偿原则的一项关键制度。我国《企业破产法》借鉴各国破产立法经验，结合具体国情与司法实践，建立了较为健全的破产撤销权制度。

破产法上的取回权分为一般取回权和特别取回权。对一般取回权，各国破产法均有规定。特别取回权通常包括出卖人取回权、行纪人取回权和代偿取回权，我国《企业破产法》对出卖人取回权有明文规定。

破产抵销权是由民法抵销权发展而来的，同时根据破产程序的特征进行了必要的扩张和限制。我国《企业破产法》确立了破产抵销权制度。

参考文献

(一) 著作

1. 最高人民法院民事审判第二庭．最高人民法院关于企业破产法司法解释理解与适用．北京：人民法院出版社，2017

2. 李永军．破产法：理论与规范研究．北京：中国政法大学出版社，2013

3. 吴传颐．比较破产法．北京：商务印书馆，2013

4. 冯辉．比较破产法案例选评．北京：对外经济贸易大学出版社，2012

5. 王欣新．破产法．4 版．北京：中国人民大学出版社，2019

(二) 论文

1. 王欣新．破产撤销权研究．中国法学，2007 (5)

2. 王欣新，王中旺．论破产抵销权．甘肃社会科学，2007 (3)

3. 王欣新．银行贷款合同加速到期清偿在破产程序中的效力研究．法治研究，2015 (06)

4. 韩长印．破产撤销权行使问题研究．法商研究，2013 (1)

5. 傅穹，王欣．破产债务人财产制度的法律解释．社会科学研究，2013 (5)

6. 邵明舟．试论对生效裁判和执行行为的破产撤销权．人民司法，2012 (19)

7. 乔博娟．论破产撤销权之行使：兼析《最高人民法院关于适用〈企业破产法〉若干问题的规定 (二)》．法律适用，2014 (5)

8. 樊星．共益债务与破产法司法解释三的法律适用：基于北京京西峪鑫物资有限公司申请北京京西国利信机电设备有限公司破产清算案的分析．法律适用，2019 (12)

9. 邹海林．论出卖人在破产程序中的取回权：以所有权保留为中心．上海政法学院学报，2021 (4)

10. 王斐民．我国《民法典》背景下融资租赁破产处置问题研究．北方工业大学学报，2022 (6)

参考法规

1.《企业破产法》第 30～40 条、第 76 条、第 107 条

2.《民法典》第 604 条、第 605 条、第 829 条

3. 最高人民法院《破产规定》第 64～87 条

4. 最高人民法院《企业破产法司法解释二》
5. 最高人民法院《企业破产法司法解释三》
6. 最高人民法院《破产审判会议纪要》
7. 最高人民法院《民商审判会议纪要》
8. 最高人民法院《民法典担保制度解释》

引 例 成都市锦食汇餐饮管理有限公司破产清算案①

一、基本案情

2020 年 10 月 10 日，成都市锦食汇餐饮管理有限公司（以下简称锦食汇公司）被债权人申请破产清算，成都市武侯区人民法院依法受理了申请，并指定管理人。锦食汇公司成立于 2012 年 9 月 4 日，注册资本 50 万元，实缴资本 50 万元，从事餐饮管理。在破产申请被裁定之前，已经停止营业，无经营场所，无办公人员，无现金资产，名下有 3 件注册商标。此外，管理人经调查、审计发现，在锦食汇公司成立后不久，两名股东以借款方式把缴纳的注册资本 50 万元予以抽逃。管理人以释法、协商的方式追回其本金 50 万元，利息 5 万元。

二、法律问题

本案涉及的法律问题有：债务人财产的范围有哪些？债务人财产的性质是什么？对失去占有的债务人财产如何追回？

第一节 债务人财产概述

一、债务人财产的概念与性质

（一）债务人财产概念的内涵与外延

“债务人财产”是《企业破产法》中所使用的概念，依据该法第 30 条的规定，债务人财产指的是破产申请受理时属于债务人的全部财产，以及破产申请受理后至破产程序终结前债务人取得的财产。

与“债务人财产”相近的一个概念是“破产财产”。在我国破产法学界，“破产财产”这一概念有广狭两义。广义上的破产财产和《企业破产法》中的“债务人财产”基本同义，狭义上的破产财产仅指企业被宣告破产后，在清算程序中供债权人进行分配的财产。

① 案例来源：四川省成都市武侯区人民法院（2020）川 0107 破 5 号民事判决书。

我国的立法［包括《企业破产法（试行）》和《企业破产法》］是在狭义上使用破产财产这一概念。《企业破产法（试行）》第 28 条曾规定："破产财产由下列财产构成：（一）宣告破产时破产企业经营管理的全部财产；（二）破产企业在破产宣告后至破产程序终结前所取得的财产；（三）应当由破产企业行使的其他财产权利。"而《企业破产法》则在第 107 条规定："债务人被宣告破产后，债务人称为破产人，债务人财产称为破产财产。"

《企业破产法》增加使用"债务人财产"这一概念，是缘于我国破产立法理念的变革和破产程序类型的丰富。在《企业破产法（试行）》体系下，破产程序主要是破产清算程序，破产财产即用于破产分配的财产。而《企业破产法》体系下破产程序不仅包括破产清算程序，还包括重整与和解程序。在以企业复兴为目标的重整程序中，企业的财产将在债务人或管理人的管理下继续被经营，如果重整成功，债权人将依照重整计划获得清偿，债务人的财产并不用于清算分配。此时《企业破产法（试行）》所使用的狭义的"破产财产"概念不能涵盖重整程序下的债务人财产状态。因此，《企业破产法》对"债务人财产"和"破产财产"概念进行了区分，意在表明在不同类型或不同阶段的破产程序中债务人的财产的法律地位和财产目的不同。

确定债务人财产的外延首先要明确是在何种意义上使用"债务人财产"一词。为了更好地说明这一点，我们可以借鉴大陆法系破产法理论中的破产财团这一概念。在大陆法系国家中，债务人财产多被称为破产财团，破产财团在三种意义上被使用，即法定财团、现有财团和分配财团：法定财团是指由破产法规定属于破产财产的全部财产组成的财团。现有财团，是指现实在破产管理人管理下的财产组成的财团。分配财团，是指破产管理人在破产清算后，实际用于对破产债权分配的财产组成的财团。管理人在接管破产企业之时管理下的现有财团，与法定财团的范围通常是不一致的，需要由管理人加以清理，收回在外财产，返还他人财产，使现有财团的范围与法律规定相一致。破产管理人对符合法律规定的现有财团，经过清理、处理、变价等工作，支付全部破产费用后，方组成可供破产分配的分配财团。从我国《企业破产法》第四章关于债务人财产的描述来看，"债务人财产"的外延相当于大陆法系国家的法定财团，即指经由相关主体行使撤销权、取回权和抵销权等权利，回收和清理债务人财产后的属于债务人的全部财产。

考虑到债务人财产涉及大量程序性、实体性权利的行使，且涉及与民法典、公司法、证券法、民事诉讼法等多部法律的衔接，更为复杂，为统一各地法院在审理破产案件时对债务人财产的认定所执行的尺度，最高人民法院出台了《企业破产法司法解释二》。《企业破产法司法解释二》共 48 条，分别从债务人财产的界定、撤销权、取回权、抵销权、债务人财产保全的解除和执行中止等多个角度，对涉及债务人财产的相关问题作了规定，对于准确把握债务人财产的范畴，积极有效追收债务人财产，实现债务人财产最大化和债权人利益保护最大化，具有重要的指导意义。此后，最高人民法院先后发布了《破产审判会议纪要》《民商审判会议纪要》，对人民法院破产审判中涉及的债务人财产等问题予以规范。

（二）债务人财产的性质

关于债务人财产的性质，我国《企业破产法》未作明文规定。学者在这一问题上的观点可分为两派：其一是“权利客体说”。这种理论认为债务人进入破产程序后，虽（全部或部分）丧失对其财产的管理与处分权，但财产的所有权仍属于债务人，债务人财产仍是债务人权利的客体。其二是“权利主体说”。这一理论的基础是财团法人制度，其主张债务人财产本身即构成权利主体，可享有权利，其作为主体属于财团法人，具有民事主体的资格。笔者认为，我国现行民事立法中尚无财团法人的具体规定，债务人财产也不是依据民法典及相关法律登记设立的法人，因此在现行立法体系下，就国内破产企业而言，认为债务人财产自身即构成权利主体的观点恐难以成立。

【经典导读】

债务人财产的所有权归属①

对破产宣告后破产财产的所有权问题，由于我国立法规定不明，学者间的观点也有分歧。有的人认为，债务人企业被宣告破产后，对破产财产不再享有所有权。有的人甚至提出，破产财产实际上应归债权人或清算组所有。笔者认为，依照我国现行立法规定，在债务人破产之后，破产财产在法律上的所有权仍应属于债务人即破产人。但是，破产财产的占有、使用、处分权(通常须受一定限制)，则由破产管理人或清算组行使。

认定债务人在被宣告破产后仍然对破产财产享有所有权首先是因为，任何一项财产都必须有一个（也只能有一个）所有权主体，否则便成为无主财产。在立法尚未对财团法人作出规定的情况下，如果破产宣告后，破产企业便丧失对破产财产的所有权，那么破产财产新的所有权人又是谁呢？如果不能以充分的法律依据来确认新的财产所有权人，这种说法在法律上和实践中便可能造成混乱。

破产财产的所有权不属于债权人所有，无论是个别债权人、全体债权人还是债权人会议，也不属于清算组所有，或这两者共有。债权人对债务人的财产不享有所有权，只对债务人享有债权，即使是在债务人破产的情况下，也不能因为债务人将用其财产归还所欠债权人的债务，便在还债之前就将债务人的财产认定为债权人所有。在破产案件中，由于破产财产的处理与分配方案直接关系到债权人的利益，所以《企业破产法（试行)》将对此种方案的决定权列入债权人会议的职权范围，但这与所有权的归属无关。这正如公司董事会可决定公司的经营、对财产的处分（一定范围内）等，但对公司财产并不享有所有权一样。破产财产最终是要用于偿还债务并分配给债权人的，仅在这个意义上讲，债权人享有对破产财产的所谓最终的权益。但那是破产分配以后才实现的权益，在分配之前，债权人对破产财产并不享有所有者的权益。如果债权人真的可以享有对破产财产的所有权，并在破产程序中行使其所有权，那何需对破产财产进行分配呢（在破产财产所有权已经确定的情况下，分配岂不是多余的)？其他破产程序更无从进行。

至于清算组，就更不可能享有对破产财产的所有权。清算组仅是一个为执行破产清算分配任务而成立的临时性破产机构，是破产财产的管理人，而不是所有权人。为履行清算职责，清算组必须对破产财产享有一定的管理及处分权利，但这显然不同于法律上所讲的所有权。一些国家的破产立法规定，破产宣告后破产人对破产财产丧失管理、处分权，由破产管理人即清算

---

① 参见王欣新：《破产财产》，载中国民商法律网，http：//www.civillaw.com.cn/article/default.asp?id=12877，最后访问时间：2009-07-26。该文写于《企业破产法》颁布之前，故其用语和法律依据是以《企业破产法（试行)》为基础的，但该文关于债务人财产之所有权属性的法理分析在《企业破产法》背景下仍然适用。

组接管破产财产，但这并非否认破产人对破产财产的所有权，更非将所有权转让给破产财产的管理人，对此不应产生误解。

从我国《企业破产法（试行）》的规定看，推导出破产人对破产财产享有所有权更为合理。《企业破产法（试行）》第28条规定了破产财产的构成范围，其中的第2项为“破产企业在破产宣告后至破产程序终结前所取得的财产”。这里的“取得”（《企业破产法》仍然使用“取得”一词——引者注）财产即指取得财产的所有权。既然破产宣告后，破产企业还能对一些财产取得新的所有权，例如对原有财产之法定孳息或天然孳息（收益）的所有权，那么破产企业对产生孳息之原有破产财产当然也应当享有所有权，否则新取得财产便没有了法律依据。而且，法律在此明文规定，是破产企业而不是破产债权人或清算组享有取得财产的权利。此外，破产财产清算、分配后如有剩余（尽管这种情况甚少发生），仍应归破产企业所有，由其管理、处分；国外自然人破产时自由财产的存在等，都说明尽管破产企业在破产宣告后的财产权利要受到严格的限制，但仍然对其财产享有所有权。

而且，按照我国现行法律，在清算组的职责中，尤其是对破产企业或对债权人所承担的责任里，没有存在、使用信托这个概念。清算组（包括债权人会议）不是破产企业的法定信托人。在我国清算组是由人民法院指定的，清算组向人民法院报告工作，对人民法院负责。立法虽然要求清算组定期向债权人会议报告，但它并不对债权人和破产企业承担信托法上的责任。这与判例法国家中的信托人和受益人的关系是不同的。清算组对破产财产的管理、处分权等，不影响破产企业对其财产继续享有所有权。虽然在破产宣告后，破产企业处置其财产的权利被禁止行使，企业的管理机关和法定代表人代表、管理企业的权利也由清算组接替，但破产企业仍然是其财产的所有者。

二、债务人财产的构成范围

债务人财产的构成范围涉及两个问题：(1) 构成债务人财产的时间段，即在哪一期间内的债务人财产属于《企业破产法》所规定的具有其特殊目的的“债务人财产”。(2) 与债务人有关的财产中，哪些种类属于债务人财产，哪些不属于债务人财产？

(一) 确定债务人财产的起始和终止时点

《企业破产法》第30条规定，破产申请受理时属于债务人的全部财产，以及破产申请受理后至破产程序终结前债务人取得的财产，为债务人财产。依此，我国债务人财产的形成时点是破产申请受理时，终止时点是破产程序终结时。

1. 债务人财产的形成时点

债务人财产的形成时点有别于破产财产（狭义）的形成时点：前者形成于破产程序开始之时，而后者形成于破产宣告之时。但在不同国家的破产法体系中，破产程序开始的时间点不同，主要有破产申请开始主义、破产受理开始主义和破产宣告开始主义。在采破产宣告开始主义的国家中，债务人财产在概念和形成时点上等同于破产财产（狭义），而在采破产申请开始主义或破产受理开始主义的国家中，债务人财产的形成时点一般要早于破产财产的形成时点（除非受理的同时宣告破产）。

【经典导读】

关于债务人财产的形成时点[①]

在各国破产法中，关于债务人财产的形成时点的立法例有两种，即破产申请开始主义和破产受理开始主义。在世界范围内，关于债务人财产形成时点采用破产申请开始主义的代表是美国。美国破产法第541条（a）（1）规定："在本编第301、302条或第303条下，破产案件的启动产生财产权益。"破产程序开始时，债务人在财产上的全部普通法上的和衡平法上的权益为破产财产权益。申请破产之日与破产程序开始之日是同义词，凡在这个申请"日"之前债务人拥有的财产，就属于破产财产。提出破产申请即导致债务人财产形成的做法主要考虑到破产程序中的"债务人财产"是最可能受到伤害的财产，法律尽量从尽可能早的时间点介入对这一财产的保护。债务人财产一经形成，就为破产程序目的而存在，与债务人拥有的财产具有本质区别，即使是债务人也不能任意处分。破产受理开始主义则考虑在破产申请提出以后，法院有可能因为申请人不具备破产原因而驳回破产申请，因此破产申请并不必然引发破产程序开始的法律后果。当法院受理破产申请时，债务人财产才真正形成。中国《企业破产法》在债务人财产的形成时点上采用的则是破产受理开始主义，这样，在法院受理破产申请后，破产申请人财产的法律性质自动转化为债务人财产。实践中，破产申请和破产受理之间常常有一定的时间间隔。《企业破产法》规定，破产申请和破产受理之间最多存在30日的时间间隔。在这一时段内，债务人的财产处于一个不确定的法律地位。一方面，债务人的财产极有可能因经营的继续而发生增减变化。另一方面，根据《企业破产法》的规定，人民法院在裁定受理破产申请时指定管理人。在从提出破产申请到破产受理这时段内，申请破产企业的财产处于债务人自行管理状态。在这一过程中，不排除存在债务人实施恶意处置财产，损害债权人利益之行为的可能。尽管有上述情况的存在，《企业破产法》通过对可撤销行为、损害其他债权人利益的个别清偿行为、破产无效行为的规定，也能够为在破产申请时点与破产受理时点之间处于不确定地位的债务人财产提供充分的保护。

2. 债务人财产的终止时点

如前所述，我国债务人财产的终止时点是破产程序终结时。关于债务人财产的终止时点，各国破产法主要有固定主义和膨胀主义两种立法原则。所谓固定主义指的是破产程序开始时债务人财产的范围即已确定。日本、德国、美国等国采用这一立法方式。所谓膨胀主义是指债务人财产不仅包括债务人在破产程序开始时所有的财产，而且包括其在破产程序终结前新取得的财产，债务人财产的范围在破产程序开始后仍可能有所膨胀扩大。英国、法国、瑞士等国的破产法便是采用这一立法主义。"两种立法方式各有利弊。固定主义因在破产宣告时便将用于分配的财产范围确定，有助破产程序迅速进行，而且破产人在破产宣告后新得到的财产不用于破产清偿，由其自由支配，可鼓励其在破产过程中便恢复经济活动，创造财富，维持生活，减轻社会负担。但是，其弊病在于对债权人利益保障不足，给予清偿较少，破产人在破产程序终结前新的经济活动失败时可能导致二次破产，反使案件复杂化，还可能出现破产人利用破产宣告与新得财产取得的时间差来规避债务，侵害债权人利益的现象。膨胀主义可增加用于债权人分配的财产，防止出现债务人实际上有

---

① 参见李曙光：《论新破产法第30条中的债务人财产制度》，载《武汉理工大学学报（社会科学版）》，2007（2）。

钱不还的不公平现象，杜绝二次破产的发生。但是，由于破产程序终结前破产财产可能不断增加，致使破产财产的管理、变价等较为复杂，破产程序的时间相对延长，而且，由于破产人在破产宣告后新得到的财产也用于破产分配，在破产终结之前，破产人难以恢复正常的经济活动，会造成社会的救济负担，也有其不利之处。”①

不过，在我国现有的破产法体系下，讨论债务人财产的膨胀主义与固定主义的优劣之分意义不大，因为我国《企业破产法》的适用对象是企业法人，在债务人为法人的情况下，采固定主义或采膨胀主义在财产范围上没有实质性区别。在采固定主义的国家如日本，债务人财产（被称作破产财团，具有主体资格）在破产程序开始时确定，但破产程序开始后至破产程序终结前因破产财团履行合同等而取得的财产仍属于破产财团（这一主体）的收入，同样要分配给债权人。只有在自然人具有破产资格的情况下，采固定主义或采膨胀主义才有实质上的区别。例如在日本，在自然人为债务人的情况下，破产程序的开始产生了破产财团这一新的主体，破产财团与债务人（自然人）是两个不同的主体，此时债务人在破产程序中新取得的财产是归自然人主体还是归破产财团主体（用于破产分配）才体现出了固定主义与膨胀主义的不同立法倾向。

然而，关于债务人财产的终止时点的规定在我国《企业破产法》中仍然具有重要意义。其主要意义不在于明确破产程序终结前债务人取得的财产属于债务人财产（如前所述，这一点不言而喻），而在于破产程序终结后债务人取得的财产不再属于债务人财产。在《企业破产法（试行）》体系中破产程序等同于破产清算程序的情况下，破产程序的终结意味着债务人财产分配完毕，债务人主体资格被注销，不存在破产程序终结前后财产的区分关系。但在《企业破产法》体系下，破产程序的终结包括了清算程序的终结、和解程序的终结和重整程序的终结三种。在成功的和解或重整中，破产程序终结后，“债务人财产”为破产程序目标而存在的财产性质发生变化，财产的存在目标恢复到正常的状态，财产的经营、管理、处分权回归到原破产程序中的债务人。这一区分对于认定债务人处分其财产的行为的效力具有重要意义。

（二）债务人财产的法定构成范围

依据《企业破产法》和最高人民法院《破产规定》以及《企业破产法司法解释二》等相关的法律与司法解释，可将债务人财产分成破产案件受理时属于债务人的全部财产和破产案件受理后至破产程序终结前债务人取得的财产两类来论述其法定构成范围。

1. 破产案件受理时属于债务人的全部财产

破产案件受理时属于债务人的全部财产，是指债务人在破产申请受理时所有的全部财产，包括应当由债务人行使的相关财产权利。对债务人财产的构成可从以下几个方面把握：其一，债务人财产是在破产案件受理时破产企业仍实际所有的财产。在破产案件受理前，被合法转移给其他经济主体的财产不属于债务人财产。这里的合法转移，是指不具有《企业破产法》第 31 条至第 33 条规定的可撤销行为、违法的个别清偿行为和无效行为的情形。因这些情况下被转移的财产仍属于债务人财产，管理人有权追回。其二，债务人财产

---

① 王欣新：《破产法专题研究》，137 页，北京，法律出版社，2002。

是企业全部财产的集合，既包括有形财产，也包括无形财产（如企业的商号、商标权以及客户名单等有财产价值的商业信息）和财产权益（如企业对外债权，追回董事、监事和高管所侵占财产的权利等）。为了明确债务人财产的表现形态，《企业破产法司法解释二》第1条规定，除债务人所有的货币、实物外，债务人依法享有的可以用货币估价并可以依法转让的债权、股权、知识产权、用益物权等财产和财产权益，人民法院均应认定为债务人财产。【引例】中，锦食汇公司的商标权属于知识产权，应当被认定为债务人财产。其三，债务人财产的除外范围。根据《企业破产法司法解释二》第2条，下列财产不应被认定为债务人财产：债务人基于仓储、保管、承揽、代销、借用、寄存、租赁等合同或者其他法律关系占有、使用的他人财产；债务人在所有权保留买卖中尚未取得所有权的财产；所有权专属于国家且不得转让的财产；其他依照法律、行政法规不属于债务人的财产。

针对债务人已设定担保物权的特定财产的归属，《企业破产法司法解释二》第3条规定，对于债务人已依法设定担保物权的特定财产，人民法院应当认定为债务人财产。对债务人的特定财产在担保物权消灭或者实现担保物权后的剩余部分，在破产程序中可用以清偿破产费用、共益债务和其他破产债权。此外，为了解决债务人共有财产在破产程序中的处置问题，《企业破产法司法解释二》第4条规定，债务人对按份享有所有权的共有财产的相关份额，或者共同享有所有权的共有财产的相应财产权利，以及依法分割共有财产所得部分，人民法院均应认定为债务人财产。人民法院宣告债务人破产清算，属于共有财产分割的法定事由。人民法院裁定债务人重整或者和解的，共有财产的分割应当依据《民法典》第303条的规定进行；基于重整或者和解的需要必须分割共有财产，管理人请求分割的，人民法院应予准许。因分割共有财产导致其他共有人损害而产生的债务，其他共有人请求作为共益债务清偿的，人民法院应予支持。

2. 破产申请受理后至破产程序终结前债务人所取得的财产

在破产申请受理后至破产程序终结前，尤其是在破产重整、和解挽救程序中，债务人仍然可以从事必要的民事活动，如继续履行尚未履行的合同等。由此，就存在取得财产的可能。在破产案件受理时的债务人财产也存在产生收益的可能，这部分财产也应属于债务人财产。在这一时段内取得的财产，既包括实物财产也包括财产权利，归结起来主要包括以下几种：(1) 因未履行合同的继续履行而取得的财产。(2) 由债务人享有的投资权益所产生的收益，如公司对外投资的股利分配，在合资企业中获得的利润分配等。(3) 债务人财产所生的孳息，例如银行存款的利息、有价证券带来的收益。(4) 继续营业的收益。在破产程序中，法院可能裁定准许债务人继续其营业，这时因继续经营所获收益属于债务人财产。(5) 基于其他合法原因而取得的财产，如因他人侵犯债务人权利（包括无形资产权）而获得的赔偿，因债务人财产被错误执行而执行回转的财产等。① 对此，《企业破产法司法解释二》第5条规定：破产申请受理后，有关债务人财产的执行程序未依照《企业破产法》第19条的规定中止的，采取执行措施的相关单位应当依法予以纠正。依法执行回转的财产，人民法院应当认定为债务人财产。

---

① 参见李曙光：《论新破产法第30条中的债务人财产制度》，载《武汉理工大学学报（社会科学版）》，2007(2)。

针对债务人财产的保全、原有保全措施的解除及其恢复，《企业破产法司法解释二》第6条至第8条规定：破产申请受理后，对于可能因有关利益相关人的行为或者其他原因，影响破产程序依法进行的，受理破产申请的人民法院可以根据管理人的申请或者依职权，对债务人的全部或者部分财产采取保全措施。对债务人财产已采取保全措施的相关单位，在知悉人民法院已裁定受理有关债务人的破产申请后，应当依照《企业破产法》第19条的规定及时解除对债务人财产的保全措施。人民法院受理破产申请后至破产宣告前裁定驳回破产申请，或者依据《企业破产法》第108条的规定裁定终结破产程序的，应当及时通知原已采取保全措施并已依法解除保全措施的单位按照原保全顺位恢复相关保全措施。在已依法解除保全的单位恢复保全措施或者表示不再恢复之前，受理破产申请的人民法院不得解除对债务人财产的保全措施。

关于破产申请受理后债务人财产保全措施的处理，《破产审判会议纪要》第42条指出：执行法院收到破产受理裁定后，应当解除对债务人财产的查封、扣押、冻结措施；或者根据破产受理法院的要求，出具函件将查封、扣押、冻结财产的处置权交破产受理法院。破产受理法院可以持执行法院的移送处置函件进行续行查封、扣押、冻结，解除查封、扣押、冻结，或者予以处置。执行法院收到破产受理裁定后拒不解除查封、扣押、冻结措施的，破产受理法院可以请求执行法院的上级法院依法予以纠正。

针对实践中破产申请受理后债务人财产保全措施未能及时解除的问题，《民商审判会议纪要》第109条进一步指出：要切实落实破产案件受理后相关保全措施应予解除、相关执行措施应当中止、债务人财产应当及时交付管理人等规定，充分运用信息化技术手段，通过信息共享与整合，维护债务人财产的完整性。相关人民法院拒不解除保全措施或者拒不中止执行的，破产受理人民法院可以请求该法院的上级人民法院依法予以纠正。对债务人财产采取保全措施或者执行措施的人民法院未依法及时解除保全措施、移交处置权，或者中止执行程序并移交有关财产的，上级人民法院应当依法予以纠正。相关人员违反上述规定造成严重后果的，破产受理人民法院可以向人民法院纪检监察部门移送其违法审判责任线索。此外，人民法院审理企业破产案件时，有关债务人财产被其他具有强制执行权力的国家行政机关，包括税务机关、公安机关、海关等，采取保全措施或者执行程序的，人民法院应当积极与上述机关进行协调和沟通，取得有关机关的配合，参照上述具体操作规程，解除有关保全措施，中止有关执行程序，以便保障破产程序顺利进行。

(三) 债务人财产的追回

破产程序中的各项实体性权利，包括撤销权、取回权、抵销权、债务人财产保全的自动解除和执行中止，以及有关债务人财产的衍生诉讼等，都是紧紧围绕债务人财产的确定、增加、减少而展开的。对债务人财产能否准确把握和有效追收，直接决定着破产程序能否顺利进行，以及债权人能否得到最大化的权利保护和公平受偿。《企业破产法》《企业破产法司法解释二》对有关债务人财产的追回以及衍生诉讼的审理等作出了明确规定。

《企业破产法》第33条规定："涉及债务人财产的下列行为无效：（一）为逃避债务而隐匿、转移财产的；（二）虚构债务或者承认不真实的债务的"。第31条和第32条规定了破产撤销权。第34条规定："因本法第三十一条、第三十二条或者第三十三条规定的行为而取得的债务人的财产，管理人有权追回”。根据上述规定，《企业破产法司法解释二》进一步明确了对可撤销行为和无效行为的财产追回及产生的赔偿问题：第一，管理人依据《企业破产法》第 31 条和第 32 条的规定提起诉讼，请求撤销涉及债务人财产的相关行为并由相对人返还债务人财产的，人民法院应予支持。管理人因过错未依法行使撤销权导致债务人财产不当减损，债权人提起诉讼，主张管理人对其损失承担相应赔偿责任的，人民法院应予支持。第二，管理人依据《企业破产法》第 33 条的规定提起诉讼，主张被隐匿、转移财产的实际占有人返还债务人财产，或者主张债务人虚构债务或者承认不真实债务的行为无效并返还债务人财产的，人民法院应予支持。第三，管理人代表债务人依据《企业破产法》第 128 条的规定，以债务人的法定代表人和其他直接责任人员对所涉债务人财产的相关行为存在故意或者重大过失，造成债务人财产损失为由提起诉讼，主张上述责任人员承担相应赔偿责任的，人民法院应予支持。

《企业破产法》第 35 条规定，人民法院受理破产申请后，债务人的出资人尚未完全履行出资义务的，管理人应当要求该出资人缴纳所认缴的出资，而不受出资期限的限制。《企业破产法司法解释二》第 20 条规定，管理人代表债务人提起诉讼，主张出资人向债务人依法缴付未履行的出资或者返还抽逃的出资本息，出资人以认缴出资尚未届至公司章程规定的缴纳期限或者违反出资义务已经超过诉讼时效为由抗辩的，人民法院不予支持。在引例中，锦食汇公司的两名股东抽逃出资 50 万元，管理人以释法、协商的方式追回其本金 50 万元、利息 5 万元，属于管理人代表债务人追回抽逃的出资本息。管理人依据公司法的相关规定代表债务人提起诉讼，主张公司的发起人和负有监督股东履行出资义务的董事、高级管理人员，或者协助抽逃出资的其他股东、董事、高级管理人员、实际控制人等，对股东违反出资义务或者抽逃出资承担相应责任，并将财产归入债务人财产的，人民法院应予支持。

《企业破产法》第 36 条规定，债务人的董事、监事和高级管理人员利用职权从企业获取的非正常收入和侵占的企业财产，管理人应当追回。对于非正常收入的范围，《企业破产法司法解释二》第 24 条规定，债务人有《企业破产法》第 2 条第 1 款规定的情形时，债务人的董事、监事和高级管理人员利用职权获取的以下收入，人民法院应当认定为《企业破产法》第 36 条规定的非正常收入：（1）绩效奖金；（2）普遍拖欠职工工资情况下获取的工资性收入；（3）其他非正常收入。债务人的董事、监事和高级管理人员拒不向管理人返还上述债务人财产，管理人主张上述人员予以返还的，人民法院应予支持。债务人的董事、监事和高级管理人员因返还第 1 款第 1 项、第 3 项非正常收入形成的债权，可以作为普通破产债权清偿。因返还第 1 款第 2 项非正常收入形成的债权，依据《企业破产法》第 113 条第 3 款的规定，按照该企业职工平均工资计算的部分作为拖欠职工工资清偿；高出该企业职工平均工资计算的部分，可以作为普通破产债权清偿。

《企业破产法》第 37 条规定：人民法院受理破产申请后，管理人可以通过清偿债务或者提供为债权人接受的担保，取回质物、留置物。前款规定的债务清偿或者替代担保，在质物或者留置物的价值低于被担保的债权额时，以该质物或者留置物当时的市场价值为限。对于质物和留置物的取回和变价，《企业破产法司法解释二》第 25 条规定：管理人拟通过清偿债务或者提供担保取回质物、留置物，或者与质权人、留置权人协议以质物、留置物折价清偿债务等方式，进行对债权人利益有重大影响的财产处分行为的，应当及时报告债权人委员会。未设立债权人委员会的，管理人应当及时报告人民法院。

(四) 基于债务人财产的诉讼

关于破产申请受理前基于债务人财产的诉讼的审理、执行以及破产申请受理后基于债务人财产的诉讼的受理，《企业破产法司法解释二》规定，(1) 破产申请受理前，债权人就债务人财产提起下列诉讼，破产申请受理时案件尚未审结的，人民法院应当中止审理：第一，主张次债务人代替债务人直接向其偿还债务的；第二，主张债务人的出资人、发起人和负有监督股东履行出资义务的董事、高级管理人员，或者协助抽逃出资的其他股东、董事、高级管理人员、实际控制人等，直接向其承担出资不实或者抽逃出资责任的；第三，以债务人的股东与债务人法人人格严重混同为由，主张债务人的股东直接向其偿还债务人对其所负债务的；第四，其他就债务人财产提起的个别清偿诉讼。债务人破产宣告后，人民法院应当依照《企业破产法》第 44 条的规定判决驳回债权人的诉讼请求。但是，债权人一审中变更其诉讼请求为追收的相关财产归入债务人财产的除外。债务人破产宣告前，人民法院依据《企业破产法》第 12 条或者第 108 条的规定裁定驳回破产申请或者终结破产程序的，上述中止审理的案件应当依法恢复审理。(2) 破产申请受理前，债权人就债务人财产向人民法院提起《企业破产法司法解释二》第 21 条第 1 款所列诉讼，人民法院已经作出生效民事判决书或者调解书但尚未执行完毕的，破产申请受理后，相关执行行为应当依据《企业破产法》第 19 条的规定中止，债权人应当依法向管理人申报相关债权。(3) 破产申请受理后，债权人就债务人财产向人民法院提起《企业破产法司法解释二》第 21 条第 1 款所列诉讼的，人民法院不予受理。债权人通过债权人会议或者债权人委员会，要求管理人依法向次债务人、债务人的出资人等追收债务人财产，管理人无正当理由拒绝追收，债权人会议依据《企业破产法》第 22 条的规定，申请人民法院更换管理人的，人民法院应予支持。管理人不予追收，个别债权人代表全体债权人提起相关诉讼，主张次债务人或者债务人的出资人等向债务人清偿或者返还债务人财产，或者依法申请合并破产的，人民法院应予受理。

此外，《企业破产法司法解释三》第 1 条规定：人民法院裁定受理破产申请的，此前债务人尚未支付的公司强制清算费用，未终结的执行程序中产生的评估费、公告费、保管费等执行费用，可以参照企业破产法关于破产费用的规定，由债务人财产随时清偿。此前债务人尚未支付的案件受理费、执行申请费，可以作为破产债权清偿。

第二节　破产撤销权

【案例 4—1】上海市方达律师事务所等诉中国农业银行股份有限公司上海五角场支行等破产撤销权及请求撤销个别清偿行为纠纷案[①]

一、基本案情

再审申请人上海市方达律师事务所（以下简称方达律所）与被申请人中国农业银行股份有限公司上海五角场支行（以下简称农行五角场支行）、被申请人中国农业银行股份有限公司上海提篮桥支行（以下简称农行提篮桥支行）破产撤销权及请求撤销个别清偿行为纠纷一案，方达律所不服上海市第一中级人民法院（2015）沪一中民四（商）终字第 2157 号民事判决，向本院申请再审。本院依法组成合议庭进行了审查，现已审查终结。

本院经审查认为，方达律所作为汇裕公司的破产管理人，根据《企业破产法》第 31 条、第 32 条的规定，要求对涉案清偿行为予以撤销。根据《最高人民法院民事案件案由规定》，前者为破产撤销权纠纷，后者为请求撤销个别清偿行为纠纷。

（1）关于破产撤销权纠纷。汇裕公司 2011 年 3 月 4 日归还的 20 万元系按约到期还款，不适用《企业破产法》第 31 条。2011 年 4 月 13 日、5 月 19 日、5 月 24 日分别归还的债务，按合同原本约定到期日分别是 2011 年 6 月 6 日和 9 月 5 日，实际清偿时并未到期，属《企业破产法》第 31 条的适用范围。《企业破产法》第 31 条第 4 项规定，人民法院受理破产申请前一年内，债务人对未到期的债务提前清偿的，管理人有权请求人民法院予以撤销。《企业破产法》第 34 条进一步规定，因此取得的债务人的财产，管理人有权追回。但是，对于破产受理时已经到期的债务是否可予撤销，《企业破产法司法解释二》又进一步明确："破产申请受理前一年内债务人提前清偿的未到期债务，在破产申请受理前已经到期，管理人请求撤销该清偿行为的，人民法院不予支持……"根据上述法律及司法解释的规定，管理人根据《企业破产法》第 31 条行使破产撤销权，需满足三项要件：一是清偿行为发生在破产申请受理前一年内；二是清偿时债务尚未到期；三是在破产申请受理时该债务仍未到期。关于第 1 项和第 3 项要件，双方没有争议，即清偿行为发生在破产申请受理前一年内，但在破产申请受理时该债务已经到期。

① 案例来源：上海市高级人民法院（2016）沪民申 2381 号民事判决书。

双方争议在于，系争债务清偿时是否提前到期。对此，农行五角场支行称其已经履行通知义务，并将“贷款提前到期通知书”（以下简称“通知书”）由其客户一部经理张某当面交付姜某翘，但方达律所予以否认，并称汇裕公司提前清偿的原因在于使肖某继承人提前释放房产抵押。本院认为，银行主张系争贷款提前到期，应当提供汇裕公司违约及银行履行通知义务的证据。银行陈述“通知书”当面交付姜某翘，亦无证据证明，本院不予采纳。原审中银行提供的“通知书”（复印件）载明“一式三份，贷款人留存一份”，故银行理应备有“通知书”原件，其无权以“原件交付汇裕公司”为由拒绝提供。因银行未能举证汇裕公司违约及其已履行宣告提前到期的通知义务，还款期限仍为合同约定期限，本院确认涉案贷款并未提前到期。原审以汇裕公司还款行为认定债务提前到期，认定不当。但是，涉案贷款清偿时虽未到期，根据《企业破产法司法解释二》第12条的规定，在破产申请受理时已经到期的，仍不能适用《企业破产法》第31条予以撤销。

（2）关于请求撤销个别清偿行为纠纷。《企业破产法》第32条规定：“人民法院受理破产申请前六个月内，债务人有本法第二条第一款规定的情形，仍对个别债权人进行清偿的，管理人有权请求人民法院予以撤销。”《企业破产法》第34条进一步规定，因该法第32条规定的行为而取得的债务人的财产，管理人有权追回。因此，管理人依据《企业破产法》第32条请求撤销个别清偿行为，需满足四项要件：一是清偿行为发生在受理破产申请前六个月内；二是债务人不能清偿到期债务，并且资产不足以清偿全部债务或者明显缺乏清偿能力的；三是对个别债权人进行清偿；四是个别清偿并未使债务人财产受益。汇裕公司由强制清算程序转为破产清算程序，而裁定受理强制清算的日期为2011年9月21日。按照《企业破产法司法解释二》第10条第2款规定：“债务人经过强制清算程序转入破产程序的，企业破产法第三十一条和第三十二条规定的可撤销行为的起算点，为人民法院裁定受理强制清算申请之日。”因此，本案行使撤销权的起算点为2011年9月21日。汇裕公司于2011年4月13日、5月19日、5月24日分别归还的债务都在可撤销的行使期间内。此外，本案系汇裕公司对银行的债务个别清偿，且该个别清偿并不能使债务人财产受益。因此，本案能够满足第1项、第3项及第4项要件。

本案争议在于第2项要件能否满足，即清偿时汇裕公司是否符合破产原因。根据《企业破产法》第2条及《企业破产法司法解释一》第1条的规定，债务人不能清偿到期债务并且资产不足以清偿全部债务，或者债务人不能清偿到期债务并且明显缺乏清偿能力的，构成破产原因。本案中，汇裕公司不能清偿到期债务没有争议，争议在于汇裕公司在清偿银行债务时，是否资不抵债，或者是否明显缺乏清偿能力。

首先，关于资不抵债的认定，《企业破产法司法解释一》第3条规定：

“债务人的资产负债表，或者审计报告、资产评估报告等显示其全部资产不足以偿付全部负债的，人民法院应当认定债务人资产不足以清偿全部债务，但有相反证据足以证明债务人资产能够偿付全部负债的除外。”可见，审计报告等并非认定公司资产状况的唯一依据。方达律所主张并不能以账面审计作为资不抵债的唯一认定标准，这点本院予以认同。但方达律所并未对汇裕公司资不抵债进行充分举证，本院同意原审处理意见。

其次，关于明显缺乏清偿能力的认定。虽然肖某去世确对汇裕公司的生产经营产生重大影响，但姜某翘接管了公司，不存在《企业破产法司法解释一》第4条所规定的“法定代表人下落不明且无其他人员负责管理财产，无法清偿债务”的情形。结合汇裕公司2011年5月净资产及净利润高于2011年4月的情况，原审认定涉案清偿行为发生时，汇裕公司不构成明显缺乏清偿能力，亦无不妥。

综上，再审申请人关于涉案贷款清偿时未到期的理由成立，但鉴于破产受理时已经到期，仍不能适用《企业破产法》第31条予以撤销。再审申请人的其他再审事由不能成立。依照《民事诉讼法》第204条第1款的规定，裁定如下：

驳回方达律所的再审申请。

二、法律问题

本案涉及的法律问题有：破产撤销权行使的条件是什么？《企业破产法》第31条与第32条规定的破产撤销权有何异同？

一、破产撤销权制度的概念和功能

破产撤销权[①]是指债务人财产的管理人对债务人在破产申请受理前的法定期间内进行的欺诈债权人或损害对全体债权人公平清偿的行为，申请法院予以撤销的权利。[②] 有关破产程序中对可撤销行为的认定和处理的规则构成破产撤销权制度。我国《企业破产法》第31、32条等关于可撤销行为和撤销权人的规定，同我国民法上关于撤销权行使方式、法律后果的规定以及破产法、刑法上关于实施可撤销行为的法律责任等内容，共同构成我国的破产撤销权制度。

破产撤销权制度的功能在于防止债务人在丧失清偿能力、对破产财产无实际利益的情况下，通过无偿转让、以明显不合理的价格交易，或者偏袒性清偿债务等方法，损害全体或多数债权人的利益，破坏破产法的公平清偿原则。通常，只有债务人在破产程序启动时

① 破产撤销权在不同国家或地区的破产立法中称谓有所不同。日本破产法称之为否认权，在适用普通法系的一些国家，被称为可撤销交易制度。

② 参见王欣新：《破产撤销权研究》，载《中国法学》，2007（5）。

所有的财产才受破产法之约束，即属于债务人财产或破产财产。在破产程序启动前债务人已经转让的财产不属于破产财产，否则可能影响到交易安全和经济秩序。但一些债务人在陷于破产境地后，出于种种利益动机，往往会在破产案件受理前竭力转移财产、逃避债务，或对个别债权人进行偏袒性清偿，此外，一些债权人也利用各种不正当手段争夺清偿，从而造成经济秩序混乱，使破产法公平清偿之目的无法实现。由于破产程序启动后，债务人的个别清偿均被中止，所以上述违法行为集中发生在破产申请受理前夕、债务人仍控制其财产的一段期间内。要实现破产法保障公平清偿的宗旨，就必须制定相应的行为规则，使债务人诚信地承担债务责任，并对债务人在此期间内进行的不当财产处分行为采取必要的法律措施加以纠正，恢复、保全债务人的责任财产，实现破产财产在全体债权人间的公平分配。这便是设置破产撤销权的目的。①

各国根据本国国情在破产立法中分别采纳破产无效行为制度或破产撤销权制度。在我国《企业破产法（试行）》中对相关制度未冠以明确名称，所以当时学者间对该制度的称谓也不一致，有称破产无效行为者，有称撤销权者，有称否认权者，还有称追回权者。《企业破产法》第 31、32 条明确采用了破产撤销权制度，并在第 33 条对无效行为另外作了规定。

二、破产撤销权的构成要件

如前所述，破产撤销权制度的功能在于防止债务人的行为造成债权人所获清偿减少，或导致清偿不公，因此，债务人发生破产原因后的所有导致其责任财产减少的不当处分行为、偏颇性清偿行为，以及因此而形成的债务人与相对人之间的法律关系，都是破产撤销权的行使对象。然而，由于对债务人何时发生破产原因、债务人处分财产的行为何谓“不当”等在实践中难以准确认定，因而，各国的破产法往往对撤销权的法定构成要件作了具体规定，推定在符合全部法定构成要件的情况下，债务人的行为使全部或多数债权人的受偿利益受到了损害，权利人因此得以主张撤销相关行为或法律关系。

（一）破产撤销权的一般构成

1. 破产撤销权构成的客观要件

（1）债务人有损害债权人利益的行为且持续有效存在。

撤销权设置的目的是纠正债务人的不当处分财产行为，恢复其责任财产，防止债权人的利益受到损害，所以，在理论上讲，撤销权构成的前提应是存在或可以推定存在因债务人的可撤销行为而债权人受偿利益受到损害的客观事实。对债务人行为对债权人利益的损害可以从两个方面评价。一为财产标准，即该违法行为使债务人对作为履行债务担保的一般责任财产减少，导致债务人丧失清偿能力而破产，或者使债权人在此后开始的破产程序中可以得到的清偿减少。此类违法行为通常被称为欺诈行为。二为债权人地位标准，即该违法行为使个别债权人得到偏袒性清偿，使其获得比行为发生前更为有利的受偿地位，破

① 参见王欣新：《破产法》，4 版，131 页，北京，中国人民大学出版社，2019。

坏对全体债权人的公平清偿。此类违法行为通常被称为偏袒性清偿行为。如美国破产法规定，如果债务人对某一债权人或为某一债权人的利益进行转移，转移的结果使该债权人取得多于他依第七章程序可能得到的分配额，即转移改善了其受偿地位，则此构成一种无效的优惠转移，可以被申请撤销。①

在认定债务人的行为具有危害性时，该行为的即时法律状态应是有效行为，且其危害性于撤销权行使时仍然存在。如果债务人虽曾低价出售财产，本可撤销，但现时其已出售之财产的市价较之债务人原售价更低，行为的危害性已不复存在，则不应再行使撤销权。但是对债务人相关管理人员原低价出售财产行为给债权人造成的损失，债权人仍可请求其承担损害赔偿责任。

（2）行为发生在破产程序开始前的法定可撤销期限内。

立法如采用上述将存在债权人利益受到损害的客观事实作为判断撤销权成立的实质判断原则，较为公平，但由于存在债权人举证困难、责任原因不易划分等问题，在实践中很难实行。为使法院及管理人等对债务人的行为是否应被撤销有一个易于举证和判断的标准，各国破产法往往采用形式判断原则，即设置在破产程序开始前的可撤销期限，以在该期限内进行的相应行为为撤销对象，除法律另有规定外，原则上不再对在该行为实施时是否损害债权人的利益作实质判断。

对各种违法行为可追溯撤销的期限的具体长短，各国立法规定不一。美国破产法规定，与一般人进行的某些可撤销行为，可追溯撤销的期限为破产申请前 90 天内；若该行为是与债务人的内部人或亲属等进行的，可追溯撤销的期限则为自破产申请之日起前 1 年。德国破产法第 134 条规定，对债务人的无偿给付行为可撤销的期限为申请开始支付不能程序之日起前 4 年。日本破产法将撤销权称为否认权，并将否认分为故意否认、危机否认与无偿否认：对故意否认即对破产人明知有害于债权人而实施行为的否认，不问其行为的时间如何均可撤销；危机否认则是指对破产人停止支付或破产申请后或在此之前 30 日内所为行为的否认；无偿否认则是指对破产的危机发生后或之前 6 个月内实施的无偿行为或等同于无偿行为之行为的否认。②

（3）在法定期限内行使。

各国破产法均规定仍撤销权的消灭时效或除斥期间。撤销权在破产程序开始后方可行使，但关于是否在破产程序延续过程中均可不受限制地行使，各国规定不同。日本破产法第 85 条规定：否认权自破产宣告日起 2 年间不行使时，因时效而消灭。自行为日起经过 20 年时，亦同。据此，当破产程序的延续时间超过否认权时效时，即使在破产程序中，该权利也不能再行使。德国破产法规定：撤销权消灭时效自破产程序启动后债务人的行为被发现时开始起算 3 年。规定撤销权行使期限之目的，是使涉及债务人的交易关系不致因对部分债权人利益之保护而过长地处于不稳定状况，维护交易安全，保障社会经济关系的稳定。

根据《民法典》《企业破产法》的规定，在我国，存在三种类型撤销权的除斥期间，

① 参见潘琪：《美国破产法》，157 页，北京，法律出版社，1999。

② 参见［日］石川明：《日本破产法》，何勤华、周桂秋译，173 页，北京，中国法制出版社，2000。

它们分别是：(1) 相对人的撤销权。《民法典》第152条规定："有下列情形之一的，撤销权消灭：(一) 当事人自知道或者应当知道撤销事由之日起一年内、重大误解的当事人自知道或者应当知道撤销事由之日起九十日内没有行使撤销权；(二) 当事人受胁迫，自胁迫行为终止之日起一年内没有行使撤销权；(三) 当事人知道撤销事由后明确表示或者以自己的行为表明放弃撤销权。当事人自民事法律行为发生之日起五年内没有行使撤销权的，撤销权消灭。"(2) 债权人的撤销权。《民法典》第541条规定："撤销权自债权人知道或者应当知道撤销事由之日起一年内行使。自债务人的行为发生之日起五年内没有行使撤销权的，该撤销权消灭。"可见，对债权人的撤销权规定了两种除斥期间：一种是1年的除斥期间，自债权人知道或者应当知道撤销事由之日起计算；另一种是5年的除斥期间，从债务人的行为发生之日起计算。债权人行使撤销权要同时满足这两种除斥期间的要求。(3) 破产撤销权。破产撤销权的除斥期间为自破产程序终结之日起2年。从上述三种不同的撤销权除斥期间来看，这三种类型撤销权的除斥期间是不同的。因《企业破产法》属于特别法，如《企业破产法》有明确规定，则应适用《企业破产法》的规定。如果《企业破产法》没有规定，则应适用《民法典》的规定。

2. 撤销权构成的主观要件。

撤销权的主观构成要件，是指债务人（破产人）、交易相对人以及转得人（与债务人发生交易行为的相对人，称为受让人；从受让人处取得权利或利益的人，称为转得人）在行为时具有的主观意思状态对撤销权的构成有无影响。撤销权的行使涉及对善意第三人利益的适当维护。古罗马法曾将可撤销行为分为有偿行为与无偿行为，并规定对无偿行为的撤销不必考虑主观因素，对有偿行为的撤销则以债务人主观上具有恶意和受益人明知存在欺诈事实为构成要件。但在14世纪以后，意大利沿海城市的立法中开始出现完全不考虑债务人主观要件的撤销权。是否可以对善意第三人行使撤销权，体现了立法在保护债权人利益和保护善意第三人利益之间的不同价值取向。

目前，关于可撤销行为的构成要件应否包含当事人主观上的恶意，各国立法规定不一。

(1) 有的国家的立法规定，撤销权的成立是无须主观要件的，债务人与交易相对人或转得人在行为时主观上为善意或恶意，不影响撤销权的构成与行使。美国破产法上的优惠无效制度（撤销权制度——引者注）具有一个重要特点，即债务人和有关被优惠的债权人的意识状态是无关紧要的，法律并不要求以恶意的动机和不合适的商业行为的存在为优惠无效的理由。① 对善意的受让人也可以追回财产，但该受让人在其付出价值的范围内，对被转让的财产享有担保权益，即有优先受偿权。据此，善意受让人虽不能得到原有的优惠，但也不会因此受到损失。

(2) 有的国家立法的规定，债务人，尤其是交易相对人和转得人的主观上是否为恶意，对撤销权的构成具有一定影响，如德国、日本等国。这些国家的立法将可撤销行为分为无偿行为和有偿行为。1) 对无偿行为只要客观上损害了债权人的利益即可撤销，无须证明当事人的主观恶意，因为在债务人丧失清偿能力时，任何无偿行为必将损害债权人的

---

① 参见石静遐：《跨国破产的法律问题研究》，272～273页，武汉，武汉大学出版社，1999。

利益，行为本身已足以证明恶意存在。对无偿取得财产的交易相对人或转得人而言，即使是善意的，因其取得财产未支付对价，也应当返还财产。2）对有偿行为的撤销，则以交易相对人，尤其是转得人存在主观恶意为必要条件。这是为了保护善意第三人的利益，维护市场交易的安全与秩序。所谓恶意第三人，指明知或应知财产转让非法的交易相对人或转得人。转手次数多少，不论。对有偿取得财产的善意第三人原则上不能追回财产，因其既无侵害债权人利益之故意，在交易中也无不当得利。这时，受害人只能向违法行为的责任人主张赔偿。如日本破产法规定，如转得人系有偿取得，则在他知道其前手有被撤销的原因时，才能对他行使撤销权。[①] 德国破产法第145条规定，在权利取得人明知其前权利人的取得行为有可以撤销的事由，或取得物系通过无偿方式时，可以对他主张行使撤销权。

通常，只要第一取得人即交易相对人为善意，即使此后的转得人为恶意，亦不能行使撤销权。如果转得人有先后数人，则须全部为恶意，若其中一人为善意，则其后的转得人纵为恶意，亦不能对他行使撤销权。数人共同为转得人时，转得物为可分物的，仅能对恶意转得人行使撤销权。其数人为共有人时，唯可对恶意的共有人就其应有部分行使撤销权。[②] 但因行使撤销权的管理人对转得人的主观心理状态是难以举证证明的，故只要管理人证明转得人客观上进行了有害债权人的行为，就可以推定其主观上具有损害债权人的恶意。但转得人可以提供反证，证明其善意和行为的合理性与必要性。

在如何确定债务人对于实施民事行为的主观恶意上，存在观念主义和意思主义两种学说。前者认为，恶意是指债务人对其行为可能造成履行无资力，从而有害于债权的后果具有一定的认识，不要求有诈害的意思；后者认为，不仅要对损害后果有一定的认识，而且要有诈害他人的意思。[③] 对撤销权而言，如果需要以主观恶意作为构成要件，则采纳观念主义较为适宜。

（二）在我国破产撤销权的法定构成

1.《企业破产法》关于破产撤销权之构成的规定

在我国破产撤销权的法定构成被规定在《企业破产法》第31条、第32条和第123条等条款之中。《企业破产法》第31条、第32条列举规定了可撤销行为的类型以及可追溯撤销的期限，第123条则规定了破产撤销权的时效。第31条规定："人民法院受理破产申请前一年内，涉及债务人财产的下列行为，管理人有权请求人民法院予以撤销：（一）无偿转让财产的；（二）以明显不合理的价格进行交易的；（三）对没有财产担保的债务提供财产担保的；（四）对未到期的债务提前清偿的；（五）放弃债权的。"第32条规定："人民法院受理破产申请前六个月内，债务人有本法第二条第一款规定的情形，仍对个别债权人进行清偿的，管理人有权请求人民法院予以撤销。但是，个别清偿使债务人财产受益的除外。"第123条规定，在破产程序终结后的2年内，债权人可以请求人民法院撤销上述六类

---

① 参见［日］石川明：《日本破产法》，何勤华、周桂秋译，191页，北京，中国法制出版社，2000。

② 参见史尚宽：《债法总论》，474、475页，台北，荣泰印书馆，1986。

③ 参见王利明：《撤销权的若干问题探讨》，载王利明：《民商法研究》（修订本），第3辑，651～652页，北京，法律出版社，2001。

行为，追回财产并追加分配。从这些法律条文来看，我国对破产撤销权采取的是形式判断原则，对破产撤销权的构成未规定主观要件。立法对作为客观要件的可撤销行为采取了列举主义模式。

此外，关于经行政清理程序或公司强制清算程序转入破产清算程序时所涉可撤销行为的起算点问题，《企业破产法司法解释二》第 10 条规定：债务人经过行政清理程序转入破产程序的，《企业破产法》第 31 条和第 32 条规定的可撤销行为的起算点，为行政监管机构作出撤销决定之日。债务人经过强制清算程序转入破产程序的，《企业破产法》第 31 条和第 32 条规定的可撤销行为的起算点，为人民法院裁定受理强制清算申请之日。

【经典导读】

破产程序中可撤销行为的立法模式①

各国破产法对可撤销行为的规定有两种立法模式：其一为列举主义，即将可撤销行为逐一列举规定，法官据此判定，无自由裁量权。其二为列举加概括规定，法官可根据概括性规定享有一定的自由裁量权。如德国破产法第 129 条规定，“对于在破产程序开始之前实施的，并且使破产债权人受到不利益的法律行为，破产管理人可以依第 130 条至第 146 条撤销”，随后又在相应条款中列举规定了常见的典型违法行为。前一种立法模式有利于统一执法，但难免挂一漏万，在执法时会显得比较僵化，难以充分适应调整不断变化的社会生活之需要。而后一种立法模式较为灵活，但对法官的素质要求较高，否则可能放任撤销权的滥用，反而会影响交易安全。我国新、旧破产法对撤销权的规定均采取单一的列举主义。笔者认为，我国司法实践中破产欺诈行为严重，形式多样，且时时花样翻新，破产立法应采取列举加概括的模式，以加强对不法行为的打击力度，否则，可能会使一些新型的破产欺诈行为因立法无规定或者规定不明而逃脱法律制裁。

2. 对我国破产撤销权构成的理解与评述②

我国立法对破产撤销权无主观要件的规定，在客观要件方面明确列举规定了六类可撤销行为及其可追溯撤销的期限。下面对这六类行为分别论述。

（1）无偿转让财产行为。

无偿转让财产行为，指无对价或实质上无对价的转让财产行为。在其他国家通常被称为无偿行为。此项可撤销行为的构成仅依据财产转让是否无偿，完全不考虑当事人主观上有无恶意。在一些规定可撤销期限较长的国家，也不考虑债务人在行为时是否已经丧失清偿能力。无偿转让的财产除有形财产外，还包括债权、专利权、商标权等财产性权利。其行为方式既包括积极的作为，如无偿转让债权，也包括消极的不作为，如恶意地以不主动行使权利的方式放弃债权。无偿转让还包括形式上是有偿的，但实质上是无对价的无偿行为。如日本破产法就无偿否认规定，破产人在有支付停止或破产申请后或在此之前 6 个月以内行使的无偿行为及与此相等的有偿行为可以被否认，此种否认不需要以破产人、受益人的主观要素为要件，而只要以行为的时期与无偿性的客观要件为理由即可，故是客观主义的否认。

① 参见王欣新：《破产法》，4 版，132 页，北京，中国人民大学出版社，2019。

② 参见王欣新：《破产撤销权研究》，载《中国法学》，2007 (5)。

应当说，我国《企业破产法》将无偿行为的种类限定于“转让”行为是不妥的。实践中的无偿行为形式多种多样，除典型的赠与财产外，债务免除、放弃权利、对消灭时效完成的债权清偿之承认、无偿设定用益物权、不为诉讼时效的中断、撤回诉讼、对诉讼标的之舍弃等均属于无偿行为。所以，各国破产立法通常规定可撤销各种无偿行为，而不限定于无偿“转让财产”这一种形式，尤其不以列举方式对无偿行为的范围作出限定。

此外，为保证撤销权行使的公平合理，德国破产法第 134 条第 2 款规定，如果无偿给付的是低值、常见、随意性赠与物品，则不得撤销。比类物品如参加婚礼所习惯赠与的礼金等。再如，英国破产法第 242 条“无偿转让”规定，无偿赠与的财产如果是“生日、圣诞节或其他传统礼物，或者是为慈善目的向非公司的员工的人赠送的礼物”，视为合理转让，不得撤销。对此，我国《企业破产法》可予借鉴。

对为他人债务无偿提供担保是否属于可撤销的无偿行为，学者间观点不一。有人认为，债务人为他人提供担保并无任何经济利益，且在担保契约成立时，债务人并未获得任何求偿权，故其应属无偿行为。有人则认为是有偿行为，因为债务人提供担保后可以将来的求偿权对被保证人行使追偿权。日本判例认为，对于他人的债务没有义务，但在没有保证金（不对价）等的情况下进行保证或提供了担保，由于求偿权不应该是在进行此种保证之时产生的，因此即使根据保证债务的履行而产生求偿权，也不应该以此认为是有偿行为。而且从司法实践中的情况看，在担保人真的需要代债务人清偿债务时，往往债务人已丧失清偿能力，虽然担保人可以行使代位求偿权，但其权利实现的可能很小，所以将其解释为无偿行为，可予以撤销，显然更为适宜。

需注意的是，债务人对可能得到的财产利益的拒绝，如拒绝赠与、抛弃继承、拒绝第三人对其债务的承担等，虽然在客观上未能使债权人得到的清偿增加，但不属于可撤销行为。因为此类行为仅仅未增加债务人的责任财产，并未减少债务人原有的责任财产，未对债权人的既得利益造成损害，所以不得撤销。

无偿行为对债权人利益的危害性最为明显，因其必然使债务人的责任财产减少，所以各国立法往往对它规定较长的可撤销期限，如德国规定的可撤销期限为支付不能程序开始前 4 年内。目前我国《企业破产法》规定的可撤销期限为破产申请受理前 1 年，显然过短，必须延长，方可适应打击破产欺诈行为之需要。

【经典导读】

《民法典》规定债权人无偿行为撤销权对破产撤销权的影响①

《民法典》第 538 条规定：“债务人以放弃其债权、放弃债权担保、无偿转让财产等方式无偿处分财产权益，或者恶意延长其到期债权的履行期限，影响债权人的债权实现的，债权人可以请求人民法院撤销债务人的行为。”此条规定较《合同法》第 74 条“因债务人放弃其到期债权或者无偿转让财产，对债权人造成损害的，债权人可以请求人民法院撤销债务人的行为”，规

---

① 参见王欣新：《民法典债权人无偿行为撤销权对破产撤销权的影响》，载《人民法院报》，2020-09-24 (007)。

定得更为准确、合理。譬如规定对放弃债权行为不再要求放弃的是到期债权，增加了放弃债权担保行为，并将放弃债权、放弃债权担保、无偿转让财产等行为均归入“无偿处分财产权益”的范围，允许债权人请求人民法院予以撤销，从而更有利于对债权人权益的保护。

《民法典》第538条对撤销权（以下简称民法撤销权）的规定，不仅是对《合同法》中债权人撤销权的调整，对破产撤销权的行使以及《企业破产法》的立法修订也会产生重要的影响。这种影响体现在三个方面：第一，在《民法典》作为由全国人民代表大会新制定的基本法律，其规定更有利于维护债权人权益的情况下，管理人可以参照《民法典》的规定，更为合理地行使破产撤销权。第二，债权人可以依据《民法典》的规定，在管理人不行使或无法行使撤销权时，直接向人民法院请求行使民法撤销权（《企业破产法司法解释二》第13条对此有明确规定）。第三，在《企业破产法》的修订中，应当吸纳《民法典》的合理规定，完善破产制度。

无偿行为，指无对价或实质上无对价的财产权益处分行为。撤销权角度的无偿行为，包括债务人无对价地减少财产权益（如财产转让、债务免除、权利放弃）或增加财产权益负担（如无对价地承担债务）两类行为。债务人无偿处分财产权益的行为对债权人清偿利益的危害是十分明显的，因该行为必然使债务人的责任财产减少，所以各国破产法均将其列为首要的可撤销行为，并对它规定较长的可撤销追溯期限。

在其他国家的破产法中，对此类可撤销行为通常规定为“无偿行为”，并不限定行为的具体标的和方式。无偿行为涉及的标的除有形财产外，还包括用益物权、债权、专利权、商标权等各种财产性权益。无偿行为的方式也不限于转让，尽管无偿“转让”财产是其最典型的表现形式。无偿转让行为，既包括积极的作为，如无偿转让债权等，也包括消极的不作为，如不因为诉讼时效的中断而消极放弃债权等。在实践中，无偿行为的具体表现形式是多种多样的，除无偿转让财产外，无偿设定用益物权、债务免除、放弃权利、承认并清偿消灭时效完成后的债权、不为诉讼时效的中断、撤回诉讼、放弃诉讼标的等，依其法律性质均属于无偿行为。

（2）放弃债权。

如上所述，放弃债权行为的性质也属于无偿行为，所以其他国家立法通常将其纳入无偿行为之列，但我国《企业破产法》将其列为一项独立的可撤销行为。

放弃债权的行为有积极放弃与消极放弃两种形式。积极放弃是指债务人以主动的行为即作为方式表示对债权的放弃，如通知其债务人放弃债权，与其债务人签订免除债务的协议，拒绝接受债务履行，以及撤销诉讼、放弃诉讼标的等各种主动放弃诉讼权利的行为。消极放弃是指债务人以不作为的方式放弃债权，主要有债务人在其债权诉讼时效届满前有意不采取保全措施，使债权超过诉讼时效的行为，以及对支付令不提出异议、不提出诉讼抗辩等各种消极放弃诉讼权利的行为。在此需注意的是，采不作为方式的行为同样可以成为撤销权行使的对象。德国破产法第129条第2款规定，“不作为视同法律行为”。债务人在有清偿能力的情况下放弃自己的债权，是法律允许的有效行为，但在丧失清偿能力的情况下放弃自己的债权，则会减少其责任财产，实际上是在损害债权人的清偿利益，所以应予撤销。债务人放弃的债权是否到期或附有条件，并不影响撤销权的构成。

对债务人积极放弃债权的行为，管理人可予以撤销，不以当事人存在主观恶意为前提。但对债务人消极放弃债权行为的撤销，尤其是发生债权超过诉讼时效的情况时，应当具备一定的主观要件，以有证据证明或可推定债务人属恶意行为作为撤销的前提。在“放弃债权”这一概念中，“放弃”一词即明确包含债务人的主观意思表示。在实践中，债务人的债权超过诉讼时效，有可能是由债务人有意消极放弃债权的行为造成的，但也可能是无意的过失行为造成的。如果不加区分，均可撤销，则等于宣告债务人的债权在法定可撤销期限内不受时效制度约束。这不仅将损害善意第三人的正当利益，还会影响整个诉讼时效制度的实施与效力，影响到交易安全和社会经济关系的稳定，与其可能保护的利益相比，显然有所失当。但是在举证责任的配置上，应当要求债务人举证证明其消极放弃债权的行为并非恶意，以达公平。此外，超过诉讼时效债权的债权人与债务人有无关联关系或其他利益关系，也可以作为判断债务人行为时有无恶意的标准之一。为解决这一问题，《企业破产法司法解释二》第 19 条规定：债务人对外享有债权的诉讼时效，自人民法院受理破产申请之日起中断。债务人无正当理由未对其到期债权及时行使权利，导致其对外债权在破产申请受理前 1 年内超过诉讼时效期间的，自人民法院受理破产申请之日起重新计算上述债权的诉讼时效期间。

（3）以明显不合理的价格进行交易的行为。

以明显不合理的价格进行交易，是债务人违反正常经济原则处分其财产的行为，在其他国家通常被称为非正常交易。在债务人丧失清偿能力的情况下，此种行为的性质属于欺诈性转让。

判断交易非正常与否的标准是价格公平合理与否，交易是否对债务人的财产或清偿能力造成损害。《企业破产法》中对这类行为的判断标准无具体规定，这使司法实践中有时难以准确判定一项行为是否违法。例如，对于以明显不合理的低价出售财产，所谓“明显不合理”究竟是指压价 20%、40%还是 60%？其合理价格又如何确定？目前商业企业常年以各种方式进行“低价”促销，一些债务人企业在破产申请受理前因资金困难，在资产账面价值之下出售部分财产以发放工资、清偿债务、筹集运营资金，是否属于非正常交易？如果对“非正常交易价格”没有一个具有可操作性的判断标准，即使是有一定弹性的标准，人民法院也难以准确执法，各方当事人的正当权益也难以得到维护。

在美国破产法中，低价转让等行为属于可撤销的欺诈性转让。所谓欺诈性转让，是指在破产前的一年内，债务人为了欺诈债权人而作的转让，以及那些在债务人丧失清偿能力的情况下所作的低价转让。在美国的一些破产案例中，法院认为，要求每一次转让都能够实现财产的充分价值是不可能的，“非正常交易价格”一般是指转让价格低于正常市场价格的 70%。

笔者认为，规制“以明显不合理的价格进行交易”的行为，应从实体与程序两方面考虑，以出售财产为例：首先，应考虑该财产在当时的价值、可售价格与市场情况，同时也要适当考虑债务人出售财产的必要性与合理性，以及交易当事人之间的关系，以确定一个允许降价的合理比例，如以不低于自由竞争形成的市场价格的 70%为标准。其次，可以通过出售财产的程序来确认行为是否合法。对于通过规范的拍卖等公平竞价交易方式出售财产的，即使售价较低，也可认定不属于非正常压价出售财产。此外，在有机会以较高价格出售时反以低价出售，如果没有合理理由，即使是在规定的可降低价格幅度之内，也应被认定属于低价出售财产。此外，交易对象与破产人有无关联关系或其他利益关系，也可以作为判断债务人行为时有无恶意的标准之一。

由于实践中以交易形式进行的破产欺诈行为不仅体现在“明显不合理的价格”上，还可能体现在其他方面，如以正常的价格与明显缺乏支付能力者进行交易，并先行履行义务，但实际上根本得不到交易对价，或者约定其他明显不合理的交易条件为交易对方输送利益。故笔者认为，我国立法应适时将该规定的内容修改为“明显不合理的交易”，以全面规范债务人的交易行为。

（4）对未到期的债务提前清偿。

所谓“未到期”的债务，是指在作出清偿行为时尚未到期的、债务人未提供财产担保的债务。在债务人有清偿能力时，法律允许其在不损害债权人利益的情况下对未到期的债务提前清偿。但在债务人丧失清偿能力的情况下，其未到期的债务，如等到破产程序启动后依法再予以清偿，只能作为普通破产债权依破产分配比例得到部分清偿，甚至可能因财产不足而得不到清偿。立法推定，债务人在破产申请受理前一年内的提前清偿行为，是为使该债权人得到优惠待遇，损害了其他债权人的利益，故应予撤销。需注意的是，如果提前清偿的债务在破产申请受理的 6 个月前已到期，则不应当被视为可撤销行为。根据《企业破产法司法解释二》第 12 条的规定，破产申请受理前一年内债务人提前清偿的未到期债务，在破产申请受理前已经到期，管理人请求撤销该清偿行为的，人民法院不予支持，但是，该清偿行为发生在破产申请受理前 6 个月内且债务人有《企业破产法》第 2 条第 1 款规定情形的除外。

（5）对原没有财产担保的债务提供财产担保。

破产申请被受理后，债务人的无财产担保债权只能作为破产债权受偿。如债务人在可撤销期限内为原无担保的债权提供了财产担保，将使该债权人在破产程序中对特定财产享有优先受偿权，得到个别优惠性清偿，故应予撤销。他人为债务人提供财产担保的，不在可撤销行为之列。债务人与债权人于可撤销期限内在签订主合同的同时签订抵押等财产担保从合同的，也不在可撤销行为之列。这是因为其不是对原无财产担保的债权提供担保，不具有改善某一债权人原有清偿地位的不公平性质，而且抵押担保合同等的签订是具有主合同对价利益的。

一些国家的破产法规定，如债务人对该项债务在可撤销期限之前就以书面合同承诺提供特定物权担保，只是延至破产申请受理前的可撤销期限内才实际办理完毕担保手续（如进行抵押登记），其行为仍然有效。但美国破产法认为，即使在这种情况下提供的担保也在可撤销行为之列。我国《企业破产法》没有关于例外豁免的规定。

【经典导读】

论“对没有财产担保的债务提供财产担保”行为的认定[①]

《企业破产法》第 31 条规定，人民法院受理破产申请前一年内，债务人对没有财产担保的债务提供财产担保的行为，管理人有权请求人民法院予以撤销。在复杂的实践中如何认定此项可撤销行为，存在一些需要澄清的问题。

第一，所谓提供财产担保，仅限于提供物权担保，不包括提供非物权的财产担保如定金担

① 参见王欣新：《论“对没有财产担保的债务提供财产担保”行为的认定》，载《人民法院报》，2016-01-27 (007)。

保，因为非物权的财产担保在破产程序中不享有优先受偿权。《企业破产法》关于“对没有财产担保的债务提供财产担保”的规定，文字表述并不准确，是立法时未及调整便将《企业破产法(试行)》的相关规定抄下来，应在立法修订时予以修正。此外，可撤销的担保仅限于债务人提供的约定担保如抵押、质押，法定担保如留置在可撤销期限内仍可设立，不存在撤销问题。

第二，可撤销的担保仅限于债务人以自己的财产为自己的债务设定的担保。只有进入破产程序人债务人财产被设定物权担保，才会使担保债权人获得原本没有的就该破产财产的优先受偿权，进而损害其他债权人的利益。故他人为债务人的债务提供物权担保的，与破产公平清偿无关，不在可撤销行为之列。反过来，如果是破产的债务人为他人的债务而不是自己的债务提供物权担保，也不能适用这一规定加以撤销。这是因为该债权人并不是债务人的债权人，债务人的对外担保行为并没有造成在自己的破产债权人之间的清偿不公。不过虽不能适用这一规定予以撤销，但笔者认为，这种为他人债务提供物权担保的行为在性质上属于无偿行为，是可以考虑适用《企业破产法》第 31 条关于“无偿转让财产”行为的规定进行撤销的。

第三，同时担保行为不可撤销。同时担保行为也被称为同期交易。《企业破产法》规定对没有财产担保的债务提供财产担保的行为应予撤销，仅限于对原无担保的债务补充提供财产担保，进而使该债权人享有原本没有的优先受偿权的情况。据此，债务人与债权人在可撤销期限内签订主合同的同时签订抵押等担保从合同的，不在可撤销行为之列。这是因为其不是对原无财产担保的债务补充提供担保，不具有改善某一债权人原有清偿地位的不公平性质，而且抵押担保合同等的签订是具有主合同对价利益的。

虽然在签订主合同的同时签订了担保从合同，但在破产申请受理时仍未办理物权担保登记的，除法律另有规定的情况外，该债权属于无担保债权。对类似情况，一些国家或地区的破产法有不同规定，认为债务人在可撤销期限之前以书面合同承诺提供物权担保，即使未办理担保登记手续，在破产程序中也具有设定物权担保的效力，且不应被撤销。我国破产法没有关于此种例外豁免的规定，因为这种豁免在司法实践中可能诱发伪造担保合同或者担保合同签订日期，以骗取优先受偿权的欺诈行为。

第四，同时担保行为的认定。担保权的设立通常是一个持续完成的系列行为，从签订担保合同到办理担保物权登记是需要一定时间的，有时还可能出现一些意外的延误。“同时担保行为”往往不太可能做到主合同的签订与担保物权登记的办理同时完成，会存在一定的时间差。而当这一时间差较长且其始末两点跨越了法定可撤销期限之前后时，如何认定担保物权是否成立？对此存在不同观点了。有的人认为，“同时担保行为”应是合同的签订与担保物权的登记均在可撤销期限之前完成，如果担保物权的登记延迟至可撤销期限之内，则管理人有权申请法院予以撤销。还有的人认为，只要做到合同的签订与担保物权的登记均在破产申请受理之前完成，就可被认定为“同时担保行为”，不得再予撤销。还有的人认为，担保的“同时”，是指主合同与物权担保合同签订的同时，即使在破产申请受理时尚未办理担保物权登记，也属于“同时担保行为”，具有设定物权担保的效力。

笔者认为，上述几种观点均有一定的道理，但也均有不妥之处。合同签订与担保物权登记均在可撤销期限内的“同时担保行为”都不应被撤销，要求两者均在可撤销期限前完成的第一种观点显然是不合理的。而主张只要合同签订与担保物权登记均在破产申请受理前完成，就可被认定为“同时担保行为”的第二种观点，又漠视了两者之间可能存在导致担保权不复合理存续的过长时间差，以及在破产申请受理前同时签订主合同与担保合同但因时间过短未来得及办理担保物权登记情况的合理处理。至于主张只要签订担保合同，在破产申请受理时担保物权未登记也属于“同时担保行为”的观点也不能成立，前文已论及，此处不再赘述。对此问题必须根据《企业破产法》的立法本意、物权法等相关立法的有关规定以及实务中的具体情况，区别处理，合理认定，才能保障破产法的适用公平。

（6）危机期间的个别清偿行为。

《企业破产法》第 32 条规定：“人民法院受理破产申请前六个月内，债务人有本法第二条第一款规定的情形，仍对个别债权人进行清偿的，管理人有权请求人民法院予以撤销。但是，个别清偿使债务人财产受益的除外。”债务人已知自己不能清偿到期债务，并且资产也不足以清偿全部债务，仍在破产危机期间恶意对个别债权人进行清偿的，损害了其他债权人的利益，所以对其行为应予以撤销。如果该个别清偿能够使债务人财产受益，则可以除外。

需注意的是，这里规定的“对个别债权人进行清偿”，是指对无财产担保债权的债权人的个别清偿，对有财产担保债权的债权人的清偿不在此限，因有财产担保债权的债权人在破产程序中享有优先受偿权。但是，在担保物的价值不足以清偿担保债权时，债务人对超出担保物市场价值的债权部分的清偿便属于偏袒性清偿。对此，《企业破产法司法解释二》第 14 条规定了对个别清偿行为撤销的例外：债务人对以自有财产设定担保物权的债权进行的个别清偿，管理人依据《企业破产法》第 32 条的规定请求撤销的，人民法院不予支持。但是，债务清偿时担保财产的价值低于债权额的除外。

对破产申请受理前，债务人在明知已丧失清偿能力的情况下对到期债务的清偿行为能否予以撤销，各国立法规定不一。有的立法规定，对到期债务的清偿不属于可撤销行为，因此时的清偿属于债务人应履行的法定义务。我国台湾地区学者史尚宽先生认为，“对于已届清偿期之债权为清偿结果，致其剩余财产不足清偿其他债权时，虽有主张此时亦得为撤销，然依债务之内容为清偿者，应不为有害行为。盖清偿已存之债务为债务人义务之履行，对于债务人的总财产并无所增减。债权人平等之原则并非限制债务人之自由为清偿，债权人如欲求平等比例之清偿，则应依破产程序为之”。但也有采相反做法者，如德国破产法第 130 条规定，对到期债务的恶意清偿也可以被撤销。日本破产法基于本意清偿之学说，也作了相似规定。

之前在我国的司法实践中，一些债务人出于逃避债务、偏袒清偿等原因，往往在破产申请受理之前恶意地优先清偿其关联企业或亲朋好友等特定债权人的到期债务，使其他债权人的利益在随后启动的破产程序中受损。《企业破产法（试行）》对此未作规定，可能使这种欺诈逃债、偏袒清偿的行为逃避法律制裁。《企业破产法》的上述规定，解决了对此类行为的撤销问题。

不过，此项规定乃一柄双刃剑：它虽然具有制约恶意优先清偿之作用，但同时也会使债务人在此期限内所有的自愿或非自愿的清偿行为面临可能全部被撤销的风险，损害善意第三人的权益，会严重影响交易的安全和经济秩序的稳定。尽管该规定也指出，个别清偿使债务人财产受益的除外，但在债务人已知其不能清偿到期债务而对个别债权人进行清偿时，基本上是不可能使债务人财产受益的。若严格实施此规定，债务人陷入财务困境后只要对某一债权人清偿，其他未得到清偿的债权人马上就会提出破产申请，并在申请受理之后，立即要求撤销对该债权人的清偿。由此所有债权人依法本应得到的安全清偿都将变成不确定的，这对人们的经济活动预期将产生严重的不良影响，正常的债务清偿活动将无法进行。

笔者认为，对此类行为的撤销，应将可撤销行为限定在恶意所为的范围内，并对恶意的认定作出完善的规定，对于为继续生产经营等而进行的必要清偿不应纳入可撤销的范围内。通常认为，所谓恶意，不仅要求债务人已知其不能清偿到期债务仍对个别债权人予以清偿，而且要求接受清偿的债权人明知债务人不能清偿的事实。此外，对是否存在恶意，还可以根据被清偿的债权人与债务人有无关联关系或其他特殊利益关系确认。为此，《企业破产法司法解释二》第 16 条规定，债务人对债权人进行的以下个别清偿，管理人依据《企业破产法》第 32 条的规定请求撤销的，人民法院不予支持：（1）债务人为维系基本生产需要而支付水费、电费等的；（2）债务人支付劳动报酬、人身损害赔偿金的；（3）使债务人财产受益的其他个别清偿。

我国《企业破产法》中未对执行行为能否被撤销作出规定。债务人在丧失清偿能力的情况下，在可撤销期限内恶意利用执行名义对个别债权人偏袒清偿的，违背了破产法公平受偿的基本原则，所以从原则上讲，应是可以被撤销的。但是，自动履行或被强制执行生效裁判毕竟是债务人的法律义务，如执行行为可以任意被推翻，也将影响到交易安全和经济秩序。所以对执行行为虽可行使撤销权，但法律应设置严格的条件，即以当事人存在恶意为前提，而举证责任则应由债务人及执行相对人承担。《企业破产法司法解释二》第 15 条明确规定，债务人经诉讼、仲裁、执行程序对债权人进行的个别清偿，管理人依据《企业破产法》第 32 条的规定请求撤销的，人民法院不予支持，但是，债务人与债权人恶意串通，损害其他债权人利益的除外。据此，针对除外情况，管理人可以直接向受理破产案件的人民法院请求行使撤销权，无须通过申请再审的方式撤销个别清偿行为。

三、破产撤销权之诉

（一）撤销权的行使主体

1. 破产程序中撤销权的行使主体

撤销权是为债权人之利益设立的，所以撤销权的实质利益主体是债权人。但各国立法通常规定，在破产程序中，撤销权的行使主体为管理人，故破产撤销权的权利主体与行使主体存在分离的现象。管理人行使撤销权，不是基于自身享有此项权利或债权人的委托，而是基于法律规定的职权。在破产程序中，管理人依法接管债务人财产，并为全体债权人的共同利益进行管理工作，包括破产清算分配工作。撤销权设置之目的即在于增加可供债权人分配的破产财产，此事项本属于管理人的职权范围，所以撤销权自然应由其统一行使。事实上，依法行使撤销权既是管理人的权利，也是管理人的义务。《企业破产法司法解释二》第 9 条规定：管理人依据《企业破产法》第 31 条和第 32 条的规定提起诉讼，请求撤销涉及债务人财产的相关行为并由相对人返还债务人财产的，人民法院应予支持。管理人因过错未依法行使撤销权导致债务人财产不当减损，债权人提起诉讼，主张管理人对其损失承担相应赔偿责任的，人民法院应予支持。

【经典导读】

管理人对撤销权的行使是其一项独立的职权①

管理人对撤销权的行使是其一项独立的职权，不需经过债权人或债权人会议的同意或授权，对某一项行为是否予以撤销完全由其自行决定。有的人认为，破产撤销权是由债权人决定是否行使，而由管理人代表债权人去行使的权利。这一观点是错误的。破产撤销权是不可能由债权人决定是否行使的。如果这里的债权人指个别的债权人，则与破产事务由债权人集体决定的基本原则相违背。更何况在债权人之间对撤销权可能存在不同甚至对立的利益，所要撤销者可能就是对某一债权人的偏袒性清偿行为。由个别债权人决定是否行使撤销权，管理人难免会因债权人间的利益冲突而无所适从，这也是不具有可操作性的。如果这里的债权人指债权人会议，那么在法律规定的债权人会议职权中就必须有决定是否行使撤销权这一重要内容。不仅在我国新旧破产法中均无此规定，而且在其他国家的破产法中亦未见到此种规定。此外，如果管理人行使撤销权均要经过债权人会议表决决定，不仅毫无效率，耗费时间，损失机会，使可能追回的财产也难以追回，还将大大增加债权人参与破产程序的成本，而且在第一次债权人会议召开之前，管理人无法行使撤销权，这显然对维护债权人的利益是不利的。

撤销权由管理人行使，这是一项一般性原则。有些国家的破产法规定，在某些特殊破产程序中或特殊情况下，撤销权的行使主体可以有所不同。如德国破产法第 280 条规定，在债务人对财产的“自行管理”程序中，由于不设立管理人，便由财产监督人行使撤销权。其第 313 条规定，在消费者支付不能程序中适用简易破产程序（简易破产程序不设管理人）的，撤销权由债权人行使，债权人会议可以委托个别债权人行使撤销权。美国破产法规定，在第 11 章的重整程序中，不指定托管人即管理人的案件由经管债务人行使管理人的职权，所以，此时撤销权由经管债务人行使。其第 12 章适用于有固定收入的家庭农场主，虽程序中均要指定管理人，但债务人可以同时作为经管债务人存在，同样被明确授予管理人的撤销权，既可以与管理人共同享有撤销权，也可以单独享有撤销权。如果债权人要求行使撤销权，但经管债务人因利益冲突而拒绝行使，美国第八巡回法院认为，单个债权人可以申请法院许可债权人自己实施撤销行为。②

我国《企业破产法》规定撤销权应由管理人统一行使，立法中未规定不设置管理人的简易破产程序，但在重整程序中借鉴了美国的经管债务人（占有中的债务人）制度，规定在重整程序中债务人可以在管理人的监督下自行管理财产和营业事务；与之不同之处是，在经管债务人制度下同样设置负责监督事宜的管理人。在此种情况下，需要明确撤销权的行使人。因为撤销权的行使可能与经管债务人的利益发生冲突，而我国目前债务人的破产欺诈行为严重、诚信不足，所以撤销权不宜由经管债务人自行行使，仍应由管理人统一行使。

2. 破产程序终结后的撤销权行使主体

管理人一般随破产程序的终结而解散，终止执行职务，但可撤销的违法行为有可能在破产程序终结后方被发现。这时撤销权的行使主体便只能是他人了。我国《企业破产法》

① 参见王欣新：《破产撤销权研究》，载《中国法学》，2007（5）。

② 参见［美］大卫·G. 爱泼斯坦、史蒂夫·H. 尼科勒斯、詹姆斯·J. 怀特：《美国破产法》，韩长印等译，278～279 页，北京，中国政法大学出版社，2003。

规定，破产程序终结后2年内，债权人可以请求人民法院对可行使撤销权的财产予以追回，进行分配。

3. 在破产程序中债权人能否自行行使破产撤销权

在司法实践中，可能出现债权人要求管理人行使撤销权但管理人拒绝行使的情况。此时债权人能否自行行使破产撤销权呢？日本判例认为，破产财产的管理权专属于管理人，不应允许债权人自行行使破产撤销权。

笔者认为，如果管理人接到债权人请求后拒绝行使破产撤销权，或在一定期限内不予答复，则债权人可以请求人民法院强制管理人履行职责、行使破产撤销权，由人民法院裁定解决是否应行使破产撤销权的争议。必要时，债权人方面还可以申请人民法院撤换管理人。但在立法明文规定破产撤销权由管理人行使的情况下，不应再允许个别债权人任意直接行使破产撤销权，否则，不仅会使债权人与管理人出现权利竞合，各行其是，还可能激化债权人之间的矛盾冲突，影响破产程序的顺利进行。但是民法撤销权在破产程序中仍可行使，当其与破产撤销权的行使对象不同，或者发生了破产撤销权无法行使的情况（如超出破产撤销权追溯时效时），债权人可以依据《民法典》关于撤销权的规定向人民法院提出撤销请求，人民法院应当允许。民法撤销权与破产撤销权在法理基础上是相同的，不同的是，民法撤销权以债务人处分财产的行为对个别债权人造成损害为行使条件，而破产撤销权以债务人在被认定或推定丧失清偿能力的法定期限内处分财产权益的行为损害全体债权人利益或损害公平清偿利益且破产案件被法院受理为行使条件。民法撤销权在破产程序中同样具有行使的空间与效力，并不因破产程序的启动而被排斥行使，但在其与破产撤销权竞合时，应优先行使破产撤销权。

《民法典》下债权人的撤销权和《企业破产法》下管理人的撤销权，均将债务人无偿转让财产、放弃债权、以明显不合理的价格转让财产这三类行为，规定为可撤销的行为。一般情况下，在债务人进入破产程序后，对上述行为应由管理人依据《企业破产法》的规定行使撤销权，但一方面，民法撤销权和破产法撤销权行使的方式和期限有所不同，有的情况下管理人依据破产法不能撤销的行为，债权人却依据民法典可以撤销；另一方面，在上述两个撤销权行使事由竞合的场合，如管理人不作为导致破产撤销权落空，债权人也可通过行使民法撤销权追回相关债务人财产，因此，从实现债务人财产最大化角度，《企业破产法司法解释二》第13条规定：破产申请受理后，管理人未依据《企业破产法》第31条的规定请求撤销债务人无偿转让财产、以明显不合理价格交易、放弃债权的行为，债权人依据《民法典》第538条、第539条等的规定提起诉讼，请求撤销债务人上述行为并将因此追回的财产归入债务人财产的，人民法院应予受理。相对人以债权人行使撤销权的范围超出债权人的债权抗辩的，人民法院不予支持。

此外，关于债权人能否提起第三人撤销之诉的问题，《民商审判会议纪要》第120条规定：第三人撤销之诉中的第三人仅局限于《民事诉讼法》第56条（现为2023年《民事诉讼法》第59条——引者注，下同）规定的有独立请求权及无独立请求权的第三人，而且一般不包括债权人。但是，设立第三人撤销之诉的目的在于，救济第三人享有的因不能归责于本人的事由未参加诉讼但因生效裁判文书内容错误受到损害的民事权益，因此，债权人在下列情况下可以提起第三人撤销之诉：（1）该债权是法律明确给予特殊保护的债权，如

《合同法》第286条（现为《民法典》第807条）规定的建设工程价款优先受偿权，《海商法》第22条规定的船舶优先权；(2) 因债务人与他人的权利义务被生效裁判文书确定，导致债权人本来可以对《合同法》第74条（现为《民法典》第538、539条）和《企业破产法》第31条规定的债务人的行为享有撤销权而不能行使的；(3) 债权人有证据证明，裁判文书主文确定的债权内容部分或者全部虚假的。债权人提起第三人撤销之诉还要符合法律和司法解释规定的其他条件。对于除此之外的其他债权，债权人原则上不得提起第三人撤销之诉。

(二) 撤销权的行使方式

管理人可直接向可撤销行为的相对人主张行使撤销权，追回财产，但如对方不予承认，便只能以诉讼方式行使撤销权。反之，如果相对人依据可撤销行为向管理人主张行使相应权利，如抵押权等，甚至据此提起诉讼，则管理人可以撤销权加以抗辩，予以拒绝。日本破产法第76条规定："否认权由破产管理人以诉讼或抗辩行使。"有的人认为，在相对人不返还财产的情况下，管理人可以申请法院强制执行。[1] 这种主张是错误的：在未经诉讼确认权利的情况下就允许申请法院强制执行，是对相对人之诉讼权利的严重侵害。根据我国《企业破产法》的原则规定，对涉及撤销权等当事人实体权利的争议应以诉讼方式解决。

【破产文书】

通知书

(要求追回债务人财产用)

(××××) ××破管字第×号

×××（占有债务人财产的相对人名称/姓名）：

×××（债务人名称）因____________（写明破产原因），×××（申请人名称/姓名）于××××年××月××日向××××人民法院提出对×××（债务人名称）进行重整/和解/破产清算的申请［债务人自行申请破产的，写×××（债务人名称）因____________（写明破产原因），于××××年××月××日向××××人民法院提出重整/和解/破产清算申请］。

××××人民法院于××××年××月××日作出（××××）×破（预）字第××号民事裁定书，裁定受理×××（债务人名称）重整/和解/破产清算，并于××××年××月××日作出（××××）×破字第××号决定书，指定×××担任管理人。

根据管理人调查，×××（债务人名称）存在下列行为（列明行为时间、内容等）：

1. ____________；

2. ____________；

…………

根据《中华人民共和国企业破产法》第三十一条、第三十二条或者第三十三条的规定，本管理人认为上述行为应当予以撤销（或者被确认无效）。你公司/你基于上述行为取得的×××（债务人名称）财产（列明财产名称和数量）应当予以返还。现本管理人要求你公司/你于接到

[1] 参见齐树洁：《破产法研究》，386页，厦门，厦门大学出版社，2004。

本通知书之日起×日内，向本管理人返还上述财产（列明返还财产的方式和地点；返还财产有困难的，可以要求相对人支付或者补足与财产等值的价款）。

如你公司/你对本通知内容有异议，可在接到本通知书之日起×日内向本管理人提出，并附相关证据，配合管理人核实。

特此通知。

（管理人印鉴）

××××年××月××日

附：1. 受理破产申请裁定书复印件一份；

2. 指定管理人的决定书复印件一份；

3. 相对人占有债务人财产的证据；

4. 管理人联系方式：____________。

（三）撤销权之诉的被告

关于在撤销权诉讼中应以何人为被告存在不同的主张。笔者认为，如果只涉及对债务人行为的撤销，如撤销财产担保，不存在追回财产问题，则可仅以债务人为被告，其他利害关系人可以第三人身份参加诉讼。如果行使撤销权的同时还涉及对已经转移财产的追回，如撤销无偿转让财产行为，则需要增加交易相对人或转得人为共同被告，否则，判决效力不约束该当事人，无法对其采取追回财产的执行措施。

四、撤销权行使的法律后果

撤销权行使的法律后果是：使债务人实施的损害债权人利益的行为，因被撤销而丧失效力，恢复原状；管理人收回被处分的财产或恢复被处分的权利，利益归于债务人财产，用于对全体债权人分配。德国破产法第144条（撤销相对人的请求权）规定：（1）可撤销给付的受领人返还所取得的物的，其债权恢复；（2）以对待给付在支付不能财团中尚可区分为限，或以财团因得利而使自己的价值得到增加为限，应当由支付不能财团返还对待给付。除此之外，可撤销给付的受领人只能作为支付不能债权人主张返还对待给付的债权（作为破产债权受偿——引者注）。日本破产法第77条也对相对人地位的恢复作了规定：在破产人行为被否认的情形下，如其所受对待给付现存于破产财团，相对人可以请求其返还；因对待给付产生的利益现实存在时，于该利益限度内，相对人可以作为财团债权人行使其权利。因对待给付产生的利益现已不存在时，相对人可以就其价额的偿还，作为破产债权人行使其权利。

我国《企业破产法》对此问题未作具体规定，但在撤销权行使后，相对人因违法行为被撤销而恢复享有相应权利，应是其自然产生的法律后果。笔者认为，上述各国立法规定的原则可资借鉴。首先，在撤销权行使之后，对债务人所作的无偿转让财产或财产权利的行为、对原来没有财产担保的债务提供财产担保的行为以及放弃债权的行为，不存在相对人恢复享有权利问题。其次，对于相对人在可撤销行为实施过程中所作的对待给付（如以非正常低价购买债务人财产时支付的货币或以非正常高价向债务人出售的财产），如仍存在于债务人财产中且可区分，相对人可以行使取回权取回；如破产财产因其给付而获利，相对人可以作为共益债务的债权人行使权利。对此，《企业破产法司法解释二》第 11 条规定 人民法院根据管理人的请求撤销涉及债务人财产的以明显不合理价格进行的交易的，买卖双方应当依法返还从对方获取的财产或者价款。因撤销该交易，对于债务人应返还受让人已支付价款所产生的债务，受让人请求作为共益债务清偿的，人民法院应予支持。如相对人给付的特定物已经灭失或现存价值非正常减损，管理人负有责任的，其损害赔偿债权作为共益债务支付；管理人并无责任的，相对人可将其给付物的价款或损失额申报为破产债权。最后，如果被撤销的是债务人对未到期债务的提前履行行为或对债务的偏袒性个别清偿，则在撤销权的相对人返还所受清偿的财产后，其因被撤销的债务清偿行为而消灭的债权连同所有的从权利和担保物权均恢复。

五、可撤销行为的法律责任

《企业破产法》第 128 条规定，债务人有法律规定的无效行为和可撤销行为，损害债权人利益的，债务人的法定代表人和其他直接责任人员依法承担赔偿责任。《企业破产法司法解释二》第 18 条规定，管理人代表债务人依据《企业破产法》第 128 条的规定，以债务人的法定代表人和其他直接责任人员对所涉债务人财产的相关行为存在故意或者重大过失，造成债务人财产损失为由提起诉讼，主张上述责任人员承担相应赔偿责任的，人民法院应予支持。另外《企业破产法》第 131 条规定："违反本法规定，构成犯罪的，依法追究刑事责任。"

【经典导读】

破产法应进一步完善可撤销行为的民事法律责任①

有学者认为，破产法应进一步完善有关民事法律责任的规定，适当扩大对违法行为的处罚范围。破产企业的一些违法行为是在与对方当事人同谋下，甚至在某些政府官员支持下进行的，对这些违法人员的行为也必须给予处罚，尤其是强化对民事责任的追究。在受让人明知或应知其与债务人进行的可撤销行为会损害债权人利益时，应视为具有共同侵权故意，其对债权人的财产损失应与破产企业的法定代表人和其他直接责任人员承担连带赔偿责任。此外，在将来破产法适用于自然人时还应规定，对恶意进行可撤销行为的破产人不予免责，对其在公法、私法上所受的权利或资格限制不予复权，由此树立一种利益导向，在全社会大力倡导诚实守信之风。

第三节 取回权

破产法上的取回权分为一般取回权和特别取回权。一般取回权，是指在管理人接管的

---

① 参见王欣新：《破产撤销权研究》，载《中国法学》，2007（5）。

债务人财产中有他人财产时，该财产的权利人享有的不依破产程序取回其财产的权利。特别取回权通常包括出卖人取回权、行纪人取回权和代偿取回权。出卖人取回权是指出卖人已将买卖标的物向作为买受人的债务人发运，债务人尚未收到且未付清全部价款时进入破产程序的，出卖人享有取回标的物的权利。行纪人取回权与出卖人取回权相似，指的是行纪人受委托人的委托购入货物，委托人尚未收到且未付清全部价款的，行纪人享有取回委托物的权利。而代偿取回权以一般取回权为基础，即当取回权的标的财产被非法转让或灭失时，该财产的权利人享有的取回转让其财产所得到的对待给付财产或补偿金的权利。我国《企业破产法》只规定了一般取回权和出卖人取回权，对后两项特别取回权，尚无具体规定，但在有关司法解释中存在一些对代偿取回权的相关规定。此外，《民法典》在合同编规定了所有权保留合同、融资租赁合同，同时规定，对担保物进行了权利登记则取得物权效力，因此在一定条件下，所有权人或出租人可以行使取回权。

一、一般取回权

（一）一般取回权制度的原理

关于一般取回权在各国的破产法中均有规定。我国《企业破产法》第 38 条规定了一般取回权："人民法院受理破产申请后，债务人占有的不属于债务人的财产，该财产的权利人可以通过管理人取回。但是，本法另有规定的除外。"所谓"本法另有规定的除外"指的是该法第 76 条所规定的对一般取回权的限制，即"债务人合法占有的他人财产，该财产的权利人在重整期间要求取回的，应当符合事先约定的条件"。

取回权制度是在财产权利人与债务人、全体债权人之间平衡利益并倾向于保护财产权利人的制度。从实体角度而言，"这种制度安排的依据，首先在于'不得以别人的财产清偿自己债务'这一得到公认的基本公平原则；其次是所有权和他物权制度是社会经济生活中最基本的法律秩序之一，在债务人破产的情况下，破坏这种基本秩序会破坏人们对于社会经济秩序最基本的预期，导致交易无法进行"①。从程序角度而言，一般取回权制度是为了纠正管理人占有、管理的财产与债务人财产范围之间的不一致现象而设立的制度。破产程序是对债务人财产的概括执行程序，破产裁定具有保全债务人占有的所有财产的效力。为维护全体债权人的共同受偿利益，法律并不要求管理人在接管债务人的财产之前查明债务人的责任财产，而是让其一并先予接管，而后再甄别处理，于是就产生了破产法上以管理人为义务主体的取回权制度。

（二）一般取回权的行使条件

1. 一般取回权的基础权利类型

一般取回权的基础权利主要是物权，包括所有权和他物权，但也不排除依债权产生取回权的情况。取回权是针对特定物行使的优先权利，在司法实践中，主要表现为：加工承揽人破产时，定作人取回定作物；承运人破产时，托运人取回托运物；承租人破产时，出

① 丁文联：《破产程序中的政策目标与利益平衡》，105 页，北京，法律出版社，2008。

租人收回出租物；保管人破产时，寄存人或存货人取回寄存物或仓储物；受托人破产时，信托人取回信托财产等等。

2. 权利的对抗性——依约定所有权能否成立取回权

在我国司法实践中，关于取回权存在的一个特殊问题就是约定所有权能否成为取回权的基础权利。这主要涉及两种情况：一是所有权保留买卖合同中，买受人进入破产程序时，出卖人能否行使取回权；二是融资租赁合同中，承租人破产时，出租人能否行使取回权。

（1）所有权保留中的出卖人在破产程序中的权利。

《民法典》第 642 条第 1 款规定："当事人约定出卖人保留合同标的物的所有权，在标的物所有权转移前，买受人有下列情形之一，造成出卖人损害的，除当事人另有约定外，出卖人有权取回标的物：（一）未按照约定支付价款，经催告后在合理期限内仍未支付；（二）未按照约定完成特定条件；（三）将标的物出卖、出质或者作出其他不当处分。"如买卖合同中设有所有权保留条款，买受人进入破产程序，此时出卖人是否可以取回标的物？

对此问题的不同观点，主要是由于对所有权保留的法律性质认识不一。第一种观点认为，所有权保留乃是担保物权。其理由是，出卖人设定所有权保留的目的，在于保障其出卖物的价款得到全部补偿，因而，所有权保留相当于动产抵押，在买受人未付清全部价款而开始破产程序时，出卖人享有担保物权人的权利，即享有别除权。第二种观点认为，所有权保留的性质属于附停止条件的所有权移转，在买受人未付清全部价款而破产的情况下，出卖人享有所有权，可以主张取回权。所有权保留情形下出卖人可以行使取回权的做法见于德国、法国等国家的破产实践。"依德国通说，保留所有权之动产系附停止条件移转所有权。于买受人破产之情形，出卖人因买卖价金尚未全部受偿而仍然为物所有权人，故保留所有权之出卖人得主张取回权。唯破产管理人得清偿买卖价金，使停止条件成就而取得所有权。于出卖人破产之情形，出卖人仍然为物之所有权人，买受人尚未取得所有权，故买受人不能主张取回权。唯买受人得清偿买卖价金而取得所有权。"① 法国困境企业司法重整与清算法第 121 条第 2 款规定："如果买卖双方在交货之前书面约定在支付全部价金后所有权始得转让，并且标的物仍以实物存在，出卖人可以请求返还。"有学者认为，上述"第二种观点较为符合所有权保留条款规定的本意，可为我国破产立法所借鉴"②。

《民法典担保制度解释》对所有权保留、让与担保、融资租赁、保理等非典型担保进行了规制，并强调担保是否具有物权效力，以在法定的登记机构依法进行登记为准。其第 63 条规定："债权人与担保人订立担保合同，约定以法律、行政法规尚未规定可以担保的财产权利设立担保，当事人主张合同无效的，人民法院不予支持。当事人未在法定的登记机构依法进行登记，主张该担保具有物权效力的，人民法院不予支持。"

《民法典担保制度解释》为出卖人规定了两种从物权角度行使权利的路径：一是取回权，二是别除权。从取回权而言，《民法典担保制度解释》第 64 条规定，在所有权保留买

① 陈荣宗：《破产法》，221 页，台北，三民书局，1986。

② 王欣新：《破产法》，4 版，173 页，北京，中国人民大学出版社，2019。

卖中，符合《民法典》第 642 条规定，出卖人依法有权取回标的物，人民法院对出卖人取回请求应当予以支持。从别除权而言，出卖人在先行行使取回权时应当与买受人协商，协商不成或出卖人可以请求参照《民事诉讼法》“实现担保物权案件”有关规定，以拍卖、变卖标的物的价款优先清偿买受人未支付价款的，人民法院应准许。所有权保留如果未进行登记公示，根据《民法典担保制度解释》第 54、67 条的规定，在买受人破产时，出卖人的所有权不得对抗“善意第三人”。

这是《民法典》及《民法典担保制度解释》的一般规定，但在破产程序中所面临的问题更为复杂。所有权保留买卖合同还涉及管理人合同选择履行权的行使问题，存在出卖人、买受人破产等不同情形的具体适用。买卖合同约定所有权保留，在标的物所有权尚未转移给买受人时，一方当事人破产的，首先涉及的是破产法下管理人的选择履行权的行使。具体而言，买卖合同一方当事人进入破产程序后，一方面是买受人未按照约定支付完毕价款或者未履行其他约定条件，另一方面是买卖标的物所有权尚未转移给买受人，因此该买卖合同属于双方均未履行完毕的合同。根据《企业破产法》第 18 条的规定，管理人有权基于债务人利益最大化的目的，自行决定继续履行或者解除该合同。因此，对该合同是否继续履行，选择权在破产管理人手中。对于所有权保留买卖合同的选择履行，《企业破产法司法解释二》第 34 条规定，买卖合同双方当事人在合同中约定标的物所有权保留，在标的物所有权未依法转移给买受人前，一方当事人破产的，该买卖合同属于双方均未履行完毕的合同，管理人有权依据《企业破产法》第 18 条的规定决定解除或者继续履行合同。而在出卖人破产或买受人破产的不同情形下，破产管理人选择的是继续履行合同还是解除合同，对相关权利人能否行使出卖人取回权有很大差别。为此，《企业破产法司法解释二》针对出卖人破产和买受人破产的不同情况，分别就继续履行合同或解除合同时出卖人取回权的行使作出了明确规定。

《企业破产法司法解释二》第 35 条规定：出卖人破产，其管理人决定继续履行所有权保留买卖合同的，买受人应当按照原买卖合同的约定支付价款或者履行其他义务。买受人未依约支付价款或者履行完毕其他义务，或者将标的物出卖、出质或者作出其他不当处分，给出卖人造成损害，出卖人管理人依法主张取回标的物的，人民法院应予支持。但是，买受人已经支付标的物总价款的 75%以上或者第三人善意取得标的物所有权或者其他物权的除外。依法未能取回标的物，出卖人管理人依法主张买受人继续支付价款、履行完毕其他义务，以及承担相应赔偿责任的，人民法院应予支持。

如果出卖人管理人决定解除合同，那么原买卖合同不再履行，出卖人基于标的物所有权尚未转移至买受人的事实，有权依据《企业破产法》的规定，将属于出卖人的财产追回后作为债务人财产。此时出卖人行使取回权，不以买受人违约作为前提条件。对此，《企业破产法司法解释二》第 36 条规定：出卖人破产，其管理人决定解除所有权保留买卖合同，并依据《企业破产法》第 17 条的规定要求买受人向其交付买卖标的物的，人民法院应予支持。买受人以其不存在未依约支付价款或者履行完毕其他义务，或者将标的物出卖、出质或者作出其他不当处分情形抗辩的，人民法院不予支持。买受人依法履行合同义务并依据本条第 1 款将买卖标的物交付出卖人管理人后，买受人已支付价款损失形成的债权作为共益债务清偿。但是，买受人违反合同约定，出卖人管理人主张将上述债权作为普通破产债权清偿的，人民法院应予支持。

在买受人破产的情况下，如果其管理人决定继续履行合同，根据《企业破产法》第46条的规定，买受人支付有关款项或者履行其他义务的期限自破产申请受理之日加速到期。对此，《企业破产法司法解释二》第37条规定：买受人破产，其管理人决定继续履行所有权保留买卖合同的，原买卖合同中约定的买受人支付价款或者履行其他义务的期限在破产申请受理时视为到期，买受人管理人应当及时向出卖人支付价款或者履行其他义务。买受人管理人无正当理由未及时支付价款或者履行完毕其他义务，或者将标的物出卖、出质或者作出其他不当处分，给出卖人造成损害，出卖人依据《民法典》第641条等规定主张取回标的物的，人民法院应予支持。但是，买受人已支付标的物总价款75%以上或者第三人善意取得标的物所有权或者其他物权的除外。在此种情形下，形成典型的破产取回权，即在约定所有权非典型担保下的破产取回权。依法未能取回标的物，出卖人依法主张买受人继续支付价款、履行完毕其他义务，以及承担相应赔偿责任的，人民法院应予支持。对因买受人未支付价款或者未履行完毕其他义务，以及买受人管理人将标的物出卖、出质或者作出其他不当处分导致出卖人损害产生的债务，出卖人主张作为共益债务清偿的，人民法院应予支持。

如果买受人管理人决定解除合同，《企业破产法司法解释二》第38条规定：买受人破产，其管理人决定解除所有权保留买卖合同，出卖人依据《企业破产法》第38条的规定主张取回买卖标的物的，人民法院应予支持。出卖人取回买卖标的物，买受人管理人主张出卖人返还已支付价款的，人民法院应予支持。取回的标的物价值明显减少，给出卖人造成损失的，出卖人可从买受人已支付价款中优先予以抵扣后，将剩余部分返还给买受人；对买受人已支付价款不足以弥补出卖人标的物价值减损损失形成的债权，出卖人主张作为共益债务清偿的，人民法院应予支持。

出卖人（包括出卖人的管理人）在根据《企业破产法司法解释二》相关规定行使取回权时，应当与买受人（包括买受人的管理人）进行协商，如果协商不成或当事人请求参照《民事诉讼法》实现担保物权案件有关规定进行处理，则应当按照“担保物权案件”进行处理。此外，在符合行使别除权的条件时，出卖人也可以通过行使别除权，保障其价款债权的实现。对此将在本书第九章有关别除权的部分详述。

（2）融资租赁出租人在承租人破产程序中的取回权。

出租人取回权特指融资租赁出租人取回权，是指融资租赁的出租人在符合法律条件时解除合同取回租赁物的权利。在融资租赁合同中，出租人未对融资租赁合同下的租赁物进行所有权登记的，不可对抗承租人的破产管理人；进行登记后，出租人享有形式上的所有权与功能上的担保权，具有对抗第三人的效力。出租人享有的优先权利在与租赁物上设立的其他物权相冲突时，须以登记与否或登记先后为标准，判断租赁物上的各种竞存性物权的权利顺位，以利于权利体系的稳定。下文按照承租人的管理人选择继续履行合同或解除合同的不同情形进行分析。

1）在承租人的管理人决定继续履行融资租赁合同时，新产生的租金作为共益债务清偿并得到租赁物的担保。承租人的管理人无正当理由不及时支付租金，出租人依据《企业破产法》第42条、《民法典》第752条和《民法典担保制度解释》第65条第1款的规定，对因继续履行而在法院受理破产申请后新发生的租金债权可以主张作为共益债务清偿并得到租赁物的担保，对于法院受理破产申请前发生的未支付租金债权，则不可主张作为共益债务清偿但可以主张得到租赁物的担保。继续履行中出租人仍可在符合条件时行使《民法典》规定的取回权。在出租人申报破产债权但未得到及时清偿时，出租人还可基于《民法典》第 752 条的规定请求解除合同并收回租赁物，承租人反诉或抗辩租赁物价值超过租金债权的，则根据《民法典担保制度解释》第 65 条第 2 款的规定进行结算。2）破产申请受理后，承租人的管理人决定解除或被视为解除融资租赁合同的，出租人可以基于《企业破产法》第 38 条的规定行使取回权，其行使不受破产程序限制。譬如，山东省高级人民法院在（2020）鲁民申 4314 号民事裁定书中认为，承租人进入破产程序，出租人申报租金为破产债权，若未得到全部清偿，而且出现了《企业破产法》第 18 条规定的管理人在破产申请受理后两个月内未通知出租人继续履行融资租赁合同而导致该合同被视为解除的情形，出租人可以主张合同项下的租赁物的所有权，可以行使取回权。总之，承租人破产时，如果承租人的管理人决定解除或被视为解除融资租赁合同，或承租人（包括承租人的管理人）在继续履行中符合解除合同、行使取回权的条件，则出租人可以行使取回权收回租赁物并进行结算。① 出租人在行使取回权时，应当与承租人（包括承租人的管理人）进行协商，如果协商不成或当事人请求参照《民事诉讼法》实现担保物权案件有关规定进行处理，则应当按照“担保物权案件”进行处理。此外，在符合行使别除权的条件时，出租人也可以通过行使别除权，保障其租金债权的实现。对此将在第九章有关别除权的部分详述。

此外，有两种特殊问题需要关注。第一，对承租人企业管理人擅自处分租赁物的清偿安排和责任承担。在继续履行融资租赁合同期间，承租人的管理人未经出租人同意，把租赁物转让、抵押、质押、投资入股或以其他方式处分的，出租人可以基于《民法典》第 753 条的规定解除融资租赁合同，能够取回租赁物的，予以取回；无法取回租赁物的，可以参照《企业破产法司法解释二》第 33 条的规定，将租金债权作为共益债务清偿，共益债务不足以清偿租金债权的部分，由对此损失有故意或者重大过失的管理人承担补充赔偿责任。第二，融资租赁物意外毁损、灭失的清偿安排和责任承担。租赁物因不可归责于当事人的原因毁损、灭失，出租人按照《民法典》第 754 条和第 755 条的规定，请求解除融资租赁合同并要求承租人的管理人根据租赁物折旧情况予以补偿的，按照如下规则进行处理：如果有因此获得的保险金、赔偿金或可以与承租人的财产相区分的代偿物，出租人可以根据《企业破产法司法解释二》第 32 条的规定行使代偿取回权；如果无法行使代偿取回权或者行使代偿取回权不足以弥补出租人的租金债权，租赁物毁损、灭失发生在破产申请受理后，作为共益债务予以清偿，作为共益债务不足以清偿的部分，按照《企业破产法司法解释二》第 33 条的规定，由故意或者有重大过失的管理人对此损失承担补充赔偿责任。租赁物毁损、灭失发生在破产申请受理前的，作为普通债权予以清偿。②

3. 标的物之存在

取回权的行使通常只限于取回原物（除非该国破产法承认代偿取回权），因此标的物

---

① 参见王斐民：《我国〈民法典〉背景下融资租赁破产处置问题研究》，载《北方工业大学学报》，2022（6）。

② 参见王斐民：《我国〈民法典〉背景下融资租赁破产处置问题研究》，载《北方工业大学学报》，2022（6）。

之存在是行使权利的前提。如在破产申请受理前，原物已被债务人转让或灭失，则权利人的取回权即告消灭，只能以物价即损失额作为破产债权要求清偿。对于违法转让时原财产权利人的权利行使，《企业破产法司法解释二》第30条和第31条根据是否存在善意取得作了不同规定。(1) 债务人占有的他人财产被违法转让给第三人，依据《民法典》第311条的规定第三人已善意取得财产所有权，原权利人无法取回该财产的，人民法院应当按照以下规定处理：1) 转让行为发生在破产申请受理前的，原权利人因财产损失形成的债权，作为普通破产债权清偿；2) 转让行为发生在破产申请受理后的，因管理人或者相关人员执行职务导致原权利人损害产生的债务，作为共益债务清偿。(2) 债务人占有的他人财产被违法转让给第三人，第三人已向债务人支付了转让价款，但依据《民法典》第311条的规定未取得财产所有权，原权利人依法追回转让财产的，对因第三人已支付对价而产生的债务，人民法院应当按照以下规定处理：1) 转让行为发生在破产申请受理前的，作为普通破产债权清偿；2) 转让行为发生在破产申请受理后的，作为共益债务清偿。

(三) 一般取回权的行使方式

取回权在破产申请受理后即形成，其行使不受破产程序限制，既不需要依破产程序向管理人申报权利，也不需要等待破产财产之分配。但这并不意味着财产权利人行使取回权不需要接受任何监督或制约。首先，取回权的行使有一定的时间限制。《企业破产法司法解释二》第26条规定，权利人依据《企业破产法》第38条的规定行使取回权，应当在破产财产变价方案或者和解协议、重整计划草案提交债权人会议表决前向管理人提出。权利人在上述期限后主张取回相关财产的，应当承担延迟行使取回权增加的相关费用。其次，取回权的行使必须以管理人为相对人，如双方无争议，可直接取回财产；如取回权的标的已经被取回权人实际占有，当管理人要求返还时，取回权人可通过主张取回权予以抗辩，如存有争议则应通过诉讼解决。《企业破产法司法解释二》第27条规定：权利人依据《企业破产法》第38条的规定向管理人主张取回相关财产，管理人不予认可，权利人以债务人为被告向人民法院提起诉讼请求行使取回权的，人民法院应予受理。权利人依据人民法院或者仲裁机关的相关生效法律文书向管理人主张取回所涉争议财产，管理人以生效法律文书错误为由拒绝其行使取回权的，人民法院不予支持。最后，如存在对待给付义务，权利人在取回财产时应向管理人交付加工、保管等费用。《企业破产法司法解释二》第28条规定，权利人行使取回权时未依法向管理人支付相关的加工费、保管费、托运费、委托费、代销费等费用，管理人拒绝其取回相关财产的，人民法院应予支持。此外，对于需及时变现财产的取回权的行使，《企业破产法司法解释二》第29条规定，对债务人占有的权属不清的鲜活易腐等不易保管的财产或者不及时变现价值将严重贬损的财产，管理人及时变价并提存变价款后，有关权利人就该变价款行使取回权的，人民法院应予支持。

【破产文书】

通知书

(决定是否同意权利人取回财产用)

(××××) ××破管字第×号

××× (申请取回人名称/姓名)：

（同意取回时适用）

你公司/你关于要求取回＿＿＿＿＿＿（要求取回的标的物名称、数量）的申请收悉。经审核，你公司/你为上述财产的权利人。根据《中华人民共和国企业破产法》第三十八条之规定，同意你公司/你取回上述财产。你公司/你可于接到本通知书之日起×日内与本管理人接洽办理取回手续。

（不同意取回时适用）

你公司/你关于要求取回＿＿＿＿＿＿（要求取回的标的物名称、数量）的申请收悉。经查明，＿＿＿＿＿＿（简述查明事实）。本管理人认为，你公司/你不是上述财产的权利人，＿＿＿＿＿＿（简述理由）。因此，本管理人不同意你公司/你取回上述财产的要求。

特此通知。

（管理人印鉴）

××××年××月××日

附：1. 指定管理人的决定书复印件一份；

2. 财产权属证明（不同意取回时附）；

3. 管理人联系方式：＿＿＿＿＿＿。

（四）一般取回权的限制

《企业破产法》第76条规定，“债务人合法占有的他人财产，该财产的权利人在重整期间要求取回的，应当符合事先约定的条件。”这是《企业破产法》对一般取回权的法定限制。根据该条规定，财产权利人在重整期间行使取回权的，应当按照其与债务人事先约定的条件办理。当然，如果财产乃债务人非法占有的，则权利人的取回权利不受重整程序限制。对于重整期间紧急取回权的行使，《企业破产法司法解释二》第40条规定，债务人重整期间，权利人要求取回债务人合法占有的权利人的财产，不符合双方事先约定条件的，人民法院不予支持。但是，因管理人或者自行管理的债务人违反约定，可能导致取回物被转让、毁损、灭失或者价值明显减少的除外。该条旨在规定在债务人重整期间权利人行使紧急取回权的条件。

二、出卖人取回权

（一）出卖人取回权制度概述

出卖人取回权制度来源于英国法上的“中途停止权”（right of stoppage in transit）制度。在18世纪80年代，在隔地买卖中，出卖人因已发送货物而丧失对货物的占有，买受人因尚未收到货物亦没有付清全部价款而已陷入支付不能时，倘不准许出卖人将运送的货物停止交送买受人，将来出卖人仅能按照一般债权人获得清偿。这无异于以出卖人的财产清偿买受人对他人的债务，于是衡平法院赋予出卖人中途停止权。这一制度由衡平法扩及普通法，后在成文法（英国1993年《货物买卖法》）中得到肯定。中途停止权被法国法吸收，成为取回权，而后被德国等大陆法系国家采用，被称为追及权。

出卖人取回权是当前各国破产法普遍确立的制度。各国关于出卖人取回权的规定不尽相同，其差异主要体现在三个方面。

1. 是否以买受人进入破产程序为条件

依英国法不问形式上是否有破产宣告，若买受人出现支付不能状态，取回权即可成立，而依德国法须买受人进入破产程序始得行使取回权。后者是各国破产法关于出卖人取回权的常态规定。

2. 在买受人于途中受领时，出卖人能否行使取回权

依英国法不问货物是否送达目的地，一旦买受人或其代理人受领，则认为运输终了，所以若买受人于途中提前受领，则取回权不能成立。德国法则以运送至目的地为运送终了的标准，倘于途中受领，取回权仍能成立。

3. 是否要求货物“尚在运途中”以及对“尚在运途中”的认定标准不同

美国法和加拿大法上的出卖人取回权的标的物不限于途中货物。美国破产法规定：出卖人在交付货物后10天内可以提出追回货物的要求，即使这时买受人已被宣告破产，货物也已经收到，法院仍应允许出卖人取回货物。如果货物是债务人重整程序进行所必需的，法院可将出卖人的债权作为无担保第一优先债权或担保债权。但是，在出卖人向买受人表示行使取回权前，买受人已经收到货物并将其出卖者除外，因为货物已经不复存在，所以取回权丧失。[①] 加拿大破产法则规定：未受偿的售货商有权收回供给破产企业的货物，只要这些货物在清算中能够辨认，而且是在破产前30天内交付的。农民、渔民、水产养殖人在破产前5天内向破产企业供应货物的，其就所交付的财产可申请一项特殊担保，从清算出的债务人财产中优先给付。[②] 依英国法和德国法出卖人取回权的标的物限于在途中的货物，但对“尚在运途中”的认定标准不同。德国法以破产宣告为时间判断标准，只要货物在破产宣告时尚在运输途中取回权即可成立，故即使在破产宣告后货物被送达买受人处，出卖人仍能行使取回权。英国法以出卖人采取停止运输手段时货物是否处于运输途中为标准，至于采取停止运输手段是否能帮助出卖人取回货物，由出卖人承担风险，如停止之通知迟到或未达到，运送人善意将货物交付买受人，则取回权不得行使。[③]

从出卖人取回权的衡平法起源以及上述各国的相关规定来看，出卖人取回权与一般取回权的原理有所不同，一般取回权主要是基于所有权的物权请求权，而出卖人取回权则主要是衡平的结果，债务人（破产人）已经取得货物所有权的，出卖人取回权仍可能成立。上述三个方面的不同规定体现了一国破产法关于出卖人取回权之成立要件的不同的标准。

（二）出卖人取回权的构成要件

我国《企业破产法》第39条规定：“人民法院受理破产申请时，出卖人已将买卖标的物向作为买受人的债务人发运，债务人尚未收到且未付清全部价款的，出卖人可以取回在运途中的标的物。但是，管理人可以支付全部价款，请求出卖人交付标的物。”据此，我国破产法上的出卖人取回权，是指在隔地动产买卖合同中，出卖人已经发货，买受方在尚

---

① 参见潘琪：《美国破产法》，205页，北京，法律出版社，1999。

② 参见刘艺工主编：《加拿大民商法》，219页，北京，民族出版社，2003。

③ 参见丁文联：《破产程序中的政策目标与利益平衡》，106～107页，北京，法律出版社，2008。

未收到货物亦未付清货款时进入破产程序，出卖人享有的取回货物之权利。

出卖人取回权的构成要件如下：

第一，买受人进入破产程序。我国破产程序的开始采受理开始主义，因此，不同于英国法上的出卖人取回权成立于债务人支付不能之时，也不同于德国法上的出卖人取回权成立于破产宣告之时，我国法上出卖人取回权成立于破产申请被受理之时。

第二，买受人尚未付清货款。出卖人取回权的设置目的，在于保护出卖人，使其免受在无法得到对待给付的情况下给付货物的“不公平待遇”，如果买受人已付清货款，出卖人就不可能受此“不公平待遇”，因此自然无取回货物之权。所谓未付清货款，并不问原定的支付期限是否已到，因买受人破产的事实已使出卖人不可能再按期获得全部货款。但管理人接管破产企业后有权要求付清货款、交付货物。

第三，买受人进入破产程序时尚未收到货物。从《企业破产法》第39条的字面意思来理解，所谓“债务人尚未收到”是指尚未现实占有标的物，而非指尚未取得标的物之所有权。当事人可以约定货交承运人时或者交付单证时所有权转移，所以债务人在未收到标的物时可能已经取得了所有权。但是我国立法尚未明确如果债务人提前（赶在破产申请被受理前）于途中受领了货物，出卖人是否享有取回权。笔者认为，买受人于进入破产程序前，恶意地提前在运途中接收货物，也不能被视为收到货物，不影响出卖人行使取回权。与美国、加拿大等国家的立法中关于取回权的追溯行使的规定相比，我国对出卖人取回权的保护还是比较弱的，故宜选择有利于保护出卖人的解释，否认提前受领阻却取回权。

有学者认为，出卖人提出解除买卖合同，也是出卖人取回权的构成要件。如我国台湾地区有的学者认为：出卖人行使取回权，应当以其主张解除买卖合同为要件。出卖人只有在依法解除买卖合同并退回已收取的部分对待给付的前提下，才能行使取回权。但也有学者认为，出卖人取回权成立于对买受人的破产程序启动之后，出卖人对标的物的取回权是物权性权利，无须以解除买卖合同为前提。笔者认为，出卖人取回权是因破产程序启动而产生的法定权利，《企业破产法》并不要求当事人在行使取回权之前解除合同，且出卖人取回权的行使不影响合同的效力，出卖人取回权只是对出卖人不安抗辩权的确认以及针对破产程序的特点所作的适当扩张，出卖人行使取回权后，管理人仍可以依据《企业破产法》第18条和第39条选择继续履行合同。

（三）出卖人取回权的行使方式与期间

英国破产法规定取回权必须在货物于运输途中时行使，否则，一旦买受人受领了货物，取回权即告消灭。而德国法规定：只要破产宣告时货物尚在途中，取回权即成立。取回权成立后无论货物是否被送达管理人（或破产人）处都不影响取回权的存续和行使。我国破产法应如何确定出卖人取回权的行使期间，关键是对《企业破产法》第39条所规定的“出卖人可以取回在运途中的标的物”中“在运途中”概念的理解。对所谓“在运途中”，可以有三种理解：第一，“在运途中”，是指出卖人实际取回标的物时标的物之状态，即只有标的物当时尚在运途之中才能够被取回，而一旦被管理人占有，所有权转归破产人，就不得再被取回。第二，“在运途中”，是指出卖人向管理人表示要行使取回权时取回标的物之状态。也即出卖人向管理人主张取回权时，取回之标的物应尚在运途中，但将来实际取回财产时，并不以标的物仍在运途之中为限，管理人收到货物后，出卖人仍可行使取回权。第三，“在运途中”，是指买受人进入破产程序时取回标的物之状态。也即只要买受人进入破产程序时取回权之标的物尚在运途中，出卖人就享有取回权。其在管理人收到货物后才向其主张取回权的，取回权仍旧成立。从立法的字面含义来说，第一种解释最合理，而且第二、三种解释下，“在运途中”四字多余，因为出卖人已发运而买受人未收到的货物就是在运途中的货物，《企业破产法》第 39 条可径直表达为“人民法院受理破产申请时，出卖人已将买卖标的物向作为买受人的债务人发运，债务人尚未收到且未付清全部价款的，出卖人可以取回该标的物”。但是，第三种理解最符合出卖人取回权的设置本意。第一种解释要求出卖人及时得知买受人进入破产程序，并迅速采取行动取回货物；第二种解释要求出卖人及时得知买受人进入破产程序，并迅速采取行动向管理人为行使取回权的意思表示。这两种解释对出卖人掌握信息的能力和采取行动的能力要求过高，不利于对出卖人权益的维护，并且易导致部分出卖人得到通知，从而顺利行使取回权，而另一部分人因没有得到破产通知或无法与管理人取得联系等原因无法行使取回权，违背破产法对相同状况权利人同等保护的公平性目标，故从法理角度讲，第三种解释更为合理。至于在司法实践中如何理解并执行，则要看一国之具体国情以及立法价值取向。此外，立法还应当明确取回权的除斥期间，避免权利人怠于行使取回权而加重管理人的保管财产的负担，同时也应明确权利人放弃取回权后标的物的处理规则。

为解决对立法的理解和执行问题，《企业破产法司法解释二》第 39 条规定：出卖人依据《企业破产法》第 39 条的规定，通过通知承运人或者实际占有人中止运输、返还货物、变更到达地，或者将货物交给其他收货人等方式，对在运途中标的物主张了取回权但未能实现，或者在货物未达管理人前已向管理人主张取回在运途中标的物，在买卖标的物到达管理人后，出卖人向管理人主张取回的，管理人应予准许。出卖人对在运途中标的物未及时行使取回权，在买卖标的物到达管理人后向管理人行使在运途中标的物取回权的，管理人不应准许。据此，出卖人通知承运人或者实际占有人行使取回权未能实现，导致买卖标的物最终被交付管理人的，因出卖人主张行使取回权时符合《企业破产法》第 39 条规定的条件，即使买卖标的物事后到达管理人，出卖人仍然有权向管理人主张取回。管理人不得以标的物已经不符合在运途中的要件为由，拒绝其行使取回权。另外，如果出卖人在标的物在运途中，由于特殊原因无法通过承运人等行使取回权的，也可以直接向管理人主张取回。待货物到达管理人后，管理人应当将标的物返回出卖人。出卖人对在途标的物取回权行使的前提是买卖标的物处于在运途中。如果出卖人未在买卖标的物到达管理人前及时主张行使在途标的物取回权的，其即丧失了行使该项取回权的权利。

三、代偿取回权

（一）代偿取回权概说

代偿取回权，是指当取回权的标的财产被非法转让或灭失时，该财产的权利人有权取回转让其财产所得到的对待给付财产或补偿金。日本学者伊藤真认为，代偿取回权是标的物已被转让给第三人，并未现存于破产财团中且不可能返还时，就替代标的物的对待给付或其请求权承认取回权的一种特殊取回权。[①]

一般取回权以取回物仍然存在于破产人处为基础成立，代偿取回权则在取回权标的物毁损、灭失或者被非法转让时，赋予取回权人依法取回标的物的代偿财产的权利。如无代偿取回权，这时一般取回权人便只能以取回权标的物的损害赔偿请求权作为破产债权要求清偿，从而受到损失。所以，代偿取回权是对一般取回权制度的必要补充。

对取回权的行使是否可延伸到代偿财产以及可延伸到何种代偿财产存在不同认识。第一种观点不承认代偿取回权，认为取回权的行使必须以取回权标的财产的存在为前提。如果该财产毁损、灭失或被非法转让，则取回权人只能以该财产的物价作为破产债权受偿。这种观点忽视了破产程序中取回权与赔偿请求权即破产债权在权利实现上的巨大差异，忽视了代偿物与取回物之间的替代关系，不利于对取回权人正当利益的保护。第二种观点主张设置代偿取回权，但认为仅能适用于权利人的财产被破产人或者管理人转让，且受让人未支付价金的情形。[②] 这种观点仅将代偿取回权理解为权利人向财产受让人（而非管理人）请求支付未付价金的权利，如破产人或管理人已受领代偿财产，则认为代偿取回权不复存在。这种观点对代偿取回权适用范围的理解也显过窄。第三种观点认为，代偿取回权既包括请求管理人转让对受让人的请求权的权利，也包括请求管理人转让已经接受的对待给付财产的权利。采此种观点对取回权人利益的保护力度最大。

此外，在承认代偿取回权的学者中，对取回权可延及的代偿财产是否必须是特定物也存在不同观点。有的学者认为，只有破产人或管理人已接受的对待给付财产为特定物时才可行使代偿取回权。[③] 有的学者主张，可行使取回权的代偿财产不必是特定物，但应能够与破产人的其他财产相区分。

笔者认为，为公平维护取回权人的正当权益，我国破产法应当设置代偿取回权，不能简单地以赔偿请求权即破产债权取代代偿取回权。理由在于以下几点。

第一，代偿取回权具有保障一般取回权在非正常情况下实现的特殊功能。代偿取回权将取回权人享有优先权的对象由原标的财产延伸到其毁损、灭失或者被转让之后的代偿财产，从而可以最大限度地避免取回权人的损失。而赔偿请求权作为普通破产债权则不具有此种作用。

第二，代偿取回权是物权行使的特殊方式，即将可以从破产财产中区分的代偿财产由权利人取回。其权利行使的标的财产是取回权标的物的转化形式，本不属于破产财产，只要与一般破产债权的清偿财产不相混淆，就不会对破产财产造成实质不利影响。而赔偿请求权的标的是原标的财产因毁损、灭失或者被转让而造成的损失，该损失只能经由货币衡量，没有特定性，且只能从破产财产中得到比例分配。代偿财产的多少是一个事实判断，它由原标的财产的转化物的客观价值所决定，与行为人的过错无关。而赔偿请求权标的之多少是一个价值判断，通常要考虑受害人损失、加害人过错等因素。

据此，代偿取回权和赔偿请求权具有不同的功能。当取回代偿财产仍不足以弥补取回权人的损失时，其仍享有对其余损失主张赔偿的权利，但赔偿请求权作为破产债权没有优

---

① 参见［日］伊藤真：《破产法》，刘荣军、鲍荣振译，187 页，北京，中国社会科学出版社，1995。

② 参见吴合振主编：《企业破产清算》，210 页，北京，人民法院出版社，2002。

③ 参见邹海林：《破产程序和破产法实体制度比较研究》，294 页，北京，法律出版社，1995。

先受偿的效力。假设债务人故意将他人市价 10 万元的车辆，以 6 万元的价格转让给第三人或者换回一台价值 5 万元的机器。这里的转让款或作为对价的机器均可以被视为原标的物之代偿财产，只要符合代偿取回权的行使条件，都应当允许取回权人取回。但对债务人故意进行无权处分行为给权利人造成的差价损失，权利人只能主张赔偿请求权。

承认代偿取回权制度有利于维护破产程序的公平性。如对取回权标的物毁损、灭失或者被非法转让的情况不加区分，均将权利人视为破产债权人，不仅会使本可被取回的财产不能被取回，甚至可能诱发债务人在破产原因发生后非法转让他人财产的破产欺诈行为。

（二）各国关于代偿取回权的立法例

德国、日本、瑞士、韩国等大陆法系国家在其破产法中明确规定了代偿取回权制度。德国破产法第 48 条规定："本可要求取回之物在破产宣告前被债务人或者破产宣告后被管理人不当出售时，若对方尚未给付，取回权人可要求让与对对方给付之请求权。已向破产财产给付而能加以识别的，他可要求从破产财产中取回该项对方给付。"① 日本破产法第 64 条规定："（代偿取回权）（一）破产人（已发布保全管理命令时的保全管理人）于破产宣告前将取回权标的财产转让时，取回权人可以请求转移对待给付请求权。破产管理人将取回权标的财产转让时亦同。（二）于前项情形，如果破产管理人已受对待给付，取回权人可以请求给付破产管理人所受的对待给付财产。"瑞士破产法第 202 条规定："债务人出售第三人所有的财产，在破产宣告时尚未收取货款的，则原所有权人可以通过向债务人支付应得报酬要求转让对买方的货款债权，或者货款已为破产管理人收取的，要求发还货款。"② 韩国破产法也有类似规定。

我国《企业破产法》未规定代偿取回权。《企业破产法司法解释二》第 32 条规定：债务人占有的他人财产毁损、灭失，因此获得的保险金、赔偿金、代偿物尚未交付给债务人，或者代偿物虽已交付给债务人但能与债务人财产予以区分的，权利人主张取回就此获得的保险金、赔偿金、代偿物的，人民法院应予支持。保险金、赔偿金已经交付给债务人，或者代偿物已经交付给债务人且不能与债务人财产予以区分的，人民法院应当按照以下规定处理：（1）财产毁损、灭失发生在破产申请受理前的，权利人因财产损失形成的债权，作为普通破产债权清偿；（2）财产毁损、灭失发生在破产申请受理后的，因管理人或者相关人员执行职务导致权利人损害产生的债务，作为共益债务清偿。债务人占有的他人财产毁损、灭失，没有获得相应的保险金、赔偿金、代偿物，或者保险金、赔偿物、代偿物不足以弥补其损失的部分，人民法院应当按照本条第 2 款的规定处理。据此，我国法律把能够将因财产毁损、灭失获得的保险金、赔偿金或者代偿物与债务人财产予以区分，作为权利人行使代偿取回权的前提。如果能够予以区分，权利人可以取回就此获得的保险金、赔偿金或者代偿物；如果不能与债务人财产予以区分，则权利人不能行使代偿取回权，而只能根据财产毁损、灭失发生的时间分别作为普通破产债权或者共益债务在破产程序中获得清偿。此外，对于占有物转让、毁损、灭失时管理人等的责任，《企业破产法司

---

① 《德国破产法》，刘汉富译，载王保树主编：《商事法论集》，第 5 卷，551 页，北京，法律出版社，2000。

② 《瑞士联邦债务执行与破产法》，刘汉富译，载王保树主编：《商事法论集》，第 5 卷，498 页，北京，法律出版社，2000。

法解释二》第33条规定：管理人或者相关人员在执行职务过程中，因故意或者重大过失不当转让他人财产或者造成他人财产毁损、灭失，导致他人损害产生的债务作为共益债务，由债务人财产随时清偿不足以弥补损失，权利人向管理人或者相关人员主张承担补充赔偿责任的，人民法院应予支持。上述债务作为共益债务由债务人财产随时清偿后，债权人以管理人或者相关人员执行职务不当导致债务人财产减少，给其造成损失为由提起诉讼，主张管理人或者相关人员承担相应赔偿责任的，人民法院应予支持。

（三）代偿取回权的标的

能否行使代偿取回权，不是看代偿财产是种类物还是特定物，关键是看代偿财产能否与债务人财产相区分。只要代偿财产能够与债务人财产区分，即便是种类物或货币如货款、保险金、补偿金，也应当允许权利人行使取回权。但在代偿财产与债务人财产混同时，行使所谓代偿取回权将变成从破产财产中取回与取回权标的物等价财产的个别清偿，必然会损害其他破产债权人的利益，所以不应被允许。

代偿取回权的标的不应被限定为特定物的理由如下：

第一，取回权标的物遭遇毁损、灭失或被转让后，不管代偿财产的形式如何，其性质都是不应当被纳入破产分配的他人财产。在取回权标的物毁损、灭失或被转让之后，债务人或者管理人仅是代偿财产的代管人，并不是代偿财产的所有权人，若限制权利人对代偿财产行使取回权，必然造成债务人的不当得利。

第二，取回权标的物被转让的对待给付或者毁损、灭失后的补偿一般都是货币，若将代偿取回权的标的物限定为特定物，将会使该权利失去普遍意义。

第三，我国《民法典》第390条规定："担保期间，担保财产毁损、灭失或者被征收等，担保物权人可以就获得的保险金、赔偿金或者补偿金等优先受偿。被担保债权的履行期限未届满的，也可以提存该保险金、赔偿金或者补偿金等。"据此，担保物权人对原物的代偿财产具有与原物相同的优先权，物权的优先效力可以延伸到其货币形态的代位物。举轻以明重：如取回权人对取回权标的物毁损、灭失所转化的赔偿金不能享有代偿取回权，势必造成对所有权人的保护反不及对限定物权人的保护的情形。为维护立法逻辑的统一，应当承认权利人对取回权标的物转化的代位赔偿在特定情况下享有代偿取回权。

根据上述分析，代偿取回权的标的物可分为三类：第一，特定物。包括原财产被转让后，受让人支付给债务人或者管理人的作为对价的特定物，也包括第三人赔偿的特定物。第二，货币等种类物。包括原财产被转让或者发生毁损、灭失后受让人、保险公司、第三人针对该财产而支付的价金、保险金、补偿金、赔偿金等。对此类代偿财产行使取回权应具备能够与债务人其他财产相区分的条件，以防权利滥用损害其他债权人的权益。第三，原财产被债务人或管理人转让，在受让人尚未支付对价时债务人破产的，权利人可以要求管理人移转对受让人之请求权，即要求管理人作出移转的意思表示和发出作为对抗要件的债权转让通知。①

---

① 参见［日］伊藤真：《破产法》，刘荣军、鲍荣振译，188页，北京，中国社会科学出版社，1995。

（四）代偿取回权的行使

1. 不同情况下代偿取回权的构成

第一，因债务人转让取回权标的物发生的代位求偿权。

在债务人非法转让取回权标的物时，因其行为属无权处分行为，所以权利人可以主张合同无效，取回其财产。但如受让人符合善意取得的条件，或者无法返还财产，则权利人在债务人进入破产程序后，可以行使代偿取回权；在无法行使代偿取回权的情况下，权利人只能以赔偿请求权申报破产债权来受偿。

如果债务人在破产申请被受理之前转让权利人的财产，受让人于管理人接管财产时仍未向债务人支付对价的，权利人可以向管理人请求对受让人的给付请求权行使代偿取回权，管理人应为之办理债权转让手续。有学者认为，取回权人在财产被转让而未支付对价时，应向财产受让人请求返还原物或者请求支付价金，以替代向破产人求偿的权利。① 这种理解是不妥的，因取回权人与受让人之间并无合同关系，取回权人无权直接向受让人要求支付对待给付，代偿取回权的行使只能以管理人为相对人。如果取回权人以物权的追及力为理由，要求受让人返还原物，则需先依法确定原转让合同无效，但这时其要求行使的权利已不再是代偿取回权了。

如债务人在破产程序开始之前已经取得受让人支付的代偿财产，当代偿财产是特定物，或虽是种类物、货币但能够与破产财产区分时，权利人可以向管理人请求行使代偿取回权。如对价财产已与破产财产完全混同，无法区分，则权利人不能再行使代偿取回权，只能以赔偿请求权申报破产债权来受偿。

第二，因管理人转让取回权人的财产发生的代偿取回权。

如管理人在接管债务人财产后误将他人财产转让，该行为系无权处分行为，该转让合同无效，受让人应返还原物。但如受让人于财产权利人请求时，尚未返还原物或者支付价金，则权利人也可以要求管理人转让对受让人的请求权，以该请求权为对象行使代偿取回权。如果管理人已从受让人处取得对价财产，且该对价财产能够同债务人财产相区分，则权利人也可以请求对该财产行使代偿取回权。如该对价财产与债务人财产混同，无法区分，则权利人不能行使代偿取回权。如属管理人执行职务导致的损害，则应被列为共益债务，以债务人财产优先支付。如由债务人财产不能获得全部清偿，而损失系管理人未尽到忠实、勤勉义务造成的，依《企业破产法》第 130 条的规定，管理人应向权利人承担赔偿责任。

第三，取回权人的财产因自然原因或者第三人原因遭遇毁损、灭失后的代偿取回权。

如权利人为被保险人，但保险金由债务人或者管理人受领，则权利人可请求管理人交还保险金。第三人因损害取回权人的财产而支付赔偿金时，权利人可请求债务人或者管理人交还该项赔偿金。但保险金或者赔偿金被债务人在破产申请被受理前领取的，权利人享有代偿取回权的前提，是上述金额能够同债务人的其他财产相区分。

2. 代偿取回权的选择性行使

在取回权标的物被债务人或者管理人转让时，如受让人为善意第三人，转让合同被确

① 参见吴合振主编：《企业破产清算》，210 页，北京，人民法院出版社，2002。

定为有效，则权利人只能依法对管理人行使代偿取回权。如果受让人的即时取得尚未成立，则原物仍有可能从第三人那里取回，在此场合，权利人可选择行使一般取回权或者代偿取回权。[①] 也即取回权人可以通过管理人阻止受让人善意取得的成立，如在未支付价款的情况下，及时宣布转让合同无效，在管理人追回财产后，取回权人再行使取回权。取回权人也可以在管理人取得给付财产后行使代偿取回权。

3. 代偿取回权的具体行使方式

代偿取回权可以通过诉讼和非诉讼途径行使。如管理人承认代偿取回权，则权利人可直接取回代偿财产。但为了防止管理人滥用此项权利，损害债权人的权益，一些国家和地区的破产法规定，管理人承认取回权人的权利请求，须经监察人（我国《企业破产法》中的债权人委员会）同意，在没有监察人或者监察人未确定时要经法院同意。我国《企业破产法》第69条规定的管理人应向债权人委员会报告的列举事项中，未包括同意取回权人行使代偿取回权。但因该事项与其他应报告债权人委员会的事项重要性相同，故应被视为法律规定的“对债权人利益有重大影响的其他财产处分行为”，而要求管理人的决定接受债权人委员会的监督。如管理人对代偿取回权的行使存在争议，取回权人可以向受理破产申请的人民法院提起诉讼。如果法院判决未认定权利人具有代偿取回权，权利人仍可主张赔偿请求权。

此外，代偿取回权在重整程序中的行使有一定的特殊性。《企业破产法》第76条规定：“债务人合法占有的他人财产，该财产的权利人在重整期间要求取回的，应当符合事先约定的条件。”据此，一般取回权在重整程序中不能加速到期、提前行使。但重整程序中对一般取回权行使的限制原则上不应及于代偿取回权。因为在行使代偿取回权时，原财产已不存在，管理人占有代偿财产已失去合同依据，代偿财产也与双方原来在合同中设定的使用目的不符，故应允许取回权人行使代偿取回权。

第四节　破产抵销权

【案例4—2】中国一冶集团有限公司与海鑫钢铁集团有限公司管理人等破产抵销权纠纷上诉案[②]

一、基本案情

中国一冶集团有限公司（以下简称中国一冶公司）因与海鑫钢铁集团有限公司管理人、山西海鑫国际钢铁有限公司管理人破产抵销权纠纷一案，不服运城市中级人民法院（2015）运中民初字第00171号民事判决，向本院提起上诉，本院受理后，依法组成合议庭，公开开庭审理了本案。

---

① 参见［日］石川明：《日本破产法》，何勤华、周桂秋译，79页，上海，上海社会科学院出版社，1995。

② 案例来源：山西省高级人民法院（2017）晋民终566号民事判决书。

2015年11月16日，海鑫钢铁集团有限公司管理人和山西海鑫国际钢铁有限公司管理人提起一审诉讼，请求：(1) 请求判决中国一冶公司主张抵销2013年股利分红6 914 227.66元、2014年股利分红2 782 220.68元的申请无效；(2) 请求判决中国一冶公司主张抵销2014年度分红后未分配利润13 165 715.01元的申请无效；(3) 请求判决中国一冶公司主张抵销海鑫钢铁集团有限公司所持股权65 724 367.70元的申请无效；(4) 请求判决中国一冶公司承担本案诉讼费用。

运城市中级人民法院一审查明：(1) 海鑫钢铁集团有限公司系中国一冶公司的股东，出资65 724 367.70元。2014年11月7日中国一冶公司股东会会议决议，分配给海鑫钢铁集团有限公司2013年股利6 914 227.66元；2015年8月8日中国一冶公司股东会会议决议，分配给海鑫钢铁集团有限公司2014年股利2 782 220.68元；2015年8月8日中国一冶公司股东会会议决议，分配给海鑫钢铁集团有限公司未分配利润13 165 715.01元，前提条件是冲抵海鑫钢铁集团有限公司对中国一冶公司的债务。(2) 2014年11月12日运城中院以(2014)运中破字第1、3号民事裁定，裁定海鑫钢铁集团有限公司、山西海鑫国际钢铁有限公司进入重整程序，后两公司被运城中院裁定合并重整，指定了破产管理人。2015年8月18日海鑫钢铁集团有限公司管理人、山西海鑫国际钢铁有限公司管理人收到中国一冶公司的"关于债务抵销的函"，中国一冶公司主张以海鑫钢铁集团有限公司的股利及股权抵销海鑫钢铁集团有限公司欠其相应工程款。(3) 本案一审审理中，山西省高级人民法院2016年3月17日作出(2014)晋民初字第12号民事判决，判决海鑫钢铁集团有限公司和山西海鑫国际钢铁有限公司支付中国一冶公司工程款103 804 219.11元及利息27 579 365.48元。该判决已生效。

运城市中级人民法院一审认为，双方争议焦点是：(1) 中国一冶公司对2013年年度股利行使抵销权是否违反《企业破产法》第32条禁止单独清偿的规定，2013年度股利可否抵销；(2) 海鑫钢铁集团有限公司进入破产程序后，中国一冶公司股东会确定的2014年年度股利、未分配股利能否适用《企业破产法》第40条进行抵销；(3) 股权可否与债务抵销。

(1) 关于中国一冶公司对2013年年度股利行使抵销权是否违反《企业破产法》第32条禁止单独清偿规定，2013年年度股利可否抵销的问题。《企业破产法》第32条是关于破产申请受理前6个月内个别清偿行为的撤销的规定，本案中并不存在破产申请受理前6个月内的个别清偿行为，《企业破产法》第32条规定与本案事实无关联性，海鑫钢铁集团有限公司管理人、山西海鑫国际钢铁有限公司管理人依据该条认为2013年年度股利不能抵销的观点，不予采纳。海鑫钢铁集团有限公司在中国一冶公司应得的2013年股利6 914 227.66元，2014年11月7日经中国一冶公司股东会确定，至今并未支付，属于中国一冶公司对海鑫钢铁集团有限公司所负债务，该债务发生在海鑫钢铁集团有限公司重整申请受理前。而中国一冶公司对海鑫钢铁集团有限公司享有的债权在重整程序中已依法申报，后经人民法院判决确定存在工程欠款及利息。双方互负债务，且均系破产申请一年前所发生的原因而负债务，不存在《企业破产法》第40条规定的不得抵销的情形，依据《企业破产法》第40条，中国一冶公司作为债权人可以向海鑫钢铁集团有限公司管理人主张抵销。

(2) 关于海鑫钢铁集团有限公司进入破产程序后，中国一冶公司股东会确定的2014年年度股利、未分配股利能否适用《企业破产法》第40条进行抵销的问题。《企业破产法》第40条规定的破产抵销权，是指债权人在破产案件受理前对债务人负有债务的，可以用该债务抵销其债务人对其所负债务的权利。海鑫钢铁集团有限公司在中国一冶公司应得的2014年年度股利2 782 220.68元、未分配股利13 165 715.01元，于2015年8月8日经中国一冶公司股东会确定，该两笔债务成立于海鑫钢铁集团有限公司重整申请受理后，不符合《企业破产法》第40条的规定，中国一冶公司主张抵销无效。

(3) 关于股权可否与债务抵销的问题。破产抵销是互负债务的抵销，海鑫钢铁集团有限公司在中国一冶公司的投资，其性质并非中国一冶公司对海鑫钢铁集团有限公司所负债务，不能进行抵销，中国一冶公司主张抵销无效。

综上，中国一冶公司对海鑫钢铁集团有限公司2013年股利行使抵销权符合法律规定。中国一冶公司对海鑫钢铁集团有限公司2014年股利、未分配股利及股权行使抵销权无法律依据。判决：(1) 驳回海鑫钢铁集团有限公司管理人、山西海鑫国际钢铁有限公司管理人关于中国一冶集团有限公司对海鑫钢铁集团有限公司2013年股利6 914 227.66元行使抵销权无效的诉讼请求。(2) 中国一冶集团有限公司对海鑫钢铁集团有限公司2014年股利2 782 220.68元、未分配股利13 165 715.01元行使抵销权无效。(3) 中国一冶集团有限公司对海鑫钢铁集团有限公司在中国一冶集团有限公司的股权（投资）65 724 367.70元行使抵销权无效。

中国一冶公司不服一审判决，向本院提起上诉，请求：(1) 请求撤销运城市中级人民法院（2015）运中民初字第00171号民事判决第2、3项；(2) 本案的诉讼费用由两被上诉人承担。

本院对原审查明的事实予以确认。

本院认为：根据双方的诉辩主张和本案事实，本案争议焦点为，中国一冶公司对海鑫钢铁集团有限公司、山西海鑫国际钢铁有限公司2014年股利2 782 220.68元、未分配利润13 165 715.01元及股权行使抵销权是否有效。

(1) 中国一冶公司确定海鑫钢铁集团有限公司在中国一冶公司应得2014年度股利2 782 220.68元、未分配股利13 165 715.01元的时间是2015年

8月8日中国一冶公司的股东会议，因此中国一冶公司对海鑫钢铁集团有限公司上述两笔债务的确定时间为2015年8月8日，形成于海鑫钢铁集团有限公司重整申请受理后，不符合《企业破产法》第40条关于“债权人在破产案件受理前对债务人负有债务的，可以向管理人主张抵销”的规定，中国一冶公司关于“海鑫钢铁集团有限公司对一冶公司利润分配是法律规定事由，且股利分红及未分配利润已于2014年确定，2015年股东会决议是对2014年股利分红及未分配利润事宜再次确认”的主张证据不足，中国一冶公司主张抵销不予支持。

(2) 关于海鑫钢铁集团有限公司的股权可否与其债务抵销的问题。破产抵销是互负债务的抵销，即相互抵销的前提是双方互负债务，而海鑫钢铁集团有限公司在中国一冶公司的股权是因出资形成的，出资进入公司后不能擅自退出，只能经法定程序通过公司股权转让等方式进行股权转让。股权与因合同形成的债权是两种不同的民事法律权利，与中国一冶公司对海鑫钢铁集团有限公司所负债务性质不同，不能进行抵销，中国一冶公司主张抵销无效。

综上，中国一冶公司上诉理由不能成立。一审判决认定事实清楚，适用法律正确。依照《民事诉讼法》第170条第1款第1项之规定，判决如下：驳回上诉，维持原判。

二审案件受理费450 161.52元，由中国一冶集团有限公司负担。

本判决为终审判决。

二、法律问题

本案涉及的法律问题有：已经债权人股东会确认分配给债务人的股利与该债权人对债务人的债权进行抵销应符合哪些条件？债务人作为债权人股东持有的股权能否与该债权人对该债务人的债权进行抵销？

一、破产抵销权的概念与特征

（一）破产抵销权的概念

破产法上的抵销权，是指债权人在破产申请受理前对债务人即破产人负有债务的，无论债务是否已到清偿期限、标的是否相同，均可在破产财产最终分配确定前向管理人主张相互抵销的权利。我国《企业破产法》第40条规定：“债权人在破产申请受理前对债务人负有债务的，可以向管理人主张抵销。”此即破产抵销权。

抵销权本是民法上的权利，但将其运用于破产程序中对于维护债权人的权益具有重要的意义，可在债务人丧失清偿能力的情况下使其债权在抵销的范围内得到全额、优先清偿。破产法上的抵销制度，是破产债权只能依破产程序受偿的例外。在破产程序中承认抵销权的理由有：“一是抵销制度担负担保性功能，通过行使抵销权，而不根据破产手续就能优先得到清偿；二是如果不允许抵销，就会产生不公平的现象，即，自己欠破产财团的债务，被要求作出全面的履行；与此相对，自己拥有的债权则作为破产债权，只能受到按比例的平均的分配（清偿）”①。相同的当事人之间，同样的债权处于不平等的清偿地位，有违公平原则。所以，基于“自然的公平”原则，一些国家在破产法中专门设立了破产抵销权，以保障破产债权人的上述权益。

也有的国家如法国、比利时、卢森堡等国，不允许进行破产抵销。反对破产抵销的观点认为，破产抵销的作用在于使享有抵销权的债权人实际上达到担保其债权实现的目的，这违背了按比例分配债务人财产的原则，因为享有抵销权的债权人通过抵销得到了对其债权的充分偿付，这使抵销类似于一种未公开的担保权，对其他债权人而言是不公平的。②所以这些国家的立法原则上是禁止破产抵销的，但其禁止的范围主要限定在两个相互独立的请求权之间，对于一些相互关联的特殊交易形成的交叉债权往往也是允许抵销的。如否定破产抵销的法国，也允许保险费与保险金的抵销，以及破产人所交付货物的应收价款与迟延履行或瑕疵履行产生的损害赔偿权的抵销。③ 我国《企业破产法》允许破产抵销。

【经典导读】

破产抵销权与民法抵销权的比较④

破产抵销权是民法抵销权制度在破产程序中的特别运用，两者在维护当事人权益等方面有很大差别。民法抵销权适用的主要目的，是节省当事人双方的结算时间和费用，避免交叉诉讼。而破产抵销权的目的，是使债权人的破产债权在抵销范围内从破产财产中得到全额、优先的清偿，避免和其他债权人一样接受破产财产的按比例清偿，使其在破产程序中拥有不同于其他债权人的优先地位。破产抵销权和民法抵销权在具体行使时还是有很大差别的。第一，民法抵销权为债的消灭方式，互负债权债务的交叉债权人基于消灭双方互负的债务的目的均可主动提出抵销主张。但破产抵销权的立法目的在于担保债权人的债权优先实现，所以，该权利只能由破产债权的债权人行使，而管理人不得在破产债权人未提出抵销主张的情况下主动提出抵销。第二，抵销双方债的标的种类相同和抵销双方债务的清偿期均已届至这两个条件是民法抵销权行使的必备条件。但破产抵销权在行使时，并不受民法抵销权行使的上述两个条件的限制，对于即使是种类不同的债务或者尚未到期的债务也可行使破产抵销权。理由有：一是破产程序是一种概括执行程序，破产财产分配以货币分配为主，在破产程序中所有的债权债务关系都通过债权申报转化为可以用金钱代表的债权债务，因此，破产抵销权的行使，并不要求双方互负债务的标的种类相同，不同种类的债务也可以进行抵销。二是根据《企业破产法》的规定，债权人对债务人享有的未到期债权，在破产申请受理时视为到期，即债务人对债权人负有的债务的履行期限虽然尚未届至，但债务人进入破产程序，使其对债权人的清偿义务加速到期。三是债权人对债务人负有的债务的履行期限没有届至时。如果债权人不主张抵销，则债权人仍可按照原约定期限履行债务，但如果主动债权的债权人自行选择以其履行期限尚未届至的债务与对方履行期限已经届至的债务抵销的，则可视为其放弃其期限利益，因此该抵销应为有效。

---

① ［日］石川明：《日本破产法》，何勤华、周桂秋译，133页，北京，中国法制出版社，2000。

② 参见石静遐：《跨国破产的法律问题研究》，300～301页，武汉，武汉大学出版社，1999。

③ 参见张学安：《银行跨国业务中的抵销问题研究》，61页，北京，中国政法大学出版社，2001。

④ 参见张先明：《积极追收债务人财产 充分保障债权人利益——最高法民二庭负责人就企业破产法司法解释答记者问（二）》，载《人民法院报》，2013-09-13（4）。

（二）破产抵销权的特征

抵销权不同于破产法规定的破产债权、取回权、撤销权、别除权等其他权利，也不同于民法上的抵销权，具有自己的特征。

1. *破产抵销权主体的特定性*

在民法中，只要符合法律规定的条件，任何一方当事人都可以主张抵销，即抵销权并非专属于某一方当事人。而在破产法中，通说认为破产管理人不能主张抵销，因为如果允许破产管理人主张抵销，那么必将造成破产财产的减少，在客观上对其他的破产债权人不利，也与破产管理人应当为全体债权人的共同利益活动的职责不符。破产抵销权是专属于破产债权人的一项权利。

【经典导读】

管理人、债务人和别除权人在破产程序中的抵销权①

我国《企业破产法》第40条明确规定，“债权人在破产申请受理前对债务人负有债务的，可以向管理人主张抵销”，但并未规定管理人可以主动向债权人主张抵销。因为抵销权作为债权人的一项权利，是可以任由其行使或放弃的，而管理人主动主张抵销，将使个别债权人受益，使破产财产减少，客观上对多数破产债权人不利，与管理人应当为全体债权人共同利益活动的职责不符。至于债务人即破产人，在破产申请受理后已丧失对财产的管理与处分权，自然更无主张抵销的权利。只有在重整程序中，债务人自行管理财产时，才可能出现就债务人对债权人主张的抵销权是否承认的问题。所以，破产抵销权在行使方式上与民法抵销权存在区别。在破产抵销中，债权人可行使抵销权，故其债权被称为主动或自动债权；破产人即债务人不得主动进行抵销，故其债权被称为被动或受动债权。

有的学者主张，在破产最终分配方案确定之后，对破产债权人依据方案实际分配的债权数额，管理人可以主动主张抵销。笔者认为，由于这种抵销在法律性质上不属于破产抵销，而是民法上的抵销，所以无须受破产法之限制，管理人可以主动主张抵销。在破产程序中，破产抵销权的存在不排斥民法上抵销权的同时存在与独立行使，如破产费用和共益债务的权利人与对债务人即破产人之债权的抵销就属于民法上的抵销。

对于别除权人的债权在破产程序中是否允许进行抵销的问题，有的学者认为，“抵销权只能由破产债权人行使……与破产人充抵债务的债权，须是在破产宣告前成立的无财产担保的债权”。此种观点无法律依据。无论是于民法上的抵销权，还是于破产法上的抵销权，债权是否存在财产担保、是不是优先受偿债权均不是其构成或排除要件，故只要该债权不在破产法禁止抵销之列，就可享有抵销权。而别除权人对担保物的优先受偿权和抵销权都属于优先权，在优先权所及的债权范围内都有全额受偿的权利，对破产人财产的实际影响相同，所以在权利行使上没有先后次序之别。

由于别除权人可抵销的债权是可以通过对担保物的执行全额优先获偿的债权，其抵销对破产财产没有不利影响，故其抵销属于民法上的抵销。所以，管理人可以主动提出抵销。但管理人可主动主张抵销的范围应被限定在担保物可能的市场变价价格之内，即抵销对破产财产无不

---

① 参见王欣新、王中旺：《论破产抵销权》，载《甘肃社会科学》，2007（3）。

利影响的范围内。破产法对抵销权的禁止性规定原则上不适用于别除权人的债权抵销，但超出物权担保范围的无担保债权除外。

2. 破产抵销范围的广泛性

民法中的抵销，除非当事人另有约定，需双方债权标的物的种类、性质相同，且均为到期债权。在破产法中，由破产程序的性质所决定，任何债权最后都是以金钱的形式得到实现，且在破产程序开始后，未到期的债权一律被视为到期，所以破产抵销权的行使并不受履行期限及标的物种类、性质等的限制。

3. 可抵销破产债权的时间性

无论是主动债权还是被动债权，原则上均须成立于破产申请受理之前，对破产申请受理之后所发生的债权不能进行破产抵销。具体存在着两种情况：其一是破产债权人不得以其已有的债权主张与其在破产申请受理后对破产债务人所负有的债务相抵销；其二是破产债务人的债务人不得主张以其在破产申请受理后对破产债务人所取得的债权与其已经负有的债务相抵销（符合可在破产程序中行使的民事抵销权的条件者除外）。如果允许上述两种情况下破产债权人主张抵销，那么破产债务人的每个债权人或债务人都会在破产申请受理后想方设法地对破产债务人负有债务或取得债权，从而通过主张抵销使自己的债权债务得到完全的清偿。这显然与破产程序所规定的按比例总括清偿的原则不符，损害了全体债权人的利益。《企业破产法》第 40 条规定："债权人在破产申请受理前对债务人负有债务的，可以向管理人主张抵销"。据此，破产债权人只能主张以其破产债权与其在破产申请受理之前对破产债务人所负有的债务抵销。

二、破产抵销权的行使

（一）以管理人为相对人

在人民法院受理破产申请后，债务人的财产管理与债务清偿等事务均由管理人负责（重整程序中债务人自行管理的情况除外），因此债权人对抵销权的行使也需通过管理人。《企业破产法司法解释二》第 41 条规定：债权人依据《企业破产法》第 40 条的规定行使抵销权，应当向管理人提出抵销主张。管理人不得主动抵销债务人与债权人的互负债务，但抵销使债务人财产受益的除外。

根据《企业破产法司法解释二》第 42 条和第 43 条的规定，管理人收到债权人提出的主张债务抵销的通知后，经审查无异议的，抵销自管理人收到通知之日起生效。管理人对抵销主张有异议的，应当在约定的异议期限内或者自收到主张债务抵销的通知之日起 3 个月内向人民法院提起诉讼。无正当理由逾期提起的，人民法院不予支持。人民法院判决驳回管理人提起的抵销无效诉讼请求的，该抵销自管理人收到主张债务抵销的通知之日起生效。债权人主张抵销，管理人以下列理由提出异议的，人民法院不予支持：（1）破产申请受理时，债务人对债权人负有的债务尚未到期；（2）破产申请受理时，债权人对债务人负有的债务尚未到期；（3）双方互负债务标的物种类、品质不同。

（二）以破产债权的申报为必要

破产抵销权是债权人行使权利的一种特殊方式。债权申报是债权人参加破产程序的必要条件。享有破产抵销权的债权虽属于不参加破产财产分配的优先债权，但也应当进行申报并获得确认，才能取得破产法上的受偿权利。债权申报的重要意义之一，就是使所有对债务人财产提出的请求，都经过债权人会议的审查。通过这种集体审查程序，可以保证请求权的真实性和准确性，从而防止利用虚假债权侵蚀破产财产，进而损害全体债权人利益的情况发生。因此，对未依法申报的债权，因其真实性、准确性未经过债权人会议审查，无得到确认，不能主张抵销。

（三）以等额抵销为原则

被主张抵销的双方债务的数额，通常并不相等，因而在抵销后难免有差额发生。对破产债权大于债务的，抵销后破产债权超过被抵销债务的部分，可继续参加破产财产分配。对破产债权小于债务的，抵销后债务超过破产债权的部分，属于破产财产。管理人有权就这一部分债务请求该债权人清偿，后者应当履行相应的给付义务。

【破产文书】

通知书

（是否同意抵销用）

（××××）××破管字第×号

×××（申请抵销人名称/姓名）：

你公司/你关于要求抵销____________（主张抵销的债务内容）的申请收悉。经本管理人核实：____________（简述核实的内容）。

（同意抵销时适用）

根据《中华人民共和国企业破产法》第四十条之规定，决定同意你公司/你的抵销申请。经抵销，你公司/你尚欠债务人债务××元，请于收到本通知书×日内向本管理人清偿，债务清偿款应汇入：××银行（列明开户单位和银行账号）。（抵销后债务人欠申请抵销人债务的，写明债务人尚欠你公司/你债务××元。）

（不同意抵销时适用）

本管理人认为，____________（简述不同意抵销的理由），根据《中华人民共和国企业破产法》第四十条之规定，不同意你公司/你的抵销申请。如你公司/你对管理人不同意抵销的决定有异议，可于接到本通知书之日起×日内向本管理人提出，并附相关证据，配合管理人核实。

特此通知。

（管理人印鉴）

××××年××月××日

附：1. 指定管理人的决定书复印件一份；

2. 申请人对债务人负有的债务不得抵销的证据（不同意抵销时用）；

3. 管理人联系方式：____________。

三、破产抵销权的禁止

依据《企业破产法》第40条的规定，下列情形下禁止抵销：

第一，债务人的债务人在破产申请受理后取得他人对债务人的债权的，不得抵销。这是因为该债权虽成立于破产申请受理之前，但债务人的债务人取得该债权在破产申请受理之后，在债权转手过程中会出现损害其他破产债权人利益的情况。破产债权一般只能获得原债权数额一定比例的清偿，甚至得不到清偿，实际价值远低于名义价值。但当它被用于抵销债务时，可获得全额清偿。这就使破产清偿与抵销清偿之间出现了巨大的差额。如允许债务人的债务人用在破产申请受理后取得的他人破产债权与债务抵销，则势必出现债务人低价收买破产债权来抵销债务，非法牟利的现象，所以法律禁止抵销。

第二，债权人已知债务人有不能清偿到期债务或者破产申请的事实，对债务人负担债务的，不得抵销，否则，就可能出现债权人购买债务人的财产而负担债务，用其不能获得完全清偿的破产债权全额抵销，使其他债权人可分配财产减少。但债权人因为法律规定如继承，或者因破产申请一年前所发生的原因而负担债务的，不在禁止抵销之列。这是为了与其他立法相协调，维护社会经济关系的稳定与执法的公平。

第三，债务人的债务人已知债务人有不能清偿到期债务或者破产申请的事实，对债务人取得债权的，不得抵销。禁止抵销的理由与第一种情况下相同，只不过将禁止的时间提前到“已知债务人有不能清偿到期债务或者破产申请的事实”。日本的司法判例认为，禁止范围还应包括“通过对他人的破产债权作出代位偿还所取得的债权”。但债权的取得是基于法律规定如继承，或者是出于破产申请一年前所发生的原因，则不在禁止抵销之列。

此外，对于破产申请受理前民法抵销的无效，《企业破产法司法解释二》第 44 条规定，破产申请受理前 6 个月内，债务人有《企业破产法》第 2 条第 1 款规定的情形，债务人与个别债权人以抵销方式对个别债权人清偿，其抵销的债权债务属于《企业破产法》第 40 条第 2、3 项规定的情形之一，管理人自破产申请受理之日起 3 个月内向人民法院提起诉讼，主张该抵销无效的，人民法院应予支持。《企业破产法司法解释二》第 45 条规定了别除权人债权的抵销：《企业破产法》第 40 条所列不得抵销情形的债权人，主张以其对债务人特定财产享有优先受偿权的债权，与债务人对其不享有优先受偿权的债权抵销，债务人管理人以抵销存在《企业破产法》第 40 条规定的情形提出异议的，人民法院不予支持。但是，用以抵销的债权大于债权人享有优先受偿权财产价值的除外。关于抵销的禁止，《企业破产法司法解释二》第 46 条还规定，债务人的股东主张以下列债务与债务人对其负有的债务抵销，债务人管理人提出异议的，人民法院应予支持：（1）债务人股东因欠缴债务人的出资或者抽逃出资对债务人所负的债务；（2）债务人股东滥用股东权利或者关联关系损害公司利益对债务人所负的债务。该条在《企业破产法》第 40 条的基础上，补充规定了两种禁止抵销的情形，进一步完善和平衡了对交叉债权人与普通债权人的利益保护。

【问题与思考】

1. 如何理解债务人财产的概念与性质？
2. 如何理解《企业破产法》关于债务人财产范围的规定？
3. 何谓破产撤销权？结合我国《企业破产法》的规定，分析其构成要件。

4. 分析《企业破产法》关于可撤销行为规定的具体内容。
5. 如何理解破产法上的取回权制度？一般取回权与出卖人取回权在原理上有何不同？
6. 分析出卖人取回权的行使条件。
7. 分析代偿取回权的行使条件。
8. 何谓破产抵销权？其意义和形式特点如何？
9. 分析《企业破产法》中禁止抵销的情况。

【裁判文书】

浙江甲公司管理人与A银行绍兴分行请求撤销个别清偿行为纠纷案①

① 参见浙江省高级人民法院（2016）浙民终523号民事判决书。

第五章

破产债权

本章概要

破产债权是在破产程序启动前成立的，经依法申报确认，并得由破产财产获得清偿的可强制执行的财产请求权。根据各国破产法的一般规定，破产申请受理后，债权人需在依法申报债权并得到确认后，才能行使在破产程序中的参与、受偿等权利。我国《企业破产法》规定，债权人应当在人民法院确定的债权申报期限内向管理人申报债权。债权人逾期未申报债权，并不被视为放弃权利，在破产财产最后分配之前仍可补报。债权确认的一般原则是，凡法律允许通过一般司法程序提出异议的债权，即未由发生法律效力的裁判所确认的债权，均应在审查确认之列；凡已由发生法律效力的裁判所确认的债权，可直接被列入债权表中。

本章归纳了破产债权的涵盖范围和除斥或劣后范围，对债权的补充申报以及职工债权、税收债权、别除权人的债权申报作了分析，深入分析了破产债权确认过程中需要重点关注的未到期债权的利息计算、连带债权债务的申报与清偿、破产程序中的保证责任等问题。

参考文献

1. 王欣新．论破产程序中的债权申报．人民法院报，2010－08－04
2. 刘子平．破产债权确认诉讼制度研究．法律适用，2007（10）

3. 王欣新．论破产债权的确认程序．法律适用，2018（1）
4. 韩长印，张旭东．重整程序中未申报债权的清偿规则研究．法律适用，2021（9）
5. 许德风．破产法论：解释与功能比较的视角．北京：北京大学出版社，2015
6. 王欣新．税收破产债权确认中的破产法与税法的适用选择．人民法院报，2021-06-17
7. 王欣新．破产法司法解释（三）关于保证责任规定的评析．法治研究，2020（4）
8. 王欣新．《全国法院破产审判工作会议纪要》要点解读．法治研究，2019（5）
9. 王欣新．论破产程序中一般保证人的责任．人民法院报，2019-02-28
10. 王欣新．破产王道：破产法司法文件解读．北京：法律出版社，2021

参考法规

1.《企业破产法》第六章、第107条、第110条
2. 最高人民法院《欠缴税款滞纳金债权确认批复》
3. 最高人民法院《企业破产法司法解释三》第1条第2款、第3～9条
4. 最高人民法院《破产审判会议纪要》第31条
5. 最高人民法院《民法典担保制度解释》第22～24条

引　例　广发银行股份有限公司杭州文三支行与浦江正路工贸有限公司破产债权确认纠纷案

一、基本案情

原告广发银行股份有限公司杭州文三支行（以下简称广发银行杭州支行）与被告浦江正路工贸有限公司（以下简称正路公司）破产债权确认纠纷一案，本院受理后，于2014年2月24日公开开庭进行了审理。原告委托代理人及被告委托代理人到庭参加诉讼。本案现已审理终结。

原告诉称：2011年8月9日，原、被告签订了一份编号为WS2011-3011-B的额度贷款合同，约定：原告为被告提供2 070万元的借款额度，额度有效期为2011年8月9日至2012年7月27日。同年9月9日，原告与被告签订了编号为WS2011-3011-A、WS2011-3011-C、WS2011-3011-D、WS2011-3011-E、WS2011-3011-F的额度借款合同五份，合同分别约定

原告给予被告430万元、560万元、1 100万、1 700万元、2 540万元的借款额度，额度有效期均为2011年9月9日至2012年7月27日。上述六份合同均约定：借款利率采用浮动利率，首期利率以实际放款日适用的中国人民银行公布施行的相应档次的贷款基准利率上浮10%～30%计算，浮动方式为从贷款起息日起每一个月重新调整一次，每满一个浮动周期后，以重新调整日适用的中国人民银行公布施行的相应档次的贷款基准利率上浮10%～30%计息；利息按月结算，每月20日支付，若未按约定期限还款，就逾期部分从逾期之日起按照贷款罚息利率计收利息直至清偿本息为止，人民币逾期贷款罚息利率为约定的贷款利率水平加收50%；对不能按期支付的利息，贷款期内按照约定的贷款利率计收复利，贷款逾期后改按约定的罚息利率计收复利。

上述六份合同签订后，原告于2011年9月9日向被告分别发放了贷款430万元、560万元、1 100万元，双方约定借款期限分别为2011年9月9日至2012年9月27日、2011年9月9日至2012年9月9日、2011年9月9日至2012年7月27日；于2012年3月26日向被告发放了贷款2 070万元，双方约定借款期限为2012年3月26日至2013年1月26日；于2012年7月13日向被告发放了贷款1 700万元，双方约定借款期限为2012年7月13日至2013年4月13日。但上述五笔借款被告仅支付了原告2012年7月20日前的利息，借款本金及其余利息一直未归还原告。2012年4月6日原告还向被告发放了贷款430万元，双方约定借款期限为2012年4月6日至2013年3月6日。该笔借款被告支付了原告2012年8月20日前的利息，借款本金及其余利息也未归还原告。

2013年9月5日，浦江县人民法院受理了被告正路公司破产重整一案，为此原告就上述债权向正路公司破产管理人进行了债权申报，申报的债权额为112 219 909元，包括借款本金10 400万元及利息、复利、罚息8 219 909元。但管理人经审核后，认为其中的复利337 089.88元不属于破产债权。原告诉讼到法院，要求确认原告申报债权金额中的复利337 089.88元为破产债权。

被告答辩称：对原告起诉的事实无异议。但提出：第一，复利具有制裁和惩罚逾期还款人的功能，是一种具有惩罚性的债权，但在破产程序中，个别债权人对破产企业实施的制裁和惩罚的实际承担人并不是破产企业，而是期待以破产财产受偿的其他债权人，让其他债权人替破产企业受罚既无依据，也无必要。而且最高人民法院《关于审理企业破产案件若干问题的规定》第61条也明确惩罚性的债权不属于破产债权。第二，根据破产法规定，在法院受理破产申请前六个月内，债务人不能清偿到期债务，并且资产不足以清偿全部债务或者明显缺乏清偿能力，仍对个别债权人进行清偿的，管理人有权请求人民法院予以撤销，可见在债务人出现破产原因后，法律是禁止进行个别清偿的。故在企业破产后再计收复利已不能实现复利通过高利率敦促借款人及时还款的功能。第三，破产程序的目的是弥补债权人的实际损失，如果允许金融借款债权包括除实际损失的本金、利息外，还包括具有惩罚性的复利，那么对其他以实际损失为限的债权人而言是不公平的，也是违反了破产法公平清理破产企业对外债务的规定的。故要求驳回原告的诉讼请求。

本院查明的事实与原告的陈述相一致。

本院认为：虽然原、被告在合同中约定对不能按期支付的利息，可以计收复利，中国人民银行的相关规定也规定对不能按时支付的利息，按罚息利率计收复利，但因被告正路公司出现财务风险，浦江县人民政府在2012年8月便成立正路公司风险处置小组，介入了对正路公司的财产、债权债务的处理，停止了对公司债务的清偿。在此情况下，首先，被告对公司债务的清偿已无完全的主动权，被告未支付风险处置小组成立以后的借款利息的行为不应属于原、被告合同约定及中国人民银行规定的不按时支付利息的行为，而2012年7月20日前的利息被告已支付原告。其次，将因被告已出现破产原因且政府部门已介入企业财务风险的处置并停止对被告债务的清偿而产生的复利纳入破产债权，也是违背破产法规定的公平清理债权债务的原则的。故对原告的诉讼请求，本院不予支持。据此，依照《企业破产法》第1条之规定，判决如下：

驳回原告广发银行股份有限公司杭州支行的诉讼请求。

本案受理费6 356元，减半收取3 178元，由原告承担。

二、法律问题

法院应当如何处理破产债权确认纠纷？附利息的债权自何时停止计息？本案中的复利应否被计入破产债权？

第一节　破产债权概述

一、破产债权的概念

破产债权是指因破产申请受理前的法律事实成立的，经依法申报确认，并得由破产财产获得清偿的可强制执行的财产请求权。破产债权本质上是基于民法上的合同、不当得利、无因管理、侵权行为或其他法律上的原因而发生的债权，但由于该债权的受偿以破产财产为特定化之责任财产，该债权的行使以参加破产程序为必要，所以该债权被称为破产债权。破产债权是各国破产立法中的重要内容。①

破产债权可以分为实质意义上的破产债权和形式意义上的破产债权。前者是指因破产申请受理前的法律事实成立的，可对破产人行使的一切财产上的请求权，既包括债权人已依法申报并可依破产程序受偿的债权，也包括债权人未依法申报而不能依破产程序受偿的债权。后者则仅指债权人依法申报并可依破产程序公平受偿的破产债权，它以参加破产分配为唯一目的，故又被称为分配债权。② 从形态上看，实质意义上的破产债权显示了债的静态特征，即债的内容和本质；形式意义上的破产债权显示了债的动态特征，即债的实现方式。从范围上考察，实质意义上的破产债权概括了债权的全部，而形式意义上的破产债权则包含对债权的约束，若不依破产程序申报或被否认，便不得行使。实质意义上的破产债权是形式意义上的破产债权的基础，前者以后者为其实现的途径，后者是前者依破产程序转化的结果。从各国的情况来看，大多破产立法的破产债权定义都是实质意义上的破产债权，而把形式意义上的破产债权放在破产债权的条件或要件中规定③，如我国《企业破产法》第 107 条第 2 款规定，“人民法院受理破产申请时对债务人享有的债权称为破产债权”，同时该法又在第 56 条第 2 款规定：“债权人未依照本法规定申报债权的，不得依照本法规定的程序行使权利”。

破产债权系特定性质的债权在破产程序启动后依法演化而来。由于各国立法对破产程序启动的时间设置不同，有的以破产案件受理为时点，有的以破产宣告为时点，所以在不同国家的立法中，对破产债权确定时点的规定也有所不同。我国《企业破产法》以破产申请件的受理为破产程序启动的时间点，这也是确定破产债权的时点。

二、破产债权的特征

破产债权作为一项具有特殊规定性的请求权，不同于民法中的一般债权。根据《企业破产法》的规定，破产债权一般具备以下特征。

（一）破产债权一般应于破产程序启动前成立

破产程序的目的之一在于对债权人进行公平清偿，因此，必须划定明确的时间界限，使破产债权的范围固定，以便于进行公平清偿。根据各国破产立法的规定，破产债权应当是在债务人破产程序启动前成立的债权，或称“基于破产程序启动前原因成立的债权”，但法律有特别规定者除外。

关于破产债权的构成要件，存在两种学说。一种为全部完备说，即主张构成债权发生之一切要件，必须于破产程序启动前全部具备，即债权应当已经发生法律效力，不存在附

---

① 在我国《企业破产法》的制定过程中，草案曾经专门规定了“破产债权”一章，并对破产债权作了定义，但后为简化条款，对此予以删除。该章删除后虽条款减少了，达到了“瘦身”目的，但也使立法的系统性减弱，不利于对破产债权进行全面、完整的理解。参见王欣新：《破产法》，34 版，196 页，北京，中国人民大学出版社，2019。

② 参见齐树洁主编：《破产法研究》，312 页，厦门，厦门大学出版社，2005。

③ 参见王艳敏、孙璐：《破产法》，111 页，广州，中山大学出版社，2005。

期限、附条件及其他或然性限制。另一种为一部完备说，即认为构成债权发生之基础的主要要件，于破产程序启动时具备即可，无须具备一切要件。[①] 后者为日本学界的通说，也为我国《企业破产法》所采纳。据此，破产程序启动之前成立的债权，包括未到期之债权、附条件之债权、保证担保之债权等，虽然这些债权成立的全部要件可能尚未完备，但均属破产债权。遗赠之请求权，仅系单纯之期待权，不得为破产债权。[②] 有的学者认为，破产债权必须是破产程序开始前生效的债权。[③] 笔者认为，这一观点是不妥的，将使附停止条件之债权、以将来求偿权预先申报之保证债权等尚未生效之债权被排除在破产债权之外，既不合法理，又与《企业破产法》之规定（第 47 条、第 51 条等）相违背。

在破产程序启动后，债务人即丧失对财产的管理、处分权，其财产由管理人接管，任何其他人再以债务人名义进行民事活动所发生的债务都不属于破产债权，应由行为人自行负责清偿。原有债权在破产程序启动后所产生的利息，债权人为个人利益参加破产程序的费用等是除斥债权，不属于破产债权，不能在破产程序中受偿。也有的国家将这类债权规定为劣后债权，可以在普通破产债权之后受偿。管理人为破产财产的管理、变卖、分配等而形成的债权，在我国，依《企业破产法》的规定，属于破产费用或共益债务，优先从破产财产中支付，也不在破产债权之列。

破产债权应在破产程序启动前成立为一般性原则，有时为维护社会公平，法律特别规定某些在破产程序启动后发生的债权也属于破产债权。如《企业破产法》第 53 条、第 54 条、第 55 条等规定：因管理人解除破产企业未履行完毕的合同而使对方当事人遭受损害时，其损害赔偿虽发生于破产程序启动之后，仍可作为破产债权受偿；委托人进入破产程序，受托人不知该事实，继续进行委托事务的，其债权属于破产债权；票据出票人进入破产程序，该票据的付款人继续付款或者承兑的，其债权也属于破产债权。通常，在破产程序启动后发生的债权要作为破产债权受偿，应当有法律的明文规定。

此外，根据《企业破产法司法解释三》第 1 条第 2 款的规定，人民法院裁定受理破产申请前发生的，“债务人尚未支付的案件受理费、执行申请费，可以作为破产债权清偿”。

（二）破产债权是一种财产请求权

破产债权必须为能够以货币评价之财产请求权。债务人进入破产程序，尤其是清算程序后，诸多债务已不可能实际履行，只能以货币形式对债权人给予清偿，所以，只有能够货币化的财产请求权，才能以统一标准计算清偿数额与比例，在破产程序中予以偿还。对于非货币形式的债权，应按照破产程序启动时的市场价格或相应标准折算为货币，或将债务不能履行造成的损害赔偿额作为破产债权。凡不能被折合为货币的非财产请求权，如以破产人作为或不作为为目的的请求权，如排除妨碍、赔礼道歉、恢复名誉等请求权，具有不可替代性，不能被转换为损害赔偿请求权时，便不能成为破产债权。

关于破产债权是一种财产请求权，还可以从以下两个方面来理解：首先，破产债权是

---

① 参见陈荣宗：《破产法》，293 页，台北，三民书局，1986。

② 参见陈荣宗：《破产法》，293 页，台北，三民书局，1986。

③ 参见付翠英编著：《破产法比较研究》，340 页，北京，中国人民公安大学出版社，2004。

请求权。在民法上，请求权不同于支配权，后者赋予权利人直接支配物的权利，而前者则无此种权能。在破产程序中，破产债权的持有人需通过债权申报提出权利请求，最终通过清算分配程序来实现权利请求。其次，破产债权主要是以财产为给付内容的请求权。请求权是指要求特定之他人进行积极或消极给付的权利，而破产法上的债权内容是以财产（而且仅限于破产财产）为标的的积极给付。

（三）破产债权必须是可以强制执行的债权

破产从债务清偿的角度讲，本是在债务人不能清偿到期债务的情况下对其财产的一般强制执行程序，所以，破产债权应具备的性质之一，必须是能够被强制执行。这里的“可以强制执行”，是指债权受司法保护，依法允许强制执行。已超过诉讼时效、失去胜诉权的自然债权，或因走私、赌博等违法犯罪行为形成的非法债权，因不受司法保护，不得强制执行，故不属于破产债权。

也有学者认为，“可以强制执行”不是破产债权的特征，而只是民法上一般债权的权利保护要件，不应将其作为破产债权的构成要件。[①] 但是，依民法之一般规定，在债务人有清偿能力的情况下，并不禁止其对自然债权的主动清偿，而在破产程序中是不允许债务人或管理人对超过诉讼时效的自然债权进行清偿的。由于两者之间确实存在因适用破产法而产生的区别，所以，笔者认为，“可以强制执行”也应是破产债权的特征之一。

（四）须是经依法申报并取得确认之债权

债权人客观上享有债权，还必须主动、及时地行使权利才能获得清偿。对权利的行使，法律规定了一定的程序和时效期间。对破产债权也是如此。债权人必须在破产程序启动后，依法向管理人申报债权。债权人申报的债权，经管理人审查后要在债权人会议上由各方利害关系人核查，并得到人民法院的确认，才能够享有受偿权利。

根据《企业破产法》的规定，破产债权在权利行使上的特点有二：一方面，有权依破产程序得到有序、公平清偿；另一方面，应当依破产程序行使权利，除法律另有规定者外，不能单独、自由地行使受偿权利，不得违反破产法公平清偿的原则。但是，破产程序外的人自愿代替破产人对破产债权作出个别清偿，是被允许的，不被视为违背公平清偿的原则。

第二节　破产债权的范围

破产债权的范围是指破产法对破产债权外延的界定。由于受本国经济体制、破产程序开始时间、破产程序的内容以及对债权的认识等因素的影响，各国破产法规定的破产债权

---

① 参见柴发邦主编：《破产法教程》，150页，北京，法律出版社，1990。

的范围也不尽相同。美国采取最广泛的界定，不论公法和私法，只要在破产程序开始前成立的对债务人的请求权即可作为破产债权；而德国采取的是规定破产债权所属范围和除外范围的体制；日本立法规定的破产债权的范围比德国相对宽泛，且对不同破产债权规定了不同的清偿顺序。我国《企业破产法》并未专门规定破产债权的范围，仅在具体条款中规定了可以申报的破产债权，而且，主要是从包括范围的角度规定的，对于破产债权的除外范围未作规定，但在《企业破产法》出台之前的有关法律、司法解释中有过相关规定。此外，最高人民法院 2012 年《关于税务机关就破产企业欠缴税款产生的滞纳金提起的债权确认之诉应否受理问题的批复》以及 2018 年《破产审判会议纪要》中也涉及破产债权的除外范围问题。

一、破产债权的涵盖范围

债务人破产时所负债务的性质、数额、期限各不相同，要做到对债权人公平清偿，就必须首先明确破产债权的范围。根据我国《企业破产法》的规定，下列财产请求权属于破产债权。

(一) 成立于破产程序开始前的债权

基于破产程序开始前的法律事实成立的债权，包括有财产担保的债权和无财产担保的债权，为破产债权。我国《企业破产法》第 107 条第 2 款规定，“人民法院受理破产申请时对债务人享有的债权称为破产债权”。据此，其一，确定破产债权的时点与破产程序启动的时点相统一，均为受理破产申请时。其二，对破产人的特定财产享有担保权的债权也属于破产债权，未再对其作排除性规定。但依《企业破产法》第 59 条第 3 款，对债务人的特定财产享有担保权的债权人，未放弃优先受偿权利的，对于“通过和解协议”和“通过破产财产的分配方案”不享有表决权。

(二) 职工债权

职工债权，又称劳动债权，是指劳动者个人享有的基于劳动关系产生，以工资为基本形态，用以维持其社会生活的债权。根据《企业破产法》第 48 和 113 条的规定，职工债权是指破产人所欠职工的工资和医疗、伤残补助、抚恤费用，所欠的应当划入职工个人账户的基本养老保险、基本医疗保险费用，以及法律、行政法规规定应当支付给职工的补偿金。根据 2018 年《破产审判会议纪要》第 27 条的规定，债务人欠缴的住房公积金，按照债务人拖欠的职工工资性质予以清偿。住房公积金由单位缴存和个人缴存两个部分组成，但是和社会保险费分为个人部分和社会统筹部分不同，住房公积金的单位缴存部分和个人缴存部分均计入个人住房公积金账户，属于职工个人所有，因此该项债权属于职工债权。

职工债权具有一些与其他债权不同的法律属性。首先，职工债权是兼具一定程度公法性质的债权。各国主要依靠劳动与社会保障法对职工债权进行调整与保护。对私法性质的劳动合同关系的介入，体现了国家保护弱者、维护公平的立法目的。职工债权具有复杂的社会属性，不仅仅是债权，还兼具人身权性质。职工债权不仅是基于商品交换关系而产生，还具有一定的社会分配和社会保障性质。正是由于兼有公法性质，职工债权往往需要国家通过特殊立法予以保护。其次，职工债权往往具有弱势性。一般而言，企业与职工的地位是不平等的，信息不对称，承担风险的能力也不同，职工在维护合法权益时往往处于弱势地位。基于这种地位的差别，加之其权利具有社会与公共利益的属性，在企业破产时，职工债权需要国家公权力给予积极的保障，立法应当给予其一定的优先保护。最后，职工债权是劳动与社会保障法上的债权。工资债权和解除劳动合同补偿金债权基于劳动法的规定而产生，欠缴基本社会保险费用的债权基于社会保障法的规定而产生，以上债权都以劳动关系的存在为基础，具有严格的法定性，不同于民商法中基于经营等行为而产生的合意债权等。职工债权的权利客体不仅仅体现为劳动报酬，更多地体现为生存利益，即保障个人生存和健康、维持个人的自然和社会存在的最基本的利益。

【经典导读】

对职工债权的破产法保护①

由于职工债权具有的复杂性与社会性，我们要避免经济问题演变为社会问题甚至政治问题。破产法作为调节市场经济秩序的法律，有时也难免为市场经济自发调节所带来的负面影响所累，需要从社会本位的角度加以完善。在破产企业的职工权益保障问题上，尤其需要国家进行特殊的社会制度性安排。

考察各国破产立法就可以发现，由破产法规定职工债权享有一定优先清偿顺序对于职工债权的保障具有极为重要的意义，这是保障职工债权的第一道法律屏障。正如 1986 年美国哈默报告中所分析的："破产法给予职工工资优先受偿权，是因为职工特别脆弱的地位，我们需要考虑给予职工社会福利，以帮助他们度过经济苦难，因为破产企业的职工相对而言处于贫穷和缺乏防御能力的弱势地位。"

在我国，目前对职工债权的保障也主要体现在破产法规定的清偿顺序上，即《企业破产法》第 113、132 条的规定。《企业破产法》规定了职工债权的优先受偿地位，但在司法实践中，由于破产财产难以变现，特别是未设置物权担保的财产太少，仍会出现职工债权得不到及时、足额清偿，甚至得不到清偿的现象。随着《企业破产法》实施的时间越久，破产人在该法公布之日前就欠付职工债权并拖延至现在仍未清偿的情况会越来越少，职工债权能够优先于担保债权就担保物变价款受偿的情况不再具有普遍性意义，甚至不复存在。职工债权的受偿主要依靠破产企业的无担保财产，因客观条件不能而得不到清偿的问题会更显突出。虽然破产法本身还有完善之余地，但由于其对职工债权的主要救济渠道基本穷尽，因而必须借助社会保障等配套制度才可能使职工债权的保障问题得到真正的解决。

从破产法的角度讲，立法需要完善的地方以及可以考虑的解决方法有以下几方面/几种：第一，通过司法解释明确，并适当扩大职工债权的范围。一方面，要明确《企业破产法》第 113 条规定中"法律、行政法规规定应当支付给职工的补偿金"的具体范围；另一方面，将欠付职工的住房公积金等立法规定性质不够清晰的债权也纳入职工债权范围。第二，鼓励地方政府或破产企业的股东、控股企业等为维持社会稳定，在破产程序启动前后垫资支付职工债权，及时解决职工债权的清偿问题。最高人民法院在 2009 年发布的《正确审理企业破产案件意见》明确指

① 参见王欣新、杨涛：《破产企业职工债权保障制度研究》，载《法治研究》，2013 (1)。

出："政府或第三方就劳动债权的垫款，可以在破产程序中按照职工债权的受偿顺序优先获得清偿。"第三，破产企业财产过少，乃至连职工债权都无法清偿，关键的原因之一是企业的控股股东、董事及高管不及时申请破产，或者恶意拖欠职工工资。为此，建议通过司法解释规定，企业在特定情况下，特别是欠付职工债权的情况下，必须及时履行申请破产的义务；未及时申请破产的，企业的控股股东、董事及高管对债权人因此而扩大的损失应承担赔偿责任，对职工债权的清偿承担连带责任。

职工债权仅依靠破产法的规定清偿顺序是难以得到有效保障的，更重要的是借鉴国际经验，通过民法、劳动法以及社会保障法等建立对职工债权的优先保障体系和相关制度，如职工债权保障基金制度。

(三）社会保险债权

社会保险债权主要是指《企业破产法》第 113 条第 1 款第 2 项规定的"除前项规定以外的社会保险费用"，具体包括基本养老保险和基本医疗保险中的社会统筹部分，以及除基本养老保险和基本医疗保险以外的其他依法设置的失业保险、工伤保险和生育保险等社会保险所产生的费用。社会保险债权计算截止日为劳动合同解除之日。社会保险债权与税收债权处于同一清偿顺位。

(四）税收债权

税收债权是一种特殊债权，与一般债权的不同主要在于：其一，据以产生的法律基础是公法而非私法，即税收债权是一种公法权利。它体现的不是平等主体之间的交易关系，而是税务机关与纳税人之间的征管关系。其二，权利主体的特殊性。税收债权的权利主体是国家。其三，从性质和用途来看，税收为国家行使管理职能所必需，具有公益性。

关于税收债权在破产程序中的法律地位，各国法律的规定有所不同，即使在同一国家，其规定也因历史时期不同而有所区别。有的国家将其列为共益债权，如日本破产法第 47 条规定："依国税征收法及国税征收条例可以征收的请求权为财团债权"。有的国家将其列为优先破产债权，即承认其为破产债权，且优于一般破产债权。德国破产法承认其为破产债权，但不再将税收债权列为优先破产债权，而是将其作为一般债权对待。奥地利、澳大利亚等国家的破产法也都将税收的优先受偿权彻底取消而将其视为一般债权。从世界各国破产法的发展趋势来看，税收债权在破产程序中的优先性正在逐步淡化。

我国《企业破产法》第 113 条规定："破产财产在优先清偿破产费用和共益债务后，依照下列顺序清偿：（一）破产人所欠职工的工资和医疗、伤残补助、抚恤费用，所欠的应当划入职工个人账户的基本养老保险、基本医疗保险费用，以及法律、行政法规规定应当支付给职工的补偿金；（二）破产人欠缴的除前项规定以外的社会保险费用和破产人所欠税款；（三）普通破产债权。"据此，第一，《企业破产法》明确规定破产财产应当优先清偿破产费用和共益债务，而共益债务包括管理人或者相关人员执行职务及债务人财产致人损害的侵权债务的规定，使后顺序的债权清偿面临较大风险；第二，《企业破产法》针对第二顺位劳动债权规定的范围更为宽泛，并将"破产人欠缴的除前项规定以外的社会保险费用"列为第二顺位，与税收债权共同按比例受偿；第三，依据《企业破产法》，即使是普通债权，也可能通过行使抵销权等，优先于税收债权获得清偿。总之，《企业破产法》上税收债权的优先性已有所淡化，这符合世界破产立法的基本趋势，因此，税务部门应当注意加强企业破产前的欠税追索。[①]

对于破产企业因欠缴税款产生的滞纳金是否属于破产债权以及应否优先受偿的问题，实践中不无争论。根据最高人民法院《欠缴税款滞纳金债权确认批复》，破产企业在破产申请受理前因欠缴税款产生的滞纳金属于普通破产债权。对于破产申请受理后因欠缴税款产生的滞纳金，人民法院应当依照最高人民法院《破产规定》第 61 条处理。换言之，该司法批复明确了破产申请受理后因欠缴税款产生的滞纳金不属于破产债权；并强调破产企业在破产申请受理前因欠缴税款产生的滞纳金属于普通破产债权，不可以与税收债权本身一并优先受偿。需要指出的是，关于税款滞纳金的性质法学界仍存在较大的争议，上述司法批复的观点虽有其道理，但关于税款滞纳金在破产程序中如何处理，仍有进一步讨论的空间。

（五）未到期债权

《企业破产法》第 46 条规定："未到期的债权，在破产申请受理时视为到期。附利息的债权自破产申请受理时起停止计息。"未到期的债权在破产申请受理时被视为到期债权参加破产清偿，但是为了公平起见，其利息应当计算至破产申请受理时（于附利息债权），或者应当减去未到期的利息（于不附利息债权）。有关债权的利息计算和确认中的具体问题，将在本章第四节进行详述。

（六）附期限、附条件债权和诉讼、仲裁未决债权

《企业破产法》第 47 条规定："附条件、附期限的债权和诉讼、仲裁未决的债权，债权人可以申报"。附条件债权是指以将来不确定事实的成就或不成就来决定债权生效或者消灭的请求权。附条件的债权所附条件分为延缓条件（又称停止条件）与解除条件两种。前者是指债权虽已设立，但其效力处于停止状态，直至所附条件成就时，债权才发生效力；后者是指已经生效的债权在所附条件成就时，便失效自动解除。附解除条件的债权是已经生效的债权，所以其债权人在债权人会议上可以享有表决权。而附延缓条件的债权是尚未生效的债权，所以其债权人在债权人会议上不享有表决权。

在破产财产中间分配时，对附解除条件的债权应予以分配，但应将分配额提存。如果债权人确需领取分配额，必须向管理人提供相应担保，以免因其债权所附解除条件成就债权失效时，追索其已领取的分配额出现困难。附延缓条件的债权尚未生效，因而其债权人不能行使权利，无权领取分配额，应将分配额予以提存。

破产财产最后分配时对附条件债权的处理情况与中间分配时有所不同。各国破产法通常规定，最后分配表公告后的一定期间为分配除斥期间。在此期间，附延缓条件的债权的条件仍未成就的，不得加入分配，对于其在历次中间分配中提存的分配额，重新按照《企

① 关于《企业破产法》中的税收债权与《税收征收管理法》中的税收优先权之间的关系，可参见闫海：《新破产法中税收债权问题研究》，载《上海政法学院学报（法治论丛）》，2008（2）。

业破产法》分配给其他破产债权人；如条件成就，即可参加最后分配，原在历次中间分配中提存的分配额由其债权人无条件领取。在此期间附解除条件的债权的条件未成就的，可与其他破产债权人一样享受正常分配，以往所提存的分配额应交还债权人由其自由支配，原为领取分配额提供的担保予以解除；如条件成就，该债权不得参加最终分配，原在历次中间分配中所受分配额也应被收回。

附期限债权是指以将来特定时间的到来为条件来决定债权的生效或消灭而成立的债权，包括附始期的债权和附终期的债权。附始期的债权于期限到来时发生效力，附终期的债权在期限到来时失去效力。附始期的债权由于在期限到来前尚未发生效力，在是否享有表决权、分配方面类似于附延缓条件债权；附终期的债权由于在期限到来前已经发生效力，在是否享有表决权、分配方面类似于附解除条件的债权。未到期的债权在广义上也属于附期限的债权的一种。

实践中，与附条件的债权情况相似的，还有因诉讼、仲裁而未决的债权等权利尚未确定的债权。对这类债权也应作为破产债权给予分配，但对分配额应加以提存，等其权利确定后再作处理。

（七）债权人对连带债务人及保证人的债权

对连带债务人的债权是指债务人为具有连带关系的数人，各债务人均负有对债务全部履行的义务。在此关系中，全部债权债务关系因一次全部给付而消灭。债权人对连带债务人的债权在该连带债务人破产时可以作为破产债权申报。类似地，债权人对保证人的求偿权在保证人破产情形下同样可以作为破产债权进行申报。《企业破产法》第 51 条规定，债务人的保证人或者其他连带债务人已经代替债务人清偿债务的，以其对债务人的求偿权申报债权；未代替债务人清偿债务的，以其对债务人的未来求偿权申报债权，但是，债权人已经向管理人申报全部债权的除外。根据《企业破产法》第 52 条的规定，连带债务人数人被裁定适用破产程序的，其债权人有权就全部债权分别在各破产案件中申报债权。根据《企业破产法司法解释三》第 4 条的规定，保证人被裁定破产的，债权人有权对其申报保证债权；主债务未到期的，保证人被裁定破产时视为保证债权到期；一般保证人在破产程序中的分配额应提存，待一般保证人应承担的保证责任确定后再按照清偿比例予以分配。保证人被确定应当承担保证责任的，保证人的管理人可以就保证人实际承担的清偿额向主债务人或其他债务人行使求偿权。根据《企业破产法司法解释三》第 5 条的规定，债务人、保证人均被裁定破产的，债权人有权向债务人、保证人分别申报债权；债权人向债务人、保证人均申报全部债权的，从一方破产程序中获得清偿后，其对另一方的债权额不作调整（限于连带责任保证），但债权人的受偿额不得超出其债权总额。保证人履行保证责任后不再享有求偿权。《破产审判会议纪要》第 31 条区分了债务人破产程序终结前和终结后两种情形，就保证人的求偿权进行了更细的规定：在破产程序终结前，已向债权人承担了保证责任的保证人，可以要求债务人向其转付已申报债权的债权人在破产程序中应得清偿的金额。破产程序终结后，债权人就未受清偿的部分要求保证人承担保证责任的，应当在破产程序终结后 6 个月内提出；保证人承担保证责任后，不得向继续和解或重整后的债务人行使求偿权。有关债权人对连带债务人或保证人的债权确认中的问题，将在本章第四节详述。

（八）因票据关系所产生的债权

因票据关系所产生的债权，主要是指票据承兑人、付款人因票据承兑或付款所产生的债权。票据为流通证券，经背书后可不断地转让，所以其债务人是特定的，而债权人则是不确定的：凡持票人即为债权人。由于票据为无因支付，持票人向付款人要求付款或承兑时，付款人便应当履行付款或承兑义务。在票据出票人的破产申请受理后，付款人继续付款或承兑，由此所产生的债权如不能作为破产债权，付款人便会受到损失。为避免这种情况的发生，付款人在付款或承兑时，便要对票据进行严格审查，而这必然会造成票据的支付拖延，甚至拒绝支付，从而影响其流通性，因此给社会经济造成的损失和不良影响要远比承认付款人的破产债权所造成的损失和不良影响更为严重。故各国在立法中均规定，在此种情况下，付款人的债权得为破产债权。此外，各国立法通常还规定，上述原则可适用于以金钱或物的给付为标的的其他有价证券。

我国《企业破产法》第55条规定，债务人是票据的出票人，其破产申请被人民法院受理，该票据的付款人继续付款或者承兑的，付款人以由此产生的请求权申报债权。这一规定是为了维护票据作为无因证券的地位，保障付款人或承兑人的合法权益，保证票据的流通信用。此项规定不适用于票据的付款人事先已经收受票据资金的情况。

因对票据的付款而产生的债权属于现实债权，可不受限制地参加破产财产分配。但因对票据的承兑而产生的债权则属于将来之债权，性质上为附延缓条件的债权，在对票据实际付款之前，对其清偿应遵循有关对附条件的债权清偿的原则。

（九）因终止净额结算而产生的债权

终止净额结算，是指当事人约定，在合同存续期间，如果一方发生包括破产在内的违约事件，守约方有权提前终止合同涵盖的所有交易，在计算每个被终止交易的盈亏后进行轧差，最终确定应由一方支付给另一方的金额，即净额结算金额。终止净额结算与票据制度一样，均为信用制度，既可免除当事人现金交易带来的烦琐手续，避免资金呆滞，又可简化当事人之间的交易关系，故为各国所采用。终止净额结算的一方当事人开始破产程序时，双方合同项下的交易关系提前终止，对方当事人可以净额结算金额申报破产债权。

（十）因解除合同而产生的损害赔偿请求权

根据各国破产法的规定，在破产程序中，对于尚未履行完毕的双务合同，管理人有权决定继续履行或解除，如管理人决定解除，对方当事人因合同解除而受到损失的，可以以损害赔偿请求权申报破产债权。我国《企业破产法》第53条规定，管理人或者债务人依照破产法规定解除合同的，对方当事人以因合同解除所产生的损害赔偿请求权申报债权。可申报的债权以实际损失为限，违约金不作为破产债权。

（十一）因委托关系而产生的请求权

《企业破产法》第54条规定，债务人是委托合同的委托人，其破产申请被人民法院受理，受托人不知该事实，继续处理委托事务的，受托人以由此产生的请求权申报债权。

依据合同法之原理，债务人的委托合同因破产申请受理后债务人丧失财产管理与处分权而终止。但在实践中，受托人可能未接到破产申请受理通知，且不知有破产申请受理事实，而继续处理委托事务，或虽知委托人破产申请受理的事实，但为其利益而不得不继续处理委托事务。立法对因此而发生的债权给予相应的保护，一方面，可以公平维护受托人的正当权益；另一方面，也可以避免破产人的委托事务与利益因无人管理而受到损害，从而维护债权人的利益。

《企业破产法》的上述规定还存在不够周全之处。对受托人因不知破产申请受理事实而继续处理委托事务的，可以将其由此产生的债权作为破产债权清偿。然而，如受托人在委托人的破产申请受理后已知该事实，但为委托人的利益继续处理委托事务所发生的债权也只能够作为破产债权，那么受托人出于对自身利益的考虑，为避免损失，便不会再为债务人的利益而去处理委托事务，如果管理人不能及时接管所有委托事务，将使债务人的委托事务与利益在其破产申请受理后因无人及时管理而受到损害，从而使债权人的利益也受到损害。

笔者认为，借鉴各国立法的有关规定，对委托人的破产申请受理后受托人处理委托事务的问题应按如下原则处理：第一，委托关系原则上因破产申请受理而终止，但法律有特别规定者除外。第二，破产申请受理后，当委托人的事务迟延处理将造成损失时，无论受托人是否已知委托人破产，为委托人的利益应当继续处理委托事务，直至管理人能够接管委托事务。由此而产生的债权，作为共益债务优先受偿。第三，受托人不知委托人破产之事实，在破产申请受理后继续正常处理委托事务而发生的债权作为破产债权受偿。第四，受托人已知委托人破产之事实，无必要仍继续处理委托事务，不当增加委托费用与报酬数额的，由此而产生的债权不得作为破产债权受偿。

二、破产债权的除斥或劣后范围

各国破产立法通常除规定哪些债权可作为破产债权外，还规定哪些债权不属于破产债权，不得在破产程序中受偿，或处于劣后受偿顺序。此类债权在理论上被称为除斥债权或劣后债权。

除斥债权，是指根据破产法规定因特定原因被排斥于破产程序外，不得由破产财产受偿的债权。如《企业破产法司法解释三》第 3 条规定：“破产申请受理后，债务人欠缴款项产生的滞纳金，包括债务人未履行生效法律文书应当加倍支付的迟延利息和劳动保险金的滞纳金，债权人作为破产债权申报的，人民法院不予确认。”劣后债权，是指在破产清偿顺序上排列于普通破产债权之后的债权。德国破产法采取前一种立法模式，日本破产法则采取后一种立法模式。

从一般破产案件的实际清偿结果看，除斥债权或劣后债权通常都得不到清偿，二者并无太大区别。但在权利设置上，两者则有不同。除斥债权在破产程序中完全没有受偿权利。劣后债权虽仅在普通破产债权完全受偿后仍有剩余破产财产时才可能受偿，但其在破产程序中可受清偿的权利未被剥夺。有些国家规定，劣后债权的债权人可参加债权人会议，但无表决权。对破产人采取免责主义的国家设定劣后债权的目的之一，是避免在破产清算后仍有剩余财产时，出现债务人对本有义务偿还的债务有钱不还的不合理现象。

在我国过去在司法实践中长期采取除斥债权的施行模式。在我国《企业破产法》的立法过程中，有的学者建议，应采取劣后债权制度。[①] 笔者也认为，劣后债权的立法模式较为合理，可以为债权人的利益提供更为周全的保护。《破产审判会议纪要》第 28 条“破产债权的清偿原则和顺序”中规定：“对于法律没有明确规定清偿顺序的债权，人民法院可以按照人身损害赔偿债权优先于财产性债权、私法债权优先于公法债权、补偿性债权优先于惩罚性债权的原则合理确定清偿顺序。因债务人侵权行为造成的人身损害赔偿，可以参照企业破产法第一百一十三条第一款第一项规定的顺序清偿，但其中涉及的惩罚性赔偿除外。破产财产依照企业破产法第一百一十三条规定的顺序清偿后仍有剩余的，可依次用于清偿破产受理前产生的民事惩罚性赔偿金、行政罚款、刑事罚金等惩罚性债权。”据此，法律实施的方向开始转向劣后债权方式。虽然《破产审判会议纪要》不具有司法解释的法律效力，不能作为裁判依据被援引，但是在裁判文书“本院认为”部分具体分析法律适用的理由时，可以根据纪要的相关规定进行说理。据此，可以用劣后债权理念统一裁判思路，规范法官的自由裁量权，增强民商事审判的公开性，提升透明度以及可预期性。

从各国的立法规定看，通常除斥债权或劣后债权的范围因国情而有一定的差异，主要包括：债权在破产宣告后产生的利息，因破产宣告后不履行合同而产生的赔偿金、违约金，债权人为个人利益参加破产程序的费用，对破产人的行政罚款、刑事罚金、追缴金、追征金，等等。如日本破产法第 46 条规定：下列请求权劣后于其他破产债权：(1) 破产宣告后的利息；(2) 因破产宣告后的不履行而产生的损害赔偿及违约金；(3) 参加破产程序的费用；(4) 罚金、罚款、刑事诉讼费、追征金；(5) 债权系无利息且其期限于破产宣告后届至，以破产宣告至期限届满的依法定利率计算而得的本息合计额为债权额时，依此计算出利息的相当部分；(6) 债权无利息且其期限不确定时，其债权额与破产宣告时估价额的差额的相当额；(7) 债权为金额及存在期间确定的定期金债权时，就各定期金按第 5 项规定算出利息额的合计额的相当部分，以及就各定期金按第 5 项规定算出的原本额的合计额，超过依法定利率可以产生相当于定期金利息的原本额时，相当于超过额的部分。[②]

笔者认为，根据我国《破产规定》[③] 以及《企业破产法》出台之后的相关司法文件，下列债权应当属于除斥债权或者劣后债权的范围。

(一) 行政、司法机关对破产企业的行政与刑事罚款、罚金以及其他有关费用

破产程序启动前对债务人的罚金、罚款、没收财产、追缴金等刑事、行政处罚及其他有关费用，是国家有关机关针对债务人的违法行为采取的刑事或行政处罚措施，它们具有

---

① 参见汤维建：《破产程序与破产立法研究》，198、199 页，北京，人民法院出版社，2001。

② 参见 [日] 石川明：《日本破产法》，何勤华、周桂秋译，256、257 页，北京，中国法制出版社，2000。

③ 该规定第 61 条规定，下列债权不属于破产债权：(1) 行政、司法机关对破产企业的罚款、罚金以及其他有关费用；(2) 人民法院受理破产申请后债务人未支付应付款项的滞纳金，包括债务人未执行生效法律文书应当加倍支付的迟延利息和劳动保险金的滞纳金；(3) 破产宣告后的债务利息；(4) 债权人参加破产程序所支出的费用；(5) 破产企业的股权，股票持有人在股权、股票上的权利；(6) 破产财产分配开始后向清算组申报的债权；(7) 超过诉讼时效的债权；(8) 债务人开办单位对债务人未收取的管理费、承包费。上述不属于破产债权的权利，人民法院或者清算组也应当对当事人的申报进行登记。

特定的实施对象，是具有不可代替性质的处罚。债务人被宣告破产后，其资产已不足以偿还全部债务，这时若再将罚金、罚款等作为破产债权追缴，只能使全体破产债权人应分得的财产减少，实际受到处罚的并不是破产债务人，而是全体破产债权人。为使行政与刑事处罚的实施符合其设立的目的，避免处罚对象的实际转移，在破产程序启动后，对罚金、罚款等刑事或行政处罚措施不应再作为破产债权，或只能作为劣后债权。这是各国破产立法的普遍原则。

（二）债权人为个人利益而参加破产程序的费用

《企业破产法（试行）》第30条规定，债权人参加破产程序的费用不得作为破产债权。对此条应理解为债权人为个人利益参加破产程序支出的费用，如各个债权人参加债权人会议的差旅费用、在破产程序中发生的通信费用、文件复制费用等，均不得作为破产债权。但是为债权人共同利益支出的费用，如提出破产申请应交纳的案件受理费等，虽不能作为破产债权受偿，却可作为破产费用优先从破产财产中清偿。《企业破产法》对此未作明文规定，笔者建议该法对此作出相应规定。

（三）破产企业的股权、股票持有人在股权、股票上的权利

企业进入破产程序后，股东不得再依据其股权对企业行使财产权利。这是一般性原则。但如在进入破产程序前，企业权力机构已经合法地作出向股东分配股利的决定，如通过股东会或股东大会的决议明确向股东分配股利的金额、期限，但未实际支付，则这时股东对这部分股利的请求权属于对企业的债权。通常认为此种债权属于除斥债权，但也有学者认为，这种债权属于破产债权。【案例4—2】中，判决认为，股利支付若在进入破产程序前已经股东会决议确定，则视为该股东对企业的普通债权，可以与该股东对企业所负担的债务进行抵销，但不得与出资义务进行抵销。

此外，一些国家的破产法规定，在母公司对子公司有不公平控制行为时，对母公司享有的对子公司的债权（含担保债权）在破产程序中实行从属求偿的原则，即该债权劣后于破产企业的其他普通债权受偿。这里涉及公司法人格否认问题。如果母公司对子公司的经营决策存在过度干预、不公平的关联交易、滥用公司法人格等违法行为，导致两公司的法人格混同，就应依法否定子公司独立的法人格。这时，母公司对子公司享有的债权便要作为劣后于一般破产债权和一般股东债权的劣后权利。如美国破产法中，对与破产人有特殊密切关系的内部人员因向破产人提供服务而产生的债权，法院可以根据情况将其限制在合理的限度内，以避免发生提供虚假或过度服务、虚报债权等欺诈行为。① 我国可借鉴这一立法经验，作出相应规定。

【经典导读】

对劣后债权的理解②

在理解与执行《破产审判会议纪要》前述规定时需注意以下问题：

---

① 参见潘琪：《美国破产法》，114页，北京，法律出版社，1999。

② 参见王欣新：《论破产程序中劣后债权的清偿》，载《人民法院报》，2018-07-04。

第一，劣后债权的规定虽然被放在“破产清算”章节之下，但实际上是应普遍适用于所有破产程序的基本原则，重整程序、和解程序也应遵此执行。不能错误、狭隘地理解为仅适用于清算程序，从而影响《破产审判会议纪要》创新措施的正确适用。

第二，根据债权清偿顺位的基本原则，债务人财产清偿全部普通破产债权后仍有剩余时，其他因法律规定在破产程序启动后丧失受偿权利的私法债权和补偿性债权，如《企业破产法》第 46 条第 2 款规定的附利息的债权自破产申请受理时停止计算的利息等债权，从法理角度讲也应复活其受偿权利，并优先于惩罚性债权受偿。

第三，重整计划执行完毕仍存在的企业，如根据重整计划未全额清偿全部债权，不属于以破产财产清偿后仍有剩余财产，不应再承担对惩罚性劣后债权的清偿责任。

在过去的司法实践中，债务人企业执行完毕重整计划后，曾有司法机关或行政机关如税务部门、市场监管部门拿着让企业承担行政罚款、刑事罚金的法律文件向债务人继续追缴的现象。它们认为债务人企业既然继续存在，而且已经完全脱离了破产保护程序，就应当继续缴纳原在该企业名下的行政罚款、刑事罚金。这种不考虑实际情况继续强行追缴惩罚性债权的行为，导致本已重整成功的企业又陷于破产境地，使重整挽救失败。

重整计划执行完毕时，表面上看，债务人企业及其财产继续存在，但这并不是债务人清偿全部债权后的剩余财产（因债权人并没有获得全额清偿），而是收购企业的投资者新投入的资金（偿债资金与经营资金）与资产对原企业财产的置换，或是企业在重整计划执行期间新的经营收入，不属于应对劣后债权清偿的情况。即使依重整计划对全体债权人做了 100%的清偿，债务人企业及其财产重整后的存在，也并不一定表明债务人财产在清偿债权人后仍有剩余，因为使债权人获得清偿的财产，并不一定就是债务人原有的财产，而更可能是投资者新投入的资金，或是在延期清偿情况下企业通过新经营活动获得的盈利。所以，判定债务人财产在清偿债权后是否还有剩余，较为合理的根据是债务人的模拟清算结果，因为这一数据表明在投资者未介入债务人重整挽救的情况下，债务人财产对全体债权人的清偿能力，包括清偿债权后是否还有剩余。由于这只是对清算结果的模拟计算，而不是按实际市场变价出售，所以可能出现不准确的情况。为此，当对全体债权人的清偿比例达到或者接近 100%时，管理人应当对重整后的企业财产是否属于清算剩余财产作出有依据的评价判断和说明，以公平保障战略投资者和劣后债权人的正当权益。上述原则同样适用于破产和解企业。

第四，由于《破产审判会议纪要》规定“破产财产依照企业破产法第一百一十三条规定的顺序清偿后仍有剩余的”，可用于清偿劣后惩罚性债权，即优先于惩罚性债权受偿的仅限于所有破产债权，而不包括股东权益，所以，如重整计划对股东权益作有保留，而重整企业存在尚未清偿的惩罚性债权，则该债权的清偿应优先于股东权益，即应以该项保留的股东权益（而非新产生的股东权益）清偿劣后债权。

第五，在劣后债权不能获得清偿的破产案件中，劣后债权的债权人在债权人会议上无表决权，仅在其有可能获得清偿时，因债权人会议的表决可能影响其权益，方可享有表决权。在劣后债权不能获得清偿的重整案件中，重整计划草案表决时不设劣后债权人组。在劣后债权可能获得清偿的重整案件中，对劣后债权人单独设一组别，不能混入普通债权人组，因两者的清偿顺位是不同的。此外，对劣后债权人组表决未通过重整计划草案的，人民法院可以酌情作出强制批准的裁定。

第六，对劣后债权的清偿是有一定顺位的，即“依次用于清偿破产申请受理前产生的民事惩罚性赔偿金、行政罚款、刑事罚金等惩罚性债权”。这里也贯彻着私法债权优先于公法债权的原则。不过行政罚款、刑事罚金均属公法债权，彼此之间似无再划分清偿顺位的必要。此外《破产审判会议纪要》第39条中指出：“关联企业成员之间不当利用关联关系形成的债权，应当劣后于其他普通债权顺序清偿，且该劣后债权人不得就其他关联企业成员提供的特定财产优先受偿。”对此项关联劣后债权与其他劣后债权的清偿顺位，《破产审判会议纪要》没有规定。虽然没有规定清偿关联劣后债权以破产财产在清偿普通破产债权后仍有剩余为前提，但“劣后于其他普通债权顺序清偿”的实际结果与此相同。因关联劣后债权仍属私法债权，根据私法债权优先于公法债权的原则，其可优先于公法惩罚性债权受偿。又考虑到其债权的成立存在不当关系，在合法性上劣后于民事惩罚性赔偿金，在清偿顺位上劣后于民事惩罚性赔偿金较为合理。

第七，遵循对劣后债权处置的法律原则及立法本意，还可以将劣后债权的构成要件和范围予以适当调整扩张，即将劣后清偿债权的范围从“破产申请受理前产生”的惩罚性债权，修订为“针对债务人企业在破产申请受理前的违法事实作出的惩罚性债权”，从而使在重整程序启动后才对上述违法事实作出的惩罚性债权也被纳入劣后债权的范围，以更好地实现《破产审判会议纪要》这一规定的立法目标。但那些针对债务人企业在破产程序启动后才发生的违法事实作出的惩罚性债权不属于劣后债权范围，而应作为共益债务，同时应追究违法责任人对债务人企业的赔偿责任等法律责任。

第三节 破产债权的申报

一、债权申报的一般规则

根据各国破产法的一般规定，破产申请受理后，债权人只有在依法申报债权并得到确认后，才能行使在破产程序中的参与、受偿等权利。债权申报是不特定多数债权人集体受偿程序中的一项必备制度，破产程序、清算程序等集体清偿程序中都存在债权申报问题。只有通过债权的申报，才能够确定有权参加清偿的债权人的范围，确定不同债权人间的清偿顺序，做到对多数债权人有序公平清偿。债权的个别清偿程序如诉讼执行程序，因债权人不受他人因素制约，故不存在债权申报问题。

债权的集体和个别清偿程序，区别仅是债权实现的程序不同，而程序问题是不影响当事人的实体性权利的，即使是集体清偿程序中的特殊制度，如债权申报，其实施也不应影响债权人的实体受偿权利。据此，破产程序中的债权申报期限不应具有除斥期间的效力。债权人未在法定或法院指定的申报期限内申报债权的，仍可以在实体问题最终集体解决之前补充申报。这也是世界各国破产法的通例。①

① 参见王欣新：《论破产程序中的债权申报》，载《人民法院报》，2010-08-04。

（一）债权申报的期限

债权申报的期限是指法律或法院规定债权人在破产程序开始后向法院或法院指定的机构申报债权的期限。为保障破产程序的顺利进行，各国破产法对债权申报均规定了相应期限。债权人应当在法律或法院确定的债权申报期限内向管理人申报债权。债权申报具有中断诉讼时效的法律效力。

对债权申报期限主要有两种规定方式：法定主义与法院酌定主义。所谓法定主义，是指债权申报期限的长短由法律直接加以规定，受案法院不得予以变更。从理论分析的角度看，严格的法定主义所确定的法定期间为不变期间，其在防止法官滥用自由裁量权方面具有积极意义。但其不可更改性忽视了破产案件的繁简差别。因此，目前采取法定主义的国家已经不多。在我国《企业破产法（试行）》采取的是法定主义，将债权申报期限确定为固定期限，并且对以通知送达的已知债权人和以公告送达的其他债权人规定了不同的申报债权期限。这种期限的区别规定没有任何实际的必要，在债权申报制度的设计上存在不妥之处。[①] 所谓法院酌定主义，是指债权申报期限的长短，由受理案件的法院在法律规定的弹性幅度内根据案件的实际情况予以确定。英国、法国、日本都采取这种立法主义。如日本破产法第 142 条规定，债权申报的期间由法院决定，但必须在破产宣告后 2 周以上 4 个月以下。

我国《企业破产法》对债权申报期限进行了改革，摈弃了原来的法定主义，采用了法院酌定主义。《企业破产法》第 45 条规定："人民法院受理破产申请后，应当确定债权人申报债权的期限。债权申报期限自人民法院发布受理破产申请公告之日起计算，最短不得少于三十日，最长不得超过三个月。"《企业破产法》较为灵活地确定申报债权期限的方式，有助于缩短破产案件的审理期限，尽快结案。法院在司法实践中，应当根据具体案件的不同情况，如案件性质、债权人人数与种类、涉及债权人的地域等因素来确定期限。对于案件复杂、涉及人数较多的破产案件，应当确定较长的申报期限，以充分保护债权人的利益。

（二）债权申报的方式和内容

债权申报的方式，是指债权人向接受申报的机关/机构申报债权所采取的方式。各国破产法均强调以书面方式申报，有的国家虽无明文规定，但在实践中也采取书面形式，如日本。我国《企业破产法》第 49 条规定，债权人申报债权时，应当书面说明债权的数额和有无财产担保，并提交有关证据。可见，采取的也是书面申报方式。

我国《企业破产法》规定，债权人申报债权时，应当书面说明债权的数额和有无财产担保，并提交有关证据。提出破产申请的债权人因已经在破产申请中提出债权清偿要求和相应证据，故无须再申报债权。破产申请受理前涉及债务人的未结诉讼中的债权人，应向受理破产申请的法院申报债权，并说明债权已涉讼，以及受诉法院、案件名称、编号等情况。受理破产申请的法院应向受诉法院通知破产申请已受理之事项。如果在进行债权确认

---

① 参见王欣新：《破产法》，4 版，198 页，北京，中国人民大学出版社，2019。

时，案件当事人对诉讼中的债权不再存在争议，该债权可以得到确认，则终结该诉讼。对该债权确认有异议的其他利害关系人，可提起债权确认诉讼。如该债权未得到确认，则原诉讼继续进行。

债权申报文件具体应包含以下主要内容：债权人基本情况、债权的形成过程、债权的数额（本金数额、截至破产受理之日的孳息数额、利息计算方法和利息清单）、有无财产担保、是否属于连带债权、债权的到期日、申报时间，并应附相关证据。申报债权时，债权人应填写联系电话、邮寄地址及联系人或收件人。破产程序中，法院将按照以上地址发出通知。

【经典导读】

债权申报公告

北京市海淀区人民法院

公　告

（2014）海民破预字第1号

本院根据杨某的申请于2014年6月16日裁定受理北京××科技有限责任公司（以下简称××公司）破产清算一案，并指定北京市××律师事务所为管理人。××公司的债权人应自公告发布之日起45日内向管理人（通信地址：×××；电话：×××；联系人：陈×、谢××）申报债权。未在上述期限内申报债权的，可以在破产财产分配方案提交债权人会议讨论前补充申报，但对此前已进行的分配无权要求补充分配，同时要承担为审查和确认补充申报债权所产生的费用。未申报债权的，不得依照《中华人民共和国企业破产法》规定的程序行使权利。××公司的债务人或者财产持有人应当向××公司管理人清偿债务或交付财产。

本院定于2014年9月17日14：00在北京市海淀区人民法院第××法庭召开第一次债权人会议。依法申报债权的债权人有权参加债权人会议。参加会议的债权人系法人或其他组织的，应提交营业执照、法定代表人或负责人身份证明书，如委托代理人出席会议，应提交特别授权委托书、委托代理人的身份证件或律师执业证，委托代理人是律师的还应提交律师事务所的指派函。参加会议的债权人系自然人的，应提交个人身份证明。如委托代理人出席会议，应提交特别授权委托书、委托代理人的身份证件或律师执业证，委托代理人是律师的还应提交律师事务所的指派函。

特此公告。

北京市海淀区人民法院

2014年6月26日

二、债权的补充申报

从历史上看，各国法律对逾期未申报的债权如何处理的规定，存在相对效力主义与绝对效力主义两种立法例。相对效力主义，即债权申报期限无除斥效力，申报期限届满后债权人仍可补充申报受偿。绝对效力主义，即债权申报期限具有除斥效力，申报期限届满后，债权人丧失补充申报与受偿权利。现在绝大多数国家的破产法规定的债权申报期限是不具有除斥债权人实体权利的效力的，债权人可在破产财产最后分配前补充申报债权，从而为当事人提供适当的权利补救渠道，以贯彻最大限度维护当事人权益的立法原则。但由于破产程序进行到一定阶段后往往会具有不可逆性，且债权人对逾期未申报债权可能存在过失，故虽可在破产分配之前补报，但债权人须承担一定的不利后果。该债权人就已进行的破产程序与事项无权再提出异议，须自行承担对其债权的调查和确认费用，且只能参加补充申报时尚未分配的破产财产的清偿。个别国家或地区的立法规定，债权人在破产宣告后（此类国家立法往往以破产宣告时间为破产案件受理时间）的债权申报期限内未申报债权，不得就破产财产受清偿。但该项规定亦有例外，如对已有执行名义的债权无效；当所有债权人均未申报债权时，法院应继续进行破产程序，向已知的债权人依其债权额进行分配。

《企业破产法》第56条规定："在人民法院确定的债权申报期限内，债权人未申报债权的，可以在破产财产最后分配前补充申报；但是，此前已进行分配的，不再对其补充分配。为审查和确认补充申报债权的费用，由补充申报人承担。债权人未依照本法规定申报债权的，不得依照本法规定的程序行使权利。"

在理解我国《企业破产法》关于债权补充申报的规定时，还需要注意以下几个方面的问题①：

第一，由于破产程序具有不可逆性，且补充申报债权的债权人自身也可能有过失，所以此前已进行分配的，不再对其补充分配；为审查和确认补充申报债权的费用，由补充申报人承担。此外，补充申报人对此前已经进行的程序，原则上不得再提出异议。补充申报人所应承担的费用，仅限于依破产程序审查和确认补充申报债权所实际发生的费用，不得按照法院审理诉讼案件的标准收费。需注意的是，根据《企业破产法》的规定，有些产生于破产申请受理后的债权，如管理人行使合同解除权后对方当事人因合同解除产生的损害赔偿请求权等，也属于破产债权。这些债权有可能因产生时间过晚而无法在法院规定的申报期间内申报，但此种情况下的补充申报并非债权人自身过失造成，由其承担债权的审查、确认费用是不合理的，所以该费用应当作为破产费用。

第二，根据《企业破产法》的规定，对申报债权的核查应在债权人会议上进行，对补充申报的债权也应遵循这一原则。但债权人会议的召集成本较高，如果对补充申报的债权不分数额大小、对债权人利益的影响大小，都召集召开债权人会议核查，显然违背经济原则，会损害多数债权人的权益。笔者认为，当补充申报的债权数额不大、对债权人利益的影响也不大时，可以考虑不召集召开债权人会议，而采取变通的方式核查债权，如将债权申报材料发给各个债权人进行书面核查，并由管理人负责对核查中的问题核实解决。

第三，在破产程序中可以补充申报债权的最后期限为"破产财产最后分配前"。破产法规定的破产程序有清算、重整、和解三种，债权人在不同程序中可补充申报债权的具体期限、标准也有不同，需要加以确定。笔者认为，为保障破产程序的顺利进行，在破产清算程序中，债权人补充申报债权的最后期限应为破产财产最终分配方案提交债权人会议表决之前。如果允许在此之后补充申报债权，由于要重新制订分配方案，将补充申报的债权纳入，债权人会议针对分配方案已经作出的决议就要作废，甚至人民法院针对破产财产最

---

① 参见王欣新：《论破产程序中的债权申报》，载《人民法院报》，2010-08-04。

终分配方案作出的裁定认可也要作废，必然造成破产程序的浪费与不当延误，损害绝大多数债权人的利益，损害法律的尊严。在破产和解、重整程序中，债权人补充申报债权的最后期限应为和解协议草案或重整计划草案提交债权人会议表决之前。但根据《企业破产法》第92条第2款、第100条第3款的规定，债权人未按照规定申报债权的，在重整计划或和解协议执行期间，不得行使权利，在重整计划或和解协议执行完毕后，可以按照重整计划或和解协议规定的同类债权的清偿条件行使权利。

第四，如果在债务人进入和解或重整程序后，和解协议、重整计划的执行依法被终止，转入破产清算程序，则这时，因已经转入清算程序，而在清算程序中债权人补充申报债权的最后时点是破产财产最终分配方案提交债权人会议表决前，所以原未申报债权的债权人仍有权利继续依法补充申报债权。

【经典导读】

如何理解破产程序中未补充申报债权者的特殊规定①

在破产清算程序中，逾最后补充申报期限仍未申报债权的债权人，其实体权利也并不因此而消灭。但因债务人的破产财产从程序上已经全部分配完毕，债权人因未取得程序权利而实际上无法获得清偿。需注意的是，如果在破产清算程序终结之日起2年内，“发现有依照本法第三十一条、第三十二条、第三十三条、第三十六条规定应当追回的财产”，以及破产人应当供分配的其他财产，债权人可以请求人民法院按照破产财产分配方案进行追加分配。这时，原在破产清算程序中未申报债权的债权人能否再补充申报债权，参加对新发现财产的分配呢？笔者认为，此时不应允许补充申报债权，因为《企业破产法》第123条明确规定，债权人只可以请求人民法院按照破产财产分配方案进行追加分配，而原已确定的分配方案排除了未申报债权者参与破产分配。立法如此规定是有其道理的。因补充申报的债权必须经过债权审查确认程序得到确认后才有权参与分配，而在破产清算程序终结后，所有的破产机构如管理人、债权人会议等均已解散，债务人企业也已被注销，已不可能再为补充申报的债权人启动债权审查确认程序，而且，为个别债权人补充申报债权而重新启动破产程序的法律与实际成本过高，显然是不可行的，所以，未在破产清算程序中补充申报债权的债权人，不得参加破产财产追加分配。

根据《企业破产法》第92条第2款、第100条第3款的规定，在和解或重整程序中，逾最后期限未补充申报债权者，在和解协议、重整计划的执行期间不得行使权利，但在债务人对和解协议、重整计划执行完毕后，可以按照和解协议或者重整计划规定的同类债权的清偿条件行使权利，再向债务人要求清偿。这一规定对在和解或重整程序中未补充申报债权者予以特别的救济，但从实践中执行的情况看，利弊相参。笔者建议，对《企业破产法》第92条第2款、第100条第3款规定的适用设置合理的条件。首先，凡是在破产申请受理时，人民法院或者管理人对已知债权人已经送达申报债权通知，债权人仍放弃权利，不在破产程序中申报或补充申报债权，在和解协议、重整计划执行完毕后又要求清偿的，人民法院应不予支持。其次，债权人在破产程序中申报债权可以产生中止诉讼时效的效力，凡是在破产程序中未申报债权或在和解协议、重整计划执行过程中未提出清偿要求的（虽然其提出要求后也必须等到和解协议、重整计划执行完毕才可以得到清偿），诉讼时效当然不予中止。债权人在和解协议、重整计划执行完毕

① 参见王欣新：《论破产程序中的债权申报》，载《人民法院报》，2010-08-04。

后又要求清偿时如果超过诉讼时效，人民法院不予支持。最后，立法规定债权人在和解协议、重整计划执行完毕后可以按照和解协议或者重整计划规定的同类债权的清偿条件行使权利。这种“同等条件”既包括清偿比例的限制，也包括延期清偿的限制，即如果和解协议或者重整计划规定同类债权均是延期 2 年清偿，分 2 年清偿完毕，则债权人行使权利也要从其权利被确认时起延期 2 年清偿，分 2 年清偿完毕。这也是符合立法本意的。

三、债权申报的特殊问题

（一）职工债权的申报

为更好地维护职工权益，《企业破产法》第 48 条规定：债务人所欠职工的工资和医疗、伤残补助、抚恤费用，所欠的应当划入职工个人账户的基本养老保险、基本医疗保险费用，以及法律、行政法规规定应当支付给职工的补偿金，即职工债权，不必申报，由管理人调查后列出清单并予以公示。职工对清单记载有异议的，可以要求管理人更正；管理人不予更正的，职工可以向人民法院提起诉讼。据此，职工债权属于免申报的特殊债权。此举有助于更好地维护职工权益。

在《企业破产法》制定过程中，考虑到实践中有的企业拖欠职工债务后，较长期间处于停产、半停产状况，一些职工迫于生计，已经流散到社会谋生，尤其是来自外地的短期合同工、农民工，在企业破产时可能并不知道该消息，难以及时申报债权，因而出现遗漏职工债权的现象。职工债权是劳动关系上的债权，应具有优先受偿权利，在破产企业会计账目中已有明确记载，所以可以不以申报为债权受偿条件。此外，有些大企业职工人数甚多，由职工自行申报债权，工作量大，成本较高，故应当简化债权申报登记程序。

（二）税收债权的申报

对税收债权人是否可免予债权申报，《企业破产法》未作明确规定。笔者认为：一方面，作为一般性原则，税收债权应当进行申报；另一方面，税收债权是因行政关系产生的债权，而且如无债务人提供纳税申报资料，税务机关有时可能无法认定具体的欠税数额，难以准确申报债权。故在税务机关难以自行申报债权时，可以考虑由税务机关在管理人配合下对破产企业的会计账目进行核实后申报债权，存在异议时则可通过债权确认之诉解决。

社会保险债权也应当由相关的征收机构予以申报。

（三）别除权人的债权申报

关于别除权人应否申报债权，各国破产立法规定不同。有的国家认为，别除权人也应申报债权方可受偿。有的国家认为，别除权人行使权利不受破产程序之限制，故无须申报债权，尤其是在担保物经过登记公示或为债权人占有的情况下。如在美国，担保权益通常须在州政府登记，所以法律假设公众已知道这些权益的存在，故而申报债权不是必要的程序。① 但是，在别除权人预计担保物的价款不足清偿债权时，应当将不能受偿的部分债权作为破产债权申报，否则便可能在破产程序中丧失受偿权利。

我国《企业破产法》第56条第2款规定："债权人未依照本法规定申报债权的，不得依照本法规定的程序行使权利。"该款并未免除别除权人的债权申报义务，因此，有物权担保的债权人也应申报债权，方可依破产法行使权利。我国台湾地区学者认为，有物权担保的债权人未申报债权，其对担保物享有的权利并不丧失，仍可行使受偿权利，但其从担保物上受偿不足的部分债权因未经申报便没有受偿权利。这一观点较为合理，可以加以借鉴。

第四节　破产债权的确认

【案例5—1】交通银行股份有限公司温州分行与浙江信泰集团有限公司破产债权确认纠纷②

原告交通银行股份有限公司温州分行为与被告浙江信泰集团有限公司破产债权确认纠纷一案，于2013年7月26日提起诉讼，浙江省温州市瓯海区人民法院于同日受理后，依法组成合议庭，于2013年9月11日公开开庭进行了审理。原告交通银行股份有限公司温州分行的委托代理人高某亚、被告浙江信泰集团有限公司的诉讼代表人的委托代理人金某凤到庭参加诉讼。本案现已审理终结。

原告交通银行股份有限公司温州分行起诉称：2011年1月17日，原告与被告签订温交银2011年170最保字006—2号"最高额保证合同"，合同约定由被告为原告和债务人温州市鹿城新兴实业有限公司在2011年1月18日至2016年1月18日期间签订的全部主合同提供最高额保证担保，担保的最高债权额为人民币4 200万元，保证方式为连带保证责任，保证的范围为主合同项下债权本金及利息、复利、罚息、违约金、损害赔偿金和实现债权的费用。原告与债务人温州市鹿城新兴实业有限公司签订下列"流动资金借款合同"。(1) 2012年1月16日，原告与债务人温州市鹿城新兴实业有限公司签订编号为温交银2012年170贷字010号"流动资金借款合同"一份，合同约定：原告向债务人发放437万元的贷款，贷款到期日为2013年1月17日，年利率为6.625 6%，合同期内遇人民银行调整基准利率的，自贷款实际发放日起每满月的当日调整合同利率，按月结息，每月的20日为结息日，逾期贷款罚息、复利按合同约定利率上浮50%，一次还本，贷款到期后利随本清。合同签订后，原告于2012年1月17日按约发放437万元贷款。2013年1月

① 参见潘琪：《美国破产法》，129页，北京，法律出版社，1999。

② 案例来源：浙江省温州市瓯海区人民法院（2013）温瓯商初字第707号民事判决书。

17 日，原告与债务人签订编号为温交银 2013 年 170 展字 010 号“展期合同”，合同约定：原告同意对编号为温交银 2012 年 170 贷字 010 号“流动资金借款合同”项下的 437 万元债务进行展期，展期后到期日为 2013 年 3 月 17 日，展期内利率按年利率 7.995%执行。2013 年 3 月 17 日，原告与债务人再次签订编号为温交银 2013 年 170 展字 048 号“展期合同”，合同对“流动资金借款合同”项下的 437 万元债务进行再展期，展期后到期日为 2014 年 1 月 17 日，展期内利率按年利率 7.072 5%执行。(2) 2012 年 2 月 27 日，原告与债务人温州市鹿城新兴实业有限公司签订编号为温交银 2012 年 170 贷字 017 号“流动资金借款合同”一份，合同约定：原告向债务人发放 1 000 万元的贷款。贷款到期日为 2013 年 2 月 27 日。贷款年利率为 8.528%，按月结息，每月的 20 日为结息日，逾期贷款罚息、复利按合同约定利率上浮 50%，一次还本，贷款到期后利随本清。合同签订后，原告于 2012 年 2 月 27 日按约发放 1 000 万元贷款。2013 年 2 月 27 日，原告与债务人签订编号为温交银 2013 年 170 展字 027 号“展期合同”，合同约定：原告同意对编号为温交银 2012 年 170 贷字 017 号“流动资金借款合同”项下的 1 000 万元债务进行展期，展期后到期日为 2014 年 2 月 26 日，展期内利率按年利率 7.995%执行。(3) 2012 年 3 月 7 日，原告与债务人温州市鹿城新兴实业有限公司签订编号为温交银 2012 年 170 贷字 026 号“流动资金借款合同”一份，合同约定：原告向债务人发放 713 万元的贷款。贷款到期日为 2013 年 3 月 7 日。贷款年利率为 8.528%，按月结息，每月的 20 日为结息日，逾期贷款罚息、复利按合同约定利率上浮 50%，一次还本，贷款到期后利随本清。合同签订后，原告于 2012 年 3 月 7 日按约发放 713 万元的贷款。2013 年 3 月 6 日，原告与债务人签订编号为温交银 2013 年 170 展字 035 号“展期合同”，合同约定：原告同意对编号为温交银 2012 年 170 贷字 026 号“流动资金借款合同”项下的 713 万元债务进行展期，展期后到期日为 2014 年 3 月 7 日，展期内利率按年利率 7.072 5%执行。(4) 2012 年 3 月 27 日，原告与债务人温州市鹿城新兴实业有限公司签订编号为温交银 2012 年 170 贷字 053 号“流动资金借款合同”一份，合同约定：原告向债务人发放 855 万元的贷款。贷款到期日为 2013 年 3 月 27 日，贷款年利率为 7.872%，按月结息，每月的 20 日结息，逾期贷款罚息、复利按合同约定利率上浮 50%，一次还本，贷款到期后利随本清。合同签订后，原告于 2012 年 3 月 28 日按约发放 855 万元的贷款。2013 年 3 月，原告与债务人签订编号为温交银 2013 年 170 展字 061 号“展期合同”，合同约定：原告同意对编号为温交银 2012 年 170 贷字 053 号“流动资金借款合同”项下的 855 万元债务进行展期，展期后到期日为 2014 年 3 月 26 日，展期内利率按年利率 7.072 5%执行。

2013 年 5 月 10 日，债务人温州市鹿城新兴实业有限公司提前归还原告借款 450 万元。2012 年 10 月 23 日，被告经温州市瓯海区人民法院裁定进入破产重整程序，原告在规定时间内向破产管理人申报债权，但管理人对原告申报的债权不予确认。截至 2013 年 7 月 18 日，债务人尚欠原告借款本金 2 555 万元，无利息、罚息、复利。根据原告与被告签订的最高额保证合同相关约定，被告作为债务人温州市鹿城新兴实业有限公司的担保人，原告有权要求被告在保证期间承担最高额 4 200 万元连带保证责任，归还原告借款本金 2 555 万元。在诉讼过程中，债务人温州市鹿城新兴实业有限公司于 2013 年 7 月 29 日支付原告 1 490 961 元，现原告请求法院判令被告浙江信泰集团有限公司对债务人温州市鹿城新兴实业有限公司所欠原告债务借款本金 24 059 039 元及截至 2013 年 9 月 9 日的利息 153 236.91 元、复利 885.63 元（2013 年 9 月 10 日起至履行之日止按合同约定计算利息、罚息、复利）承担连带保证责任。诉讼过程中，原告明确诉讼请求为确认对被告享有上述金额的债权。

经审理，本院对原告诉称的上述事实予以确认。另查明，浙江信泰集团有限公司于 1993 年 11 月 25 日成立，登记股东胡某林，占注册资本 75%，股东胡某炫，占注册资本 25%。2011 年 10 月 19 日，温州市瓯海区人民政府成立专项生产资金监管服务工作组，聘请温州中源会计师事务所担任被告专项生产资金监管服务单位，对被告浙江信泰集团有限公司等关联企业进行重组。2012 年 10 月 23 日，本院经被告申请作出（2012）温瓯破（预）字第 8 号民事裁定，受理被告浙江信泰集团有限公司破产重整申请，并指定浙江泽商律师事务所为管理人。2013 年 6 月 26 日，本院批准被告浙江信泰集团有限公司及其关联企业的重整计划并终结破产程序。该重整计划明确对民间借贷债权、银行债权（无财产担保）的利息进行调整，即将债权利息调整计算截至 2011 年 9 月 20 日。

法院审理认为：原告交通银行股份有限公司温州分行与被告浙江信泰集团有限公司签订最高额保证合同，系双方真实意思表示，合法有效。最高额保证合同是指保证人与债权人协商，在最高债权额限度内，对一定期间内连续发生的债权余额承担保证责任，如果实际发生的债权余额高于最高限额的，以最高限额为限。被告浙江信泰集团有限公司为债务人温州市鹿城新兴实业有限公司与原告发生的债务提供最高额保证，符合最高额保证合同约定的期间与金额。由于被告属于破产重整企业，故其对原告提供担保的金额的利息应计算至破产案件受理之日（2012 年 10 月 23 日）止，但被告浙江信泰集团有限公司重整计划已将民间借贷债权、银行债权（无财产担保）利息调整计算至 2011 年 9 月 20 日，且该重整计划已依法通过。而本案借款人已付清原告 2013 年 7 月 18 日之前的借款利息、罚息、复利，现尚欠原告借款本金24 059 039元。故本院对原告要求确认享有因债权产生的利息、罚息、复利，不予支持。被告辩称原、被告签订的最高额保证合同无效，被告无担保能力，证据不足，本院不予采纳。另被告辩称本案四份借款合同均未到期，被告不应该对未到期的债务承担保证责任。由于被告系破产重整企业，根据法律规定未到期的债权，在破产申请受理时视为到期。鉴于本案系担保债权，且本案债务借款期限尚未到期，不排除债务人到期履行债务或部分履行债务的情况，故原告应在债务人于借款合同到期时未能履行或不能完全履行本案债务时，才可享有本案的债权，即本案债权应确定为预计债权。故原告享有被告预计债权本金24 059 039元，被告在处理债务时可按此金额按规定的分配比例先予以提留，在上述借款到期时，若实际借款本金欠款少于本案预计债权的，按实际欠款金额计付。被告在承担保证责任后，有权向债务人温州市鹿城新兴实业有限公司追偿，或者要求承担连带责任的其他保证人清偿其应当承担的份额。据此，依照《中华人民共和国民事诉讼法》第64条第1款，《中华人民共和国合同法》第198条，《中华人民共和国担保法》第12条、第18条、第31条，最高人民法院《关于适用〈中华人民共和国担保法〉若干问题的解释》第23条，《中华人民共和国企业破产法》第58条之规定，判决如下：

（1）确认原告交通银行股份有限公司温州分行对被告浙江信泰集团有限公司享有因保证责任产生的破产预计债权24 059 039元（普通债权）；被告承担保证责任后，有权向债务人温州市鹿城新兴实业有限公司追偿，或者要求承担连带责任的其他保证人清偿其应当承担的份额。

（2）驳回原告交通银行股份有限公司温州分行的其他诉讼请求。

本案受理费169 550元。由原告交通银行股份有限公司温州分行负担2 550元，被告浙江信泰集团有限公司负担167 000元。

一、债权确认的主体

对破产债权确认的职权主体，有的国家规定为法院，有的国家规定为管理人。我国《企业破产法》第58条规定："债务人、债权人对债权表记载的债权无异议的，由人民法院裁定确认。债务人、债权人对债权表记载的债权有异议的，可以向受理破产申请的人民法院提起诉讼。"据此，法院不仅是破产债权的形式确认主体，而且是债权争议的实质解决主体。这也是各国对债权争议处理的共同模式。在法院从法律上作为破产债权确认关键主体的同时，管理人以及债权人会议对破产债权的确认也具有一定的职能，其中包括管理人对债权的初审、债权人会议对债权的核查等。

需要注意的是，在我国的司法实践中，对债权确认的权力实际上往往由管理人行使。这里既有法律规定不够明确的原因，还可能存在对法律规定的误解乃至曲解，也不排除法院因人力不足等想减少工作量并回避责任的考虑。但是这种状况与法律规定不符，使管理人的权力过大且失去制约，易发生对当事人的权益保障不力的问题，甚至出现个别无良管理人滥用职权侵害债权人权益，敲诈勒索，牟取不当利益的现象，应当予以纠正。

关于对尚未确定之债权表决权的确认，日本破产法第182条第2款规定："对于未确定债权、附停止条件的债权、将来请求权或不能依行使别除权受偿的债权额，如破产管理人或破产债权人有异议时，由法院确定其应否行使表决权及应就多少金额行使其表决权。"我国《企业破产法》第59条第2款规定，"债权尚未确定的债权人，除人民法院能够为其行使表决权而临时确定债权额的外，不得行使表决权。"这里规定由法院确定的（未要求通过诉讼方式）仅限于债权人的表决权事项。对实体债权包括其数额的确认存在争议的，仍要通过债权确认诉讼解决。

二、债权确认的范围

在债权人申报之债权得到确认后债权人才能在破产程序中行使权利。但债权人申报之债权情况各异，有的已为法院生效裁判、仲裁机构生效裁决所确认，具有法律上确定之名义和执行效力；有的尚在诉讼之中；有的双方虽有争议但未提起诉讼或申请仲裁；有的则双方均无争议。从债权性质来看，有的债权没有担保，有的债权设有物权担保，有的债权具有优先的法定清偿顺位。债权确认的一般原则是，凡法律允许通过一般司法程序提出异议的债权，即未经发生法律效力的裁判确认的债权，无论当事人间有无争议，均在审查确认之列。凡是已经裁判确认且发生法律效力的债权，原则上应当予以确认。当事人对此类债权仍有争议的，应通过法定程序纠正原判决后再更改债权表。《企业破产法司法解释三》第7条规定："已经生效法律文书确定的债权，管理人应当予以确认。管理人认为债权人据以申报债权的生效法律文书确定的债权错误，或者有证据证明债权人与债务人恶意通过诉讼、仲裁或者公证机关赋予强制执行力公证文书的形式虚构债权债务的，应当依法通过审判监督程序向作出该判决、裁定、调解书的人民法院或者上一级人民法院申请撤销生效法律文书，或者向受理破产申请的人民法院申请撤销或者不予执行仲裁裁决、不予执行公证债权文书后，重新确定债权。"

债权确认的内容，主要包括以下几项：申报的债权事实上是否成立；债权依其性质能否在破产程序中受偿；债权的数额；债权有无财产担保，担保物价款预计是否足以清偿担保债权，可能不足清偿的数额；债权尚不能确定或存有争议者，在债权人会议上是否享有表决权以及其代表的债权数额；等等。

三、债权确认程序

根据《企业破产法》及有关司法解释的规定，管理人应当对所申报的债权进行登记造册，详尽记载申报人的姓名、单位、代理人、申报债权额、担保情况、证据、联系方式等事项，形成债权申报登记册。管理人应当对债权的性质、数额、担保财产、是否超过诉讼时效、是否超过强制执行期间等情况进行审查，编制债权表并提交债权人会议核查。债权表、债权申报登记册及债权申报材料在破产期间由管理人保管，债权人、债务人、债务人职工及其他利害关系人有权查阅。

对债权的审查包括形式审查与实质审查两个方面，两者的意义、作用和表现形式不同。管理人在编制债权登记表时只需进行形式审查，凡是债权符合登记形式要件的，就必须将其编入债权登记表内，不允许以管理人认为债权实质上不能成立，如超过诉讼时效等为由，拒绝编入债权登记表。同时，管理人还需对编入债权登记表的债权进行实质审查，如债权是否真实存在、是否超过诉讼时效、有无担保、数额是否正确等，并将审查意见附在提交给第一次债权人会议的债权登记表后，供债权人会议核查使用。

债权人会议核查债权的程序一般如下：首先由管理人宣布被核查债权的申报登记情况，随后由管理人、债务人、其他债权人、其他利害关系人如担保人等陈述意见，必要时由该债权人解释。经核查后，管理人、债务人、其他债权人等对该债权无异议的，列入债权确认表，债权表由人民法院裁定确认。

笔者认为，对于经核查后仍存在异议的债权，为明确其法律地位，应由人民法院裁定该债权是否应暂被纳入债权表内。该项裁定无实体法律效力，不影响利害关系人提起债权确认诉讼的权利。人民法院的上述裁定可使债权确认诉讼的原告与被告身份的确定更为合理、明确，而且因将依法难以成立之债权排斥在债权确认表之外，将促使当事人自动息讼，减少没有必要之债权确认诉讼的提起。

根据《企业破产法》的规定，债务人、债权人对债权表记载的债权有异议的，可以向受理破产申请的人民法院提起诉讼。此外，有权提起债权确认诉讼的还有管理人，这时管理人是以债务人的法定代表的身份提起债权确认诉讼。债务人对债权表记载的债权有异议，向人民法院提起诉讼的，应将被异议债权人列为被告。债权人对债权表记载的他人债权有异议的，应将被异议债权人列为被告；债权人对债权表记载的本人债权有异议的，应将债务人列为被告。对同一笔债权存在多个异议人，其他异议人申请参加诉讼的，应当列为共同原告。

【经典导读】

对《企业破产法司法解释三》第8条之解读①

《企业破产法司法解释三》第8条规定："债务人、债权人对债权表记载的债权有异议的，应当说明理由和法律依据。经管理人解释或调整后，异议人仍然不服的，或者管理人不予解释或调整的，异议人应当在债权人会议核查结束后十五日内向人民法院提起债权确认的诉讼。当事人之间在破产申请受理前订立有仲裁条款或仲裁协议的，应当向选定的仲裁机构申请确认债权债务关系。"该规定未明确"十五日"期限的法律性质，导致管理人、法官以及异议人出于各自的利益定位、工作性质及活动便利，对"十五日"后异议人能否再提起债权确认诉讼存在争议。而此前司法实践（有管理人自行规定超过一定期限未提起债权确认诉讼者丧失权利）乃至各地高级人民法院的内部审判指引，对此问题也存在不同理解。该规定之期限的法律性质究竟是诉讼时效（或除斥期间），还是如同《企业破产法》对债权申报期限的规定，仅起附不利后果

① 参见王欣新：《〈破产法司法解释三〉第八条之解读》，载《人民法院报》，2019-08-15。此处引用时略有修改。

承担的引导性作用，在法理上、法律上以及司法实践中都需要予以明确。下文仅就对该规定的正确理解和执行试作分析，以抛砖引玉。

《企业破产法司法解释三》第 8 条对债权确认作出了具体规定。

第一，为提起债权确认诉讼设置前置条件，即对“管理人解释或调整后”仍不服或其“不予解释或调整”时，异议人方可提起诉讼，以尽量使争议解决于诉讼之前。但从其文字看，仅强调将管理人对债权的确认结果作为提起债权确认诉讼的前提是不够的，还应更全面地考虑《企业破产法》规定的债权确认程序。《企业破产法》第 58 条规定，管理人制定的债权表要“提交第一次债权人会议核查。债务人、债权人对债权表记载的债权无异议的，由人民法院裁定确认。债务人、债权人对债权表记载的债权有异议的，可以向受理破产申请的人民法院提起诉讼。”也就是说，异议人提起债权确认诉讼时的异议，应当是针对经债权人会议审核、人民法院裁定确认之债权表，而非仅由管理人制定、确认乃至解释或调整后的债权表。我们不能忽视债权人会议对债权的核查权利，在其核查结果与管理人认定结果不同时仅以管理人的认定为准。如《企业破产法》的本意是管理人有完全的债权确认权，就不应规定债权人会议有核查权利，而只需规定管理人向债权人会议通报债权确认结果，在管理人的职权中应明确规定其确认债权权利，并取消法院对债权表的裁定。此外，我们应当重视法院对债权表的裁定及其效力。对法院就债权表所作裁定的法律性质及效力也存在不同理解。在前述司法解释出台后，有人认为，法院就债权表所作裁定具有实体性的既判效力，不允许异议人在 15 日期限届满后再提起债权确认诉讼。这是一种误解。首先，凡所谓既判效力，均是就对当事人权利义务，尤其是实体性权利义务的确认而言。当存在既判效力时，各方当事人和各法院都要受相应判决的拘束，当事人在此后其他诉讼中提出与该判决相反的主张时法院不予支持，法院也不得在此后的其他诉讼中作出与该判决冲突的裁判。而第 8 条允许异议人在一定期限内继续对法院的债权表裁定提起债权确认诉讼，显然是明示该裁定不具有既判效力。其次，立法规定管理人制定的经过债权人会议核查的债权表要由法院裁定确认，是以该裁定为债权确认诉讼诉权成立的标志。该项裁定是程序性裁定，非实体性判决，不具有确认各项债权真实、合法的实体性法律效力，所以仍允许对债权表上确认的债权或（暂）不确认的债权提起债权确认诉讼。法院确认债权表裁定的作用是从程序上确认债权人的破产参加权与表决权，减少不必要的确认诉讼，监督管理人的债权审查活动，包括在债权人会议核查意见与管理人认定意见不同时裁定采纳何种意见，并依据债权在债权确认表内或表外，确定债权确认诉讼中原、被告的身份。

第二，第 8 条规定，异议人向人民法院提起债权确认诉讼的期限为债权人会议核查结束后 15 日内。笔者认为，该期限规定是与《企业破产法》中债权申报期限相同性质的附不利后果承担的引导性规定，而不能被理解为诉讼时效或者除斥期间。由于两者均会导致异议人丧失债权确认诉权，故下文仅以诉讼时效为对象分析。将这一期限理解为诉讼时效，是《民法总则》（注：现为《民法典》总则编）中的时效制度及异议人诉讼权利的重大修整，必须以有明确文字规定为前提，而且司法解释是否具有此项权力也颇值得推敲。从立法对相关权利的保护看，《企业破产法》明确规定，债权人逾期仍可补充申报债权获得清偿（逾期申报的债权也可能不被确认并提起债权确认诉讼），只是需承担一些不利后果。提起债权确认诉讼只是对债权申报权利的延续行使。对逾期申报债权者立法都未剥夺其权利，司法解释更无权规定剥夺债权人提起债权确认诉讼权利的特别时效。尤其是在重整与和解程序中，未超过诉讼时效的逾期申报债权在重整计划与和解协议执行完毕后仍可获得清偿，仅逾 15 天未提起债权确认诉讼就被剥夺受偿权利，这显然是不妥的。

第三，将这一期限理解为诉讼时效明显不合理，且无法公正实施。第 8 条要求异议人在管理人解释或调整后仍不服或其不予解释或调整时，方可提起债权确认诉讼，然而这一要求与将该期限理解为诉讼时效存在时间冲突。管理人在债权确认表中往往不附详细理由，其解释或调整需延后一定时间，确定其不予解释或调整也需经过一定期限，并非在债权人会议核查结束之当天就有结果。而第 8 条规定从债权人会议核查结束后开始计算 15 日期限，如将其理解为诉讼时效，必然会出现大部分异议人起诉期间不足，甚至在确定管理人是否解释或调整前就已过期。此外，部分债权人可能未参加审核债权的债权人会议，并不知债权确认结果，虽其放弃参加债权人会议的权利，但不能依此推定其也放弃提起债权确认诉讼的权利。如将 15 日期限理解为诉讼时效，就必须规定管理人在债权人会议核查债权后负有在当天立即向所有申报登记的债权人通知债权确认结果的义务，以使其能及时行使权利。管理人如未做到，影响债权人行使诉权，要承担赔偿责任。诉讼时效期间是"自权利人知道或者应当知道权利受到损害以及义务人之日起计算"，且可中止与中断。而将第 8 条规定的不以当事人知道权利受到损害为起算点的不变期间理解为诉讼时效，与法理不符，且必然使各债权人因得知债权确认结果时间不同，而实际享有的诉讼时效期间不统一，甚至因未及时得知信息而丧失权利。如将其解释为除斥期间，则会使部分异议人因无法及时得知债权确认结果而彻底丧失权利，更不合理。另外，将该期间理解为诉讼时效也与《企业破产法司法解释三》的其他规定相矛盾。其第 11 条第 1 款规定，"采取非现场方式进行表决的，管理人应当在债权人会议召开后的三日内，以信函、电子邮件、公告等方式将表决结果告知参与表决的债权人"。据此，告知债权确认结果的时间与债权人会议结束时间就可能存在三天时间差，加上邮递路途时间、公告刊登生效期间等，也会导致异议人实际享有的时效期间不一致，甚至延误整个期间。再者，管理人对债权确认的分类中还可能有待定类债权，如其最终被否认，异议人提起债权确认诉讼必然会晚于上述期间。故在对该规定之性质的理解上，不能只考虑管理人或法院的工作效率与便利，不考虑对债权人权利的维护及规定的可操作性。

在该规定出台前，债权确认诉讼适用《民法总则》（注：现为《民法典》总则编）中的诉讼时效规定。仅在债权确认诉讼提起后，法院才可能在债权人会议行使表决权而临时确定债权额，在破产分配时为债权人预留分配额。如债权人不提起债权确认诉讼，视为无异议，只会影响其权利行使，并且债权人要承担不利后果，而不会影响他人权利和破产程序进行，所以本不必为此设定特别时效。

第 8 条还规定"当事人之间在破产申请受理前订立有仲裁条款或仲裁协议的，应当向选定的仲裁机构申请确认债权债务关系"。但其仅对提起债权确认"诉讼"规定了 15 日期限，而对以仲裁确认债权则未设期限。如将此期限理解为诉讼时效，则通过仲裁和诉讼确认债权者的权利就会不平等，甚至促使可能的异议人均通过仲裁程序解决债权确认争议。

综上，对《企业破产法司法解释三》第 8 条规定的异议人提起债权确认诉讼的 15 日期限，不能理解为诉讼时效或除斥期间，而应当且只能理解为与《企业破产法》中的债权申报期限性质相同的附不利后果承担的引导性规定，否则既不合法理，也不符合法律规定可能合理存在的本意，且会损害异议人的法定权利，并因漏洞百出而无法公正实施。

四、债权确认中未到期债权利息的计算

破产申请受理时未到期的债权有三种情况，即附利息的债权、不附利息的债权与无利

息的债权，其中，附利息的债权是我们司法实践中较常见的附期限债权。例如，从银行贷款时，关于债权的本金、利率以及到期时应予偿还的本金和利息，当事人都有明确的约定。当债务人在债务未到期时进入了破产程序，无论是将利息计算至破产申请受理时，还是从到期应偿还的债务总额中扣除未到期的利息，都可以正确地计算出破产债权的数额。因此，对此类附期限债权的清偿，通常都不会发生争议，故下文重点分析后两种情形。

（一）不附利息债权的扣息问题

不附利息的债权，是指未规定本金数额与利率，仅规定到期应偿还总额（名义债额）的债权。这种债权也是一定数额本金与利息之和，并非无偿借与，只不过当事人出于计算方便等原因，不再具体规定。在实践中，不附利息的债权往往是不同合同形式、多种债务关系并存时，为简化权利义务关系而设置。由于此类债权未规定本金数额与利率，所以无法按照《企业破产法》规定的将利息计算至破产申请受理时的方法确定债权数额，而只能采取扣除未到期利息的方法计算。

对不附利息的未到期债权，最简单、直观的扣息公式（卡尔普左夫公式）为：

破产债权额＝名义债额－名义债额×法定年利率×未到期年数

这一公式虽然计算简便，却不合理，对距到期日时间越长的债权其不合理性越发明显。如甲方将设备售予乙方，允许其使用其专利、商标；又以专有技术、劳务等为乙方提供服务，为其建造一座小型工厂，约定 15 年后乙方向甲方一次性偿付 250 万元（名义债额）。工厂建成后，乙方因经营不善，未到债务清偿期限即进入破产程序。按照上述计算公式应扣除甲方未到期债权的利息，当距到期日只有 1 年时，假定法定年利率为 10%（因当事人未约定利率，故只能采用法定利率），扣除未到期的利息为 25 万元，破产债权为 225 万元，不合理性尚不太明显。但如债务人破产申请受理时距到期日还有 10 年，依以该公式计算的结果，要扣除 250 万元的未到期利息，债权人将分文不获。若距到期日还有 12 年，则要扣除 300 万元的未到期利息，债权人不仅分文未得，反倒要向债务人支付 50 万元才能了结债务关系。显然，采用这一公式对不附利息的未到期债权扣息是错误的。

这一公式的错误之处在于把名义债额当作扣除利息的计算基数，基数过大时造成扣息过多。不附利息的未到期债权虽然仅规定到期应偿还的名义债额，但该债额实际上仍是一定数额的本金与利息之和，只不过在设定债务关系时双方为求计算方便未作具体约定。在债务关系中，无论是支付利息还是扣除利息，都应当以借贷本金为基数计算，而不能以到期后应偿还的已将全部利息包括在内的名义债额作为基数，否则，必然会出现利息扣除过多，甚至超过名义债额的荒诞现象。

一些国家的司法实践中对不附利息的未到期债权采用的扣息方法是荷夫曼公式，即：

破产债权额＝名义债额－破产债权额×法定年利率×未到期年数（此乘积为应扣除的利息额）

经简化，为：破产债权额＝名义债额÷（1＋法定年利率×未到期年数）

前述案例中的情况，在这一公式之下的计算结果为：当债务人破产申请受理时间距原定清偿期限尚有 1 年时，应扣除未到期的利息为 23 万元（万元以下均四舍五入，下同），破产债权为 227 万元；若距原定清偿期限还有 10 年，应扣除债权人 125 万元的未到期利息，破产债权为125万元；若距原定清偿期限还有12年，应扣除未到期的利息为136万元，破产债权为114万元。

这一公式已较前一公式合理，但仍不准确。因其是以破产债权额作为扣息的基数，但破产债权额实际上仍是债务本金与至破产宣告时已取得的利息之和，而在单利制下扣息应以债务本金为基数，所以，此公式仍存在基数不当、扣息过多的问题。

我国立法对不附利息未到期债权的扣息公式未作规定。笔者认为，要正确地扣息，首先要计算出不附利息债权的本金数额，作为扣息的基数。公式（前式）为：

债务本金＝名义债额－债务本金×法定年利率×原定偿还年龄

在求出债务本金数额后，即可通过下一公式（后式）准确计算出破产申请受理时债权的数额，或应从名义债额中扣除的利息数额。

破产债权额＝名义债额－债务本金×法定年利率×未到期年数（此乘积为应扣除的利息额）

将前式代入后式合并简化后，完整的扣息公式为：

破产债权额＝名义债额×{[1＋法定年利率×(原定偿还年限－未到期年数)]÷(1＋法定年利率×原定偿还年限)}

仍以前面的案例说明此扣息公式。名义债额为250万元，法定年利率为10%，原定偿还期限为15年。当破产申请受理时间距清偿期限为1年时，破产债权额应为240万元，应扣除未到期的利息10万元。当申请受理时间距清偿期限为10年时，破产债权额应为150万元，应扣除未到期的利息100万元。当申请受理时间距清偿期限为12年时，破产债权额应为130万元，应扣除未到期的利息120万元。这一公式虽因强制采用法定利率，可能与当事人设定债务时估算的本金及利息数额略有差异，但可以得出正确的计算结果。这一点，只需与债务本金、名义债额、年利率等数值明确的附利息债权计算结果相比便可得到证明，通过其他公式的反向运算是得不出已知债务本金的正确数值的。

（二）无利息债权的扣息问题

无利息的债权，是指不收取利息，到期时只需归还借出本金的债权。关于对未到期的无利息债权在清偿时是否也应扣除未到期的法定利息，学者的观点并不一致。一些学者主张，对于这种债权也应扣息。① 笔者以为，这一观点是不妥的。

主张对未到期无利息债权扣息的理由是，提前清偿使债权人得到了未到期的法定利息，不加扣除就会使债权人不当得利，而使债务人受到经济损失。② 这种观点貌似公平，但实际上不能成立。其错误之处在于，把债务人的期限利益与利息问题混为一谈，将债权人的合法利益当作了不当得利。

凡规定了履行期限的债务，在到期之前债务人无清偿义务，这就是其期限利益。对于

---

① 对于无利息的附期限债权，破产债权人提前受偿，也应从债权本金中扣除破产宣告时起至期限届满时止这一时期的法定利息。参见柴发邦主编：《破产法教程》，152页，北京，法律出版社，1990。

② 无利息的附期限债权，须等到期限到来之日才能取回原本。如因破产宣告视为已到期债权，则可提前受偿。如不扣除这中间利息，债权人便取得不当利益，债务人则无形中受损失。参见柯善芳、潘志恒：《破产法概论》，190页，广州，广东高等教育出版社，1988。

计息的债权，债务人有义务还本付息，但同时也有权利只按借贷时间支付约定或法定利息，这种权利可被称为利息利益，合同有特别约定者除外。债务人的利息利益作为实体权利通常是不可剥夺的，但其期限利益在法律规定的特殊情况下可能被取消，以保障对各方当事人利益之公平处理，债务人的破产便是典型一例。《企业破产法》规定未到期的债权在破产申请受理时被视为到期，便是取消了债务人的期限利益，而其规定利息计算至破产申请受理时，则是为了在债务提前清偿时，保障债务人的利益，防止债权人在利息方面不当得利。

根据《民法典》的规定，得利人没有法律根据取得不当利益的，受损失的人可以请求得利人返还取得的利益，但法律另有规定的除外。而在破产申请受理时，对未到期无利息债权提前清偿时不扣除利息，是不会造成债权人不当得利的。

从利息利益的角度看，无利息债权的债权人在债务关系中没有收取债务人的利息，本没有从中得利，自然也就谈不上得之"当"与"不当"的问题。《企业破产法》规定，债权利息计算至破产申请受理时，明确了对无利息的债权不存在扣除利息问题。因为无利息的债权本不存在法律规定应当扣除的"未到期的利息"利益，如要扣除便成了扣除本金，这显然已经超出法律规定的内容。

从期限利益的角度看，债权人因破产申请受理而得到提前受偿利益，并非"没有合法根据"，而是根据破产法取得有充分法律依据的利益，自然也是合法、正当的，不构成不当得利。

据此，未到期无利息债权的债权人可只享受清偿期限提前之法定利益，并因未收取利息而不必受扣除未到期利息之法律限制。这时债务人期限利益的取消确实会使其失去原可得到的无偿借与利益，如存款的法定利息或经营上的盈利。债权人如将提前受偿得到的本金存入银行，的确会得到法定利息；如投资于风险与盈利更高的事业如股票买卖，则可能得到更大的利益，但也可能发生亏损。不过，无论债权人得到清偿后对资金的运用是盈利还是亏损，均与原来的债务法律关系无关，与债务利息无关，不能用扣除利息的方法调整，否则会违背立法本意。如对未到期的无利息债权也扣息，就变成债务人不必支付利息，债权人反而要从本金中向对方支付自己都没有收取的利息。在这种情况下，债务人才是真正的不当得利。因此，债务人从债权人处无偿得到的利益（无息借与）被法律取消时，也必须是无偿的，不能让债权人再受到损失。这不仅符合法律规定之本意，也符合我国的交易惯例和民间的公平意识。

此外，对未到期无利息债权的扣息还可能造成扣息数额超过本金的荒谬结果。如债权人无偿借予债务人 10 万元，偿还期限为 10 年，破产申请受理时的法定年利率为 20%。如提前 5 年清偿，则债权人的本金便被全部扣除，分文不付；若提前 6 年清偿，则债权人反要向债务人支付 2 万元利息才能了结债务关系。这种对无利息债权扣息的主张是否公平合理，在实践中是否行得通，由此便可知。

对《企业破产法》关于未到期债权扣息的规定正确理解、执行的关键，是要区分期限利益与利息利益，区分债权的不同性质，不能认为凡提前偿还就一定要扣除未到期的法定利息，而要视具体情况具体分析。

五、债权确认中的连带债权债务问题

我国《企业破产法》第49条、第50条规定，债权人申报的债权是连带债权的，应当说明。连带债权人可以由其中一人代表全体连带债权人申报债权，也可以共同申报债权。立法还规定了连带债务人间的债务分担关系以及债权人与破产程序中的连带债务人的清偿关系。

（一）连带债务人间的债务分担关系

《企业破产法》第51条规定：债务人的保证人或者其他连带债务人（以下简称连带债务人）已经代替债务人清偿债务的，以其对债务人的求偿权申报债权。尚未代替债务人清偿债务的，以其对债务人的将来求偿权申报债权，但债权人已向管理人申报全部债权的除外。

这一规定是为避免在债权人不参加破产清偿而直接向连带债务人要求清偿的情况下，连带债务人履行连带责任后却因申报债权的时机已过，破产人的财产分配程序已终结，而无法行使其代位求偿权。在连带债务中，每个连带债务人应对债权人就全部债务承担履行义务，但在连带债务人之间是按份之债的关系，履行了债务清偿义务的某一债务人有权要求其他债务人偿付其应当承担的份额。这种求偿权利通常在履行连带债务的清偿义务后方才产生，但是当连带债务人中有人进入破产程序，尤其是在连带债务尚未到期时，情况便有所不同。此时，债权人既可以向破产的连带债务人要求清偿，也可以在将来连带债务到期时再向未破产的其他连带债务人要求清偿。如果债权人未向破产的连带债务人要求清偿，则未破产的其他连带债务人将来必然要代替破产的连带债务人履行清偿义务（除非债权人放弃权利）。这时就必须允许未破产的其他连带债务人在履行连带债务之前行使求偿权，否则就可能出现破产的连带债务人的破产财产分配完毕，求偿权无法行使的情况。

如果未破产的连带债务人有多人，则彼此间存在连带债权关系，可以由连带债权人中的一人代表全体连带债权人申报债权，也可以共同申报债权。但因未破产的连带债务人此时得到的破产分配是用于保证清偿其在履行连带债务后之求偿权这一特定目的的，所以对此分配金额应当予以提存。这样做，一方面，可以避免出现债权人因某种原因失去权利时，连带债务人不当得利；另一方面，也可以保证该金额将来确实用于对债权人的清偿，避免被该连带债务人挪用，甚至在挪用后破产，使债权人的利益受到损害，从而保证实现立法目的。

《企业破产法》允许连带债务人预先行使求偿权的前提，是债权人未向管理人申报债权。如债权人已向管理人申报债权，则其他的连带债务人无求偿权，否则就会出现对同一项债务的重复清偿。同理，对于债权人向破产的连带债务人请求清偿不足的部分，其他的连带债务人履行连带责任后也不再享有求偿权。这是因为这时即使破产的连带债务人未能偿清自己应承担的债务份额，不得不由其他连带债务人偿还，破产的连带债务人也已通过破产清偿履行了自己对全部债务的连带义务，解除了债务责任。其他连带债务人不得不承担超出自己应付份额的债务而受到损失的，正是连带债务的正常风险所在。如破产债权为

10 万元，破产清偿比例为 20%，则债权人向管理人申报全部债权后得到 2 万元清偿，其他的连带债务人须承担 8 万元的连带责任。如果允许其他的连带债务人在履行连带责任后仍享有代位求偿权，将 8 万元申报破产债权，则理论上讲其可从破产财产中再获得 1.6 万元的清偿。这将使破产财产对 10 万元破产债权的清偿数额从 2 万元不当地增加至 3.6 万元，从而造成就同一项债务向债权人和其他的连带债务人的二次重复清偿，损害其他债权人的合法权益。

上述清偿原则不仅同样适用于保证人，也适用于以其财产为债务人提供担保的第三人。该物上保证人在以其财产代债务人清偿债务后，享有对债务人的求偿权。此项权利在破产程序中也可预先行使。日本破产法第 26 条第 3 款规定，上述清偿规定，“准用于提供担保的第三人对破产人的可于将来行使的求偿权”。

对于连带债务人可以申报债权的数额范围，我国立法未予明确规定。各国和地区的立法有两种模式：其一，各连带债务人可以连带债务的全额申报破产债权，如日本破产法；其二，连带债务人可以申报破产债权的是破产的连带债务人在连带债务中应承担的那部分份额，而不是连带债务的全额。将可申报债权限定为破产的连带债务人在连带债务中应承担的份额，可以准确地反映出各连带债务人间的分担关系，但是不能完整地反映出其对全部债额的连带清偿关系。将可申报债权规定为连带债务的全额，可以准确地反映出各连带债务人对债权人的连带清偿关系，但是又不能反映出各连带债务人间的分担关系。

仍以案例说明。甲、乙以连带责任形式借款 10 万元，约定各分担 5 万元。债务尚未到期时甲被宣告破产，债权人未申报债权。如乙可以将连带债务全额 10 万元作为破产债权申报。假定甲的破产清偿比例为 40%，则乙可预先得到破产分配 4 万元，与债权人自己申报债权时可得到的破产分配相同。这时，破产人甲实际上是以连带责任形式就全部债务承担了责任。但是，若依二连带债务人内部的债务分担，甲只应承担对 5 万元名义债额的清偿责任，现在却承担了 10 万元全额的清偿责任。虽然甲实际上只清偿了 4 万元，没有超过应分担的绝对数额（5 万元），因而无法向其他连带债务人乙追讨，但超过了其应承担的名义债务分担比例。如果只允许以破产人甲在连带债务中应承担的份额，即 5 万元申报债权，则乙只能预先得到破产分配 2 万元。虽然在债权申报数额上体现出连带债务人内部的名义债务分担比例，但甲没有做到以连带责任形式就全部债务对债权人承担责任，而且与债权人自行申报债权时可得到的破产分配数额不符。

不同规定的分歧在于，立法应倾向于对外连带责任的充分承担，还是对内责任的公平分担。笔者认为，考虑到连带责任的设置首先是为强调对债务的充分清偿，是将各连带债务人的全部财产都纳入责任财产范围内，因此将申报的债权数额规定为连带债务的全额较为合理，更符合连带债务设置的本意。这样做可以在破产人对全部债务承担连带责任的情况下，使当时未破产的其他连带债务人从破产人处得到更多的预先清偿，使债权人得到更大的清偿保证，避免出现债权人向其他连带债务人要求清偿时其财产不足以清偿的问题。而且，这种清偿方法使其他连带债务人预先行使求偿权而承担的连带责任数额与债权人申报债权时其在破产程序外应承担的连带责任数额相同，不存在差额，避免了因此可能出现的规避法律或恶意欺诈行为，有利于维护经济秩序。

为有助于解决这一问题，《民法典》第 519 条第 2、3 款规定：实际承担债务超过自己份额的连带债务人，有权就超出部分在其他连带债务人未履行的份额范围内向其追偿，并相应地享有债权人的权利，但是不得损害债权人的利益。其他连带债务人对债权人的抗辩，可以向该债务人主张。被追偿的连带债务人不能履行其应分担份额的，其他连带债务人应当在相应范围内按比例分担。

（二）债权人与破产程序中的连带债务人的清偿关系

《企业破产法》第 52 条规定，连带债务人数人被裁定适用该法规定的程序的，其债权人有权就全部债权分别在各破产案件中申报债权。该条规定解决的是破产债权人与破产的各连带债务人间的清偿关系，即在负有连带义务的债务人全体或数人被宣告破产时，债权人如何实现其债权。

《民法典》第 518 条规定："债务人为二人以上，债权人可以请求部分或者全部债务人履行全部债务的，为连带债务。"据此，负有连带义务的债务人，每人都负有清偿全部债务的义务。连带债务设立的目的是通过扩大债务人的范围，使全体债务人的所有财产都成用于清偿债务，最大限度地保障债权人的利益。遵照这一宗旨，其他国家和地区的破产法也通常规定，当负有连带义务的债务人全体或数人破产时，债权人可以将债权总额作为破产债权，同时或先后分别向每个破产人要求清偿，但其获得清偿的总数不得超过债权总额。日本、德国作类似规定。

通常在连带债务人整体上具有清偿能力的情况下，债权人可要求任何一个连带债务人清偿全部债务。当其不能完全还清时，债权人可就余额逐个向其他连带债务人要求清偿，直至完全得到偿还为止。但在连带债务人全体或数人同时破产时，情况便不同了。其一，各连带债务人的破产程序同时进行，在破产财产分配完毕后，债权人的权利便无从实现。所以，逐个向连带债务人要求清偿的方法，在时间上已不可能完全保障债权人的利益，必须允许其同时向所有破产的连带债务人提出清偿要求，才可能在债务人负连带责任的情况下实现其债权。其二，破产债权一般不可能得到全额偿还，如债权人只能以债权总额向一个连带债务人要求清偿，后再就余额向其他连带债务人求偿，或虽可同时分别向各连带债务人求偿，但提出的各破产债权总和不能超过债权总额，则因破产清偿比例所限，不可能使债权完全得到偿还，所谓同时要求清偿也就失去了实际意义。而且，在这种情况下，各连带债务人实际承担的只是在补充范围内的责任，并没有将他们的全部财产纳入对债权总额的连带清偿范围内，不能实现连带债务设立之本意。只有允许债权人同时对每个破产人都以债权总额作为破产债权，才可能使债权得到最大限度的清偿，实现连带债务要求每个债务人都对全部债务负清偿责任的设立目的。不过，债权人从各破产人处获得的清偿总额不得超过其债权总额，否则应作为不当得利返还。打破时间、顺序及破产债权数额方面的限制，是使连带债务在连带债务人全体或数人进入破产程序时最大程度实现的关键。

六、债权确认中的保证责任问题

破产程序中的保证责任问题十分复杂，对负连带责任保证人的保证责任原则上可以按照前述破产法关于连带债务人的规定处理，下文在分析保证责任时侧重于分析负补充责任保证人的责任。

（一）债务人破产时的保证责任问题

1. 保证债务已经到期

保证债务已经到期，在保证期间内，法院受理债务人破产案件的，债权人有权向债务人或保证人追偿，或者同时向债务人和保证人追偿。《民法典担保制度解释》第23条规定：人民法院受理债务人破产案件，债权人在破产程序中申报债权后又向人民法院提起诉讼，请求担保人承担担保责任的，人民法院依法予以支持。担保人清偿债权人的全部债权后，可以代替债权人在破产程序中受偿；在债权人的债权未获全部清偿前，担保人不得代替债权人在破产程序中受偿，但是有权就债权人通过破产分配和实现担保债权等方式获得清偿总额中超出债权的部分，在其承担担保责任的范围内请求债权人返还。债权人在债务人破产程序中未获全部清偿，请求担保人继续承担担保责任的，人民法院应予支持；担保人承担担保责任后，向和解协议或者重整计划执行完毕后的债务人追偿的，人民法院不予支持。

《民法典》第687条第2款规定："一般保证的保证人在主合同纠纷未经审判或者仲裁，并就债务人财产依法强制执行仍不能履行债务前，有权拒绝向债权人承担保证责任"。据此，负补充责任的一般保证人可享有先诉抗辩权。但该款同时规定，"人民法院已经受理债务人破产案件"的，保证人不得行使先诉抗辩权。这是因为此时债权人已不能通过对债务人财产的个别执行正常地向债务人先行行使权利。在债务人破产的情况下，负补充责任的保证人与负连带责任的保证人虽然在保证的实体责任方面有连带责任和补充责任的不同，但在清偿顺序上已没有区别。《破产审判会议纪要》第31条"保证人的清偿责任和求偿权的限制"规定："破产程序终结前，已向债权人承担了保证责任的保证人，可以要求债务人向其转付已申报债权的债权人在破产程序中应得清偿部分。破产程序终结后，债权人就破产程序中未受清偿部分要求保证人承担保证责任的，应在破产程序终结后六个月内提出。保证人承担保证责任后，不得再向和解或重整后的债务人行使求偿权。"据此，债权人在破产程序中如先向债务人申报债权追偿，对于未受清偿的部分，债权人要求保证人承担保证责任的，最迟应当在破产程序终结后6个月内提出。

由于债权人有权选择不参加破产程序，直接向保证人求偿，所以债权人不是必须在破产程序中申报债权的。申报债权与否是债权人的权利，而不是其义务，而且无论债权人是否申报债权，均应不影响其对保证人的求偿权利。但在债权人不申报破产债权时，其有没有通知保证人的义务则是有争议的问题。有的学者认为，要求债权人就不申报破产债权通知保证人是没有法律依据的，有义务通知保证人申报债权的应当是《企业破产法》第14条规定的"人民法院"，债权人不应承担通知保证人的义务。该条明确规定，"人民法院应当自裁定受理破产申请之日起25日内通知已知债权人"，而保证人作为已知债权人应当在法院通知之列，不应将法律规定的法院通知责任转嫁给债权人。保证人在接到法院通知后即应主动询问债权人是否申报债权，并确定自己是否应申报债权。这本是保证人在权利行使中应主动进行的工作。但在《民法典》颁布后，最高人民法院《民法典担保制度解释》第24条规定："债权人知道或者应当知道债务人破产，既未申报债权也未通知担保人，致使担保人不能预先行使追偿权的，担保人就该债权在破产程序中可能受偿的范围内免除担保责任，但是担保人因自身过错未行使追偿权的除外。”这一做法虽已有了法律依据，但其合理性仍受质疑。

在债权人首先以债权全额向债务人追偿，然后再以未受偿的余额向保证人追偿的情况下，保证人在履行保证责任后，不再享有对债务人的追偿权。保证人因向债权人补充清偿而受损失正是提供保证的风险所在，应当由其自行承担。如仍允许保证人享有追偿权，实际是允许其向其他破产债权人转嫁保证风险。

各国在破产债权的申报问题上，均实行不得重复申报的原则，即对于任何一项债权，债权人方面只能申报一次、受偿一次，而不得由债权人和担保人两次申报，取得双重受偿，损害其他债权人的利益。此项规则为英国所创，英国大法官梅里希的解释为：“此项规则的真意乃是，对于任何实质上源于同一债务的债权，在破产程序中只能被赋予一次分配机会，即便该债权可能分别存在于两个独立的合同中。”

上述情况主要是在理论分析中存在，在实践中少有发生，因为债权人要求保证人对破产人未能清偿的部分承担清偿责任时，破产人的破产程序往往已经终结，保证人实际上已无法再向破产人追偿。

但在破产程序终结后又有依《企业破产法》发现的破产财产时，如保证人已经向债权人履行了保证责任，清偿了全部债务，则其可享有原破产债权人参加追加分配的权利，因为对追加分配的破产财产，破产债权人并未行使过受偿权利，不存在重复清偿问题。

2. 保证债务尚未到期

《企业破产法》第 46 条规定，未到期的债权，在破产申请受理时视为到期。据此，债务人对未到期的债权负有立即清偿的义务。但关于保证人是否也应提前履行保证责任，法律未作规定。对此有两种不同观点。一种观点认为，保证人无提前承担保证责任的义务，其享有的期限利益不因债务人破产而被剥夺，债权人须依原合同规定向保证人追偿。另一种观点认为，破产程序的启动使主债务提前履行，担保合同属从合同，在主合同因法定原因而提前履行时，从合同的保证人也应提前履行保证责任。

笔者认为，破产申请受理时主债务尚未到期的，保证人无提前承担保证责任的义务。虽然破产申请被受理使主债务提前履行，但保证人并未进入破产程序，其保证责任应否提前履行，应进行全面具体的分析。首先，保证人并未破产，关于其责任本约定了履行期限，不提前履行保证责任不会损害债权人原依法存在之既得利益，也不会影响破产程序顺利进行，所以不应加重保证人的责任。其次，保证人所享期限利益的性质与其先诉抗辩权等权利有相通之处。对于负补充责任保证人的先诉抗辩权的取消，《民法典》《企业破产法》等有明文规定，若要取消保证人的期限利益，也应以法律的明文规定为据。在法无明文规定的情况下，保证人于法于理均无义务提前履行保证责任。

（二）保证人破产时的保证责任问题

《企业破产法》对保证人破产时保证责任应如何具体履行未作规定。保证人的保证责任不因其破产而免除，这是一项基本原则。《企业破产法司法解释三》第 4 条第 1 款规定：“保证人被裁定进入破产程序的，债权人有权申报其对保证人的保证债权。”

保证人进入破产程序时，主债务已经到期的，债权人可以直接追究其保证责任。但主债务仍未到期的，主债务人对未到期的债务享有期限利益，自然无清偿义务。但若保证人也可享有此期限利益，当主债务到期时，保证人的破产财产可能早已分配完毕，其保证责任实际上等于被免除。为此，在破产程序中须将债权人对保证人之权利适当扩张，以维护债权人的正当权益。对此种情况，应适用《企业破产法》第46条的规定，将未到期之保证责任视为已到期，在减去未到期的利息后予以提前清偿。《企业破产法司法解释三》第4条第2款明确规定："主债务未到期的，保证债权在保证人破产申请受理时视为到期。"该条第3款规定："保证人被确定应当承担保证责任的，保证人的管理人可以就保证人实际承担的清偿额向主债务人或其他债务人行使求偿权。"

取消保证人的期限利益后，对负连带责任的保证人的追偿不存在法律障碍，但对负补充责任的保证人的追偿，仍存在先诉抗辩权的处理问题。关于负补充责任的保证人破产时（无论主债务是否到期）应否取消其先诉抗辩权，《民法典》与《企业破产法》均未作规定。有的学者主张，此时债权人仍应先向主债务人请求清偿，不能直接就其债权申报破产债权，应维持负补充责任的保证人的先诉抗辩权。但如维持先诉抗辩权，则债权人必须先向债务人求偿（主债务已到期时），或待债务到期后先向债务人求偿（主债务未到期时），然后再向保证人求偿。但等其向保证人求偿时，保证人的破产财产可能已被分配完毕，这无异于变相免除保证责任。

笔者认为，先诉抗辩权之设立，旨在保证人承担保证义务的前提下保障其合法权益，是在债权人能够向主债务人行使求偿权利而拒绝行使，使保证人的责任不当扩大时，赋予保证人的一种自卫手段，故是从属于保证的一项权利。而在保证人破产时，尤其是债务尚未到期的情况下，债权人是不可能先行向主债务人求偿的。这时，维持先诉抗辩权就可能成为保证人逃避保证责任的手段。先诉之抗辩蜕变为免责之抗辩，这就与先诉抗辩权乃至保证担保设立之宗旨相违背了。因此，在此种情况下，为实现权利设置之本意，应当取消保证人的先诉抗辩权，而非限制债权人的受偿权利。

为公平解决这一问题，《企业破产法司法解释三》第4条第2款规定："一般保证的保证人主张行使先诉抗辩权的，人民法院不予支持，但债权人在一般保证人破产程序中的分配额应予提存，待一般保证人应承担的保证责任确定后再按照破产清偿比例予以分配。"虽然负补充责任的保证人的先诉抗辩权被取消，但其仍应承担补充责任，即仅实际清偿债务人未能偿清的部分。不过，在债务人向债权人清偿之前，债权人申报债权时无法确定保证人应承担补充责任的范围，故可先以保证债权额的全部向管理人申报债权。在破产分配时，对债权人从管理人处获得的清偿应先行提存，待债权人从债务人处获偿后，再减少相应清偿数额，按保证人实际应承担补充责任的数额向债权人支付，余款由法院收回，分配给保证人的其他破产债权人。

需要注意的是，保证人的补充责任应按破产债权数额而不是实际分配数额确定，否则便会不适当地扩大其责任范围，使保证人的补充责任变成连带责任。例如，债权人的债权为10万元，保证担保的范围为债务全额，保证人的破产分配比例为50%。债权人先从保证人处获得破产分配5万元，予以提存，后从债务人处只获得清偿5万元。这时，虽然债权人从二人处获得的清偿总额未超过原债权额，但保证人所作的清偿超出了其应负的补充责任范围：当债权人从债务人处获得 5 万元的清偿后，其对保证人享有的破产债权便不再是原来推定的 10 万元，而应根据债务人的实际清偿情况相应核减为 5 万元，即保证人仅应对债权人未从债务人处得到清偿的 5 万元债权承担补充清偿责任，依破产分配比例，实际清偿额应为 2.5 万元。

保证人的破产申请为人民法院受理后，债权人可以参加破产程序向其追偿，也可以放弃此项权利。只要债权人不申报债权参加保证人的破产程序，保证人的保证义务就自然解除，根本无须债权人告知保证人。

（三）债务人与保证人同时进入破产程序

《企业破产法司法解释三》第 5 条规定："债务人、保证人均被裁定进入破产程序的，债权人有权向债务人、保证人分别申报债权。债权人向债务人、保证人均申报全部债权的，从一方破产程序中获得清偿后，其对另一方的债权额不作调整，但债权人的受偿额不得超出其债权总额。保证人履行保证责任后不再享有求偿权。"需注意的是，该条中所谓债权人"从一方破产程序中获得清偿后，其对另一方的债权额不作调整"，专指保证人承担连带责任的情况。在保证人为一般保证即补充责任保证的情况时，应当适用《企业破产法司法解释三》第 4 条规定的"债权人在一般保证人破产程序中的分配额应予提存，待一般保证人应承担的保证责任确定后再按照破产清偿比例予以分配"。也就是说，对债权人从债务人破产程序中获得的分配数额，在保证责任中应当予以消减调整。

（四）保证人的抗辩权

《民法典》第 701 条规定："保证人可以主张债务人对债权人的抗辩。债务人放弃抗辩的，保证人仍有权向债权人主张抗辩。"《企业破产法》规定保证人在债权人不参加破产程序的情况下有权申报债权参加破产程序，但关于债权人参加破产程序时，保证人在对债务人的债权确认时如何行使其抗辩权问题未作规定。笔者认为，为保护保证人的合法权利，应允许保证人在债务人破产案件中以利害关系人的身份参加债权审查与确认活动，并行使债务人的抗辩权利，包括提起债权确认诉讼的权利，否则，债务人因其财产全部用来还债尚且不足，对财产已失去实际利益，便可能任意放弃其对债务的抗辩权，从而损害保证人的利益。此项原则也应适用于为债务人提供物权担保的第三人。

对债务人享有的对债权人的某些特别抗辩权利，保证人在破产案件中也可以行使。其一是对债务的无效请求权。《民法典》第 503 条至第 507 条规定了合同及其条款的无效问题。债务人破产时，保证人应享有其对债务无效的抗辩权。其二是对债务的撤销权和抵销权。《民法典》第 702 条规定："债务人对债权人享有抵销权或者撤销权的，保证人可以在相应范围内拒绝承担保证责任。"民法撤销权与破产撤销权有所不同，但民法撤销权在破产程序中也可适用，在其与破产撤销权竞合时，应优先适用破产撤销权。由于破产撤销权是由管理人统一行使的，所以两种撤销权在行使主体上可能存在冲突。保证人可以独立行使民法撤销权，但一般不能独立行使破产撤销权，不过其可以向管理人提出行使撤销权的建议。也有学者认为，保证人无对债务的撤销权，但可以"将债务人的撤销权引为自己的抗辩理由，从而拒绝保证债务之承担"。不过此种抗辩理由能否成立，仍可能需要通过撤销之诉解决。在破产程序中保证人是否可以享有债务人的债务抵销权？学者间存在肯定与否定两种观点，日本、法国民法典均对此持肯定态度。笔者认为，在债务人破产的情况下，依各国破产法规定之通例，为维护债权人之共同利益，破产抵销权只能由债权人单方面行使，管理人、破产人均不得主动行使。因债务人在破产程序中不再享有主动的抵销权，所以保证人也不得行使债务人不再享有的抵销权。

【问题与思考】

1. 破产债权一般应具备哪些特征？
2. 如何理解破产债权的范围？
3. 如何理解除斥债权及劣后债权的清偿规则？
4. 评析《企业破产法》关于委托关系的处理规定。
5. 对逾期未申报的债权在破产程序中应如何处理？
6. 分析破产程序中税收债权的申报与确认。
7. 分析破产债权的确认程序。
8. 如何解决未到期债权的利息计算问题？
9. 如何解决连带债权债务的申报与清偿问题？
10. 请结合《企业破产法》《民法典》的相关规定，分析破产程序中的保证责任。

【案例分析一】

北京市××中级人民法院
民事判决书

(2012) ×中民初字第××××号

原告A公司与被告B公司破产债权确认纠纷一案，本院于2011年12月28日受理后，依法组成由法官姚某担任审判长的合议庭审理本案。本院于2012年2月6日召集各方当事人进行了庭前证据交换，并于同年5月23日公开开庭进行了审理。原告A公司的委托代理人曾某、被告B公司的诉讼代表人负责人孙某到庭参加了诉讼。本案现已审理完毕。

原告A公司起诉称：A公司与B公司签订了三水青清别墅冷暖水设备合同书。其中第一部分为购销合同，根据该合同第五款第3条，B公司承诺为A公司提供不小于20平方米的现场办公用房。其中第二部分为安装合同，根据该合同第五款A甲方责任第1条，B公司承诺给A公司空调风道板材仓库用房、设备用房、工具存放用房、现场办公用房。其中第三部分为售后合同，根据该合同第十款第1条，B公司应为A公司提供不小于20平方米的维修办公用房。上述合同签订后，B公司没有全面履行，不仅款项没有及时到位，而且上述提出的各种用房无一落实。A公司只能在工地附近自找用房，并因此发生二次搬运费用，上述费用应由B公司承担。B公司破产管理人对A公司申报的房屋租金和二次搬运费的债权不予确认。A公司请求：确认A公司享有对B公司的破产债权899 024元，诉讼费由B公司承担。法庭调查终结后，A公司请求减少诉讼请求数额，仅请求确认房屋租金的损失为破产债权，按照租房协议上打印的租金计算，共计38.4万元，减少后的诉讼请求为：确认A公司享有对B公司的破产债权38.4万元。

B公司答辩称：(1) A公司的起诉违反了一事不二理的诉讼法原则。A公司以承揽合同纠纷为案由，曾就本案争议的合同起诉到北京市某区人民法院，请求法院判决B公司支付工程款和设备款共计929 811元以及违约金140万元。经法院调解，双方达成调解协议。北京市某区人民法院作出民事调解书。现A公司提起本案诉讼，诉请的依据仍是该案的合同，所诉费用是该案中已经主张并已调解生效的费用。(2) A公司提供的租房合同存在明显的瑕疵。(3) A公司对二次搬运费的理解没有根据，计算方法没有根据。(4) 根据合同的约定，B公司为A公司提供维修办公用房是在合同约定的一年保修期内，A公司在B公司破产清算程序中申报债权时，已经超过了2年的诉讼时效期间。(5) 虽B公司没有提供维修办公用房，但这并不导致A公司必须在外租房才能提供售后服务，事实上维修服务并不需要房屋。

法院经审理查明：

2003年3月，A公司与B公司签订三水青清别墅冷暖水设备购销和风道安装合同书。其中第一部分为购销合同，主要条款为：一、B公司向A公司购买空调、壁挂炉设备，由A公司负责安装、保修，包括5冷吨49台，单价25 500元，合计1 249 500元，4冷吨59台，单价23 708元，合计1 398 772元，24KW壁挂炉111台，单价6 000元，合计666 000元，加湿器77台，单价1 500元，合计115 500元，上述所有设备款合计3 429 772元。五、3、A公司对其提供设备的保修期为1年，保修期内A公司对产品免费维修。A公司对所售空调设备实行终身维修。A公司保证在保修期内接到B公司（或业主）维修通知后，24小时内派员维修，小问题应在24小时内予以解决；大问题（需要更换主要部件的）应在3周内予以解决。A公司应提供技术培训，保证B公司后期的日常使用及维护。同时B公司应为A公司提供不小于20平方米的维修办公用房。六、2、若B公司逾期付款，影响货物按期到达或影响工期，则B公司负全责，并且需交纳海关的各种滞纳金等，还需要按中国人民银行有关延期付款的规定向A公司偿付逾期付款违约金。其中第二部分为冷暖水设备安装合同，主要条款为：一、A公司依据B公司所提供的图纸负责进行冷暖水设备安装工程的安装。五、A、1、B公司给A公司提供必要的施工用水（带水压）、电源、板材仓库用房、设备仓库用房、工具存放用房和现场办公用房。五、A、2、B公司按工程进度及时向A公司拨款，保证施工的顺利进行。若B公司拨款不及时，而影响施工进度，由此而造成的损失，由B公司承担。B公司拖延各项进度款超过一周后每延误一天罚款1 000元。其中第三部分为售后服务协议，主要条款为：十、2、售后服务条款：本合同提供的设备免费保修1年，保修期从安装调试合格后算起，1年内免人工费、零部件费（非人为因素）；终身提供维修、维护服务，售后服务由A公司执行，24小时提供服务，并于该小区设专人负责。B公司需为A公司提供不小于20平方米的维修办公用房，以保证A公司维护人员24小时值班。上述合同签订后，A公司履行了对设备的维修义务；B公司未向A公司提供合同约定的维修办公用房。

自2003年起，A公司先后与王某云签订了7份租房协议，租用北京市某区沙河北二村周转小区铁路宿舍，租赁面积18平方米（三间平房3×6平方米＋小院）。第1份租房协议，租赁期间为2003年3月1日至2004年3月1日，每月租金3 500元；第2份租房协议，租赁期间为2004年3月1日至2005年3月1日，每月租金4 000元；第3份租房协议，租赁期间为2005年3月1日至2006年3月1日，每月租金4 500元；第4份租房协议，租赁期间为2006年3月1日至2007年3月1日，每月租金5 000元；第5份租房协议，租赁期间为2007年3月1日至2008年3月1日，每月租金5 000元（手写修改为5 500元，B公司提出异议后，A公司同意按照5 000元计算）；第6份租房协议，租赁期间为2008年3月1日至2009年3月1日，每月租金5 000元（手写修改为5 500元，B公司提出异议后，A公司同意按照5 000元计算)；第7份租房协议，租赁期间为2009年3月1日至2010年3月1日，每月租金5 000元（手写修改为6 000元，B公司提出异议后，A公司同意按照5 000元计算)。上述房屋租金共计38.4万元。

A公司曾就本案争议的合同起诉B公司，要求B公司支付工程款、设备款以及相应的违约金，双方达成调解协议，B公司支付A公司空调设备质保款及安装、施工工程款78万元。北京市某区人民法院作出（2007）昌民初字第5745号民事调解书，确认上述调解协议。

2011年1月14日，本院裁定受理山东C公司对B公司的破产清算申请，并于同日作出民事决定书，指定北京市某律师事务所为B公司破产清算案的破产管理人。B公司破产管理人依据北京市某区人民法院的民事调解书内容，认可A公司债权988 267元。2011年10月26日，本院作出民事裁定书，根据债权人会议对债权核查的结果，确认A公司享有对B公司的破产债权988 267元（普通债权)。

2012年2月2日，B公司破产管理人就本案争议的债权向A公司出具"关于A公司提交的〈对第二次债权人会议债权有关债权额的异议书〉的回复"，记载的主要内容为，B公司破产管理人已经按照民事调解书确认了A公司申报的债权。此后，A公司又于2012年1月9日补充申报债权。破产管理人认为补充申报的债权已经在上述民事调解书中予以处分，并予确认，A公司补充申报时未提交新的证据，故对该补充申报的债权不予确认。A公司如有异议，可向本院提起诉讼。

本院认为：本院已裁定受理B公司破产清算一案，B公司进入破产清算程序。A公司补充申报的债权未得到B公司破产管理人的确认，现其依据我国《企业破产法》的规定提起诉讼，请求确认其补充申报的债权为破产债权，故本案为破产债权确认纠纷。根据已查明的事实，该债权系基于A公司与B公司签订、履行三水青清别墅冷暖水设备购销和风道安装合同书而形成，就此，A公司在诉讼中进一步明确了其起诉的诉讼请求和事实理由，即：B公司未依约提供现场办公用房和维修办公用房，A公司因此另行租用房屋并支付房屋租金38.4万元，该房屋租金为B公司违约给A公司造成的损失，故请求将上述租赁费确认为破产债权。

A公司与B公司签订的购销合同、冷暖水设备安装合同以及售后服务协议均为双方当事人真实的意思表示，其内容不违反我国法律、行政法规的强制性规定，为合法有效的合同。双方均应按照合同约定履行义务。根据双方签订的购销合同、冷暖水设备安装合同以及售后服务协议的约定，在上述合同的履行过程中，B公司应为A公司提供现场办公用房和维修办公用房，以供A公司在供货、安装和售后环节中使用以上房屋。合同签订后，A公司履行了供货、安装和维修义务，但B公司未履行向A公司提供上述房屋的义务，构成违约，其应当承担相应的违约责任。A公司为了履行供货、安装和维修义务，另行租赁了与约定面积相近的房屋，并为此支付了房屋租金，该租金属于B公司违约给A公司造成的损失，应由B公司承担赔偿责任。本院已于2011年1月14日裁定受理B公司破产清算一案，A公司有权就其损失申报破产债权。本案中，A公司请求确认的补充申报债权截止于其签订的第7份租房协议的租赁期满之日，即2010年3月1日，为本院受理B公司破产清算申请日以前的债权，截至该日，三水青清别墅冷暖水设备购销和风道安装合同书仍处于履行期间，A公司申报的债权符合《企业破产法》关于破产债权确认的规定，其诉讼请求应予支持。

此外，就B公司提出的A公司起诉违反一事不二理原则以及超过诉讼时效期间的抗辩意见，本院作如下认定：

第一，《中华人民共和国民事诉讼法》第一百一十一条规定："人民法院对符合本法第一百零八条的起诉，必须受理；对下列起诉，分别情形，予以处理：……（五）对判决、裁定已经发生法律效力的案件，当事人又起诉的，告知原告按照申诉处理，但人民法院准许撤诉的裁定除外……"当事人不得重复起诉是针对同一诉而言的，判断是否构成同一诉，包括诉讼请求、事实理由、法律关系以及诉讼当事人等因素。北京市某区人民法院是针对A公司主张的B公司欠付工程款、设备款以及因此应支付的违约金的诉讼请求进行的调解，而本案是针对B公司未履行合同约定的提供现场办公用房和维修办公用房的义务而主张的相应违约行为的损害赔偿，北京市某区人民法院审理的案件中，起诉所依据的合同虽与本案相同，但与本案诉讼请求及事实理由不同，故A公司提起本案诉讼不违反民事诉讼法的上述规定。

第二，B公司提出A公司的诉讼请求超过了诉讼时效期间，认为其仅应在一年保修期内为A公司提供维修办公用房。根据已查明的事实，B公司的上述抗辩意见缺乏事实根据。此外，根据合同约定，B公司提供房屋给A公司使用，系为让A公司履行供货、安装和维修义务，故B公司不仅应向A公司交付该房屋，还须在交付后使该房屋可由A公司在合同期内持续使用，该义务具有持续性，B公司未按照合同约定提供房屋的违约行为处于持续状态，故A公司申报的自2003年起的房屋租金损失债权应予确认。

综上，依照《中华人民共和国合同法》第一百零七条、《中华人民共和国企业破产法》第五十八条之规定，判决如下：

确认A公司享有对B公司破产债权38.4万元（普通债权）。

案件受理费12 791元，由A公司负担8 951元（已交纳），由B公司负担3 840元（于本判决生效后七日内交纳）。

如不服本判决，可在判决书送达之日起十五日内，向本院递交上诉状，并按对方当事人的人数提出副本，同时按照不服本判决部分的上诉请求数额，交纳上诉案件受理费，上诉于北京市高级人民法院。上诉期满后七日内仍未交纳上诉案件受理费的，按自动撤回上诉处理。

审　判　长　××
代理审判员　××
人民陪审员　××
20××年××月××日
书　记　员　××

根据该案例思考以下问题：

（1）根据本案判决，分析A公司的起诉是否违反了“一事不二理”原则。

（2）根据本案判决，A公司的债权是否超过了诉讼时效？可否进行债权的补充申报？应否得到法院的支持？

【案例分析二】

深圳市佩奇进出口贸易有限公司与华诚投资管理有限公司破产债权确认纠纷上诉案①

1994年6月26日，深圳市佩奇进出口贸易有限公司（以下简称佩奇公司）在广东省深圳市依法注册成立。1998年9月29日，经深圳市工商行政管理局核准，公司股东发生变更，佩奇公司注册资本从1 800万元增加至6 600万元。其中，华诚投资管理有限公司（以下简称华诚公司）应注资3 300万元，持有佩奇公司50%股权。但华诚公司资本金并未足额到位，实际只投入1 900万元，欠

① 案例来源：北京市高级人民法院（2011）高民终字第853号民事判决书。

缴注册资本金 1 400 万元。

2000 年 4 月 3 日，湖北省宜昌市中级人民法院作出（2000）宜中经初字第 6 号民事判决书，判决佩奇公司等向宜昌市商业银行股份有限公司南湖支行（以下简称南湖支行）偿还本金及利息。2000 年 7 月 28 日，宜昌市中级人民法院作出（2000）宜中执字第 110 号民事裁定书，责令佩奇公司等履行生效判决所确定的债务。2001 年 9 月 4 日，宜昌市中级人民法院作出（2000）宜中执字第 110—4 号民事裁定书，裁定追加华诚公司为本案被执行人，其应在 1 400 万元投资不实的范围内向申请执行人承担责任。

2008 年 5 月 19 日，广东省深圳市中级人民法院依法受理佩奇公司破产申请。2008 年 9 月 22 日，深圳市中级人民法院以（2008）深中法民七清算字第 5—1 号民事裁定书依法裁定宣告佩奇公司破产清算。2008 年 7 月 28 日，华诚公司出具"关于对偿还财物通知书的复函"，载明："……二、我公司向深圳佩奇公司应投入的注册资本为 3 300 万元，实际投资 1 900 万元，尚有 1 400 万元注册资本未能实际投入情况属实。我公司尚欠的 1 400 万元注册资本金事项，贵管理人可在我公司实施政策性破产时予以债权登记。"2009 年 5 月 26 日，北京市第二中级人民法院依法受理华诚公司破产申请。同年 5 月 29 日，该院以（2009）二中民破字第 11094—2 号民事裁定，依法裁定宣告华诚公司破产。2009 年 6 月，南湖支行向华诚公司管理人申报债权，华诚公司管理人依法审核并确认南湖支行债权 12 360 939.06 元。2009 年 8 月 6 日，佩奇公司管理人向华诚管理人申报债权 33 539 111.01 元。其中，包括华诚公司欠付佩奇公司注册资金本金 1 400 万元及利息 10 015 775 元。

2009 年 11 月 20 日，华诚公司管理人出具债权复核意见书，确认佩奇公司债权金额为本金 1 400 万元、利息债权为 5 479 775 元（按中国人民银行五年期存款利率计算），合计 19 479 775 元。华诚管理人在扣除确认的南湖支行债权额 12 360 939.06 元后，确认佩奇公司债权为 7 118 835.94 元。

2010 年 3 月，佩奇公司管理人向北京市第二中级人民法院提起诉讼，请求增加确认被扣除的债权。

北京市第二中级人民法院以本案纠纷属于股东出资纠纷立案，经审理认为，根据宜昌中院作出的（2000）宜中经初字第 6 号民事判决书及（2000）宜中执字第 110—4 号民事裁定书，华诚公司应在其投资不足的范围内向南湖支行承担责任。根据上述生效的民事判决书及民事裁定书，该案在华诚公司、佩奇公司破产清算前已经进入到执行阶段，故南湖支行系华诚公司的债权人。有限责任公司的股东应以其认缴的出资额为限对公司承担责任，且根据最高人民法院《关于人民法院执行工作若干问题的规定（试行）》，被执行人的开办单位已经在注册资金范围内或接受财产的范围内向其他债权人承担了全部责任的，人民法院不得裁定开办单位重复承担责任。华诚公司在其出资不足的范围内已对南湖支行承担了 12 360 939.06 元的债务责任，故佩奇公司主张华诚公司应增加确认佩奇公司破产债权 12 360 939.06 元的诉讼主张不能成立，法院不予支持。综上，佩奇公司的诉讼理由及请求于法无据，法院不予支持。依照《公司法》第 3 条、第 28 条，最高人民法院《关于人民法院执行工作若干问题的规定（试行）》第 80 条、第 82 条之规定，法院判决驳回原告佩奇公司的诉讼请求。

后佩奇公司管理人代表佩奇公司依法提起上诉，北京市高级人民法院经审理认为，本案案由应为破产债权确认纠纷，对于华诚公司管理人在欠缴出资 1400 万元范围内认定南湖支行破产债权金额 12 360 939.06 元，余额认定为佩奇公司破产债权的确认意见，二审法院认为，（2000）宜中执字第 110—4 号民事裁定将佩奇公司的债务人华诚公司追加为被执行人，并未改变华诚公司向佩奇公司因出资形成的法律责任关系。现佩奇公司已经进入破产清算程序，故包括未足额缴纳的公司注册资本在内的所有公司财产均应归入佩奇公司破产财产，向佩奇公司所有债权人进行公平清偿，不应以公司资产对公司个别债权人进行清偿。一审法院判决关于支持华诚公司管理人在扣除南湖支行债权额

12 360 939.06 元后，确认佩奇公司享有 7 118 835.94 元欠缴出资债权的认定，不符合企业破产法相关规定，二审法院予以纠正。该 1 400 万元欠缴出资所产生的破产债权应当由佩奇公司享有，归入佩奇公司破产财产后，公平分配给包括南湖支行在内的所有佩奇公司的债权人。因此，一审法院判决认定事实有误，适用法律不当，二审法院依法予以改判。根据《企业破产法》第 16 条、第 17 条第 1 款、第 30 条、第 35 条，《民事诉讼法》第 153 条第 1 款第 2 项、第 3 项之规定，判决撤销北京市第二中级人民法院上述一审民事判决；并确认佩奇公司对华诚公司享有欠缴出资债权 1 400 万元及相应的利息债权。

根据该案例思考以下问题：

（1）如何确定本案的案由？

（2）如何计算佩奇公司对华诚公司享有的破产债权金额？

（3）在债务人和次债务人均破产的情况下，债务人的对外债权是否属于破产财产？

【裁判文书】

田某斌、吉首市乾江建筑安装有限公司保证合同纠纷再审审查与审判监督民事裁定书①

① 参见最高人民法院（2020）最高法民申 1434 号民事裁定书。

第六章

债权人会议

本章概要

债权人会议是由依法申报债权的债权人组成，以保障债权人共同利益为目的，为实现债权人的破产程序参与权，讨论决定有关破产事宜，表达债权人意志，协调债权人行为的破产议事机构。债权人会议设主席一人。第一次债权人会议由法院召集，之后的债权人会议由法院或债权人会议主席召集。

债权人会议的职权包括：核查债权；申请人民法院更换管理人，审查管理人的费用和报酬；监督管理人；选任和更换债权人委员会成员；决定继续或者停止债务人的营业；通过重整计划；通过和解协议；通过债务人财产的管理方案；通过破产财产的变价方案；通过破产财产的分配方案；人民法院认为应当由债权人会议行使的其他职权。债权人会议决议的通过必须同时符合人数标准和债权额标准。

债权人会议可以设立债权人委员会。债权人委员会的职权包括监督债务人财产的管理和处分、监督破产财产分配、提议召开债权人会议和债权人会议委托的其他职权。

参考文献

1. 王欣新．破产法．4版．北京：中国人民大学出版社，2019

2. 王欣新．破产法理论与实务疑难问题研究．北京：中国法制出版社，2011

3. 王欣新．破产法前沿问题思辨．北京：法律出版社，2017

4. 王欣新．论新破产立法中债权人会议制度的设置思路．法学家，2005（2）

5. 王欣新．《全国法院破产审判工作会议纪要》要点解读．法治研究，2019（5）

6. 李曙光．李曙光谈破产法：债权人委员会．法制日报，2007－11－21

7. 郭丁铭．企业破产清算程序中的债权人利益保护研究：以《企业破产法》的完善为中心．北京：法律出版社，2013

参考法规

1.《企业破产法》第 14 条、第 15 条、第 22～26 条、第 42 条、第 59 条、第 60～69 条、第 82 条、第 84 条、第 97 条

2. 最高人民法院《企业破产法司法解释二》第 21 条、第 23 条

3. 最高人民法院《企业破产法司法解释三》第 11～15 条

4. 最高人民法院《民商审判会议纪要》第 11 条

5. 最高人民法院《关于推进破产案件依法高效审理的意见》第 10 条～12 条、第 16 条、第 17 条

引　例　永泰能源股份有限公司破产重整案

一、基本案情

永泰能源股份有限公司（以下简称永泰能源）主要从事电力生产与开发及煤炭开采与销售业务，其股票在上海证券交易所挂牌交易。

2020 年 8 月 6 日，永泰能源收到债权人河南省豫煤矿机有限公司（以下简称豫煤矿机）的“重整申请通知书”，豫煤矿机以永泰能源不能清偿到期债务且明显缺乏清偿能力为由，向山西省晋中市中级人民法院（以下简称晋中中院）申请对公司进行重整。

2020 年 9 月 25 日，永泰能源收到晋中中院送达的（2020）晋 07 破申 3 号民事裁定书及（2020）晋 07 破 1 号决定书。晋中中院裁定受理债权人豫煤矿机对永泰能源的重整申请，并指定管理人。

2020 年 9 月 29 日，永泰能源因涉及重整，被实施退市风险警示，股票简称变更为“＊ST 永泰”。

2020 年 11 月 17 日上午 9 时，永泰能源第一次债权人会议在晋中中院主持下以网络会议方式召开。本次债权人会议的议程主要包括：（1）管理人作重整期间阶段性工作报告及债务人财产状况报告；（2）管理人作债权申报及

审查情况的说明，并由债权人会议核查债权表；(3) 管理人作关于“成立债权人委员会相关事项的议案”的说明；(4) 债权人会议表决“成立债权人委员会相关事项的议案”；(5) 管理人及债务人回答债权人提问；(6) 管理人报告管理人报酬收取方案；(7) 法院指定债权人会议主席。债权人会议表决通过了“成立债权人委员会相关事项的议案”。

2020 年 12 月 16 日上午 9 时，永泰能源第二次债权人会议以网络会议方式召开。本次债权人会议主要议程为债权人分组表决“重整计划草案”。有财产担保债权组和普通债权组皆表决通过“重整计划草案”。另外，出资人组也表决通过了“出资人权益调整方案”。同日，晋中中院裁定批准重整计划，并终止重整程序。永泰能源进入重整计划执行阶段。

2020 年 12 月 30 日，永泰能源向管理人提交了“关于永泰能源股份有限公司重整计划执行情况的报告”。同日，管理人向晋中中院提交了“关于永泰能源股份有限公司重整计划执行情况的监督报告”，认为重整计划已经执行完毕，提请晋中中院裁定确认重整计划执行完毕。同日，晋中中院裁定确认永泰能源重整计划执行完毕，并终结永泰能源重整程序。

二、法律问题

此案涉及的法律问题主要有以下几个：(1) 债权人会议有哪些职权？(2) 债权人委员会如何组成？(3) 债权人委员会有哪些职权？(4) 债权人会议对重整计划表决时，如何对债权分类？(5) 债权人会议决议的通过标准是什么？

第一节　债权人会议制度概说

债权人会议是“由依法申报债权的债权人组成，以保障债权人共同利益为目的，为实现债权人的破产程序参与权，讨论决定有关破产事宜，表达债权人意志，协调债权人行为的破产议事机构”[①]。

在破产程序中债权人会议对保障破产程序的顺利进行非常重要。破产法的一个重要目标是对全体债权人公平清偿。因此，破产法一方面禁止债务人对债权人的个别清偿行为，另一方面需要协调全体债权人的行动，以表达债权人的共同意志，避免债权人个体行为的

---

① 王欣新：《破产法》，4 版，241 页，北京，中国人民大学出版社，2019。

无序和冲突。为了实现上述目标，各国破产立法一般都规定了债权人会议制度。

关于债权人会议的法律性质，代表性的观点有三种。第一种是债权人团体的机关说。该说认为全体债权人是一个团体，而债权人会议是该团体的机关。[①] 第二种为事实上的集合体说。该说认为债权人会议是在各个会议期日成立的债权人事实上的集合体。此说反对债权人团体的机关说，不承认债权人团体。理由有两点：一方面，债权人团体的法主体性并未获得实定法的承认；另一方面，债权人的利益并不经常一致，以债权人利益一致为前提的债权人团体观念并不成立。该说为日本学界当前的通说。[②] 第三种乃自治团体说。该说认为债权人会议不是一个独立的民事权利主体，而只是具有自治团体性质的机构。[③]

我国《企业破产法》并没有对债权人会议的法律性质作出规定。由于各国的破产立法都是根据本国的具体国情和历史传统进行规定，所以债权人会议制度自然相异。因此，离开具体国家的实际情况和具体立法抽象地讨论债权人会议的法律性质意义不大。一方面，我国《企业破产法》授予了债权人会议广泛的自治权；另一方面，债权人会议的决议需要由管理人执行，并且其部分决议需要获得法院的同意。因此，我国的债权人会议制度同时具有债权人团体的机关、事实上的集合体和自治团体的元素。“若从实务角度简而言之，债权人会议的性质应是对内协调以形成债权人的共同意思，对外通过对破产程序的参与和监督，以实现全体债权人破产参与权的自治机构。”[④]

需要注意的是，通过债权人会议行使自治权来保障债权人的权益是非常重要的。破产程序中强调债权人自治主要有以下几个原因：第一，债权人与破产程序有最密切的利益关系。破产程序的启动一般是因为债务人资不抵债或支付不能，这直接影响债权人的受偿利益。在破产清算程序中，债务人实际上已经丧失其在责任财产上的固有利益。在破产重整程序中，虽然债务人可能没有丧失全部财产利益，但其陷入困境亦直接影响债权人的债权实现。因此，由对破产程序拥有最大利益的债权人参与该程序并决定相关事宜符合公平和正义的理念。第二，债权人自治有利于鼓励债权人积极参与破产程序。债权人冷漠是破产程序中经常出现的问题。如果破产程序的相关事宜全部或大多由债权人之外的人决定，债权人必然对该程序丧失信心，从而导致债权人不愿启动或参与破产程序，使破产程序的债权人利益保护功能弱化。第三，债权人自治比其他人管理对债权人更有利。债权人与破产程序有最大的利益关系，与其他人相比，存在更大的激励使债权人勤勉尽责地处理相关破产事务，从而可以更好地维护债权人的利益。[⑤] 从司法实务来看，法院尊重债权人会议的自治权可以化解许多矛盾，也有利于破产程序的顺利进行。原因是债权人会议对诸多破产事务享有决议权，如无法获得其支持，破产程序很难顺利推进，比如和解协议、重整计划、破产财产变价方案和分配方案皆需债权人会议表决通过，尊重债权人会议的自治权可以获得债权人对各项破产工作的理解和支持。

---

① 参见［日］伊藤真：《破产法》，4版补订版，150页，东京有斐阁，2006。

② 参见［日］伊藤真：《破产法》，4版补订版，150页，东京有斐阁，2006。

③ 参见王欣新：《破产法》，4版，241页，北京，中国人民大学出版社，2019。

④ 王欣新：《破产法》，4版，243页，北京，中国人民大学出版社，2019。

⑤ 参见郭丁铭：《企业破产清算程序中的债权人利益保护研究——以〈企业破产法〉的完善为中心》，97页，北京，法律出版社，2013。

第二节 债权人会议的组成

一、债权人会议的成员

《企业破产法》第 59 条第 1 款规定："依法申报债权的债权人为债权人会议的成员，有权参加债权人会议，享有表决权。"从上述规定可以看出，债权人会议的成员只应包括依法申报债权的债权人。如果债权人未依法申报债权，其无法参加债权人会议，更不得行使表决权。

虽然《企业破产法》明确规定了依法申报债权的债权人属于债权人会议的成员，但是对是否应该在依法申报的债权得到确认后才能成为债权人会议的成员没有规定。理论界和实务界对上述问题一直存在争议。一种观点认为，即使债权人依法申报债权，如果其债权没有得到确认，其也不能被列入债权人会议的成员范围，无权参加债权人会议。另一种观点认为，债权人只要依法申报了债权就属于债权人会议的成员，有权参加债权人会议，否则法律规定的第一次债权人会议根本无法召开。上述两种观点都有失偏颇。债权人依法申报债权后，是否需要债权得到确认才能参加债权人会议，这要看要参加的是第一次债权人会议还是以后的债权人会议。如果要参加的是第一次债权人会议，则债权人只要依法申报债权即可参加。如果要参加的是以后召开的债权人会议，则债权人必须在债权得到确认后才能参加。那些债权存在争议的债权人，则要根据法院的裁定才能确定是否能参加债权人会议。[1] 另外，《企业破产法》还规定不属于债权人的工会代表也可以参加债权人会议，但不享有表决权。

下面对组成债权人会议的几类特殊主体进行重点阐述。

(一) 债权尚未确定的债权人

债权尚未完全确定的债权人，是指关于其债权的真实性或有效性或数额等存在争议的债权人，包括正处于诉讼或仲裁阶段的债权的债权人、附停止条件的债权的债权人、不能行使将来求偿权的债权人或别除权而受偿的债权人等。如保证人在代债务人清偿债务之前，其最终承担多少债务，对债务人享有多大债权，都处于不完全确定的状态。

《企业破产法》鼓励债权人参加债权人会议，行使表决权，因此，对债权尚未确定的债权人不能一律禁止其参加债权人会议，剥夺其表决权。但如允许全部债权尚未确定的债权人参加债权人会议并行使表决权，也有违公平。最好的解决方式就是由人民法院根据具体情况，临时确定债权尚未确定的债权人的债权额，允许其以临时确定的债权额在债权人会议上行使表决权。《企业破产法》第 59 条第 2 款规定："债权尚未确定的债权人，除人民

---

[1] 参见王欣新：《破产法》，4 版，244 页，北京，中国人民大学出版社，2019。

法院能够为其行使表决权而临时确定债权额的外，不得行使表决权。”《民商审判会议纪要》第110条也规定，人民法院受理破产申请后，已经开始而尚未终结的有关债务人的民事诉讼，在管理人接管债务人财产和诉讼事务后继续进行，相关裁判作出并生效前，债权人可以同时向管理人申报债权，但其作为债权尚未确定的债权人，原则上不得行使表决权，除非人民法院临时确定其债权额。

理解《企业破产法》和《民商审判会议纪要》的上述规定时，需要注意两点：第一，慎重对待关于债权的真实性或有效性存在争议的情况。一般来说，如果是关于债权的数额存在争议，人民法院应该根据双方的证据材料临时确定债权额。如果是关于债权的真实性或有效性存在争议，人民法院一定要慎重适用《企业破产法》第59条第2款的规定。第二，人民法院临时确定债权额只具有程序法上的意义，不具有实体法上的意义。人民法院临时确定债权额，是为了推动破产程序的顺利进行，并不是对债权尚未确定的债权进行实体法上的裁判，即人民法院临时确定债权额不是对有争议的债权进行实体权利裁判。如要最终解决上述争议，仍需要通过诉讼或仲裁程序。

(二) 别除权人

别除权人，是指对债务人的特定财产享有担保物权或者法定特别优先权的债权人（如享有建设工程价款优先受偿权的债权人）。[①] 别除权人有权参加债权人会议，但是其权利可能会因破产程序的不同而受到限制。如在破产重整程序中，若别除权所担保的财产为债务人的重整所必需，则要限制别除权人将担保财产变现受偿的权利。别除权人放弃别除权或未受足额清偿时，其债权或未受清偿部分的债权为普通破产债权，其以普通债权人的身份参加债权人会议，并行使相关权利。日本破产法[②]第65条第1款规定：“别除权可以不经破产程序行使。”第108条第1款规定：“别除权人只就被担保的债权通过行使别除权不能受偿的债权金额，可以作为破产债权人行使权利。但是，在破产程序开始后被担保的债权的全部或部分被放弃担保的情况下，就被放弃担保的债权部分，不妨碍其作为破产债权人行使权利。”但是，在民事再生程序和公司更生程序中，别除权人的权利受到限制，其只能通过民事再生程序或公司更生程序行使权利，故其有权参加债权人会议，并行使表决权。

我国《企业破产法》第59条第3款规定：“对债务人的特定财产享有担保权的债权人，未放弃优先受偿权利的，对于本法第六十一条第一款第七项、第十项规定的事项不享有表决权。”《企业破产法》第61款第1款第7项、第10项规定的债权人会议职权分别是通过和解协议、通过债务人财产分配方案。因和解协议不影响别除权人行使别除权，破产财产分配方案也不涉及别除权标的物的处分，所以别除权人无权表决，否则会造成别除权人处分他人权利的结果。《破产审判会议纪要》第25条“担保权人权利的行使与限制”规定：“在破产清算和破产和解程序中，对债务人特定财产享有担保权的债权人可以随时向管理人主张就该特定财产变价处置行使优先受偿权，管理人应及时变价处置，不得以须经债权

---

① 参见王欣新：《破产法》，4版，244页，北京，中国人民大学出版社，2019。

② 日本破产法只规定破产清算程序，重整程序由日本《民事再生法》和日本《公司更生法》规定。

人会议决议等为由拒绝。但因单独处置担保财产会降低其他破产财产的价值而应整体处置的除外。”即使在重整程序中，担保权人在法定情况下也可以恢复担保权行使。《企业破产法》第 75 条规定，在重整期间，担保物有损坏或者价值明显减少的可能，足以危害担保权人权利的，担保权人可以向人民法院请求恢复行使担保权。《民商审判会议纪要》第 112 条扩充了《企业破产法》第 75 条的内涵：一是增加了管理人或者自行管理的债务人证明设定有担保物权是重整所必需，二是对担保物权人恢复行使其权利的程序进行了规定。《民商审判会议纪要》第 112 条第 1 款规定：重整程序中，要依法平衡保护担保物权人的合法权益和企业重整价值。重整申请受理后，管理人或者自行管理的债务人应当及时确定设定有担保物权的债务人财产是否为重整所必需。如果认为担保物不是重整所必需，管理人或者自行管理的债务人应当及时对担保物进行拍卖或者变卖，拍卖或者变卖担保物所得价款在支付拍卖、变卖费用后优先清偿担保物权人的债权。至于担保权人行使担保权的程序性规定，《民商审判会议纪要》也进行了规范，其第 112 条第 2 款规定：在担保物权暂停行使期间，担保物权人根据《企业破产法》第 75 条的规定向人民法院请求恢复行使担保物权的，人民法院应当自收到恢复行使担保物权申请之日起 30 日内作出裁定。经审查，担保物权人的申请不符合第 75 条的规定，或者虽然符合该条规定但管理人或者自行管理的债务人有证据证明担保物是重整所必需，并且提供与减少价值相应的担保或者补偿的，人民法院应当裁定不予批准恢复行使担保物权。担保物权人不服该裁定的，可以自收到裁定书之日起 10 日内，向作出裁定的人民法院申请复议。人民法院裁定批准行使担保物权的，管理人或者自行管理的债务人应当自收到裁定书之日起 15 日内启动对担保物的拍卖或者变卖，拍卖或者变卖担保物所得价款在支付拍卖、变卖费用后优先清偿担保物权人的债权。

（三）债务人的职工和工会的代表

【案例 6—1】湖北统香食品有限公司破产重整案

湖北统香食品有限公司（以下简称统香公司）因农产品市场萎缩及经营管理不善等原因自 2012 年以来持续亏损，不能清偿到期债务。2016 年 7 月 8 日，该公司向十堰市郧阳区人民法院（以下简称郧阳法院）申请破产重整。7 月 11 日，郧阳法院裁定受理统香公司重整申请并指定管理人。7 月 26 日，郧阳法院在《人民法院报》公告统香公司重整事宜，告知债权人于 2016 年 10 月 10 日前向管理人申报债权。2016 年 10 月 20 日，统香公司召开第一次债权人会议。管理人在会上作了职务执行情况报告、债务人财产状况报告、管理人报酬方案报告，对债权人申报债权的数额与管理人确定的债权数额进行了公布，就财产管理方案、是否继续债务人的营业予以说明，就 28 名债权人提出的问题进行了解答。债务人的法定代表人报告了企业情况及申请重整理由并现场接受债权人询问。债务人的职工代表和工会代表也作了发言。

学者对债务人的职工是否属于债权人会议成员存在争议。一种观点认为：其应不属于债权人会议的成员，因为：职工债权在破产法中享有优先权，其权利已经获得足够的保护，参加债权人会议对其权利的维护没有多大意义。此外，职工债权人数目众多，如果让其参加债权人会议并享有表决权，反而会妨碍破产程序的顺利进行。另有学者认为，《企业破产法》明确规定只有依法申报债权的债权人才能参加债权人会议、享有表决权，而职工债权人不参加债权申报，所以职工不应作为债权人会议成员。① 另一种观点认为职工债权人应属于债权人会议的成员，因为债权人会议的决议也有可能影响到职工债权人的利益。如果不让职工债权人参加债权人会议，不但侵犯其程序参与权，还可能损害其实体权利。②

上述两种观点都有一定的道理，但是都不够全面。因此，有学者提出了折中观点：一般情况下，职工债权人不宜参加债权人会议，尤其是不应享有表决权。但是，如果债权人会议的决议事项影响到职工债权人的利益，而立法又不能保证对其优先受偿，则应当考虑允许职工债权人参加债权人会议并行使表决权。③

《企业破产法》赋予职工债权优先于税收债权和普通破产债权受偿的法律地位，且规定职工债权由管理人列出清单并公示，并不要求职工个人申报，故立法充分保护了职工债权。另外，《企业破产法》规定，债权人会议决议的通过必须同时符合人数标准和债权额标准，而职工债权人人数太多，其参加债权人会议行使表决权可能导致许多决议因表决人数问题无法作出，影响破产程序的顺利进行，因此，职工不宜直接作为债权人会议成员参加会议并表决。

《企业破产法》第 59 条第 5 款规定："债权人会议应当有债务人的职工和工会的代表参加，对有关事项发表意见。"该规定是考虑到我国国情，为体现企业民主管理的精神和对职工债权人利益的保护，允许职工和工会的代表参加债权人会议，发表意见。【案例 6—1】中债务人的职工代表和工会代表也是依法参加债权人会议，但只发表意见，并不享有表决权。

（四）税收债权人

税收本质上是一种债权债务关系，税收债权人是政府。当然，具体代表政府主张税收债权的是国家税收机关。

由于税收债权人具有特殊性，一些学者认为，税收债权人不属于债权人会议的成员，不得行使表决权。理由主要有以下几点：第一，税收债权人是政府，政府控制了公共资源，在债权追偿上占有绝对的优势，税收法律、法规已经赋予了税收机关足够有力的手段去征税，只要税收机关充分、及时地使用了这些手段，其债权的实现不会存在问题。第二，《企业破产法》将税收债权列在普通债权之前，已经对其进行了充分的保护，不需要其参加债权人会议进行表决。也有学者认为，税收债权人也应该参加债权人会议，并行使表决权。

---

① 参见王卫国：《破产法精义》，172 页，北京，法律出版社，2007。

② 参见韩传华：《企业破产法解析》，238 页，北京，人民法院出版社，2007。

③ 参见王欣新：《破产法》，4 版，246 页，北京，中国人民大学出版社，2019。

《企业破产法》将税收债权列在普通债权之前，但列于职工债权之后。至于税收债权人是否能参加债权人会议，并行使表决权的问题，《企业破产法》没有规定。根据权利与义务对等的原则，如果债权人会议决议的事项涉及对税收债权人的利益进行调整，应允许税收债权人参加债权人会议并行使表决权，反之，则不必让其参加债权人会议并行使表决权。

（五）债权人代理人

《企业破产法》第 59 条第 4 款规定："债权人可以委托代理人出席债权人会议，行使表决权。代理人出席债权人会议，应当向人民法院或者债权人会议主席提交债权人的授权委托书。"根据上述规定，债权人可以亲自参加债权人会议，也可以委托代理人参加，并行使表决权。根据民事代理的原则，代理人只是以被代理人的名义参加债权人会议并行使表决权，因此，代理人本身并不属于债权人会议的成员，其代理的债权人才是债权人会议的成员。

（六）债权人会议的列席人员

为了保证债权人会议的顺利进行，《企业破产法》还规定了债权人会议的列席人员。所谓列席人员，是指列席债权人会议，不享有表决权，协助债权人会议顺利进行的人员。列席人员不属于债权人会议的成员。

债权人会议的列席人员包括下列几类。

1. 债务人的有关人员

《企业破产法》第 15 条第 1 款明确规定，债务人的有关人员有义务列席债权人会议。其第 2 款规定："前款所称有关人员，是指企业的法定代表人；经人民法院决定，可以包括企业的财务管理人员和其他经营管理人员。"债务人的法定代表人属于当然的列席人员。如果债权人会议需要，人民法院可以决定让债务人的财务管理人员和其他管理人员列席债权人会议。由于企业的法定代表人和其他管理人员是企业的直接经营管理者，熟悉企业情况，可以现场回答债权人的提问，所以其列席债权人会议有助于对债权人利益的保护和债权人会议的顺利进行。

2. 管理人

《企业破产法》第 23 条第 2 款规定："管理人应当列席债权人会议，向债权人会议报告职务执行情况，并回答询问。"列席债权人会议是管理人的义务。管理人在破产程序中占有重要地位、负有重要职责，有关破产财产管理的许多问题，都需要管理人向债权人会议进行汇报解释：关于破产财产分配和重整计划草案，更是需要管理人进行说明。

3. 法院合议庭成员

虽然《企业破产法》没有明确规定法院合议庭成员列席债权人会议，但司法实践中往往需要合议庭成员参与债权人会议进行指导和监督，因此，负责破产案件审理的人民法院应当派合议庭成员列席债权人会议。

二、债权人会议主席

（一）债权人会议主席的任命

《企业破产法》第 60 条第 1 款规定："债权人会议设主席一人，由人民法院从有表决权的债权人中指定。”从债权人会议的自治性质和债权人会议主席的功能来看，债权人会议主席由债权人会议选举产生较为适宜。因债权人之间既存在利益的一致，也存在利益的冲突，在人数众多的小债权人和人数较少的大债权人之间，利益冲突更加明显。根据何种标准来确定他们在选举债权人会议主席时的表决权可能存在争议。如根据人数标准，可能对大债权人不利；如根据债权额标准，则可能对小债权人不利；如根据人数和债权额的双重标准，则有可能造成无法选举出债权人会议主席的情况。因此，为了提高破产程序的效率，保证破产程序的顺利进行，《企业破产法》规定由人民法院指定债权人会议主席。

担任债权人会议主席的债权人，必须是有完全表决权的债权人。这里所说的有完全表决权，是指对所有事项都享有表决权的债权人（普通债权人）。对债务人特定财产享有担保权或享有法定优先受偿权的债权人（别除权人），不得担任债权人会议主席。债权人会议主席只能是一人，而不能是数人。

《企业破产法》对法人或非法人组织能否担任债权人会议主席没有作限制性规定，否则如果全体债权人都是法人或非法人组织，法院就无法指定债权人会议主席。但是，由法人或非法人组织担任债权人会议主席时，应该具体指派自然人作为其常任代表履行债权人会议主席的职权。

（二）债权人会议主席的职权

《企业破产法》第60条第2款规定：“债权人会议主席主持债权人会议。”根据《企业破产法》的规定，债权人会议主席的职权只包括主持债权人会议。根据法律规定和实际需要，通常会议主席应有如下职权：（1）在法定人员申请召开债权人会议时，确定第一次债权人会议后的其他债权人会议的召开日期，负责召集会议；（2）编定债权人会议的议事日程；（3）宣告债权人会议的开会、闭会；（4）主持债权人会议的进行，包括对会议发言的许可与限制，决定讨论事项，维持会议秩序等；（5）负责制作会议记录和决议记录。

根据债权人会议的需要，主席还可行使其他有关职权。①

第三节 债权人会议的职权

【案例6—2】福建鑫海冶金有限公司破产重整案

福建鑫海冶金有限公司（以下简称鑫海公司）因经营恶化于2015年停

① 参见王欣新：《破产法》，4版，248页，北京，中国人民大学出版社，2019。

产。2017年7月26日，福建省福州市长乐区人民法院（以下简称长乐法院）裁定受理鑫海公司破产重整一案，并于同日指定鑫海公司清算组担任管理人。2017年8月，长乐法院发布公告，通知鑫海公司债权人向管理人申报债权。

2017年9月8日，根据管理人的申请，长乐法院裁定将与鑫海公司存在关联关系和法人人格混同的福州鑫航资源利用创新有限公司和福州松下港鑫顺仓储有限公司合并破产重整。

2017年10月10日，长乐法院组织召开第一次债权人会议。会议上，审判长首先宣读了案件受理相关法律文书及债权人会议、管理人、债权人委员会职责，并指定中信银行股份有限公司福州分行担任债权人会议主席。随后，管理人作执行职务阶段性工作报告、三家公司财产状况初查报告、债权审查报告及说明、管理人报酬方案报告。会议核查了债权表，还决定设立债权人委员会，并对委员会委员进行了投票选举。

2018年1月3日，长乐法院主持第二次债权人会议。会上，管理人作了债权审查、审核情况报告和执行职务报告，并对重整计划草案进行了说明。到会债权人分为职工债权组、税款债权组、享有特定财产担保债权组、普通债权组和出资人组，投票表决通过鑫海公司重整计划草案。

2018年1月13日，长乐法院裁定批准重整计划。

债权人会议职权的大小直接反映了破产立法对债权人会议的态度，这是与破产法中的债权人会议立法体例联系在一起的。“不过，债权人的参与越来越被看作是破产法的一个重要组成部分，尤其是可以以此起到平衡法律分配给其他参与方的权益的作用，而且是一种维护债权人权益的重要手段。”[①] 我国《企业破产法》不仅设立了债权人委员会，还扩大了债权人会议的职权范围。《企业破产法》第61条第1款规定：“债权人会议行使下列职权：（一）核查债权；（二）申请人民法院更换管理人，审查管理人的费用和报酬；（三）监督管理人；（四）选任和更换债权人委员会成员；（五）决定继续或者停止债务人的营业；（六）通过重整计划；（七）通过和解协议；（八）通过债务人财产的管理方案；（九）通过破产财产的变价方案；（十）通过破产财产的分配方案；（十一）人民法院认为应当由债权人会议行使的其他职权。”

一、核查债权

核查债权是指调查债权的真实性。各国破产法对债权核查模式的规定存在差异，但通

---

① 联合国国际贸易法委员会编著：《破产法立法指南》（中文版），载联合国国际贸易法委员会网站，https://uncitral.un.org/sites/uncitral.un.org/files/media-documents/uncitral/zh/05-80721_ebook.pdf，最后访问时间：2019-10-06。

常的做法是由法院对债权人依法申报的债权进行核查，如日本破产法规定：由法院调查债权，如因债务人、管理人或其他债权人提出异议而发生债权确定之诉，则由受理破产案件的法院专属管辖，如无异议，则由法院制作债权表，债权表的效力等同于判决。

根据我国《企业破产法》的规定，一旦启动破产程序，则由人民法院指定管理人，由管理人根据债权人的债权申报材料编制债权表。管理人将债权表和相关证明材料在债权人会议上向债权人提供，以便其核查。核查债权不等于确认债权。

二、申请人民法院更换管理人和审查管理人的费用和报酬

【案例 6—3】上海兆隆置业有限公司破产清算案

2019 年 11 月 11 日，上海市第三中级人民法院裁定受理上海兆隆置业有限公司破产清算案，并指定某会计师事务所担任管理人。截至债权人会议召开前，管理人仍未完成财产接管，导致债务人名下不动产被他人占用。同时，管理人也未能依法有效进行债权审查，导致债务人破产费用增加，拖延案件审理进程。

2020 年 7 月 28 日，因未能有效召开债权人会议，债权人提交书面申请，以管理人不能勤勉专业地履行管理人职务为由请求更换管理人。法院认为管理人未能勤勉履职的情形属实，债权人的申请理由成立，遂于 2020 年 9 月 17 日作出决定，解除该会计师事务所的管理人职务，另行指定了管理人。

《企业破产法》第 13 条规定："人民法院裁定受理破产申请的，应当同时指定管理人。"第 22 条第 1 款规定："管理人由人民法院指定。"《企业破产法》没有将指定管理人的权利授予债权人会议，主要是考虑到利益平衡与效率。债权人会议的成员可能因债权性质和数额大小存在利益差异，难以对选任管理人形成多数意见，或损害少数债权人的利益。法院因自身的独立性和超脱性，可以更好地平衡债权人之间的利益。此外，由法院指定管理人，也可以提高破产程序的效率，避免管理人选定上的僵局。《企业破产法》第 22 条第 2 款规定："债权人会议认为管理人不能依法、公正执行职务或者有其他不能胜任职务情形的，可以申请人民法院予以更换。"据此，债权人会议要求更换管理人的情况分两类：第一，管理人不能依法、公正执行职务，如管理人故意篡改债权表或隐匿债权证明材料，或者偏袒某些债权人；第二，管理人有其他不能胜任职务情形，如不能勤勉履职或丧失担任管理人的资质条件等。如债权人会议没有正当理由，法院不会允许更换管理人。管理人开展工作需要债权人会议的配合，如果债权人会议基于合理的理由，要求更换管理人，表明其已经丧失债权人会议的支持和信任，很难继续进行工作。这时法院应该考虑同意债权人会议的决议，更换管理人。另外，《企业破产法司法解释二》第 23 条规定："破产申请受理后，债权人就债务人财产向人民法院提起本规定第二十一条第一款所列诉讼的，人民法院不予受理。债权人通过债权人会议或者债权人委员会，要求管理人依法向次债务人、债务

人的出资人等追收债务人财产，管理人无正当理由拒绝追收，债权人会议依据企业破产法第二十二条的规定，申请人民法院更换管理人的，人民法院应予支持。管理人不予追收，个别债权人代表全体债权人提起相关诉讼，主张次债务人或者债务人的出资人等向债务人清偿或者返还债务人财产，或者依法申请合并破产的，人民法院应予受理。”该条规定有三层含义：第一，破产申请被受理后，债权人就债务人财产向人民法院提起上述司法解释第 21 条第 1 款所列诉讼的，人民法院不予受理。因此，一旦破产申请被法院受理，债权人不得直接向法院起诉，要求追究次债务人或债务人的出资人等的法律责任，或者就债务人财产提起个别清偿诉讼。第二，虽然债权人不能直接向法院提起上述诉讼，但是，其可以通过债权人会议或者债权人委员会要求管理人依法向次债务人、债务人的出资人等追收债务人财产，对全体债权人公平分配。如果管理人无正当理由拒绝追收，债权人会议依据《企业破产法》第 22 条的规定，申请人民法院更换管理人的，人民法院应予支持。第三，如果债权人通过债权人会议或债权人委员会要求管理人依法向次债务人、债务人的出资人等追收债务人财产，但管理人不予追收，个别债权人代表全体债权人提起相关诉讼，主张次债务人或者债务人的出资人等向债务人清偿或者返还债务人财产，或者依法申请合并破产的，人民法院应予受理。

【案例 6—3】中由债权人而不是债权人会议申请更换管理人，是因为管理人不能勤勉履职且未能有效召开债权人会议。该案例表明由债权人会议申请更换管理人在司法实务中面临诸多困难。实践中债权人会议通常是由管理人召开，管理人不会将申请更换管理人事项列入会议议程，还会从各方面阻碍债权人会议通过相关决议。另外，基于新旧管理人工作交接会影响程序推进效率，法院通常也不愿更换管理人。【案例 6—3】中的受理法院没有拘泥于《企业破产法》的现行规定，直接依据债权人的申请作出更换管理人的决定，从保护债权人的监督权考量，法理无碍。当然，最佳的解决方式还是修订《企业破产法》，明确规定满足一定条件的债权人可以向法院申请更换管理人。

管理人在破产程序中提供了破产管理服务，有权获得报酬。管理人的报酬从债务人的财产中优先支付，这就导致管理人的报酬和债权人的债权清偿存在此消彼长的关系。为了平衡管理人与债权人之间的利益，正确处理公平与效率之间的关系，《企业破产法》规定：债权人会议有权审查管理人的报酬，如果有充分的理由认为管理人的报酬过高，其有权向人民法院申请变更。需要注意的是，管理人的报酬并不是由债权人会议决定，而是由法院最终决定，即债权人会议只有审查权，并无决定权。

管理人的费用是管理人执行职务过程中发生的正常开支和聘用工作人员的费用，属于《企业破产法》第 41 条定义的破产费用，需要从债务人的财产中优先支付，如果相关费用的发生不合理或者存在虚假情况，则会损害债权人的利益。因此，《企业破产法》规定，债权人会议有权审查管理人的费用，并可以提出异议，由人民法院裁定。《破产审判会议纪要》第 11 条规定：“管理人经人民法院许可聘用企业经营管理人员，或者管理人确有必要聘请其他社会中介机构或人员处理重大诉讼、仲裁、执行或审计等专业性较强工作，如所需费用需要列入破产费用的，应当经债权人会议同意。”据此，凡是管理人聘用企业经营管理人员和社会中介机构或人员的费用列入破产费用的，应当由债权人会议表决通过，而不是仅由债权人会议审查。

三、监督管理人

管理人在法院的主导下，负责有关清算、重整或和解的具体事务。管理人承担法定职责，要接受人民法院、债权人会议和债权人委员会的监督。债权人会议作为临时性议事机构只在会议召开期间存在，而不像人民法院和债权人委员会是常设机构。债权人会议监督管理人的方式主要是在债权人会议召开期间听取和审查管理人的工作报告，就有关问题询问管理人，同时要求管理人就其履行职务的情况进行解释说明或提供相关材料。《企业破产法》第 23 条第 1 款规定："管理人依照本法规定执行职务，向人民法院报告工作，并接受债权人会议和债权人委员会的监督。"债权人会议在监督管理人的过程中对管理人行为提出异议，交由人民法院裁定。在【案例 6—3】中，债权人会议听取管理人的执行职务报告就是监督管理人的一种形式。

四、选任和更换债权人委员会成员

【案例 6—4】衡阳市尚邦房地产开发有限公司破产清算案

2020 年 2 月 27 日，衡阳市珠晖区人民法院裁定受理衡阳市尚邦房地产开发有限公司破产清算案，同时指定管理人。

2020 年 9 月 27 日，衡阳市珠晖区人民法院组织召开衡阳市尚邦房地产开发有限公司破产清算案第一次债权人会议，会议表决通过了"衡阳市尚邦房地产开发有限公司财产管理方案的报告"，选举了债权人委员会成员。

《企业破产法》第 67 条第 1 款规定："债权人会议可以决定设立债权人委员会。债权人委员会由债权人会议选任的债权人代表和一名债务人的职工代表或者工会代表组成。债权人委员会成员不得超过九人。"债权人委员会是由债权人会议选举产生的代表债权人利益的常设机构。债权人会议决定设立债权人委员会时，由其选任委员会成员。当某些委员会成员不能获得债权人会议的信任时，债权人会议有权更换。

五、决定继续或者停止债务人的营业

【案例 6—5】力帆实业（集团）股份有限公司破产重整案

2020 年 8 月 21 日，重庆破产法庭受理力帆实业（集团）股份有限公司（以下简称力帆股份）重整案，并指定力帆股份清算组担任管理人。2020 年 8

月26日，管理人启动接管工作。经管理人请示，法院批复同意力帆股份在重整期间继续营业，同意管理人聘请现有的相关经营管理成员负责重整期间的经营管理事务。

继续或者停止债务人的营业直接关系到债权人的利益。如果债务人的营业状况严重恶化，继续不良营业会导致债务人财产进一步减少，从而造成债权人可分配财产的损失，就需要停止债务人的营业。如果债务人继续营业可以使其财产增加，就需要继续债务人的营业。总之，是否停止或继续债务人的营业的唯一判断标准是能否实现债权人利益最大化，即债权人能否获得最大限度的清偿。

一般来说，在和解与重整程序中，债务人的营业应该继续，因为和解与重整程序启动的前提条件是，债权人认为债务人的存续比清算注销对自己更有利，而债务人的存续当然离不开营业的继续。在清算程序中，债权人的目的是对债务人的财产按比例分配，故一般会停止债务人的营业。

《企业破产法》规定，在第一次债权人会议召开之前，由管理人决定继续或者停止债务人的营业，但应经人民法院许可。债权人会议决定继续或停止债务人的营业，无须获得人民法院的许可。

六、通过重整计划

【案例6—6】河南省建设集团有限公司重整案

2019年7月31日，河南省郑州市中级人民法院（以下简称郑州中院）裁定受理河南省建设集团有限公司（以下简称建设集团）破产重整案。

2019年8月7日，建设集团管理人申请许可建设集团继续营业。2019年9月2日郑州中院决定准许建设集团在管理人的监督下，由中国平煤神马集团河南建设集团托管工作组管理财产和营业事务。

2019年10月14日召开第一次债权人会议。2019年11月、2020年1月分别公开招募战略投资人。

2020年1月22日召开第二次债权人会议对“重整计划（草案）”进行表决，有特定财产担保的债权组未通过“重整计划（草案）”，其他债权组和出资人组通过。

2020年4月30日，债权人会议再次表决，各表决组均表决通过“重整计划（草案）”。

2020年7月21日，郑州中院裁定批准建设集团重整计划，终止重整程序。

重整是与和解、清算并列的破产程序，债权人会议需要对重整计划草案进行表决。债权人会议通过重整计划时需要注意以下问题。

1. 债权人会议需要分组表决

无论是在清算程序中，还是在和解程序中，都是由债权人会议整体表决，而非由债权人按权利性质分组表决。但在重整程序中，债权人会议对重整计划草案需进行分组表决，且各分组的表决结果彼此独立。

《企业破产法》第 82 条规定："下列各类债权的债权人参加讨论重整计划草案的债权人会议，依照下列债权分类，分组对重整计划草案进行表决：（一）对债务人的特定财产享有担保权的债权；（二）债务人所欠职工的工资和医疗、伤残补助、抚恤费用，所欠的应当划入职工个人账户的基本养老保险、基本医疗保险费用，以及法律、行政法规规定应当支付给职工的补偿金；（三）债务人所欠税款；（四）普通债权。人民法院在必要时可以决定在普通债权组中设小额债权组对重整计划草案进行表决。"

人民法院可以决定在普通债权组中设立小额债权组，主要是因为小额债权人人数比较多，如果让其与大额债权人同组，可能出现小额债权人多数同意而大额债权人不同意，或者大额债权人同意而小额债权人多数不同意的表决僵局。

在美国破产重整的司法实践中，经常将小额债权人单独分组，并在重整计划草案中给小额债权以百分之百清偿或者按较高比例清偿。这是因为小额债权人的债权额小，全部清偿对大额债权人的利益影响也不大，却能使重整计划草案顺利通过。

债权人会议分组表决重整计划草案是国外破产立法的通例。如德国破产法规定，至少要为下列债权人分别设组：别除权债权人（只要通过计划干预他们的权利）、破产债权人（普通破产债权人）、个别序位的后破产债权人（只要他们的权利没有被视为解除）。如果雇员在很大程度上作为破产债权人参与程序，也要单独为他们设一组。另外，当划分界限合理时，可对同类经济利益的债权人进一步设立二级组。① 事实上，债权人会议内部分组非常灵活，其遵循的基本原则是既能保证各类债权人债权清偿的相对公平，又能推动破产重整程序的顺利进行。

2. 出资人对重整计划的表决

《企业破产法》第 85 条第 2 款规定："重整计划草案涉及出资人权益调整事项的，应当设出资人组，对该事项进行表决。"出资人虽然不是债权人会议的成员，但是在重整程序中，如果重整计划草案对其权益进行调整，其有权组成出资人小组进行表决。关于对重整程序的表决中应否设置出资人组存在不同观点，有人认为：从财务会计角度考察，企业资不抵债，出资人对企业的出资在价值上已经归零，其对企业自然不再享有任何权益。允许出资人对重整计划表决，是在侵犯债权人的权利，故凡是企业资不抵债的，皆不应设置出资人组。

3. 对重整计划表决的简化

《企业破产法司法解释三》第 11 条第 2 款规定："根据企业破产法第八十二条规定，对

① 参见［德］莱因哈德·波克：《德国破产法导论》，王艳柯译，6 版，173 页，北京，北京大学出版社，2014。

重整计划草案进行分组表决时，权益因重整计划草案受到调整或者影响的债权人或者股东，有权参加表决；权益未受到调整或者影响的债权人或者股东，参照企业破产法第八十三条的规定，不参加重整计划草案的表决。”该条款是为了提高债权人会议的效率，降低债权人或股东的参会成本。司法实务中典型的情形是重整计划草案已经规定对某类债权人的债权全额清偿，该类债权人不参加对重整计划草案的表决。另外，未表决通过的重整计划草案经修改后再次提交表决，已经表决同意重整计划草案的债权人组的权益未受到调整或影响的，也不参加表决。

七、通过和解协议

和解协议是在破产和解程序中，由债务人拟定并取得债权人多数同意的协议。其内容常常包括延缓偿还债务或减免部分债务，以达到清偿债务、挽救债务人的目的。破产和解是一种强制和解制度，和解协议与债权人的利益关系重大，且有一定风险，所以应交由债权人会议表决。需要注意的是，根据《企业破产法》的规定，享有别除权的债权人未放弃优先受偿权利的，不得对和解协议行使表决权，同时也不受和解协议约束。

八、通过债务人财产的管理方案

【案例 6—7】山东鑫万通钢结构有限公司破产清算案

山东鑫万通钢结构有限公司（以下简称鑫万通公司）于 2018 年资金链断裂，经营停滞，不能清偿到期债务，严重资不抵债。2019 年 8 月 29 日，鑫万通公司向德州市陵城区人民法院（以下简称陵城法院）申请破产清算。

2019 年 9 月 20 日，陵城法院裁定受理鑫万通公司破产清算案。

2019 年 12 月 17 日，陵城法院主持召开第一次债权人会议，会议表决通过债务人财产管理方案和破产财产变价方案。

2020 年 9 月 25 日，第二次债权人会议表决通过了破产财产分配方案。

2020 年 10 月，破产财产分配完毕，陵城法院依法作出裁定终结破产程序。

破产程序启动后，债务人财产的管理处分权由债务人转移至管理人，管理人需要制订债务人财产的管理方案，并提交债务人会议表决通过。如果债权人会议未能通过债务人财产的管理方案，管理人可以征询债权人的意见对管理方案进行修改，并重新提交债权人会议表决通过。《企业破产法》第 65 条规定，债务人财产管理方案经债权人会议表决未通过的，由人民法院裁定是否通过。

九、通过破产财产的变价方案

破产财产包括货币和非货币财产。破产清偿一般以货币清偿为原则，以非货币清偿为例外。对于非货币财产，一般都需要将其变价为货币后才能分配。根据《企业破产法》的规定，管理人是破产财产变价方案的拟订者和执行者。

《企业破产法》没有规定破产财产的变价方案的主要内容。从司法实践来看，变价方案一般包括以下几部分内容：第一，破产财产的基本情况，一般按照资产、负债、所有者权益分类列明。第二，破产财产的变价原则。由于破产财产的变价方案是由管理人草拟，为了让债权人更好地理解其拟定的变价方案，变价方案中会有一部分专门阐述破产财产的变价原则，如破产财产变价最大化原则、依法公平原则等。第三，破产财产的具体变价方式。该部分内容是变价方案的核心内容，一般先将破产财产分成几大类，然后对各类别中的具体财产的变价方式进行说明。

一般来说，未经债权人会议对变价方案表决，管理人不得将破产财产变价。对一些不易保存、容易腐败或贬值的财产，因不及时变价会造成财产价值的减损，这时管理人可以先行变价处理，但应向债权人会议进行说明。

对于破产财产中的限制流通物，如国家文物或易燃、易爆危险品等，应当由国家指定的部门收购或按照有关法律规定处理。成套设备的变价一般要遵循整体变价原则，无法整体出售时再考虑分散出售。

《企业破产法》第 65 条规定，债务人财产变价方案经债权人会议表决未通过的，由人民法院裁定是否通过。

十、通过破产财产的分配方案

破产财产的分配方案必须先获得债权人会议的同意才能执行。《企业破产法》没有规定破产财产分配方案的主要内容。最高人民法院《破产规定》（法释〔2002〕23 号）第 93 条规定："破产财产分配方案应当包括以下内容：（一）可供破产分配的财产种类、总值，已经变现的财产和未变现的财产；（二）债权清偿顺序、各顺序的种类与数额，包括破产企业所欠职工工资、劳动保险费用和破产企业所欠税款的数额和计算依据，纳入国家计划调整的企业破产，还应当说明职工安置费的数额和计算依据；（三）破产债权总额和清偿比例；（四）破产分配的方式、时间；（五）对将来能够追回的财产拟进行追加分配的说明。"

十一、人民法院认为应当由债权人会议行使的其他职权

这是一个兜底条款。考虑到每个破产案件的具体情况千差万别，为方便人民法院在破产程序中灵活处理《企业破产法》没有规定的事项，允许人民法院对债权人会议进行授权。

第四节　债权人会议的召集与决议

一、债权人会议的召集方式

债权人会议作为债权人行使权利的组织，须通过会议召集才能进行工作。各国破产法上大致有三种债权人会议召集方式。

1. 法院召集

法院负责债权人会议的召集，管理人、债权人和其他法定人员可以向其申请召集。这种模式以德国和日本为代表。德国破产法第 76 条第 1 款规定，债权人会议由破产法院组织召开。日本破产法第 135 条也规定，债权人会议由法院依职权或根据破产管理人、债权人委员会和占债权总额十分之一以上的债权人申请召集。

2. 管理人召集

债权人会议由管理人召集，法院无权召集债权人会议，其他法定人员可以向管理人申请召集债权人会议。这种模式以英国和美国等英美法系国家为代表，如英国破产法第 3 条规定，清算人、接管人或其他被任命履行破产管理职责的人负责召集债权人会议。

3. 法院或债权人会议主席召集

这种模式对第一次债权人会议与其后的债权人会议区别对待。法院负责召集第一次债权人会议，债权人会议主席或者法院负责召集以后的债权人会议。由于召集第一次债权人会议时，债权人会议主席还没有产生，因而，由法院来召集第一次债权人会议应该是顺理成章的事情。我国《企业破产法》采此种模式。

二、我国债权人会议召集的相关规定

《企业破产法》第 62 条规定："第一次债权人会议由人民法院召集，自债权申报期限届满之日起十五日内召开。以后的债权人会议，在人民法院认为必要时，或者管理人、债权人委员会、占债权总额四分之一以上的债权人向债权人会议主席提议时召开。"债权人会议主席召集会议的前提是管理人、债权人委员会、占债权总额 1/4 以上的债权人向其提议召开。无法定人员提议，债权人会议主席不能擅自决定召集债权人会议。

我国《企业破产法》没有规定债权人会议的最低出席人数，但规定要作出有效决议，须出席会议的债权人所代表的债权额至少占无担保债权总额的 1/2 以上。

《企业破产法》第 63 条规定："召开债权人会议，管理人应当提前十五日通知已知的债权人。"为给债权人必要的准备时间，管理人应当提前 15 日通知已知的债权人。通知的内容主要包括债权人会议召开的时间、地点、目的以及议程、议决事项等。此外，为保证债权人会议的顺利进行，对那些虽不是债权人会议成员，但需要列席债权人会议的人员，管理人也应该通知。

三、债权人会议决议的一般通过标准

从各国破产立法看，债权人会议的决议是否得到通过一般根据人数标准和债权额标准来确定。有些国家单采人数标准，有些国家单采债权额标准，还有些国家同时规定人数标准和债权额标准。

1. 单采人数标准

所谓人数标准是指债权人会议的决议需要多数债权人同意才能通过。单纯采用人数标准的国家不多，意大利是其代表。

司法实践中，并不是所有的债权人会议成员都会参加债权人会议，一些小额债权人由于可能获得的清偿不多，而要负担参加债权人会议的成本，故在预期的收益和成本不对等的情况下常常选择放弃参加债权人会议。所以如将未出席债权人会议的债权人列入计算依据，可能会因参加会议的债权人人数过少，而不能通过任何决议。但如不将未参加债权人会议的债权人列入计算依据，又可能使债权人会议通过的决议只代表少数债权人的意志。在公平和效率的冲突中，破产法选择了效率，不将未参加债权人会议的债权人列入计算依据，而规定只要出席债权人会议的债权人多数通过决议即可。

2. 单采债权额标准

所谓债权额标准，是指债权人会议的决议需要占债权总额多数比例的债权人同意才能通过。德国破产法第 76 条第 2 款规定："表示同意的债权人的债权金额超过参加表决的债权人的债权金额总额的一半的，债权人会议的决议成立；对于有别除权的债权人，以债务人不对其负个人责任为限，以别除权的价值取代债权金额。"① 日本破产法第 138 条规定，超过拥有表决权的出席会议的债权人表决权总额的 1/2 以上同意的，债权人会议决议获得通过。②

债权额标准也涉及是否将未出席债权人会议的债权人的债权额列入计算依据的问题。各国破产法上一般有两种模式：第一种不将未参加债权人会议的债权人的债权额列入计算依据，如德国和日本；第二种将未参加债权人会议的债权人的债权额列入计算依据。第一种模式侧重效率，因为无论是大额债权人还是小额债权人，只要不参加债权人会议，其债权额将不会影响债权人会议通过决议，这自然便利破产程序的顺利进行。第二种模式注重公平，债权人虽然不参加债权人会议，但其债权额还能影响债权人会议决议的通过。

3. 同时规定人数标准和债权额标准

人数标准与债权额标准各有优劣。人数标准突出债权人在人身权利上的平等，而债权额标准强调的是债权平等基础上的债权数额区别。如果单采人数标准，债权人会议的表决过程中就会出现人数占优的小额债权人利用人数优势，使决议难以通过，损害少数大额债权人的利益。如果单采债权额标准，则会造成少数大额债权人不顾人数众多的小额债权人

---

① 《德国支付不能法》，杜景林、卢谌译，40 页，北京，法律出版社，2002。

② 参见［日］山本和彦：《日本倒产处理法入门》，金春等译，58 页，北京，法律出版社，2016。

的利益，强行通过对己有利决议的现象。为了协调大额债权人与小额债权人的利益，实现他们的公平博弈，在破产法中同时规定人数标准和债权额标准也是一种合理的选择。如德国破产法第 244 条规定，对破产计划分组表决时，每组全部参与表决成员的多数同意，且同意者的债权达到全体表决成员债权一半以上时，计划通过。[①] 日本《民事再生法》第 172 条之三第 1 款规定，再生计划草案的表决通过必须同时满足人数标准和债权额标准：（1）出席债权人的过半数赞成；（2）表决权人所持有的表决权总额的过半数赞成。[②]

四、我国破产法规定的债权人会议决议通过标准

我国《企业破产法》同时规定了人数标准和债权额标准。《企业破产法》第 64 条第 1 款规定："债权人会议的决议，由出席会议的有表决权的债权人过半数通过，并且其所代表的债权额占无财产担保债权总额的二分之一以上。但是，本法另有规定的除外。"该条规定主要包括以下几层意思：第一，债权人会议的决议的通过必须同时符合人数标准和债权额标准。第二，根据人数标准，对未出席会议的债权人不予计算，出席会议的有表决权的债权人超过 50%同意才能通过决议，等于或少于 50%的比例都无法通过决议。第三，根据债权额标准，表示同意的债权人所代表的债权额必须占无财产担保债权总额的 1/2 以上。因此，未出席债权人会议的债权人如果拥有无财产担保债权，其债权额被计算在内。第四，《企业破产法》另有规定的，不适用前述标准。这主要是指债权人会议表决通过重整计划草案与和解协议草案的情况。《企业破产法》第 84 条第 2 款规定："出席会议的同一表决组的债权人过半数同意重整计划草案，并且其所代表的债权额占该组债权总额的三分之二以上的，即为该组通过重整计划草案。"第 97 条规定："债权人会议通过和解协议的决议，由出席会议的有表决权的债权人过半数同意，并且其所代表的债权额占无财产担保债权总额的三分之二以上。"

五、债权人会议的决议的效力和撤销

【案例 6—8】王某等申请撤销债权人会议决议案

在 2014 年至 2016 年期间，王某等百余人与嵊州市城南农贸市场开发有限公司（以下简称农贸公司）签订"农贸市场营业摊位加盟出资、委托经营管理协议书"，出资取得市场摊位 40 年的经营使用权。

2018 年 11 月 29 日，嵊州市人民法院裁定受理农贸公司破产清算案，并依法指定管理人。之后，第一次债权人会议表决同意参照租赁合同的法律规

① 参见［德］莱因哈德·波克：《德国破产法导论》，王艳柯译，6 版，173 页，北京，北京大学出版社，2014。

② 参见［日］山本和彦：《日本倒产处理法入门》，金春等译，155 页，北京，法律出版社，2016。

定处理摊位，确认王某等人在重新签订租赁合同的前置条件下方能对摊位享有20年租赁权，否则按自动放弃租赁权、全部出资列入普通债权处置。因农贸公司的负债总额远高于资产评估价，普通债权清偿率可能为零。

2019年4月12日，王某等百余摊位租赁债权人向法院申请撤销债权人会议决议。后被嵊州市人民法院裁定驳回。

2019年8月14日，王某等人向嵊州市人民检察院提出监督申请。检察机关经审查认为，破产程序属于非讼程序，检察机关不能提出抗诉或再审检察建议，但有权采用一般检察建议的方式进行监督，遂依法受理。

2020年2月3日，嵊州市人民法院书面回复，将督促管理人制定方案切实保护各债权人的利益。

后历经近一年时间，管理人成功将农贸公司资产打包拍卖，将所有摊位实行带租拍卖，为摊位租赁债权人依法保留相应年限的租赁权。

1. 债权人会议的决议的效力

《企业破产法》第64条第3款规定："债权人会议的决议，对于全体债权人均有约束力。"从文字上看，凡是债权人会议的决议，全体债权人都要遵守，即不管是普通债权人，还是担保债权人，都受决议的约束。

2. 债权人会议决议的撤销

《企业破产法》第64条第2款规定："债权人认为债权人会议的决议违反法律规定，损害其利益的，可以自债权人会议作出决议之日起十五日内，请求人民法院裁定撤销该决议，责令债权人会议依法重新作出决议。"《企业破产法司法解释三》第12条规定："债权人会议的决议具有以下情形之一，损害债权人利益，债权人申请撤销的，人民法院应予支持：（一）债权人会议的召开违反法定程序；（二）债权人会议的表决违反法定程序；（三）债权人会议的决议内容违法；（四）债权人会议的决议超出债权人会议的职权范围。人民法院可以裁定撤销全部或者部分事项决议，责令债权人会议依法重新作出决议。债权人申请撤销债权人会议决议的，应当提出书面申请。债权人会议采取通信、网络投票等非现场方式进行表决的，债权人申请撤销的期限自债权人收到通知之日起算。"据此，债权人会议决议的撤销有如下要点：第一，债权人会议决议凡是违反法律规定，比如债权人会议的召开、表决违反法定程序，或者债权人会议的决议内容违法或超出职权范围，损害债权人利益的，债权人可以自债权人会议决议作出之日起15日内申请撤销，经查定属实的，法院可以裁定撤销全部或部分事项决议，并责令债权人会议重新作出决议。第二，债权人应当以书面形式提出撤销申请。第三，债权人会议以非现场方式进行表决的，债权人申请撤销的期限自收到通知之日起计算。另外，为了提高破产程序效率，最高人民法院《关于推进破产案件依法高效审理的意见》第12条规定："债权人请求撤销债权人会议决议，符合《最高人民法院关于适用〈中华人民共和国企业破产法〉若干问题的规定（三）》第十二条规定的，人民法院应予支持，但会议召开或者表决程序仅有轻微瑕疵，且对决议未产生实质影响的，人民法院不予支持。"【案例6—8】中的债权人申请撤销债权人会议决议，但被法院驳回，最终通过检察监督获得救济。

六、人民法院对债权人会议无法通过决议的情况的裁量权

《企业破产法》第 65 条第 1 款规定，《企业破产法》第 61 条第 1 款第 8 项的“通过债务人财产的管理方案”、第 9 项的“通过破产财产的变价方案”的事项，经债权人会议表决未通过的，由人民法院裁定。《企业破产法》第 65 条第 2 款规定，《企业破产法》第 61 条第 1 款第 10 项的“通过破产财产的分配方案”的事项，经债权人会议二次表决仍未通过的，由人民法院裁定。《企业破产法》第 65 条第 3 款规定，对第 1、2 款规定的裁定，人民法院可以在债权人会议上宣布或者另行通知债权人。债务人财产的管理方案和破产财产的变价方案的通过，对破产程序的顺利进行极为关键。为保障破产程序的高效进行，在债权人会议表决未通过的情况下，人民法院可以裁定通过债务人财产的管理方案和破产财产的变价方案。债权人会议对分配方案进行二次表决仍不能通过时，也应由人民法院裁定。为保障债权人对法院裁定的异议权，《企业破产法》第 66 条规定：“债权人对人民法院依照本法第六十五条第一款作出的裁定不服的，债权额占无财产担保债权总额二分之一以上的债权人对人民法院依照本法第六十五条第二款作出的裁定不服的，可以自裁定宣布之日或者收到通知之日起十五日内向该人民法院申请复议。复议期间不停止裁定的执行。”

七、我国提高债权人会议效率的相关规定

【案例 6—9】全国首次 5G 网络债权人会议在广州市中级人民法院召开

广州凯路仕自行车运动时尚产业股份有限公司（以下简称凯路仕公司）于 2014 年 5 月在新三板挂牌上市，主营业务为中高端运动休闲自行车的品牌运营、设计、研发、制造与销售，名下“凯路仕”商标为广东省著名商标。自 2017 年起，凯路仕公司开始发生巨额亏损，审计机构无法向中小股东出具财务报告审计意见。2017 年 11 月凯路仕公司的股票被暂停交易。2019 年 2 月 19 日，债权人向广州市中级人民法院（以下简称广州中院）申请对凯路仕公司重整。2019 年 3 月 18 日，广州中院裁定受理。

因凯路仕公司申报债权人超过百家，且多在广州市外和外省，为充分保障广大债权人的知情权、程序参与权、表决权，广州中院决定利用现有的 5G 技术召开网络债权人会议。2019 年 5 月 17 日上午，凯路仕公司第一次网络债权人会议在广州中院召开。本次债权人会议通过 5G 网络的超高清音视频传输，将在广州的法官、在北京的破产管理人以及分布在全国各地的债权人连接起来，实现法官、破产管理人、债权人三方信息同步。

1. 债权人会议的非现场方式

债权人会议一般采取现场方式，即所有债权人皆于会议日到现场参加会议并进行表决。由于司法实务中债权人经常分布全国各地，要求他们现场参会并表决会增加其参会成本，干扰其日常工作和经营。为此，《企业破产法司法解释三》第 11 条第 1 款明确规定，债权人会议的决议既可以现场表决，也可以采取通信、网络投票等非现场方式进行非现场表决。采取非现场方式进行表决的，管理人应当在债权人会议召开后的三日内，以信函、电子邮件、公告等方式将表决结果告知参与表决的债权人。最高人民法院《关于推进破产案件依法高效审理的意见》第 10 条规定，第一次债权人会议可以采用现场方式或者网络在线视频方式召开。经第一次债权人会议决议通过，以后的债权人会议还可以采用非在线视频通讯群组等其他非现场方式召开。其第 11 条规定，债权人会议除现场表决外，可以采用书面、传真、短信、电子邮件、即时通信、通讯群组等非现场方式进行表决。

2. 程序时间可以缩短

最高人民法院《关于推进破产案件依法高效审理的意见》第 16 条规定：管理人应当提前十五日通知已知债权人参加债权人会议，并将需审议、表决事项的具体内容提前三日告知已知债权人。但全体已知债权人同意缩短上述时间的除外。

3. 部分事项可以安排提前表决

第一次债权人会议议程通常包括管理人作阶段性工作报告、债务人财产状况报告、债务人继续营业报告、管理人报酬方案报告、债权申报与审核报告等，不会涉及财产变价方案、分配方案以及破产程序终结后可能追加分配的方案，对上述事项一般在以后的债权人会议审议表决。但是，在司法实务中，部分破产案件财产债务清晰简单，债权人较少，如坚持召开两次或两次以上债权人会议实属浪费司法和社会资源。为此，最高人民法院《关于推进破产案件依法高效审理的意见》第 17 条规定，管理人可以在第一次债权人会议上，将债务人财产变价方案、分配方案以及破产程序终结后可能追加分配的方案一并提交债权人会议表决。另外，债务人财产实际变价后，管理人可以根据债权人会议决议通过的分配规则计算具体分配数额，向债权人告知后进行分配，无须再行表决。

第五节　债权人委员会

【案例 6—10】新疆海龙化纤有限公司破产清算案

2013 年 11 月 15 日，新疆生产建设兵团第一师中级人民法院作出民事裁定书［(2013) 兵一民破字第 1—1 号］，裁定受理新疆生产建设兵团农一师电力公司对新疆海龙化纤有限公司（以下简称新疆海龙）的破产清算申请。

2014 年 2 月 20 日，新疆海龙第一次债权人会议由新疆生产建设兵团第一师中级人民法院主持。债权人会议听取了新疆海龙破产管理人关于前期工作进展情况的报告，表决通过“新疆海龙化纤有限公司财产管理方案”、“关于成立新疆海龙化纤有限公司债权人委员会的议案”和“关于新疆海龙化纤有限公司债权人会议授权事项的议案”。根据“关于成立新疆海龙化纤有限公司债权人委员会的议案”，新疆海龙债权人委员会成员人数确定为 9 人，包括债权人代表 8 名、债务人职工代表 1 名。根据“关于新疆海龙化纤有限公司债权人会议授权事项的议案”，债权人会议将以下职权委托给债权人委员会行使：(1) 核查债权；(2) 监督管理人；(3) 选任和更换债权人委员成员；(4) 决定继续或者停止债务人营业；(5) 通过破产财产的变价方案；(6) 通过破产财产的分配方案。

一、债权人委员会的设立和组成

《企业破产法》第 67 条规定：“债权人会议可以决定设立债权人委员会。债权人委员会由债权人会议选任的债权人代表和一名债务人的职工代表或者工会代表组成。债权人委员会成员不得超过九人。债权人委员会成员应当经人民法院书面决定认可。”

在破产程序中，因时间成本和费用负担的限制，债权人会议召开的次数有限。在债权人会议闭会期间，需要有一个代表债权人利益的常设机构对管理人和债务人进行日常监督，以维护债权人的合法利益。为了加强对债权人利益的保护，《企业破产法》第七章第二节专门规定了债权人委员会。

【经典导读】

债权人委员会设立的必要性①

中国《企业破产法》在第七章“债权人会议”中，特地设计了一个新制度即债权人委员会制度。由于一个破产案件中债权人往往人数众多，不可能常常开会，因而，债权人委员会就成为一个常设的能够影响债权人实体权利的机构。可以这样定义：债权人委员会是遵循债权人集体意志，负责对管理人活动以及破产程序的日常监督，处理债权人会议授权事项的常设机构。

为什么需要一个债权人委员会制度呢?

这是因为债权人会议是债权人团体的意思表示机关，对管理人享有监督权，但是债权人会议的监督存在先天的缺陷：第一，债权人会议作为一个会议体机构行使权利和履行职责具有时间性，在闭会的期间其无法行使权利和履行职责，所以债权人会议无法对破产程序进行日常监督。此外，债权人会议的召开耗时、费资，频繁地召开债权人会议既不经济，又不利于破产程序的迅速进行。第二，管理人在破产程序中超越各利害关系人，在一定的权限内进行债务人财产的处理、变价、分配等活动。但是因为管理人自身的利益或能力的原因，其行为有可能不当

① 参见李曙光：《李曙光谈破产法：债权人委员会》，载《法制日报》，2007-11-21。

或不法，可能会伤害其他利害关系人的利益，必须接受相应的监督。第三，人民法院对破产程序的各方面实施审判上的日常监督，但是破产程序中利益冲突众多、事务繁复，对破产案件的处理又要耗费较长的时间，而人民法院担负着繁重的审判任务，只能对重大的或有争议的破产程序事务作出决定，并主要以这种方式实施监督，所以仅靠人民法院对管理人的行为进行监督，难免会有所疏忽。第四，债权人会议主席虽然可以代表债权人的利益召开债权人会议，但是其职能主要限于主持和应申请召集债权人会议，也难以胜任代表债权人会议对破产程序、管理人的工作进行日常监督的工作。

各国破产立法中债权人委员会的设立模式大致有三种：第一种是法定设立，即法律明确规定破产程序中必须设立债权人委员会，如意大利破产法没有规定设立债权人会议，而是规定设立债权人委员会。第二种是意定设立，即是否设立债权人委员会由债权人会议决定，其代表如德国和日本。第三种是折中的方式，某些种类的债权人委员会必须设立，其他种类的债权人委员会则可自由设立，如美国破产法规定在重整程序中联邦托管人应及时设立无担保债权人委员会，同时还可以根据破产案件的实际需要设立其他种类的债权人委员会，比如债券持有人委员会等。各个破产案件的具体情况千差万别，有的破产案件涉及的债权人数量众多，案情比较复杂，有的破产案件则相反。此外，设立债权人委员会常常会增加破产费用，减少可供债权人分配的破产财产。因此，根据破产案件的具体情况设立债权人委员会的做法是一种合理的选择。我国《企业破产法》采用第二种立法模式，即是否设立债权人委员会由债权人会议自由决定。司法实践中出现的问题是，法院和管理人认为债权人委员会的设立会干扰自己的工作，故意将是否设立债权人委员会排除在债权人会议的议程中，造成债权人委员会缺失的事实。此种做法是错误的，除涉嫌违法之外，债权人委员会的空缺会导致法院和管理人与债权人的沟通不畅，反而常常给法院和管理人的工作造成障碍。

根据我国《企业破产法》的规定，债权人委员会由债权人会议选任的债权人代表和一名债务人的职工代表或者工会代表组成。债权人代表由债权人会议选举产生，但其后债权人会议可以通过决议进行更换。与我国《企业破产法》的规定不同，德国破产法规定，破产法院可以在第一次债权人会议之前设立一个债权人委员会，其后的债权人会议可以决议是否保留，还可以通过选举撤换破产法院任命的成员，并选举或增加选举其他人为债权人委员会成员。

债权人委员会中的债务人职工代表或者工会代表的人数只能是1名，不能并存，究竟是由职工代表还是工会代表出任，应由职工大会决定。债权人委员会的人数不得超过9人，通常应为单数，以利于作出多数决议。根据《企业破产法》的规定，债权人会议选择债权人委员会的成员的决议必须获得法院书面认定方为有效。这是法院对债权人会议决议的监督，以保证选任过程的合法与公正。但从其他国家的破产立法看，债权人会议选择债权人委员会成员的决议无须法院批准。

二、债权人委员会的职权

1. 债权人委员会的职权范围

《企业破产法》第68条第1款规定："债权人委员会行使下列职权：（一）监督债务人

财产的管理和处分；（二）监督破产财产分配；（三）提议召开债权人会议；（四）债权人会议委托的其他职权。”据此规定，债权人委员会有如下职权。

第一，监督对债务人财产的管理和处分。在破产程序中，由管理人或者债务人（仅限重整程序中债务人自行管理模式）负责对债务人财产的管理和处分。如果他们在管理和处分债务人财产时有违法行为，会导致债务人财产的减少或贬值，影响债权人的利益，所以需要债权人委员会进行监督。

第二，监督破产财产分配。破产财产分配方案由债权人会议表决通过后，由管理人实施。债权人委员会对管理人执行破产财产方案的活动进行监督，主要是监督管理人是否严格实施破产财产分配方案，其分配活动是否公平或合法。

第三，提议召开债权人会议。债权人委员会作为债权人会议的常设机构，在日常的监督活动中，发现有影响债权人利益的重大事项或者其他事项而需要债权人会议议决的，如认为管理人有违法行为或损害债权人利益的行为而需要更换等，可以提议召开债权人会议。

第四，债权人会议委托的其他职权。该项职权主要根据具体案件中债权人会议对债权人委员会的授权而定。

2. 债权人会议向债权人委员会的授权及范围

《企业破产法》第 68 条第 1 款第 4 项明确规定债权人会议可以将其债权委托给债权人委员会，但没有明确债权人会议可以将哪些职权委托给债权人委员会。就此问题主要存在两种观点。第一种观点认为，债权人会议是债权人意思自治组织，债权人会议的职权虽然是法定职权，但《企业破产法》第 68 条规定债权人会议可以委托债权人委员会行使这些职权且没有禁止性规定，因此债权人会议可以将其所有职权委托债权人委员会行使。第二种观点认为，并非债权人会议的所有职权均能委托债权人委员会行使，对于专属于债权人会议的职权不得委托债权人委员会行使。

债权人会议向债权人委员会进行委托授权时，必须明确其授权的范围和所委托的具体职权，不能作出概括性授权。《企业破产法司法解释三》采纳了第二种观点，其第 13 条规定：“债权人会议可以依照企业破产法第六十八条第一款第四项的规定，委托债权人委员会行使企业破产法第六十一条第一款第二、三、五项规定的债权人会议职权。债权人会议不得作出概括性授权，委托其行使债权人会议所有职权。”据此，债权人会议可以委托债权人委员会的事项为：第一，申请人民法院更换管理人，审查管理人的费用和报酬；第二，监督管理人；第三，决定继续或停止债务人的营业。对于其他事项的表决权不得被委托给债权人委员会。

【案例 6—10】采纳了第二种观点：为了保证新疆海龙破产清算程序的顺利进行，经管理人提议，债权人会议对债权人委员会的职权进行了明确授权。但是，根据《企业破产法司法解释三》第 13 条，该案中的债权人会议将核查债权、选任和更换债权人委员成员、通过破产财产的变价方案和分配方案等事项的表决权委托给债权人委员会是无效的。【案例 6—10】中出现上述违法行为的原因是该案例发生于 2014 年，当时只有《企业破产法》的原则规定，没有相关司法解释进行具体规范。

依据《企业破产法司法解释三》第 14 条，债权人委员会决定所议事项应获得全体成员过半数通过，并作成议事记录。债权人委员会成员对所议事项的决议有不同意见的，应当在记录中载明。另外，债权人委员会行使职权应当接受债权人会议的监督，以适当的方式向债权人会议及时汇报工作，并接受人民法院的指导。

3. 债权人委员会对管理人的监督

《企业破产法》第69条规定："管理人实施下列行为，应当及时报告债权人委员会：（一）涉及土地、房屋等不动产权益的转让；（二）探矿权、采矿权、知识产权等财产权的转让；（三）全部库存或者营业的转让；（四）借款；（五）设定财产担保；（六）债权和有价证券的转让；（七）履行债务人和对方当事人均未履行完毕的合同；（八）放弃权利；（九）担保物的取回；（十）对债权人利益有重大影响的其他财产处分行为。未设立债权人委员会的，管理人实施前款规定的行为应当及时报告人民法院。"据此，管理人实施如下行为，应当及时报告债权人委员会：

第一，转让土地、房屋等不动产权益。土地、房屋等不动产是债务人最为重要的财产，管理人对其的处分行为对债权人的利益影响巨大，故《企业破产法》规定管理人应当向债权人委员会进行报告。

第二，转让探矿权、采矿权、知识产权等财产权。探矿权和采矿权是重要的财产权。知识产权作为一种财产性权利，在推动人类社会进步的同时，也给权利人带来了丰厚的利润回报。鉴于探矿权、采矿权、知识产权的重要地位，《企业破产法》规定管理人应当就转让上述财产权的行为向债权人委员会报告。

第三，转让全部库存或者营业。库存是指仓库中实际储存的货物。营业是商法上的概念，有主观和客观两方面的含义。主观含义是指营业活动，即以营利为目的而进行的连续的、有计划的、同种类的活动（行为）。客观含义是指营业财产，即供营业活动之用的有组织的一切财产以及在营业活动中形成的各种有价值的事实关系的总体。营业财产在广义上的转让包括积极财产（资产）与消极财产（负债），如各种不动产、动产、无体财产、债权等，但在破产程序中不包括债务。事实关系包括专有技术（know-how）、信誉、顾客关系、销售渠道、地理位置、创业年代等。营业转让是指客观含义的营业的转让，而不包括营业活动。① 全部库存和营业的转让会导致破产财产的巨大变动，从而影响债权人的利益，所以管理人从事上述行为时要向债权人委员会报告。

第四，借款。借款需要支付利息和偿还本金，这会增加破产财产的负担，从而影响债权人将来的受偿。因此，管理人对外借款应当向债权人委员会报告。

第五，设定财产担保。这包括为自己的债务设定财产担保和为他人的债务设定财产担保。无论是为自己的还是为他人的债务设定财产担保，都会增加破产财产的负担，使担保债权人对设定担保的破产财产获得优先受偿的权利，从而影响普通债权人的受偿。因此，管理人进行该行为时，应当向债权人委员会报告。

第六，转让债权和有价证券。债权和有价证券的转让会导致破产财产的变动，特别是有价证券的转让，因其市场价格的波动较大，所以在不同时间转让有价证券获得的收益存在差异。因此，管理人转让有价证券应当向债权人委员会报告。

---

① 参见谢怀栻：《外国民商法精要》（增补版），257页，北京，法律出版社，2006。

第七，履行债务人和对方当事人均未履行完毕的合同。《企业破产法》第 42 条规定因管理人请求对方当事人履行双方均未履行完毕的合同所产生的债务属于共益债务，而共益债务具有优先性，以债务人财产随时清偿，从而影响债权人的利益。所以管理人履行债务人和对方当事人均未履行完毕的合同，应当向债权人委员会报告。

第八，放弃权利。这里所说的权利是指民事权利，既包括实体法上的权利，也包括程序法上的权利。权利不同于义务，可以行使，也可以放弃。但管理人放弃权利，会减少债权人可能获得的受偿利益，所以应当向债权人委员会报告。

第九，取回担保物。担保物上存在权利负担，取回担保物必然要清偿所担保的债务，这可能会使破产财产减少，从而影响债权人的利益。管理人应该以使破产财产价值最大化作为标准来决定是否取回担保物。为加强对管理人的监督，《企业破产法》规定管理人进行该行为时，应当向债权人委员会报告。

第十，对债权人利益有重大影响的其他财产处分行为。

《企业破产法》第 69 条只规定管理人实施对债权人利益有重大影响的财产处分行为应当及时报告债权人委员会，该监督机制对管理人的约束力太弱，也虚化了债权人委员会的功能。针对此问题，《企业破产法司法解释三》完善了该监督机制。其第 15 条第 1 款规定："管理人处分企业破产法第六十九条规定的债务人重大财产的，应当事先制作财产管理或者变价方案并提交债权人会议进行表决，债权人会议表决未通过的，管理人不得处分。"该条第 2 款规定："管理人实施处分前，应当根据企业破产法第六十九条的规定，提前十日书面报告债权人委员会或者人民法院。债权人委员会可以依照企业破产法第六十八条第二款的规定，要求管理人对处分行为作出相应说明或者提供有关文件依据。"该条第 3 款规定："债权人委员会认为管理人实施的处分行为不符合债权人会议通过的财产管理或变价方案的，有权要求管理人纠正。管理人拒绝纠正的，债权人委员会可以请求人民法院作出决定。"该条第 4 款规定："人民法院认为管理人实施的处分行为不符合债权人会议通过的财产管理或变价方案的，应当责令管理人停止处分行为。管理人应当予以纠正，或者提交债权人会议重新表决通过后实施。"上述条款细化了债权人委员会对管理人实施对债权人利益有重大影响的财产处分行为的监督机制。

4. 债权人委员会行使职权的保障机制

《企业破产法》第 68 条第 2、3 款规定："债权人委员会执行职务时，有权要求管理人、债务人的有关人员对其职权范围内的事务作出说明或者提供有关文件。管理人、债务人的有关人员违反本法规定拒绝接受监督的，债权人委员会有权就监督事项请求人民法院作出决定；人民法院应当在五日内作出决定。"据此，如果管理人、债务人的有关人员不作出说明或者不提供有关文件，债权人委员会可以向法院报告，请求法院决定强制其履行义务。

【问题与思考】

1. 谈谈债权人会议的立法模式和法律性质。

2. 分析债权人会议的成员范围。
3. 法人或非法人组织可以担任债权人会议主席吗？
4. 分析债权人会议主席的职责。
5. 简述债权人会议的职权。
6. 界定《企业破产法》规定的债权人会议和管理人的职权。
7. 简述债权人会议的召集程序。
8. 分析债权人会议表决通过决议的标准。
9. 谈谈债权人会议决议的效力及撤销。
10. 简述人民法院在债权人会议无法通过决议时的裁量权。
11. 为什么要设立债权人委员会？
12. 谈谈债权人委员会的组成和职权。
13. 债权人会议能将哪些职权委托给债权人委员会？
14. 债权人委员会的法律责任应当如何明确？
15. 债权人委员会的成员应当如何撤换？
16. 债权人委员会如何监督管理人？

【案例分析】

吴江龙绸纺织有限公司破产清算案①

吴江龙绸纺织有限公司（以下简称龙绸公司）成立于2003年1月，经营范围为针纺织品的加工和批发。龙绸公司在2005年购置了位于吴江区盛泽镇立新路68号的不动产，部分用于自身生产经营，部分出租给其他企业使用。2012年左右，龙绸公司出现经营危机，逐步停止生产。2019年6月5日，江苏省苏州市吴江区人民法院（以下简称吴江法院）受理债权人对龙绸公司的破产清算申请，指定江苏某律师事务所为管理人。

管理人在接管龙绸公司不动产时发现吴江区星飞纺织有限公司（以下简称星飞公司）已将厂区分租给多家企业。星飞公司主张其在法院查封前已与龙绸公司签订20年租期的租赁合同，并一次性支付了全部租金。次承租人在厂区内经营多年，已形成相对稳定的生产模式，搬迁成本巨大。因星飞公司实际控制厂区的配电设施，次承租人均较为忌惮星飞公司。为推进破产案件的高效审理，在吴江法院的指导下，一方面，管理人通过审查合同订立时间、租金约定、租金支付等情形，对星飞公司主张的租赁关系不予认可，告知其可以通过债权申报方式主张权利；另一方面，直接与次承租人进行沟通，告知其应配合管理人对龙绸公司不动产的管理和变价。

管理人通过谈妥大租户影响小租户的形式，先与占用面积大、有影响力的次承租人谈判，让先谈成的次承租人去说服其他次承租人，最终在第一次债权人会议召开前，与6家次承租人达成一致意见，即管理人允许次承租人在破产清算期间继续占有、使用龙绸公司厂区进行生产经营，次承租人向管理人出具承诺书，承诺在龙绸公司不动产拍卖成交后2个月内与新买受人重新签订租赁协议或搬走，并缴纳保证金，签订安全生产协议。2019年8月13日，龙绸公司第一次债权人会议全票通过债务人财产管理方案与破产财产变价方案。

2019年11月5日，管理人对龙绸公司上述不动产在“阿里拍卖”破产资产处置平台进行第一次

① 参见吴江法院2020年破产典型案例，https：//www. thepaper. cn/newsDetail _ forward _ 11670379。

公于拍卖，经过 67 次出价、61 次延时，最终以 4 300 余万元的价格成交。其后，次承租人与买受人重新签订租赁协议，实现租赁关系的平稳过渡。2020 年 2 月 17 日，管理人将制作的分配方案提交债权人会议表决，获全票通过，普通债权最终清偿率为 12.59%。2020 年 5 月 18 日，最后分配完结后，吴江法院裁定终结龙绸公司破产程序。其间，星飞公司向管理人申报共益债权，管理人未予确认，星飞公司提起诉讼。该案历经一审、二审，最终星飞公司的诉讼请求被判决驳回。

根据该案例思考以下问题：

(1) 第一次债权人会议应如何召集？

(2) 债权人会议的召开有次数限制吗？

(3) 债权人会议监督管理人的主要形式是哪些？

(4) 债权人会议对破产财产变价方案和分配方案的表决通过标准是什么？

(5) 债权人会议决议能否被撤销？

【裁判文书】

人民法院对经债权人会议表决通过的破产财产分配方案的裁定认可
上海市第三中级人民法院民事裁定书①

（2020）沪 003 破 223 号

申请人：上海××文化传播有限公司管理人。

2021 年 6 月 25 日上海××文化传播有限公司管理人向本院提出申请，称其制作的“上海××文化传播有限公司破产财产分配方案（第二次分配）”经债权人会议表决通过，请求本院裁定认可。

本院认为，管理人制作的“上海××文化传播有限公司破产财产分配方案（第二次分配）”，在支付破产费用、提取管理人报酬后，对普通债权按×%进行清偿，符合法律规定，应予认可。据此，依照《中华人民共和国企业破产法》第一百一十五条之规定，裁定如下：

对债权人会议通过的“上海××文化传播有限公司破产财产分配方案（第二次分配）”，本院予以认可。

本裁定自即日起生效。

审判长 ×××
审判员 ×××
审判员 ×××
二〇二一年八月十日
法官助理 ×××
书记员 ×××

---

① 文书来源：上海市第三中级人民法院（2020）沪 03 破 223 号民事裁定书，https://wenshu.court.gov.cn/website/wenshu/181107ANFZ0BXSK4/index.html?docId=734a2be2eb3449698e7eadd000bd13e9，最后访问时间：2021-10-15。

第七章

重整制度

本章概要

重整是指对可能或已经发生破产原因但又有挽救希望与价值的企业，通过对各方利害关系人的利益协调，强制进行营业重组与债务清理，以使企业避免破产、获得更生的法律制度。重整被各国公认为预防破产最为有力的制度。我国《企业破产法》创设了重整制度，体现了现代破产法的社会价值取向。

重整原因是发生破产原因或有发生破产原因之可能，实践中主要适用于大中型企业。重整期间为自人民法院裁定债务人重整之日起至重整程序终止。在重整期间，债务人的财产管理和营业事务执行可以由债务人负责，也可以由管理人负责。在重整期间，有法定情形出现的，法院应当依申请裁定终止重整程序，并宣告债务人破产。

当事人在其重整申请被人民法院受理之后，应当在法定期限内提交重整计划草案。重整计划草案由债权人会议分组表决，并须经法院批准。在部分组别未通过重整计划草案的情况下，如符合法律规定，法院可以裁定强制批准重整计划。经法院裁定批准的重整计划，对债务人和全体债权人均有约束力。债务人是重整计划的执行主体，管理人在重整计划规定的监督期内负责监督重整计划的执行。

参考文献

1. 王欣新．破产法．4版．北京：中国人民大学出版社，2019

2. 王欣新．破产王道：破产法司法文件解读．北京：法律出版社，2021

3. 徐阳光，王静．破产重整法律制度研究．北京：法律出版社，2021

4. 王欣新．企业重整中的商业银行债转股．中国人民大学学报，2017（2）

5. 韩长印．破产法视角下的商业银行债转股问题：兼与王欣新教授商榷．法学，2017（11）

6. 王欣新．再论破产重整程序中的债转股问题：兼对韩长印教授文章的回应．法学，2018（12）

7. 王欣新．重整制度理论与实务新论．法律适用，2012（11）

8. 韩长印．从分组到分段：重整程序中的小额债权清偿机制研究．法学，2019（12）

9. 王欣新．建立市场化法治化的中国预重整制度．政法论丛，2021（6）

10. 徐阳光．困境企业预重整的法律规制研究．法商研究，2021（3）

参考法规

1.《企业破产法》第2条、第7条、第134条

2. 最高人民法院《破产审判会议纪要》

3. 最高人民法院《民商审判会议纪要》

4. 最高人民法院《上市公司重整座谈会纪要》

引　例　桂林广维文华旅游文化产业有限公司破产重整案

一、基本案情

刘三姐是在珠江流域广为流传的民间传说人物，她勤劳勇敢、聪敏耿直，常常以歌达意传情，有着“歌仙”美誉。刘三姐的故事与歌谣，不仅深植于每位广西人的成长记忆中，更是广西、广东、云南乃至全国范围内共享共存、相传相承的民族集体文化。作为一种艺术形态和表达方式，刘三姐文化被各式体裁所阐释，《印象·刘三姐》是21世纪以来旅游实景演出行业在纯市场化的环境下所生存下来的硕果仅存的刘三姐经典项目，其所凝结的依托于桂林山水与刘三姐文化的艺术想象力、创造力，具有无可替代的典范价

值和意义。

《印象·刘三姐》剧目归属于桂林广维文华旅游文化产业有限公司（以下简称广维文华）。广维文华成立于2001年7月18日，是桂林的民营骨干企业，于2001年至2004年间分期建设了漓江刘三姐歌圩、山水剧场等文化项目，制作了全球第一部山水实景演出节目《印象·刘三姐》（是广维文华的核心品牌项目），该剧目开创山水实景演出的先河，是张艺谋“印象”系列节目的开山鼻祖。《印象·刘三姐》剧目从2004年正式公演以来，每年演出500多场，年接待国内外观众100多万人次，累计接待观众1 611万人次，即便在淡季也能保持每场上座人数超千人，仅在2017年，《印象·刘三姐》累计销售门票162万张，票房总收入2.1亿元，净利润近1亿元。作为广西旅游的一张名片，整个演出带动阳朔当地的GDP增长5%，每年纳税3 000多万元，税收贡献为6%，堪称中国“最赚钱”的演出项目。该剧目获得很多全国奖项，是广西旅游的活名片、阳朔旅游的晴雨表，极大地带动了阳朔县乃至桂林市的旅游、地产、宾馆住宿、餐饮、交通运输和艺术教育等相关产业的发展，社会效益巨大。

广维文华为股东及其关联控制人代偿或担保债务涉及总额超过15亿元，导致不能清偿到期债务且资不抵债，据此提出破产重整申请。2017年8月15日，广西壮族自治区高级人民法院（以下简称广西高院）裁定受理本案并指定管理人。管理人采取邀请招标方式并经公开开标，依交纳投标保证金、具体重整方案的细化可行性情况确定北京天创文投演艺有限公司（以下简称文投公司）以7.5亿元出资额成为重整投资方。2017年11月8日，第一次债权人会议召开，重整计划草案确定相关债权数额并将出资人权益调整为零，明确文投公司义务。享有担保权的债权组，代表债权金额275 892 800.36元，表决通过该草案；普通债权组过半数同意，代表债权金额761 128 974.33元，占该组债权总额的77.30%，超过三分之二以上；出资人组表决未通过该草案。2017年12月4日，广西高院裁定批准重整计划草案，终止重整程序。2018年1月份，文投公司出资资金到位；1月26日，广西高院裁定确认柳州银行股份有限公司等15位债权人的债权共计1 469 526 673.18元，其受偿金额分配共计589 207 646.36元；2月中旬，文投公司完成股权过户。

本案系全国首个直接由高级人民法院受理的破产重整案件。考虑到公司经营项目为国际知名大型实景剧目《印象·刘三姐》，对广西旅游业、地方经济影响较大，且公司所有资产被国内、自治区内数十家法院查封，涉及职工人数众多且成分复杂等情况，广西高院依据我国《企业破产法》第4条、《民事诉讼法》第38条第1款之规定，将本案作为全自治区重大有影响案件裁定立案受理。为确保

《印象·刘三姐》剧目演出不受破产重整影响，本案实行演出相关业务自行经营、管理人监督、法院总协调的模式，确保在重整期间公司正常经营，各项收入不减反增。历经3个月21天该案顺利终结并进入重整计划执行阶段，广维文化摆脱债务困境，重焕活力，确保800多名演职人员的就业机会，也解决关联公司548名职工的安置问题，相关产业通过《印象·刘三姐》剧目实现升级改造，推动了地方经济发展。

二、法律问题

本案涉及的法律问题有：重整制度的功能价值是什么？法院和管理人如何确定重整投资人？如何理解债务人自行管理财产和营业事务的制度设计？

第一节 重整制度的意义与特征

一、重整制度的意义

破产清算是解决彻底丧失清偿能力之债务人的债务清偿与市场退出问题的程序，但对虽已发生破产原因或有发生破产原因之虞，仍有挽救价值和再生希望的债务人，如果能够为其提供完善的法律制度加以挽救，避免破产，则对债权人、债务人、债务人的股东、职工，乃至关联企业、所在社区、整个社会都是具有积极意义的，产生多赢的结果。重整制度是挽救企业、预防破产最为有力的法律制度。

重整制度在各国法律中的称谓不同。在美国称为“重整”，在英国称为“管理程序”，在法国称为“司法重整”，在日本称为“更生”或“再生”。在世界范围内影响最大的典型重整制度立法是美国破产法，该法第十一章系统、全面地规定了重整制度，并为各国所仿效。第二次世界大战后，日本仿效美国破产法第11章的内容，制定《公司更生法》，建立了公司重整制度。2000年，日本又制定了《民事再生法》，废止了《和议法》。我国《企业破产法（试行）》中规定有整顿制度，但其本质是行政整顿，已不适应市场经济防范企业破产之需要，《企业破产法》则以各国公认的预防破产最为有力的重整制度取而代之。

重整具有债务清偿与企业重组结合、私权保护与社会利益协调的特性。随着社会的发展与进步，破产法的立法宗旨经历了从债权人本位到债权人与债务人的利益平衡本位，再到债权人、债务人与社会利益均衡本位的变化过程。现代破产法已不再是纯粹意义上的私法（民商法），同时也具有公、私法交融的经济法属性。重整制度的建立是破产法的社会价值取向发展中的一次突破，在现代立法由个体本位逐步向社会本位转变的过程中，重整制度体现国家公力透过司法程序对私人经济活动的主动介入，在维护当事人权益的同时，也强调保护社会的整体利益。综合利用各类法律规范协调解决破产所面临的社会问题，正是重整制度得以诞生并迅速发展为各国破产立法重要支柱的理念基础。

企业困境拯救型的重整制度不同于公平分配债务人的财产后使企业退出市场的破产清算程序，也不同于只调整债务关系，消极避免债务人破产的和解程序。重整制度将债务清偿与企业拯救目标紧密结合：一方面，通过对债务关系的调整，消除破产原因，避免企业破产；另一方面，将债权人权利的实现建立在债务人企业事业复兴的基础上，力图维持企业的营运价值，以继续经营所得、资产出售、新筹资金等偿还债务，并使债权人得到较破产清算情形下更多的清偿。重整程序不仅可以在更大程度上维护债权人、债务人、企业出资人的正当权益，还可以防止出现企业连锁破产、职工失业以及由此引发的社会不稳定等问题，对于我国市场经济健康发展与和谐社会建设都有重要的现实意义。

《破产审判会议纪要》指出：重整制度集中体现了破产法的拯救功能，代表了现代破产法的发展趋势，全国各级法院要高度重视重整工作，妥善审理企业重整案件，通过市场化、法治化途径挽救困境企业，不断完善社会主义市场主体救治机制。《民商审判会议纪要》指出：要继续加大对破产保护理念的宣传和落实，及时发挥破产重整制度的积极拯救功能，通过平衡债权人、债务人、出资人、员工等利害关系人的利益，实现社会整体价值最大化。最高人民法院《上市公司重整座谈会纪要》规定，审理上市公司破产重整案件应遵循依法公正审理原则、挽救危困企业原则、维护社会稳定原则。

二、重整制度的特征

根据我国《企业破产法》的规定，重整是指对可能或已经发生破产原因但又有挽救希望与价值的企业，通过对各方利害关系人的利益协调，强制性进行营业重组与债务清理，以使企业避免破产、获得更生的法律制度。由于重整程序具有特殊的社会调整作用，故往往在同时或先后存在破产清算、破产和解与破产重整申请或程序的情况下被优先考虑适用。

重整制度具有以下特点：

第一，重整的申请时间提前、启动主体多元化。提出破产清算与破产和解申请，以债务人已发生破产原因为前提，而重整申请还可以在债务人有发生破产原因的可能时就提出。不仅债务人、债权人可提出重整申请，债务人的股东也可在一定条件下提出申请。根据《企业破产法》第 134 条，国务院金融监督管理机构也可以向人民法院提出对金融机构进行重整的申请。少数国家的立法还规定，可由国家机构提出重整申请。如根据法国 1985 年第 85—98 号法律，法院可以依其职权，或在共和国检察官的请求下启动重整程序。[①]

第二，参与重整活动的主体多元化、重整措施多样化。债权人（包括其债权有担保的债权人）、债务人及债务人的股东、重整投资人等各方利害关系人均参与重整程序，可

---

① 参见李永军：《破产法律制度》，410 页，北京，中国法制出版社，2004。

运用多种措施重整企业：除延期或减免偿还债务外，还有向重组者无偿转让全部或部分股权，核减或增加注册资本，向特定对象定向发行新股或债券，将债权转为股权，进行业务与资产重组如营业或资产的转让、置换等方法。重整的目的在于维持债务人企业所承载之事业，而不限于企业本身，故必要时还可采取出售式重整或公司分立、合并等方法。

第三，担保物权的行使受限。在重整程序中，有担保债权的优先受偿权受到一定限制，这与破产法上的其他程序有所不同。限制担保物权的目的，是保证债务人不因重整所必需之担保财产被执行而影响企业挽救与重整程序进行。

第四，重整程序具有强制性效力。根据我国《企业破产法》的规定，只要债权人会议各表决组及出资人组以法定多数通过重整计划，经人民法院批准，该重整计划对所有当事人均具有法律效力。而且，在未获全部表决组通过的情况下（但至少需有一组利益受不利影响的权利人组别通过），如重整计划草案符合法定条件，债务人或者管理人可以申请人民法院予以强制批准。人民法院可在保证反对者的既得利益不受损害等法定条件下裁定批准重整计划，以避免因部分利害关系人的反对重整无法进行。

第五，债务人可负责制订、执行重整计划。除非债务人存在破产欺诈、无经营能力等情况，根据《企业破产法》的规定，在重整期间，经债务人申请、人民法院批准，债务人可以在管理人的监督下制订重整计划，在重整计划获批准后自行管理财产和营业事务。由此可以消除债务人对重整的抵制因素，保障其合理的既得利益，促使其在发生债务危机时尽早申请重整，以减少债权人的损失。而且，相对于由律师事务所、会计师事务所、破产清算事务所等中介机构出任的管理人，债务人的管理人员更为熟悉企业的经营与业务情况，由其负责重整计划的制订、执行，成功的可能性较大。

第二节 重整申请和重整期间

一、重整申请

（一）重整制度的适用范围

我国重整制度的适用范围为具备法定重整原因的企业法人，由于其程序复杂、费用高昂、耗时较长，故实践中主要适用于大中型企业。对小型企业虽也可适用重整程序，但往往更多采用较为简化的和解程序。

启动重整程序应当具备法律规定的重整原因。《企业破产法》第 2 条规定：“企业法人不能清偿到期债务，并且资产不足以清偿全部债务或者明显缺乏清偿能力的，依照本法规定清理债务。”“企业法人有前款规定情形，或者有明显丧失清偿能力可能的，可以依照本法规定进行重整。”据此，重整原因包括两种情况：一是债务人发生了破产原因；二是债务人有明显丧失清偿能力之可能，即有发生破产原因的可能。允许申请权人在企业有发生破产原因的可能时就提出重整申请，有助于尽早启动对企业的挽救程序，使重整更易成功。将重整原因规定为已经或可能发生破产原因，是多数国家立法之惯例。如日本《公司更生法》第 30 条规定，公司发生破产原因，或“事业继续发生显著障碍，而不能偿还到期债务时，公司得向法院提出公司更生程序开始的申请”。英国破产法第 8 条规定，“公司不能或者有可能不能偿还其债务”为重整原因。

重整制度追求尽早对困境企业进行拯救，但也有司法成本过高、程序周期冗长的问题，而且存在一旦重整失败就转入破产清算的风险。因此，在国内外的司法实践中还创新出预重整制度，作为重整制度的重要补充。预重整是在破产拯救文化的背景下，基于市场主体意思自治但又导向庭内正式重整程序的庭外重组谈判程序。① 在我国预重整是在原有的庭外重组和破产重整两种企业挽救制度的法理基础上，通过优势结合和制度创新而产生的企业挽救法律程序。预重整分为庭外重组和破产重整两个关联阶段，以庭外重组为主导和实质性活动阶段。预重整的本质是当事人的庭外自行协商重组，法院无权对当事人在法庭外的重组活动行使法庭内的司法权力进行干预。预重整的启动与进行不需要法院的受理和批准，不需法院指定临时管理人，但可由当事人自行聘请辅导机构，不能具有中止执行、解除保全、停止计息等重整程序启动后才可以具有的司法效力。法院在预重整中的工作是制定规则指引预重整、在审查批准预重整活动及当事人达成的重整计划草案，进而使预重整中债权人对重整计划的同意表决效力可以延伸至重整程序中，简化重整程序，挽救困境企业。② 我国现行立法尚未确立预重整规则，但在《企业破产法》实施过程中，出现了不少预重整的司法案例，不少法院还制定了关于预重整的规范性文件。目前主要的预重整实践依据是司法政策文件。《破产审判会议纪要》第 22 条规定：探索推行庭外重组与庭内重整制度的衔接。在企业进入重整程序之前，可以先由债权人与债务人、出资人等利害关系人通过庭外商业谈判，拟定重组方案。重整程序启动后，可以重组方案为依据拟定重整计划草案提交人民法院依法审查批准。《民商审判会议纪要》第 115 条规定：继续完善庭外重组与庭内重整的衔接机制，降低制度性成本，提高破产制度效率。人民法院受理重整申请前，债务人和部分债权人已经达成的有关协议与重整程序中制作的重整计划草案内容一致的，有关债权人对该协议的同意视为对该重整计划草案表决的同意。但重整计划草案对协议内容进行了修改并对有关债权人有不利影响，或者与有关债权人的重大利益相关的，受到影响的债权人有权按照《企业破产法》的规定对重整计划草案重新进行表决。这两个会议纪要的规定，既提出了探索预重整的司法方向，也对预重整的基本性质和主要模式作了原则性的规定。但从长远来看，建立市场化、法治化的预重整制度，是在未来《企业破产法》修订时有待实现的重要目标之一。

（二）重整申请的提出

《企业破产法》第 70 条规定，债务人或者债权人可以依法直接向人民法院申请对债务人进行重整。债权人申请对债务人进行破产清算的，在人民法院受理破产申请后、宣告债

---

① 参见徐阳光：《困境企业预重整的法律规制研究》，载《法商研究》，2021（3）。

② 参见王欣新：《建立市场化法治化的预重整制度》，载《政法论丛》，2021（6）。

务人破产前，债务人、债权人或者出资额占债务人注册资本 1/10 以上的出资人，可以向人民法院申请重整。第 134 条规定，国务院金融监督管理机构可以向人民法院提出对金融机构进行重整的申请。在无申请权人提出重整申请的情况下，人民法院不得依职权裁定债务人重整。有些国家或地区的立法还规定，债权人提出重整申请，其持有的债权额应达到债务人股本的一定比例，以避免小额债权人轻率地提出申请造成司法资源的浪费。我国现行《企业破产法》并未对提出重整申请的债权人规定债权金额的最低限额。

我国现行法律关于相关主体的重整申请权的规定较为明确，但实践中存在一些理解的分歧。为此，下文对债务人、债权人、债务人出资人的重整申请权分析如下。

1. 债务人的重整申请权

依据《企业破产法》的规定，债务人可以自行提出重整申请，也可以在债权人申请对其进行破产清算的前提下提出重整申请，但需要在“法院受理破产申请后、宣告债务人破产前”提出。概言之，债务人既享有初始申请权，又享有后续申请权。对此，实践中较少有争议，但需要关注债务人如何提出重整申请的问题。

首先，原则上，应由企业权力机关作出决定之后方可申请重整。对公司型企业来说，申请重整应经过股东（大）会决议。但是，一律要求由股东（大）会作出决议之后再提出重整申请，可能存在程序复杂、时间较长等问题，也可能延误重整时机，所以，本书建议在原则上要求股东（大）会决定的基础上，采取一些灵活的措施处理一些特殊情形。比如，股东可以根据需要在公司章程中规定，当企业发生债务与经营危机等特定情况时，授权由董事会负责申请重整；在章程没有相应规定的情况下，也可以由股东（大）会在企业发生债务危机与经营危机时事先作出决议，将一定条件下申请重整的权利授予董事会酌情行使，以解实务之需。

其次，如果将申请重整的权利绝对交由股东（大）会等权力机关决定，有时也会出现运作上的问题。由于股东（大）会是以表决的方式决定是否申请重整，而申请重整事项从其重要性角度考察应当属于特殊表决事项，即应由股东（大）会以出席会议的股东所持表决权的三分之二以上通过。这就可能导致在是否申请重整问题上，出现少数股股东对多数股股东的“钳制”现象，即只要占出席会议的股东所持表决权的三分之一以上股东不同意，即使其他大多数股东同意，也无法对公司提出申请重整。为解决这一问题，《企业破产法》专门规定了出资人的重整申请权，其第 70 条规定，在人民法院受理破产申请后、宣告债务人破产前，出资额占债务人注册资本 1/10 以上的出资人，可以向人民法院申请重整。

最后，监事会或监事不应享有申请重整或破产的权利。重整属于公司的经营管理事项，专司监督职能的监事会或监事不宜介入。如果赋予监事会或监事以重整申请权，将导致公司经营管理权能混乱，对公司治理结构与正常经营秩序造成冲击。[①]

2. 债权人的重整申请权

依据《企业破产法》的规定，债权人的重整申请权是法定的权利，债权人可直接申请

---

① 参见王欣新：《论中国大陆重整程序的申请与受理》，载《月旦财经法杂志》，2011（3）。

对债务人进行破产重整。此即初始重整申请权。然而，我国企业破产法对债权人的后续重整申请权表述不甚明确，导致实践中出现了不同的观点。

债权人的后续重整申请权问题，主要表现为两种情形：一是债务人提出破产清算申请并已被法院裁定受理之后，债权人能否在宣告破产之前提出重整申请。二是已有债权人提出破产清算申请并已被法院裁定受理，其他债权人能否在宣告破产之前提出重整申请。

对此，有学者认为，根据《企业破产法》第 70 条的规定，在人民法院受理破产申请后、宣告债务人破产前，只有债务人或者出资人具有申请重整的主体资格。换言之，初始重整申请的申请权人仅为债权人和债务人，后续重整申请的申请权人为债务人或者出资额占债务人注册资本十分之一以上的出资人。[①] 另有学者认为，在债权人提出破产清算申请时，基于其与债务人可直接选择破产重整程序的相同原因，法律也不允许在其提出破产清算申请后又提出破产重整申请。[②]

欲正确理解债权人的后续重整申请权，需要结合《企业破产法》的立法本意进行分析。加强重整立法，挽救困境企业，是各国破产法发展的趋势，在我国也不例外。《企业破产法》之所以将重整程序与破产清算、破产和解程序并列，其本意之一就是让破产程序的“三驾马车”并行，实现破产法挽救困境企业和公平清偿债务的双重功能，并且通过若干转换通道建立这三种程序之间的衔接机制来保障其多重功能的有效发挥。最高人民法院《正确审理企业破产案件意见》亦明确指出：破产重整和和解制度，为尚有挽救希望的危困企业提供了避免破产清算死亡、获得再生的机会，有利于债务人及其债权人、出资人、职工、关联企业等各方主体实现共赢，有利于社会资源的充分利用。努力推动企业重整和和解成功，促进就业、优化资源配置、减少企业破产给社会带来的不利影响，是人民法院审理企业破产案件的重要目标之一，也是人民法院商事审判工作服务于保增长、保民生、保稳定大局的必然要求……人民法院要充分发挥司法能动作用，注重做好当事人的释明和协调工作，合理适用破产重整和和解程序。对于当事人同时申请债务人清算、重整、和解的，人民法院要根据债务人的实际情况和各方当事人的意愿，在组织各方当事人充分论证的基础上，对于有重整或者和解可能的，应当依法受理重整或者和解申请。笔者认为，这种司法政策符合我国企业破产法的立法精神，承认债权人的后续重整申请权具有积极的意义，有助于破产重整制度的充分有效实施。

基于上述对立法目的和司法政策的分析，笔者认为：

第一，从破产重整制度的立法目的来看，应当承认债权人的后续重整申请权。《企业破产法》第 70 条的主要目的，是明确在人民法院受理债权人的破产清算申请，管理人已经接管债务人企业，债务人及其股东对企业财产的管理与处置等权利已受到实质性限制乃至禁止的情形下，为了倡导重整制度的适用而规定债务人及其出资人有权申请债务人重整。该条款的立法目的并不涉及债权人在此种情形下有无重整申请权问题，更不是要限制或者

---

① 参见王卫国：《破产法精义》，201～205 页，北京，法律出版社，2007。

② 参见范健、王建文：《破产法》，209 页，北京，法律出版社，2009。

剥夺在此种情形下债权人申请重整的权利。但是这一条款也确实存在文意表达不够清楚、易生误解的问题，有必要通过司法解释予以明确。[①]

第二，我国《企业破产法》虽未明确债权人是否享有后续重整申请权，但也从未明确禁止债权人的后续重整申请权，根据“法不禁止即可为”之法理，我们也应当确认债权人的后续重整申请权。

第三，即便已有债权人申请对债务人进行破产清算并为法院所受理，其他债权人仍享有重整申请权。破产案件中的债权人是集体概念，包括若干种类和若干数量的债权人，而且每一债权人都是独立的主体，其享有的各项破产申请权都是独立的，各个债权人之间存在意见分歧的现象是普遍存在的，每个债权人都有表达自己意志的权利，都有选择破产程序的权利，一个债权人不应因其他债权人行使了破产清算申请权就丧失了自己的重整申请权。

第四，从实践来看，也应当允许债权人享有后续重整申请权。由于债权人难以全面把握债务人的财产与债务情况、是否具有挽救价值与希望等具体经济状况，直接提出对债务人的重整申请往往比较困难，所以，司法实践中的大多数重整申请都是由债务人直接提出的。世界各国无不如此。债权人真正较深入地了解债务人的具体情况，通常都是在破产清算申请受理以后。也只有在此时，债权人才可判断何种程序（重整、和解或清算）对自己更为有利，才能认真考虑是否提出对债务人的重整申请。所以，如果剥夺了债权人在破产清算申请受理以后提出重整申请的权利，将可能使债权人在大多数情况下实质上丧失重整申请权，使重整程序的启动失去一个有力的促进因素。

3. 债务人出资人的重整申请权

《企业破产法》第 70 条第 2 款赋予了债务人出资人后续重整申请权。但是根据目前立法规定，债务人出资人的重整申请权受到一些限制，如只能在债权人提出破产清算申请并为法院受理后才能提出重整申请，仍存在有不足之处。法院受理破产清算申请，要以企业已发生破产原因为前提，但这时才允许出资人申请重整，往往因为时已晚而使企业丧失重整的最佳时机，甚至可能使这一规定本身在大多数情况下失去实际意义。

笔者认为，立法应当适当放宽对债务人的出资人行使重整申请权的时间限制，允许其在债务人和债权人都未申请重整的情况下提出重整申请。但考虑到出资人与债务人权力机构在重整申请权方面的关系，此时债务人的出资人行使申请权应受到一定的限制，如应履行一定的前置救济程序，证明其已要求债务人权力机构提出重整申请，但遭到不合理拒绝或者超过合理期限未获答复等。考虑到对此事项股东（大）会的特殊决议原则（三分之二以上通过），这不仅是在保护小股东的利益，在一些情况下也是对大股东正当权益的保护，而且这也是为了与《公司法》的规定相互协调。此外，这里的“出资额”应当是指出资人认缴的出资额，而不是已经实际缴纳的出资额，因为《企业破产法》第 35 条规定：“人民法院受理破产申请后，债务人的出资人尚未完全履行出资义务的，管理人应当要求该出资人缴纳所认缴的出资，而不受出资期限的限制”。既然在破产程序中，出资人的责任承担

① 参见王欣新：《论中国大陆重整程序的申请与受理》，载《月旦财经法杂志》2011（3）。

是以认缴出资额为标准，那么在确认出资人在破产程序中的重整申请权时就应采取同样原则。《企业破产法》对于出资人作为申请人的出资比例设定了条件，要求占债务人注册资本十分之一以上。该比例要求，并非指单个出资人出资应达到该比例，在数个出资人共同提出申请的情况下，可以合并计算。

根据《企业破产法》的规定，无论是债务人、债权人还是债务的出资人，行使后续重整申请权的时间被限定在宣告债务人破产之前。这与重整程序之设置是为避免债务人破产的立法目的是相一致的，也是绝大多数国家之立法模式（但日本的《公司更生法》允许当事人在破产财产分配完毕之前的任何时候提出重整申请）。实践中出现过债务人企业被宣告破产之后又转入重整程序的个案，为了纠正这一不符合破产法立法精神的做法，《破产审判会议纪要》第 24 条明确规定：债务人被宣告破产后，不得再转入重整程序或和解程序。

申请人提出重整申请除应提交《企业破产法》第 8 条规定的材料外，还应当提交重整的可行性报告。提出重整申请的申请人不同，提交重整可行性材料的能力不同，对其提交的重整可行性报告的要求也应有所不同。从对重整可行性报告要求的详略程度、可行性分析等方面看，对债务人的要求为最严，其次是出资人，最为宽松的应是债权人。

根据《上市公司重整座谈会纪要》的规定，申请人申请上市公司破产重整的，除提交《企业破产法》第 8 条规定的材料外，还应当提交关于上市公司具有重整可行性的报告、上市公司住所地省级人民政府向证券监督管理部门的通报情况材料，以及证券监督管理部门的意见、上市公司住所地人民政府出具的维稳预案等。上市公司自行申请破产重整的，还应当提交切实可行的职工安置方案。

（三）重整申请的受理

人民法院在接到重整申请之后应依法进行审查，如确定法院有无管辖权，申请主体是否适格，债务人是否属于《企业破产法》的适用对象，申请书是否符合法律要求，企业是否存在重整原因，有无重建希望等。必要时，法院可依职权对债务人的情况进行调查，包括向政府有关部门、其他有关机关和有关人员（如工会代表、职工代表等）调查情况、征询意见、召开论证会等。

重整程序仅适用于具有重整价值和挽救希望的企业，若不加区别地适用，将导致重整程序空转，严重影响本该淘汰企业的市场出清效果，损害各方主体权益。因此，人民法院应当注重对重整企业的识别审查。《破产审判会议纪要》第 14 条规定："破产重整的对象应当是具有挽救价值和可能的困境企业；对于僵尸企业，应通过破产清算，果断实现市场出清。人民法院在审查重整申请时，根据债务人的资产状况、技术工艺、生产销售、行业前景等因素，能够认定债务人明显不具备重整价值以及拯救可能性的，应裁定不予受理。"因此，重整程序的适用应当积极稳妥，既要鼓励和保障权利人提出重整申请，畅通程序通道，有效发挥重整效能，也要加强对重整对象的识别审查，防止重整程序滥用。考虑到重整的条件、成本和影响，对于申请重整的案件，无论是谁提出申请，无论有无异议，法院均应进行一定的实质审查。

为适应实质审查的要求，《破产审判会议纪要》第 15 条规定了对重整案件的听证程序：

对于债权债务关系复杂、债务规模较大，或者涉及上市公司重整的案件，法院可以组织申请人、被申请人听证，债权人、出资人、重整投资人等利害关系人经法院准许，可以参加听证。重整程序启动对各方利害主体的权益影响重大，赋予利害关系人参与权和异议权实有必要，也有助于法院审查纠错；不仅于重大复杂重整案件有必要，于一般的重整案件也有必要。甚至有人认为，只要债务人自愿申请破产（包括破产清算和重整、和解），在破产申请审查阶段均应赋予债权人参与权和异议权。[①] 因重整价值和挽救希望的判断可能涉及商业判断，因此还可以采取征询政府、企业主管部门意见，听取行业专家意见等方式进行综合判断衡量。[②]

根据《上市公司重整座谈会纪要》的规定，债权人对上市公司提出重整申请，上市公司在法律规定的时间内提出异议，或者债权人、上市公司、出资人分别向人民法院提出破产清算申请和重整申请的，人民法院应当组织召开听证会。人民法院应当于听证会召开前通知申请人、被申请人，并送达相关申请材料。公司债权人、出资人、实际控制人等利害关系人申请参加听证的，人民法院应当予以准许。人民法院应当就申请人是否具备申请资格、上市公司是否已经发生重整事由、上市公司是否具有重整可行性等内容进行听证。针对破产重整上市公司的信息保密和披露问题，《上市公司重整座谈会纪要》规定：对于股票仍在正常交易的上市公司，在上市公司破产重整申请相关信息披露前，上市公司及其债权人、出资人等利害关系人应当按照法律、行政法规、证券监管机构的部门规章及证券交易所上市规则做好信息保密工作。上市公司的债权人提出破产重整申请的，人民法院应当要求债权人提供其已就此告知上市公司的有关证据。上市公司应当按照相关规则及时履行信息披露义务。鉴于上市公司破产重整案件较为敏感，不仅涉及企业职工和二级市场众多投资者的利益安排，还涉及与地方政府和证券监管机构的沟通协调，目前人民法院在裁定受理上市公司破产重整申请前，应当将相关材料逐级报送最高人民法院审查。

人民法院经审查认为重整申请符合法律规定的，应当裁定债务人重整，并予以公告。人民法院经审查认为重整申请不符合法律规定的，应当裁定驳回对债务人的重整申请。

人民法院裁定债务人重整后，即发生《企业破产法》第二章“申请与受理”第二节“受理”中相应的法律效力：不仅中止所有的债务个别清偿，而且对债务人的特定财产享有的担保权也暂停行使。但仅如此规定仍是不够的，为保障重整程序能够顺利进行，有必要考虑修改立法，规定：人民法院在审查重整申请期间，可以裁定暂时中止对所有债务的个别清偿。其他国家的立法中也有关于重整申请的提出具有自动中止对所有债务的个别清偿等效力的规定，可资为鉴。

二、重整期间

自人民法院裁定债务人重整之日起至重整程序终止，为重整期间。重整期间仅指重

---

① 参见王富博：《破产立案制度的反思与重构》，载《人民司法》，2017（19）。

② 参见贺小荣、王富博、杜军：《破产管理人与重整制度的探索与完善》，载《人民司法》2018（13）。

整申请被受理至重整计划草案得到债权人会议分组表决通过并经人民法院审查批准，或重整计划草案未能得到债权人会议分组表决通过或人民法院不予批准、宣告债务人破产的期间；不包括重整计划得到批准后的执行期间。各国立法对此规定并不一致，有的国家与我国规定相同，也有的国家规定，重整期间是指重整申请受理至重整计划执行完毕的期间。

在重整期间，债务人的财产管理和营业事务执行有两种方式。第一种方式是由管理人负责。管理人可以聘任债务人的经营管理人员负责营业事务。管理人聘任这些经营管理人员的费用属于破产费用，从破产财产中随时清偿。第二种方式是由债务人负责。《企业破产法》规定，经债务人申请，人民法院批准，债务人可以在管理人的监督下自行管理财产和营业事务。这时，管理人应当向债务人移交财产和营业事务，管理人的职权由债务人行使，管理人起监督之作用。这是对美国破产法第 11 章所规定的"占有中的债务人"制度的借鉴引入。"占有中的债务人"这一概念，从文义来看，是指在重整程序中继续占有、管理财产并且实际主持重整工作的债务人。在重整程序中，"占有财产的债务人与债务人形式上为一人，但其身份发生了实质性的变化。例如，法律赋予其对以前诈欺行为及优惠行为的撤销权，实际上是对自己以前行为的撤销，故其身份已发生了变化，它实际就是法院任命的受托人"①。

我国《企业破产法》中的"占有中的债务人"制度与美国的有所不同。首先，债务人只有主动申请，才可以自行管理财产和营业事务，而不是自动取得"占有中的债务人"的地位。其次，须经法院批准，即法院认为债务人不存在违法、欺诈、严重经营不善等行为，才可以批准债务人自行管理财产和营业事务。最后，债务人自行管理财产和营业事务，须在管理人的监督下进行。为了更好地适用债务人自行管理规则，《民商审判会议纪要》第 113 条明确了债务人自行管理的条件。重整期间，债务人同时符合下列条件的，经申请，人民法院可以批准债务人在管理人的监督下自行管理财产和营业事务：(1) 债务人的内部治理机制仍正常运转；(2) 债务人自行管理有利于债务人继续经营；(3) 债务人不存在隐匿、转移财产的行为；(4) 债务人不存在其他严重损害债权人利益的行为。债务人提出重整申请时可以一并提出自行管理的申请。经人民法院批准由债务人自行管理财产和营业事务的，《企业破产法》规定的管理人职权中有关财产管理和营业经营的职权应当由债务人行使。管理人应当对债务人的自行管理行为进行监督。管理人发现债务人存在严重损害债权人利益的行为或者有其他不适宜自行管理情形的，可以申请人民法院作出终止债务人自行管理的决定。人民法院决定终止的，应当通知管理人接管债务人财产和营业事务。债务人有上述行为而管理人未申请人民法院作出终止决定的，债权人等利害关系人可以向人民法院提出申请。【案例 7—1】深圳中华自行车（集团）股份有限公司破产重整案中，债务人企业向法院申请自行管理财产和营业事务，法院依据《企业破产法》第 73 条第 1 款之规定，批准债务人企业在管理人的监督下自行管理财产和营业事务。这是国内较早探索债务人自行管理财产和营业事务的成功案例之一。

---

① 李永军：《破产重整制度研究》，144 页，北京，中国人民公安大学出版社，1996。

【案例 7—1】深圳中华自行车（集团）股份有限公司破产重整案

深圳中华自行车（集团）股份有限公司（以下简称深中华）系上市的中外合资股份有限公司，成立于 1984 年 8 月 24 日，注册资本及实收资本均为人民币 5.5 亿余元。深中华生产的自行车曾远销欧美，市场占有度和知名度较高，但市场环境发生变化后，企业深陷亏损境地：曾经亚洲最先进的全自动化自行车生产线被迫下马停产，企业靠代工生产业务和物业出租养活 187 名员工。深中华原有的厂区经过多轮查封、冻结，无法变现和更改用途，且被出租给各个小企业用于生产，厂区存在严重的环保、安全、交通和监管隐患。因长期亏损，深中华连续多年被深圳证券交易所退市风险警示，如其不能在 2013 年会计年度内通过重整计划，其股票将被终止上市。2012 年 10 月 12 日，广东省深圳市中级人民法院（以下简称深圳中院）根据债权人申请，裁定受理深中华破产重整案。

2012 年 10 月 29 日，深中华向深圳中院申请自行管理财产和营业事务，深圳中院经审查后于 2012 年 10 月 31 日依据《企业破产法》第 73 条第 1 款的规定，批准深中华在管理人的监督下自行管理财产和营业事务。

2013 年 8 月 22 日，债权人会议表决重整计划，普通债权组未能表决通过，税款组、出资人组均表决通过。深圳中院在综合考察深中华的现状后，指导管理人积极作为，针对仍存疑虑的债权人进行沟通和释法，充分阐释通过重整企业原本无法变现资产的清偿率可以获得大幅提升，通过获取股权可以分享重组收益等有利因素，取得了债权人的支持。在同年 10 月 15 日的第二次表决中，高比例通过重整计划。同日，深圳中院裁定批准重整计划。同年 12 月 27 日，执行重整计划完毕。

本案是人民法院充分尊重当事人意思自治，确保市场主体充分进行博弈后，帮助企业恢复生机的典型案例。强制批准重整计划草案，主要适用于需要打破利益壁垒、平衡保护当事人利益的情形，应当慎重适用。深中华的重整计划草案经历了两次表决，法院在面临可能需要强制批准的情况下，没有简单化处理问题，而是指导管理人积极作为，以利益导向、发展导向促成债权人的态度转化，避免了司法权对市场的干预。通过重整，实现在职职工安置 187 人，解决积欠社保问题 400 余人，债权人获得了 70%的清偿，盘活了企业存量资产，为深圳的城市发展释放土地资源 12.73 万平方米。深中华通过重整解决了历史包袱，实现了产业转型，保留了上市公司地位；通过重整迎来了新的产业注入，保留了股权价值。

为保障重整目的的顺利实现，在重整期间，对债务人重整所必需的担保财产，债权人享有的担保权暂停行使。但是，对企业重整进行没有必要的担保财产，经债务人或管理人同意，债权人可以继续行使担保权。此外，在担保物有损坏或者价值明显减少的可能，足以危害债权人的担保权时，债权人可以向人民法院请求恢复行使担保权。为了纠正实践中存在的担保权一律暂停行使的“一刀切”的不当做法，《民商审判会议纪要》第112条中指出：重整程序中，要依法平衡保护担保物权人的合法权益和企业重整价值。重整申请受理后，管理人或者自行管理的债务人应当及时确定设定有担保物权的债务人财产是否为重整所必需。如果认为担保物不是重整所必需，管理人或者自行管理的债务人应当及时对担保物进行拍卖或者变卖，拍卖或者变卖担保物所得价款在支付拍卖、变卖费用后优先清偿担保物权人的债权。在担保物权暂停行使期间，担保物权人根据《企业破产法》第75条的规定向人民法院请求恢复行使担保物权的，人民法院应当自收到恢复行使担保物权申请之日起30日内作出裁定。经审查，担保物权人的申请不符合第75条的规定，或者虽然符合该条规定但管理人或者自行管理的债务人有证据证明担保物是重整所必需，并且提供与减少价值相应担保或者补偿的，人民法院应当裁定不予批准恢复行使担保物权。担保物权人不服该裁定的，可以自收到裁定书之日起10日内，向作出裁定的人民法院申请复议。人民法院裁定批准行使担保物权的，管理人或者自行管理的债务人应当自收到裁定书之日起15日内启动对担保物的拍卖或者变卖，拍卖或者变卖担保物所得价款在支付拍卖、变卖费用后优先清偿担保物权人的债权。

在重整期间，债务人或者管理人为继续营业而借款的，可以为该借款设定担保。债务人在重整期间为重整进行而发生的费用，性质上属于破产费用或共益债务。为了促进重整期间的融资借款以更好地挽救困境企业，《企业破产法司法解释三》第2条规定：破产申请受理后，经债权人会议决议通过，或者第一次债权人会议召开前经人民法院许可，管理人或者自行管理的债务人可以为债务人继续营业而借款。提供借款的债权人主张参照《企业破产法》第42条第4项的规定优先于普通破产债权清偿的，人民法院应予支持，但其主张优先于此前已就债务人特定财产享有担保的债权清偿的，人民法院不予支持。管理人或者自行管理的债务人可以为前述借款设定抵押担保，抵押物在破产申请受理前已为其他债权人设定抵押的，债权人主张按照《民法典》第414条规定的顺序清偿，人民法院应予支持。根据该条规定，重整期间为继续营业发生的借款，可以被认定为共益债务，同时，可以设定抵押担保，但该抵押担保权不得优先于在破产申请受理前已为其他债权人设定抵押形成的担保权。

在破产清算程序中，未到期的权利被视为到期，其财产被债务人合法占有的权利人在破产清算程序启动后就可以要求取回财产。但在重整程序中，重整申请的受理不具有加速取回权权利到期的效力。所以法律规定，债务人合法占有的他人财产，该财产的权利人在重整期间要求取回的，应当符合事先约定的条件，如取回时间等条件。《企业破产法司法解释二》第40条进一步规定，债务人重整期间，权利人要求取回债务人合法占有的权利人的财产，不符合双方事先约定条件的，人民法院不予支持。但是，因管理人或者自行管理的债务人违反约定，可能导致取回物被转让、毁损、灭失或者价值明显减少的除外。

《企业破产法》第77条规定：“在重整期间，债务人的出资人不得请求投资收益分配。在重整期间，债务人的董事、监事、高级管理人员不得向第三人转让其持有的债务人的股权。但是，经人民法院同意的除外”。根据这一规定的文义，债务人的董事、监事、高级管理人员在彼此之间转让所持有的债务人的股权，是否属于向第三人转让？法律未作出明确规定。为避免股权转让使重整程序受到不利影响，上述转让也应经人民法院同意。

在重整期间，有下列情形之一的，经管理人或者利害关系人请求，人民法院应当裁定终止重整程序，并宣告债务人破产：

（1）债务人的经营状况和财产状况继续恶化，缺乏挽救的可能性。这表明债务人客观上已经不可能实现重整目标，自应终止重整程序。

（2）债务人有欺诈、恶意减少债务人财产或者其他显著不利于债权人的行为。此种状况表明债务人主观上不仅没有与债权人和解的愿望，反而恶意地进行损害债权人利益的行为。这是与重整目标背道而驰的，故应及时终止重整程序，以免债权人的利益受到更大损失。如果这时采用的是债务人自行管理模式，在债务人仍具有挽救价值与挽救希望的情况下，可以将债务人自行管理转为由管理人管理。现行法律规定由法院裁定终止重整程序并宣告债务人破产，与重整制度积极拯救企业、避免破产的目标也不协调。这时利害关系人应有权申请法院指定托管人，继续进行重整程序。

（3）债务人的行为致使管理人无法执行职务。此项规定包括两种情况：其一是在由管理人负责管理财产和营业事务，并负责制订重整计划草案的情况下，债务人不履行法定配合义务或阻碍管理人行使法定职权的行为，致使管理人无法执行职务。其二是在债务人自行管理财产和营业事务，并负责制作重整计划草案的情况下，债务人拒绝管理人依法履行监督职责，导致其无法执行职务。

在发生上述情况时，有权请求人民法院裁定终止重整程序并宣告债务人破产的，是管理人或者利害关系人。所谓利害关系人包括债权人、债务人的出资人；在债务人为金融机构时，国务院金融监督管理机构（尤其是当重整申请由其提出时）也享有向人民法院提出终止重整程序的申请。此外，当债务人进行破产欺诈、恶意减少债务人财产等显著不利于债权人的行为时，债务人的担保人也应有权提出终止重整程序的申请，因为这时债务人财产的减少，将使债务人的担保人不得不对债权人承担更大的担保责任。

第三节　重整计划的制订与批准

一、重整计划的制订

（一）重整计划的概念

《企业破产法》规定，在当事人的重整申请被人民法院受理之后，应当在法定期限内提交重整计划草案。重整计划的制订与审批是重整程序能否顺利进行的核心环节，只有切实可行、科学合理的重整计划才有可能获得债权人分组会议的表决通过，并提高企业获得重整成功的概率。

重整计划是旨在促进企业再建更生、维持债务人之营业事业、解决债务清偿问题的综合性合同。有的英美法学者将重整计划定义为：企业原管理层同其债权人和股权所有人间磋商而签订的合同。① 我国大陆学者将其定义为：以维持债务人的继续营业，谋求债务人的再生，并清理债权债务为内容的协议。② 我国台湾地区学者将其定义为：乃由重整人所拟订，以调整债权人与股东之利害，使陷于财务困难之公司，达成汰旧换新，重振企业之计划，为重整之核心所在。③

一些国家（尤其是未规定和解程序的国家）的破产法规定，在重整程序中可以存在两类计划，即重整计划和清算计划。所谓清算计划，也称清算式重整，是指以清偿债务为目的，对债务人财产进行出售、清算、分配的计划，从实务功能来讲，相当于破产清算程序中的破产财产变价与分配方案，从法律性质来讲，则类似于和解协议。如日本《公司更生法》第191条规定，更生程序开始后，以公司的延续合并、新公司的设立或营业的转让等为内容的计划草案的制订有明显困难时，法院可根据计划草案制订人的申请，许可制订以清算为内容的计划草案。美国破产法则将这种计划称为清理计划。允许在重整程序中制订清算计划，是为了节省在不同破产程序间相互转换之成本。通常，在重整计划不能通过、批准或不能执行或因其他原因被终止，需要转换为破产清算程序时，会产生较高成本。如可在重整程序中通过清算计划的制订与实施解决破产清算问题，有利于节省破产成本与社会资源，并使债权人获得较多清偿。我国《企业破产法》对在重整程序中制订、执行清算计划问题未作规定，而是规定在上述情况下一律转换至破产清算程序。

在重整计划中，又可以分为存续式（更生式）重整计划与出售式重整计划。目前在我国的实践中通常采用的是存续式重整，出售式重整则往往被混同于破产清算。为厘清这一问题，在本节后文中将单独对出售式重整进行论证。

（二）重整计划的制订人

在重整计划由何人制订上，各国及地区的立法规定并不一致，主要有由单一主体制订的单元主义和由多方主体制订的多元主义，以及在两者之间的折中主义。

一些国家采用倾向性不同的多元主义。有的国家规定，重整计划以管理人制订为原则，以其他人制订为例外。如日本《公司更生法》第189条规定，“管理人于更生债权及更生担保权的申报期间届满后，应在法院所定期间内制成更生计划草案，并提交法院”。在管理人不能制成计划草案时，该法第190条规定，“公司、申报更生债权人及更生担保权人、股东可以于法院所定期间内，制成更生计划草案并提交于法院”。有的国家规定，重整计划以债务人制订为原则，以其他人制订为例外。如美国破产法第1121条规定：在破产申请提出或批准后的120天内，债务人享有提出重整计划的专有权利。但在以下情况下，其他有利害关系的当事人也可以提出重整计划：（1）已经任命了托管人；（2）债务人未能在所规定的120天内提出计划，并且120天的期间也没有获得延长；（3）债务人虽提出了计划，但在破产申请提出或批准后的180天内未获得各类别权利受到削弱的债权人的接受。其他有利害关系的当事人包括债权人、股权持有人、受托管理人、债权人委员会等。

---

① 参见［美］菲利普·波尔：《美国破产法典第11章企业整顿制度评价》，载《中外法学》，1993（6）。

② 参见赵万一主编：《商法学》，512页，北京，法律出版社，2001。

③ 参见柯芳枝：《公司法论》，552页，台北，三民书局，1997。

我国在重整计划的制订上采取多元主义。《企业破产法》规定，债务人自行管理财产和营业事务的，由债务人制作重整计划草案。管理人负责管理财产和营业事务的，由管理人制作重整计划草案。这与各国实行的谁管理财产谁制订重整计划之原则是相一致的。但是，在吸收相关的利害关系人参加重整计划的制订方面，缺乏灵活机制。如《企业破产法》第70条规定，“占债务人注册资本十分之一以上的出资人”可以提出重整申请，但第79、80条将有权制订并提出重整计划草案的主体范围限定为管理人或债务人，两者不相协调，可能出现出资人提出重整申请时管理人或债务人不积极制订重整计划草案，影响重整顺利进行的现象。笔者认为，企业重整涉及多方主体的利益，重整计划提出主体的多元化有利于各方之间的利益制衡，立法应当规定，当债务人或管理人在法定期间内无法提出重整计划，或其他利害关系人认为该计划不合法、不合理而不接受时，允许债务人的出资人、债权人、新的战略投资者等利害关系人制订并提出重整计划，以充分调动利害关系人参与重整的积极性，保障重整程序顺利进行。

重整计划草案应当在法定期间内制订并提交。我国《企业破产法》规定：债务人或者管理人应当自人民法院裁定债务人重整之日起6个月内，同时向人民法院和债权人会议提交重整计划草案。期限届满，经债务人或者管理人请求，有正当理由的，人民法院可以裁定延期3个月。如【案例7—2】中，法院应管理人申请，裁定延期3个月提交重整计划。需要注意的是，法律只规定可以延期3个月，未规定可以多次延期，实践中，有些法院无限次数地延长重整计划制订的期限，与立法不符，应予纠正。债务人或者管理人未按期提出重整计划草案的，人民法院应当裁定终止重整程序，并宣告债务人破产。如【案例7—3】中，因债务人、管理人未在法定期限内提交重整计划草案，法院依法裁定终止重整程序并宣告债务人破产。

【案例7—2】无锡丽悦置业有限公司重整案

江苏省无锡市滨湖区人民法院于2014年5月9日在《人民法院报》上发布公告，称：2013年9月18日，江苏省无锡市中级人民法院根据上海西上海资产经营有限公司的申请，裁定受理无锡丽悦置业有限公司（以下简称丽悦公司）重整一案，后根据法律规定将该案件指定本院审理。本院于2013年10月18日指定无锡市昊天经济信息咨询有限公司担任丽悦公司管理人。2014年3月15日，丽悦公司管理人向本院提出申请，称因丽悦公司重整工作存在诸多复杂因素，重整计划草案的制定尚不具备条件，在法律规定的期限内不能提交重整计划草案，为保证丽悦公司重整工作的顺利进行，保障债权人、职工、债务人等众多利益主体的合法权益，维护社会稳定，请求本院将重整计划草案提交期限延长三个月。本院认为，丽悦公司管理人申请延长提交重整计划草案期限的申请符合法律规定，依照《企业破产法》第79条第2款之规定，裁定如下：将丽悦公司管理人向本院和债权人会议提交重整计划的期限延长至2014年6月17日。本裁定自即日起生效。

【案例 7—3】宁国市四方房地产开发有限公司重整案

安徽省宁国市人民法院于 2014 年 5 月 6 日在《人民法院报》上发布公告，称：因宁国市四方房地产开发有限公司及管理人未能在法定期限内提交重整计划草案，根据管理人的申请，本院于 2014 年 4 月 10 日依照《企业破产法》第 79 条第 3 款之规定，裁定终止宁国市四方房地产开发有限公司重整程序并宣告该公司破产。

（三）重整计划的内容

对重整计划应当包括的基本内容，各国破产立法均作了详细规定。如美国破产法第 1123条（a）（b）分别规定了重整计划的必备条款和选用条款。重整计划的必备条款有：（1）对各种债权或者权益进行分类。（2）具体指明没有受到损害的债权种类或权益种类。（3）具体指明受到损害或不利影响的债权种类或权益种类的待遇。（4）对特定种类中的每项债权或权益提供相同的待遇，除非特定债权或权益享有者同意受到较低待遇。（5）为重整计划的实施提供足够的手段，如债务人对破产财产部分或全部保留；将破产财产部分或全部转让给一个或数个经济实体，无论该实体是在重整计划确认后成立的还是在此前成立的；将债务人与一个或数个主体进行合并；等等。（6）如果债务人是一家公司，在其公司章程中规定，禁止发行无表决权的股票；同时还须规定，对于拥有投票权的股票类别，将投票权在这些种类之间进行恰当分配的方案；等等。（7）只包含与债权人利益、股票持有人利益一致的条款；对公司高管、董事或者受托人及其承继者的选任方式作出规定，这种规定要符合债权人、股票持有者以及公共政策的利益。除上述必备条款外，重整计划还可以有以下选用条款：（1）对任何种类的债权（包括担保债权和未担保债权）或权益作出削减或不削减的安排。（2）对债务人待履行合同或者未到期的租赁，提供继续履行、拒绝履行或者转让的条款。（3）对属于债务人或破产财产的任何债权或权益提出解决或调整方案；债务人、受托人或者为此目的所设定的破产财产代表人，对该债权或权益的持有权或执行权。（4）对破产财产的全部或部分予以出售，并将出售所得分配给债权或权益持有人的程序。（5）调整担保债权人的权益、调整未担保债权人的权益或者对各类债权不作任何调整。（6）规定任何其他恰当的，但与破产法第十一章规定不一致的条款。此外，如果破产重整涉及的是个人，则非经债务人同意，重整计划不得对债务人受豁免的自由财产进行出售、使用或者租赁等等。[①]

我国《企业破产法》第 81 条规定："重整计划草案应当包括下列内容：（一）债务人的经营方案；（二）债权分类；（三）债权调整方案；（四）债权受偿方案；（五）重整计划的执行期限；（六）重整计划执行的监督期限；（七）有利于债务人重整的其他方案。"

另外，根据我国《上市公司重整座谈会纪要》的规定，上市公司或者管理人制订的上

① 参见李飞主编：《当代外国破产法》，656～658 页，北京，中国法制出版社，2006。

市公司重整计划草案应当包括详细的经营方案。有关经营方案涉及并购重组等行政许可审批事项的，上市公司或管理人应当聘请经证券监管机构核准的财务顾问机构、律师事务所以及具有证券期货业务资格的会计师事务所、资产评估机构等证券服务机构，按照证券监管机构的有关要求及格式编制相关材料，并作为重整计划草案及其经营方案的必备文件。控股股东、实际控制人及其关联方在上市公司破产重整程序前因违规占用、担保等行为对上市公司造成损害的，制订重整计划草案时应当根据其过错对控股股东及实际控制人支配的股东的股权作相应调整。

从上述各国破产立法的规定中可以看出，重整计划主要包括两部分内容：其一是对企业经营方面的重整措施，其二是对债权债务关系的解决方案。两者也会有所交叉。与企业经营重整措施相比，债权债务关系的解决方式要简单一些，一般就是在遵循债权的优先清偿顺序与同顺序债权人平等的原则下，采取降低清偿比例、减免部分债务（如利息）、延期清偿、转为股权、提供担保、以现金之外的其他财产方式清偿等方法。立法规定也较为明确。经营重整措施不仅涉及法律问题，而且涉及商业判断问题，十分复杂。我国立法对此没有详细规定，故需重点研究。

为了达到企业再生之目的，各国立法要求在重整计划中全面规定重整措施，如允许无偿或有偿转让全部或部分股权（向债权人、收购企业的重组战略投资者等转让），减少或增加注册资本，向特定对象定向发行新股或债券，将债权转为股份，变更、转让营业或资产，进行业务与资产重组等方法。由于重整的目的在于维持企业之事业，而不限于企业本身，故必要时还可采取解散原有企业，设立第二企业，或企业分立、与其他企业合并等方法。

一般而言，企业经营方案中的重整措施主要包括资金筹集和营业继续两个方面。资金的筹集对企业重整之成败起到关键作用。通常，重整所需资金是通过在企业内部向股东发行股票，在企业外部借款、发行债券或新股等方式筹集，也可以由新的战略投资者提供。在重整的情况下筹集资金是比较困难的，因为企业的债务偿还能力存在一定问题。但是，依据重整程序的自动冻结原则（亦称自动停止原则），将停止对所有旧债务的清偿，而新债权人则不受此约束，加之立法允许债务人为新发生的债权设置担保，所以只要债务人在重整过程中有较好的现金流，新债权人的风险并不比平时更大。尤其是各国立法通常规定，重整期间新发生的债务属于共益债务，在重整程序中可以优先从债务人财产中获得清偿，从而使企业新筹集的资金的偿还更有法律保障。如美国破产法规定，在重整期间向债务人提供信用的债权人，其债权享有与重整行政费用（相当于破产程序中的破产费用）相同的优先受偿地位。如果这种方法仍不能使债务人获得足够的信用资金，法院有权为新发生的信用债权在债务人无担保的财产上设置担保，以保护债权人的利益。

《企业破产法》为企业的重整挽救提供了制度性机会，解决了过去在《企业破产法（试行）》施行期间难以解决的一些矛盾。例如，在上市公司的重整中，最常见方案是通过股权转让进行公司控制权的转换。在重整计划中不仅可以调整债权人的权利（如减少清偿、延期清偿），还可以调整股东的权利，如减少或完全消灭其股份，包括将其股份有偿或无偿地转让给债权人等。韩国债务人重整与破产清算法规定，当公司资不抵债时，股东的一半股份将强制予以注销。一些国家和地区的立法规定，在公司资不抵债的情况下，股东因对公司已不存在财产权益，原则上在重整后的公司可以不为其保留股份。在英美法系一些国家的实践中，有时会给原股东象征性地保留5%的股份，或给予一定的认股期权，使其在今后公司价值回升时可以回购一定股份。此举之目的是取得原股东对重整的积极支持。是否在重整计划中为原股东保留一定股份，也是重整实践中各方利害关系人博弈的结果。《企业破产法》重整制度的实施，消除了过去因法无规定而发生的争议，为挽救企业、避免破产开拓了一条平坦大道。

但是，目前我国立法在保障企业资金筹集和营业继续的重整措施方面仍存在一些法律障碍或立法不协调之处，相关立法中在债转股、公司收购、证券发行、资产收购等方面仍然存在一些与重整目标和措施冲突的规定。如重整中的公司是不具备针对常态下公司发行证券规定的盈利能力、净资产规模等发行条件的，要保障公司顺利重整，法律必须为其开拓再融资渠道，必须在发行证券（新股、债券）方面作出特殊规定，放宽条件。日本就在其《公司更生法》中修改了商法典中规定的证券发行条件，以保证重整的成功。如何协调有关立法规定，解决存在的法律障碍，尤其是完善公司法、证券法等法律、法规、行政规章对重整程序的配套规定，是保障重整顺利实施迫切需要解决的问题。

企业重整的顺利进行，还离不开国家税收优惠的支持。如果对企业重整中的股权转让、业务重组、资产置换等行为都要像企业正常经营时缴纳各种税收，必然会影响到困境企业重整的成功。对企业重整活动给予税收优惠，是各国立法的通例。我国应对现有的企业税收优惠规定进行梳理，制定对企业重整活动的特别税收优惠制度，减轻企业的重整税收负担，鼓励、促进企业重整。

企业重整是一个系统的社会工程，必须有各项相关法律制度的配合，必须有各个政府部门的配合，才能够获得成功。

（四）出售式重整

从各国的立法与实务情况看，重整有三种模式：第一种是传统的企业存续型重整；第二种是营业让与型重整，通常被称为出售式重整；第三种是在部分国家与地区存在的清算型重整。其中前两种模式最具有典型意义，是重整制度在实践中发挥其社会调整作用的主要操作模式。我国台湾地区学者对这三种类型的重整进行了界定："其一是企业存续型，由债务人与债权人等协议减免或犹豫债务之额度或期限，以谋求企业之重建；其二是企业清算型，将债务人之财产个别变价，而以所得对价（清算价值）分配于诸债权人等；其三是营业让与型，将债务人营业之全部或主要部分让与他人，而以所得对价（继续企业价值）分配于诸债权人"①。

企业存续型重整，是通过债务减免、延期清偿以及债转股等方式解决债务负担，并辅之以企业法人治理结构、经营管理的改善，注册资本的核减或增加，乃至营业的转变或资产的置换等措施，以达到企业重建再生之目的。其标志性的特点，是保持原企业的法人资格存续，在原企业的外壳之内进行重整，虽然企业的主人——股东可能会发生变更。出售式重整，是将债务人具有活力的营业事业之全部或主要部分出售让与他人，使之在新的企

---

① 许士宦：《债务清理法之基本构造》，115页，台北，元照出版公司，2009。

业中继续经营存续，而以转让所得对价即企业价值，以及企业未转让的遗留财产（如有）的清算所得即清算价值，清偿债权人。其标志性的特点，是不保留原债务人企业外壳的存续，在事业转让之后将债务人企业清算注销，事业的重整是以在原企业之外继续经营的方式进行。此外，一些国家与地区还允许在重整程序中直接制订清算计划，由此形成清算型重整，构成第三种重整模式。如前所述，美国破产法第 1123 条（a）第 5 项（D），允许提出一个进行清算的重整计划，尽管其最终效果与第七章下的破产清算相同，但是债务人在重整程序中可以对清算具有较大的控制权，有更多的时间对其业务进行清盘，因而提高了破产财团的最终价值。①

在分析了重整的多种模式后，我们要纠正对重整制度的一个认识误区。有些人认为，重整必须要保持债务人企业的继续存续，如果债务人企业被注销就不是重整，而是清算。这种看法是不符合重整制度实质和立法本意的。重整制度设置的目的是挽救企业的经济与社会价值，避免破产清算造成的各种不良社会影响，同时使债权人得到较之清算时更多的清偿。但所谓挽救企业，并不局限于使债务人企业继续存续这一种方式，更不一定要保留其外壳，特别是当其成为不利于企业事业更生的负担时。重整的实质作用，是要挽救债务人所经营的事业，而不是形式主义地维持债务人企业本身的继续存续。明确了这一基本原则，我国的重整实践中就可以进行出售式重整：将债务人企业的营业事业整体或部分转让，以出售所得清偿债权人，保持企业实质上的存续，避免职工失业，避免对上下游企业造成不利影响等；对出售有效营运资产后的债务人企业则进行破产清算，予以注销。除此之外，在重整中对债务人企业还可以采取企业合并、分立等主体调整措施。

出售式重整与破产清算程序中对企业财产的整体转让，或对其生产线、成套设备的整体变卖，有什么本质区别？能否以清算程序取代出售式重整而达到同样的目的，从而排除出售式重整的适用呢？也就是说，在已有清算程序的情况下，出售式重整有无存在的必要？

从外观来看，清算程序中对破产企业财产的整体变卖等活动与出售式重整有一些形似之处，但两者存在本质差异，清算程序是不能取代出售式重整的。关键就在于出售式重整在法律性质上属于重整程序，不仅适用重整的法律规定，而且产生重整的法律效力与效果。第一，两者在程序的启动上存在重要区别。重整的申请可以在清算申请前提出，重整申请在债务人有发生破产原因之可能时就可以提出。重整的申请主体是多元化的，不仅债务人、债权人可提出重整申请，债务人的股东也可在一定条件下提出。重整程序与清算程序在申请时间与申请人等方面的立法区别，是建立在有利于更早、更好地挽救企业的重整目的之上的。第二，保障措施与强制力不同。在重整程序中，有担保债权的债权人对优先受偿权的行使受到限制，而在清算程序中该权利的行使原则上不受限制，这是两者的重大不同之处。重整程序中限制担保物权行使的目的，是保证不因债务人重整所必需的担保财产分散执行而致重整经营受影响，进而影响对债务人营运资产的整体性出售，保障重整顺利进行。此外，根据我国《企业破产法》的规定，只要重整计划草案，由债权人会议各表决组（含股东组）以法定多数通过，经人民法院批准，即对所有当事人均具有法律效力。

---

① 参见尹正友、张兴祥：《中美破产法律制度比较研究》，172 页，北京，法律出版社，2009。

而且在部分表决组未通过重整计划草案的情况下，如符合法定条件，债务人或者管理人可以申请人民法院强制批准。人民法院对重整计划草案的强制批准权力，可以避免因部分利害关系人的反对而重整无法进行。第三，财产出售的目的不同，效果不同。出售式重整的基点是重整，出售仅是其手段，所以其资产的出售是以独立或相对独立的营运事业为单元进行的，必须考虑所售营业资产的持续经营和附属职工的继续就业，出售的价值是企业的存续价值即较高的营运价值。而破产清算的基点是清算，目的是实现变价分配，所以虽然破产企业也可以整体出售，但是如果做不到就必须拆散出售，而不考虑所售资产能否持续经营和职工的就业问题，实现的是财产的清算价值。除此之外，两者在财产的管理、相关权利人权利的行使（如取回权人取回财产的条件等）、债权人会议的表决形式等方面也存在区别。综上所述，破产清算程序是不具备出售式重整的社会功能的，不能取代出售式重整。

【案例 7—4】重庆市华源天然气有限责任公司破产重整案

重庆市华源天然气有限责任公司（以下简称华源公司）注册资本为 2 010 万元，拥有职工 163 人，为重庆市大足区的重要天然气供应企业。华源公司因严重资不抵债，依法向重庆市大足区人民法院申请重整。2016 年 11 月 28 日，法院裁定受理华源公司重整案。

本次重整采用出售式重整。根据重整计划草案，华源公司以其与天然气业务相关的全部营运资产及其他优质资产设立新公司，剩余资产仍归华源公司所有。重整投资人山东胜利股份有限公司（以下简称胜利公司）出资收购该新公司全部股权，并全盘接收现有职工及天然气业务。胜利公司分期支付股权转让款 6.638 亿元，专项用于清偿华源公司破产债权。

2017 年 9 月 27 日，华源公司第二次债权人会议召开，各表决组均通过重整计划草案。2017 年 11 月 20 日，法院裁定批准重整计划。重整计划执行过程中，新设公司重庆胜邦燃气有限公司经营持续向好，已累计实现利润约 1.8 亿元。

本案是利用出售式重整方式维护企业整体营运价值，拯救危困企业，保障各方当事人合法权益的典型案例。重整的实质是拯救债务人的经济和社会价值，实现资源优化配置。出售式重整将债务人具有活力的营运资产一并转让给他人，使营运资产在新的企业中存续并发展，而以转让所得清偿债权人，属于重整的重要形式。此种情况下，债务人企业具有价值的营运资产将通过整体出售的方式予以保留，避免了被不当分割出售。本案中，投资人愿意承接华源公司的优质资产，但考虑到对外应收债权的不确定性，不愿接受该类债权。据此，法院积极实践出售式重整，剥离具有整体营运价值的资产设立新公司。战略投资人支付股权转让款后取得新公司股权，该股权转让款用于债务人清偿债务。这既确保了债务人资产营运价值的最大化，又有效维护了债权人的合法权益。

在重整的实践中，有些债务人企业适合采取企业存续型重整，但是有很多债务人企业更适合采取出售式重整。出售式重整具有独特的重要社会功能，可以化解企业存续型重整中遇到的很多难题，并弥补一些立法上的不足。

第一，有利于制订合理、可行的重整计划草案。在企业存续型重整中，无论是由债务人原班人马自己重整经营，还是由新的战略投资者换马经营，重整企业都要对其资产无论好坏全部接盘，即使将无效资产出售，承受减值损失的也是重整企业。据此制定的重整计划草案会因重整企业的无效资产负担过重，乃至最终被压垮，导致重整失败。而出售式重整通过将债务人企业的盈利营运资产出售，可以保证其在收购者手中正常运营，维持乃至提高营业本身之经济与社会价值，有利于制订出合理、可行的重整计划草案，达到重整之实质目的。其实在某种意义上讲，在我国上市公司的重整中已经存在许多类似"出售式重整"的案例。许多战略投资者在接手上市公司时，均要求公司的原控制股东将企业的无效资产收购，甚至要求其将公司的原有资产全部收购，自己注入新的业务与资产重新经营，即购买所谓"净壳"。只不过这种出售式重整，因为必须保留上市公司尚有特殊价值的壳资源，所以是在所借外壳下的反向出售。而这种反向的出售式重整对于非上市公司而言，因其外壳往往毫无价值，且一般无人接手无效资产，所以通常无法适用，保留债务人企业的外壳已经构成阻碍重整成功的沉重负担。

第二，可以消除分配模拟计算是否准确的争议。在正常的破产清算程序中，债权人可分配的数额多少、比例高低，完全由破产财产的实际变现情况即经市场化清算的价值所决定，债权人会议和法院通常是难以决定可分配财产有多少的，只能在可分配财产总量确定的情况下，依法决定在各债权人之间的利益分配。所以，尽管债权人可能对分配的数额多少不满意，但是对可分配财产的总量多少往往少有争议。由于对债权人的分配顺位与分配方法等法律有明文规定，因而即使发生争议也易于解决。而在典型的企业存续型重整程序中，由于不对企业财产进行实际清算变现，所以无论是所谓债权人"在重整计划草案被提请批准时依照破产清算程序所能获得的清偿比例"，还是在重整计划草案中拟定的分配比例，完全是模拟计算出来的。这种模拟计算的结果就可能由于利益冲突、技术失误等因素的影响而存在不够准确、合理乃至恶意欺诈的问题，由此引发债权人的争议，且难以解决，甚至因此导致重整失败。出售式重整，由于是将债务人企业的全部或主要营业资产实际转让变现，所以在财产的变现价值、分配比例等方面根本不存在模拟计算下是否准确的问题，有利于消除争议，促进重整计划的通过和执行。

第三，有利于重整计划尽快执行完毕。在典型的企业存续型重整中，清偿债权人的财产主要来源不是企业变卖后的清算价值，而主要是存续企业的未来收益。在一些案件中，企业新的战略投资者有时也会提供一些偿债资金，但在本质上讲，还是以存续企业的未来收益作为清偿保障的。由此产生的问题是：首先，重整计划的执行期限较长，一般为数年，债权人利益实现的周期很长。其次，债务人的预计未来收益能否实现、债权人能否获得清偿存在较大风险。债务人企业的经营与盈利恢复，因内外部因素影响而具有一定的不确定性，其未来收益可能难以保障债务清偿，重整仍存在失败的可能性。出售式重整将债务人企业的全部或主要营业立即转让变价，而且对原企业剩余财产也是采取实际清算的方式处理，有利于消除不确定因素，保证重整计划迅速执行完毕，对债权人的清偿可早日实现，从而更好地维护各方利害关系人的权益。

第四，有利于解决债务人的余债责任等后遗症。出售式重整对重整成功还有一个重要的保障作用，即克服在重整计划执行完毕后，未在重整程序中申报的债权要求继续清偿对重整企业与事业存活的破坏性影响。《企业破产法》第 92 条第 2 款规定，债权人在重整程序中未依法申报债权的，在重整计划的执行期间不得行使权利，但在重整计划执行完毕后，可以按照重整计划规定的同类债权的清偿条件行使权利，向债务人要求清偿。这一规定是对在重整程序中未申报债权者的特别救济，但从实践中执行的情况看，这对企业存续型重整往往会产生致命的打击，甚至使重整计划成功执行完毕的企业再度陷入破产境地。

债务人企业经过重整程序挽救后继续存在，而未申报债权并不致剥夺债权人的实体权利，所以其债务仍需履行。这并不违背法理。但问题在于，设置重整程序的主要目的本为挽救债务人，而当债务人完全履行重整计划后，又出现在重整计划制订时未曾考虑清偿的新债权，如其数额较大，就可能导致债务人再度破产，原已进行完毕的重整程序实际失败。而如果债权人正常申报债权，债务人在制订重整计划时可以采取降低相应类别全部债权的清偿比例等方式予以清偿，或者重整程序因不具备实施条件而根本无须进行，债务人将直接进入破产清算程序，避免二度破产与程序、费用的浪费。立法规定在重整程序中未申报债权的债权人在重整计划执行完毕后可以继续行使权利，将使债务人被迫多承担债务责任。这是因为在重整当事人协商确定重整计划时，债务人的清偿能力与财产是既定的，申报的债权，尤其是普通债权再多，无非是每笔债权受偿的比例降低，债务人并不因申报债权的增加而需多作出清偿，因为这在客观上往往是不可能的。但是，如果债权人不在重整程序中申报债权，而是在重整计划执行完毕后再要求清偿，债务人就不得不作出额外清偿，从而加重其负担。实践中已经出现有的债权人申报债权时不全额申报（如不申报债权利息）以变相提高清偿比例，在重整计划执行完毕后又要求清偿，有意无意地利用这一规定损害债务人利益的现象。

有的债务人企业在重整程序启动前，因违法行为被国家有关部门处以行政罚款，或被法院判处刑事罚金。债务人企业在重整计划执行完毕后，因企业存续又被要求缴付罚款、罚金，如拒绝缴付，或要求免除，虽有一定的合理性，但目前尚没有法律明文规定予以支持，如继续缴付，在数额很大时则企业必死无疑，重整仍归失败。在实践中已经出现这样的案例，引发争议，难以解决。

此外，在一些重整案件中，债务人企业股东在其股权上设置了质押担保或者其股权被法院查封，因此当重整计划草案中涉及对股东股权的调整时，也面临严重的法律障碍，会遇到质押或查封权利人的强烈抵制。如果不能按照重整计划草案调整股权，则重整必败无疑；如强行调整股权，虽具有一定的合理性，但也面临缺乏法律明文规定予以支持的难题。

出售式重整的采用，一方面，可以通过对债务人企业有效营运资源的出售，保障其事业继续进行，解决职工失业等各种社会问题；另一方面，可以通过对债务人企业营业资产的出售，隔断收购者与破产企业原有的债务等法律关系间的联系，保障其不受到在重整程序中未申报债权的债权人的继续追讨，保障其不受对原债务人企业违法行为责任追究的影响，避免重整的失败。债务人企业可以在清算之后予以注销，摆脱未能清偿的债务责任，更无须考虑对股权解除质押与查封问题，而重整债权人则可以在清算中得到合理的清偿。【案例 7—4】重庆市华源天然气有限责任公司破产重整案中，投资人愿意承接华源公司优质资产，但考虑到对外应收债权的不确定性，不愿接受该类债权。因此，该案中法院运用出售式重整，解决了投资人的顾虑，成功引进山东胜利股份有限公司作为战略投资人，案件取得了很好的经济和社会效果。

在实施重整制度的诸多国家与地区的立法中，对出售式重整均作有规定。美国破产法第 1123 条（重整计划的内容）中规定，重整计划应当包括："将破产财产的财产权全部或者部分转交给一个或者数个实体，不论该实体是不是在重整计划被确认之前成立的"；"规定出售破产财产的全部或者大部，以及在债权或权益持有人之间分配该出售所得的程序"；将债务人与一个或者数个企业进行合并等内容。《法国商法典》第六卷第二篇第一章"司法重整"第二节第 621—62 条第 2 款规定："该重整方案或者组织企业继续经营，或者组织企业转让，或者安排企业继续经营，但同时进行部分转让"。其第 621—83 条规定："根据司法管理人制作的报告，法庭可以裁定企业进行转让。转让企业的宗旨在于维持可以独立进行的经营活动，维持与之相关的全部或者部分职位，并清偿债务。企业转让可以是全部转让，也可以是部分转让。在后一种情况下，企业转让涉及构成一个或者若干个完整的、独立活动的部门的经营资产。"企业或经营资产的转让价款，由方案实施监督员在债权人之间按其顺序进行分配。日本《公司更生法》也作了有相同内容的规定。德国破产法借鉴美国规定了重整制度，在其法律实施后进行的重整中绝大多数是出售式重整。在美国，往往大部分的企业重整也是出售式重整。①

在各国的司法实践中，出售式重整更是屡见不鲜。美国历史上的第四大破产案件——通用公司破产案，就是采取这种重整方法获得成功的。其重整计划规定设立一家新的通用汽车公司，老通用公司将其优质资产出售给新通用公司，所得价款用于还债，老通用公司则进行破产清算。这一重整方式使通用公司在申请重整后用 40 天的时间就完成了重整计划的实质性工作，新通用公司在成立后发展良好，在不到一年半的时间内就发行了股票，成为上市公司。

我国对出售式重整应当予以借鉴采用，在实践中推广。重整应当重实质而轻形式，要摒弃重整就是要维持原有企业外壳存续的旧思维定式，推进我国的重整走上更为宽广的道路。要实施出售式重整，还要适应我国的具体情况，进行必要的制度建设，做到充分发挥其利、努力杜绝其弊。在过去政策性破产实施过程中，曾经出现一些破产企业，甚至个别地方政府以挽救债务人企业的优质业务与资产为借口，采取将"好苹果从烂苹果堆中挑出来"的方式，恶意转移债务人的资产，侵害债权人权益的现象。将"好苹果从烂苹果堆中挑出来"是必要的，这是对社会财富的保全，同时说明出售式重整适用的必要性，但问题是挑出来的"好苹果"不能被藏在地方政府或者债务人企业股东的兜里面，不让债权人分享，这就构成了破产欺诈。所以，必须健全保障债权人利益的各种法律防范制度：对债务人企业的营业与资产转让必须严格遵循法律程序，必须公开、公平、公正；转让应当采取

① 在 2002 年，美国有 56%的大型企业重整采取这样或那样形式的资产出售。See Douglas G. Baird & Robert K. Rasmussen, "Chapter 11 at Twilight", 56 *stan. l. rev.* 673, 675 (2003)。

竞价方式进行，要允许债权人为出售的业务资产推荐或选择出价更高的买家；对财产的资产评估应当准确、合理，要对债权人的质疑给予充分解释，不能解释评估的合理性时应修改评估结果；对持反对意见的债权人要给予法律救济渠道；等等。

此外，在计划进行营业转让的情况下，转让时间的把握也是一个重要问题。通常而言，在进入重整程序后企业的营业就可能受到各种不利影响，如交易对方对与重整企业交易的风险的顾虑、管理人对债务人未履行完毕之合同考虑不周的解除、管理人员与技术人员的离职等，从而使其价值下降，所以理论上讲，在营业事业可能贬值的情况下，转让进行得越早，所得的对价可能越高。但《企业破产法》对债务人财产，特别是全部或主要的营业财产的处置规定了相应程序，债务人财产的管理与变价方案包括营业的转让，是必须经过债权人会议通过的，在重整程序中要规定在重整计划草案中，交由债权人会议分组表决通过，并经法院裁定批准发生法律效力后，才能付诸执行。这时，在营业出售的交易安全与效率之间会产生矛盾，如果处理不当会影响债权人的利益。笔者认为，作为一般原则，债务人企业的营业转让应当在重整计划发生法律效力后才可以付诸实施，但是，在债务人企业的营业不及时转让则其价值可能严重贬损的少数特殊情况下，应当允许提前进行营业转让，以避免债权人的利益受到损失。由于企业营业的转让往往具有不可逆性，即使发生错误也难以恢复原状，为使营业的转让具有合理性，且不损害债权人等利害关系人的利益，这时的营业转让应当由债务人或者管理人报经法院批准后才能进行，并且应当及时向债权人等利害关系人通告，披露相关详细信息，在实施之前赋予其提出异议的权利。

在此还需注意的是，《企业破产法》第69条规定，管理人对债务人企业的营业进行转让，应当及时报告债权人委员会，未设立债权人委员会的，应当及时报告人民法院。仅从这一条的文字看，似乎管理人履行上述程序后就可以进行债务人企业的营业转让，但这种理解是不全面、不准确的。《企业破产法》第61条规定，破产财产的变价方案必须经过债权人会议表决通过，才能由管理人付诸实施。对债务人全部或主要营业的转让显然属于财产的变价方案，应属于由债权人会议决定的事项。所以，笔者认为，管理人转让债务人企业营业的职权，仅限在该项转让并不构成财产变价方案的情况下行使，超出此范围的，应当由债权人会议作出决议。另外，《企业破产法》第69条的规定并不能完全适用于重整程序，因为重整程序在很多问题上与清算等程序是不同的，如债权人会议的表决方式等，所以在重整程序中对债务人营业的转让应当优先按照重整程序的有关规定执行。①

二、重整计划草案的表决与批准

（一）重整计划草率的表决

重整程序一个重要的特点，就是债权人会议对重整计划草案的表决，不是采取召开全体会议进行集体表决的方式，而是采取分组的方式。这种分组表决机制是有法理依据的，“对在实体法上具有同一性质的债权人平等对待，而不同性质的债权人根据其差异来区别

① 参见王欣新：《重整制度理论与实务新论》，载《法律适用》，2012（11）。

对待的做法是符合公平理念的。而且，在依照公平理念认为合理的范围内，就实体法上具有同一性质的权利之间待遇也允许有差异”①。债权人分组表决机制可以更全面、准确地反映不同利害关系人群体的意见，提高重整程序的公正性与整体效率，更好地维护债权人等利害关系人的正当权益。

根据《企业破产法》第82条的规定，债权人参加讨论重整计划草案的债权人会议，依照下列债权分类，分组对重整计划草案进行表决：(1)对债务人的特定财产享有担保权的债权；(2)债务人所欠职工的工资和医疗、伤残补助、抚恤费用，所欠的应当划入职工个人账户的基本养老保险、基本医疗保险费用，以及法律、行政法规规定应当支付给职工的补偿金；(3)债务人所欠税款；(4)普通债权。人民法院在必要时可以决定在普通债权组中设小额债权组进行表决。需注意的是，这一规定不是对债权人会议分组的强制性规定，而是示范性规定：除法律列举的组别划分外，人民法院还可以根据案件具体情况在必要时决定设置其他组别，如公司债债权人组、次级债债权人组等，但对表决组别的设置不得影响表决结果的公平性。

《企业破产法》第83条规定，“重整计划不得规定减免债务人欠缴的本法第八十二条第一款第二项规定以外的社会保险费用；该项费用的债权人不参加重整计划草案的表决”。此条规定的社会保险费用，是指职工社会保险中纳入社会统筹部分的社会保险费用，因纳入社会统筹的社会保险费用须连续缴纳，如果重整计划可以减免债务人欠缴的社会保险费用，不仅将使职工的社会保险难以维系，还将影响到整个社会保险的统筹使用。由于此类社会保险费用的债权人的利益不受重整计划影响，自然这类债权人也就不必参加对重整计划草案的表决了。

《企业破产法司法解释三》第11条第2款规定：“根据企业破产法第八十二条规定，对重整计划草案进行分组表决时，权益因重整计划草案受到调整或者影响的债权人或者股东，有权参加表决；权益未受到调整或者影响的债权人或者股东，参照企业破产法第八十三条的规定，不参加重整计划草案的表决。”此条规定借鉴《企业破产法》第82条的立法原理，明确债权人或者股东是否参加重整计划草案的表决，取决于其权益是否受到了影响或者调整。这对重整计划的表决与强制批准产生了重大的影响，使债权人会议的分组表决制度更为公平、合理，并减少了法院不适当地强制批准重整计划草案的现象。然而，此条规定在实践中能否得到落实，一个很关键的因素是对债权人利益是否受到不利影响有一个明确可行的判断标准。对此，有学者指出：首先，这里的“利益”是指债权人在破产程序启动之前的法定利益。所谓利益不受损害，是指债权人在进入破产程序之前的原依据非破产法律享有的利益不受损害，但依据破产法对实体权利的特别规定调整的利益除外。如《企业破产法》第46条第2款规定的“附利息的债权自破产申请受理时起停止计息”，不应视为利益受到损害的情形。其次，所谓损害是指对实体性权利的损害。通常认为，如果重整计划中没有改变债权的清偿数额、利率、到期时间以及担保物的形式与数额等，并且及时对违约行为进行了补救（如因在重整程序中中止对担保物的执行而支付延期清偿的利

---

① ［日］伊藤真：《破产法》，8页，北京，中国社会科学出版社，1995。

息），就可以认为债权人的实体性权利没有受到损害。[①] 例如，在【案例7—5】北京中电华通信息科技有限公司重整程序中，将权益未受影响的职工债权人和税款债权人不纳入重整计划草案表决。

【案例7—5】北京中电华通信息科技有限公司破产重整案

北京中电华通信息科技有限公司（以下简称中电华通公司）因经营不善而资金链断裂，债权人向北京市第一中级人民法院申请对该公司进行重整。法院对中电华通公司启动预重整程序。经过预重整程序后，法院于2020年8月3日裁定受理中电华通公司重整案。

在重整期间，根据预重整方案，管理人制订了重整计划草案。草案规定，职工债权及税款债权将获得一次性全额现金清偿，有财产担保债权通过债转股的方式获得全额清偿，普通债权人可选择按照25%的比例进行现金清偿或者通过债转股的方式进行全额清偿。同时，重整计划草案对出资人权益作全额调整，该公司100%的股权全部让渡，用于引入战略投资人。

在第一次债权人会议上，因重整计划草案对职工债权及税款债权全额现金清偿，故前述债权人不参与重整计划草案表决，有财产担保债权组、普通债权组等对重整计划草案进行表决并获得通过。2020年12月28日，法院裁定批准重整计划。

本案是适用重整计划草案表决新机制，权益未受调整或影响的债权人不参与表决的典型案例。

重整中，权益未受调整或影响的债权人不参加表决，有利于在制订重整计划草案时管理人和债务人明确谈判对象和谈判重点，同时也防止权益未受调整或影响的债权人滥用表决权，阻碍重整计划制订和通过，进而提升重整成功率。

本案中，法院根据《企业破产法司法解释三》第11条第2款的规定，对重整计划草案表决机制进行了调整，不将权益未受影响的职工债权人和税款债权人纳入重整计划草案表决，仅将权益因受重整计划草案调整或影响的利害关系人纳入表决程序，从而促进表决程序的高效与结果的合理，在保障债权人合法权益的基础上有效提升程序效率。

人民法院应当自收到重整计划草案之日起30日内召开债权人会议，对重整计划草案进行表决。债务人或者管理人应当就重整计划草案向债权人会议作出说明，并回答询问。为使利害关系人更好地了解重整计划的内容，美国破产法规定了重整计划的说明书制度。制定说明书的主要目的是向债权人、股东等利害关系人介绍债务人的背景和重整的未来前

---

① 参见王欣新：《破产王道：破产法司法文件解读》，57～61页，北京，法律出版社，2021。

景，在重整计划进行表决前发给利害关系人，以帮助债权人、股东等理解重整计划，进行正确的表决。其功能类似于股票或债券发行中的招股说明书。[①] 对这一制度有必要在我国推广实施，以实现利害关系人的知情权，维护其正当权益，保障重整程序顺利进行。

根据《企业破产法》的规定，出席会议的同一表决组的债权人过半数同意重整计划草案，并且其所代表的债权额占该组债权总额的 2/3 以上的，即为该组通过重整计划草案。各国立法对重整计划的表决方法规定不同，有的规定设计得更为复杂，如日本《公司更生法》第 205 条规定：在关系人会议上通过更生计划时，必须在更生债权人小组上，取得有表决权的更生债权人表决权总额的 2/3 以上同意；在更生担保权人小组上，对于规定更生担保权缓期执行的计划草案，应取得有表决权的更生担保权人表决权总额的 3/4 以上同意；根据更生担保权的减免或其他缓期以外的方法影响其权利的更生计划草案，应取得有表决权的更生担保权人表决权总额的 4/5 以上同意；在股东小组上，应取得有表决权的股东的表决权总额的过半数同意。

在我国，《企业破产法》第 85 条规定："债务人的出资人代表可以列席讨论重整计划草案的债权人会议。重整计划草案涉及出资人权益调整事项的，应当设出资人组，对该事项进行表决"。但《企业破产法》对出资人组表决的通过标准未作具体规定，有的人主张，也按照债权人会议的分组表决方式进行。笔者认为，出资人组应当按照公司法规定的股东（大）会的表决方式进行，即有限责任公司股东会会议由股东按照出资比例行使表决权，但公司章程另有规定的除外；股份有限公司股东大会的决议，必须经出席会议的股东所持表决权的 2/3 以上通过；股东的同意人数不是决议是否通过的考虑因素。这是因为出资人团体成员间的关系与债权人会议成员间的关系在法律性质上有所不同。从主导倾向看，在债权人之间不存在为共同利益组成的社团关系，其债权之间也没有关联关系，彼此利益完全独立，若从对债务清偿的角度看，甚至存在利益此消彼长的冲突关系，所以在以债权额作为表决标准的同时需要考虑每个债权人的独立意见即同意者的人数。但在出资人团体的成员间则是社团关系，存在着相互影响的利益关系，所以对其内部事项的决策要遵循社团组织表决之原则。由于资合性公司以出资人的出资为设立的财产基础，所以对其事务的决定实行资本多数决原则，按照出资之多少进行表决，而不必考虑人数因素。《上市公司重整座谈会纪要》也指出，出资人组对重整计划草案中涉及出资人权益调整事项的表决，经参与表决的出资人所持表决权 2/3 以上通过的，即为该组通过重整计划草案。

在上市公司的重整中，因为现场出席会议表决需要耗费一定的人力、物力，所以一些中小投资者可能因此放弃参加现场表决的权利。为最大限度地保护中小投资者的合法权益，上市公司或者管理人应当提供网络表决等非现场表决形式，为出资人行使表决权提供便利。关于网络表决权行使的具体方式，可以参照适用中国证券监督管理委员会发布的有关规定。在时间上除可以和债权人组同时表决外，人民法院还可以根据表决方式的需要，决定出资人组与债权人组进行不同时但及时的表决。

当各个债权人表决组均表决通过重整计划草案时，重整计划即为通过。自重整计划通过之日起 10 日内，债务人或者管理人应当向人民法院提出批准重整计划的申请。人民法院

---

① 参见潘琪：《美国破产法》，213 页，北京，法律出版社，1999。

经审查认为符合法律规定的，应当自收到申请之日起30日内裁定批准，终止重整程序，并予以公告。

（二）重整计划草案的批准

法院对重整计划草案的批准，是代表国家对当事人的民事权利处分行为进行监督审查，以保证重整计划公正、合理，维护债务人企业、债务人企业债权人以及股东之权益。各国破产法均规定了法院对重整计划的批准程序。如日本《公司更生法》第233条规定，当重整计划具备下列要件时法院得作出批准的裁定：（1）更生程序或更生计划符合法律规定；（2）计划公正、均衡而可行；（3）决议系以诚实、公正的方式作出；（4）关于以合并为内容的计划，其他公司之股东大会已作出承认合并契约的决议等。而且该法还规定，即使更生程序违反法律规定，考虑到其违反的程度、公司的现状及其他一切情由，认为不批准计划不合适时，法院也可作出批准的裁定。美国破产法第1129条（a）规定，只要计划具备下列条件，法院应批准计划：（1）计划符合破产法的有关规定。（2）重整计划是由法律规定的有资格的人诚实地提出的，没有规避法律。（3）支付的与案件或计划有关的劳务费或服务费和其他开支已得到法院的批准或将由法院以合理为由许可。（4）计划的提出者已经透露了拟在计划获准后担任债务人公司董事、高级职员、受托人或债务人之继受者的情况，对这些人的任命或留任符合债权人、股权持有人的利益及公共政策；同时，计划的提出者透露了内部人员的受雇情况及对他们的补偿。（5）在计划批准后，主管债务人税收的政府管理委员会已经批准了计划所规定的税收调整，或者该税收调整是明显符合被批准条件的。（6）受到重整计划削减的债权或股权的权利持有人，已经完全接受了计划或者于计划生效之日他将得到不少于若按第七章规定的清算程序所能得到的金额。（7）每类债权或股权或者完全接受了计划或者未受到计划的削减。（8）除非某一债权人同意接受不同待遇，于计划生效之日，破产法第507条规定的特别优先权应受到清偿。（9）假如计划对债权作了削减，则至少有一类债权已接受计划，但内部人员的接受不计算在内。（10）计划批准之后，显然不需再对债务人进行清算或者对债务人或其继受者进行财务重整，除非该清算或重整是计划所建议的。（11）根据法律应支付的、由法院在重整计划的审理中确定的所有费用均已支付，或计划规定将在计划生效之日支付这些费用。（12）计划规定在其生效之后，将按破产法第1114条所限定的条件以及标准，继续支付所有的退休保险费。

我国《企业破产法》对人民法院正常批准重整计划草案时的审查事项与批准标准未作具体规定，这可能导致司法实践中出现执法不统一的问题。为此，《破产审判会议纪要》第17条规定："人民法院在审查重整计划时，除合法性审查外，还应审查其中的经营方案是否具有可行性。重整计划中关于企业重新获得盈利能力的经营方案具有可行性、表决程序合法、内容不损害各表决组中反对者的清偿利益的，人民法院应当自收到申请之日起三十日内裁定批准重整计划。"该条规定中最为关键的内容是，即使债权人会议分组表决通过了重整计划草案，法院也必须审查重整计划草案是否存在损害各表决组中反对者的法定清偿利益的内容，并在发现时予以纠正，或者拒绝批准重整计划草案。

一般而言，人民法院正常批准重整计划草案时的审查事项包括程序性事项和实质性事项两类。程序性事项主要有：债权人会议分组召开的程序是否合法，债权人的分组是否正当、合理，出资人的分组（如有）是否正当、合理，各个分组的表决程序、计票程序是否合法，管理人或债务人呈报法院审查批准的程序是否合法，重整计划草案是否具备立法规定的必备内容，等等。实质性事项主要包括：重整计划草案对各组利害关系人权益的调整内容是否合法、合理，各分组内部的权益调整计划内容对本组成员是否公平等。其中最重要的是审查在各组表决中有无利用多数人表决剥夺少数反对者的合法权利的现象。人民法院进行实质审查的重要目的之一，就是保障已经表决通过重整计划草案的各组中的反对者的既得利益不受到损害，包括但不限于：反对者的债权的法定清偿顺序不得改变；反对者的有物权担保之债权就该特定财产将获得全额清偿，其因延期清偿所受的损失将得到公平补偿，并且其担保权未受到实质性损害；享有一般优先权的职工劳动债权与税收债权的反对者将获得全额清偿；反对者的普通债权所获得的清偿比例，不低于其在重整计划草案被提请批准时依照破产清算程序所能获得的清偿比例；对反对的出资人权益的调整公平、公正；等等。

保障已经表决通过重整计划草案的各组中的反对者的既得利益不受到损害的法律依据就是：任何债权人的既得的法定受偿权利，在重整程序中是不允许也不能够由任意其他当事人组成团体的多数表决而剥夺的，除非该债权人自愿放弃其权利。所谓既得的法定受偿权利，是指该债权人在重整计划草案被提请批准时依照破产清算程序所确定的清偿顺序所能获得的清偿数额与比例。

此外，人民法院对重整计划的可行性是否需要审查，是一个有争议的问题。有的人主张，在债权人会议分组表决通过的情况下，对重整计划的可行性人民法院不需要进行审查，这是当事人自主决定权决定的范围，对于涉及商业判断的问题，法院更不应干涉。笔者认为，对重整计划可行性的审查并非仅涉及商业判断的问题，也可能包括一些法律问题，法院应进行必要的审查，例如重整计划规定的各项措施有无违法情况、有无明显的法律障碍，是否存在涉及行政许可事项而明显不具备批准条件，等等。即使是重整计划中的商业性内容也不是绝对不可由法院审查的，一些国家或地区的法律规定，法院可以借助专业人员、中介机构出具审查意见。虽然进行商业判断不是法官的专长，法院不能作出重整计划是否可行的判断，但是，重整计划是否存在违背一般社会常识、明显不可行的情况，则可能是法官依据一般人之判断能力就可以解决的。

根据《上市公司重整座谈会纪要》的规定，上市公司重整计划草案涉及证券监管机构行政许可事项的，受理案件的人民法院应当通过最高人民法院，启动与中国证券监督管理委员会的会商机制：由最高人民法院将有关材料函送中国证券监督管理委员会，由中国证券监督管理委员会安排并购重组专家咨询委员会对会商案件进行研究。并购重组专家咨询委员会应当按照与并购重组审核委员会相同的审核标准，对提请会商的行政许可事项进行研究并出具专家咨询意见。人民法院应当参考专家咨询意见，作出是否批准重整计划草案的裁定。

为保障重整程序顺利进行，《企业破产法》还专门设置了人民法院强制批准重整计划的程序。该法第 87 条规定：部分表决组未通过重整计划草案的，债务人或者管理人可以同未通过重整计划草案的表决组协商。该表决组可以在协商后再表决一次。双方协商的结果不得损害其他表决组的利益。未通过重整计划草案的表决组拒绝再次表决或者再次表决仍未通过重整计划草案，但重整计划草案符合下列条件的，债务人或者管理人可以申请人民法院批准重整计划草案：（1）按照重整计划草案，本法第 82 条第 1 款第 1 项所列债权就该特定财产将获得全额清偿，其因延期清偿所受的损失将得到公平补偿，并且其担保权未受到实质性损害，或者该表决组已经通过重整计划草案；（2）按照重整计划草案，本法第 82 条第 1 款第 2 项、第 3 项所列债权将获得全额清偿，或者相应表决组已经通过重整计划草案；（3）按照重整计划草案，普通债权所获得的清偿比例，不低于其在重整计划草案被提请批准时依照破产清算程序所能获得的清偿比例，或者该表决组已经通过重整计划草案；（4）重整计划草案对出资人权益的调整公平、公正，或者出资人组已经通过重整计划草案；（5）重整计划草案公平对待同一表决组的成员，并且所规定的债权清偿顺序不违反本法第 113 条的规定；（6）债务人的经营方案具有可行性。人民法院经审查认为重整计划草案符合前述规定的，应当自收到申请之日起 30 日内裁定批准，终止重整程序，并予以公告。

由于重整程序具有的社会本位性质，一些国家和地区的破产法规定，重整计划即使未获关系人会议全部组别表决通过，在符合法定条件的情况下，法院仍可批准重整计划。由于此种对重整计划的批准具有强制性，因而有关国家和地区的法律都规定了具体条件，以防滥用。如日本《公司更生法》第 234 条规定，在就更生计划召集的关系人会议上，即使有的组未得到法定额或法定人数以上表决权人的同意，法院亦可变更计划草案，对该组的更生债权人、更生担保权人或股东可以依下列保护其权利的方法之一，而作出计划认可的裁定：（1）对于更生担保权人，使担保权的标的财产、权利依然存续，将其移转于新公司、转让给他人或保留于公司。（2）对于更生担保权人，将其权利标的财产；对于更生债权人，将应抵充其债权清偿的公司财产；对于股东，将应抵充剩余财产分配的公司财产，以法院所定公正交易价额以上价额变卖，以所得价金中扣除变卖费用后的余额实行清偿、分配或将其提存。（3）将法院所定权利的公正交易价额支付于权利人。（4）以其他类似前项的方法，公正、平衡地保护债权人。美国破产法第 1129 条（b）规定：只要计划对于受到削减而没有接受计划的债权或股权没有不公正的待遇，而且有一组权益受到影响的债权人或股权持有人接受了这项计划，法院可不顾其他组别的反对而许可计划。重整计划对于每一类债权或股权的公正和平等的条件包括：（1）对于有担保的债权，债权人在该债权得到承认的数额内，保留其担保权，而不论该财产是由债务人保留还是转让给他人，而且该债权人所得到的延期支付不少于他对该财产所享有的权益，或出卖担保财产而就其在该财产上的利益对其支付，或者该债权的持有人明确无疑地实现了其担保权。（2）对于无担保的债权，该债权人应获得不少于其被承认的请求权于计划生效日的请求权价值的现金清偿，或者顺序在后的债权人或股权人得不到清偿或分配。（3）对于股权，计划规定该类股权的持有人接受或保留一定的财产，其价值在计划生效之时等于下列中最大者：该持有人有权享有的任何确定的清算优先权的数额；该持有人有权享有的任何确定的补偿价格或该利益的价值，或者次位的权益持有人将得不到任何财产分配。（4）计划的主要目的不是规避纳税或者适用 1933 年《证券法》第 5 条的规定。

根据上述破产立法，尤其是美国破产立法的经验，并综合我国破产法的有关规定，人民法院在强制批准重整计划时，应当坚持以下三项基本原则：

第一，债权人最大利益原则。这是指重整计划必须保证，每一个反对的表决组、各组（包括表决同意的组别）中每一个反对这项计划的债权人或出资人，在重整程序中都至少可以获得其在清算程序中本可获得的清偿财产利益。该原则的目的在于保护对重整计划持反对意见的少数派的既得利益，尤其是某一同意组别中持反对意见的个人。《企业破产法》第 87 条第 2 款第 3 项规定，“按照重整计划草案，普通债权所获得的清偿比例，不低于其在重整计划草案被提请批准时依照破产清算程序所能获得的清偿比例”，就是债权人最大利益原则的典型表现。这一原则同样适用于各个有优先权的组别与个人。

第二，公平对待原则。公平对待原则是指，如果存在反对重整计划草案的表决组别，则重整计划草案要保证持反对意见的组别获得公平对待，不能有所歧视，即处于法定同一优先顺序的债权人必须获得按比例的清偿；同一表决组的成员必须得到公平的相同清偿待遇，除非某一成员自愿接受对其不利的清偿计划。《企业破产法》第 87 条第 2 款第 4 项规定“重整计划草案对出资人权益的调整公平、公正”，第 5 项规定“重整计划草案公平对待同一表决组的成员”，并且不得违反破产法关于债权清偿的顺序，就是对公平对待原则的落实。

第三，绝对优先原则。在美国立法上，绝对优先原则是指，如果任何一组债权人或出资人反对一项重整计划，该重整计划就必须保证，只有这个组的所有成员获得全额清偿后，在优先顺序上低于这个组的其他组才可以开始获得清偿。该原则的宗旨就是，破产法对清算程序规定的优先顺序，在重整程序中对那些持反对意见的组别与个人必须同样适用。在我国，《企业破产法》第 87 条第 2 款第 1 项、第 2 项、第 5 项规定：按照重整计划草案，对债务人的特定财产享有担保权或法律规定的优先权的债权将获得全额清偿，其因延期清偿所受的损失将得到公平补偿，并且其担保权或者优先权未受到实质性的损害；按照重整计划草案，劳动债权和税收请求权将获得全额清偿，或者经重整计划草案调整后的清偿比例已经获得相应表决组的通过；重整计划草案规定的债权清偿顺序，不得违反《企业破产法》第 113 条的规定；等等。但我国立法没有采取完全绝对化的规定，仍给当事人的自行协商留有一定的余地。这主要表现在债权人与股东的利益平衡关系上：并没有要求在清偿所有债权人之前，股东不得保留和享有任何权益。需特别注意的是，这一原则不仅适用于对重整计划草案投票反对的组别，而且适用于同意组别中持反对意见的债权人。

以上是关于法院强制批准重整计划草案须遵循的三大基本原则。《破产审判会议纪要》第 18 条还规定：人民法院应当审慎适用《企业破产法》第 87 条第 2 款，不得滥用强制批准权。确需强制批准重整计划草案的，重整计划草案除应当符合《企业破产法》第 87 条第 2 款规定外，“还应当至少有一组已经通过重整计划草案，且各表决组中反对者能够获得的清偿利益不低于依照破产清算程序所能获得的利益”。根据《企业破产法司法解释三》第 11 条第 2 款的规定，权益未受到损害的债权人不参与重整计划草案的表决，因此，前述纪要第 18 条中的“至少有一组已经通过重整计划草案”是指至少有一组权益受到影响或调整的债权人组表决通过了重整计划草案，类似百分百获得清偿的职工债权组、税收债权组表决通过都不属于这种情形。此外，该条还特别强调“各表决组中反对者能够获得的清偿利益不低于依照破产清算程序所能获得的利益”，为法院准确适用《企业破产法》第 87 条第

2 款提供了重要的指引。《企业破产法》第 87 条第 2 款列举了 6 项需要达到的条件，其中，第 1 项、第 2 项、第 3 项、第 4 项中的前半部分均规定，在某一组别未通过重整计划草案时，要保障该组别成员的法定既得清偿利益，但立法又在上述各项的后半部分以使用除外的但书方式规定，“或者该表决组已经通过重整计划草案”。该规定以“或者”的概念，将表决组未通过重整计划草案时法院强制批准重整计划草案应当遵循的条件，与“该表决组已经通过重整计划草案”相间隔，使人们在解读时可能误解或曲解为，如果相应表决组已经通过重整计划草案，虽然存在部分反对者，但上述各项的前半部分就不再适用，对该组内反对者的法定利益就无须再予以保护。这显然是错误的。所以，《破产审判会议纪要》第 18 条特别予以澄清，强调指出“各表决组中反对者能够获得的清偿利益不低于依照破产清算程序所能获得的利益”①。

【案例 7—6】庄吉集团有限公司等四家公司破产重整案

庄吉服装是温州地区知名服装品牌，庄吉集团有限公司（以下简称庄吉集团）、温州庄吉集团工业园区有限公司（以下简称园区公司）、温州庄吉服装销售有限公司（以下简称销售公司）、温州庄吉服装有限公司（以下简称服装公司）四企业长期经营服装业务，且服装业务一直经营良好。但因盲目扩张，投资了并不熟悉的造船行业，2014 年受整体经济下行影响，不但投入造船业的巨额资金血本无归，更引发了银行信用危机。2014 年 10 月 9 日，除服装公司外，其余三家公司向浙江省温州市中级人民法院（以下简称温州中院）申请破产重整。

2015 年 2 月 27 日，温州中院裁定受理庄吉集团、园区公司、销售公司三企业的重整申请，并根据企业关联程度较高的情况，指定同一管理人。本案中债权人共有 41 人，申报债权约 20 亿元，确认约 18 亿元。

2015 年 8 月 20 日，管理人请求温州中院将重整计划草案提交期限延长 3 个月。

2016 年 1 月 27 日，服装公司亦进入重整程序。

由于四企业存在人格高度混同的情形，符合实质合并重整的基础条件，且实质合并重整有利于公平清偿债务，符合《企业破产法》的立法宗旨。温州中院在债权人会议决议通过四企业实质合并重整的基础上，经过该院审判委员会讨论决定，对管理人提出的实质合并重整申请予以准许。随后管理人制订整体性的重整计划草案，并在债权人会议表决的过程中获得了绝大部分债权人的认可，仅出资人组部分股东不同意。经沟通，持反对意见的股东表示，其反对，主要是对大股东经营决策失误有怨言，对重整计划草案本身并无多大意见。2016 年 3 月 17 日，温州中院强制裁定批准该重整计划草案。在重整计划草案通过后，温州中院及时根据《中共温州市委专题会议纪要》

① 王欣新：《破产王道：破产法司法文件解读》，103 页，北京，法律出版社，2021。

[(2016) 9号文件] 对重整企业进行信用修复，使重整企业隔断历史不良征信记录、恢复正常使用包括基本户在内的银行账户、正常开展税务活动、解除法院执行部门的相关执行措施，为重整企业营造了良好的经营环境。

本案是法院依法审慎适用重整计划草案强制批准权、积极协调以保障企业重整后正常经营的典型案例。实践中，一些企业在重整计划通过后，因相关配套制度的缺失重新陷入困境。因此，重整是否成功，并不仅仅体现为重整计划草案是否通过，虽然重整司法程序在法院裁定批准后终止，但重整后的企业能否迅速恢复生机，还需要在信用修复、适当的税收优惠等方面予以支持，以使其顺利恢复生产经营活动。这是完整发挥重整制度价值的关键。本案中，在庄吉服装系列公司重整计划通过后，温州中院积极协调，为重整后的庄吉服装系列公司赢得良好经营环境。此外，法院依法审慎适用强制批准权，维护了各方主体利益平衡以及整体利益最大化，庄吉服装系列公司在重整成功后的第一个年度即成为当地第一纳税大户。

在债权人会议上，重整计划草案未获得通过，且未依照法律规定获得人民法院的强制批准，或者已通过的重整计划未获得人民法院批准的，人民法院应当裁定终止重整程序，并宣告债务人破产。

此外，对法院强制批准重整计划草案的裁定，还应考虑建立一定的监督纠正机制，如有异议者可以向上一级人民法院申请复议等，以保障法律的正确实施。

《正确审理企业破产案件意见》指出：人民法院适用强制批准裁量权挽救危困企业时，要保证反对重整计划草案的债权人或者出资人在重整中至少可以获得在破产清算中本可获得的清偿。对于重整计划草案被提请批准时依照破产清算程序所能获得的清偿比例的确定，应充分考虑其计算方法是否科学、客观、准确，是否充分保护了利害关系人的应有利益。人民法院要严格审查重整计划草案，综合考虑社会公共利益，积极审慎适用裁量权。对不符合强制批准条件的，不能借挽救企业之名违法审批。上级人民法院要肩负起监督职责，对利害关系人就重整程序中反映的问题要进行认真审查，问题属实的，要及时予以纠正。

三、对债务人出资人权益的调整

在重整中可以对股东权益进行限制与调整，是各国破产立法的共同规则。一些国家和地区的立法规定，当重整企业资不抵债即无净资产时，股东组无表决权。如美国法院通过司法实践确定了限制股东表决权的两条原则：其一是“资不抵债”标准，即公司资不抵债时股东没有表决权；其二是“明显滥用”标准，即在公司资产超过负债时，是否限制股东表决权或控制权取决于其权利的行使是否构成“明显滥用”。日本《公司更生法》第129条规定：“股东得凭其所持有的股票参加重整程序。股东按其股票的数额有相应的表决权。

公司有作为破产原因的事实时，股东无表决权。”在韩国的《债务人重整与破产清算法》和日本的《民事再生法》还规定限制股东在重整期间对公司的控制权，如：通过立法豁免重整计划中规定的某些需要通过股东（大）会决议方可实施的事项的决议要求；执行重整计划需要减资、并股时，原商法或公司法中规定的股东（大）会决议要求不予适用。①

在我国《企业破产法》第 85 条规定：债务人的出资人代表可以列席讨论重整计划草案的债权人会议。重整计划草案涉及出资人权益调整事项的，应当设出资人组，对该事项进行表决。第 87 条规定，当出资人组表决没有通过重整计划草案时，人民法院可以根据债务人或管理人的申请强制批准重整计划草案。法律规定强制批准重整计划草案的条件之一是，“重整计划草案对出资人权益的调整公平、公正”。对这一规定如何正确理解和执行，是实践中迫切需要解决的问题。

在债务人企业已经严重资不抵债，完全失去对企业的财产清算利益时，企业之财产权与控制权应当归债权人。这时对股东的权益予以调整或限制以保障债权人的权益是必要且合理的。在实践中，对出资人权益的调整可以是对其股份的削减或无偿转让，也可以是对其控制权、收益权或者其他相关权利的剥夺或者限制，应根据重整实际需要决定。对出资人权益的具体调整措施与幅度，取决于企业的实际情况以及各方利害关系人博弈的结果，但是这些调整措施与幅度必须与出资人在企业中的实际权益状况大体对应，以体现出调整的公平与公正。

在理论上讲，当债务人企业已经严重资不抵债时，就可以削减其出资人的权益，甚至全部削减为零。韩国《债务人重整与破产清算法》第 205 条规定：重整公司资本的减少要基于公司的资产、负债和收益能力。在重整程序开始之时公司负债总额超过资产总额的，应以注销公司发行股份的 1/2 以上或者把两个以上股份合成一股的方法减少资本。在因公司董事、准董事或者经理有重大责任的行为而引起重整程序开始原因产生的情况下，应规定以注销对该行为行使有较大影响力的股东及其亲属，以及“大统领令”所规定的有特殊关系的其他股东的 2/3 以上股份，或者把三个以上的股合成一股的方法来减少资本。在英美法系的一些国家中，重整计划在规定削减股份时也可能给原股东留有很小比例的股权，或给其一定的认股期权，以获得其对重整的配合。截至 2022 年 6 月 30 日，我国上市公司重整中已批准重整计划的有 100 家，它们基本上都是处于资不抵债的状态。有的公司的重整计划草案未对出资人权益作出任何调整（主要是在《企业破产法》实施早期进行重整的公司，如 S＊ST 朝华）；有的只调整非流通股股东的权益，不调整流通股股东的权益（如 S＊ST 星美）；有的则对所有股东的权益均作调整（如 S＊ST 北亚和＊ST 宝硕），但调整的比例不同，而各公司股东权益调整的幅度亦有大小区别。在司法实践中，法院强制批准重整计划，将严重资不抵债的非上市公司重整企业出资人的权益调整为零的案例，并不少见，但对上市公司股东权益的调整，除考虑公司的净资产状况外，往往还要考虑上市公司的壳资源、股份流通权的价值、维护股民利益与维护社会稳定等因素，更为复杂。

---

① 韩国《债务人重整与破产清算法》第 249 条（排除关于股东大会决议等的法令规定的适用）规定：“尽管存在其他法律、法规或公司章程的规定，但执行重整计划无须任何创立大会、股东大会（包括各个种类的股东大会）或董事会的决议”。日本《民事再生法》规定，为使重整程序顺利进行，在涉及重整期间的部分营业的转让，以及重整计划中涉及减资、并股等事项时，也以法院的替代许可排除了商法中对股东（大）会决定事项的程序要求。

需注意的是，当出资人组表决通过重整计划草案时，法院也须对重整计划是否损害少数反对成员的法定既得利益进行实质审查，尤其是当事人提出异议时，不能仅看重整计划是否形式上公平对待同一表决组的成员，不能让形式上的公平掩盖实质上的不公平，使恶意损害反对者既得利益的重整计划被批准通过。

在合理调整股东权益的同时，也应对股东的正当权益予以保护。重整程序不同于破产清算程序，不以企业已经发生破产原因为启动前提，债务人也可能仅因为有“明显丧失清偿能力”的破产可能而申请重整。在重整中的企业，有的已经资不抵债，从清算价值看，已经没有股东权益存在，但也有的可能资产超过负债，只是对到期债务缺乏清偿能力。在债务人企业还存在净资产的情况下，清偿全部债务后仍有股东的独立利益存在。而且只要企业能够存续，其运营价值与清算价值就是不同的，不完全取决于资产与负债的比例，更多地取决于企业的营利能力和在市场中的综合资源占有情况。所以，即使是资不抵债的企业、形式上价值为负值的股权，如拥有在资本市场融资的壳资源的上市公司，拥有特许经营资格或资质、专有技术、销售组织渠道、地理位置优势等市场资源的企业，仍然可能具有一定的市场价值，尤其是在力图维持企业存续的重整程序中。所以，在重整程序中对债务人及其出资人的正当权益应当予以重视和保护，以利于充分发挥他们对重整的积极性。

为维护当事人的权益，人民法院在接到强制批准重整计划草案的申请后，应当及时通知所有反对通过重整计划草案的当事人，以便其对重整计划草案提出异议。反对重整计划草案的出资人有权对公司是否资不抵债、对出资者权益的调整是否公平等问题以书面形式提出异议。人民法院应当组织各方利害关系人及时进行听证，并可以委托中介机构对资产负债情况进行必要的审核，甚至重新测算。

目前《企业破产法》有关在重整程序中对出资人权益的保护制度还有不够完善之处，立法对出资人的重整申请权限制过严，未规定出资人在重整计划草案制订过程中的参与权，未设立类似于美国“股权持有人委员会”性质的常设性组织来维护股东权益。如美国破产法为保护债务人出资人在重整程序中的利益，规定出资人可以通过指定代表它们利益的委员会来对经管债务人（负责制订并执行重整计划的债务人，也称占有中的债务人）的决策施加影响；出资人可以请求任命托管人；出资人可以召集股东（大）会来更换管理层。[①] 我国可以借鉴各国立法中适合中国国情之处，完善对出资人利益的法律保护制度。

第四节 重整计划的执行、监督与终止

一、重整计划的执行

各国立法因法律背景与价值取向不同，对重整计划由何人负责执行的规定也有所区

---

① 参见［美］大卫·G. 爱泼斯坦等：《美国破产法》，韩长印等译，741页，北京，中国政法大学出版社，2003。

别，主要有两种模式：其一是以债务人为执行人，其二是以管理人为执行人。也有一些国家规定以一种模式为主，以另一种为辅。我国《企业破产法》第 89 条规定，重整计划由债务人负责执行。依法律规定文字之意，即使重整计划草案是由管理人负责制订的，在批准之后也要由债务人负责执行，且何种情况下可以转由管理人执行并不明确。为此，债权人会议在审查重整计划草案时，就必须考虑重整计划草案中对债务人企业的董事、监事、经理等高级管理人员中有违法行为者及不称职者的更换，以免重整计划在由债务人执行的过程中发生道德风险等问题。由于重整计划由债务人负责执行，在人民法院裁定批准重整计划后，已接管财产和营业事务的管理人应当向债务人移交财产和营业事务。

笔者认为，《企业破产法》关于重整计划只能由债务人负责执行的规定，过于绝对化，不利于对债权人利益的保障，也不利于重整程序的顺利进行。由此造成的后果是，在债务人的董事、监事、经理等高级管理人员不执行重整计划，或存在破产欺诈或其他严重损害债权人利益的违法行为时，即使重整计划本身没有问题，仍具有可执行性，企业可能得到挽救，仅仅因为执行人的问题，也只能终结重整计划的执行，进行破产清算。在此种情况下，如果允许转由管理人负责执行重整计划，则各方利害关系人的权益会得到更好的实现。

重整计划的执行人在执行过程中应全面地执行计划，贯彻保障利害关系人权益与效率原则。在重整计划执行过程中政府部门等负有协助执行义务的，债务人、管理人可以向人民法院提出申请，由人民法院作出协助执行通知书，要求其协助执行。

人民法院裁定批准重整计划后，重整计划内容涉及证券监管机构并购重组行政许可事项的，上市公司应当按照相关规定履行行政许可核准程序。重整计划草案提交出资人组表决且经人民法院裁定批准后，上市公司无须再行召开股东大会，可以直接向证券监管机构提交出资人组表决结果及人民法院裁定书，以申请并购重组许可。证券监管机构并购重组审核委员会在审核时应当充分考虑人民法院与证券监管机构会商机制中并购重组专家咨询委员会提交的专家咨询意见。就并购重组事项的申请获得证券监管机构行政许可后，应当在重整计划的执行期限内实施完成。

重整计划在执行过程中不允许任意变更，但当不得已的事由，需要变更计划规定的内容，如果不允许变更，便只能终结重整程序。而在通过适当变更仍可以挽救债务人企业、维护债权人等利害关系人权益的情况下，这显然是有悖于重整立法的宗旨的。所以在此种情况下，法院应根据情势变更原则和利害关系人的申请，考虑批准变更重整计划。《破产审判会议纪要》第 19 条、第 20 条对重整计划执行中的变更条件和程序、重整计划变更后的重新表决与裁定批准作了具体的规定：第一，重整计划执行中的变更条件和程序。债务人应严格执行重整计划，但因出现国家政策调整、法律修改变化等特殊情况，原重整计划无法执行的，债务人或管理人可以申请变更重整计划一次。债权人会议决议同意变更重整计划的，应自决议通过之日起 10 日内提请人民法院批准。债权人会议决议不同意或者人民法院不批准变更申请的，人民法院经管理人或者利害关系人请求，应当裁定终止重整计划的执行，并宣告债务人破产。第二，重整计划变更后的重新表决与裁定批准。人民法院裁定同意变更重整计划的，债务人或者管理人应当在 6 个月内提出新的重整计划。变更后的重整计划应提交给因重整计划变更而遭受不利影响的债权人组和出资人组进行表决。表决、申请人民法院批准以及人民法院裁定是否批准的程序，与原重整计划的相应程序相同。

需要注意的是，人民法院裁定批准重整计划的同时，裁定终止了重整程序。因此，重整计划的执行阶段，不再属于重整程序的法定阶段。根据《民商审判会议纪要》第 113 条和第 114 条的规定，重整程序因人民法院裁定批准重整计划草案而终止的，对重整案件可作结案处理。重整计划执行完毕后，人民法院可以根据管理人等利害关系人申请，作出重整程序终结的裁定。重整计划执行期间，由重整程序终止后新发生的事实或者事件引发的有关债务人的民事诉讼，不适用《企业破产法》第 21 条有关集中管辖的规定。除重整计划有明确约定外，上述纠纷引发的诉讼，不再由管理人代表债务人进行。

二、重整计划的监督

关于对重整计划执行过程中是否设置重整监督人，在不同的国家或地区有不同的做法：在一些国家或地区，由于法院积极参与重整过程，直接行使监督职责，所以在法院之外不再另设监督机构；而在另一些国家或地区，重整监督人则是由法院所选派的法定必备监督机构。监督人一般为具有专门学识和经营管理经验的人员，以保证对重整监督的效率和质量。监督人的职责主要包括：在重整计划规定的监督期限内，对执行人执行重整计划的情况以及企业的财务状况行使监督权，要求执行人报告重整计划的执行情况和企业财务状况；发现执行人有违法或不当情形时，应及时加以纠正或提请法院变更执行人；如认为需要延长重整计划执行的监督期限，可申请法院裁定予以延长；监督期限届满时，应当向法院提交监督报告。监督人不尽善良管理人的义务履行监督职责，给债务人企业造成损害的，应负损害赔偿责任。①

在我国，《企业破产法》规定：在重整计划中应当规定计划执行监督期限。自人民法院裁定批准重整计划之日起，在重整计划规定的监督期内，由管理人监督重整计划的执行。在监督期内，债务人应当向管理人报告重整计划执行情况和债务人财务状况。《民商审判会议纪要》第 113 条规定："重整计划的执行期间和监督期间原则上应当一致"。

《企业破产法》关于在债务人执行重整计划过程中如何实施有效的监督，尤其是保护债权人权益，还要进行具体规定，目前将全部监督权力交由管理人行使，未规定债权人方面对债务人的监督制度，不利于维护债权人的利益，应当进一步对监督制度加以完善。

监督期届满时，管理人应当向人民法院提交监督报告。自监督报告提交之日起，管理人的监督职责终止。经管理人申请，人民法院可以裁定延长对重整计划执行的监督期限。对于管理人向人民法院提交的监督报告，重整计划的利害关系人有权查阅。

三、重整计划的效力与终止

经人民法院裁定批准的重整计划，对债务人和全体重整债权人（包括对债务人的特定

---

① 参见汪世虎：《公司重整中的债权人利益保护研究》，178 页，北京，中国检察出版社，2006。

财产享有担保权的债权人）均有约束力。所谓重整债权人是指在法院受理破产申请时对债务人享有债权的人，法律另有规定的除外。所有重整债权人都只能按照重整计划的规定获得债权清偿，债务人在执行完毕重整计划前，不得对债权人给予个别清偿，但共益债务除外。

债权人对债务人的保证人和其他连带债务人所享有的权利，不受重整计划的影响，其可以依据原合同的约定行使权利。也就是说，重整计划中涉及债务调整的内容如债务的减免或延期偿还，对债务人的保证人或连带债务人无效，不产生变更其债务关系的法律效力，不适用主债务减轻，从债务也随之减轻的原则，它们仍应按原来债的约定或法定责任承担保证或连带责任。债权人设立保证或连带债务之本意，就是使保证人或连带债务人在债务人无力清偿债务，尤其是进入破产程序时承担责任。如因重整计划中减免部分债务，便相应减轻保证人或连带债务人的责任，这就与保证或连带债务设立的宗旨相违背，债权人设置担保或连带债务之目的就无从达到，且违反法律规定之诚信公平原则。再者，重整计划不是完全建立在双方自愿互让的基础上，而是强制性地调整债务关系，不同意的债权人也要受重整计划拘束，如使保证人或连带债务人的责任也随重整计划减免，显然是不公平、不合理的。这样做还可能迫使债权设有保证担保或连带债务的债权人为自身利益而强烈反对重整，反而不利于对债务人的挽救。

据此，保证人或连带债务人不能享受重整计划对债务人予以债务减免或延期清偿的利益，仍须按原合同的约定履行保证责任或连带债务责任。债权人依重整计划从债务人处受偿后，仍有权要求保证人或连带债务人对重整计划减免的部分承担责任。另外，在原合同约定的债务履行期届满后，保证人或连带债务人便须承担相应责任，不能享受重整计划规定的延期清偿利益。保证人或连带债务人在债务人按照重整计划清偿之前便代为清偿的，可以取得代位求偿地位，但其权利行使须受重整计划的限制，即受减免债务与延期清偿的限制。因保证人或连带债务人取得的是对原重整债权的代位权利，故原债权所受的限制也要由其承受。需注意的是，在债务人履行重整计划中规定的清偿义务后，保证人或连带债务人又对债权人承担相应责任的，不再享有代位求偿权，因债务人对一项债务不能向债权人和保证人或连带债务人作两次破产清偿。

《企业破产法》第 92 条第 2 款规定，债权人在重整程序中未依法申报债权的，在重整计划执行期间不得行使权利；在重整计划执行完毕后，可以按照重整计划规定的同类债权的清偿条件行使权利。在重整程序中，债权人未及时申报债权的，可以在债务人或管理人向人民法院和债权人会议提交重整计划草案之前依据《企业破产法》第 56 条的规定补充申报债权。但在重整计划被提交债权人会议表决后，其补充申报的债权不再被纳入重整计划的清偿范围内，以免打乱重整计划中已确定的债权调整与清偿方案，影响重整程序进行。需要注意的是，《企业破产法》第 92 条第 2 款的规定，主要针对的是债权人因为不可抗力或者其他正当理由（例如不知晓重整程序的发生）而未能申报债权的情形。

重整计划原则上与和解协议一样，是不具有强制执行力的，但这是指在债务清偿方面，如果针对重整计划执行过程中的其他问题，如其他政府部门或有关人员负有协助执行义务而不主动履行的，债务人、管理人可以向人民法院提出执行申请，人民法院应当作出协助执行通知。

人民法院依法裁定终止重整计划执行并宣告债务人破产的，债权人在重整计划中作出的债权调整的承诺失去效力，债权恢复到重整计划调整前的状态，但为重整计划的执行提供的担保继续有效。因重整计划的终止执行无溯及既往的效力，故债权人因执行重整计划所得到的清偿仍然有效，债权人依重整计划所受清偿无须返还，债权未受清偿的部分作为破产债权。在重整计划执行中已经接受清偿的债权人，只有在同顺位其他债权人在破产程序中同自己所受的清偿达到同一比例时，才能继续接受破产分配。

对于按照重整计划减免的债务，自重整计划执行完毕时起，债务人不再承担清偿责任。

债务人不能执行或者不执行重整计划的，人民法院经管理人或者利害关系人请求，应当裁定终止重整计划的执行，并宣告债务人破产。根据《民商审判会议纪要》第 114 条的规定，在重整期间或者重整计划执行期间，债务人因法定事由被宣告破产的，人民法院不再另立新的案号，原重整程序的管理人原则上应当继续履行破产清算程序中的职责。原重整程序的管理人不能继续履行职责或者不适宜继续担任管理人的，人民法院应当依法重新指定管理人。重整程序转破产清算案件中的管理人报酬，应当综合管理人为重整工作和清算工作分别发挥的实际作用等因素合理确定。在重整期间因法定事由重整程序转入破产清算程序的，应当按照破产清算案件确定管理人报酬。重整计划执行期间因法定事由重整程序转入破产清算程序的，后续破产清算阶段的管理人报酬应当根据管理人的实际工作量予以确定，不能简单根据债务人最终清偿的财产价值总额计算。

【问题与思考】

1. 如何认识重整制度在破产法中的地位和作用？
2. 重整制度具有哪些重要特征？
3. 我国《企业破产法》对重整原因及重整申请作了哪些具体规定？
4. 重整期间，债务人的财产管理和营业事务如何执行？
5. 在哪些情况下，法院应当裁定终止重整程序并宣告债务人破产？
6. 简述重整计划的制订主体及计划的主要内容。
7. 对重整计划草案如何进行表决？法院在何种情况下可以强制批准重整计划草案？
8. 如何理解重整程序中对债务人出资人之权利的调整与保护？
9. 如何理解重整计划的效力？
10. 根据我国《企业破产法》的规定，重整计划由谁执行？如何对重整计划的执行进行监督？

【案例分析】

深圳新都酒店股份有限公司破产重整案

深圳新都酒店股份有限公司（以下简称“新都酒店”）是深圳市老牌酒店和上市公司，1994 年就已经在深圳证券交易所上市交易，有员工 272 人、股东 23 010 家、总股数 32 940 万股。因大股东违规担保、经济运行下行等客观原因，新都酒店陷入财务危机，其2014年年报披露，其资产总计人民币430 101 892.83元，负债总计人民币611 888 349.95元，净资产为人民币－181 786 457.12元，已严重资不抵债。如在2015年年内不能实现“净资产为正”“利润和扣除非经常性损益后的利润均为正”两个目标，将被终止上市，众多股东的股权价值将归零，债权人只能通过破产清算拍卖现有资产获得清偿，新都酒店的员工将面临失业风险。2015年7月23日，债权人正式向广东省深圳市中级人民法院（以下简称深圳中院）申请新都酒店破产重整，拉开司法拯救序幕。2015年9月15日，深圳中院依法裁定受理新都酒店破产重整案。

鉴于重整申请提出时新都酒店已经深陷诉讼、执行围剿中，如不能尽快启动程序，则财产面临分割，后续的重整将失去依托。为给新都酒店争取足够的重组时间，深圳中院利用立案听证调查程序，引导新都酒店提出并修订了重整可行性方案。经层报审批，从申请人提出申请至法院正式受理此案仅用37个工作日，创下全国上市公司破产程序案件立案最快的纪录。

2015年11月26日，深圳中院根据新都酒店的申请，准许新都酒店在管理人的监督下自行管理财产和营业事务。

2015年12月14日，债权人会议表决重整计划，以担保债权组100%、出资人组99.78%、普通债权组83.77%的表决通过率，高比例表决同意通过重整计划。经过法院、管理人和新都酒店自身的努力，终于2015年12月28日执行完毕重整计划，成功保住了这家老牌上市公司。

本案是人民法院提升效率、强化服务，发挥司法拯救作用的典型案例。新都酒店重整案从法院立案到重整计划执行完毕仅耗时101天，创下全国市场主导条件下拯救上市公司的最快速度。案件顺利审结，保住了272个就业岗位，实现债权清偿7.4亿余元，为24 379户股民保住了股票价值，为深圳保留了一家主板上市公司。

该案件中一改过去上市公司重整只关注债务重组、简单清壳的审理模式，将后续经营整合到重整计划中，获得了债权人和股东的双重认可，为下一步再建型重整的全面铺开探索了一条可行之路。第一，为避免影响酒店运营，法院在指导管理人全面接管公司管理、信息披露等事务的同时，保留新都酒店原经营团队负责酒店日常事务。管理人仅对日常运营实施决算管理，不干涉其具体业务。在案件审理期间，新都酒店实现盈利近200万元。第二，在接管企业后，法院指导管理人第一时间完成员工分类工作，安排管理人的具体部门与公司管理层对接，从人事和财务两方面对其进行管理；对公司普通员工实施原岗、原薪、原聘，将员工利益放在首位，在拟订重整计划和确定重组方时，明确要求重组方为可能出现的员工失业安置缴纳专项保证金2 000万元，确保员工权益不受损。第三，为确保既选好重组方又避免牵入不必要的利益纠葛，法院坚持要求管理人以市场自由竞争模式，将重组方的遴选交由股东和公司在市场博弈中确定；引导潜在重组方以经济实力发言，按市场规则办事，最终重整计划以高比例获通过。第四，因新都酒店的债权人主要分为两类，一类是借款人，另一类是日常给酒店供应货物或服务的供应商，两类债权产生的原因各异，故针对两类债权设定不同清偿方式，并对小供应商予以强化保护。明确有财产担保债权全额受偿；普通债权20万元以下全额受偿，超过20万元部分按比例受偿。清偿率在初期达60%，最终预计可达70%以上。第五，遵循大股东多让渡股份、其他股东不让渡股份的原则对出资人权益进行调整，明确要求大股东让渡50%的存量股票和全部的资本公积金转增股份，中小股民不仅不让渡，还能按照约10股转增3股的比例取得公司股份。在出资人组会议上，这一出资人权益调整方案表决通过率达到99.78%。第六，不仅关注公司债务重组，更关注其后续经营。重整计划直接明确后续重组方，要求重整投资人承诺维持新都酒店持续经营，新都酒店在2016年和2017年的净利润分别超过2亿元和3亿元；通过调整产业结构、注入优质资产等方式恢复公司的持续盈利能力，以实现股票恢复上市。

请根据以上案件情况，思考以下问题：

（1）如何评价我国现行企业破产法关于债务人自行管理制度的规定？

（2）如何评价本案中对重整投资人的招募方式？

（3）如何评价本案中“对小供应商予以强化保护”？

（4）如何评价“本案遵循大股东多让渡股份、其他股东不让渡股份的原则对出资人权益进行调整”？

第八章

破产和解

本章概要

破产和解是我国《企业破产法》规定的与破产重整、破产清算并列的三大破产程序之一，当企业发生支付不能、濒临破产时，《企业破产法》设置了和解与重整程序，供不同条件、不同情况下的企业选用，尽最大可能挽救企业，避免破产。如果和解、重整失败，或者无人提出和解、重整申请，则进入破产清算程序，经最后清算和破产财产分配后，彻底消灭破产企业的法人主体资格。

有权提出和解申请的主体只限于债务人。债务人可以直接向法院提出和解申请，也可以在破产清算程序启动后、宣告债务人破产前提出和解申请。债务人申请和解应提交和解协议草案，并由债权人会议表决。和解协议草案一般涉及债务清偿、债务减免、缓期履行和提供担保等内容。债权人会议对和解协议草案的表决通过，必须由出席会议的有表决权的债权人在人数上过半数同意，并且其所代表的债权额占无财产担保债权总额的2/3以上。债权人会议表决通过和解协议后，经法院审查裁定认可后生效，至此和解程序即告终止。破产和解具有一定的强制性，和解协议草案经依法通过生效后，对包括反对者在内的所有和解债权人都有约束力。如果债权人会议未通过和解协议草案，人民法院应直接裁定终止和解程序，宣告债务人破产。

和解协议不具有强制执行的法律效力。债务人不能执行或者不执行和解协议，由人民法院裁定终止和解协议的执行，宣告债务人破产。和解协议履行完毕后，债务人对按照和解协议减免的债务，不再承担清偿责任。

参考文献

1. 王欣新．破产法理论与实务疑难问题研究．北京：中国法制出版社，2011

2. 王欣新．谈破产法中的民事和解．人民法院报，2020－08－06（7）

3. 王欣新．各国破产和解制度评述．经济参考报，1989－07－18

4. 韩长印．我国企业破产预防制度的多样化构建．河南社会科学，2004（1）

5. 汤维建．破产和解制度的改革与完善．中国法学，1995（2）

6. 邹海林．论我国破产程序中的和解制度及其革新．法学研究，1994（5）

7. 张钦昱．破产和解之殇：兼论我国破产和解制度的完善．华东政法大学学报，2014（1）

8. 张善斌，翟宇翔．破产和解制度的完善．河南财经政法大学学报，2019（5）

9. 郝振，章伟．破产程序中自行和解制度的适用：以纺中纺公司案为例．中国审判，2021（17）

参考法规

1.《企业破产法》第九章

2.《民事诉讼法》第205条、第206条

引 例 四川成安渝高速公路有限公司破产清算转和解案[①]

一、基本案情

四川成安渝高速公路有限公司（以下简称成安渝公司）成立于2009年6月15日，注册资本为8.35亿元。2009年9月10日，成安渝公司与资阳、成都市政府签订“成安渝高速公路四川段BOT项目特许权协议”，取得在特许经营期限内对成安渝高速公路四川段项目进行投资、建设、运营和养护管理的权利。2016年1月19日，政府解除前述协议，收回项目特许权。自此，成安渝公司与政府、施工单位、金融机构、其他债权人之间的矛盾以

① 案例来源：四川省资阳市中级人民法院（2021）川20破1号之五民事裁定书及附件“四川成安渝高速公路有限公司和解协议”（认可和解协议并终止和解程序裁定书）。

及成安渝公司股东之间的矛盾集中爆发，引发大量诉讼、仲裁、执行案件，历时多年仍无法有效化解，并有激化升级的风险。

2021年2月24日，四川省资阳市中级人民法院（以下简称资阳中院）裁定受理债权人对成安渝公司的破产清算申请，并于同年7月19日指定四川发现律师事务所、四川中立中清算事务所有限公司、四川中衡安信会计师事务所有限公司联合担任管理人。

成安渝公司资产负债规模巨大，资产体量高达166亿元，债权申报金额接近300亿元，且具有如下特点：(1) 成安渝公司未与各施工单位结算，建工债权均系诉讼未决债权，因工程资料缺失、造价/质量鉴定等原因导致案件审理周期极长，严重影响政府与成安渝公司之间就包括建安成本在内的行政补偿款进行结算，使偿债资产迟迟无法确定；(2) 成安渝公司与各金融机构之间就质押优先权问题争议巨大，非经一审、二审、再审难以定纷止争，金融债权人能否行使别除权悬而未决，使破产财产的范围迟迟无法确定；(3) 因建工和金融债权占比极高，在其债权金额及性质确定前，税款及普通债权能否清偿存在重大不确定性，普通债权人与建工、金融债权人之间利益冲突尖锐。以上种种，必然导致破产清算程序的推进举步维艰、旷日持久。

基于上述背景，在四川省高级人民法院监督指导下，在当地党委政府关心支持下，资阳中院指导管理人从“根本解决历史遗留问题、彻底化解各类矛盾冲突、平等保护各方合法权益、充分发挥破产概括执行的程序集约优势”出发，提出清算转和解的思路。自此，成安渝公司历史遗留问题及各类矛盾冲突进入实质化解阶段。

经多方不懈努力，“四川成安渝高速公路有限公司和解协议（草案）”（以下简称“和解协议”）于2021年12月23日经第三次债权人会议表决一致通过，于次日经资阳中院裁定认可。根据该“和解协议”，建工债权、金融债权本金及诉讼费、税款债权全额清偿；金融债权利息附条件清偿；普通债权按比例清偿，预计清偿率不低于50.28%。目前，首期45亿元清偿款已于2021年12月28日向相关债权人分配。

本案是全国首例高速公路破产清算转和解案，也是迄今为止国内标的最大的破产清算转和解案。本案自管理人接受指定到和解结案用时仅五个月，效率非常高。本案通过和解方式实现多家央属施工单位、多家金融机构及其他各类债权人利益最大化，在建工、金融、税款债权全额受偿的情况下，普通债权清偿率实现了从0到50%以上的提升。

二、法律问题

本案例涉及的法律问题有：破产和解制度的功能和目的是什么？有财产担保的债权人是否可以行使对和解协议草案的表决权？生效的和解协议对表决时投反对票的债权人是否具有约束力？

第一节　破产和解制度概述

一、破产和解的概念

和解是当事人之间发生争议时，通过互相妥协和让步，以协商方式达成口头或书面的和解协议，解决当事人之间争议事项的一种方式。破产法上的和解是在债务人发生破产原因时直接向法院申请和解，或者法院已经受理破产清算案件，但在债务人被宣告破产以前，债务人申请和解，在法院主持下由其与和解债权人进行协商，就债务偿还等事项制订和解协议草案，经债权人会议依法表决通过，和解协议经法院裁定认可后生效，由债务人按和解协议履行，意图避免债务人破产的法律制度。

债务人与和解债权人协商制订的和解协议草案应提交债权人会议依少数服从多数的表决机制通过。经法院裁定认可生效后，和解协议对不同意和解协议的债权人也产生约束力，故破产和解又被称为强制和解。这是破产和解区别于以完全自愿为原则的民事和解、诉讼调解的特征，也是破产和解能够更好地挽救债务人企业的关键所在。

二、破产和解与重整制度比较

破产和解、重整、破产清算作为破产法上的三大制度，分别采取不同的手段，实现破产法公平清偿和保护债权人等各方合法利益的价值目标。破产和解适用于债务人发生破产原因但尚有挽救可能与价值的情况，可以适用于所有类型的濒临破产的企业。由于破产和解中的博弈和让步主要在债权人和债务人之间展开，不涉及债务人的股东权益调整，有财产担保的债权人也不必须参加和解，所以其操作简便，只要债务人有和解的积极意愿和切实可行的和解方案就可以进行，有利于债务人避免破产，获得重生。

重整也是避免企业破产清算的手段和工具，其申请的主体更加广泛，但操作程序也更加复杂，由各类债权人进行分组表决，并且往往涉及股东权益的调整，所以通常比较适合上市公司、集团公司等大中型企业。而对较小规模的企业在濒临破产时适用重整程序，因所需时间长、程序复杂、耗资巨大、过多占用国家司法资源等原因，往往在成本上和效率上与企业规模不相匹配。

具体来看，破产和解与破产重整的相同之处在于以下几个方面：

(1) 目的相同，即在破产清算程序之外，引进破产挽救机制，在不损害债权人利益的前提下，尽量避免债务人破产。

(2) 程序启动的机制相同，即无论是和解还是重整，均须当事人申请方可启动，法院不得依职权启动和解或重整程序。

(3) 申请的期间相同，即无论是和解还是重整，都是既可以由当事人直接向法院提出申请，也可以在破产清算申请受理后、法院裁定宣告债务人破产前提出。

（4）和解和重整都主要以当事人意思自治原则为基础，最终由法院行使司法裁决权。

（5）结果相似，即如果和解协议或者重整计划得到顺利执行，则债务人免于破产，否则，法院裁定宣告债务人破产，实行破产清算。

同时，两者也存在如下不同之处：

（1）申请的主体不同。破产和解只限于债务人申请；而对于破产重整，债务人、债权人、债务人的适格出资人，均可以提出申请。

（2）两者调整的权利义务的范围有所不同。和解通常只调整债权人和债务人之间的债务关系；重整除调整债务关系外，还涉及债务人企业经营重整、出资人之权益调整等事项。

（3）担保物权的地位不同。和解程序中保留了民法上“物权优于债权”的原则，对债务人特定财产享有担保物权的债权人，自法院裁定和解之日起可以行使权利；但是在重整程序中，重整期间内对债务人特定财产享有的担保物权暂停行使。

（4）表决权人不同。和解协议草案由无物权担保的债权人在债权人会议上表决；而重整计划草案由包括物权担保债权人在内的各类债权人分组表决，涉及出资人权益调整的，还必须设出资人表决组，由出资人对重整计划草案行使表决权。

（5）法院行使裁决权不同。和解协议草案未经债权人会议表决通过，法院无权裁定认可；但重整计划草案经分组表决未通过的，如果符合法定的条件，法院可以强制裁决予以批准。

我国《企业破产法（试行）》将破产和解与整顿制度混同，国有企业要以上级主管部门提出整顿申请作为和解前提，致使破产和解主要借助政府的行政权力进行，这与我国目前已经建立的市场经济体制和企业的市场主体地位已格格不入，所以《企业破产法》借鉴国外立法，单独设置了重整制度，并将破产和解从其他破产制度中分离出来，实行破产和解分离主义立法原则，形成了独立的一元化的破产和解制度。

【经典导读】

破产和解的法律性质①

关于破产和解的法律性质，学术界存在不同的学说。一为契约说，该说将破产和解视为私法上的一种契约，即破产和解协议是由债务人提出要约，债权人会议以决议形式作出承诺而达成的契约，法院的裁定认可，则是该契约成立的法定条件。二为裁判说，该说将破产和解视为法院的一种裁判，即破产和解是由债务人提出和解申请及和解协议草案，债权人会议以决议形式表示同意，法院以法定职权裁定认可的司法裁判活动。和解协议的性质类似于我国民事诉讼活动中人民法院根据当事人协议制作的民事调解书。三为混合行为说，该说将破产和解视为由债务人提出和解申请，债权人会议以决议形式表示同意，人民法院以法定职权裁定认可，三者共同起作用而形成的混合行为。

现多数人持混合行为说，因为：一方面，破产和解协议如果属于契约，其强制那些持反对意见的债权人服从，将显然与民法的根本原则即契约自由原则相违背；而另一方面，破产和解

---

① 参见王欣新：《破产法》，4版，270页，北京，中国人民大学出版社，2019。

协议主要是由债权人与债务人进行协商谈判和利益博弈并在最后达成妥协，法院的裁定认可只是和解协议成立的法定条件，不能改变和解的本质，况且破产和解协议并没有强制执行的效力，所以将其定性为法院裁决书显然是不妥的。总之，破产和解既与私法契约有类似之处，又渗透了法院裁判的因素，是自愿和解与强制和解的结合。

三、破产和解制度的功能

在债务人发生破产原因时，债权人可以申请债务人破产，债务人也可以自行申请破产。在濒临破产的企业仍有挽救可能的情况下，对其进行破产清算并注销该企业的民事主体资格，无论对债权人还是债务人来说，都不是最优的选择，会产生如下一些不利影响：

（1）在破产清算程序中，通常债权人获得的清偿率都不高，会低于依和解程序可能得到的清偿。

（2）清算程序耗费时间长，导致破产费用高昂，其时间成本与各项费用最终将由债权人承担。

（3）债务人的破产会使与其有关的诸多企业受到拖累，导致人员失业，影响社会安定。

与破产清算相比，破产和解则具有以下优势：

（1）可以在一定时期内有效缓解债务人清偿债务的压力，使债务人有再生的可能。

（2）债务人可以避免其经营主体资格被取消或限制，避免商业信誉的完全丧失。

（3）在客观上减少了破产企业的数量，避免或减缓了企业破产、失业人员增加给社会造成的冲击，对保障经济秩序稳定和维护社会和谐发展具有一定的作用。

因此，针对发生破产原因的债务人企业，各国法律都规定有一定的挽救制度，如和解制度、公司整理制度、重整制度等，避免其被破产清算。这些制度设计的立足点是在破产清算之前再设置一个“过滤阀”，只要债务人还有挽救的可能，就要从法律制度上给予其机会，让其能借助各种避免破产的制度而重生。英国等少数国家甚至采用和解前置主义，即破产申请提出后，双方首先必须进行和解，只有在和解不能成立时，才适用破产清算程序。但大多数国家都实行和解分离主义，即和解并非破产清算的必经程序，当事人可自行选择是否先进行和解。

四、我国破产立法中的和解制度

我国《企业破产法》在第九章规定了和解制度。《企业破产法》中的和解制度与《企业破产法（试行）》之规定相比有重大的变化，如：债务人可以直接向人民法院申请和解；取消了整顿制度，和解不再与整顿制度联动，成为完全独立的程序；规定和解程序在和解协议生效或未能成立时终止；明确规定了和解协议的法律效力范围；等等。《企业破产法》下的和解制度不仅符合各国之立法惯例，还与中国的司法实践情况相结合，具有可操作性。

目前，在域外破产立法的改革过程中，一个新的趋势是突出重整程序的作用，不断扩大其适用范围，完善其制度，同时，和解制度则被弱化，有的国家甚至在部分领域废除了和解制度。如日本废除了和议法，制定了民事再生法；澳大利亚在破产法中废除了企业破产的和解程序，仅保留自然人破产的和解程序。在我国《企业破产法》的制定过程中，也有人就和解制度的存废问题提出不同意见，主张废除和解制度，大力发展重整制度。但经过研讨，立法起草组中绝大多数人认为，重整制度也有一定的局限性，如其程序复杂，重整计划的准备、提交、表决所需时间长，成本较高，过多占用国家有限的司法资源等，因此并不适合所有企业。实际上在大多数国家，如英国、韩国等，重整制度仅适用于大型企业如股份公司，尤其是上市公司。而和解制度则不存在这些问题，无论企业规模大小，均可适用。我国在目前的情况下仍应保留和解制度，为当事人提供更多的法律选择。所以，在《企业破产法》中不仅对和解制度仍予保留，而且加以丰富和完善，设专章规定了和解制度。①

第二节　和解申请及受理

一、和解申请人

从各国的和解立法看，和解程序的申请人一般只能是债务人，其他利害关系人不得申请启动和解程序，法院也不得依职权强制启动和解程序。债权人等其他主体之所以不能申请和启动和解程序，原因主要有以下几点。

第一，和解的目的是避免债务人破产清算，故应由拟通过和解挽救自己并避免破产的债务人提起，如果债务人没有和解的意愿，即使债权人愿意启动和解程序，也达不到和解的目的。

第二，只有债务人最清楚其陷入债务困境的原因，能够判断其困境能否克服，其业务有无继续维持的价值和可能，并据此提出和解申请，债权人往往难以对此作出判断。此外，债权人同意和解是因为和解通常能使其获得比破产清算更高的清偿率，而不是因为他真正关心债务人的事业有无维持的可能与价值。

第三，从和解协议的内容及其履行看，除可以免除部分债务、分期偿还外，主要是债务人拿什么还债，如何提供债权人信得过的担保等内容，这是必须由债务人自身去承诺和履行的，无论是债权人还是人民法院都无从替代。

第四，破产和解与破产清算、破产重整的程序价值和功能不同。和解是给债务人以重生的机会，必须其自己去申请；清算是为了公平受偿，所以债权人和债务人都可以作为申请人。重整虽然也是帮助债务人重生的程序，但由于其通常伴随着债务人股东权益的调整、资产重组等活动，债权人可以通过债转股、担当新投资人、调整债务人原股东权益等

① 参见王欣新：《破产法》，4版，270页，北京，中国人民大学出版社，2019。

措施参与重整，并以此制衡债务人，保护自身利益，促进重整成功，所以债权人可以申请债务人重整。而破产和解只涉及债务人和债权人之间债务问题的解决，债权人处于被动地位，没有其他更多的手段去制约债务人或者推动和解，故债权人不能申请启动和解程序。

二、和解申请的提出

根据《企业破产法》的规定，债务人可以在发生破产原因时直接提出和解申请，也可以在法院受理破产清算申请后、裁定宣告债务人破产前申请和解。《企业破产法（试行）》曾规定债务人不能直接提出整顿及和解申请，只能在债权人申请破产、法院受理案件后3个月内提出，这些对申请和解在程序上和时间上的限制，客观上构成了运用和实施和解制度的障碍，不利于债务人积极挽救企业。所以《企业破产法》将这些不合理的限制予以废除。

债务人直接提出和解申请，适用于债务人企业已经资不抵债、不能支付但并无债权人申请其破产的情况，此时债务人为避免破产清算可以主动向法院申请破产和解，以求通过和解程序请求债权人会议同意减免债务或缓期履行，从而使企业得到挽救和重生。在债权人提出破产申请的情况下，债务人则可以在破产案件受理后、破产宣告前这段时间内申请和解。如果债权人的破产申请尚未获法院立案受理，而债务人提出与债权人和解，这时的和解属于债权人与债务人之间的私下和解，不在法院的管辖范围之内。而破产宣告之后，债务人已被裁定宣告破产，丧失申请破产和解之资格，所以债务人除能够与全体债权人达成全面自愿和解而申请法院终结破产程序的特定情形之外，不能再申请和解。至于在债务人申请破产的场合，其自身在法院对破产案件进行审理期间还能否再申请和解，笔者认为，在破产案件被受理后、破产宣告前，债务人又申请和解的，法院经审查符合和解条件的，应当裁定和解。也即破产案件受理后债务人申请和解的情况，并不局限于债权人申请破产的情形，债务人申请破产的案件，债务人自身也并不丧失在其后申请和解的资格。

根据《企业破产法》的规定，债务人既可以直接向法院提出破产清算申请，也可以提出破产和解或者破产重整的申请。债务人直接向法院申请和解，除和解申请书外，还应当向法院提交其具备破产原因的证据，以及主体资格证明、债权债务清册、和解协议草案等相关材料。破产案件被受理后、宣告破产前，债务人提出和解申请的，如果其此前已经提交过财产状况说明、债权债务清册、财务会计报告、职工工资支付和社会保险费用缴纳情况等材料，则只需提交和解申请书、和解协议草案即可。

三、和解申请的受理

对债务人提出的和解申请，法院应当予以审查，以确定是否受理。法院根据和解申请是在哪一个阶段提出，确定不同的审查重点。

针对债务人依据《企业破产法》第7条直接向法院提出的和解申请，法院必须首先审查债务人是否具备破产原因，只有确定了债务人不能清偿到期债务并且资不抵债，或者明显缺乏清偿能力，即符合《企业破产法》第2条规定的条件，才能进一步审查其提交的和解协议草案，确定是否应当受理其和解申请。只有债务人同时满足两方面的条件，既发生破产原因，也具备和解的可能，法院才能裁定受理该和解申请。

而申请和解的另外一种情形，就是在法院受理破产案件之后、宣告债务人破产之前，债务人提出和解申请。此时法院已经受理破产案件，债务人已被确认具备了破产原因，因此只需审查债务人和解的可行性。法院应当对债务人提交的和解申请、和解协议草案进行审查，并作出审慎判断。因为和解申请受理裁定一旦作出，将产生一系列法律效力，如破产清算程序中止、担保债权人可以开始行使其担保权等，这将在很大程度上影响到不同类型债权人的权利。如果不在和解受理阶段加以审核把关，只要债务人提出和解申请法院都裁定受理，就会导致一些根本没有和解可能的案子占用有限的司法资源，并且延误清算，使债务人财产进一步受损，损害债权人的实质利益。

债务人申请和解应当由其股东会作出决议，而不应仅由法定代表人决定，或者仅在和解申请书上加盖公章。法院还应当初步审查债务人和解协议草案是否明显损害债权人法定利益，债务人是否具备履行能力，如何保障和解协议得到履行，并且考虑债权人按和解协议得到的清偿率是否高于破产清算所获得的清偿率。法院只有在经审查认为申请主体合法、意思表示真实、和解不会损害债权人利益的情况下，才能裁定受理债务人的和解申请。

【案例 8—1】苏州电气集团有限公司破产和解案

苏州电气集团有限公司（以下简称苏州电气公司）系国有企业整体改制的企业，公司注册资本为 2 900 万元，经营范围主要为生产电器元器件和成套设备。受国家经济结构性改革、所处行业整体环境变化等因素影响以及存在的大额对外担保行为，苏州电气公司最终被银行债权人诉至法院，无力清偿到期担保债务，陷入破产困境。

2018 年 11 月 15 日，苏州工业园区人民法院裁定受理苏州电气公司破产清算一案。案件受理后，法院指导管理人立即开展接管工作，同时调查苏州电气公司的经营状况、债权债务等情况。在此期间，苏州电气公司向管理人提出继续进行生产经营的申请。管理人于 2018 年 12 月 17 日向法院提交关于提请人民法院许可继续债务人营业的报告，认为苏州电气公司具有稳定的运营基础与成熟的盈利模式，继续经营有利于稳定职工队伍，留住核心人才，维护各相关方利益，所以决定继续苏州电气公司的营业。同时，苏州电气公司的法定代表人及其团队成员与管理人签署继续生产经营责任书，对继续营业期间的经济指标进行细化分解，并由法定代表人个人为企业继续经营提供连带担保及 30 万元风险保证金。法院经实地走访、多方论证，最终准许苏州电气公司继续营业。

由于取得了担保债权人的理解与支持，苏州电气公司于 2019 年 4 月 4 日向法院申请破产和解并提交了和解协议草案，主要以政府回购苏州电气的资产补偿款清偿苏州电气公司的各项债务。经审查，考虑到以下因素，(1) 苏州电气公司名下有数十项专利、中国强制性产品认证等无形资产，对苏州电气公司进行重整或者清算都会在很大程度上影响无形资产的价值。正因为这些无形资产，也限制了重整投资人的进入；(2) 作为改制企业，和解成功将解决数十名转制老员工再就业难题；(3) 和解程序不涉及处置苏州电气公司名下的资产，可节约税费，最终提高债权人的清偿率；(4) 苏州电气公司存在600万元的停产停业损失，公司和解后该部分损失可以用于抵扣企业所得税；(5) 大部分债权人均为苏州电气公司的供应商，与苏州电气公司存在长期合作关系，进行和解具有便利条件；(6) 无投资人愿意参与重整，法院于2019年6月26日受理苏州电气公司的和解申请，将清算程序转换为破产和解程序。

2019年6月28日，苏州电气公司召开第二次债权人会议，债权人会议以高通过率表决通过了和解协议。根据和解协议，担保债权、税收债权、破产费用及共益债务均得到100%的清偿；普通债权以12万元为区分线，分别获得全额和部分清偿。2019年7月25日，法院依法裁定认可该和解协议并终止和解程序。目前，苏州电气公司经营状况良好，企业运转正常。

第三节　和解协议草案的制订、表决与司法审查

一、和解协议草案的制订

和解协议草案与重整计划草案的制订参与主体不同：前者系由债务人制订并提出，目的是向债权人寻求和解；后者的参与主体更加广泛，除管理人、债务人之外，实践中还可包括债权人、债务人股东和新的投资人。重整计划草案对相关利害关系主体的权利义务的调整在力度和范围上都远大于和解协议草案，其挽救债务人的效力更强，需要动用的社会资源和司法资源也就更多。重整计划草案可以由债务人或者管理人制订，并且至少有6个月的制订和提交时间，但和解协议草案只能由申请和解的主体，即债务人负责制订，并且在申请和解的同时就必须提交。

《企业破产法》并未对和解协议草案的必备内容作出具体规定，一般来讲，和解协议草案应当具备以下内容：

(1) 债务人资产负债现状。和解协议草案中首先应当客观介绍债务人的基本情况以及债权债务和资产情况，包括债务总额多少，有财产担保的债权人人数和债权数额，普通债权的债权人人数和债权数额，债务人对外应收债权多少，资产现状如何，使债权人对债务人及其资产负债现状有客观的了解。

(2) 清偿债务的财产来源。对债务人现有的资产，包括货币资金、有价证券、厂房建

筑物等固定资产、存货、对外债权、土地和工业产权等无形资产，需进行详细介绍，并对已经抵押的财产予以注明。应收账款如何催收落实，哪些财产可用来变现偿债又不会从根本上影响债务人继续经营，变现的途径和方法，或者如何采取外部融入资金等方式向债权人偿债等。总之，应让债权人相信，用于偿债的资金或实物财产已有妥当安排，并且是切实可行的，债务人有能力按和解协议草案偿还债务。

(3) 清偿债务的计划。这包括偿债数额、减免债务的数额、偿还期限、方式等。和解协议草案需要详细分析按和解协议债权人能得到多少清偿，并说明债权人可以得到比破产清算更多的清偿；在偿还方式上可以考虑根据债务人的实际资产状况分期偿还，并明确每期偿还的数额和比例，除了货币资金偿还，还可以采取实物折价等其他偿还方式。为提高债权人对清偿方案的认可度，最好由第三方对偿债计划提供担保。

(4) 在和解协议草案采取以债务人今后的经营盈利偿还债务的方式的情况下，还应对债务人重生的可行性进行分析论证。这一部分侧重于从债务人的产品、市场地位、品牌、生产经营情况出发，结合国内外行业和经济运行状况、债务人继续经营具有哪些优势、融入新资金的途径和方式和长期的经营管理和技术经验等方面，分析债务人复苏和重生的希望，使债权人相信债务人通过和解协议草案重获新生是有现实可能的。

(5) 在债务人依靠自身力量难以全部偿还债务的情况下，还应制订引进战略投资人或者资产重组的计划。濒临破产的企业单靠自身的努力往往难以自救，这就需要引进新的投资人注入资金，或者对债务人的业务和资产进行重组。如果债务人的资产或者业务还有利用价值，有新的投资人愿意介入，新进入的投资者往往愿意偿还部分债务，或者对偿债提供担保，这样的方案容易得到债权人会议的通过。

二、和解协议草案的表决

法院裁定受理和解申请后应予以公告，确定日期召开债权人会议对和解协议草案进行表决。在讨论和表决和解协议草案的债权人会议上，由债务人先对和解协议草案进行解释和说明，债权人可以发表意见并对和解协议草案进行讨论，还可以建议对和解协议草案进行补充修改。

根据《企业破产法》第 59 条第 3 款的规定，对债务人的特定财产享有担保权的别除权人未放弃优先受偿权的，虽然可以参加债权人会议，但对和解协议草案不得行使表决权。别除权人的债权已经有担保财产给予保障，在法院裁定和解后其随时可对担保财产行使权利，和解协议草案不涉及其利益调整，故别除权人对和解协议草案无表决权，但别除权人对其债权数额超过担保财产实际价值的部分应享有表决权。此外，别除权人也可以选择放弃对特定担保财产的优先受偿权，从而参与对和解协议草案的表决。因此，对和解协议草案享有表决权的和解债权人，实际上包括无财产担保的债权人、有财产担保但书面明确表示放弃对担保财产的优先受偿权的债权人，以及债权数额超过担保财产实际价值的那部分债权的债权人。

《企业破产法》规定，和解协议的通过必须由出席会议的有表决权的债权人过半数同意，并且其所代表的债权数额必须占无财产担保债权总额的 2/3 以上。只有这两个条件都同时具备，和解协议草案才算表决通过。此处的债权人人数过半，指的是同意和解协议草案的和解债权人，在实际参加债权人会议的和解债权人人数中过半数；此处的无财产担保债权总额，则指的是全体和解债权人所持的债权总额，即同意和解协议草案的和解债权人所持债权额，必须占无财产担保债权总额（无论某和解债权人是否参加债权人会议，其所持无财产担保债权额均须纳入债权总额计算）的 2/3 以上。否则，即视为债权人会议未通过和解协议草案。

司法实践中，针对债权人会议未通过和解协议草案的情形，比如两个条件其中之一未达到，但债务人或者赞同和解协议草案的债权人请求修改方案，进行二次表决的，法院是否应给予补救的机会？我国《企业破产法》对此未作明确规定。有的国家如伊朗、日本的破产法都有关于有条件给予二次表决机会的规定，我国可以考虑将来在破产法的司法解释中作出规定，法院对债务人或者债权额达一定比例的债权人请求二次表决的，可以在一定期间内（如 30 日）给予二次表决的机会，以体现鼓励和解，尽量挽救债务人的积极的破产法理念和精神。

通常认为，对和解协议草案的表决，只有享有普通债权的债权人才有权参与，劳动债权和税收债权因破产清算时清偿顺序先于普通债权，故其债权人不参与和解协议草案的表决。这与破产重整时将债权分类，分别设立担保债权、劳动债权、税收债权、普通债权四个组别，分组对重整计划草案进行表决有所不同。劳动债权如果需要分期支付，应由劳资双方按照劳动法或劳动合同协商解决，而税收债权的减免或延期，应由债务人向主管税务机关提出申请，国家税务机关根据实际情况依税法作出决定。这两种债权在破产和解中如需调整，也由于其性质的不同，不应被纳入和解协议草案的调整范围和表决程序之中。

三、法院对和解协议草案的审查和裁定认可

破产（包括破产清算、和解、重整）程序是一个司法程序，除了体现最大程度的当事人意思自治，最终必须要有司法权力予以保障，以实现破产法公平清偿的宗旨。但在司法干预的方式上，和解与重整有所不同，重整计划草案经法院裁定批准后生效，和解协议草案则经法院裁定认可后生效。前者是批准，后者为认可，这表明法院对和解协议草案的干预程度将弱于对重整计划草案的干预程度，和解程序中当事人（债权人与债务人）意思自治的程度相对要更强。

债权人会议表决通过的和解协议草案并不是立即生效，还须经人民法院裁定认可。由于和解协议草案表决通过并不需要全体债权人一致同意，因而法院需要对表决的过程、债权人会议决议有无违法和损害少数债权人利益等事项进行审查和确认。这主要包括：(1) 债权人会议程序有无违反法律规定，表决票数及债权额统计有无差错；(2) 债权人会议的表决有无以不正当方式形成，如表决中有无欺诈、贿买或胁迫现象；(3) 最终通过的和解协议草案是否违反现行法律、法规，是否损害少数债权人利益，是否损害国家、社会和第三人的利益，是否违反公平清偿原则（经对其不利的债权人自身同意的不平等清偿除外）；(4) 债务人和解目的是否正当，有无破产欺诈，和解协议草案是否存在明显不能实现等情况。

如果法院经审查发现和解程序或者已经表决通过的和解协议草案确实存在违法问题，即使债权人会议表决通过了和解协议草案，法院仍有权裁定不认可和解协议草案，宣告债

务人破产。破产法赋予法院对和解行使司法审查权的宗旨和目的在于，充分保障破产和解程序在合法的前提下进行，体现法律的价值和作用，保障债权人利益。法院经审查确认和解协议草案及对其进行表决的债权人会议决议符合法律规定，作出裁定予以认可的，和解协议自法院裁定认可之日起生效。

法院对和解协议草案的审查和对重整计划草案的审查及二者处理结果存在不同：重整计划草案必须分组表决，如果部分表决组未通过重整计划草案，法院依《企业破产法》第87条的规定有强制裁决批准的权力；但和解协议草案如果最终未经债权人会议表决通过，法院将无权也没有必要强制裁决认可，唯一的结果只能是裁定终止和解程序，宣告债务人破产，开始进入清算程序。

【经典导读】

和解协议的监督机制①

许多国家的破产法规定，在和解程序中设置和解监督人，对债务人的财产经营状况进行监督，并要求债务人对其财产的重大处分行为应经和解监督人同意后才能进行。我国《企业破产法》一方面规定，在和解程序中设管理人，管理人在和解协议达成前接管债务人的财产和营业事务，足以避免债务人可能的欺诈或者不当财产处分行为；另一方面，在债权人会议之下可以设置债权人委员会进行监督活动。但需注意的是，上述对和解程序方面的监督仅限于提出和解申请至和解协议生效的期间内，和解协议生效后债务人对和解协议的执行则不再受干预，对债务人在财产管理与处分权利方面的限制也予以取消，和解协议履行期间债权人的利益仍易受到损失，所以在和解协议中应考虑规定必要的债权人监督条款，以监督债务人适当履行和解协议，防止其在此期间侵害债权人的利益。

实践中，有债权人会议选出债权人代表对债务人履行和解协议进行监督的案例，这是一种可资借鉴也便于操作的监督方式。因为法院裁定认可和解协议后，管理人已将对债务人的财产和管理事务移交给了债务人，如果不对债务人履行和解协议设定有效的监督方式，一旦发生债务人侵害债权人利益的情形，就难以及时发现并采取补救措施。除由债权人会议选出债权人代表进行监督外，也可以由债权人会议决定由债权人委员会对债务人履行和解协议期间的行为进行监督，并将其监督职责写进和解协议当中。

第四节　和解协议的执行与终止

【案例8—2】某洗涤用品有限公司破产和解案

某洗涤用品有限公司（以下简称债务人）于20××年5月因无力清偿到期债务，向人民法院提出和解申请，并提交了和解协议草案。根据债务人提

① 参见王欣新：《破产法》，4版，276页，北京，中国人民大学出版社，2019。

交的截至20××年4月30日的经审计的资产负债表等文件，公司资不抵债金额已逾1亿元，在各地法院涉诉案件达17件，土地、厂房、机器设备等主要财产均已被采取查封冻结措施。

债务人提交的和解协议草案主要内容为：现27家债权人中有财产担保的债权约21 000万元，无财产担保的债权12 500余万元；如果破产清算，普通债权（指无财产担保的债权）清偿率可能为零，如债权人同意和解，债务人请求免除70%的债务，其余30%在12个月的和解协议履行期限内偿清，其中和解协议生效后30日内清偿一半，余额在和解协议期满前偿清；本和解协议由某日用化学品股份有限公司担保，和解协议生效后若债务人不能按和解协议约定的日期和数额清偿债务，由担保人承担连带保证责任。

法院经审查，认为债务人的申请符合《企业破产法》第7条和第95条的规定，裁定受理了和解申请，指定某律师事务所为管理人，发布公告通知债权人于60日内申报债权。经第一次债权人会议核查确认，债权人共27家，涉及债务总额33 500余万元，其中有财产担保的债权人8家，债权额约21 000万元，无财产担保的债权人19家，债权额12 500余万元。经资产评估，债务人现有土地使用权、厂房、机器设备、原材料、半成品、对外债权等资产账面价值16 310万元，评估值为19 200万元，按债务人财务报表账面价值计算，其资不抵债金额为17 190万元，按资产评估值计算，其资不抵债金额为14 300万元。

法院于20××年8月20日召开债权人会议，对债务人提交的和解协议草案进行讨论和表决。在表决中，无财产担保的债权人15人同意，超过出席会议有表决权的债权人的半数（普通债权人总人数为19人），同意者持有的债权额占无财产担保债权总额12 500余万元的89%，和解协议草案获得债权人会议表决通过。

和解协议表决通过后，法院裁定予以认可，并终止了和解程序。管理人将财产和营业事务移交给债务人。有3家对债务人的土地、厂房享有抵押权的债权人要求法院对债务人的土地、厂房进行拍卖以偿还债务，债务人逐个与其谈判协商，并由拟收购债务人的重组方按抵押物的现有评估价值提供连带责任还款保证，担保债权人最后同意暂缓行使担保权。

和解协议履行至20××年9月26日，协议约定的第一期清偿期限已到，但债务人未按和解协议约定向债权人清偿。和解债权人向法院提交申请，要求按和解协议对债务人进行强制执行，并由担保人某日用化学品股份有限公司承担连带还款责任。经法院查明，债务人自身不具备对和解协议的履行能力，而拟收购债务人的重组方因发现债务人对其隐瞒了对外担保等或有负债达3 900余万元，决定退出重组，和解协议无法执行。

20××年11月，15位和解债权人以债务人不执行和解协议为由，向法院请求终止执行和解协议，宣告债务人破产。法院经审查，最后裁定终止和解协议的执行，宣告债务人破产，各和解债权人在和解协议中免除70%债务的承诺失效，因尚未受到清偿，故仍将原债权数额作为破产债权。法院还确认，和解协议虽被裁定终止执行，但对和解协议的担保仍继续有效。

一、和解协议的执行

和解协议草案经债权人会议表决通过，并经法院审查裁定认可后即发生法律效力，由债务人负责履行和解协议。和解与重整制度具有一定的相似性。债务人在重整期间可以根据《企业破产法》第73条的规定申请自行管理财产和营业事务。和解程序由债务人以提交和解协议草案的方式启动，虽《企业破产法》没有明确规定，但理应以由债务人自行管理为基本原则。在和解协议生效，法院裁定终止和解程序后，由债务人负责履行和解协议。

债务人履行和解协议，面临担保债权人要求行使担保权的挑战。[①] 和解的目的是在公平清偿的基础上尽力挽救债务人，恢复其生产经营能力，避免破产清算。但如果担保债权人坚持行使担保权，要求拍卖债务人生产经营必需的土地、厂房、机器设备等资产，那么挽救债务人的目的很可能就会落空。这就使和解协议的履行，如果没有外部力量如重组方、担保方提供支持，很难得到保障。【案例8—2】中3家担保债权人要求拍卖债务人的土地和厂房，最后经债务人与其逐一协商，并由拟重组方按担保物的评估价值向担保权人提供连带责任保证，债务人才保住了关键资产，使其未被拍卖还债。

和解协议生效后，法院将裁定终止和解程序。这意味着债务人履行和解协议的过程，将不再是一个司法程序，法院没有主动监管的责任。鉴于和解协议的履行一般需要数月乃至一年或更长的时间，并且履行当中仍面临诸多困难和不确定性，为了防止债务人拖延清算，甚至获取非法利益，使债权人利益进一步受损，应当由债权人会议选出债权人委员会，或者选派债权人代表，监督债务人履行和解协议，以便当债务人在履行当中有违法或者不当行为出现时，及时发现并予以干预。监督人在确认债务人已经无力履行或者拒绝履行和解协议后，应及时向债权人会议和人民法院报告，并由和解债权人向法院申请，宣告债务人破产，通过清算程序受偿。

和解债权人申请终止执行和解协议的唯一法定事由[②]，就是债务人不能执行或者不执行和解协议。所谓“不能执行”，意味着债务人在客观上缺乏履行能力、无力履行；所谓“不执行”，意味着债务人在客观上具备一定的履行能力，但主观上不愿履行、拒绝履行。被法院裁定终止执行和解协议后，其结果是宣告债务人破产，进行破产清算。和解债权人是无财产担保的普通债权的债权人，其受和解协议的约束，依赖于通过和解协议获得清

---

① 有财产担保的债权人不属于和解债权人，不受和解协议的约束。

② 《企业破产法》第104条第1款规定：债务人不能执行或者不执行和解协议的，人民法院经和解债权人请求，应当裁定终止和解协议的执行，并宣告债务人破产。

偿，在不能通过和解协议获得清偿的情况下，他们只能申请对债务人进行清算，通过破产清算程序获得清偿。

二、和解协议的效力

和解协议的效力，涉及和解协议的无效，和解协议对债权人的效力、对债务人的效力、对债务人的保证人和其他连带债务人的效力，以及和解协议究竟是否具有强制执行的效力。以下分项述之。

（一）和解协议的无效

《企业破产法》第 103 条规定："因债务人的欺诈或者其他违法行为而成立的和解协议，人民法院应当裁定无效，并宣告债务人破产。有前款规定情形的，和解债权人因执行和解协议所受的清偿，在其他债权人所受清偿同等比例的范围内，不予返还。"

对和解协议的效力，应从当事人的意思表示行为、和解协议的内容是否违法等方面进行判断和认定。如果和解协议是因债务人的欺诈或者其他违法行为而成立，如存在债务人与部分债权人恶意串通损害其他债权人利益，和解协议的内容违反法律、公共道德或者社会公共利益等情况，法院经审查确认，应裁定和解协议无效。裁定和解协议无效时法院应当宣告债务人破产。

根据民法原理，协议被认定无效是具有溯及力的，即追溯到协议成立之时自始无效。被裁定无效的和解协议，可能已经履行了一段时间，无效和解协议履行期间债权人所受的清偿，根据法理应当返还给债务人。但若其他债权人都已得到了同等比例的清偿，则因在破产程序中至少也要对所有债权人作出这一比例的清偿，该债权人并未因和解协议履行比其他债权人多受偿，故无须返还，以免再重复进行分配，反添麻烦。若因和解协议的履行造成部分债权人比其他债权人多受偿，则裁定和解协议无效后，必须由该债权人将较其他债权人多受偿的部分返还给债务人用于公平分配，以维护破产法的公平清偿原则。

（二）和解协议对债权人的效力

在和解协议生效后存在的债权人有三种，关于其权利该如何行使，《企业破产法》有不同规定。

1. 对和解债权人的效力

《企业破产法》第 100 条第 2 款规定："和解债权人是指人民法院受理破产申请时对债务人享有无财产担保债权的人。"和解协议对和解债权人的效力表现为限制其清偿权利的行使，其只能按和解协议受偿。无论其是否申报债权，是否参加债权人会议，是否表决同意和解协议草案，在和解协议生效后，其都只能按和解协议约定的比例和时间受偿，不得要求或接受债务人和解协议之外给予的单独利益，无权再通过个别的民事执行程序获得清偿。

和解债权人中还包括对债务人享有无担保债权，但未依照《企业破产法》规定申报债权的债权人。这些债权人与依法申报债权的和解债权人相比，权利行使应当进一步受到限制，在和解协议执行期间内其不得要求清偿，在和解协议执行完毕后，他们才可以按照和解协议约定的清偿条件向债务人行使权利。未申报债权的和解债权人，不能得到比其他和解债权人更为优越的清偿，否则对依法申报债权并按和解协议获得清偿的债权人是不公平的。

2. 对有财产担保的债权人的效力

在前文中笔者已指出，有财产担保的债权人，可以参加债权人会议，但对其债权中与担保财产实际价值相当的部分，不得享有和行使对和解协议草案的表决权，除非其自愿放弃对特定担保财产的优先受偿权，转变成普通债权的债权人。与特定担保财产价值相当的那部分债权的债权人，既无权行使对和解协议草案的表决权，也不能按照和解协议的约定受偿，他们当然不受和解协议的约束。根据《企业破产法》第 96 条第 2 款的规定，有财产担保的债权人自法院裁定和解之日起，可以行使权利，就担保财产进行个别执行程序。为避免因担保物被执行而使和解难以进行，债务人应与此类债权人逐个单独达成和解。

3. 对共益债务债权人的效力

在破产案件受理后，债务人为了全体债权人的利益因生产经营等需要而新举借的债务，属于共益债务，共益债务的债权人享有优先受偿权，不受和解协议的约束，债权人可以随时要求单独受偿，也可以提起个别的民事诉讼或者执行程序。否则，没有人敢于与和解程序中的债务人进行交易，这样不利于债务人通过和解获得挽救和重生。

（三）和解协议对债务人的效力

和解协议对债务人产生如下法律效力：第一，和解程序终止，债务人重新获得自主经营和继续营业的资格和权利，法院指定的管理人如果此前接管了债务人财产和营业事务，应当向债务人移交经营管理权。第二，债务人应当按照和解协议约定的条件向和解债权人清偿债务，如果债务人拒绝履行或者无力履行和解协议，和解债权人可向法院申请终止和解协议的执行，宣告债务人破产还债，在此情况下，和解债权人在和解协议中同意减免的债务不再有效，但已获得的清偿仍然有效，未受清偿的部分作为破产债权。第三，债务人在和解协议的履行中，不得违背和解协议中关于清偿比例、清偿条件等的约定，给予个别和解债权人以特别的优待，但公平地给予全体和解债权人增加同等清偿利益者除外，如对全体和解债权人均提前清偿，或者同等提高清偿比例。第四，债务人完全履行和解协议的，在和解协议执行完毕后，对依照和解协议减免的债务，即使债务人有能力偿还，也无须再承担清偿责任。① 实践中曾出现债务人履行完毕破产和解协议约定的义务后又被有关执行法院恢复执行的案例。对此，最高人民法院曾在答复中指出："破产和解是债务人破产再生程序，和解协议执行完毕后，其法人资格仍存续，但不再承担和解协议规定以外的债务的清偿责任。对此，当时法律虽无明文规定，但参照新《中华人民共和国企业破产法》，应作此理解。"②

---

① 《企业破产法》第 106 条规定："按照和解协议减免的债务，自和解协议执行完毕时起，债务人不再承担清偿责任。"

② 《最高人民法院执行工作办公室关于破产和解后以破产债务人为被执行人的案件能否继续执行的请示答复》。

（四）和解协议对债务人的保证人和其他连带债务人的效力

《企业破产法》第 101 条明确规定："和解债权人对债务人的保证人和其他连带债务人所享有的权利，不受和解协议的影响。"也就是说，和解协议对债务人的保证人或连带债务人不发生变更其债务关系的法律效力，其仍应就原债务数额和期限向债权人承担保证责任。如在【案例 8—2】中，和解协议减免了 70%的债务，债务人按和解协议只需向债权人偿还原债权额的 30%，但债务人的保证人和其他连带债务人仍须按原债权额的 100%向债权人承担保证责任，减免 70%债务的约定对其不适用，债权人按和解协议从债务人处获得部分清偿后，仍有权对和解协议中减免的部分债务要求保证人承担责任。在破产和解程序中，对债务人的保证人是否对经债权人会议同意减免的债务承担保证责任这一问题，因破产法是特别法，担保法是一般法，所以应适用特别法优于一般法的原则，而不适用担保法司法解释所规定的主债务减轻担保债务随之减轻的原则。因为债权人设立保证之本意，就是为使保证人在债务人无力清偿债务尤其是破产时承担责任，如因债权人在和解协议中不得已而减免债务人的部分债务，便相应减轻保证人的责任，这就与保证设立的宗旨相违背，债权人设置担保之目的就无从达到。而且，破产和解与一般的民事和解性质有所不同，破产和解并不完全是建立在双方互让的基础上，而主要是债权人单方无奈的让步，因为债务人陷入破产境地已无步可让。债权人的这种让步从本质上来讲，是一种迫不得已的行为，所谓"两害相权取其轻"而已。此外，破产和解作为一种司法程序，并不能百分之百地体现当事人意思自治，其带有一定的法律强制性，只要和解协议草案被债权人会议表决通过且被法院裁定生效，即使少部分债权人不同意，也必须受和解协议的约束。如果和解协议可以减轻保证人责任的话，可能迫使设有第三方保证担保的债权人为了自身利益而强烈反对和解，致使和解协议草案难以通过，这反而不利于对债务人企业的挽救。《民法典担保制度解释》第 23 条第 3 款明确规定：债权人在债务人破产程序中未获得全部清偿，有权请求担保人继续承担担保责任；担保人承担担保责任后，无权向和解协议执行完毕后的债务人追偿。

另外，设有连带责任保证的和解债权人，除选择参加和解协议并按和解协议约定要求清偿外，还可以选择直接向保证人提起诉讼，要求保证人代偿。保证人在代债务人向债权人清偿后取得代位求偿权，这时保证人在身份上代表的是债权人，其向债务人求偿，就必须受到和解协议的约束了，即与其他和解债权人一样，要受到和解协议关于债权清偿比例和清偿期限的限制。

（五）和解协议的强制执行效力

【经典导读】

和解协议依法不应具有强制执行的效力[①]

当债务人不能执行或者不执行和解协议时，债权人能否依和解协议提起强制执行程序，即

---

① 参见王欣新：《破产法》，4 版，279 页，北京，中国人民大学出版社，2019。

关于和解协议有无强制执行效力的问题，各国立法规定不一，学者间的观点也不一致。持否定观点的学者认为，和解协议只具有程序法上的意义，不具有实体法上的意义，它属于诉讼契约，没有强制执行的效力。①日本有些学者则持相反观点，认为“在因和议的认可而破产程序终结之后，债权者对于债务者可以自由地要求其履行和议条件；在债务者不履行的场合，则可以通过诉讼或其他的方法取得债务名义，进行强制执行”②。我国也有学者持此种观点。③

我国《企业破产法》明确规定，和解协议是不具有强制执行法律效力的。在债务人不能执行或者不执行和解协议时，和解债权人只能请求人民法院裁定终止和解协议的执行，并宣告债务人破产。

在【案例 8—2】中，债务人无力履行和解协议，和解债权人可以依照《企业破产法》第 104 条的规定向法院请求终止执行和解协议，宣告债务人破产，但不能申请法院对和解协议进行强制执行。也即债务人不履行和解协议的直接法律后果，是和解终结、债务人被宣告破产，而不是法院强制执行和解协议。但是，和解协议无强制执行效力，并不意味着和解的担保人无须承担对和解协议的担保责任，只不过这种责任不是通过对和解协议的强制执行来体现，而是通过要求担保人承担保证责任来实现的。

三、和解失败后的债务清偿

和解协议被裁定无效或者终止执行之时，和解协议可能已经履行了一段时间，债权人可能已按和解协议部分受偿，和解期间债权债务关系的变化，使此后的破产清算和公平受偿出现较为复杂的情况，如处理不当便可能使部分债权人的合法权益受到损害。

当和解失败后进入破产清算，债权的清偿和财产分配应注意以下问题。

第一，和解协议被终止执行的法律实质，就是和解协议被解除。和解协议解除的法律效力及于全体和解债权人，无论其是否曾申报过债权。和解债权人在和解协议中作出的关于债务减免的让步均予撤销，债权数额均恢复到和解前的状态。和解债权未受清偿的部分，作为破产债权，继续参与分配。

第二，和解协议被终止执行无溯及既往的效力，债权人依和解协议所受清偿不因和解协议的终止执行而无效，无须返还。在此应注意和解协议被终止执行与和解协议被裁定无效之间的法律后果的区别。在和解协议被终止执行后，和解债权人所受清偿无条件不予返还，即使依据将来破产清算和分配的结果，个别和解债权人实际所得已超过破产分配应得数额，其也不必退还超过部分。但在此后的破产分配中，该债权人只有在其他债权人同自己所受清偿达到相同比例时，才能继续接受分配。而和解协议被裁定无效后，和解债权人依和解协议所受清偿本来是应当返还给债务人的，但如果其他债权人也受到了相同比例的清偿，则无须返还（因为返还后债务人仍需将该相同比例和金额的债务清偿给该债权人）。无效和解协议中和解债权人的无须返还是有条件的，而终止执行和解协议中和解债权人的

---

① 参见汤维建：《破产程序与破产立法研究》，359 页，北京，人民法院出版社，2001。

② ［日］石川明：《日本破产法》，何勤华、周桂秋译，238 页，北京，中国法制出版社，2000。

③ 参见李永军：《破产法律研究》，381 页，北京，中国法制出版社，2000。

无须返还不附有任何条件，只是在继续接受分配时才附有受偿条件。

第三，法院裁定终止执行和解协议后，为和解协议提供的担保继续有效。至于担保人应当如何承担担保责任，应结合和解协议中关于担保责任的约定进行处理。如果在和解协议中约定担保人对债务人向和解债权人的债务清偿提供连带责任保证，担保人应当向参加和解协议的全体和解债权人承担和解协议未履行部分的代偿义务。

第四，在和解协议被裁定无效或者终止执行后、债务人破产财产最后分配前，未申报的债权仍可补充申报，并参加补充申报之后的财产分配。

第五，《民法典担保制度解释》第 23 条第 3 款第二分句规定，“担保人承担担保责任后，向和解协议或者重整计划执行完毕后的债务人追偿的，人民法院不予支持”。对于此类债权，在此时可以补充申报，并参加补充申报之后的财产分配。

第五节　自行和解

【案例 8—3】纺中纺（苏州）织造有限公司破产自行和解案

纺中纺（苏州）织造有限公司（以下简称纺中纺公司）成立于 2004 年 5 月 12 日，注册资本 600 万美元，系台港澳法人独资企业，经营范围高档织物面料的织造和销售。自 2015 年 7 月以来，苏州市吴江区人民法院（以下简称吴江法院）陆续受理纺中纺公司作为被执行人的案件。截至 2019 年 1 月，纺中纺公司作为被执行人的案件 12 件，执行标的额 1.33 亿元。经执行调查，纺中纺公司除名下厂房及设备价值约 4 620 万元外无其他财产，且厂房已对外出租给多家承租人，并存在大量转租。执行过程中，案外人提出多个执行异议，执行标的一时无法处置。2019 年 1 月 25 日，根据债权人的申请，吴江法院裁定受理对纺中纺公司进行破产清算。

管理人接受指定后对债务人财产展开调查，经评估，债务人资产价值共计 4 750 余万元。另在债务人法定代表人的配合下，管理人经过多次谈判协调，在第一次债权人会议召开前与所有租户达成协议，所有租户均承诺在纺中纺公司厂房拍卖成交后一个月内搬离，并缴纳了保证金。2019 年 4 月 10 日，纺中纺公司召开第一次债权人会议，会议表决通过了债务人财产管理方案和破产财产变价方案。另因债权人、债务人当会均表示对管理人编制的债权表无异议，吴江法院于同日裁定确认债权表，债权金额合计 1.67 亿元，其中担保债权 2 661 万元、职工债权 40 万元、税收债权 75 万余元、普通债权 1.4 亿元。2019 年 5 月 20 日，基于管理人的申请，吴江法院裁定宣告纺中纺公司破产。2019 年 7 月 15 日，在管理人实施破产财产变价前，纺中纺公司以其已与全体债权人就债权债务的处理自行达成协议为由向吴江法院提出申请，请求认可该协议。

经审查查明，纺中纺公司于2019年7月11日拟定债权债务处理协议，并取得全体债权人的书面同意。根据该协议，纺中纺公司承诺筹集偿债资金61 979 800元分两期清偿债权，其中担保债权、职工债权、税款债权全额清偿，普通债权清偿率22.727 5%，偿债资金分两期（第一期1 000万元已于2019年6月17日付至管理人账户，余款于2019年7月20日前支付）付至管理人账户，由管理人实施分配。吴江法院认为，根据《企业破产法》第105条的规定，人民法院受理破产申请后，债务人与全体债权人就债权债务的处理自行达成协议的，可以请求人民法院裁定认可，并终结破产程序。纺中纺公司与全体债权人自行达成的和解协议系各方真实意思表示，不违反法律规定，应予认可。2019年7月16日，吴江法院裁定认可上述协议，并撤销宣告破产裁定、终结破产程序。

根据《企业破产法》确立的破产和解制度，债务人可以直接向人民法院申请和解；也可以在人民法院受理破产申请后、宣告债务人破产前，向人民法院申请和解。最高人民法院在《破产审判会议纪要》第24条规定了破产程序转换限制，指出“债务人被宣告破产后，不得再转入重整程序或和解程序”。明确债务人被宣告破产后不得再转入重整程序或和解程序，清算程序向重整与和解程序的转换只能在法院宣告债务人破产前进行，这是对破产程序不可逆性的正确认识，也是对程序转换的合理约束。问题在于，一旦法院作出破产宣告裁定，债务人企业是否就只能被清算注销，不能再获生存机会？笔者认为，债务人在此情况下，依然可以寻求与全体债权人的全面和解，在获得法院认可后终结破产程序。依据就是《企业破产法》第105条的规定：“人民法院受理破产申请后，债务人与全体债权人就债权债务的处理自行达成协议的，可以请求人民法院裁定认可，并终结破产程序。”

从学理上分析，债务人与债权人的和解，可区分为强制和解与自行和解。“强制和解”是在债务人进入破产程序之后、被人民法院宣告破产之前，由债务人制作和解协议，在债权人会议上经多数决表决通过和解协议之后，经人民法院裁定认可并终止和解程序的司法程序。强制和解就是我们通常意义上所说的破产和解，属于破产拯救制度的内容。“自行和解”也被称为“民事和解”，是指在债务人进入破产程序后，债务人与全体债权人就债权债务的处理自行达成协议，经请求人民法院裁定认可后终结破产程序，本质上是债务人与全体债权人达成全面的和解，在债务人被宣告破产之后亦可进行。【案例8—3】就是这种情形，这在客观上使债务人免于破产清算、延续主体资格，亦可以达到降低程序成本和挽救危困主体的目的。

强制和解与自行和解的区别，主要表现在以下几个方面。①

① 参见王欣新：《谈破产法中的民事和解》，载《人民法院报》，2020-08-06。

第一，适用的程序阶段不同。强制和解只能在债务人被宣告破产前适用；而自行和解可以在受理破产申请后至破产程序终结前全程适用，法律没有规定其在破产程序中的截止适用期限。据此，自行和解不受破产宣告后不得适用的限制，这是其最为重要的特点。自行和解是债务人与全体债权人对自身民事权利处分权的自愿行使。在双方就债权债务的处理自行达成协议后，只要没有违反法律，不违背公序良俗，不损害他人的正当权益，法院就应尊重当事人的自愿决定并对其予以认可。在法院裁定认可并作出终结破产程序的裁定后，债务人企业即恢复正常的经营状态，可以进行包括股权收购、资产重组等活动。《企业破产法》第105条的立法目的，就是挽救债务人尤其是为已经被宣告破产的企业开辟更多的渠道，鼓励并尊重当事人之间通过意思自治，达成自行和解，更好地以市场化的方式解决债权债务纠纷和企业经营发展问题。

第二，和解的原则不同。破产法中的和解程序是强制和解，实行少数服从多数的原则，在债权人会议依法定多数通过和解协议后，该和解协议对反对和解的少数债权人也具有强制服从的效力。而自行和解完全遵循自愿原则，是当事人对自己民事权利的处分，和解的达成需全体债权人一致同意，不能强制任何一个当事人接受和解，所以反对和解者是不受约束的，法院与地方政府也是不能干预的。

第三，债权人约束的范围不同。纳入强制和解范围的债权人，原则上仅限于无物权担保的破产债权人，而纳入自行和解范围的是全体债权人，既包括无担保的债权人，也包括有物权担保的债权人，强调债务人与全体债权人就债权债务的处理自行达成协议。

第四，和解程序不同。强制和解是由债务人先申请和解，法院予以受理，然后召集债权人会议讨论、表决通过和解协议草案，再请求人民法院裁定认可。债务人申请强制和解，只需要提出和解协议草案。而请求民事和解的前提，是先由债务人与全体债权人就债权债务的处理自行达成了协议，提交已经签订好的协议才可以请求人民法院裁定认可。

第五，和解协议达成后不能履行时的解决方法不同。《企业破产法》第104条第1款规定："债务人不能执行或者不执行和解协议的，人民法院经和解债权人请求，应当裁定终止和解协议的执行，并宣告债务人破产。"易言之，此时虽然法院已经依照第98条规定终止了和解程序，但当债务人不能执行或者不执行和解协议时，立法仍规定了法院的强制性介入，即直接继续作出破产宣告，债权人不能申请对和解协议强制执行。但在自行和解达成后，法律规定人民法院裁定认可时要终结破产程序，所以如债务人不能执行或者不执行和解协议，法院不能再直接介入宣告破产。

第六，未依法申报债权的债权人的受偿权利不同。根据《企业破产法》第100条第3款的规定，在强制和解中，"和解债权人未依照本法规定申报债权的，在和解协议执行期间不得行使权利；在和解协议执行完毕后，可以按照和解协议规定的清偿条件行使权利。"而在自行和解中，未申报的债权人不受协议规定的清偿条件和清偿时间的限制，仍享有在破产程序外的正常权利。所以，在自行和解中如有债权人尤其是数额较大的债权人未申报债权，当其在自行和解达成后再要求清偿时，债务人企业在和解协议的履行中可能面临新的债务清偿困境，要有相应措施防范。

第七，协议内容有差异。强制和解的协议只解决与和解债权人即无担保债权人相关的事项，原则上不涉及担保债权人问题。而自行和解协议原则上应当将所有未了结的破产事宜全部解决，其除应包括所有债权的清偿比例、数额、期限、偿债财产来源、是否新设担保外，对破产费用（包括管理人报酬）和共益债务的清偿问题也应一并解决。在自行和解协议中还可参照《企业破产法》的有关规定，对债权人的监督权利与方式、债务人不能执行或者不执行和解协议时的债务清偿原则（如是否进入破产程序统一清偿、如何计算债权）等作出规定。在和解过程中，当事人通常是利用债权人会议的平台，进行统一的共同谈判，制作统一的、内容有差异的和解协议，以降低成本、提高效率。

第八，对和解协议的审查有别。在强制和解中，人民法院对和解协议要依法进行审查，包括在和解过程中债务人有无欺诈或者其他违法行为，和解协议的内容是否合法，尤其是债权人会议决议的表决程序、表决结果等是否合法，认为符合破产法规定的，裁定予以认可。在自行和解中，人民法院对和解协议也要依法进行审查，但除和解过程中有无违法行为外，审查重点在于债务人与全体债权人就债权债务处理自行达成的协议是否真实，是否遵循自愿原则，有无损害他人权益等。

需要注意的是，在自行和解的案件中，如果债务人完全履行了其与债权人之间的协议，则债务人是存续，还是自行注销，由其自主决定。如果债务人不履行协议，由于债务人与债权人之间的协议属于完全的民事协议，因而债权人一方可以申请强制执行，或者另行申请破产清算。

【案例 8—4】重庆西永建筑工程有限公司申请终止重庆上游镁业有限公司破产和解案①

2018 年 6 月 13 日，重庆市第五中级人民法院经审查后裁定：

(1) 受理申请人郑某对重庆上游镁业有限公司（以下简称上游镁业公司）的破产清算申请；

(2) 郑某申请上游镁业公司破产清算一案交由重庆市九龙坡区人民法院受理。

2021 年 12 月 27 日重庆市九龙坡区人民法院裁定认可上游镁业公司和解协议草案，终止破产程序。和解协议的主要内容为：上游镁业公司将积极推进办理房屋产权证，增大资产价值，同时引入战略投资人进行投资。上游镁业公司和解协议批准日前对外应收款全部用于清偿上游镁业公司债务。担保债权、职工债权、社保、税收债权于法院裁定认可和解协议草案后 36 个月内以货币方式全额清偿；普通债权按债权本金金额的 50%比例以货币方式清偿，在法院裁定认可和解协议草案后 60 个月内以货币方式全额清偿。

自 2023 年 2 月 23 日起，重庆西永建筑工程有限公司向重庆市九龙坡区人民法院提出申请，认为债务人上游镁业公司未能按照和解协议执行，没有

---

① 案例来源：重庆市第五中级人民法院（2018）渝 05 破申 43 号民事裁定书；重庆市九龙坡区人民法院（2018）渝 0107 破 14 号之一民事裁定书；重庆市九龙坡区人民法院（2018）渝 0107 破 14 号之二民事裁定书；重庆市九龙坡区人民法院（2018）渝 0107 破 14 号之三民事裁定书。

依和解协议“整合资源配置、稳步恢复生产运营”，“积极催收各种应收款项，必要时通过借入一定资金、引入投资等方式恢复生产经营治理”的约定，积极筹措资金，整合资源、渠道及技术力量等恢复生产。因上游镁业公司不能执行和解协议，故其请求裁定终止上游镁业公司和解协议的执行。

重庆市九龙坡区人民法院查明，2018 年 6 月 13 日重庆市第五中级人民法院裁定受理上游镁业公司破产清算一案，并指定本院审理。重庆市九龙坡区人民法院于 2018 年 8 月 7 日指定重庆捷讯律师事务所担任破产管理人。在和解协议执行期间，上游镁业公司的对外债权未能如期收回，且拟通过引入资金恢复生产的计划未能实现，上游镁业公司后续持续经营的意图落空，缺乏执行和解协议的偿债资金来源。上游镁业公司不能执行和解协议确定的清偿方案。重庆市九龙坡区人民法院认为，根据已查明的事实，上游镁业公司不能执行和解协议，重庆西永建筑工程有限公司作为有利害关系的债权人，申请终止和解协议的执行，符合法律规定，应予准许。据此，依据《企业破产法》第 104 条第 1 款之规定，重庆市九龙坡区人民法院裁定如下：(1) 终止上游镁业公司和解协议的执行。(2) 宣告上游镁业公司破产。本裁定自即日起生效。

【问题与思考】

1. 和解与重整在程序上有什么区别？在适用上各有哪些侧重？
2. 如何理解破产和解制度的法律性质？
3. 人民法院对债务人提交的和解申请及和解协议草案应如何审查？
4. 债权人可否向法院申请对和解协议进行强制执行？
5. 分析无效的和解协议与被终止执行的和解协议的法律后果之不同。
6. 如何区分强制和解与自行和解程序？

【案例分析】

《企业破产法》实施后我国第一起上市公司（S＊ST 中辽）破产和解案①

中国辽宁国际合作（集团）股份有限公司（以下简称中辽国际）是 1993 年 5 月经辽宁省体改委批准，由中国辽宁国际经济技术合作公司改组设立的定向募集的股份有限公司，中辽国际于 1996 年 11 月 12 日至 16 日公开发行 A 股 1 500 万股并随后上市交易，成为一家在深圳证券交易所上市交易

---

① 案例内容由本书作者根据上市公司（S＊ST 中辽，股票代码 000638）公开披露的信息进行编辑整理。

的上市公司，其股票代码为000638。

2003年8月，中辽国际的控股股东辽宁省国际经济技术合作集团有限责任公司将其所持全部股权以股抵债，抵偿给了巨田证券有限责任公司（以下简称巨田证券）。中辽国际因连续三年亏损，被深圳证券交易所于2004年4月29日起暂停上市。根据交易规则，连续三年亏损存在退市可能的上市公司其股票简称前必须加上“＊ST”作为退市风险警示标识，未按照中国证券监督管理委员会的要求进行股权分置改革的上市公司，其股票简称前必须加注“S”标识，中辽国际既存在退市风险，又未进行股改，故其股票简称在2006年10月起变更为“S＊ST中辽”（以下均称S＊ST中辽）。

根据S＊ST中辽2006年年报，截至2006年12月31日，其净资产为－3.57亿元，折合每股净资产为－2.307元/股，已处于严重资不抵债的境地。

由于S＊ST中辽已被暂停上市，在2007年年底的宽限期内其不能完成重组将导致该股票最终彻底退市。

因S＊ST中辽不能偿还到期债务，2007年2月，债权人哈尔滨鼎讯科技发展有限公司向辽宁省沈阳市中级人民法院（以下简称沈阳中院）提出了对S＊ST中辽实施破产还债的申请。

因当时《企业破产法》虽已颁布，但尚未正式实施，加之上市公司破产的特殊性，其破产申请由沈阳中院逐级报经最高人民法院批准，此前已商中国证券监督管理委员会同意。沈阳中院在依法履行完审批程序后，于2007年10月11日以（2007）沈中民破字第16号民事裁定书立案受理了债权人哈尔滨鼎讯科技发展有限公司申请S＊ST中辽破产一案，并于10月16日在《人民法院报》上发布了破产公告，通知债权人自公告之日起30日内，向该院民三庭书面申报债权，并确定第一次债权人会议定于本公告期满后的次日（2007年11月16日）上午10时在沈阳市金城宾馆会议室召开。

2007年11月5日，S＊ST中辽向沈阳中院申请和解，并提交了详细的和解协议草案。此时《企业破产法》已于2007年6月1日起开始实施，故该案被称为全国第一件适用《企业破产法》审理的上市公司破产和解案。

在和解协议草案中，S＊ST中辽提出，如进行破产清算，普通债权的清偿率为零，如各债权人同意和解，S＊ST中辽拟按照5%的清偿比例以货币支付方式统一偿付各债权人对公司的债权，并在和解协议表决通过且经人民法院裁定生效后的20日内偿付。偿付所需资金由S＊ST中辽向重组方——北京万方源房地产开发有限公司（以下简称万方源）筹措，万方源对此已出具承诺保证函。

沈阳中院经审查认为，对于债权人来说，经过破产清算审计，S＊ST中辽破产财产已不足以支付破产费用。如果采取破产清算方式，对仅有的破产财产进行拍卖偿还债务，普通债权的清偿率为零，债权人的利益将无法得到保障。尽管和解协议草案提出的现金清偿率仅为5%，但与破产清算的清偿率为零相比，债权人仍能收回一定比例的债权。S＊ST中辽提出的减债和以现金方式偿还普通债权人债权的和解方案，有利于保护债权人的合法权益，符合和解制度的宗旨，同时和解资金有重组方担保，履行和解协议有保障。故沈阳中院于收到和解申请的当天，裁定准予S＊ST中辽和解。

2007年11月16日，债权人会议在沈阳市金城宾馆会议室如期召开，在这次会议上将对S＊ST中辽提交的和解协议草案进行表决。万方源作为重组方强势介入，其以人民币810万元的价格协议收购巨田证券持有的S＊ST中辽6 630万股的全部股权（占总股本的42.86%），为确保5%现金偿债率的和解方案顺利通过，万方源还买断了其他一些公司对S＊ST中辽的部分债权，其买断或取得配合意向的债权总金额超过了总债权金额的2/3。在债权人会议最终表决中，S＊ST中辽提出了和解协议草案，且经出席会议的和解债权人过半数且其所代表的债权额占无财产担保的债权总额82.7%同意，顺利通过了和解协议草案。

2007年11月20日，沈阳中院下达了裁定书，认可和解协议，终止了S＊ST中辽的破产和解程序，并予以公告。这标志着我国《企业破产法》实施后的第一例上市公司破产和解案圆满完成法律程序。

在和解协议生效后，S＊ST中辽在重组方的帮助下，按5%的现金清偿率偿还了债务，履行了和解协议。万方源在受让巨田证券持有的S＊ST中辽42.86%的股权成为第一大股东后，将其所持有的北京华松房地产开发有限责任公司70%的股权、北京天源房地产开发有限公司91.43%的股权，作为股权分置改革的对价，捐赠给S＊ST中辽。这些优质资产的注入，使S＊ST中辽的主营业务已变更为房地产开发业，并于2008年彻底摆脱了长期亏损的局面。

2009年5月，经辽宁省工商行政管理局核准，S＊ST中辽更名为万方地产股份有限公司，经深圳证券交易所批准，其股票简称变更为"万方地产"。至此，当初严重资不抵债，身陷泥淖、无力自拔的债务人S＊ST中辽，借助《企业破产法》规定的破产和解程序，彻底获得了新生。

根据以上案情思考以下问题：

1. 根据本案情况，分析破产和解与重整程序有何不同？

2. 在和解协议草案表决通过且被法院裁定认可后，反对和解协议草案的债权人（占17.3%）是否应受和解协议的约束？

3. 在本案破产程序中债权申报期内未申报债权的债权人，还能否要求S＊ST中辽清偿？如果其仍有权要求清偿，何时可要求清偿？应如何清偿？

4. S＊ST中辽经破产和解程序获得新生后，完全有能力偿还当初按和解协议减免掉的95%的债务，那么债权人事后还能否重新要求S＊ST中辽（现在的万方地产股份有限公司）偿还被减免掉的那部分债务？

第九章

破产清算

本章概要

破产清算是我国《企业破产法》规定的三大破产程序之一，其涉及破产宣告、破产财产的变价和分配、别除权的行使、破产程序的终结等诸多法律问题。

破产宣告，是指法院以裁定方式作出的，认定债务人已丧失清偿能力，应当依照破产清算程序清理债务关系的法律判定。破产宣告是破产清算程序开始的标志。债务人被宣告破产后，债务人被称为破产人，债务人财产被称为破产财产，人民法院受理破产申请时对债务人享有的债权被称为破产债权。

破产宣告后，管理人应当拟订破产财产变价方案，并按照债权人会议的决定或者法院的裁定，适时变价出售破产财产，并分配破产财产。破产分配应贯彻顺序、比例清偿的原则。

别除权是指债权人因其债权设有物权担保或享有法定特别优先权，而在破产程序中就债务人特定财产享有的优先受偿权利。

破产费用，是指在破产案件中，为维护全体债权人的共同利益而产生的各种费用支出。共益债务是指在破产程序中为全体债权人利益而由债务人财产负担的债务。破产费用和共益债务由债务人财产随时清偿。债务人财产不足以清偿所有破产费用和共益债务的，先行清偿破产费用。在债务人的破产财产不足以支付破产费用或者破产财产分配完毕时，法院应当依申请裁定破产程序终结。

参考文献

1. 王欣新．论破产宣告及其效力．法学家，1988（4）
2. 韩长印．破产宣告对未履行合同的效力初探．法商研究，1997（3）
3. 徐德敏，梁增昌．试论我国企业破产清算制度．法律科学，1988（3）
4. 张海征．试述我国破产财产清偿制度：以英国破产制度为视角．中国市场，2008（1）
5. 王欣新．破产别除权理论与实务研究．政法论坛，2007（1）
6. 刘子平．破产别除权的认定标准及其行使．法律适用，2007（1）
7. 杨以生．破产别除权制度相关问题研究．法律适用，2007（10）
8. 王黎明．破产别除权新论．商场现代化，2009（1）
9. 王利明．破产立法中的若干疑难问题探讨．法学，2005（3）
10. 王利明．关于劳动债权与担保物权的关系．法学家，2005（2）
11. 曹士兵．金融债权遭遇劳动债权：破产分配谁优先．人民法院报，2005-03-30
12. 韩长印．我国破产分配顺位的重构："破产分配顺位"学术讨论综述．上海交通大学学报（哲学社会科学版），2005（6）
13. 张胜．破产宣告程序性救济之检讨．人民司法，2007（21）
14. 付翠英．论破产费用和共益债务．政治与法律，2010（9）
15. 张钦昱．论破产财产出售的程序控制：以克莱斯勒破产案为例．法学杂志，2013（2）
16. 杨春平．我国别除权立法及理论研究．河北法学，2010（3）
17. 姚建．浅析建设工程款债权在破产程序中的优先受偿权及其顺位//王欣新，尹正友．破产法论坛：第6辑．北京：法律出版社，2011
18. 危浪平．论劳动债权优先受偿的合理实现//王欣新，尹正友．破产法论坛：第6辑．北京：法律出版社，2011
19. 许德风．论担保物权在破产程序中的实现//王欣新，尹正友．破产法论坛：第7辑．北京：法律出版社，2012
20. 宋全胜．社会保险法对破产企业职工安置的影响：兼谈对破产法规定的债权清偿顺位的反思//王欣新，尹正友．破产法论坛：第7辑．北京：法律出版社，2012
21. 王欣新．论破产程序中担保债权的行使与保障．中国政法大学学报，2017（3）
22. 徐阳光．破产法视野中的担保物权问题．中国政法大学学报，2017（3）
23. 许德风．论破产债权的顺序．当代法学，2013（2）
24. 郁琳，吴光荣．与破产法有关的几个担保问题．法律适用，2021（9）

25. 王斐民，戴贤．所有权保留买卖中出卖人破产取回权研究．中国法研究，2022（3）

26. 王斐民．我国《民法典》背景下融资租赁破产处置问题研究．北方工业大学学报，2022（6）

参考法规

1.《企业破产法》第107～124条
2. 最高人民法院《个人独资企业清算参照适用企业破产法批复》
3. 最高人民法院《企业破产法司法解释二》第8条、第24条
4. 最高人民法院《企业破产法司法解释三》第15条
5. 最高人民法院《破产审判会议纪要》第23～31条
6. 最高人民法院《民商审判会议纪要》第117条、第118条

引　例　三鹿集团破产案①

一、基本案情

位于河北石家庄的三鹿集团股份有限公司（以下简称三鹿集团）曾经是中国最大的奶粉制造商，产销量连续15年居全国第一，市场份额达18%，不少产品都属“国家免检”产品。2008年9月，三鹿集团生产的婴幼儿奶粉中，被查出含有化工原料三聚氰胺，导致中国各地大批饮用受污染奶粉的婴儿患上肾结石，但三鹿集团之前却试图隐瞒，事件曝光后，震惊整个社会。2008年9月15日，三鹿集团发表声明，对产品给消费者带来的影响和伤害，表示歉意，并承诺召回全部产品。9月17日，三鹿集团原董事长、总经理田某华被刑事拘留，空缺由张某岭接任。

三鹿牌婴幼儿配方奶粉重大食品安全事故发生后，石家庄三鹿集团遭受沉重打击。2008年12月18日，石家庄市中级人民法院根据债权人石家庄市商业银行和平路支行的申请，裁定受理了对三鹿集团的破产清算申请，指定石家庄三鹿清算组为破产管理人。

进入破产程序的三鹿集团，从2009年1月12日起启动债权登记。石家庄市中级人民法院向274家三鹿集团债权人发出申报债权通知书，要求各债

① 参见 http：//www.ce.cn/cysc/sp/info/200902/19/t20090219_18254303.shtml，http：//finance.ifeng.com/zq/ssgs/20090304/417323.shtml，最后访问时间：2009-08-01。

权人在2009年2月11日之前向管理人书面申报债权，说明债权的数额和有无财产担保，并提交有关证明材料。三鹿集团破产清算案件第一次债权人会议于2月12日上午在石家庄市中级人民法院举行，破产管理人宣读了工作报告，合议庭指定了债权人会议主席，会议通过了三鹿集团破产的资产管理方案和财产变价方案。

在三鹿集团破产清算案件第一次债权人会议召开前，三鹿集团向一些普通债权人（主要是三鹿供货商）发出了“债权转让协议书”和“授权委托协议”。根据协议，河北国信资产运营有限公司（以下简称河北国信）提出愿意以20%的清偿比例，收购三鹿债权。河北国信资产运营公司为河北国信投资控股集团旗下公司，主要股东之一为石家庄市国有资产监督管理委员会，注册资金1 000万元。

根据石家庄市政府披露的消息，截至2008年10月31日经财务审计和资产评估，三鹿集团资产总额为15.61亿元，总负债17.62亿元，净资产－2.01亿元，三鹿集团又借款9.02亿元付给中国奶业协会，用于支付患病婴幼儿的治疗和赔偿费用，所以三鹿集团净资产为－11.03亿元。业界分析认为，按照新《劳动合同法》的规定，三鹿集团破产后将优先清偿职工工资和基本保险费用，最后清偿的才是普通债权。三鹿供货商如果坚持不转让债权，最后有可能一分钱都拿不到，因此接受河北国信的条件很有可能是明智之举。石家庄市政府驻三鹿工作组的一位不愿透露姓名的干部告诉记者，河北国信收购债权是为了三鹿集团破产能平稳过渡，河北国信既是独立的企业，又有政府背景，由它来收购债权比较合适，可进可退。

2009年2月17日，三鹿集团职工代表大会在原三鹿集团总部召开，三鹿集团破产管理人向与会人员通报了“石家庄三鹿集团股份有限公司依法破产职工安置方案”，三鹿集团破产职工安置将与破产重组同步进行。三鹿集团破产后，在职工安置费用方面将优先清偿所欠职工的工资及基本保险费用。第二清偿顺序为：三鹿集团欠缴的除前述规定以外的社会保险费用和破产人所欠税款。第三清偿顺序为普通债权。

对三鹿集团职工的经济补偿以及养老保险、医疗保险、失业保险等社会保险费用，都将严格按照《劳动合同法》及有关法律法规执行。按照“石家庄三鹿集团股份有限公司依法破产职工安置方案”的规定，三鹿集团破产后拟由其他企业进行重组，凡自愿参加重组的与原三鹿集团签订劳动合同的职工，由重组方承诺全员聘用。未与原三鹿集团签订劳动合同的职工，由重组方与职工实行双向选择。离开企业的职工将办理终止劳动合同手续。

2009年3月4日上午，三鹿集团破产首次拍卖会在石家庄市中级人民法院审判庭举行。最终，北京三元集团有限责任公司与河北三元食品有限公司组成的联合竞拍体以61 650万元人民币的价格竞拍成功。本次拍卖采取组包整体拍卖的方式，拍卖标的包括以下两部分：一是三鹿集团的土地使用权、房屋建筑物、机器设备等可持续经营的有效资产；二是三鹿集团所持有的新乡市林鹤乳业有限公司98.80%的投资权益。

二、法律问题

此案涉及的主要法律问题有以下几个：其一，破产宣告的适用条件。其二，破产宣告的效力问题。其三，破产财产的清偿顺序问题。其四，破产财产的变价方式问题。

第一节 破产宣告

一、破产宣告的概念

破产宣告，是指法院以裁定方式作出的，认定债务人已丧失清偿能力，应当依照破产清算程序，清理债务关系的法律判定。破产宣告是破产清算程序开始的标志。在传统的破产法中，以破产清算为唯一目标，破产宣告是破产程序的核心环节。但是，在现代的破产法中，挽救企业免于破产也是重要目标，法院对破产案件的受理，并不必然导致对债务人财产的清算和分配。唯有宣告债务人破产，破产清算程序方才启动，债务人才被称为破产人，债务人的财产才变为破产财产，人民法院受理破产申请时对债务人享有的债权才被称为破产债权。

由于破产宣告直接影响到债权人和债务人以及职工等利害关系人的利益，因而对破产宣告的适用条件、程序规则以及法律效力必须在立法上予以明确。

二、破产宣告的适用条件

破产案件受理后，通常需经过一系列的程序，法院方可作出是否宣告破产的裁定。对于破产宣告的依据，各国的破产立法有申请主义与职权主义的区别。① 其中，申请主义，是指法院必须依据债权人、债务人、管理人以及其他利害关系人的申请，方能作出破产宣告；职权主义，是指在法律规定的特定情况下，即使没有债权人、债务人、管理人以及其他利害关系人的申请，法院也可以依职权作出破产宣告。在我国，破产宣告的依据以申请主义为原则，以职权主义为补充。需注意的是，法院作出破产宣告的依据与作出破产案件受理裁定的依据是不同的，我国立法目前对破产案件的受理采取申请主义。

利害关系人提出破产清算的申请后，法院在判断是否作出破产宣告时，遵守以下破产

---

① 参见顾培东：《破产法教程》，35页，北京，法律出版社，1995。

宣告的适用条件：一是债务人具有破产能力；二是存在特定的事实状态，即该企业发生破产原因且无法通过其他方式消除；三是申请人提出破产清算申请；四是经法院审查符合法律规定。

（一）债务人具有破产能力

依据《企业破产法》规定，所有的企业法人均具有破产能力。同时，根据《企业破产法》第135条的规定和《合伙企业法》第92条、《农民专业合作社法》第55条的规定，以及相关司法解释的规定，企业法人之外的其他组织，如农民专业合作社、合伙企业、个人独资企业、民办学校等也可以适用破产清算程序。在我国，除深圳经济特区外，自然人尚不具有破产能力，不能被宣告破产。

（二）企业发生破产原因且无法通过其他方式消除

企业发生破产原因，且不能通过重整、和解等企业挽救程序予以解决，同时也不具有免于破产宣告的条件。所谓免于破产宣告的条件是指，在法院宣告债务人破产前，债务人通过某种方式解决或者缓解债务纠纷的，法院可以免于宣告破产，裁定终结破产程序。根据《企业破产法》第108条的规定，破产宣告前，有下列情形之一的，人民法院应当裁定终结破产程序，并予以公告：(1) 第三人为债务人提供足额担保或者为债务人清偿全部到期债务的；(2) 债务人已清偿全部到期债务的。在以上情形下，债权人的债权得到全部清偿或者足额担保，已经不具备破产原因，因此法院不必再宣告债务人破产。

【经典导读】

关于免于破产宣告的法律规定所存在的问题[①]

有学者认为，《企业破产法》第108条的规定存在不妥之处：第一，所谓“第三人为债务人提供足额担保”，不应作为裁定终结破产程序的原因。因为仅仅提供足额担保并不能消灭当前已经发生的破产原因，即解决对债务的全部清偿问题。通常“第三人为债务人提供足额担保”，仅仅是为债务人在将来某一时间清偿债务提供的担保，而不是即时的替代清偿。债务人取得的他人担保不能视为债务人本人的清偿能力或其延伸，也不能视为债务人破产原因的消灭。另外，立法在此仅规定“提供足额担保”，而未明确债务清偿或担保义务履行的时间，无法保障债权人的正当权益。如果债务人恶意利用此项规定，在担保合同中约定10年以后才清偿债务，这虽形式上也符合法律规定的终结破产程序的条件，但实际上却是在恶意地拖延债务。因此，如果债权人不接受这种担保债务的延期清偿，不能达成和解，则提供担保本身并不能避免债务人被宣告破产的命运，只是为债权人在破产人不能还清债务时又提供一层保障而已。

第二，立法中所谓“清偿全部到期债务”，含义不明，易造成误解。根据《企业破产法》的规定，破产申请受理时，未到期的债务全部视为到期，在破产程序中不再存在未到期的债务。但由于立法规定的是“视为到期”，而非真正到期，所以仅仅清偿全部到期债务，是不能消灭破产原因的。为此，立法应当规定为“清偿全部债务”，才不会出现执法上解释不一的问题。

---

① 参见王欣新：《破产法》，2版，387页，北京，中国人民大学出版社，2007。

（三）申请人提出破产清算申请

申请人在下列情形下提出破产申请：(1) 债务人不能清偿到期债务，并且资产不足以清偿全部债务或者明显缺乏清偿能力的，债务人可以向人民法院提出破产清算申请（《企业破产法》第7条第1款）；(2) 债务人不能清偿到期债务，债权人可以向人民法院提出对债务人进行破产清算的申请（《企业破产法》第7条第2款）；(3) 企业法人已解散但未清算或者未清算完毕，资产不足以清偿债务的，依法负有清算责任的人应当向人民法院申请破产清算（《企业破产法》第7条第3款）。

（四）经法院审查符合法律规定

法院对申请人提出的破产清算申请进行审查，认为符合法律规定条件的，应当宣告债务人破产。根据《破产审判会议纪要》第23条的规定，人民法院受理破产清算申请后，第一次债权人会议上无人提出重整或和解申请的，管理人应当在债权审核确认和必要的审计、资产评估后，及时向人民法院提出破产宣告的申请。

（五）破产重整或破产和解转破产清算的适用条件

人民法院受理破产和解或重整申请后，债务人出现应宣告破产的法定情况时，人民法院应当依法宣告债务人破产。宣告债务人破产的法定情形主要包括：(1) 在重整期间，出现债务人的经营状况和财产状况继续恶化，缺乏挽救的可能性，或者债务人有欺诈、恶意减少债务人财产以及其他显著不利于债权人的行为，或者由于债务人的行为致使管理人无法履行职务等情形时，管理人或者利害关系人请求法院裁定终止重整程序并宣告债务人破产（《企业破产法》第78条）；(2) 债务人或者管理人未按期提出重整计划草案的，人民法院应当裁定终止重整程序，并宣告债务人破产（《企业破产法》第79条第3款）；(3) 重整计划草案未获得债权人分组会议通过且未依法获得法院批准，或者已通过的重整计划未获得批准的，人民法院应当裁定终止重整程序，并宣告债务人破产（《企业破产法》第88条）；(4) 在重整计划执行期间，债务人不能执行或者不执行重整计划的，管理人或者利害关系人请求法院裁定终止重整程序并宣告债务人破产（《企业破产法》第93条第1款）；(5) 和解协议草案经债权人会议表决未获得通过，或者已经债权人会议通过的和解协议未获得人民法院认可的，人民法院应当裁定终止和解程序，并宣告债务人破产（《企业破产法》第99条）；(6) 因债务人的欺诈或者其他违法行为而成立的和解协议，人民法院应当裁定无效，并宣告债务人破产（《企业破产法》第103条第1款）；(7) 债务人不能执行或者不执行和解协议的，和解债权人请求人民法院裁定终止和解协议的执行并宣告债务人破产（《企业破产法》第104条第1款）。在出现上述第(2)(3)(5)(6)种情形时，人民法院可以依职权宣告债务人破产；在出现上述第(1)(4)(7)种情形时，根据《破产审判会议纪要》第24条的规定，相关主体向人民法院提出破产宣告申请的，人民法院应当在收到申请之日起7日内作出破产宣告裁定并进行公告。债务人被宣告破产后，不得再转入重整程序或和解程序。但是，如果债务人被宣告破产后，债务人与全体债权人就债权债务的处理自行达成协议的，可以请求人民法院裁定认可，并终结破产程序，所以在债务人被宣告破产后，仍有可能适用《企业破产法》第105条规定的庭外和解而终结破产清算程序。[①] 根据《民商审判会议纪要》第114条第1款的规定，重整期间或者重整计划执行期间，债务人因法定事由被宣告破产的，人民法院不再另立新的案号，原重整程序的管理人原则上应当继续履行破产清算程序中管理人的职责，除非原管理人不能继续履行职责或者不适宜继续担任管理人而由人民法院另行指定了管理人。《民商审判会议纪要》第114条第2款区分了两种不同情形下的确定管理人报酬的规则：一是重整期间因法定事由转入破产清算程序的，统一按照破产清算案件确定管理人报酬；二是重整计划执行期间因法定事由转入破产清算程序的，后续破产清算阶段的管理人报酬应当根据管理人实际工作量予以确定，不能简单根据债务人最终清偿的财产价值总额计算。重整程序转破产清算程序的管理人报酬，应当综合管理人为重整工作和清算工作分别发挥的实际作用等因素合理确定。破产和解程序转破产清算程序，可以参照《民商审判会议纪要》第114条第2款的规定确定管理人的报酬。

【案例9—1】法院宣告债务人破产案

20××年4月，债权人A向法院提出对债务人B的破产清算申请，并提交了法院生效判决书作为其债权成立的证明材料，该判决书判决B应给付A货款800万元。法院将该申请及证明材料向B送达后，B表示对申请没有异议。经审查后，法院受理了A提出的破产清算申请。第一次债权人会议上，法院告知全体债权人以及债务人的法定代表人和出席会议的股东，在法院作出破产宣告前，破产清算程序可基于申请转化为和解或者重整程序。出资额占B注册资本15%的股东C提出希望对B进行重整。但会后不久，C发现无法根据原有意向制订重整计划草案，因此没有提出重整申请。之后，根据管理人申请，法院作出了宣告B破产的裁定，该裁定被依法送达并公告。

笔者认为，法院经审查认为债务人发生破产原因的，并不必然作出破产宣告的裁定，还应当考虑和解或者重整程序转化的可能性。因此，在【案例9—1】中，法院在第一次债权人会议上释明破产清算程序可以转化为和解或重整程序的做法值得肯定，这为债务人B的重生保留了可能性。根据《破产审判会议纪要》第23条规定的精神，在第一次债权人会议上有人提出重整意向，但是在会后迟迟未提出重整申请，管理人应当及时向人民法院提出破产宣告的申请。也就是说，在试图把破产清算程序转换为重整程序的过程中，如果债务人或其合格股东未能在合理期间提出重整申请或者撤回重整申请，则法院可以依据管理人的申请依法宣告债务人破产。

---

① 参见王欣新：《破产王道：破产法司法文件解读》，125页，北京，法律出版社，2021。

三、破产宣告的程序规则

法院宣告债务人破产的，应当以裁定的方式作出。破产宣告的裁定书应当包括以下内容：(1) 破产债务人的基本情况；(2) 裁定的事实和理由；(3) 裁定的结论。

人民法院依法宣告债务人破产的，应当自裁定作出之日起 5 日内送达债务人和管理人，自裁定作出之日起 10 日内通知已知债权人，并予以公告。

人民法院宣告破产的裁定，自宣告之日起生效，不允许债务人或者债权人提出上诉。2002 年最高人民法院《破产规定》第 38 条曾规定，允许当事人对破产宣告的裁定向上一级法院提出申诉。最高人民法院《新旧破产法衔接的规定》第 13 条第 3 款的规定废止了这种申诉制度，即《企业破产法》施行后针对破产宣告裁定提起申诉的，人民法院不予受理。有学者认为，这种制度安排体现了我国破产法过于追求效率，可能会损及结果的正当性。① 破产宣告对案件当事人具有重要意义，国外立法对破产宣告裁定的异议程序的规定尽管不尽相同，但是大多为当事人设置救济渠道。譬如 2004 年德国破产法第 34 条规定，法院裁定开始破产程序的，债务人有权提出即时抗告。2004 年日本破产法第 33 条规定，对于涉及破产程序开始的裁判，可以提出上诉。笔者认为，对于破产宣告的裁定给予适当的救济非常必要，至于救济的方式则可以进一步讨论。

四、破产宣告的效力

破产宣告会引起债务人身份的变化，会引起债务人财产、债权人的债权性质的变化，会导致一些法律关系的产生与变化，这些就是破产宣告的效力。破产宣告的效力主要表现在以下几个方面。

(一) 对债务人的效力

债务人被宣告破产后，债务人称为破产人，完全丧失对其财产的管理控制权，由管理人对债务人的全部财产进行破产清算。

自宣告破产之日起至破产程序终结之日，债务人的法定代表人、财务管理人员和其他经营管理人员，继续承担下列义务：(1) 妥善保管其占有和管理的财产、印章和账簿、文书等资料；(2) 根据人民法院、管理人的要求进行工作，并如实回答询问；(3) 列席债权人会议并如实回答债权人的询问；(4) 未经人民法院许可，不得离开住所地；(5) 不得新任其他企业的董事、监事、高级管理人员。

对于债务人的所有职工，在破产宣告后，除必要的留守人员外，管理人应尽快使其与债务人企业解除劳动合同，另谋职业或成为社会救济的失业人员。

由于我国破产法目前不适用于自然人，故其未规定对自然人破产的资格权利限制。

---

① 参见张胜：《破产宣告程序性救济之检讨》，载《人民司法》，2007 (21)。

（二）对债务人财产的效力

债务人被宣告破产后，债务人的财产称为破产财产。在破产宣告前，依所进行的程序不同，债务人财产由管理人或者债务人（重整程序）控制，可以根据需要继续经营；而在破产宣告后，破产财产只能由管理人控制，只能被用于破产清算。

（三）对债权人的效力

债务人被宣告破产后，人民法院受理破产申请时对债务人享有的债权称为破产债权。破产债权的确定时间点为“法院受理破产申请时”，在此点之后形成的债权，除《企业破产法》有特别规定外，并不属于破产债权。破产债权包括有担保债权和无担保债权。无担保的债权只能在破产清算程序中按照破产财产分配方案受偿；有担保的债权的担保分为人的担保和财产的担保。人的担保债权，不构成别除权；对破产人的特定财产享有担保权的债权可以通过行使别除权得到优先受偿，不按照破产清算程序受偿。

三、别除权

（一）别除权的概念与特征

1. 别除权的概念

别除权是大陆法系的概念，是指债权人因其债权就债务人特定财产设有物权担保或享有法定特别优先权，而在破产程序中享有的优先受偿权利。从性质上看，别除权是对破产人的特定财产享有不经破产程序而可以个别优先受偿的权利。我国《企业破产法》并未使用别除权这一概念，而是使用了英美法系中的有财产担保的债权这一概念。《企业破产法》第109条规定：“对破产人的特定财产享有担保权的权利人，对该特定财产享有优先受偿的权利。”

大陆法系的别除权概念与英美法系的有财产担保债权并非完全一致，二者在涵盖的权利范围上有所不同。根据日本破产法第65条第1款、第66条第1款的规定，“别除权的范围包括质权、抵押权以及留置权等特别优先权”。英美法系中与之相应的概念是有约定或法定物权担保的债权，譬如美国有特定财产担保的债权主要包括协议担保债权、法定担保债权和司法担保债权。[①] 在我国，学界大多认为，别除权与有财产担保债权在实务上并无区别，只不过是描述的角度不一样而已：有财产担保债权是从债权的性质来看的，别除权则是从权利行使的方式来看的。别除权的权利基础是权利人对破产人的特定财产享有担保权或法定特别优先权，其行使方式是不经过破产清算程序而从该特定财产中个别优先受偿。别除权的优先受偿权，是由债务人特定财产上原已存在的担保物权或特别优先权具有之排他性优先受偿效力沿袭而来的。从权利本源上讲，别除权并非破产法所创设，但其在破产程序中的实现具有新的特点。别除权之名称，便是针对这一权利在破产程序中的特点而在破产法理论上命名的。《企业破产法》的起草过程中，曾经一度在立法草案中使用过别除权这一名称，但后来为使法律能够更加通俗易懂，在立法中便没有再使用这一破产法

① 参见潘琪：《美国破产法》，128页，北京，法律出版社，1999。

理论上的专用名词。[①]

对破产人的特定财产享有的担保权包括约定担保权和法定担保权，法定担保权一般是指一些特别法中对特定财产设立的特别优先权。《企业破产法》对因特别优先权而享有别除权的情况未作具体规定，在司法实践中需解决破产法外的各种特别优先权人在破产程序中是否享有别除权、如何实现别除权等问题。[②]

对别除权与破产债权的关系，在理论上有两种观点。一种观点认为，别除权与破产债权是两种不同性质的权利。别除权人因享有优先受偿权，其债权清偿与破产程序无关，故别除权不属于破产债权。另一种观点认为，在债务人以外的人以其财产为债权人提供担保的情况下，别除权不属于破产债权。但在债务人以自己财产为债权人担保的情况下，别除权属于破产债权，只不过是一种性质特别的破产债权，或曰特别破产债权，而其他破产债权则为普通破产债权。因别除权首先是针对债务人设立的债权，而设置的物权担保只是一种从属性权利，债权人享有优先受偿权只是在受偿方式上的不同，并没有改变其是对债务人设立的债权的基本性质。只有确认别除权也属于破产债权，才能解释为什么别除权人放弃优先受偿权后，或其债权中担保物价款不足清偿的部分，可自动转为普通破产债权受偿。如果从理论上分析别除权与破产债权的关系，前述第二种观点更为合理，因此，《企业破产法》第107条第2款规定："人民法院受理破产申请时对债务人享有的债权称为破产债权。"有学者从理论上对该款规定进行分析，认为破产债权有广、狭两义。广义的破产债权既包括无物权担保的债权即普通破产债权，也包括有物权担保的债权即特殊破产债权。狭义的破产债权则仅指无物权担保的债权。值得注意的是，在破产债权与别除权对应使用的情况下，往往是在普通破产债权的意义上使用破产债权这个概念。[③]

从广义看，别除权属于破产债权，因而别除权人不仅可以对担保物行使优先受偿权利，而且对担保物之外的债务人财产也可享有一定权利。根据《企业破产法》第110条的规定：别除权人行使优先受偿权利未能完全受偿的，其未受偿的债权作为普通债权；放弃优先受偿权利的，其债权作为普通债权。因此，别除权人的优先受偿权未能得到特定担保物优先清偿时，方可从债务人无担保财产中受偿。须注意，当担保物之外的破产财产的分配先于担保物的变价分配时，别除权人应有权以其受担保物担保的债权全额参加分配，不过对其分配额应予提存，待担保物变价分配后，再根据实际清偿情况分配提存财产：担保物不足清偿的别除权作为普通破产债权，按照同类普通债权的清偿比例以提存财产进行清偿，如提存财产有剩余则向全体债权人作补充分配；如果担保物足以清偿别除权，则超出部分应当向其他普通债权人进行补充分配。这就是所谓的有限制的选择主义。

【经典导读】

担保物权先行主义、选择主义和有限制的选择主义[④]

别除权人在对担保物行使权利之前，能否以破产债权人的身份不受限制地先对债务人无担

① 参见王欣新：《破产法》，4版，355页，北京，中国人民大学出版社，2019。
② 参见王欣新：《破产法》，4版，356页，北京，中国人民大学出版社，2019。
③ 参见王欣新：《破产法》，4版，358页，北京，中国人民大学出版社，2019。
④ 参见王欣新：《破产法》，4版，359页，北京，中国人民大学出版社，2019。

保财产行使权利、从中受偿呢？国外立法对此问题有三种解决模式。第一种是担保物权先行主义，即别除权人必须先行对担保物行使权利，其未能从担保物上受偿的债权部分才可以对债务人无担保财产行使权利。但是此种模式可能因为担保物不能变价而影响担保权人的受偿权利行使。第二种为选择主义，即别除权人可以自行选择是先对担保物行使权利，还是先对债务人无担保财产行使权利。但在实行选择主义时，可能会出现别除权人在预计担保物价款不足清偿其债权时，先以其全部债权作为破产债权参加无担保财产的分配，然后再就未能从无担保财产中获得清偿的债权执行担保物，使其不能从担保物中获偿的债权部分从无担保财产中多获分配，有损其他普通破产债权人利益的情况。为解决第二种模式中的问题，日本、韩国的立法采取第三种模式即有限制的选择主义，规定如债务人的无担保财产先行变价分配，别除权人可先以其全部债权作为破产债权参加分配，但对其分配额应予提存。待担保物变价后，别除权人再以担保物价款不足清偿的债权部分作为破产债权，按照破产分配中对其他破产债权人的统一分配比例从提存财产获得清偿，超过分配比例部分的提存财产应向全体破产债权人作补充分配。

笔者认为，在有限制的选择主义下，别除权申报为破产债权，全额进入债权表，分配时则根据破产财产以及处置的具体情况进行灵活安排，不仅更能够实现公平清偿各类债权人，而且能够促进别除权人与管理人进行协商，就重整程序中行使别除权的特殊问题，如别除权恢复行使、担保物评估价格、延期清偿所受损失等，达成协议。

由于别除权属于破产债权，别除权的特定担保财产也应当属于破产财产。《企业破产法》第30条规定："破产申请受理时属于债务人的全部财产，以及破产申请受理后至破产程序终结前债务人取得的财产，为债务人财产。"该条规定明确了别除权的标的财产属于破产财产，不仅在逻辑上与别除权属于破产债权一致，而且在比较法上也得到了包括美国在内的大多数国家规定的"担保财产属于破产财产"的经验支持。

2. 别除权的特征

别除权不同于破产法中规定的破产债权、取回权、撤销权、抵销权等其他权利，具有如下几个方面的特征。

（1）别除权针对破产人财产行使。

别除权的标的物必须是破产人的财产。这是别除权与取回权的区别。取回权是从管理人手中取回本来就归属于自己的财产，而别除权是对属于破产人的财产行使个别优先受偿的权利。

在第三人为破产人债务提供财产担保时，因担保财产不属破产人所有，债权人的担保债权不构成别除权，故应依《民法典》之规定行使对担保物的权利。

（2）别除权针对破产人特定财产行使。

除法律另有规定，别除权的担保物应为特定物，别除权人只能针对破产人的特定财产行使权利。这与普通破产债权以及产生于破产申请受理后的破产费用、共益债务在清偿财产的范围上有所不同。别除权针对破产人的特定财产行使权利，而普通破产债权以及产生于破产申请受理后的破产费用、共益债务则针对无担保的非特定破产财产行使权利。据此，只有在担保财产清偿担保债权后尚有余额的情况下，才可用于对破产费用、共益债务和普通破产债权的清偿。因此，别除权行使时，如果担保债权数额低于担保物的价额，则超过债权数额的余额，应返还管理人，用于对其他普通破产债权人的清偿；如果担保债权数额超过担保物的价额，则未受偿之担保债权便转化为对债务人的普通破产债权；如果别除权人放弃优先受偿权，其可作为普通破产债权人受偿。

如果该特定担保财产毁损、灭失，别除权人不能对破产人的其他财产请求个别优先受偿，而只能将其债权作为破产债权，通过破产清算程序获得清偿。但第三人包括管理人对担保物灭失负有赔偿责任的，在赔偿范围内，别除权人对赔偿金额仍享有优先受偿权，这是由担保物权的物上代位性决定的。如果是管理人错误地将担保物变卖，别除权人对变卖价款享有优先受偿权，由此给别除权人造成损失时，管理人应承担赔偿责任。债务人在破产申请受理前将担保物变卖且无法追回的，虽然可以追究债务人及相关责任人员的赔偿责任，但债权人不再享有别除权。不过在变卖价款或对价尚未交付给债务人或仍能从债务人财产中加以明确区分的情况下，别除权人对该价款或对价可继续享有别除权。

须注意，破产人以其特定财产为他人债务提供物权担保的，则该特定财产所担保的债权构成别除权，但因破产人不是主债务人，在担保物价款不足以清偿担保债额时，不足部分不得作为普通破产债权向破产人要求清偿，只能向原主债务人求偿。同样的道理，别除权人如放弃优先受偿权利，其债权也不能转为对破产人的普通破产债权。

（3）别除权是一种优先受偿权。

别除权的权利基础是债权有特定财产作为担保，而不包括以保证这种人的担保为基础的债权。作为保证人的债务人被宣告破产，债权人的债权可以作为普通破产债权按照破产清算程序进行清偿，但不能对破产人的特定财产或者所有财产获得优先受偿。对破产人的特定财产享有的担保权包括约定担保权和法定担保权。约定担保权主要包括抵押权、质权以及《民法典》规定的由当事人约定的所有权保留、融资租赁、让与担保等具有担保功能的债权。法定担保权主要包括留置权、《海商法》规定的船舶优先权、《民用航空法》规定的民用航空器优先权、建设工程款优先权和《城市房地产管理法》规定的国有划拨土地使用权出让金优先权等。

（4）别除权的行使方式是不依破产程序而个别优先受偿。

别除权不依破产程序而可以随时行使（法律另有规定者除外）。别除权的优先受偿，不同于破产费用、共益债务从债务人无担保财产中的优先随时清偿，更不同于普通破产债权因性质不同而根据公共政策在清偿顺序上排列的先后。别除权的优先受偿权是针对特定担保财产行使的，不受破产清算与和解程序限制，可优于其他债权人单独、及时受偿。

但是，在重整程序中，《企业破产法》依域外破产法之惯例，规定别除权的优先受偿权利受到限制，以免因担保物的执行而影响重整程序挽救企业功能之发挥。《企业破产法》第 87 条第 2 款第 1 项规定，人民法院在强制批准重整计划草案时，别除权在重整中“因延期清偿所受的损失”应得到公平补偿。通常认为的公平补偿措施之一，就是定期向其支付在重整申请受理后债权的相应利息。这种补偿性支付属于立法的特别规定，与“附利息的债权自破产申请受理时起停止计息”的规定并不矛盾。同时，立法允许当事人在重整计划草案中对别除权人的清偿及补偿问题另行作出约定，前提是“该表决组已经通过重整计划草案”，且反对通过重整计划草案的债权人的合法权益未受到损害。

（5）别除权优先受偿的范围。

除《企业破产法》另有规定者外，别除权优先受偿的权利范围原则上依《民法典》第

389条的规定来确定，即包括主债权及其利息、违约金、损害赔偿金、保管担保财产和实现担保物权的费用。当事人另有约定的，按照其约定。需要注意的是，有的国家立法规定，享有别除权之债权在破产申请受理后产生的利息也在优先受偿的范围内。《企业破产法》第46条第2款规定，附利息的债权自破产申请受理时起停止计息。此项规定也适用于别除权，所以，别除权之债权在破产申请受理后产生的利息在破产程序中是不予清偿的。不过由于该条第1款同时还规定，“未到期的债权，在破产申请受理时视为到期”。据此，别除权人在破产申请受理后就可以及时行使优先受偿权，不清偿其债权在破产申请受理后产生的利息，一般不会造成其损失。但在法律实施过程中还需明确，管理人在破产申请受理后不得无故阻碍别除权人行使优先受偿权利，否则应向别除权人支付利息损失。

（二）别除权产生的基础权利

别除权基于约定担保物权或法定担保物权而产生，前者基于约定，后者则基于法律的特殊规定，是一种法定的特别优先权。

1. 基于约定担保物权产生的别除权

域外立法对约定担保物权种类的规定不尽相同。譬如，日本破产法规定的担保物权主要是质权和抵押权。此外，有日本学者认为，让渡（让与）担保、临时登记担保以及所有权保留等非典型物权担保的权利人，也可以在破产法上享有别除权。① 日本破产法甚至还承认共有人的别除权，如日本破产法第94条规定：“于数人共有财产权情形，其中一人受破产宣告时，对其有共有债权的其他共有人，对于因分割而应归属于破产人的共有财产部分有别除权。”②

我国《民法典》明确规定，担保物权包括抵押权、质权和留置权，因此这三项权利可以在破产程序中享有别除权。须注意的是，前二者基于约定而产生，属于约定担保物权，留置权基于法律规定而产生，属于法定担保物权。此外，《民法典》及《民法典担保制度解释》规定所有权保留、融资租赁、让与担保等在符合法定条件时也具有针对债务人特定财产优先受偿的效力，因此也可按照别除权进行处理。下文主要对所有权保留、融资租赁、让与担保等具有担保功能的合同而产生的别除权进行分析。

（1）所有权保留中出卖人在破产程序中的权利。

如第四章所述，所有权保留的出卖人在法定情形下，可以行使取回权，但是，在取回权行使遇到法律障碍和实际障碍时，也可以行使别除权。③

在买受人破产的情况下，当出卖人行使取回权遇到法律障碍时，如买受人已支付标的物总价款75%以上，出卖人未能取回标的物，但仍可依法主张买受人继续支付价款、履行完毕其他义务，以及承担相应赔偿责任，其债权可以获得别除权的优先受偿顺位保护。买受人转让标的物并为第三人实际取得的，出卖人在符合法律规定的情形下，可以根据《民法典》第406条第2款和《民法典担保制度解释》第43条的规定，依法主张该项交付或登

① 参见［日］石川明：《日本破产法》，何勤华、周桂秋译，82页，北京，中国法制出版社，2000。

② ［日］石川明：《日本破产法》，何勤华、周桂秋译，265页，北京，中国法制出版社，2000。

③ 参见王斐民、戴贤：《所有权保留买卖中出卖人破产取回权研究》，载《中国法研究》，2022（3）。

记不发生物权效力，并主张对该标的物的取回权，在行使取回权遇到法律障碍或者不经济时，可以按照“担保物权案件”行使别除权。

在买受人破产的情况下，如果出卖人行使取回权遇到实际障碍，其也可以行使别除权。在出卖人根据《企业破产法司法解释二》相关规定行使取回权时，应当与买受人的管理人进行协商，如果协商不成或请求参照《民事诉讼法》实现“担保物权案件”有关规定进行处理时，则应当按照“担保物权案件”进行处理，即可以按照别除权进行处理。

（2）融资租赁中出租人在破产程序中的权利。

《民法典》第752条规定：“承租人应当按照约定支付租金。承租人经催告后在合理期限内仍不支付租金的，出租人可以请求支付全部租金；也可以解除合同，收回租赁物。”据此，出租人在行使取回权时，可与承租人的管理人协商，若协商一致，则可以直接取回租赁物；协商不成的，只能诉讼（仲裁）或依据实现“担保物权案件”的程序行使权利。因为租赁物由承租人占有，承租人无法私力取回。承租人的管理人对出租人的取回权请求应认真评估对待，不得以应经债权人会议决议等理由予以拒绝。

在承租人破产时，融资租赁合同事先约定或事后推定租赁物期满归承租人所有并进行了登记，则构成具有担保功能的融资租赁，剩余租金加速到期。根据《企业破产法》第46条第1款的规定，未到期的债权，在破产申请受理时视为到期，因此出租人可以据此将全部未付租金以及其他费用（简称租金债权）申报为租赁物担保的债权。此外，承租人在破产申请受理前有《民法典》第752条规定的支付租金违约的情形，出租人也可主张未支付租金加速到期，并向出租人的管理人申报租金债权。这在《民法典》施行后的一些判决书中得到了支持。在“(2021)皖08民初598号民事判决书”“(2021)皖08民初599号民事判决书”“(2021)皖08民初600号民事判决书”中，法院认为，管理人依据《企业破产法司法解释三》的规定认定出租人的租金债权属于普通债权并无过错，因为当时《民法典》尚未施行；但是本案诉讼时，《民法典》以及《民法典担保制度解释》已经施行，根据最高人民法院《关于适用〈中华人民共和国民法典〉时间效力的若干规定》第3条的规定，《民法典》施行前的法律事实引起的纠纷案件，当时的法律、司法解释没有规定而《民法典》有规定的，可以适用《民法典》的规定，但是明显减损当事人合法权益、增加当事人法定义务或者背离当事人合理预期的除外。本案中，依照《民法典》和《民法典担保制度解释》认定出租人以全部未支付租金申报为破产债权并以拍卖、变卖租赁物所得价款优先受偿，并不会明显减损当事人合法权益、增加当事人法定义务或者背离当事人合理预期，故出租人在本案中申报的租金债权属于有特定财产担保的债权。2021年8月7日在上海金融法院作出的“(2020)沪74民初3458号民事判决书”中，法院与前述几个案件判决书的推理逻辑一样，认为该案涉及的融资租赁优先权纠纷可以适用《民法典》的规定，并明确认定，出租人于2019年4月27日在中国人民银行动产融资统一登记公示系统办理的所有权登记，自2021年1月1日《民法典》施行日取得法定的公示公信力，即承租人破产的，出租人对租赁物享有的优先权利顺位可根据该时点进行确认。[①]

出租人行使别除权或行使取回权的，均应进行结算，而且应尽量维持一致的结算规

① 参见王斐民：《我国〈民法典〉背景下融资租赁破产处置问题研究》，载《北方工业大学学报》，2022（6）。

则。出租人根据《民法典》第752条和最高人民法院《关于审理融资租赁合同纠纷案件适用法律问题的解释》第11条、第12条以及《民法典担保制度解释》第65第2款的规定，收回租赁物时，应进行结算。租赁物价值超出租金债权的部分，退还给承租人，低于租金债权的部分区分不同情况进行清偿：如果租金债权发生在破产申请受理前，按照普通破产债权进行清偿；如果发生在破产申请受理后的继续履行合同期间，则按照共益债务进行清偿。在别除权路径下评估租赁物价值时，可以参考《民法典担保制度解释》第65第2款规定的行使取回权路径下当事人对租赁物的价值有争议时确定租赁物价值的规则，以保持两种路径下清偿规则的统一、公平。出租人在行使别除权时，不受破产程序影响，但需要向管理人提出。管理人如果对担保物不进行实际拍卖、变卖而是通过评估认定其价值时，出租人受到担保的租金债权实际受到了破产程序的影响。如果承租人的管理人对租赁物估值过低，未得到租赁物评估价值覆盖的租金债权将转化为普通债权。所以，出租人这时可以主张行使取回权保障其债权利益最大化。①

(3) 让与担保权人在债务人破产程序中的权利。

让与担保是债务人或者第三人约定将特定财产的所有权在形式上转移至债权人名下，但并不转移占有，在债务人不履行到期债务时，债权人有权对财产折价或者拍卖、变卖该财产所得价款优先清偿债务。债权获得清偿后，担保物的所有权复归于债务人或第三人。《民法典担保制度解释》第68条规定了让与担保制度，其第1款是让与担保的一般规则，第2、3款分别规定了让与担保合同约定“债务人不履行到期债务，财产归债权人所有”和约定回购时“债务人到期不履行回购义务，财产归债权人所有”内容无效。对让与担保的债务人进入破产程序时，担保权人对债务人占有下的担保物享有取回权还是别除权，学界有不同观点。如我国台湾地区学者史尚宽认为，让与担保权人享有取回权。而陈荣宗则认为，在这种情况下，让与担保权人没有取回权，但可享有别除权。笔者认为，如果当事人已经完成财产权利变动的公示，债务人不履行到期债务时，债权人在债务人破产的情形下享有别除权，而不享有取回权。让与担保的实质是以债务人的特定财产担保债权人的债权实现，而非在二者之间交易该特定财产的所有权，所以转移所有权是形式，担保债权是实质，故在债务人破产时，应当按照别除权处理。《民法典担保制度解释》第68条第1款规定，当事人有关让与担保的约定有效，在债务人不履行到期债务时，债权人有权请求参照《民法典》关于担保物权的规定就该财产优先受偿。这是典型的别除权的行使规则安排。依据《民法典担保制度解释》第68条第2、3款的规定，当事人之间的“流质约定”无效。从立法体系上观察，这两款规定也体现出不支持取回权的处置思路，而支持以财产折价或拍卖、变卖该财产的价款优先受偿的别除权的设置思路。

2. 基于法定特别优先权产生的别除权

优先权，在日本又称先取特权，是指特定债权人依据法律直接规定，对债务人的全部财产或特定财产之变卖价值享有的优先于其他债权人受偿的权利。其中，对债务人全部财产（非特定财产）享有的优先受偿权利，为一般优先权；对债务人特定财产享有的优先受

---

① 参见王斐民：《我国〈民法典〉背景下融资租赁破产处置问题研究》，载《北方工业大学学报》，2022（6）。

偿权利，为特别优先权。[①]

优先权制度起源于罗马法。在现代社会，赋予特种债权以优先权，主要是考虑债权的性质或产生原因，体现公平、正义等法律与社会理念以及保障公共利益和社会利益的立法政策[②]，因此，优先权制度具有破除债权人之间形式上的平等，维护实质公平的法律功能。正是因为优先权的此种法律功能，所以优先权为法定权利，不由当事人约定设置，不以登记或占有公示为成立要件。一般优先权是从债务人一般财产中获得优先清偿的权利，因此不构成别除权；特别优先权是以债务人特定财产担保其清偿的权利，具有担保物权的一般特征，可以构成别除权。

一般优先权如职工债权、税收债权等，由于其行使的标的财产是债务人的无担保的全部财产，因此必须依破产程序行使，通常要等到破产财产变价处理后才能够实际行使优先受偿权，而且通常不具有物上的追及效力，因此，有学者认为，"一般的先取特权因为是可以从债务人的总财产中优先得到清偿的权利，所以被担保的债权是优先性的破产债权。但是，它不能从特定的财产中获得清偿，就不是别除权"[③]。我国《企业破产法》区分了一般优先权和特别优先权，而且把一般优先权规定在破产财产清偿债权的顺位中，这对于司法实践中各项权利的正确行使具有重要的意义。

特别优先权在性质上属于实体性优先权，具有物权担保的一般属性，从法律上讲，应属于法定担保物权。目前，我国主要是在《民法典》《海商法》《民用航空法》等立法中对特别优先权作出规定。

《民法典》第 807 条规定："发包人未按照约定支付价款的，承包人可以催告发包人在合理期限内支付价款。发包人逾期不支付的，除根据建设工程的性质不宜折价、拍卖外，承包人可以与发包人协议将该工程折价，也可以请求人民法院将该工程依法拍卖。建设工程的价款就该工程折价或者拍卖的价款优先受偿。"承包人的此项权利属于特别优先权，但对其权利的性质观点不一，有的学者认为属于法定抵押权，也有的学者认为属于留置权。如将承包人的此项权利认定为留置权，与留置权的标的物仅限于动产的惯例不甚相符，故笔者认为，从建设工程价款优先权的法律性质看，其应当属于法定抵押权。瑞士、法国的立法规定，法定抵押权可以不经登记而成立，且应优先于约定抵押权受偿。当债务人即发包人破产时，根据最高人民法院《关于审理建设工程施工合同纠纷案件适用法律问题的解释（一）》第 35 条的规定，与发包人订立建设施工合同的承包人，有权依据《民法典》第 807 条的规定主张其承建工程的价款就工程折价或者拍卖的价款优先受偿，因此，建设工程价款优先权可以构成别除权。

依据《民法典担保制度解释》第 50 条的规定，抵押人以划拨建设用地上的建筑物或划拨方式取得的建设用地使用权抵押的，在抵押权依法实现时，拍卖、变卖建筑物所得的价款应当优先用于补缴"建设用地使用权出让金"。因此，补缴的"建设用地使用权出让金"构成别除权。

---

① 参见王欣新：《破产法》，4 版，366 页，北京，中国人民大学出版社，2019。

② 参见郭明瑞等：《优先权制度研究》，9、10 页，北京，北京大学出版社，2004。

③ ［日］石川明：《日本破产法》，何勤华、周桂秋译，84 页，北京，中国法制出版社，2000。

《海商法》规定了船舶优先权。所谓船舶优先权，是指海事请求人依照《海商法》第22条的规定，向船舶所有人、光船承租人、船舶经营人提出海事请求，对产生该海事请求的船舶具有的优先受偿的权利。该法第22条规定了船舶优先权的具体范围："下列各项海事请求具有船舶优先权：（一）船长、船员和在船上工作的其他在编人员根据劳动法律、行政法规或者劳动合同所产生的工资、其他劳动报酬、船员遣返费用和社会保险费用的给付请求；（二）在船舶营运中发生的人身伤亡的赔偿请求；（三）船舶吨税、引航费、港务费和其他港口规费的缴付请求；（四）海难救助的救助款项的给付请求；（五）船舶在营运中因侵权行为产生的财产赔偿请求。载运2 000吨以上的散装货油的船舶，持有有效的证书，证明已经进行油污损害民事责任保险或者具有相应的财务保证的，对其造成的油污损害的赔偿请求，不属于前款第（五）项规定的范围。"在各项船舶优先权之间，清偿顺序也有先后之别。《海商法》第23条规定："本法第二十二条第一款所列各项海事请求，依照顺序受偿。但是，第（四）项海事请求，后于第（一）项至第（三）项发生的，应当先于第（一）项至第（三）项受偿。本法第二十二条第一款第（一）、（二）、（三）、（五）项中有两个以上海事请求的，不分先后，同时受偿；不足受偿的，按照比例受偿。第（四）项中有两个以上海事请求的，后发生的先受偿。"第24条规定："因行使船舶优先权产生的诉讼费用，保存、拍卖船舶和分配船舶价款产生的费用，以及为海事请求人的共同利益而支付的其他费用，应当从船舶拍卖所得价款中先行拨付。"船舶优先权应当通过法院扣押产生优先权的船舶的方式行使，并具有物上代位性。《海商法》第26条规定："船舶优先权不因船舶所有权的转让而消灭。但是，船舶转让时，船舶优先权自法院应受让人申请予以公告之日起满六十日不行使的除外。"第27条规定："本法第二十二条规定的海事请求权转移的，其船舶优先权随之转移。"债权人和管理人须特别注意的是，船舶优先权的权利时效为特别时效。《海商法》第29条规定："船舶优先权，除本法第二十六条规定的外，因下列原因之一而消灭：（一）具有船舶优先权的海事请求，自优先权产生之日起满一年不行使；（二）船舶经法院强制出售；（三）船舶灭失。前款第（一）项的一年期限，不得中止或者中断。"

《民用航空法》中规定了民用航空器优先权。民用航空器优先权，是指向民用航空器所有人、承租人提出赔偿请求的债权人，对产生该赔偿请求的民用航空器具有的优先受偿权利。该法第19条规定："下列各项债权具有民用航空器优先权：（一）援救该民用航空器的报酬；（二）保管维护该民用航空器的必需费用。前款规定的各项债权，后发生的先受偿。"民用航空器优先权在破产程序中也构成别除权。民用航空器优先权的行使方式和时效等与其他优先权相比，有较大不同。《民用航空法》第20条规定："本法第十九条规定的民用航空器优先权，其债权人应当自援救或者保管维护工作终了之日起三个月内，就其债权向国务院民用航空主管部门登记。"享有民用航空器优先权的债权转移时，其民用航空器优先权随之转移。民用航空器优先权也应当通过人民法院扣押产生优先权的民用航空器的方式行使。民用航空器优先权的时效较短，《民用航空法》第25条规定："民用航空器优先权自援救或者保管维护工作终了之日起满三个月时终止；但是，债权人就其债权已经依照本法第二十条规定登记，并具有下列情形之一的除外：（一）债权人、债务人已经就此项债权的金额达成协议；（二）有关此项债权的诉讼已经开始。民用航空器优先权不因民用航空器所有权的转让而消灭；但是，民用航空器经依法强制拍卖的除外。”在《民用航空法》中，除民用航空器优先权外，还存在地面第三人的损害赔偿债权对相应的保险或者担保的优先权。《民用航空法》第157条规定：“因飞行中的民用航空器或者从飞行中的民用航空器上落下的人或者物，造成地面（包括水面，下同）上的人身伤亡或者财产损害的，受害人有权获得赔偿；但是，所受损害并非造成损害的事故的直接后果，或者所受损害仅是民用航空器依照国家有关的空中交通规则在空中通过造成的，受害人无权要求赔偿。”根据《民用航空法》的规定，民用航空器的经营人应当投保地面第三人责任险或者取得相应的责任担保。在民用航空器的经营人破产的情形下，受害人可以直接对保险人或者担保人提起诉讼。该法第169条规定：“依照本法第一百六十六条规定提供的保险或者担保，应当被专门指定优先支付本章规定的赔偿。”

（三）别除权之间的清偿顺序

在破产程序中，可能出现在同一特定财产上同时存在两个或两个以上的担保性质相同或不同的别除权。为此，必须依据相关法律，根据担保的种类、性质以及设置方式、时间等确定各项别除权间的清偿顺序，以保证破产程序的公平、顺利进行。

1. 同一担保性质的别除权间的清偿顺序

在同一性质的担保物权构成的别除权之间，清偿顺序的确定较为简单，原则上按照登记或合同生效时间的先后顺序清偿。如《民法典》第414条第1款规定：“同一财产向两个以上债权人抵押的，拍卖、变卖抵押财产所得的价款依照下列规定清偿：（一）抵押权已经登记的，按照登记的时间先后确定清偿顺序；（二）抵押权已经登记的先于未登记的受偿；（三）抵押权未登记的，按照债权比例清偿。”

动产质押和以交付权利凭证为设定条件的权利质权，因涉及实际占有，通常不会发生两项质权重合的情况，但不以交付权利凭证为设定条件的权利质权，则可能发生权利竞合。其清偿顺序原则上依照设定的先后顺序确定，与抵押权大体相同，可依《民法典》第414条第2款的规定，即其他可以登记的担保物权，参照适用《民法典》该条第1款的规定确定清偿顺序。在转质权的情况下，如果质权人在质权存续期间经出质人同意转质，因转质权人的权利是由质权人设定的，所以其清偿顺序自然应当优先于质权人。

留置权以占有留置物为行使权利的条件。同一物上存在多个留置权的发生原因与转质权的情况类似，而且通常是后发生的留置权人占有留置物。所以，后发生的留置权应当优先于先发生的留置权受偿。

须注意，价金超级优先权有特殊的清偿顺序安排。《民法典》第416条规定了价金超级优先权制度，《民法典担保制度解释》第57条规定了其具体适用的规则。《民法典》第416条规定，动产抵押担保的主债权是抵押物的价款，标的物交付后10日内办理抵押登记的，该抵押权人优先于抵押物买受人的其他担保物权人受偿，但是留置权人除外。根据《民法典担保制度解释》第57条第1款的规定，价金超级优先权的权利人包括设定抵押权的出卖人（包含分期付款的出卖人、保留所有权的出卖人）、融资人（为动产买卖提供融资的人）、融资租赁交易的出租人。这些权利人根据《民法典》第416条行使权利的，可以突破《民法典》第414条第1款第1项规定的以登记时间先后确定抵押权清偿顺序的规则，而形成所谓的超级优先权。所谓超级优先，是指在标的物交付后10日内办理的抵押登记，优先于在此前已经设立的浮动动产抵押担保和固定动产抵押担保。[①] 因此，超级优先权即便设定、登记在后，也优先于登记在先的抵押权。价金超级优先权实际上是一种特殊的动产抵押权，因此其还遵照动产抵押权的一般规则：一是不得优先于留置权；二是当存在多个价金优先权时，根据《民法典担保制度解释》第57条第3款的规定，按照登记的时间先后确定清偿顺序，即回归到《民法典》第414条的规定。

2. 不同担保性质的别除权间的清偿顺序

在不同担保性质的别除权之间，清偿顺序的确认较为复杂。

《民法典》第456条规定，同一动产上已经设立抵押权或者质权，该动产又被留置的，留置权人优先受偿。此项规则在破产程序中同样适用。

在确定留置权优先于抵押权、质权原则的同时，为防止当事人合谋恶意利用留置权损害抵押权人、质权人的利益，应明确留置权的优先，应以善意设置为前提。此外，如果是留置权人经过留置物所有权人同意在留置物上再设定抵押，则抵押权人当然应当优先于留置权人受偿。

按照《民法典》的规定，质权包括动产质权和以票据、债券、存款单、仓单、提单、股权、基金份额、知识产权、应收账款等出质产生的权利质权。在抵押权与质权并存时，依据《民法典》第415条的规定，拍卖、变卖该财产所得的价款按照登记、交付的时间先后确定清偿顺序。《民法典》第429条规定，质权自出质人交付质押财产时设立。因此，若财产交付时间先于抵押登记时间，则质权优先于抵押权受偿；若财产交付时间后于抵押登记时间，则抵押权优先于质权受偿。《民法典》第441条规定：以汇票、本票、支票、债券、存款单、仓单、提单出质的，质权自权利凭证交付质权人时设立；没有权利凭证的，质权自办理出质登记时设立。法律另有规定的，依照其规定。《民法典》第443、444、445条规定，以基金份额、股权和以注册商标专用权、专利权、著作权等知识产权中的财产权利以及应收账款出质的，质权自办理登记时设立。因此，上述权利质权中没有权利凭证的，以办理出质登记时间的先后为清偿顺序。

3. 约定担保物权与法定特别优先权间的清偿顺序

《企业破产法》规定了清偿顺序优先于担保物权的一般优先权（如我国《企业破产法》第132条规定的一定范围内的职工债权），因其是对债务人全部财产享有的优先权，所以在行使权利时应当先就无担保的财产进行清偿，清偿不足时，才可以执行其他担保财产。

在约定担保物权与法定特别优先权存在于同一标的物之上时，一般而言，特别优先权的清偿顺序优先于约定担保物权。有学者认为，破产法上应当明确规定，法定特别优先权可以依法优先于约定担保物权在破产财产清偿顺序之外获得最优先的清偿。[②] 但是，笔者认为，法定特别优先权一般应当优先于约定担保物权，甚至有时优先于留置权，但法定优

---

① 有学者认为，价金超级优先权的适用范围应当被限定于动产浮动抵押，这有利于清晰地确定价金超级优先权的效力，如果扩大到包括固定抵押在内的所有担保权，优先权规则将会变得十分复杂，而且会损害在先担保权人的合理信赖和利益，也会不当冲击担保登记制度。参见王利明：《价金超级优先权探疑——以〈民法典〉第416条为中心》，载《环球法律评论》，2021（4）。

② 参见杨春平：《我国“别除权”立法及理论研究》，载《河北法学》，2010（3）。

先权应根据破产法之外的具体法律规定进行确认，不宜在《企业破产法》中统一规定各种特别优先权。

《海商法》第25条第1款规定："船舶优先权先于船舶留置权受偿，船舶抵押权后于船舶留置权受偿。"《民用航空法》第22条规定："民用航空器优先权先于民用航空器抵押权受偿。"船舶优先权、民用航空器优先权属于法定特别优先权，根据《海商法》《民用航空法》的规定所确定的其与普通留置权、抵押权同时并存时的清偿顺序，在破产程序中应被尊重，亦应按照法定特别优先权优先于约定担保物权的原则进行处理。

在建设工程价款优先权与建筑物抵押权同时并存时，建设工程价款优先权作为法定优先权优先于约定抵押权被清偿。根据最高人民法院《关于审理建设工程施工合同纠纷案件适用法律问题的解释（一）》第36的条规定，承包人根据《民法典》第807条规定享有的建设工程价款优先受偿权优于抵押权和其他债权。但是，在消费者交付购买商品房的全部或者大部分款项后，承包人就该商品房享有的工程价款优先受偿权不得对抗买受人。根据最高人民法院《关于审理建设工程施工合同纠纷案件适用法律问题的解释（一）》第40、41条的规定，建筑工程价款优先受偿的范围由国务院有关行政主管部门关于建设工程价款范围的规定确定，但不包括承包人就逾期支付建设工程价款的利息、违约金、损害赔偿金等；承包人应当在合理期限内行使建设工程价款优先受偿权，但最长不得超过18个月，自发包人应当给付建设工程价款之日起算。

此外，依据《民法典担保制度解释》第50条的规定，抵押人以划拨建设用地上的建筑物或以划拨方式取得的建设用地使用权抵押的，在抵押权依法实现时，拍卖、变卖建筑物所得的价款，应当优先用于补缴"建设用地使用权出让金"。因此补缴的"建设用地使用权出让金"优先于抵押权等其他担保物权被清偿。

【案例9—2】建设工程价款优先受偿权案

2021年3月15日，A建筑公司与某企业达成办公楼建设协议，双方约定：A建筑公司保证在2022年4月30日前完成工程建设，某企业应在自工程竣工之日起1个月内付清所有工程款项。

2022年4月15日，A建筑公司提前15日竣工。某企业在当日验收后清偿了大部分工程款，但尚有500万元没有支付。

2022年11月15日，某企业进入破产清算程序。

2022年11月18日，A建筑公司向法院提出，希望拍卖办公楼并从所得价款中优先受偿。但债权人B公司表示反对，称某企业已于2022年7月15日将办公楼抵押给B公司并办理了抵押手续，因此其应优先受偿。

笔者认为，建设工程价款优先受偿权属于法定抵押权，它可以不经登记而成立，且优先于约定抵押权受偿。就【案例9—2】而言，依据《民法典》第807条的规定，建设工程承包人享有"建设工程的价款就该工程折价或者拍卖的价款优先受偿"的权利，属于别除权中的法定特别优先权，应在破产程序中优先受偿。同时，根据最高人民法院《关于审理建设工程施工合同纠纷案件适用法律问题的解释（一）》第35、36、41条的规定，承包人根据《民法典》第807条规定享有的建设工程价款优先受偿权优于抵押权和其他债权，但是承包人行使建设工程价款优先受偿权的最长时限不得超过18个月，自发包人应当给付建设工程价款之日起算。该期限为除斥期间，不因任何事由发生中止、中断或延长。所以，当A建筑公司在法定时限内行使建设工程价款优先受偿权时，法院应当依法支持A建筑公司拍卖办公楼并从所得价款优先受偿的主张。

（四）别除权的行使

1. 不受破产程序限制

《企业破产法》第109条规定："对破产人的特定财产享有担保权的权利人，对该特定财产享有优先受偿的权利。"根据该条规定，别除权人享有两项相互关联的权利：一是请求担保物变现的权利，二是就担保物变现价款优先受偿的权利。别除权人行使变现请求权和优先受偿权时，不受破产程序限制，即依据抵押权、质权、留置权或特别优先权的行使程序和方式来行使权利，但法律另有规定的除外。

从《企业破产法》的规定看，别除权的行使，不应受以下法律规定的限制。

首先，不受《企业破产法》第19条规定的"人民法院受理破产申请后，有关债务人财产的保全措施应当解除，执行程序应当中止"的限制。除人民法院受理的是重整申请之外，即在破产和解和破产清算程序中，别除权人可以依法对担保物继续进行执行程序，或提起新的执行程序。譬如，《企业破产法》第96条明确规定，对债务人的特定财产享有担保权的权利人，自人民法院裁定和解之日起可以行使权利。2018年《破产审判会议纪要》第25条规定，在破产清算和破产和解程序中，对债务人特定财产享有担保的债权人可以随时向管理人主张就该特定财产变价处置行使优先受偿权，管理人应及时变价处置，不得以须经债权人会议决议等为由拒绝。但因单独处置担保财产会降低其他破产财产的价值而应整体处置的除外。该条规定明确了破产和解和破产清算程序中别除权人行使权利的对象是管理人，而且管理人无正当理由应当及时处置。管理人的正当理由主要是指"因单独处置担保财产会降低其他破产财产价值而应整体处置"，而不包括需要债权人会议决议等理由，但是，在实践中如何理解单独处置担保财产会降低其他破产财产价值，则成为商业判断问题，管理人应当勤勉尽责、忠实履职。如果管理人因故意或者重大过失整体处置债务人财产而造成了别除权人的损失，应当承担损害赔偿责任。[①] 为了理解和执行上的统一，在修订《企业破产法》时，还是应当明确规定，法院裁定受理破产清算、破产和解后，"由债务人特定财产担保的债权人就担保物提起的民事执行程序，不受执行程序中止规定的限制"。

其次，不受《企业破产法》第16条规定的"人民法院受理破产申请后，债务人对个别债权人的债务清偿无效"的限制。《企业破产法》第37条规定："人民法院受理破产申请后，管理人可以通过清偿债务或者提供为债权人接受的担保，取回质物、留置物。前款规定的债务清偿或者替代担保，在质物或者留置物的价值低于被担保的债权额时，以该质物或者留置物当时的市场价值为限。"该条是典型的不受破产程序中个别清偿规则限制的规

① 参见王欣新：《论破产清算程序中担保债权人优先受偿权的个别行使》，载《人民法院报》，2021-02-04。

定。其原理是别除权人对债务人的特定财产有优先受偿权，不仅与其他别除权人享有优先受偿的特定财产不一样（即便在优先权共存的情形下，也得到了法律规则的协调），而且与普通债权人的清偿财产的范围不冲突。由于别除权人与其他各类债权人不存在清偿利益冲突或共存冲突已经得到了协调平衡，所以不须适用集体清偿这种协调债权人之间利益冲突的机制，可以通过履行债务或处置担保财产的方式进行个别清偿。

最后，在破产申请受理后（包括破产宣告后），管理人对担保物原有的占有状况不得改变，不得任意收回由担保债权人占有的担保物。需要注意的是，《企业破产法》第 17 条中规定的债务人的财产持有人应向管理人交付财产的义务，不应被曲解为适用于对担保物的收回。《企业破产法》第 18 条中规定的管理人对破产申请受理前成立而债务人和对方当事人均未履行完毕的合同的解除权，更是不能适用于担保合同。

2. 与破产程序紧密相关

别除权的行使虽然不受破产程序限制，但又与破产程序紧密相关。所谓别除权的行使不受破产程序限制，与“在破产程序之外行使权利”的表述是有一定区别的，它并非指别除权的行使、实现与破产程序完全无关，这在实践中往往是不可能的，尤其是在管理人占有担保物的情况下。它是指别除权的行使不受破产程序中各种限制权利行使条款的约束，至于其他一般管理性规定仍可能对别除权的行使产生影响。

首先，作为别除权基础的有财产担保的债权必须申报债权并经债权人会议确认。如果债权人不依法申报债权，要承担不利的法律后果。

其次，无论该特定财产是由债务人或者管理人持有，还是由债权人持有，其权利行使都应向管理人提出。根据《破产审判会议纪要》第 25 条规定，在破产清算和破产和解程序中，别除权人主张处置该特定财产和优先受偿权的对象是管理人的，管理人无正当理由不得拒绝。

最后，依据《企业破产法》第 37 条的规定，人民法院受理破产申请后，管理人可以通过清偿债务或者提供为债权人接受的担保，取回质物、留置物。在破产清算、破产和解和破产重整程序中，管理人也可积极履行职责，根据债务人的经营需要，主动在破产程序中对别除权人进行清偿，收回担保物以维持债务人的继续经营，并实现别除权人的优先受偿利益。

3. 别除权的放弃行使与未能足额行使

别除权人通过行使别除权未能受偿的债权额，可以作为普通破产债权通过破产清算程序得到进一步的清偿。同时，如果别除权人放弃了别除权，那么该别除权人转换为普通破产债权人，其债权可以作为普通破产债权通过破产清算程序得到清偿。因此，《企业破产法》第 110 条规定：享有别除权的债权人行使优先受偿权利未能完全受偿的，其未受偿的债权作为普通债权；放弃优先受偿权利的，其债权作为普通债权。

4. 别除权在重整程序中的暂停行使

在重整期间，对债务人重整所必需的特定担保财产，别除权人对其享有的变现权暂停行使。担保权暂停行使的目的是避免重整所必需的担保财产因为变现而影响企业经营，并最终导致重整失败。但是，为了平衡别除权和债务人、其他债权人之间的利益，暂停行使应受到《企业破产法》第 75 条和最高人民法院《民商审判会议纪要》第 112 条的约束，具体而言包含以下规则：第一，在担保权暂停行使期间，在担保物有损坏或者价值明显减少的可能，足以危害担保权人权利时，别除权人根据《企业破产法》第75条的规定向人民法院请求恢复行使担保物权的，人民法院应当自收到恢复行使担保物权申请之日起30日内作出裁定。经审查，担保物权人的申请不符合第75条的规定，或者虽然符合该条规定但管理人或者自行管理的债务人有证据证明担保物是重整所必需，并且提供与减少价值相应担保或者补偿的，人民法院应当裁定不予批准恢复行使担保物权。担保物权人不服该裁定的，可以自收到裁定书之日起10日内，向作出裁定的人民法院申请复议。人民法院裁定批准行使担保物权的，管理人或者自行管理的债务人应当自收到裁定书之日起15日内启动对担保物的拍卖或者变卖，拍卖或者变卖担保物所得价款在支付拍卖、变卖费用后优先清偿担保物权人的债权。第二，重整申请受理后，管理人或者自行管理的债务人应当及时确定设定有担保物权的债务人财产是否为重整所必需。如果认为担保物不是重整所必需，管理人或者自行管理的债务人应当及时对担保物进行拍卖或者变卖，拍卖或者变卖担保物所得价款在支付拍卖、变卖费用后优先清偿担保物权人的债权。凡是移转占有担保物的担保原则上不停止担保权行使，因为转移占有本身就说明债务人的生产经营并不需要该项财产，但如果质物、留置物是重整所必需，则由管理人或自行管理的债务人通过《企业破产法》第37条的规定，清偿债务或提供担保，取回质物、留置物。第三，暂停行使的是变现权而非优先受偿权。如果该项特定财产已经拍卖、变卖或因为其他原因已经转化为价款或保险金、补偿金，则别除权人对该项价款或资金可以请求行使优先受偿权。

第二节 破产财产变价与破产分配

【案例9—3】浙江南方石化工业有限公司等三家公司破产清算案①

浙江南方石化工业有限公司（以下简称南方石化）、浙江南方控股集团有限公司、浙江中波实业股份有限公司系浙江省绍兴市最早一批集化纤、纺织、经贸为一体的民营企业，三家公司受同一实际控制人控制。由于受行业周期性低谷及互保等影响，2016年上述三家公司出现债务危机。2016年11月1日，浙江省绍兴市柯桥区人民法院（以下简称柯桥法院）裁定分别受理上述三家公司的破产清算申请，并通过竞争方式指定联合管理人。

由于南方石化等三家公司单体规模大、债务规模大，难以通过重整方式招募投资人，但具有完整的生产产能、较高的技术能力，具备产业转型和招商引资的基础，因此，本案在审理中采取“破产不停产、招商引资”的方案，在破产清算的制度框架内，有效清理企业的债务负担，阻却担保链蔓延；后由政府

① 参见全国法院审理破产典型案例，https：//www.cjomacpirt. org/article/detail/2018/03/id/3219334. shtml，最后访问时间：2022-12-15。

根据地方产业转型升级的需要，以招商引资的方式，引入战略性买家，实现“产能重整”。

三家企业共接受债权申报54.96亿元，经裁定确认30.55亿元，临时确认24.41亿元。其中南方石化接受债权申报18.58亿元，经裁定确认9.24亿元，临时确认9.34亿元。鉴于三家企业存在关联关系、主要债权人高度重合以及南方石化“破产不停产”等实际情况，柯桥法院指导管理人在充分尊重债权人权利的基础上，积极扩展债权人会议职能，并确定三家企业“合并开会、分别表决”的方案。2017年1月14日，柯桥法院召开南方石化等三家企业第一次债权人会议，高票通过了各项方案。2017年2月23日，柯桥法院宣告南方石化等三家企业破产。

2017年3月10日，法院对破产财产进行网络司法拍卖，南方石化等三家企业的550亩土地、26万平方米厂房及相关石化设备等破产财产以6.88亿余元被一次拍卖成交。根据通过的“破产财产分配方案”，职工债权获全额清偿，普通债权的清偿率达14.74%。破产财产买受人以不低于原工作待遇的方式接受员工，1 310余名员工中1 100余人留任，一线员工全部获安置。

一、破产财产变价

破产清算程序的主要目的是把破产人的全部破产财产在全体债权人之间公平分配，而破产财产以各种不同形态存在，因此要进行财产分配首先面临的问题就是破产财产的变价。《企业破产法》第111条规定：“管理人应当及时拟订破产财产变价方案，提交债权人会议讨论。管理人应当按照债权人会议通过的或者人民法院依照本法第六十五条第一款规定裁定的破产财产变价方案，适时变价出售破产财产。”第112条规定：“变价出售破产财产应当通过拍卖进行。但是，债权人会议另有决议的除外。破产企业可以全部或者部分变价出售。企业变价出售时，可以将其中的无形资产和其他财产单独变价出售。按照国家规定不能拍卖或者限制转让的财产，应当按照国家规定的方式处理。”

（一）破产财产变价的概念

所谓破产财产变价，是指在破产清算程序中，将拟用于破产分配的破产财产中的非货币财产，以拍卖或者债权人会议决定的其他方式，转变为货币财产的行为。破产财产变价以价值最大化为原则，兼顾变价效率。破产财产变价是破产清算程序中的一个关键环节。

（二）破产财产变价方案

破产财产变价方案，是指把破产财产中的非货币财产转变为货币财产的具体方案。破产财产变价方案的生效一般经过以下程序：首先，管理人拟订破产财产变价方案。管理人负责破产财产的管理与处分，因此在破产宣告后，管理人应当及时拟订破产财产变价方案，并提交债权人会议讨论。管理人拟定破产财产变价方案应当在破产财产清理完毕和破产债权调查完毕之后进行，但并不排除在特殊情况下，对易变质、可能贬值或者其他亟须处理的财产进行及时变价。其次，债权人会议表决通过破产财产变价方案。最后，法院裁定通过破产财产变价方案。根据《企业破产法》第 65 条第 1 款的规定，破产财产变价方案经债权人会议表决未通过的，由人民法院裁定是否通过。

（三）破产财产变价的方式

管理人应当按照债权人会议通过的或者法院裁定的破产财产变价方案，适时变价出售破产财产。由于财产的变价关系到债权人的利益，因而《企业破产法》对管理人变价出售破产财产的方式作出了原则性规定。

1. 以拍卖变价为原则，以债权人会议决议的方式为例外

《企业破产法》第 112 条第 1 款规定，变价出售破产财产应当通过拍卖进行。但是，债权人会议另有决议的除外。拍卖将破产财产以公开竞买的方式出售给出价最高的竞买者，是确定破产财产价格公平、合理且效率较高的方式，因此，变价出售破产财产原则上应当通过拍卖的方式。破产财产的拍卖由管理人委托有拍卖资格的拍卖机构进行。在本章【引例】中，三鹿集团的破产财产变价采取的是拍卖方式。随着网络拍卖制度的发展，【案例 9—3】中的破产财产变价采取了低成本、更为便利的网络司法拍卖方式。但是，拍卖程序复杂，耗时较长，可能不适合需要及时处理的财产；而且拍卖成本较高，可能会减少破产财产出售所得，因此，经债权人会议决议可以不采用拍卖的方式，以其他方式变价，这体现了债权人自治的精神。《破产审判会议纪要》第 26 条规定，采用拍卖方式进行处置的，拍卖所得预计不足以支付评估拍卖费用，或者拍卖不成的，经债权人会议决议，可以采取作价变卖或实物分配方式。变卖或实物分配的方案经债权人会议两次表决仍未通过的，由人民法院裁定处理。我国在破产财产变价方式上采取“以拍卖变价为原则，以债权人会议决议的方式为例外，以法院裁定为最终解决方式”，既体现了公平正义的要求，也体现了债权人自治的精神。

2. 整体变价出售与单独变价出售相结合

《企业破产法》第 112 条第 2 款规定，破产企业可以全部或者部分变价出售。企业变价出售时，可以将其中的无形资产和其他财产单独变价出售。破产财产变价以财产价格最高为原则。在本章【引例】中，对三鹿集团除无形资产外的土地使用权、房屋建筑物、机器设备等其他财产以及其对外投资采取打包整体拍卖的方式进行变价。在【案例 9—3】中，通过债权人会议授权管理人将三家企业资产单独或合并打包，实现了资产快速市场化处置和实质性的重整效果。

3. 国家限制转让的财产应当采取法定方式处理

《企业破产法》第 112 条第 3 款规定，按照国家规定不能拍卖或者限制转让的财产，应当按照国家规定的方式处理。

二、破产费用与共益债务

依据《企业破产法》第 113 条的规定，破产财产应当优先清偿破产费用和共益债务。

（一）破产费用

破产费用是破产申请受理后发生的与破产有关事务所需的各项费用。由于这种费用是破产程序必须支出的，因此要予以保证，同时又应当严格控制开支范围，以充分平衡破产各方当事人的利益。

根据《企业破产法》第41条的规定，人民法院受理破产申请后发生的下列费用，为破产费用：（1）破产案件的诉讼费用；（2）管理、变价和分配债务人财产的费用；（3）管理人执行职务的费用、报酬和聘用工作人员的费用。

所谓破产案件的诉讼费用，其一是破产案件本身的申请费。根据国务院制定并自2007年4月1日起施行的《诉讼费用交纳办法》的规定，当事人向人民法院申请破产，应当交纳申请费。破产申请费用交纳标准为："破产案件依据破产财产总额计算，按照财产案件受理费标准减半交纳，但是，最高不超过30万元。"其二是破产案件的其他诉讼费用。如公告费、鉴定、勘验费、财产保全费、证据保全费、调查费及人民法院认为其他应由债务人财产支付的诉讼费用。根据《企业破产法司法解释三》第1条的规定，债务人在破产案件受理前尚未支付的强制清算费用、未终结的执行程序中产生的评估费、公告费、保管费等执行费用，可以参照《企业破产法》关于破产费用的规定，由债务人财产随时清偿，但是破产案件受理前尚未支付的案件受理费、执行申请费，则作为破产债权清偿。强制清算费用类似破产清算案件，而且已经完成的清算事项如果不存在违法的情形在破产程序中应予以确认，所以其可以被看作破产申请受理后与破产有关的事务所需的费用；同样，执行程序中产生的评估费、公告费、保管费等执行费用，破产案件受理后在符合条件的情况下可以参照破产费用的规定进行清偿。这些费用缺乏《企业破产法》规定的限于破产申请受理后的时间要件，所以是依据司法解释的规定参照适用破产费用的规定进行清偿。须注意的是，公司强制清算费用的范围可以根据最高人民法院《关于审理公司强制清算案件工作座谈会会议纪要》的规定予以确定，执行费用参照破产费用清偿的范围限于使全体债权人受益的部分，即执行成果能够在破产程序中继续使用、执行财产或价款由管理人接管等。[①] 破产申请受理前尚未支付的案件受理费、执行申请费存在两种情形：一是债权人起诉时预付的胜诉后由债务人承担的案件受理费（或债务人一审败诉后上诉时应预付但被法院批准缓交的案件受理费）以及债权人申请执行债务人财产时应当由债务人缴纳的执行申请费，二是债务人为了追回财产而向他人起诉或上诉但被法院批准缓交的案件受理费。在第一种情形下，其属于债权人为实现其个人债权而发生的费用，应按照破产债权予以清偿。在第二种情形下，其性质属于为了全体债权人利益而应支付的费用，符合《企业破产法》第41条第2项规定的管理、变价债务人财产的费用，即便发生在破产申请受理前，将其纳入参照破产费用清偿的范围也有一定的合理性。[②]《企业破产法司法解释三》第1条第2款，未区分两种情形，一概规定作为破产债权清偿，不甚合理。在上述第一种情形下，在债务人败诉时，如果存在"先退胜诉方诉讼费再收败诉方诉讼费"的情形或者败诉方申请缓交诉讼费被准许的情形，则法院通过参加破产程序实现

---

① 参见王欣新：《破产王道：破产法司法文件解读》，6页，北京，法律出版社，2021。

② 参见王欣新：《破产王道：破产法司法文件解读》，7页，北京，法律出版社，2021。

对案件受理费的收取；如果法院征得胜诉方同意败诉方直接向其支付诉讼费用并且在判决书中写明了败诉方将其应负担的案件受理费径行支付给胜诉方，该案件的受理费由胜诉方向管理人申报，按照破产债权进行清偿。根据《诉讼费用交纳办法》的规定，执行申请费不由申请人预交，由执行法院直接向被申请人收取，因此在被申请人破产，未支付的申请执行费由执行法院通过参加破产程序申报债权，按照破产债权予以清偿。

所谓债务人财产的管理费用，通常包括债务人财产的保管费用、保养与修缮费用、仓储费、运输费用、保险费用等，以及管理人为收回破产财产提起诉讼、申请仲裁及进行其他法律程序所支付的费用，管理人以破产企业名义应诉而发生的各项费用。变价财产的费用，通常包括债务人财产的评估费用、拍卖或作价变卖费用、变更权属费用等。分配财产的费用，通常包括提存预分配财产的费用、公告及通知债权人受领财产的送达邮费等费用。

所谓管理人执行职务的费用、报酬和聘用工作人员的费用，包括刻制管理人印章的费用，差旅费、调查费、通信费等日常办公费用，召开债权人会议的费用等，以及法院确定的管理人报酬、管理人聘用工作人员的费用等。

【案例 9—4】破产案件衍生诉讼的诉讼费用支付案

甲法院于 2021 年 3 月 5 日受理 A 证券公司破产清算申请。在审理过程中，甲法院收到了丙法院执行庭发来的 5 份民事裁定书、协助执行通知书，被要求协助扣划 A 证券公司存款共计 151 万余元，用于支付 A 证券公司应支付给丙法院的二审诉讼费。上述五起二审案件的立案时间为 2019 年，是在 A 证券公司进入破产程序之前。一审受理法院为乙法院，一审法院判决 A 证券公司败诉。A 证券公司不服，上诉至丙法院，并以严重亏损为由申请免交诉讼费。后丙法院同意缓交。丙法院在 2021 年 6 月对上述案件作出判决，其中 A 证券公司因败诉被判决承担二审诉讼费。二审判决生效之后，丙法院执行庭追缴缓交的诉讼费。关于该案二审诉讼费在破产法上的性质和清偿顺位有不同意见，从而引发本案争议。

【案例 9—4】中应根据实践中的不同情形决定二审诉讼费的性质和清偿顺位。第一种情形：如果是 A 证券公司的债权人起诉并在一审胜诉之后、A 证券公司上诉时应预付但被法院批准缓交的案件诉讼费，因为二审诉讼费发生在破产案件受理前，故其不属于破产费用，而由丙法院申报债权，按照破产债权予以清偿。第二种情形：如果是债务人 A 证券公司提起民事诉讼并在败诉后上诉，目的在于通过诉讼途径最大限度地追回债务人的财产，故其诉讼行为类似管理人管理债务人财产的行为，属于《企业破产法》第 41 条第 2 项规定的管理债务人财产的破产费用，即便发生在破产申请受理前，也应参照破产费用的规定予以清偿，更具有合理性。

(二) 共益债务

共益债务，又称财团债务或财团债权，是在破产程序中为全体债权人利益而由债务人财产负担的债务的总称。

根据《企业破产法》第 42 条的规定，人民法院受理破产申请后发生的下列债务，为共益债务：(1) 因管理人或者债务人请求对方当事人履行双方均未履行完毕的合同所产生的债务；(2) 债务人财产受无因管理所产生的债务；(3) 因债务人不当得利所产生的债务；(4) 为债务人继续营业而应支付的劳动报酬和社会保险费用以及由此产生的其他债务；(5) 管理人或者相关人员执行职务致人损害所产生的债务；(6) 债务人财产致人损害所产生的债务。根据《企业破产法司法解释三》第 2 条的规定，破产申请受理后，经债权人会议决议通过，或者第一次债权人会议召开前经人民法院许可，管理人或者自行管理的债务人可以为债务人继续营业而借款，该借款可以获得增强的双重法律保障：一是该借款可以参照《企业破产法》第 42 条第 4 项规定的共益债务获得清偿，但不优先于借款前已就债务人特定财产设定担保的债权；二是管理人或者自行管理的债务人可以为该借款设定抵押担保。经营借款共益债务优先于普通债权清偿，是指优先于职工债权、税收债权、社保债权、无特定财产担保债权。须注意的是，继续经营借款必须经法定程序，即经债权人会议决议通过，或者第一次债权人会议召开前经人民法院许可。这个法定程序是对《企业破产法》第 61 条和第 69 条第 1 款第 4 项规定的调整充实，管理人就“借款”事项不仅应向债权人委员会及时报告，而且在第一次债权人会议召开时或之后应当经债权人会议通过。管理人就该借款设定担保应依据《企业破产法》第 69 条第 1 款第 5 项及时报告债权人委员会；未设立债权人委员会的，管理人应当就借款设定担保的行为应当依据《企业破产法》第 69 条第 2 款及时报告人民法院。

(三) 破产费用和共益债务的清偿

根据《企业破产法》第 43 条的规定，破产费用和共益债务由债务人财产随时清偿。债务人财产不足以清偿所有破产费用和共益债务的，先行清偿破产费用。债务人财产不足以清偿所有破产费用或者共益债务的，按照比例清偿。债务人财产不足以清偿破产费用的，管理人应当提请人民法院终结破产程序。人民法院应当自收到请求之日起 15 日内裁定终结破产程序，并予以公告。由此可以归纳出破产费用和共益债务清偿的基本规则：第一，随时清偿。破产费用和共益债务不依破产分配程序受偿，而是根据破产案件的需要随时获得清偿。第二，优先清偿。破产费用优先于共益债务、优先债权和普通债权得到清偿；共益债务则优先于优先债权和普通债权得到清偿。第三，比例清偿。当破产费用和共益债务同时存在，而破产财产又不足以全部清偿时，优先清偿破产费用，剩余的破产财产清偿共益债务时适用比例清偿原则；若破产财产不足以清偿破产费用，则多项破产费用按比例清偿。①

债务人财产虽然不足以支付所有破产费用和共益债务，但是破产案件的债权人、管理人、债务人的出资人或者其他利害关系人愿意垫付相关费用的，经人民法院同意，破产程序可以继续进行。这样可以避免因债务人财产不足，反而使债务人或其董事、监事、经理

---

① 参见付翠英：《论破产费用和共益债务》，载《政治与法律》，2010 (9)。

等高级管理人员通过转移财产、逃避债务等违法行为逃脱法律制裁。

在债权人或债务人等提出破产清算申请时，即发现破产人财产不足以支付破产费用、无财产可供分配的，人民法院在确认属实之后，应当受理破产案件，并作出破产宣告，同时作出终结破产程序的裁定，而不应拒绝受理破产案件。这样可使当事人的债务关系得到合法终结，使债务人企业依法退出市场。

三、破产分配

（一）破产分配的概念与特征

1. 破产分配的概念

破产分配，是指管理人将变价后的破产财产或者无须及无法变价的破产财产，依照法定的破产清偿顺序公平分配给各债权人的过程。破产分配所要解决的问题有破产分配的原则、破产清偿顺序、破产分配方案以及破产分配效力等。德国破产法第 149 条至第 172 条规定了从速分配的原则、破产分配许可制度、破产分配的公告和除斥期间、破产分配的形式和方法以及破产分配的效力等事项。日本破产法第 256 条至第 289 条细致地规定了金钱分配从速原则、破产分配许可制度、破产分配顺位、破产分配表的制作和公告、破产分配表的执行和异议、破产分配的方法等事项。我国《企业破产法》对破产清偿的顺序、分配方式、破产分配方案以及分配额提存等作出了规定。

2. 破产分配的特征

破产分配有以下几个方面的特征。

（1）破产分配以存在可供分配的破产财产为前提。

债务人有可供分配的破产财产时，才有进行破产分配的可能。管理人接管破产财产后，经取回权人、别除权人、抵销权人行使权利后，破产财产不足以偿付破产费用和共益债务的，即丧失破产分配的基础，管理人应提请法院终结破产程序。

（2）接受破产分配的债权人仅以无财产担保的破产债权人为限。

有财产担保的债权人未放弃优先受偿权利的，不依照破产程序受偿，而就担保物优先受偿；有破产抵销权的债权人，行使抵销权而使其债权受抵销清偿；破产费用和共益债务，在破产分配程序中就破产财产随时优先偿付。以上这些请求权均不需通过破产分配而受清偿。所以，接受破产分配的债权人，以无财产担保的破产债权人为限。

（3）破产分配依法定顺序进行。

各国立法对破产债权规定了不同的受偿顺位，并维持同一顺位请求权间的平等，以实现不同的社会公益目的以及保障债权公平受偿的目标。因此管理人为破产分配时，必须依据法律规定的受偿先后顺序，逐一清偿，唯有在满足前一顺位的全部请求权后，仍然存在可供分配的财产时，才能够清偿下一顺位的请求权；可供分配的财产不足清偿同一顺位的所有请求权的，按比例进行分配。

（4）破产分配具有强制执行力。

破产程序就债权清偿而言仍为一种强制执行程序。管理人实施破产分配，除征得债权人会议的同意外，还必须取得法院的许可裁定。管理人向债权人会议提交破产财产分配方案，债权人会议经两次讨论未通过的，法院可以根据案情作出裁定。

（二）破产清偿顺序

1. 破产清偿顺序的概念

破产清偿顺序，是指以破产财产清偿破产债权的法定顺位。破产清偿顺序的意义在于：前一顺位的债权在得到全部清偿后，才可进行后一顺位债权的清偿；破产财产不足清偿同一顺位债权的，在该顺位内按照比例清偿。

2. 我国的破产清偿顺序

《企业破产法》第 113 条规定："破产财产在优先清偿破产费用和共益债务后，依照下列顺序清偿：（一）破产人所欠职工的工资和医疗、伤残补助、抚恤费用，所欠的应当划入职工个人账户的基本养老保险、基本医疗保险费用，以及法律、行政法规规定应当支付给职工的补偿金；（二）破产人欠缴的除前项规定以外的社会保险费用和破产人所欠税款；（三）普通破产债权。破产财产不足以清偿同一顺序的清偿要求的，按照比例分配。破产企业的董事、监事和高级管理人员的工资按照该企业职工的平均工资计算。"结合 2018 年《破产审判会议纪要》第 28、39 条的规定，我国的破产清偿的顺序如下。

第一，有财产担保的债权人可以依法行使别除权，就担保物优先实现债权。剩余破产财产在清偿破产费用和共益债务后，清偿普通破产债权。

第二，普通破产债权的受清偿顺序如以下顺位：（1）破产人所欠职工的工资和医疗、伤残补助、抚恤费用，所欠的应当划入职工个人账户的基本养老保险、基本医疗保险费用，以及法律、行政法规规定应当支付给职工的补偿金。需注意的是，破产企业的董事、监事和高级管理人员的工资按照该企业职工的平均工资计算。对破产企业的董事、监事和高级管理人员在破产申请受理前拖欠的工资，按照该企业职工的平均工资计算。这里的"按照该企业职工的平均工资计算"，不仅是指按照企业职工同期的平均工资计算，而且应当按照企业拖欠职工工资的平均期间确定应按上述标准支付其工资的期间，但上述人员被拖欠工资的期间长于职工被拖欠工资的平均期间的除外。这是为避免企业董事、监事和高级管理人员在企业濒临破产期间对自己的工资按期照发，却拖欠职工的工资，使企业财产被董事、监事和高级管理人员不合理的高额工资所侵占，损害职工和债权人利益。当发生这种情况时，上述人员在拖欠职工工资的平均期间内领取的超过职工平均工资的工资，应当予以退还。也就是说，在一般职工被拖欠工资的期间，上述人员也不得领取工资。（2）破产人欠缴的除第一顺位以外的社会保险费用和破产人所欠税款。（3）普通破产债权。根据《破产审判会议纪要》第 27 条的规定，由第三方垫付的职工债权，原则上按照垫付的职工债权性质进行清偿；由欠薪保障基金垫付的，应按照破产人欠缴的基本养老保险、基本医疗保险费用之外的社会保险费用和破产人所欠税款的顺序清偿。债务人欠缴的住房公积金，按照债务人拖欠的职工工资性质清偿。第三方垫付的职工债权在 2009 年最高人民法院《正确审理企业破产案件意见》中即有类似规定，第三方垫付的职工债权按照《企业破产法》第 113 条第 1 款第 1 项的顺序清偿，但是其未明确欠薪保障基金垫付的职工债权是否与第三方垫付的职工债权具有同等的清偿顺序。由于欠薪保障基金的法律地位、社会属性与社会保险机构相同，其垫付的职工债权在破产分配时，应当与社会保险机构对于破产企业欠缴的职工社会保险费的债权处于相同清偿顺位，即接《企业破产法》第113条第1款第2项的顺序清偿。[①] 在本章【引例】中，三鹿集团的破产财产优先清偿所欠职工的工资及基本保险费用，然后清偿三鹿集团欠缴的除前述规定以外的社会保险费用和破产人所欠税款，最后清偿普通债权，符合《企业破产法》关于破产清偿顺位的规定。

第三，法无明文规定时，应当按照人身损害赔偿优先于财产性债权、私法债权优先于公法债权、补偿性债权优先于惩罚性债权的原则合理确定清偿顺序。2018年《破产审判会议纪要》第28条规定，对于法律没有明确规定清偿顺序的债权，人民法院可以按照人身损害赔偿优先于财产性债权、私法债权优先于公法债权、补偿性债权优先于惩罚性债权的原则合理确定清偿顺序。因债务人侵权行为造成的人身损害赔偿，可以参照《企业破产法》第113条第1款第1项规定的顺序清偿，但涉及的惩罚性赔偿除外。这在破产审判中确立了社会公平清偿的基本原则，人身损害赔偿对财产性债权、私法债权对公法债权、补偿性债权对惩罚性债权的相对优先清偿，对维护债权人的生存权、健康权等具有重大价值，体现了债权人之间的利益平衡。

第四，劣后债权的种类和清偿顺序应依法确定。2018年《破产审判会议纪要》第28条确定了劣后债权的种类及其清偿顺序。根据该条规定，破产财产在清偿普通债权后仍有剩余的，可以依次用于清偿破产受理前发生的民事惩罚性赔偿金、行政罚款、刑事罚金等惩罚性债权。该规定虽未使用劣后债权的概念，对其他各种劣后债权也未提及，但是构建了劣后债权处置以及清偿顺序的基本规则。须注意的是，该规定不仅适用于破产清算程序，也适用于重整、和解程序。重整计划或和解协议执行完毕而企业继续存续，不得简单理解为清偿普通债权后仍有剩余的情形，即便对普通债权的清偿率为100%，除非在模拟清算基础上协商调整后认为债务人财产还有剩余。[②] 惩罚性债权优先于股东权益。在重整程序中重整计划如果保留原股东权益（而非重整投资人注资新产生的股东权益），应对惩罚性债权作出全额清偿安排。劣后债权人在不能获得清偿的案件中，不享有债权人会议的表决权；但在劣后债权人能获得清偿的案件中，尤其是重整程序中重整计划对其清偿作出了安排，则应享有表决权，就其清偿事项行使表决权。惩罚性的劣后债权有一定的清偿顺序，剩余破产财产应依次用于清偿破产受理前发生的民事惩罚性赔偿金、行政罚款、刑事罚金。

2018年《破产审判会议纪要》第39条规定了关联企业之间不当债权的劣后清偿，即“关联企业成员之间不当利用关联关系形成的债权，应当劣后于其他普通债权顺序清偿，且该劣后债权人不得就其他关联企业成员提供的特定财产优先受偿”。关联企业之间利用不当关联关系形成的债权不得就关联企业提供的特定财产担保享有别除权，而且劣后于其他普通债权。对于该项劣后债权与惩罚性劣后债权的清偿顺序问题，目前并未有明确规定，但可以按照“私法债权优先于公法债权、补偿性债权优先于惩罚性债权”的规定进行处理。

---

① 参见王欣新：《破产王道：破产法司法文件解读》，133页，北京，法律出版社，2021。

② 参见王欣新：《破产王道：破产法司法文件解读》，135～138页，北京，法律出版社，2021。

此外，《企业破产法》第132条对职工债权的清偿问题作了特别规定。根据该条规定，《企业破产法》施行后，破产人在本法公布之日前所欠职工的工资和医疗、伤残补助、抚恤费用，所欠的应当划入职工个人账户的基本养老保险、基本医疗保险费用，以及法律、行政法规规定应当支付给职工的补偿金，依照《企业破产法》第113条的规定清偿后不足以清偿的部分，以《企业破产法》第109条规定的特定财产优先于对该特定财产享有担保权的权利人受偿。

【案例9—5】债权清偿顺位案

某市A公司因经营不善，资不抵债，不能清偿到期债务，向法院申请破产。法院受理后经审查，于2010年7月20日裁定宣告该公司破产。经查，该公司成立于2005年4月23日。案发时经评估该公司可供分配的财产总额为993万元，债权额包括：B公司享有优先权的工程款债权294万元，债权人甲、乙的抵押担保债权共678万元，职工工资100.6万元，破产人所欠税款0.59万元，普通债权626万元。其中，拖欠的职工工资中有50万元发生在《企业破产法》公布之前。

【案例9—5】涉及对各种债权的清偿顺序。首先，《企业破产法》第109条规定："对破产人的特定财产享有担保权的权利人，对该特定财产享有优先受偿的权利。"

其次，在破产程序中，担保物权的优先性受到特殊时期职工债权的限制。2007年6月1日《企业破产法》施行后，破产人在《企业破产法》公布之前所欠职工的工资和医疗、伤残补助、抚恤费用，所欠的应当划入职工个人账户的基本养老保险、基本医疗保险费用，以及法律、行政法规规定应当支付给职工的补偿金，依照《企业破产法》第113条的规定清偿后不足以清偿的部分，以《企业破产法》第109条规定的特定财产优先于对该特定财产享有担保权的权利人受偿。因此，在【案例9—5】中，如果发生于2006年1月到6月的职工工资按照《企业破产法》第113条不足以得到清偿，可以优先从担保物中得到清偿。

最后，在破产程序中，发生于2006年1月到6月的职工工资是优先于工程款受偿，还是仅仅优先于甲、乙债权从担保物中得到清偿，还是同时优先于工程款债权和有担保债权得到清偿？笔者认为，根据《企业破产法》的规定，该部分工资同时优先于工程款债权和有担保债权，但B公司和甲、乙三个优先债权人应当就该部分职工工资按同等比例予以分担，方可体现其公平性。

（三）破产财产分配方式

《企业破产法》第114条规定："破产财产的分配应当以货币分配方式进行。但是，债权人会议另有决议的除外。"实践中，破产财产分配方式主要有以下三种。

1. 货币分配方式

货币分配是首选的基本分配方式，管理人应尽可能地采用货币方式分配破产财产。这和分配方式能够解除债权人的变价等负担，有利于保护债权人的合法权益，体现公平、公正的原则。

2. 实物分配方式

实物分配方式，是指对无法变现或变现会造成重大损失而又可以化整为零、分散处理的财产，在进行评估后将实物分配给债权人。在必要时采取实物分配的方式，不但使破产分配可以顺利进行，而且也可以使破产财产得到保值与充分的利用。

3. 债权、股权等权利分配方式

当破产人的破产财产主要体现为对外债权而又难以及时收回时，管理人可以采用债权分配方式将债权分配给债权人。在重整程序中，经过债权人同意，其债权可以通过债转股的方式进行清偿。权利分配方式既可以节省清算费用的支出，提高效率，也确保了破产程序的顺利进行。对破产人的其他权利也可以采取此种方式分配。但这不意味着管理人可以任意放弃履行财产变现职责，给债权人增添麻烦。

(四) 破产财产分配方案

破产财产分配由管理人拟订方案，该方案经债权人会议讨论通过并由法院裁定认可后，由管理人执行。

1. 管理人拟订破产财产分配方案

管理人在完成破产财产的清理、变价等各项工作的基础上，应根据可供分配的破产财产数额、参加破产分配的各项破产债权的数额，以及法定的分配顺序等及时拟订破产财产分配方案，提交债权人会议讨论。

破产财产分配方案，又称为破产分配表，是用于记载破产财产如何分配给债权人的书面文件，构成管理人执行破产分配的依据。破产财产分配方案应当载明下列事项：(1) 参加破产财产分配的债权人名称或者姓名、住所。(2) 参加破产财产分配的债权额。参加破产财产分配的债权的总额及各项债权的数额，都应当在破产分配方案中列明。(3) 可供分配的破产财产数额。不能用于破产分配的财产，不应计入破产财产分配方案。如用于支付破产费用的破产财产数额，构成破产财产但实际已不能收回的部分等。可供分配的财产总额，包括尚未变现的财产和不需变现的财产，在拟订破产财产分配方案时应予以分别说明。(4) 破产财产分配的顺序、比例及数额。破产财产分配方案对不同顺位的财产请求权，应当分别说明，并详细记载各项债权的情况；对尚未确定的债权，应按债权人申报并载入债权表的数额，或按提起诉讼或仲裁的请求数额，计入参加破产分配的债权数额。(5) 实施破产财产分配的方法。破产财产分配方案应当对分配方式、时间和地点作出明确的规定。

2. 债权人会议通过破产财产分配方案

根据《企业破产法》第 61 条第 1 款第 10 项的规定，通过破产财产的分配方案是债权人会议的职权。

3. 法院裁定认可破产财产分配方案

法院裁定认可破产财产分配方案是破产财产分配方案生效的最后环节。破产财产分配方案生效有两种情况：一是债权人会议通过破产财产分配方案并经人民法院裁定认可，二是债权人会议两次表决未通过破产财产分配方案而由人民法院强行裁定认可生效。

法院对破产财产分配方案作出裁定前，应对破产财产分配方案的真实性、准确性和合法性予以审查。对不需要债权人会议决议更正的内容，法院可以裁定予以必要的更正，对需要债权人会议决议更正的内容，应发还管理人予以更正并重新报债权人会议讨论通过。人民法院经审查认为该方案符合法律并已充分保护债权人利益的，予以裁定认可，并于裁定认可之日起生效。经法院裁定认可的破产财产分配方案，具有强制执行的效力，管理人和债权人会议均不得予以更改，管理人必须依照破产财产分配方案实施破产分配。

4. 管理人执行破产财产分配方案

生效后的破产财产分配方案由管理人负责执行。法院裁定认可破产财产分配方案后，管理人应当及时通知债权人受领分配的时间、地点以及受领手续，并发布分配公告。债权人领取破产分配财产时，应当出具身份证明。破产财产可以一次分配，也可以多次分配，根据具体情况而定。实施多次分配的，则破产分配有初次分配、中间分配和最后分配的区分。所谓初次分配，是指破产财产分配方案允许的第一次分配。当破产财产的分配一次不能完成时，就有初次分配的发生。所谓中间分配，是指介于破产财产初次分配和最终分配之间的各次分配。实施中间分配的目的，在于确保从速分配而不造成债权人的期限损失。原则上，只要有可供分配的破产财产，就可以实行中间分配，因此，中间分配可以有数次。所谓最后分配，是指破产程序终结前实施的最后一次分配。最后分配是破产程序终结的一项标志。管理人实施多次分配的，每次分配都应当公告本次分配的财产额和债权额。管理人实施最后分配的，应当在公告中指明，并载明附条件债权提存的分配额的条件成就情况和具体分配情况。

从严格意义上说，初次分配是在破产财产的整体分配方案经过法院裁定认可后，对已经回收的破产财产按照优先顺位进行的分配。但是从该案实际效果看，该分配方案经过了债权人委员会的讨论通过和金山区法院的认可，能够确保公平分配，体现了从速分配的原则，并解决了部分职工的生活困难，具有初次分配的实际效果。

（五）分配额的提存

1. 附条件债权分配额的提存

对附条件债权在中间分配时需对其分配额进行提存，并在最后分配时根据债权生效情况确定是否将提存的分配财产予以交付。

2. 未受领破产财产分配额的提存

对债权人未受领的破产财产分配额，管理人应当提存。债权人自最后分配公告之日起满 2 个月仍不领取的，视为放弃受领分配的权利，管理人或者人民法院应当将提存的分配额分配给其他债权人。

3. 诉讼或者仲裁未决债权分配额的提存

诉讼或者仲裁未决债权，是指对该债权的真实有效性或数额存在争议尚在诉讼或者仲裁程序中而未最终裁决确定的债权。破产财产分配时，对于诉讼或者仲裁未决的债权，管理人应当将其分配额提存。自破产程序终结之日起满 2 年仍不能受领分配的，人民法院应当将提存的分配额分配给其他债权人。

【案例 9—6】未决债权分配额提存案

2022 年 12 月 15 日，A 公司第一次破产财产分配方案经该公司第二次债权人会议审议通过，并于 2009 年 12 月 30 日经某法院裁定认可。2023 年 1 月 4 日，管理人开始执行第一次财产分配方案，并于 2023 年 1 月 11 日执行完毕。债权人 B 公司于 2021 年 10 月 16 日向管理人申报了债权，管理人未予确认，由此引发的 B 公司与 A 公司之间的债权确认诉讼在 A 公司第一次破产财产分配时尚未审理完毕。故管理人在执行 A 公司第一次破产财产分配方案时，根据 B 公司申报的债权金额按第一次破产财产分配比例提存了相应的分配额。

第三节　破产程序的终结

一、破产程序终结的概念

破产程序的终结，是指破产分配结束之后或者因故没有必要继续进行相关破产程序的，经由管理人或当事人申请，法院裁定终结破产案件。破产程序的终结，可能源于破产程序预期目标的实现，也可能源于预期目标的不能实现。

破产程序的终结不同于破产程序的中止。破产程序因法定原因而中止的，只表明破产程序的暂时停止，债务人仍受破产程序的约束，待中止原因消失后，破产程序继续进行。破产程序终结，则表明破产程序彻底地、不可逆转地结束，债务人不再受破产程序的约束。根据《破产审判会议纪要》第 30 条的规定，人民法院终结破产清算程序应当以查明债务人财产状况、明确债务人财产的分配方案、确保破产债权获得依法清偿为基础。

二、破产程序终结的具体情形

破产程序终结的具体情形有多种，主要包括以下几种类型。

（一）破产最后分配完毕

经过破产清算程序，破产人的全部破产财产已经在全体破产债权人之间进行了公平分配，破产程序已经完成了其使命，管理人应当及时向法院提出终结破产案件的申请。《企业破产法》第 120 条第 2 款规定："管理人在最后分配完结后，应当及时向人民法院提交破产财产分配报告，并提请人民法院裁定终结破产程序。"

（二）破产人无财产可供分配

破产宣告后，破产财产经过清理，在支付了破产费用或者共益债务之后，已经没有破产财产可供债权人分配，管理人应当及时申请法院终结破产程序。《企业破产法》第 120 条第 1 款规定："破产人无财产可供分配的，管理人应当请求人民法院裁定终结破产程序。"

（三）债务人财产不足以清偿破产费用

破产费用由债务人财产随时清偿，如果在破产程序中，债务人财产不足以支付破产费用，管理人应当及时申请终结破产案件。《企业破产法》第 43 条第 4 款规定："债务人财产不足以清偿破产费用的，管理人应当提请人民法院终结破产程序。人民法院应当自收到请求之日起十五日内裁定终结破产程序，并予以公告。"在实践中，有的法院在决定是否受理破产申请时发现债务人财产不足以清偿破产费用，故采取了不受理破产申请的方式，这是不妥当的。《破产审判会议纪要》第 30 条规定，破产申请受理后，经管理人调查，债务人财产不足以清偿破产费用且无人代为清偿或垫付的，人民法院应当依管理人申请宣告破产并裁定终结破产清算程序。依据该条规定，受理破产申请，作出破产宣告并裁定终结破产清算程序，才可以使当事人的债权债务关系得到合法处理，使债务人在依法终结债权债务关系后规范退出市场。

【破产文书】

浙江天龙包装材料有限公司管理人申请终结破产程序
浙江江山市人民法院民事裁定书

（2013）衢江破字第 1—5 号

申请人：浙江天龙包装材料有限公司管理人

2013 年 11 月 15 日，浙江天龙包装材料有限公司管理人向本院提请报告，称其接受本院指定，担任浙江天龙包装材料有限公司管理人后，接管了浙江天龙包装材料有限公司的账簿、部分文书材料及现有资产。审查 5 位债权人申报的债权，其中认定无异议债权人 3 位，金额为 3 959 181.65 元，不予认定债权人 2 位。根据衢瑞审字（2013）461 号审计报告反映，截至 2013 年 9 月 23 日，审计前公司净资产一1 869 768.06 元（其中：实收资本 7 000 000.00 元，未分配利润一8 880 725.06 元），审计后净资产合计一4 070 210.94 元（其中实收资本 7 000 000.00 元，未分配利润一11 081 167.94 元）。管理人根据浙江天龙包装材料有限公司财务资料记载，对应收账款进行了催收。经调查，应收账款中仅有浙江天龙包装材料有限公司开具的发票和账册明细记录，而无买卖合同、结算单等原始凭证，且均已超过诉讼时效，均不能依法追收。2013 年 11 月 4 日，浙江天龙包装材料有限公司召开了第一次债权人会议，管理人根据债权申报情况编制债权表，经债权人会议核查、核对，债务人、债权人均无异议，法院已依法裁定确认。会议还表决通过了管理人提交的破产财产变价方案和破产财产分配方案，法院对破产财产分配方案也已依法裁定认可。另外，债权人江山南方水泥有限公司愿意承担本案所需的破产费用，并与管理人签订了相关协议。管理人对浙江天龙包装材料有限公司的现有资产经评估、拍卖得价款 19 000 元。现破产财产分配方案已执行完毕，破产清算工作已完成，请求本院终结浙江天龙包装材料有限公司破产程序。

本院认为：申请人担任浙江天龙包装材料有限公司管理人后，认真履行管理人职务，谨慎审核债权人申报的债权，积极调查浙江天龙包装材料有限公司财产状况，并依法及时处置现有资产。浙江天龙包装材料有限公司的破产清算工作已经完成，破产财产也已分配完结，管理人提请终结本案破产程序符合法律规定，应予准许。依照《中华人民共和国企业破产法》第一百二十条第二款、第三款之规定，裁定如下：

终结浙江天龙包装材料有限公司破产程序。

本裁定自即日起生效。

审　判　员　×××

2013 年 11 月 20 日

书　记　员　×　×　×

（四）破产程序中自行和解

在现代社会，破产程序虽然体现法院主导的精神，但也贯彻债权人、债务人在法律程序中自治的原则。如果债务人与全体债权人在破产程序中自行达成和解，则债务人也可以提请法院终结破产程序。《企业破产法》第 105 条规定：“人民法院受理破产申请后，债务人与全体债权人就债权债务的处理自行达成协议的，可以请求人民法院裁定认可，并终结破产程序。”自行和解虽然规定在《企业破产法》第九章，但是该制度适用范围不仅包括第九章规定的和解程序，在破产清算程序中甚至破产宣告后，以及重整程序中也可适用。

（五）破产宣告前破产程序的终结

如前所述，根据《企业破产法》第 108 条的规定，在破产宣告前，债务人已清偿全部到期债务，第三人为债务人提供足额担保或者为债务人清偿全部到期债务，破产程序继续进行的原因已经消除的，人民法院应当裁定终结破产程序并予以公告。

三、破产程序终结的效力

破产程序终结将产生如下法律效力。

（一）对破产人的效力

破产程序终结后，企业的主体资格经过注销登记而归于消灭。《企业破产法》第 121 条规定：“管理人应当自破产程序终结之日起十日内，持人民法院终结破产程序的裁定，向破产人的原登记机关办理注销登记。”

根据各国立法之惯例，破产人在公法与私法上的资格权利方面要受到相应限制。对破产人的资格权利的限制，主要体现在需要当事人高度诚信的任职等方面。这些限制一般不在破产法中直接规定，而是在相关的法律中规定。法律对破产人资格权利的限制，称为失权制度。这些权利限制并不随破产程序的终结而当然失效，需要在破产人依法得到复权之后方得解除。由于我国破产法目前不适用于自然人，故其未规定对破产自然人的资格权利的限制，但相关立法对破产企业的董事、监事、高级管理人员的任职资格限制作有相应规定。如《公司法》第146条第1款规定，担任破产清算的公司、企业的董事或者厂长、经理，对该公司、企业的破产负有个人责任的，自该公司、企业破产清算完结之日起未逾3年，不得担任公司的董事、监事、高级管理人员。再如，《企业破产法》第125条第2款规定，企业董事、监事或者高级管理人员违反忠实义务、勤勉义务，致使所在企业破产的，自破产程序终结之日起3年内不得担任任何企业的董事、监事、高级管理人员。但对其他方面资格的限制，法律未作规定。将来当我国破产法适用于自然人时，其也需要对破产人在公法与私法上的资格权利予以适当限制，建立失权与复权制度。

（二）对破产债权人的效力

在破产清算程序终结后，法人企业破产人的主体资格消灭，其所负剩余债务当然免除，债权人未得到分配的债权，于破产终结裁定作出后视为消灭。如果破产人是合伙企业，该合伙企业承担无限责任的合伙人仍应当对未偿还的债权负担清偿责任，合伙企业的债权人可以向该合伙人继续追偿。

（三）对破产人的保证人和其他连带债务人的效力

破产程序终结后，债权人对破产企业的保证人、连带债务人等享有的权利，原则上不受影响。被保证人（主债务人）破产，债权人依破产程序未受全额清偿时，可以就不足部分向保证人主张权利。《企业破产法》第124条规定："破产人的保证人和其他连带债务人，在破产程序终结后，对债权人依照破产清算程序未受清偿的债权，依法继续承担清偿责任。"

（四）对管理人的效力

破产程序终结后，管理人停止执行职务，但如有关于破产财产的未完结的诉讼、债权确认诉讼或者对债权分配表等异议之诉等遗留事务时，仍其须负责对破产财产的提存额进行管理和分配等工作。所以，《企业破产法》第122条规定："管理人于办理注销登记完毕的次日终止执行职务。但是，存在诉讼或者仲裁未决情况的除外。"

四、追加分配

（一）追加分配的概念

破产程序终结后，又发现可供分配的破产财产时，经法院许可而实行的补充分配，称为追加分配。追加分配的目的在于最大限度地保护债权人的利益。

（二）追加分配的具体规则

1. 追加分配的申请人是债权人

由于追加分配发生在破产程序终结之后，管理人已经停止执行职务，因而应由债权人提出追加分配的申请，法院负责审查并实施追加分配。实践中，债务人有未决诉讼、仲裁案件、执行案件，但是破产财产分配方案经过债权人会议表决通过和人民法院批准并进行了最后分配，人民可以裁定终结破产案件。管理人此时仍需继续办理破产案件的上述遗留事务，破产财产和破产债权在未决诉讼、仲裁或执行程序中被确定后，经债权人申请，管理人可以在法院监督下实施追加分配。

2. 追加分配的具体条件

（1）有可供分配的财产是进行追加分配的前提条件。

根据《企业破产法》第 123 条的规定，追加分配以追回或者发现债务人财产为前提，主要包括：第一，根据《企业破产法》第 31 条、第 32 条的规定行使撤销权追回债务人的财产。第二，根据《企业破产法》第 33 条的规定认定涉及债务人财产的无效行为而追回债务人的财产。第三，追回债务人的董事、监事和高级管理人员利用职权从企业获取的非正常收入或者侵占的企业财产。第四，发现破产人有应当供分配的其他财产。第五，破产财产分配时，提存的诉讼或者仲裁未决债权的分配额，自破产程序终结之日起满 2 年仍不能受领分配的，应当将提存的分配额分配给其他债权人。

（2）在法定期间内追回财产。

可追加分配的债务人财产，必须是在破产程序终结后 2 年内发现并实施追回法律措施的财产，否则超过了允许追回财产的法定期间，则不再按照破产程序进行追加分配。

【案例 9—7】破产终结时未结诉讼追回财产的追加分配案

在债务人 A 公司破产清算案件中，管理人已经完成对 A 公司财产的调查，债权亦已经确定，主要财产已经变现并已经分配，但是尚有一笔应收债权未收回，管理人已经提起诉讼主张债务人的债务人清偿债务，但该案诉讼周期较长。在债权人会议已经对今后将可能收回的该笔债权如何分配形成决议的情况下，为了避免追回该债权的诉讼周期对破产清算程序的影响，在债权人会议决议和管理人提议的情况下，人民法院终结了该破产清算程序。自破产程序终结之日起 2 年内，管理人最终胜诉，判决也最终得到履行，追回了 100 万元的现金。

在【案例 9—7】中，管理人应当将诉讼结果告知人民法院，经过人民法院认可，管理人应将取得的 100 万元现金向债权人进行追加分配。在进行追加分配时，管理人应当依据债权人会议原来对破产财产分配作出的决议进行。

3. 追加分配的执行

法院实施追加分配应当遵守以下两个基本原则：一是要在优先支付破产费用和共益债务之后，再按照破产财产分配方案规定的比例在债权人之间进行分配；二是可供追加分配的财产数量不足以支付分配费用的，不再进行追加分配，由人民法院将其上交国库。

【问题与思考】

1. 如何理解《企业破产法》关于破产宣告条件的规定？
2. 如何理解《企业破产法》在破产宣告前终结破产程序的规定？
3. 结合《企业破产法》的规定谈破产宣告的效力。
4. 简述别除权的概念和特征。
5. 如何理解别除权与破产债权和债务人财产的关系？
6. 依据《企业破产法》的规定，谈谈别除权人应如何行使其优先受偿权？
7. 简述别除权产生的基础权利。
8. 如何理解各项别除权之间的清偿顺序？
9. 破产费用与共益债务的范围及清偿顺序应如何确定？

【案例分析】

陵县宝鼎纺织有限公司破产别除权纠纷案

2011 年 8 月 25 日，原告德州华源生态科技有限公司与中国农业银行陵县支行签署了最高额保证合同，约定在 2011 年 8 月 26 日至 2012 年 9 月 30 日期间，原告为被告陵县宝鼎纺织有限公司（以下简称宝鼎公司）在中国农业银行陵县支行申请的最高额为人民币 3 000 万元的贷款提供连带责任担保。在担保期内，因被告无力偿还贷款，原告承担了担保责任，予以代偿，实际偿还金额为 3 000 万元。2012 年 11 月 14 日，原、被告及张某明等人就上述代偿款项的还款事宜达成“还款协议书”。协议约定：被告于 2012 年 11 月 26 日前将原告代偿款项全部还清，并自 2012 年 1 月 1 日起按中国人民银行同期贷款利率的 4 倍向原告支付利息，直至本金全部还清为止。被告及张某明等人用被告公司的设备作为抵押担保。之后，原、被告及张某明等人将该协议在德州市鲁北公证处办理了公证，公证处出具了具有强制执行效力的债权文书公证书。约定的还款期限到期后，被告未能履行还款义务。

2013 年 6 月 10 日，被告以不能清偿到期债务，公司资产不足以清偿全部债务为由向山东省陵县人民法院申请破产清算，该法院于 2013 年 6 月 19 日出具了民事裁定书，裁定受理被告的破产清算申请。之后原告向宝鼎公司管理人申报了债权，并主张其对设定抵押的宝鼎公司的设备优先受偿。宝鼎公司管理人经审查，确认原告依法成立的债权数额为 31 266 403.27 元，并将上述债权列为普通债权。原告因债权确认争议诉至法院。在庭审中，双方争议焦点是：原、被告签订的抵押合同是否有效，原告是否享有抵押权及对该抵押物是否享有优先受偿权。原告认为其设定的抵押是有效的，并且抵押权设立的效力不得对抗抵押人和抵押权人之外的第三人，该第三人是指对抵押财产享有物权的人，不包括债权人，因此原告就抵押财产享有优先受偿权。被告认为，原告主张的抵押合同没有在工商管理部门办理登记，并且在被告公司濒临破产的情况下设立的抵押权侵害了其他普通债权人的合法利益，所以该抵押合同无效，原告对抵押物不享有优先受偿权。

根据以上案情思考以下问题：

1. 根据《企业破产法》的规定，分析行使别除权的条件。
2. 根据《企业破产法》，分析本案中抵押合同的效力。

第十章
金融机构破产的特殊问题

本章概要

金融机构破产是破产法中的特殊问题。对金融机构破产主要有两种立法模式：一是金融机构破产适用普通破产法，同时优先适用金融法的特别规定；二是适用专门的金融机构破产法。在我国，对金融机构破产问题应当优先适用金融法的特别规定，没有特别规定的适用破产法的一般规定，同时，《企业破产法》还授权国务院制定金融机构破产的实施办法以解决金融机构破产的特殊问题。

在我国，保险公司、证券公司等金融机构的破产原因与一般企业的破产原因并无本质不同。根据我国相关法律规定，除国务院金融监管机构可以向人民法院提出破产申请外，金融机构及其债权人也可以提出破产申请，但是应当经过国务院金融监管机构的批准或者同意。

在金融机构出现重大经营风险时，金融监管机构一般优先选择“管制性破产”程序，对该金融机构采取各种行政措施化解其风险，帮助其重组或恢复营业能力。在我国，这种“管制性破产”程序又被称为风险处置行政程序，其措施一般包括停业整顿、托管、接管、重组和撤销。经过金融监管机构采取各种“管制性破产”措施之后，如果金融机构仍然难逃破产命运，则会启动由法院主管的破产程序。

金融机构破产案件管理人的指定有三种方式：一是指定清算组为管理人；二是以推荐方式指定管理人；三是以竞争方式指定管理人。

金融机构的破产财产的范围与一般企业的破产财产的范围基本一致，但是金融许可证在进入法院主管的破产清算程序后会被撤销，因此金融许可证不属于破产财产的范围。同时，客户的某些自有财产不属于破产财产的范围。

金融机构拥有为数众多的小客户和小额个人债权人，为了维护金融秩序和社会稳定，金融机构破产时往往须通过债权收购等方式给小额个人债权人以全额或高额清偿等特殊保护。这一般是通过存款保险、保险保障基金以及证券投资者保护基金等金融安全网制度实现的。

参考文献

1. 刘仁伍．金融机构破产的法律问题．北京：社会科学文献出版社，2007

2. 王欣新．金融机构破产问题漫谈．人民法院报，2008-05-06

3. 王欣新，王斐民．评证券交易结算资金第三方存管制度：兼论客户、证券公司、存管银行间的法律关系．经济法学家，北京：法律出版社，2008

4. 王斐民，陈婧．论商业银行破产的申请权人．政治与法律，2008（9）

5. 王斐民，尹红强．论个人储蓄存款账户的物权性质．行政与法，2008（12）

6. 孙晓敏，王斐民．论证券投资者保护基金公司的程序角色．法学杂志，2008（3）

7. 李曙光．新《企业破产法》与金融机构破产的制度设计．中国金融，2007（3）

8. 徐孟洲，徐阳光．论金融机构破产之理念更新与制度设计．首都师范大学学报（社会科学版），2006（1）

9. 周小川．把坏的金融机构“干掉”，让新的金融机构出来．领导决策信息，2004（30）

10. 郭雪．金融机构破产的法律思考．银行家，2008（3）

11. 范湘凌，毛竹青．商业银行破产法律适用若干问题探析．法学杂志，2008（6）

12. 王楠．我国银行破产法律问题研究．法学家，2007（4）

13. 边志良．关于商业银行破产清算是否纳入普通破产法问题的研究报告．金融法苑，2003（8）

14. 张继红．商业银行破产之立法模式探讨．财贸研究，2006（2）

15. 黎四奇．我国商业银行破产法律制度的现状及其矫正．上海金融，2005（9）

16. 西南财经大学课题组．我国非银行金融机构重整制度研究．金融研究，2001（4）

17. 张世君．金融机构市场退出法律制度研究：以新破产法第 134 条为起点

的考察//王欣新，尹正友．破产法论坛：第1辑．北京：法律出版社，2008

18. 季立刚．跨国银行破产法律制度基本原则之探讨．政治与法律，2004（4）

19. 刘沫茹．商业银行破产法律制度的比较研究．江汉论坛，2005（11）

20. 贾剑非，杜青国．及时校正制度解析：兼论银行破产预防机制．理论界，2008（4）

21. 李振宁．略论金融机构破产的法律问题．行政与法，2008（7）

22. 苏洁澈．论银行监管机构的侵权责任：以银行破产和英美法为例．法学家，2011（1）

23. 解正山．《有效存款保险制度核心原则》评介及对我国的借鉴．上海金融，2009（10）

24. 刘惠娜．我国银行业金融机构破产法律制度研究．上海金融，2008（12）

25. 邵沙平，苏洁澈．金融危机法律应对措施的国际视野：以银行业为例的分析．甘肃社会科学，2009（5）

26. 安迎方．商业银行破产中监管机构的法律定位．山西师范大学学报（社会科学版），2011（9）

27. 张继红．论银行接管法律的域外经验及我国的制度构建：兼析2010年《华尔街改革和消费者保护法案》有序清算机制．求索，2013（1）

28. 马宁，周泽新．我国存款保险人的职能定位：兼论我国银行破产立法模式与破产程序控制权配置．甘肃政法学院学报，2013（5）

29. 尹亭．过渡银行制度的比较研究：兼论我国《银行破产条例（草案）》过渡银行条款的设计．南方金融，2013（11）

30. 贺丹．欧盟金融机构复原与处置法律框架评述．证券市场导报，2011（8）

31. 邓丽．论保险公司破产清算制度中保单持有人利益保护：以新《保险法》相关制度评介为中心．保险研究，2009（4）

32. 王欣新，亢力．试论证券投资者保护基金有限责任公司在证券公司破产中的作用．法学杂志，2012（4）

33. 温观音．期货公司破产法律问题初探．法学杂志，2009（5）

34. 王欣新，王斐民．客户证券交易结算资金在金融机构破产中的法律保护//王欣新，尹正友．破产法论坛：第2辑．北京：法律出版社，2009

35. 王斐民．保险公司“管制性破产”程序与司法破产程序衔接中的法律问题//王欣新，尹正友．破产法论坛：第5辑．北京：法律出版社，2010

36. 王斐民，姬艳涛．论监管机构在银行破产中的权力及其限制//广州市法学会．法治论坛：第4辑．北京：中国法制出版社，2010

37. 王欣新，卢茜．破产程序中金融衍生品交易结算问题的解决．法律适用，2012（10）

38. 李曙光．一个具标志性意义的案例 闽发证券破产案审判实务评论．中国审判，2012（3）

39. 王斐民．金融衍生交易破产保护的法律规则．法律适用，2013（7）

40. 刘桂平：建议制定“金融稳定法”．中国金融，2021（10）

41. 贺丹．金融机构市场化退出：一个制度协调的新思路．东方论坛，2017（1）

42. 张世君．中国金融机构破产的理论探索与制度构建．北京：法律出版社，2017

43. 黄晓龙．存款保险在金融风险处置中的作用．中国金融，2017（8）

44. 周学东．我国存款保险制度的实践与思考．中国金融，2018（2）

45. 王萍．保险公司接管制度的原理阐释．中国政法大学学报，2021（1）

46. 沈伟．存款保险制度的功能及其制度设计．上海经济研究，2021（6）

47. 伏军．构建我国银行市场化接管处置制度．银行家，2019（7）

48. 王斐民．金融机构破产综合立法的体系研究．中国政法大学学报，2021（4）

49. 苏洁澈．金融监管机构在金融机构破产中的角色．江汉论坛，2019（5）

50. 苏洁澈．银行风险处置中的公平审判原则：欧洲经验及启示．云南社会科学，2021（4）

51. 苏洁澈．金融危机干预措施的合宪性审查：以英美处置破产银行为例．政法论坛，2021（4）

52. 黎四奇．问题金融机构界定法律问题透视．湖南大学学报（社会科学版），2015（4）

参考法规

1.《企业破产法》第 134 条
2.《证券法》第 129 条、第 139 条、第 218 条
3.《商业银行法》第 68 条、第 71 条、第 72 条
4.《保险法》第 90～92 条、第 100 条、第 149 条、第 165 条
5.《证券公司风险处置条例》（2003 年修订）第 37～47 条
6.《证券公司监督管理条例》第 15～17 条
7. 最高人民法院《企业破产法司法解释二》第 10 条

引　例　包商银行股份有限公司破产案

一、基本案情

包商银行股份有限公司成立于1998年12月16日，原名为包头市商业银行股份有限公司，2007年改为包商银行股份有限公司（以下简称包商银行），注册资本为4 730 849 089元，类型为非上市股份有限公司。中国人民银行、中国银行保险监督管理委员会（以下简称中国银保监会①）在2019年5月24日发布《关于接管包商银行股份有限公司的公告》，以包商银行出现严重信用风险为由，依照《中国人民银行法》、《银行业监督管理法》和《商业银行法》有关规定，自当日起对包商银行实行接管，接管期限为1年，并指定了接管组全面行使包商银行的经营管理权，委托中国建设银行股份有限公司托管包商银行业务。2020年5月23日，中国银保监会根据《商业银行法》第67条的规定把包商银行接管期限延长6个月，自2020年5月24日起至2020年11月23日止。根据接管组的调查，包商银行大股东明天集团合计持有包商银行89%的股权，包商银行大量资金被大股东违规占用，逾期后长期难以归还，导致其出现严重的信用危机。2020年4月30日，包商银行接管组发布《关于包商银行股份有限公司转让相关业务、资产及负债的公告》，整体安排是：包商银行总行及内蒙古自治区各分支机构的相关业务、资产及负债由新设立的蒙商银行承接，内蒙古自治区外各分支机构的相关业务、资产及负债由徽商银行承接，包商银行债权人持有的未由存款保险基金提供保障的债权，不在本次承接范围内，仍保留在包商银行。中国银保监会于2020年11月12日作出《关于包商银行股份有限公司破产的批复》，同意包商银行申请破产。

2020年11月23日，北京市第一中级人民法院（以下简称北京市一中院）以（2020）京01破申672号民事裁定书受理包商银行破产清算申请。2020年11月23日，北京市一中院作出（2020）京01破270号民事裁定书，裁定受理包商银行破产清算一案，同时指定包商银行清算组担任包商银行管理人。在2021年1月12日召开的第一次债权人会议上，对债权进行了审查，北京市一中院于2021年2月4日以（2020）京01破270号民事裁定书确认中国存款保险基金管理有限责任公司等728家债权人的729笔无争议债权，总额为201 398 372 434.18元（其中，中国存款保险基金管理有限责任公司对包商银行享有个人储蓄存款债权总计631 122 224.22元，阿坝州农村信用联社股份有限公司等728家债权人总计200 767 250 209.96元普通债权）。2021年2月3日，包商银行管理人以“包商银行已经明显资不抵债且无实际清偿能力”为由，请求北京市一中院宣告包商银行破产。2021年2月7日，北京市一中院作出（2020）京01破270号之一民事裁定书，裁定宣告包商银行破产。这是我国《企业破产法》自2007年6月1日施行以来第一家被法院

① 现为国家金融监督管理总局。

宣告破产的商业银行。2021 年 7 月 13 日，北京市一中院以（2020）京 01 破 270 号之二民事裁定书，裁定确认国家税务总局赤峰市松山区税务局等 13 家债权人对包商银行享有总计 497 419 065.48 元的普通债权。2021 年 8 月 19 日，因包商银行现有资产已无法全额支付共益债务，应管理人申请，北京市一中院以（2020）京 01 破 270 号之三的民事裁定书终结包商银行破产清算程序。

二、法律问题

此案涉及的法律问题主要有以下几个：其一，如何理解商业银行破产的申请权？其二，接管程序与司法破产程序如何衔接？接管程序中完成的重组的法律效力如何？其三，接管组可否被指定为管理人？清算组被指定为管理人的法律依据是什么？其四，在本案中，如果包商银行还有可供清偿普通债权人的资产，如何理解中国存款保险基金管理有限责任公司对包商银行享有的个人储蓄存款债权总计 631 122 224.22 元的清偿顺位？其五，该案为何由北京市一中院管辖？

第一节　金融机构破产概述

一、金融机构的范围

金融机构是金融市场的载体，是金融投资人和金融融资人之间的媒介。广义的金融机构不仅包括经营性金融机构，而且包含中央银行、金融监管部门等公共管理机构；狭义的金融机构则仅指银行业金融机构、证券公司、保险公司、期货公司、金融控股公司等需要取得金融许可证的经营性金融机构。本节仅探讨经营性金融机构的破产问题。

根据《银行业监督管理法》的规定，银行业金融机构，是指在中华人民共和国境内设立的商业银行、城市信用合作社、农村信用合作社等吸收公众存款的金融机构以及政策性银行。依据《信托法》设立的信托投资公司属于信托业经营性金融机构。《非银行金融机构行政许可事项实施办法》规定金融资产管理公司、企业集团财务公司、金融租赁公司、汽车金融公司、货币经纪公司、消费金融公司属于非银行金融机构，属于银行业内从事经营性金融业务的非银行金融机构。上述机构均由国务院银行业监督管理机构进行监管，属于广义的银行业金融机构。

《证券法》和《证券投资基金法》规定，设立证券公司和证券投资基金管理公司必须经过国务院证券监督管理机构的批准，二者属于证券业金融机构的范围。

《保险法》规定，设立保险公司和保险资产管理公司应当经国务院保险监督管理机构批准，二者属于保险业金融机构的范围。

《期货和衍生品法》规定，设立期货公司，应当经国务院期货监督管理机构核准。国务院期货监督管理机构核准从事期货业务的其他机构和期货公司属于期货经营机构，是经营期货业务的金融机构。

《金融控股公司监督管理试行办法》规定，中国人民银行审查批准金融控股公司的设立、变更、终止以及业务范围，因此金融控股公司也属于经营性金融机构。

随着金融业的发展和不断创新，新型的金融机构也会不断出现，判断其是否属于金融机构，主要看其设立是否需要取得中央银行或者金融监管机构颁发的金融许可证。

在当前，小额贷款公司、融资担保公司、区域性股权市场、典当行、融资租赁公司、商业保理公司、地方资产管理公司等地方金融组织，由地方金融监督管理机构负责监管，其破产应当适用《企业破产法》的一般规定，同时参照适用符合其行业特点的立法规定。

【案例 10—1】“雷曼兄弟”申请破产保护案①

“雷曼兄弟”是指“雷曼兄弟控股公司”（Lehman Brothers Holdings Inc，LBHI），不包含其海外公司及本土附属企业。该公司成立于 1850 年，主营当时利润丰厚的棉花等商品的贸易，创立后不久即迎来了美国内战，棉花贸易不再有利可图。“雷曼兄弟”顺应形势，于 1870 年将总部迁至纽约，开始从事债券和金融咨询业务。1899 年，“雷曼兄弟”承揽了第一笔 IPO 生意，并在 1906 年全面放弃了原有的农产品贸易业务，转型为一家纯粹的金融公司。20 世纪初期美国金融市场强劲的 IPO 需求，使“雷曼兄弟”快速地积累了资本。20 世纪 30 年代的大萧条中，“雷曼兄弟”奇迹般地度过了危机，巩固了自己在金融业的地位。“雷曼兄弟”在过去房地产繁荣时期持有很多房贷资产化证券，其中有为数不少的低评级或无评级证券。“雷曼兄弟”当时认为，自己拥有丰富的处理固定收益证券的经验，又有很强的调整资产负债表的能力，因此并无太大风险。在美国次债危机爆发前，“雷曼兄弟”跻身美国第四大投资银行。

在 2007 年次债危机爆发前，伴随“雷曼兄弟”良好业绩的是其 CEO 富尔德高达 2 200 万美元的天价奖金。但次贷危机的发展还是出乎所有人的预料。“雷曼兄弟”在 2007 年第二季度爆出 28 亿美元的亏损，整个市场做空焦点再度集中在“雷曼兄弟”身上。次贷相关证券由于已经乏人问津，自然也就没有市场价格。“雷曼兄弟”在破产前遭遇了强大的做空压力，而其自身也曾试图采取转移做空焦点的方式自救，但最终“雷曼兄弟”的反击没有取得预期的效果。于是，“雷曼兄弟”走了一步险棋，这是导致最终美联储放弃援救它的原因之一。“雷曼兄弟”的这着险棋就是做空“房利美”和“房地美”。由于做空“两房”这样的大型公司，需要动用很多的资源，而做空

① 本书作者根据以下资料综合整理：沈雁飞、肖莉：《雷曼兄弟死于房贷酿成美史上最大金融破产案》，载《东方早报》，2008－09－16；孔军：《雷曼结束破产保护程序将开始偿还债权人》，http：//finance.qq.com/a/20120307/000052.htm。

“两房”的资源多了，做空“雷曼兄弟”的资源也就少了，CEO富尔德的压力也就大大减轻了。在“房利美”和“房地美”危机期间，“雷曼兄弟”一度获得了喘息的机会。但由于“雷曼兄弟”最终没能够抓紧时机完成资产出售的目标，其最终陷入破产的窘境。拥有158年历史的“雷曼兄弟”在美国抵押贷款债券业务上连续40年独占鳌头，但在次贷危机的冲击下，公司持有的巨量与住房抵押贷款相关的“毒药资产”在短时间内价值暴跌，将公司活活压垮。

证券和交易委员会主席克里斯托弗·考克斯于2008年9月14日发表声明说，“雷曼兄弟”的客户账户由证券投资者保护公司提供保险保护。在美国，券商破产一般由证券投资者保护公司负责处理，指定托管人保护客户权益。

2008年9月14日，美国财政部长亨利·保尔森、证券交易委员会主席克里斯托弗·考克斯以及来自花旗集团、摩根大通、摩根士丹利、高盛、美林公司的高层云集位于曼哈顿的纽约联邦储备银行总部。这是美国金融界头面人物连续第三天碰头议事，以挽救“雷曼兄弟”。但是，美国政府无法给出与挽救贝尔斯登一样的条件，“雷曼兄弟”的竞标者在48小时内先后退出谈判。英国第三大银行巴克莱银行在美国政府拒绝提供财政担保后决定退出拯救“雷曼兄弟”的行动。大约3小时后，美国银行也宣布退出，转而收购美林公司。

在寻找买家未果后，曾为美国第四大投资银行的“雷曼兄弟”在2008年9月15日依照美国破产法第11章，向纽约南部的联邦破产法庭提起破产保护。相关公告宣称寻求破产保护的是雷曼兄弟控股公司，其债务总额达到了6 130亿美元。公告还宣称，“雷曼兄弟”的所有从事经纪业务的分支机构及“雷曼兄弟”的子公司，包括“雷曼兄弟”资产管理公司、经营资产管理和投资咨询的纽伯格·伯曼公司等“雷曼兄弟”旗下子公司均不受此影响，将继续正常交易和营业。但是由于“雷曼兄弟”是跨国公司，因而该破产保护申请导致其海外子公司接连进入破产程序，并引发复杂的跨国诉讼。

“雷曼兄弟”于2008年12月31日宣布，该公司还需要6个月时间来整合一项破产计划，内容是用出售资产得来的资金偿付其债权人。“雷曼兄弟”表示，该公司已经要求破产法官将其提交破产计划的时间从原来的2009年1月13日推迟到7月13日。申请破产保护后，“雷曼兄弟”最重要的投行业务出售给了英国巴克莱银行，资产管理业务也被拆分。据法庭文件显示，通过出售这些业务，公司已经获得了大约40亿美元的现金。

“雷曼兄弟”主要债权人之一花旗银行的律师代表约翰·瑞皮萨迪分析了“雷曼兄弟”公司申请破产保护后将会出现的三种可能。“一是完全进行清算；二是由联邦政府的机构——证券投资者保护公司（SIPC）接管；三是继续经营。”完全进行清算是“雷曼兄弟”的最终命运。结束破产保护后，“雷曼兄弟”还面临大量索赔和诉讼。截至2012年，法院堆积的针对“雷曼兄弟”的起诉多达2.6万多宗，审理将持续数年，法律成本巨大。因此，结束破产保护后，不管清偿阶段历时几年，关门都是“雷曼兄弟”的最终命运。

按照美国法律，破产保护期间，债权人不得强制要求还债，这为“雷曼兄弟”争取了宝贵的缓冲时间，让“雷曼兄弟”不用急着贱卖资产，也使它有足够时间提出完善的破产重组方案，就债务偿还期限和方式等作出安排。在破产保护期间，“雷曼兄弟”曾多次与高盛集团和保尔森对冲基金等债权人进行债务重组谈判，谈判的主要内容是厘清偿还优先顺序和比例等。有分析人士说，以“雷曼兄弟”的规模，3年半的破产保护期还是相对较短。“雷曼兄弟”首席律师哈维米勒说，谈判过程异常艰难，耗时过长，“其间，我都不得不增加抗高血压的药量”。最终，“雷曼兄弟”与债权人达成清偿方案，并提交纽约破产法院，于2011年12月获得法院批准。此后，“雷曼兄弟”开始着手变卖资产、清理债权。“雷曼兄弟”首席运营官约翰苏科在结束破产保护的声明中说，经过近3年半的破产保护期，“雷曼兄弟”目前终于进入最后清偿还债阶段，开始向债权人付钱。“雷曼兄弟”将成立新的董事会，带领433名工作人员在纽约处理清算事宜。债权人为避免更大损失都希望“雷曼兄弟”在出售资产时不要操之过急，预计整个清算过程可能需要数年时间。

“雷曼兄弟”于2012年4月17日起开始偿付债权人，第一批清偿款为100亿美元，此后随着资产被变卖其将不断进行债权清偿。除高盛、摩根士丹利和保尔森对冲基金等金融机构外，债权人还有加利福尼亚州公职人员退休金等公共基金，它们共持有“雷曼兄弟”超过3 000亿美元的债权。按照“雷曼兄弟”清偿方案，债权人根据所持债权类别不同，可以得到清偿的比例从21%到28%不等（每1美元债权可以得到21美分到28美分不等的偿付），预计获偿总额为650亿美元。

在“雷曼兄弟”破产案中也有不少受益者，其中最大的受益者莫过于律师事务所和咨询公司。据统计，截至2012年1月底，“雷曼兄弟”支付的律师费和咨询费达15.8亿美元之多。其中，在破产期间管理“雷曼兄弟”的破产咨询公司获得5.12亿美元佣金。最多时，该公司有160名员工参与“雷曼兄弟”破产工作。另外，保尔森对冲基金也是大赢家。据英国《金融时报》预计，由于保尔森对冲基金当年以超低价买入“雷曼兄弟”债券，因而其最终有可能通过“雷曼兄弟”债权清偿净赚5.5亿美元。

二、金融机构破产的立法模式

（一）金融机构破产的两种主要的立法模式

金融机构对一国经济具有重要作用，其所从事的是管理风险的行业，所以需要实行许可证制度和监管制度，以确保金融机构在资本充足、管理完善的情况下进行营业。我国对金融业实行严格的许可证制度，金融机构的设立需要符合法定条件并经过金融监管部门的批准，取得经营金融业务许可证方可进行营业登记并开业。我国对金融机构实行严格的法定资本制，规定有法定最低注册资本限额，并实行注册资本的实际缴付制度。同时，我国对金融机构实行严格的谨慎监管制度，即规定有明确的资本充足率要求、高风险控制制度以及流动性要求。如果金融机构发生财务危机，不能清偿债务，就应当像其他企业一样退出市场，由此产生金融机构的破产问题。

对金融机构破产主要有两种立法模式：一是金融机构破产适用普通破产法，同时优先适用金融法的特别规定；二是适用专门的金融机构破产法。

1. 适用普通破产法及金融法

如果没有明示例外规定的话，采取商事公司方式设立的金融机构受公司法和破产法的调整，如大多数欧洲国家的银行等金融机构的破产受普通破产法的调整。[①] 一些学者也认为，鉴于解决银行破产的原则与解决普通公司的破产的原则是相同的，如对破产财产的界定、所主张权利的核实、优先权的适用、不动产的清理以及资产的分配等问题的解决都采取了几乎与普通商事公司破产清算相同的方法，因此没有充足理由认为银行等金融机构破产不适用普通破产法。[②]

但是，金融机构破产也存在许多特殊问题需要专门立法的调整。如金融机构拥有为数众多的客户，而其债权往往数额不大，所以多数国家立法规定，一般客户不能提起破产诉讼，只能由特定主体提起破产诉讼。而且，由于金融机构的债权人众多，无法像普通商事公司那样召集债权人会议，普通破产法所规定的一般时限往往也难以适应金融机构破产的需要。金融机构作为信用资金的中介，如果出现财务危机，则其资产尤其是信用资产可能短时间内就全部蒸发，因此金融机构在进行重整时，往往没有时间去召开债权人会议讨论通过重整计划，所以，一些国家的立法就在普通破产法之外对金融机构破产作出特殊规定。如《卢森堡金融业法》（the Luxembourg Financial Sector Act）为信用机构规定了专门的破产条款。[③] 现在，欧洲大多数国家制定了金融机构破产的特殊规定，在金融机构破产时优先适用金融机构破产的特殊规定，在无特殊规定时则适用普通破产法。[④]

2. 适用专门的金融机构破产法

由于金融机构首要的职能是保证金融业的稳定和防止发生系统性金融风险，所以普通

---

① 参见［瑞士］艾娃·胡普凯斯：《比较视野中的银行破产法律制度》，17页，北京，法律出版社，2006。

② J. Ashmead, In re Colonial Realty Co., 60 Brooklyn Law Review 517, 519 (1994). 转引自［瑞士］艾娃·胡普凯斯：《比较视野中的银行破产法律制度》，17页，北京，法律出版社，2006。

③ 参见［瑞士］艾娃·胡普凯斯：《比较视野中的银行破产法律制度》，18页，北京，法律出版社，2006。

④ 参见［瑞士］艾娃·胡普凯斯：《比较视野中的银行破产法律制度》，20～21页，北京，法律出版社，2006。

破产法往往难以适应迅速处理金融机构破产的需要。同时，在现代社会，金融机构破产需要考虑公众利益，尤其是小额客户的利益，其清偿程序与普通破产法也有差异。所以，以美国为典型的一些国家制定有特殊的金融机构破产法，并由金融监管机构负责金融机构破产程序的启动、管理，如美国联邦银行法为银行破产与重整设计了一套独立的、排他的制度。①

（二）我国金融机构破产的立法模式

从我国现有的企业破产立法和金融立法来看，我国采取的是上述第一种立法模式。这种立法模式具有两个特点：一是对金融机构破产而言，破产法是一般法，其他有关金融机构的法律是特别法，在特别法有规定的时候适用特别法，在特别法没有规定的时候适用一般法；二是《企业破产法》第 134 条第 2 款规定，金融机构实施破产的，国务院可以依据本法和其他有关法律的规定制定实施办法。也就是说，国务院可以依据《企业破产法》和其他有关法律的规定制定金融机构破产的实施办法，《企业破产法》和金融领域的立法与该实施办法是上位法与下位法的关系，下位法不得违反上位法的规定，而只能补充上位法的规定，即可以对《企业破产法》与其他金融立法未作出规定的内容进行补充规定，或者对其不明确的规定进行解释。从发展趋势观察，未来的金融机构风险处置程序应当以制定《金融稳定法》为统领，构建以金融法以及监管程序为主导、破产法及司法程序相协调衔接的金融风险处置体制、机制。②

第二节　金融机构破产的实体与程序问题

【案例 10—2】易安财产保险股份有限公司破产案

易安财险，成立于 2016 年 2 月 16 日，是经保险监督管理机构批准设立的财产保险公司，其经营范围是与互联网交易直接相关的保险业务、再保险分出和分入业务、保险资金运用业务和其他业务。

2020 年 7 月 17 日，原中国银保监会发布了《中国银保监会依法对天安财产保险股份有限公司等六家机构实施接管的公告》，公告中载明，鉴于易安财险触发了《保险法》第 144 条规定的接管条件，为保护保险活动当事人合法权益，维护社会公共利益，金融监管机构决定对易安财险实施接管，接

① 参见［瑞士］艾娃・胡普凯斯：《比较视野中的银行破产法律制度》，21 页，北京，法律出版社，2006。

② 参见王斐民：《金融机构破产综合立法的体系研究》，载《中国政法大学学报》，2021 (4)。

管组由监管机构派驻，接管期限自2020年7月17日起至2021年7月16日止。自接管之日起，被接管机构的股东大会、董事会和监事会停止履职，相关职能由接管组全部承担。接管组行使被接管机构的经营管理权，接管组组长行使被接管机构法定代表人职责。接管组依据相关法律委托中国人民财产保险股份有限公司组建托管组，按照托管协议托管易安财险的相关业务。

2021年7月16日，原中国银保监会发布了《中国银保监会依法延长天安财产保险股份有限公司等六家机构接管期限的公告》，决定将易安财险的接管期限延长一年，接管期限自2021年7月17日起至2022年7月16日止。

2022年5月26日，易安财险接管组作出了“关于同意易安财产保险股份有限公司破产重整的决定”。该决定载明，易安财险存在《企业破产法》第2条规定的情形，为推动公司风险处置，保护保单持有人等相关各方的合法权益，根据《保险法》《企业破产法》等相关规定，同意易安财险申请破产重整。

2022年6月29日，原中国银保监会作出了《中国银保监会关于易安财产保险股份有限公司破产重整的批复》，在原则上同意易安财险进入破产重整程序。

2022年7月8日，易安财险以其不能清偿到期债务且明显缺乏清偿能力为由，向北京金融法院申请破产重整。北京金融法院于2022年7月12日组织召开听证会。易安财险提交了净资产专项审计报告、房抵贷业务核查报告和净资产价值资产评估报告以证明其账面资产小于负债，流动资金不足、非流动资产变现能力差，缺乏偿付能力。

依照《企业破产法》第2条第2款、第3条、第7条第1款、第71条，《保险法》第90条之规定，北京金融法院做出受理易安财险的重整申请的裁定。

一、金融机构的破产原因与破产申请权人

（一）金融机构的破产原因

根据《企业破产法》的规定以及《保险法》第90条和《证券公司风险处置条例》第37、38条的规定，保险公司、证券公司等金融机构的破产原因与一般企业的破产原因并无本质不同。由于我国《企业破产法》规定的破产原因具有一定弹性，所以基本能够适应金融机构对破产原因的要求。如果对金融机构进行过行政清理程序，则依据“企业法人不能清偿到期债务，并且资产不足以清偿全部债务”的规定启动法院主导的破产清算程序；如果直接启动破产程序，则既可依据企业法人不能清偿到期债务，并且“明显缺乏清偿能力”的规定启动破产清算程序，也可以依据企业法人“有明显丧失清偿能力可能”的规定启动重整程序。

尽管我国《企业破产法》规定的破产原因基本能够适应金融机构对破产原因的要求，

但是有关金融机构破产原因的规定仍需细化，因为银行等金融机构的破产程序必须更早地启动。[①] 关于普通破产法中的破产原因不宜简单地适用于银行等金融机构，有三点原因：一是不能清偿到期债务作为破产原因对银行等金融机构来说是不适宜的。与一般企业不同的是，银行即使资金困难，仍然可以向存款人偿还债务，因为银行有不间断的现金流流入，而同时又不总是面对着所有存款人的取款请求。二是当银行负债过多时，债权人的损失已经不可避免，此时启动破产程序已经太晚了。对银行而言，查看其净资产是否能够偿还到期债务在破产程序启动时是非常困难甚至是不可能的。而且，对银行而言，能够偿还所有到期债务，并不等于能够立即承兑所有存款。三是银行等金融机构市场失败的风险将会被转嫁给纳税人或者存款保险机构，及早启动破产保护程序能够更好地维护公共利益。对于金融机构的破产原因，由将来的特别立法予以具体规定比较妥当。对这一问题，可以引入发达国家的"管制性破产"（Regulatory Insolvency）制度。作出"管制性破产"的决定，通常基于复杂的资本测算和风险评估。当不符合金融法规定的最低资本要求时，金融机构就被认为是到了"管制性破产"阶段。由于银行等金融机构是否满足有关最低资本的要求，大多需要监管机构根据金融法的规定进行测算，所以，"当银行监管机构说一家银行破产了，这家银行就破产了"[②]。欧洲大多数国家的银行监管机构都享有这种自由裁量权，但在美国，这种自由裁量权被限制在一个很窄的范围内。目前总的发展趋势是通过制定更多的规则，以尽量减少监管机构的自由裁量权。[③] 在【引例】中，包商银行的破产原因是接管程序中发现其无产可破，即其资产不足以偿还共益债务。但是，毫无疑问，包商银行破产启动过晚，造成了存款保险基金的重大损失。换言之，银行的债权债务的清理远比证券公司复杂得多，在法院主管的破产程序启动之前往往伴随着监管部门的"管制性破产"程序。

（二）金融机构破产的申请权人

在美国和加拿大，金融机构破产是监管机构主管的程序。在欧洲大多数国家中，主管金融机构破产属于法院的司法职能，如在奥地利、卢森堡、荷兰，均由法院根据金融法规定的特别程序审理破产案件；在英国则由法院按照破产法的程序审理金融机构破产案件；而在法国，金融监管机构主管的行政程序和法院主管的司法程序并存。[④] 在2008年全球金融危机之后，欧盟、英国的金融机构破产制度不断发展变化，逐渐形成了对系统重要性金融机构的监管和破产处置制度，并建立起"监管处置程序优先、破产程序辅助的体制机制"[⑤]。目前，我国未授权金融监管机构独立实施特别的金融机构破产制度，金融机构的破

---

① 参见［瑞士］艾娃·胡普凯斯：《比较视野中的银行破产法律制度》，10页，北京，法律出版社，2006。

② William Ryback, Associate Director for Supervision Operation, Board of Govenors, Federal Reserve System, remarks at the Seminar on Current Legal Issues affecting Central Banks held at the International Monetary Fund, Washington DC, 8 May 1998. 转引自［瑞士］艾娃·胡普凯斯：《比较视野中的银行破产法律制度》，12页，北京，法律出版社，2006。

③ 参见［瑞士］艾娃·胡普凯斯：《比较视野中的银行破产法律制度》，12～13页，北京，法律出版社，2006。

④ 参见［瑞士］艾娃·胡普凯斯：《比较视野中的银行破产法律制度》，77页，北京，法律出版社，2006。

⑤ 王斐民：《金融机构破产综合立法的体系研究》，载《中国政法大学学报》，2021（4）。

产由人民法院审理。因此，金融机构破产的申请权是值得讨论研究的问题。

根据《企业破产法》第134条第1款的规定，国务院金融监管机构可以向人民法院提出对具备破产原因的金融机构进行重整和破产清算的申请。此外，金融机构及其适格债权人可以提出破产申请，但是应当经过国务院金融监管机构的批准或者同意。具体而言，有关保险公司、证券公司和商业银行破产的申请权人的规定如下：除债权人、债务人外，《企业破产法》第134条第1款规定，国务院金融监督管理机构可以向人民法院提出对商业银行、证券公司、保险公司等金融机构进行重整或者破产清算的申请。《保险法》第90条规定：保险公司有破产原因的，经国务院保险监督管理机构同意，保险公司或者其债权人可以依法向人民法院申请重整、和解或者破产清算；国务院保险监督管理机构也可以依法向人民法院申请对该保险公司进行重整或者破产清算。根据《期货和衍生品法》第62条第1款第1项的规定，期货公司申请破产应经国务院期货监管机构核准。根据《证券公司风险处置条例》第37、38、39条的规定，证券公司破产申请有三种情形：一是证券公司因被依法撤销、关闭而完成行政清理工作后发现有破产原因的，国务院证券监督管理机构或者其委托的行政清理组可以依照《企业破产法》的有关规定向人民法院申请对被撤销、关闭证券公司进行破产清算；二是证券公司有破产原因的，国务院证券监督管理机构可以直接向人民法院申请对该证券公司进行重整；三是证券公司或者其债权人经国务院证券监督管理机构批准，可以向人民法院提出对证券公司进行破产清算或者重整的申请（其中，对不需要动用证券投资者保护基金的证券公司，国务院证券监督管理机构应当在批准破产清算前撤销其证券业务许可；对需要动用证券投资者保护基金的证券公司，国务院证券监督管理机构对该证券公司或者其债权人的破产清算申请不予批准，并依照规定撤销该证券公司，进行行政清理）。根据《商业银行法》第71条的规定，经过国务院银行业监督管理机构同意，商业银行及其债权人（从条文上看，申请权人并不明确，但可以从法律的体系解释出发推断为商业银行及其债权人）可以向人民法院提出破产申请，同时根据《企业破产法》第134条的规定，国务院银行业监督管理机构也可以向人民法院提出对商业银行的破产申请。金融机构及其债权人的申请权是受限制的申请权，即应当经过国务院金融监管机构的批准或者同意。在从非破产的清算程序转为破产程序时，行政清理组或清算组也可以提出破产申请，但也需要经过金融监管机构的批准或者同意。在【引例】中，包商银行清算组在接到中国银保监会（现为国家金融监督管理总局）的《关于包商银行股份有限公司破产的批复》后，才向人民法院提出了破产清算申请。

在美国，由于银行适用专门的破产程序，所以破产程序的启动也完全由银行监管机构负责，但是投资银行或者其他非银行金融机构的破产适用普通破产法，与一般企业的破产申请并无差别。2010年《多德-弗兰克法》建立了有序清算程序，对于系统重要性金融机构由财政部指定联邦存款保险公司有序接管并负责清算工作。除依照《多德-弗兰克法》直接划分为系统重要性金融机构（SIFIs）的大型银行以外，监管部门指定四大非银行机构——美国大都会人寿保险公司（MetLife）、美国国际集团（AIG）、保德信金融集团（Prudential Financial）和通用电气金融服务公司（GE Capital）为SIFIs，同时指定九大市场清算实体作为系统重要性金融基础设施（FMUs）。但是须注意的是，2018年5月，美国出台了《经济增长、放松监管和消费者保护法案》，其第401条放松了《多德-弗兰克法》

的规定，对系统重要性金融机构的认定门槛从合并资产500亿美元以上大幅度提升到2 500亿美元，有序清算程序不再适用四大非银行机构，即只适用于符合条件的大型银行。这些大型银行建立了财政部、美联储和联邦存款保险公司的合作机制，在大型系统重要性银行出现风险后，如果财政部作出系统性风险认定，则可以使用“有序清算基金”，并由联邦存款保险公司负责接管及有序清算。这种有序清算程序的启动，是一种合作机制。

在英国，商业银行破产程序的启动机制发生了重大变化，尤其是在2008年之后。根据英国1986年破产法第9条的规定，债权人、银行自身、银行董事以及金融服务管理局（Financial Services Authority，FSA）均有权申请法院发布有关破产管理程序的命令。该法实施3年后，1989年英国颁布了《银行（行政程序）法令》，依据其规定，金融服务管理局和存款保护委员会（Deposit Protection Board，DPB）负责启动银行破产程序，债权人、银行自身、银行董事启动破产程序则必须经过金融服务管理局的同意。① 2009年英国银行法在除银行破产程序、银行管理程序之外，还建立了主要适用于银行业金融机构的特殊处置机制，英格兰银行负责启动这种程序，如果需要动用公共资金，须经财政部共同决策。这也是一种合作机制。

在法国，银行委员会采取两种方式处理破产银行的相关事务：要么撤销银行许可证并任命清算人；要么保留银行许可证并任命临时管理人。如果临时管理无法解决银行的财务困难，则启动破产程序。银行管理层或银行委员会任命的临时管理人均可启动破产程序。同时，法院也可以根据债权人或公诉人的请求，依职权启动破产程序。但是，在上述所有情形下，司法破产程序启动之前，必须听取银行委员会的意见。② 在奥地利、德国和卢森堡，为了避免单个债权人提出没有充分依据的破产请求，银行法规定只有银行监管机构才有权提起银行破产申请。③ 在我国，金融机构及其债权人提出破产申请应当经过金融监管机构的批准或者同意，这一规定基本适应我国的实际情况，但是尚有不足之处。④

二、金融机构的“管制性破产”程序与破产程序的衔接

（一）金融机构的“管制性破产”程序

按照我国现行立法，人民法院主管金融机构破产案件。但是，这种司法破产程序在以下两个方面难以满足金融机构破产的特殊需要：（1）由于金融机构的破产可能对公众产生广泛影响，而且其破产的风险损失可能会转嫁给政府（纳税人），所以为了公共利益，在金融机构破产之前往往需要金融监管机构早期介入；（2）由于金融机构破产更容易受到内部人员滥用职权或者欺诈的影响，所以在金融机构出现危机时需要迅速作出决断。正是因为适用普通破产法向法院申请破产清算或者申请重整往往难以满足集中、迅速处理金融机

---

① 参见［瑞士］艾娃·胡普凯斯：《比较视野中的银行破产法律制度》，83～84页，北京，法律出版社，2006。

② 参见［瑞士］艾娃·胡普凯斯：《比较视野中的银行破产法律制度》，83～84页，北京，法律出版社，2006。

③ 参见［瑞士］艾娃·胡普凯斯：《比较视野中的银行破产法律制度》，20页，北京，法律出版社，2006。

④ 参见王斐民、陈婧：《论商业银行破产的申请权人》，载《政治与法律》，2008（9）。

构债务危机的现实需要，所以在金融机构出现重大经营风险时，金融监管机构一般优先选择“管制性破产”程序，即在金融机构存在重大风险问题时，对该金融机构采取各种行政措施化解其风险，帮助其重组或恢复营业能力。采取这些风险处置措施的目的有二：一是为金融机构提供“一定的喘息时间”，避免其被破产清算；二是避免金融机构资产流失，保证债权人受到平等对待，并解决一些特殊问题，如对客户债权的收购、客户的转移等。在我国，这种“管制性破产”程序又被称为风险处置行政程序，其措施一般包括停业整顿、托管、接管、重组和撤销，如《证券法》第 143 条规定：“证券公司违法经营或者出现重大风险，严重危害证券市场秩序、损害投资者利益的，国务院证券监督管理机构可以对该证券公司采取责令停业整顿、指定其他机构托管、接管或者撤销等监管措施。”《证券公司风险处置条例》对证券公司的停业整顿、托管、接管或者撤销作出了具体规定。根据《银行业监督管理法》第 38、39 条的规定，银行业金融机构已经或者可能发生信用危机，严重影响存款人和其他客户合法权益的，国务院银行业监督管理机构可以依法对该银行业金融机构实行接管或者促成机构重组，接管和机构重组依照有关法律和国务院的规定执行。银行业金融机构有违法经营、经营管理不善等情形，不予撤销将严重危害金融秩序、损害公众利益的，国务院银行业监督管理机构有权予以撤销。根据《保险法》的规定，对保险公司的风险处置监管措施主要有整顿、接管和撤销。

所谓整顿，是指金融机构风险控制指标不符合有关规定，在规定期限内未能完成整改的，国务院金融监管机构可以责令金融机构停止部分或者全部业务进行整顿。在整顿期内，金融机构的经营行为受到负责整顿的组织的监督。

托管，是指国务院金融监督管理机构对陷入经营困境或发生严重违规行为可能严重危及客户利益的金融机构，委托相应机构托管经营，以有效实现资产的保值增值，控制金融机构的风险。托管是对金融机构整体业务的托管，目的是限制原来金融机构管理层的权力，以外部的管理、资金注入等多种手段挽救陷入困境的金融机构。托管一般都伴随着重组，如果重组不成则可能采取关闭措施。托管是委托经营管理行为，其主要目的在于使金融机构尽可能获得重生，对债务人的资产进行增值和优化，避免破产引起的社会风险。如果实在没有挽救的可能，则关闭金融机构。从性质而言，托管不是金融机构退出市场的方式，而往往是其在确定是否应退出市场前的暂时缓冲性措施，意图是在托管期内考察金融机构的真实状况，决定其下一步的处理措施。

接管，是指接管组织根据金融监督管理部门的决定，全面控制金融机构并代行股东会、董事会及经理层的职权，经营管理金融机构。自接管之日起，接管组织负责人代行法定代表人职责，但是金融机构的债权债务关系不因公司被接管而变化。在实际操作中，接管期一般不超过 6 个月，自金融监督管理机构决定接管之日起计算。在接管期内，金融监督管理机构应组织相关各方通过内部整合和外部救助等方式对被接管金融机构进行重组，使其恢复正常经营，以避免被撤销或破产。接管机构应在接管期限内完成工作，遇有特殊情况需要延期的，经金融监督管理机构批准可以延期，但最长不得超过 2 年。

在上述整顿、托管、接管程序中，可以采取注资、股权重组、债务重组、资产重组、合并或者其他方式对金融机构进行行政重组。

金融机构有严重违法违规经营行为，存在巨大经营风险或者经营管理不善严重危及客户利益等情形，不予撤销将严重危害金融秩序、损害社会公众利益的，应当依法撤销。

在上述“管制性破产”措施中，除任命托管人或者接管人之外，一般还会采取延期偿付（moratorium）或者停止支付（suspension of payment）的破产保护措施。根据我国《企业破产法》第134条的规定，国务院金融监督管理机构依法对出现重大经营风险的金融机构采取接管、托管等措施的，可以向人民法院申请中止以该金融机构为被告或者被执行人的民事诉讼程序或者执行程序。这就是监管机构采取的“管制性破产”措施，它具有破产保护的功能，即中止诉讼和中止支付，必要时还包括中止财产保全措施。这种诉讼或者执行中止的措施不仅是司法破产前置措施（pre-bankruptcy measure），而且是一种典型的破产保护措施。正是在这个意义上，可以把金融监管机构采取的托管、接管等措施称为“管制性破产”措施，其程序为“管制性破产”程序。“管制性破产”制度不仅可以维持金融机构的财务现状，保护债务人的利益，给金融机构留下“一定的喘息时间”，以寻求解决之道，而且能够保护债权人的利益，保证债权人得到平等对待、公平清偿。

（二）“管制性破产”程序与破产程序的衔接问题

经过金融监管机构采取各种“管制性破产”措施之后，如果金融机构仍然难逃破产命运的，则会启动法院主管的破产程序。由于“管制性破产”程序与法院主管的破产程序的性质和影响存在着较大差异，因而需要研究如何使两种程序良好衔接并避免两种程序之间工作重复问题。

首先，“管制性破产”阶段的债权申报如何与司法阶段的债权申报衔接。金融机构在以下两种情形下，必须先进行“管制性破产”中的行政清理（清算）程序：第一，金融机构必须撤销或者通过监管措施仍然不能挽救而必须撤销的，需要进行行政清理（清算）；第二，金融机构或者其债权人提出的破产申请将导致需要动用金融安全网中的资金进行债权收购的，必须进行行政清理（清算）。在这个行政清理（清算）程序中，行政清理（清算）组应当公告并组织债权人申报债权。已登记债权经甄别确认符合存款保险基金、保险保障基金、证券投资者保护基金等金融安全网资金的偿付条件的，已经及时进行偿付，经甄别确认不符合偿付条件的，应告知申报的债权人。在金融机构进入破产清算程序后，动用金融安全网资金予以偿付的债权无须再向管理人申报债权，已登记的不符合动用金融安全网资金予以偿付的债权，其债权人无须再向管理人申报债权。由于金融机构破产一般涉及大量的个人客户，对其债权需要由证券投资者保护基金、保险保障基金、存款保险基金等金融安全网中的资金进行补偿，因而，为了避免大量的重复工作，对于上述甄别偿付的债权和行政清理（清算）时已登记的不符合偿付规定的债权，管理人应当直接予以登记，不必重复申报。待确认债权时，由债权人会议予以审核确认并由法院裁定认可，如果债权人会议或法院对此笔债务不予确认或认可，相关债权人可以按照《企业破产法》的规定进行救济。

其次，行政清理（清算）组与管理人角色的衔接。行政清理（清算）组熟悉被行政清理（清算）的金融机构的债权债务以及其他情况，在启动破产程序后由其担任管理人能够提高效率，但需要考虑解决其中可能存在的利害冲突问题，如《企业破产法》第31条规定，人民法院受理破产申请前1年内，涉及债务人财产的一些违法行为，管理人有权请求人民法院予以撤销。如果行政清理（清算）组担任了管理人，其行政清理（清算）中的行为触犯第31条规定，《企业破产法》第31条的规定可能就会落空。所以，法院在指定行政（清算）组担任管理人时，应从管理人名册中选取中介机构担任管理人的成员，并对行政（清算）组的处置行为进行专项合规审查。

再次，《企业破产法》第31条和第32条规定的可撤销行为的起算时间的衔接。根据《企业破产法司法解释二》第10条的规定，债务人经过行政清理程序转入破产程序的，《企业破产法》第31条和第32条规定的可撤销行为的起算点，为行政监管机构作出撤销决定之日。因此，金融机构经过行政清理（清算）后转入破产程序的，其可撤销行为的起算时间应为监管机构作出撤销决定之日。否则，行政清理（清算）占用较长时间，在进入司法破产程序之后，由于可撤销期间已过，管理人将无法再行使撤销权。

最后，在金融机构的行政清理（清算）程序中，对有些金融资产需要快速处理，以避免其贬值，这就需要由行政清理（清算）组作出资产转让的决定。而且，甚至有些资产处理需要保密，否则会影响到资产的价值。但是，在金融机构转入破产程序后，如果利害关系人（金融机构的股东或者债权人）对清算组在行政清理（清算）程序中进行的金融资产转让提出质疑，法院应如何处理此类案件呢？在目前的实践中，法院均以起诉没有明确法律依据为由不予受理，这主要是为协调行政清理主管机关和行政清理（清算）组的关系。但这不符合法治原则，不利于维护权利人的合法权益，权利人对其权利受到的侵害应享有诉权。

三、金融机构破产的管理人

根据最高人民法院《指定管理人规定》，金融机构破产案件管理人指定方式有三种：一是直接指定清算组为管理人，二是以金融监管机构推荐方式指定管理人，三是通过竞争方式指定管理人。

1. 直接指定清算组为管理人

根据《指定管理人规定》第18条第1款第1项和第3项的规定，金融机构破产中指定清算组为管理人包括两种情形：第一，在破产申请受理前根据有关规定已经成立清算组，且该清算组符合法律规定担任管理人条件的，法院可以指定该清算组为管理人；第二，有关法律（主要指《商业银行法》等颁布于《企业破产法》之前的金融立法）规定企业破产时必须成立清算组的，也可以直接指定清算组为管理人。依据《指定管理人规定》第19条的规定，清算组为管理人的，人民法院可以从政府有关部门、编入管理人名册的社会中介机构、金融资产管理公司中指定清算组成员，人民银行及金融监督管理机构可以按照有关法律和行政法规的规定派人参加清算组。这样一个变通的规定，使不在管理人名册中的政府部门有关人员、金融资产管理公司、人民银行及金融监管部门可以成为管理人的成员，以解决法律衔接问题和特殊金融机构破产的问题。

2. 以金融监管机构推荐方式指定管理人

采取以金融监管机构推荐方式指定管理人是人民法院指定管理人的三种方式之一，体现了经过行政清理、清算后金融机构破产案件的特殊要求。《指定管理人规定》第22条规定，对于经过行政清理、清算的商业银行、证券公司、保险公司等金融机构的破产案件，人民法院除可以直接指定该清算组为管理人外，也可以在金融监督管理机构推荐的已编入管理人名册的社会中介机构中指定管理人。《证券公司风险处置条例》第 40 条规定："人民法院裁定受理证券公司重整或者破产清算申请的，国务院证券监督管理机构可以向人民法院推荐管理人人选。"

3. 通过竞争方式指定管理人

金融机构的破产管理专业性强，工作难度较高，不宜采取适用于一般破产案件的随机方式指定管理人。而且金融机构破产案件标的额较大，管理人报酬一般较高，必然成为利益相关人竞逐的目标，需要严格的程序规定以免出现管理人指定的不公平。《指定管理人规定》规定，在人民法院指定金融机构管理人时，可以采取公开竞争的方式。编入管理人名册中的全国各地的中介机构可以参加竞争，不受地域限制。为了保证竞争与公平，参与竞争的社会中介机构不得少于 3 家。人民法院应当组成专门的评审委员会，超过成员 1/2 以上通过方能被指定为管理人。竞争方式费时、费力，一旦出现以竞争方式指定的管理人因不能履行管理人职责需要更换的情况，将使管理工作存在较长时间的空白，因此，在指定管理人的同时需要确定一至两名备选的社会中介机构。

四、金融机构破产财产的范围与破产债权的清偿顺序

（一）金融机构破产财产与客户财产的区分

金融机构的破产财产的范围与一般企业的破产财产的范围基本一致。金融许可证在进入法院主管的破产清算程序后会被撤销，而且其作为行政许可事项不能被纳入破产财产的范围。同时，客户的特定财产不属于破产财产的范围。如《证券法》第 131 条第 2 款规定，证券公司破产或者清算时，客户的交易结算资金和证券不属于其破产财产或者清算财产。这使客户证券和证券结算资金具有了安全港和防火墙，能够摆脱证券公司破产的不利影响。根据《证券公司及基金管理公司子公司资产证券化业务管理规定》第 5 条第 3 款的规定，原始权益人、管理人、托管人及其他业务参与人因依法解散、被依法撤销或者宣告破产等原因进行清算的，专项计划资产不属于其清算财产，因此，依法设立的专项计划中的资产不属于破产财产。对于商业银行而言，具有信托性质的专用存款账户内的资金也不是商业银行的破产财产。对于保险公司而言，《保险法》第 92 条第 1 款规定，经营有人寿保险业务的保险公司被依法撤销或者被依法宣告破产的，其持有的人寿保险合同及责任准备金，必须转让给其他经营有人寿保险业务的保险公司；不能同其他保险公司达成转让协议的，由国务院保险监督管理机构指定经营有人寿保险业务的保险公司接受转让。

（二）金融衍生品交易的净额结算制度与破产财产范围的确定

金融衍生品是其自身价值依赖基础资产价值变动的合约。金融衍生品是从原生资产派生出的金融工具。其主要特征是保证金支持下的杠杆交易，保证金越低，杠杆效应越大，风险越大。其作用在于通过高杠杆交易，把自身的风险转移给愿意承担高风险从而获得高收益的一个或者多个参与者，以便重新配置风险。自 20 世纪 70 年代金融自由化以来，金

融风险不断增大，作为避险和投资工具，发达国家的金融衍生品层出不穷，交易规模不断扩大，成为金融机构进行风险管理的重要手段。金融衍生品交易自20世纪90年代进入我国，虽在短时间内迅猛发展，但是由于缺乏法规和操守的约束，过度投机成为市场主流，因此在一系列违规事件后，金融衍生品交易曾一度被中止。后经规范，以中国人民银行于2000年发布《全国银行间债券市场债券回购主协议》和原中国银监会于2004年3月1日施行《金融机构衍生产品交易业务管理暂行办法》为标志，金融衍生品在我国得到快速发展。我国的金融衍生品交易虽然起步晚，但是经过多年的快速发展，其品种也非常繁多。2022年4月20日颁布并自当年8月1日起施行的《期货和衍生品法》对期货交易和衍生品交易行为进行了规范。根据该法第3条的规定，衍生品交易，是指期货交易（含以期货合约和标准化期权合约为交易标的的交易活动）以外的，以互换合约、远期合约和非标准化期权合约及其组合为交易标的的交易活动。其中，互换合约是指约定在将来某一特定时间内相互交换特定标的物的金融合约；远期合约是指期货合约以外的，约定在将来某一特定的时间和地点交割一定数量标的物的金融合约。

金融衍生品无法列举穷尽，中外概莫能外，但是为了便于研究和交流，人们把金融衍生品按照不同的标准进行归类。第一种，按照衍生产品的形态不同，可以分为四种最基本产品形态的单一或者组合形式，即互换合约、远期合约和非标准化期权合约及其组合。远期合约（Forward），是指交易双方约定在将来的某一特定时刻以约定价格购买或出售一定资产的协议。这些资产主要指金融工具，远期合约主要包括远期利率交易和远期外汇交易。在远期合约的交易中，在未来将要买入货品或者资产的一方称为交易的多头头寸，同意在将来卖出货品或者资产的一方被称为空头头寸。互换合约（Swap），是指交易双方约定在未来一段时间内彼此交付一定的债务，并进行支付的交易行为。互换合约可以看作是远期合约的组合，双方是远期合约的当事人，在到期日双方均要作出一定的支付。互换合约一般包括货币互换和利率互换两种类型，其主要目的是降低融资成本，控制风险。期权合约（Option），是指买方在规定期限内按双方约定的价格（简称协议价格）或执行价格购买或出售一定数量的某种资产的权利的合约。期权类衍生品，主要是指由期权产品作为基本内容组合而形成的一系列金融衍生品，主要包括利率、外汇、股票、股票价格指数期权以及各种期货期权等。期权是一种选择权，即买方可以行使也可以放弃约定的权利。在《期货和衍生品法》中，期权合约被分为标准化合约和非标准化合约，标准化合约被归类为期货交易，非标准化合约被归类为衍生品交易。

第二种，按照金融衍生品的交易场所不同，可以分为场内交易和场外交易。场内交易又称为交易所的交易，即所有的供求双方都集中在固定的交易场所内进行竞价交易。交易所交易的金融衍生品种类是有限的，交易的合约也是具有统一标准的，采用集中交易和结算的方式，具有统一的交易规则，交易双方要给交易所缴纳一定的保证金，这也降低了违约的风险。场外交易是交易双方在交易所之外，通过一对一的谈判方式，协商达成交易的一种形式。场外交易具有灵活多变的特点，双方可以自由地设计金融衍生品的交易品种，协商交易的内容、形式以及清算的方式。由于没有固定的场所，双方也就不用缴纳保证金，所以其有一定的交易风险和不确定性。

无论如何定义和归类金融衍生品，金融衍生品都是一种金融合约，即一种合同。金融衍生品作为一种合约，除具有一般合同的性质外，还具有以下特殊性。第一，这种金融合约以格式合同为主要形式。在衍生品交易过程中，出于对交易安全的考虑，大多数场内交易的衍生产品均采用格式合同，在某些情况下，格式合同本身就是交易的标的。在场外交易中，当事人自行商议金融衍生品的交易内容，但是与衍生品的发行者比较，一般投资者受专业知识的限制，对衍生品的内容、风险等掌握得并不是很全面。交易双方完全处于信息不对称的状态。为降低风险、提高效率，场外交易的当事人会选择一些国际通用的协议，例如国际互换和衍生产品协会（International Swaps and Derivatives Association，ISDA）所建议的主协议是被最广泛采用的类型。第二，这种金融合约的合同效果不确定。金融合约的价值是由汇率、利率、股票指数等不断波动的数据决定的，这些数据的变动使金融合约的对象的价值也不断地波动。金融合约缔结后，这些金融产品的价值常常随着汇率、利率、股票指数的变化而变动，这些变动是交易双方不能控制和决定的，这就使金融合约所产生的法律后果具有不确定性，违约或者合同不能履行等产生的经济后果也是无法估量的。从法律上分析，当事人的损失或得利均依赖于某些不确定事件。第三，这种金融合约的交易对象具有虚拟性特点。金融衍生品交易的对象并不是基础工具或金融商品，更不是具体的"物"，而是对基础金融商品在未来各种条件下处置的权利和义务，如期权的选择权、互换中的债务交换义务等。这些权利和义务以合约的形式存在，构成了交易的产品或工具。金融衍生品交易与商品衍生交易的本质区别在于商品衍生交易中存在实物交割制度，即便是关于商品合约的买卖，最终都是对某项实物商品的交易活动。第四，这种金融合约具有特殊的履行方式。金融衍生品交易的交易对象是虚拟的权利，其交易方式必然区别于一般的合同。在金融衍生品交易中，通常交易者交易的主要目的并不在于对所涉及基础金融商品所有权的转移，而在于转移与该金融商品相关的价格变化的风险或通过风险投资获取经济利益，很多时候交易都通过对冲抵销来进行。第五，这种金融合约具有未来履行的特征。与现货交易有所不同，金融衍生产品交易的履行通常具有未来性。交易当事人之间的义务履行并不在合同签订后马上发生，双方的义务履行在缔约后的一段期间内才发生，因此双方都面临着更高的信用风险。

基于上述特征，金融衍生品作为规避风险的一种工具，其自身也有高风险。1989 年，巴塞尔银行监管委员会发布的《净额结算方案报告》将金融衍生品交易的风险分为五类。第一，市场风险（market risk），是指因基础资产价格的变动导致金融衍生品价格变化的风险。第二，信用风险（credit risk），也就是违约的风险，是由交易的一方违约，不履行协议所引起的相对方的风险。第三，流动性风险（liquidity risk），是指金融衍生品不能够以合理的价格在特定的时间卖出而可能导致损失的风险。第四，操作风险（operation risk），是指在进行金融衍生产品交易中，由于内部监管体系不完善或者缺乏技术的保障而导致的风险。第五，法律风险（legal risk），是指由于金融衍生交易协议在法律上无效、协议内容不符合法律的规定，或者由于税法、破产法等法律上的原因，给金融衍生品交易者带来损失的可能性。在这里，本书最为关注的是破产法给金融衍生品交易合约带来的法律风险。

从破产法的视野观察，当金融机构出现破产情形时，有关金融衍生品交易的合同如何处置，不仅直接关乎金融机构破产财产范围的确定，也直接关乎金融系统的稳定。从金融稳定角度而言，当金融机构出现破产情形时，各种金融衍生品交易合同均约定此时应当终止合同交易并进行净额结算，以避免该金融机构继续进行交易带来的金融风险。

根据《期货和衍生品法》第35条的规定，依法采用主协议方式从事衍生品交易的，发生约定的情形时，可以依照协议约定终止交易，并按净额对协议项下的全部交易盈亏进行结算，据此进行的净额结算，不因交易任何一方依法进入破产程序而中止、无效或者撤销。根据《期货和衍生品法》第37条的规定，衍生品交易，由国务院授权的部门或者国务院期货监督管理机构批准的结算机构作为中央对手方进行集中结算的，可以依法进行终止净额结算；结算财产应当优先用于结算和交割，不得被查封、冻结、扣押或者强制执行；在结算和交割完成前，任何人不得动用。依法进行的集中结算，不因参与结算的任何一方依法进入破产程序而中止、无效或者撤销。下文主要以主协议方式进行终止净额结算的分析为主。

首先，按照《期货和衍生品法》的特别规定和“新法优于旧法、特别法优先于普通法”的规则，管理人无权按照《企业破产法》第18条的规定要求对方继续履行合约。这避免了以下问题的产生：第一，等待管理人作出选择的时间增加了非破产一方的风险。破产管理人行使选择权有一定的期限，其可以在2个月内或者在对方催告后30天内作出选择。由于金融衍生品的价格都是随着基础工具的市场价格随时波动的，在非破产一方等待破产管理人作出选择是否履行合同的期限内，金融衍生品交易的价值不断变动，破产管理人可以在此期间内等待一个对自己有利的时间，选择履行有利的合同，这无疑增加了非破产一方的风险。第二，合同选择性履行与全部终止的冲突。金融衍生交易涉及的不是单个或者少数的合同，在很多情况下交易双方之间有很多互为权利义务的合同。破产管理人拥有的选择权可以使其在一定期限内选择履行对其有利的合同，而不履行对其不利的合同，这样对交易的非破产方不利，可能让其瞬间损失巨大。这违反了公平的原则，使非破产一方承担了所有的不利后果。

其次，管理人无权按照《企业破产法》第40条的规定主张终止净额结算的交易行为无效。终止净额结算，是指当金融衍生品交易的主协议中规定的违约事件或终止事件成就时，交易双方现存的所有未到期的交易合同自动全部提前终止，并且对提前终止的所有交易合同项下的盈利和亏损进行轧差结算，依据结算的净额价值来确定交易双方应当最终支付的金额，以最终确定的金额来代替或者更新双方之前所有交易中的权利义务。终止净额结算制度的核心有三个：第一，一方破产是主协议规定的金融衍生品交易合约提前终止事件之一。第二，如果双方在主协议的附件中规定“一方可以适用‘自动提前终止日’”，那么在另一方破产程序开始之前，交易合约可以自“自动提前终止日”起被自动终止。第三，单一协议制度。交易双方只要签署了主协议，那么在该协议项下的所有交易合同（哪怕类型不同）只形成一个合同法律关系，交易双方发生的所有交易都是主协议合同法律关系中的一个具体交易。每个具体交易虽然也包含这个交易中的权利义务，但是这一单个交易并不能构成独立的债权债务关系，交易双方均是依据主协议而达成主协议项下的每项交易，主协议与所有交易证实书合起来才构成一个完整的交易合同。单一协议的规定，简化了金融衍生品交易中的复杂关系，将同主体间或者类似交易间的结算看成一个协议项下的内容，大大减少了结算的成本，也简化了协议之间涉及的法律关系。《企业破产法》第40条规定了抵销制度，但抵销必须向破产管理人主张，而且必须在破产案件被法院受理之后才能主张。在金融衍生品交易的主协议下，抵销是自动的，而且自破产程序启动之前的“自动提前终止日”起，抵销就已经生效。根据《期货和衍生品法》的规定进行的终止净额结算抵销交易，管理人无权按照《企业破产法》的规定主张无效。

最后，管理人无权按照《企业破产法》第 31、32 条的要求，撤销终止净额结算的交易行为。破产撤销权，是指债务人财产的管理人对债务人在破产申请受理前的法定期间内进行的欺诈债权人或有损对全体债权人进行公平清偿的行为，有申请法院予以撤销的权利。[①]《企业破产法》第 31、32 条规定了管理人的破产撤销权。在金融衍生品交易中，在一方出现破产情形（通常指发生破产原因而非进入破产程序）时，非违约方提前终止主协议下所有的未到期交易，并立即（或尽快）对主协议下的各项金融衍生品交易的盈亏进行计算并轧差，最后确定应支付（收取）的净额，一般都发生在法院受理破产案件前的 6 个月内，因为这段时间是出现破产迹象的主要时期，但在该时段进行的终止净额有可能被视为“对未到期的债务提前清偿”“债务人对个别债权人进行的清偿”，或被理解为通过对未到期的债务提前清偿或者对个别债权人进行清偿，从而“转移债务人财产”[②]。在终止净额结算的提前终止安排中，关于破产事件的合同约定所涉及的范围是极为宽泛的，具体内容远超过破产法相关规定对破产原因的界定，这也说明交易一方在发生不能履行债务时，很容易就会被认定为破产，从而引起提前终止和净额结算的程序。[③] 根据《期货和衍生品法》的规定，管理人无权根据《企业破产法》第 31、32 条的规定主张对终止净额结算行使撤销权。为了达到立法的协调性，在修订《企业破产法》时可以增设一个条款，衔接《期货和衍生品法》的规定，即有依法核准的中央对手方进行集中结算的衍生品交易和依法采用主协议方式进行的衍生品交易，可以依照法律规定和约定在破产申请受理前终止交易，并进行净额结算。[④]

（三）金融机构破产债权的清偿顺序

在金融机构的破产债权中，个人小额客户的债权一般应当优先受偿。我国相应的金融法律中都对此有明确规定。如《商业银行法》第 71 条第 2 款规定，商业银行破产清算时，在支付清算费用、所欠职工工资和劳动保险费用后，应当优先支付个人储蓄存款的本金和利息。《保险法》第 91 条第 1 款规定，保险公司依法破产的，破产财产在优先清偿破产费用和共益债务后，按照下列顺序清偿：（1）所欠职工工资和医疗、伤残补助、抚恤费用，所欠应当划入职工个人账户的基本养老保险、基本医疗保险费用，以及法律、行政法规规定应当支付给职工的补偿金；（2）赔偿或者给付保险金；（3）保险公司欠缴的除第（1）项规定以外的社会保险费用和所欠税款；（4）普通破产债权。

由于金融机构拥有为数众多的小客户和小额债权人，为了维护金融秩序和社会稳定，金融机构破产时往往须通过债权收购等方式给小额个人债权人以全额或高额清偿等特殊保

---

① 参见王欣新：《破产撤销权》，载《中国法学》，2007（5）。

② 中国人民银行条法司课题组：《场外金融衍生交易的终止净额制度在我国破产法上的适用》，载《中国金融》，2008（6）。

③ 参见王斐民：《金融衍生交易破产保护的法律规则》，载《法律适用》，2013（7）。

④ 参见王斐民：《金融机构破产综合立法的体系研究》，载《中国政法大学学报》，2021（4）。

护。这一般是通过国家的存款保险、保险保障基金以及证券投资者保护基金等金融安全网制度实现的。

第三节　金融机构破产中的金融安全网制度

【案例 10—3】闽发证券有限责任公司破产案

由于闽发证券有限责任公司（以下简称闽发证券公司）管理上存在诸多违规违法问题，爆发资金“黑洞”，导致诸多个人投资者担心理财资金不能得到兑现，且对当地社会稳定和经济发展造成了影响。随着大量融资贷款到期和国债回购到期，闽发证券公司的资金枯竭，无法满足个人债券兑付和及时填补保证金缺口的需要，2004 年 10 月 18 日，证监会决定由中国东方资产管理公司托管闽发证券公司。2005 年 7 月 15 日，债权人无法达成一致意见，闽发证券公司重组无望，行政清理工作正式启动。2008 年 7 月 18 日，福州中级人民法院（以下简称福州中院）受理闽发证券公司破产案件。2009 年 10 月 28 日，福州中院裁定宣告闽发证券公司破产。福州中院组建专门审理闽发证券公司破产案件的合议庭，同时审理与闽发证券公司及其关联公司相关的破产案件、公司强制清算案件及衍生诉讼案件。2012 年 12 月 13 日，一起涉及 6 个破产企业和 48 个关联公司，衍生诉讼案件多达 1 551 件，各类清算标的总和超过 300 亿元的闽发证券公司破产清算案件由福州中院裁定终结。

根据中国证券投资者保护基金有限责任公司 2012 年 12 月 31 日的统计月报，中国证券投资者保护基金有限责任公司累计动用 7.350 亿元的基金弥补客户交易结算资金，动用 8.021 亿元收购个人债权，合计动用 15.371 亿元基金用于处置闽发证券公司破产案。在闽发证券公司破产案中，中国证券投资者保护基金有限责任公司取得上述弥补客户交易结算资金和收购个人债权之后的代位权，累计正式向管理人申报债权额为 14.922 亿元，成为最大债权人，并被选为债权人会议主席。

一、存款保险制度

（一）存款保险制度的定义及其在我国的发展

存款保险制度，是指由吸收存款的商业银行对其特定存款进行投保，一旦该商业银行破产，则由存款保险机构向特定存款人支付存款的法律制度。

存款保险制度是金融安全网的关键组成部分，是维护金融稳定和处置危机金融机构的重要法律制度保障。所谓存款保险制度，是指吸收存款的银行业金融机构交纳保费形成存款保险基金，当银行经营出现问题时，存款保险基金管理机构依照规定使用存款保险基金对存款人进行及时偿付，并采取必要措施维护存款以及存款保险基金安全的制度。自1993年《国务院关于金融体制改革的决定》提出“建立存款保险基金”以来，我国存款保险制度先后经历过“隐性的政府全额担保存款”、“以政策性文件明示的政府全额收购存款”和“以行政法规明示的行业基金限额赔付存款”三个阶段。《存款保险条例》建立了存款保险的关键法律制度，规范了存款保险基金的筹集、运营和使用，保护了绝大多数储户免受损失，降低了金融资源市场化配置的挤兑风险。

【经典导读】

《存款保险条例》的理念、制度与机制①

隐性的政府全额担保存款。在2004年9月30日之前，我国的银行尽管经历过亚洲金融危机，但是除海南发展银行被撤销之外，其他银行即使处于技术上破产的境地，其存款由于有政府财政全额默示担保而未出现大规模挤兑风潮。相反地，政府对危机银行尤其是四大国有商业银行通过财政支持和不良资产处置的方式化解了风险，确保了储户存款的安全。

以政策性文件明示的政府全额收购存款。为了配合国有商业银行改制、上市和证券公司风险处置的需要，2004年11月，中国人民银行、财政部、中国银行业监督管理委员会、中国证券监督管理委员会联合制定并发布了《个人债权及客户证券交易结算资金收购意见》，对被处置银行的个人储蓄存款进行全额收购，收购资金由中央政府筹集并由中国人民银行的再贷款先行垫付，以此确保个人储蓄存款的安全，维护个人储户的合法权益。在这一制度下，存款虽然得到全额赔付，但是仅限于个人存款，个体工商户、个人独资企业、合伙企业、公司等企事业单位存款不在赔付范围之内。

以行政法规明示的行业基金限额赔付存款。在2015年5月1日《存款保险条例》实施之后，存款保险基金管理机构依法使用主要由投保银行缴纳保费形成的存款保险基金对危机银行的个人和单位的存款进行限额偿付，以确保危机银行的主体储户的存款安全，维护存款人的合法权益和金融稳定。

由于不同经济体的经济制度和法律体系各不相同，目前没有一个存款保险制度的统一模式适合所有国家。但是，存款保险制度的设计是有一定规律可循的。2009年3月，巴塞尔银行监管委员会和国际存款保险协会制定并颁布了《有效存款保险制度核心原则》（共18条），反映了存款保险制度的一般原则和国际通用规范。在总结域外存款保险制度的文本与实践经验的基础上，我国《存款保险条例》建立了既具有我国特色又符合国际惯例的存款保险制度，形成了存款保险基本法律制度，塑造了处置危机银行的基本机制。

（二）存款保险机构的法律性质与职能

各国存款保险机构的法律性质可以分为三类：（1）公法人。这种模式下的存款保险机构，从机构设立到实践运作均受该国政府的控制，政府为其提供资金并为其运行提供支持，存款保险机构的管理层大多来自政府机关或经其委任。这类存款保险机构的典型代表

① 参见王斐民：《〈存款保险条例〉的理念、制度与机制》，载《学习时报》，2015-05-01。

有美国联邦存款保险公司和加拿大存款保险公司，它们是由立法产生的公共性部门。(2) 私法人。此种模式下的存款保险机构是由一国的商业银行或者银行业协会建立和管理的非官方存款保险机构。它们是私人部门，不受政府监管，资金源于各个商业银行，管理层人员也并非来自政府部门或由其任命。其典型代表为德国的非官方存款保险机构。(3) 特殊法人。从特殊法人的本质上看，它属于“公法人”的范畴，但其在经营方面又具有私法人的特征。日本存款保险机构和韩国存款保险公司是特殊法人的代表，政府对它们有一定的资金支持，也存在一定的管理关系，存款保险公司在一定程度上依附国家信用，但其经营同时适用民商法的规定。

根据《民法典》的规定，我国的法人分为营利法人、非营利法人和特别法人。关于中国存款保险机构采取何种类型，曾经有一定争议，在《存款保险条例》颁行后的一段时间内，我国不曾设立单独的机构，而是由中国人民银行内设的机构负责基金的筹集、管理。2019 年 5 月 24 日，存款保险基金管理有限责任公司登记成立，注册资本 100 亿元人民币，股东为中国人民银行，持有 100%的股份，属于法人独资的有限责任公司。笔者认为，存款保险机构采取了营利法人中的有限责任公司的形式，同时又是隶属于中国人民银行的特殊公司。首先，公司制的形式有利于其具有完善的治理结构，促进其市场化运作。完善的公司治理结构可以增强其激励机制，提高其运作效率；公司制的形式便于其发行公司债券进行融资，对基金进行投资，为其筹集资金提供了更为宽阔的平台；存款保险公司在对问题银行处置时，也可以从商业价值来判断和决定问题银行的处置方式，从而可以提升处置效率。其次，法定的公司制形式能够让其在盈利性和非营利性之间保持平衡。存款保险公司可以在资金运作和银行处置中获取收益，因此具有盈利性；但是其所获得的利润并不向股东分配，而主要用来处置问题银行，因此具有非营利性。最后，法定的公司形式可以让其在独立性和公共性之间保持平衡。存款保险公司要承担解决银行倒闭的独立责任，因此应当具有超然的地位，不受各种政治力量的干扰和左右。法定公司的形式使得存款保险公司的设立和运行必须以法律为依据，依法运营基金，依法进行收购，公司和政府均不得随意更改，因此能够保证其独立性；政府作为其主要股东，能够通过公司治理结构贯彻公共意志，能够保障其依法从事政策性经营，在经营中承担一定的公共管理职能。

综观域外存款保险机构，有的职能范围狭窄，有的较为宽泛，大体上可以分为两种，即单一职能和多重职能。单一职能就是通常意义上的付款箱制度，这种制度下的存款保险机构只具备支付功能，这也是存款保险机构最为基础和重要的职能。存款保险机构一方面向投保机构收取保费作为运营成本，另一方面在投保机构破产时向存款人给付赔偿。此类职能的特征为：(1) 仅在银行破产时才发挥作用，存款保险机构没有对投保银行进行监管的权力。(2) 存款保险机构在银行危机管理中基本处于消极的被动赔付地位。(3) 运行成本较低。由于职能相对单一，其可以将存款赔付职责赋予其他金融监管机构，而不必成立专门的存款保险机构。[1] 多重职能的存款保险机构拥有较为宽泛的权利，除具备付款箱职

---

① 参见凌涛：《存款保险制度的国际经验与借鉴》，206 页，上海，上海三联书店，2007。

能外，还拥有对投保银行风险管理的权利，可以制定制度、实施监督及对问题机构进行处置。[①] 加拿大存款保险公司董事会主席 R. N. 罗伯逊（R. N. Robertson）将多重职能的存款保险机构细分为"成本最小化"和"风险最小化"两种。[②]

在对域外存款保险机构的职能进行分析后可看出，多重职能正在逐步取代单一职能，尤其是次贷危机发生以后，各国为了维护金融稳定，不同程度地增强了存款保险机构的职能。国际存款保险协会曾经在 2004 年对 76 个国家进行调查，收到 34 个国家的回复。其中 15 个国家的存款保险机构将自己描述为付款箱制度，另外 19 个国家认为自己是运用某些权利或手段来减少风险的"风险最小者"或"风险管理者"，这其中又有 5 个国家的存款保险机构拥有法律赋予的明确监管权。金融稳定论坛和国际存款保险协会都在文件中提出职能选择的关键之处在于其与制定的目标相一致，存款保险机构的目标可以分为两类：一是保护小额存款人；二是提高整个金融体系或银行业的稳定性。如果选择第一类作为存款保险机构的目标，那么其只要实现对的存款人及时赔付即可，付款箱职能就可基本满足这一目标。若选择多重职能中的"成本最小化"，则其不仅可以完成支付功能，更有助于提高存款人信心。如果将存款保险机构的目标定位在稳定金融体系上，那么单一的付款箱职能就无法满足此需求，存款保险机构若要有效应对风险，需要施行多重职能中的"风险最小化"制度，如监管权、处置权等。

从各国经验来看，仅具备单一职能的存款保险机构在给付赔偿金时处于被动地位，在处理问题机构时也有赖于金融监管机构，较难取得存款人完全信任。而"成本最小化"制度虽然会考虑存款保险基金的安全性，但由于存款保险机构没有处置权、监管权，因而无法有效控制成本。"风险最小化"制度包括审慎监管和风险处置功能，从而避免了存款保险机构的被动问题。从存款保险机构的管理成本和人力资源角度看，"风险最小化"制度是消耗最大的，而且需要与其他监管机构相协调，涉及较复杂的权责分配问题。具备单一职能的存款保险机构由于自身结构较为简单，一方面所需成本费用、资源配置较低，另一方面也很少涉及与其他监管机构的协调问题，便于管理。目前存款保险机构的职能在经历演变之后，逐渐向三位一体的综合职能发展。

根据《存款保险条例》的规定，存款保险基金管理有限责任公司具有以下多重职能。

首先，负责归集保费、管理和运用存款保险基金，这是其最基本、最日常的职能。

其次，制定和调整存款保险费率标准，报国务院批准后执行，并确定各投保机构的适用费率。对于投保机构而言，存款保险基金管理有限责任公司对其适用基准费率与风险差别费率相结合的方式确定缴费费率。存款保险费率由基准费率和风险差别费率两部分组成。我国存款保险费基准费率将低于绝大多数国家存款保险的基准费率，风险差别费率将根据投保机构经营管理状况和风险状况而有所差异，具体由存款保险基金管理有限责任公司根据各个投保机构的具体情况而适用不同的风险差别费率。

再次，在规定的限度内及时赔付存款人的被保险存款。法定的限度体现在两个方面：

---

① 参见刘士余：《存款保险制度研究——2005 年存款保险国际论坛文集》，30 页，北京，中国金融出版社，2005。

② 参见陈翎：《编制金融安全网——存款保险国际论坛综述》，载《中国金融》，2005（2）。

一是只对部分类型的存款提供保险。金融机构同业存款、投保机构高级管理人员在本机构的存款，不在被保险范围之内。二是限额赔付。同一存款人在同一家投保机构所有被保险存款账户的存款本金和利息合并计算的资金数额在最高偿付限额以内的，目前为50万人民币，实行全额偿付；超出最高偿付限额的部分，依法从投保机构清算财产中受偿。这个限额并不是固定不变的，国务院可以根据经济发展、存款结构变化、金融风险状况等因素进行适时调整。有限保险的制度设计主要是为了更好地发挥市场机制的约束作用，防范道德风险。从存款人偿付请求权来看，存款保险基金管理有限责任公司在符合法定条件时，应当及时进行偿付。存款人有权要求存款保险基金管理机构使用存款保险基金偿付被保险存款的情形有四种：(1) 存款保险基金管理机构担任投保机构的接管组织；(2) 存款保险基金管理机构实施被撤销投保机构的清算；(3) 人民法院裁定受理对投保机构的破产申请；(4) 经国务院批准的其他情形。存款保险基金管理机构应当在上述情形发生之日起7个工作日内足额偿付存款，以保障存款人及时获得偿付，有效维护存款人对金融体系的信心。直接偿付存款，是在危机投保机构清算中落实存款保险赔付机制，“用以保障存款大众，并借以稳定金融秩序”。存款保险基金管理机构在赔付存款后，享有代位权。

最后，采取早期纠正措施和风险处置措施。早期纠正措施，是指存款保险基金管理有限责任公司在发现投保机构存在资本不足等影响存款安全以及存款保险基金安全的情形时，可以对其提出风险警示；在投保机构的资本充足率大幅度下降，严重危及存款安全以及存款保险基金安全时，存款保险基金管理有限责任公司可以要求投保机构及时采取补充资本、控制资产增长、控制重大交易授信、降低杠杆率等风险纠正措施；在投保机构出现严重危机时，存款保险基金管理有限公司可以建议银行业监督管理机构依法采取接管、重组或者撤销等风险处置措施。存款保险基金管理机构在处置危机投保机构时，可以灵活运用委托其他合格投保机构代为偿付存款，还可以提供担保、损失分摊或者资金支持合格投保机构收购或者承担危机投保机构的全部或者部分业务、资产、负债。委托其他合格投保机构代为偿付，支持其他合格投保机构收购或者承担危机投保机构，则是在充分保护存款人利益的基础上，实现了基金使用成本最小化，在快速、有效处置金融风险的同时，确保了危机投保机构正常经营和金融体系的稳定。

二、证券投资者保护基金制度

(一) 证券投资者保护基金制度的定义及其在我国的发展

证券投资者保护基金制度，是指在证券公司发生被托管、接管、关闭或者破产清算时，由按照一定方式筹集的保护基金对遭受经济损失的投资者先行赔付，然后保护基金取得原投资者在证券公司的相应债权，参与该证券公司破产清算等风险处置程序的一项证券投资者保护制度。我国的证券投资者保护基金制度是在证券市场深度调整的背景下产生的。从2001年6月14日到2005年6月6日，上海证券综合指数从2 245.44点急降到998.23点，跌幅高达55.5%，证券公司经营陷入困境，投资者权益受到严重侵害，金融市场风险一触即发。为了确保中国证券市场走出危机，保障中国金融体系稳健发展，我国在借鉴发达国家关于证券投资者保护基金制度成功经验的基础上，于2005年正式着手创建自己的证券投资者保护基金制度。2005年6月30日，经国务院批准，中国证监会、财政部、中国人民银行联合发布《证券投资者保护基金管理办法》，并于7月1日起施行。根据其相关规定，同年8月30日，中国证券投资者保护基金有限责任公司（以下简称保护基金公司）注册成立，9月29日保护基金公司正式营业，为此财政部划入63亿元注册资本金，中国人民银行安排发放上限为617亿元的专项再贷款，垫付基金的初始资金。

2019年修订后的《证券法》第126条规定："国家设立证券投资者保护基金。证券投资者保护基金由证券公司缴纳的资金及其他依法筹集的资金组成，其规模以及筹集、管理和使用的具体办法由国务院规定。"自2005年《证券法》修订后，我国在立法层面上规定了证券投资者保护基金制度。历经多年发展，我国证券投资者保护基金制度成效显著。

（二）证券投资者保护基金

按照《证券法》和《证券投资者保护基金管理办法》的规定，投资者保护基金的主要来源可以分为三个方面：一是初始资金。基金公司设立时，财政部专户储存的历年认购新股冻结资金利差余额，一次性划入，作为基金公司的注册资本；中国人民银行安排发放专项再贷款，垫付基金的初始资金。专项再贷款余额的上限以国务院批准额度为准。二是基金的经常来源。基金的经常来源主要有：上海、深圳证券交易所在风险基金分别达到规定的上限后，交易经手费的20%纳入基金；所有在中国境内注册的证券公司，按其营业收入的0.5%～5%缴纳基金；发行股票、可转债等证券时，申购冻结资金的利息收入；依法向有关责任方的追偿所得和从证券公司破产清算中的受偿收入；国内外机构、组织及个人的捐赠；其他合法收入。三是融资。根据防范和处置证券公司风险的需要，基金公司可以多种形式进行融资。必要时，经国务院批准，基金公司可以通过发行债券等方式获得特别融资。

基金的资金运用限于银行存款，购买国债、中央银行债券（包括中央银行票据）和中央级金融机构发行的金融债券以及国务院批准的其他资金运用形式。

为处置证券公司风险需要动用基金的，证监会根据证券公司的风险状况制定风险处置方案，基金公司制定基金使用方案，报经国务院批准后，由基金公司办理发放基金的具体事宜。

基金的主要用途为证券公司被撤销、关闭和破产或被证监会实施行政接管、托管经营等强制性监管措施时，按照国家有关政策规定对债权人予以偿付。依法被证监会采取责令停业整顿，指定其他机构托管、接管或者撤销等措施的证券公司（以下简称被处置证券公司），按照国家有关政策规定申请使用保护基金收购个人债权和客户证券交易结算资金的，依照有关规定行使被处置证券公司法人职责的机构（以下简称托管清算机构）负责提出使用保护基金申请，并按规定承借和使用保护基金，基金公司履行保护基金的发放和管理职责，证监会及其授权机构负责保护基金申请使用的审查和监督管理。保护基金公司使用基金偿付证券公司债权人后，取得相应的受偿权，如在【案例10—3】中，保护基金公司在取得受偿权之后，依法申报债权，成为最大债权人，并被选为债权人委员会主席，参与闽发证券公司的破产清算。截至2021年12月底，保护基金公司参与了对26家被处置证券公司的风险处置，对24家证券公司进行了偿付。目前，由于筹集资金的规模积累越来越大，而需要被处置的风险证券公司并不常出现（截至2021年年底，除2021年沈阳中级人民法院受理网信证券有限责任公司破产重整、上海华信证券有限责任公司被撤销托管案等少部分案件外，已经有十余年未出现大规模需要被处置的风险证券公司），所以2019年我国在修订《证券法》时在第126条增加了一个规定，即证券投资者保护基金的规模由国务院予以规定。

（三）保护基金公司

根据《证券法》、《公司法》和《证券投资者保护基金管理办法》的规定，保护基金公司具有以下法律性质：（1）国有独资公司。根据规定，我国的保护基金公司属于国有独资公司，负责基金的筹集、管理与使用。（2）法定性公司。该公司不仅遵守《公司法》的一般规定，而且要严格按照《证券投资者保护基金管理办法》的规定进行运作，即保护基金公司依法独立运作，保护基金公司董事会对基金的合规使用及安全负责。（3）特殊公司。我国《证券投资者保护基金管理办法》第9条规定："基金公司设立董事会，董事会由9名董事组成，董事长由证监会推荐，报国务院批准。"由此可见，保护基金公司不仅遵循《公司法》的规定，具有商事公司的一般特征，而且应当遵守其他相关规定。

保护基金公司的职责为：（1）筹集、管理和运作基金；（2）监测证券公司风险，参与证券公司风险处置工作；（3）证券公司被撤销、关闭和破产或被证监会采取行政接管、托管经营等强制性监管措施时，按照国家有关政策规定对债权人予以偿付；（4）组织、参与被撤销、关闭或破产证券公司的清算工作；（5）管理和处分受偿资产，维护基金权益；（6）发现证券公司经营管理中出现可能危及投资者利益和证券市场安全的重大风险时，向证监会提出监管、处置建议；（7）对证券公司运营中存在的风险隐患会同有关部门建立纠正机制等。

【案例10—4】安邦保险集团股份有限公司接管、撤销案

继1997年永安财产保险股份有限公司、2007年新华人寿保险股份有限公司、2011年中华联合财产保险股份有限公司被接管处置并恢复经营后，安邦保险集团股份有限公司（以下简称安邦集团）自2018年2月23日被保险监督管理机构接管。① 2019年2月22日，原中国银保监会发布公告，决定按照《保险法》第146条的规定，将安邦集团的接管期限延长1年。在接管期间，为了有序推进风险处置工作，确保偿付能力充足，国务院保险监督管理机构于2018年3月28日批准中国保险保障基金有限责任公司向安邦集团增资608.04亿元人民币，注资后，其成为安邦集团最大股东，占股98.23%。作为非政府性行业救助基金的管理者，中国保险保障基金有限责任公司持股安邦集团，是临时性、阶段性持股，随着风险处置工作不断推

① 2020年7月7日，华夏人寿保险股份有限公司、天安人寿保险股份有限公司、天安财产保险股份有限公司、易安财产保险股份有限公司、新时代信托股份有限公司、新华信托股份有限公司、新时代证券股份有限公司、国盛证券有限责任公司、国盛期货有限责任公司等9家"明天系"金融机构分别被原中国银保监会（已撤销）和中国证监会接管。这些金融机构之间关系错综复杂，资产情况与持股情况不清晰，处置比较困难。

进，其将有序转让股权。经中国银保监会批准，大家保险集团有限责任公司于2019年6月25日成立，股东为中国保险保障基金有限责任公司、上海汽车工业（集团）总公司、中国石油化工集团有限公司，分别持有该公司98.23%、1.22%、0.55%的股权，与安邦集团的股东以及股权结构一致。根据重组方案，大家保险集团有限责任公司依法受让安邦人寿保险股份有限公司、安邦养老保险股份有限公司和安邦资产管理有限责任公司的股权，新设大家财产保险有限责任公司承接安邦财产保险股份有限公司的合规保险业务。重组完成后，安邦集团和安邦财产保险股份有限公司不再开展新的保险业务，在通过解散清算后依法被注销。

三、保险保障基金制度

（一）保险保障基金制度的定义及其在我国的发展

保险保障基金制度，是指按照保险法的要求由保险公司缴纳形成，在保险公司被撤销、被宣告破产等情形下，用于救助保单持有人、保单受让公司或者处置保险业风险的行业互助性质的法定基金制度。

1995年颁布的《保险法》规定了保险保障基金制度，其第96条明确规定，“为了保障被保险人的利益，支持保险公司稳健经营，保险公司应当按照金融监督管理部门的规定提存保险保障基金。保险保障基金应当集中管理，统筹使用。”第138条明确规定，未按照规定提取保险保障基金的，属于违法行为，应当予以处罚。此后，保险公司根据财政部1998年发布的《保险公司财务制度》的规定，对财产险、意外险、短期健康险和再保险业务提取保险保障基金，然而对寿险、长期健康险业务并没有提取保险保障基金。同时，由于没有配套制度建设，保险公司提取的保险保障基金都还留在各公司的账上，并未按《保险法》的要求进行“集中管理”，也没有做到“统筹使用”。保险保障基金制度并未得到真正落实。

2002年修正的《保险法》对保险保障基金制度进行了修正。该法第97条规定：“为了保障被保险人的利益，支持保险公司稳健经营，保险公司应当按照保险监督管理机构的规定提存保险保障基金。保险保障基金应当集中管理，统筹使用。保险保障基金管理使用的具体办法由保险监督管理机构制定。”根据《保险法》的授权，中国保险监督管理委员会于2004年12月30日发布了《保险保障基金管理办法》，并于2005年1月1日起实施。这个部门规章对保险保障基金的性质和基本原则、缴纳、管理和监督、使用、法律责任等作出了明确的规定，这标志着我国正式建立了保险保障基金制度。但因2005年的《保险保障基金管理办法》未建立运营保险保障基金的独立法人，导致保险保障基金在使用上存在一定缺陷。

2008年9月11日，中国保险监督管理委员会、中华人民共和国财政部、中国人民银行共同制定了《保险保障基金管理办法》，并自发布之日起施行，2004年发布的规定同时废止。根据2008年的《保险保障基金管理办法》，保险保障基金最大限度地覆盖了各项保险业务，保险公司按保费收入或业务收入的一定比例缴纳保障基金，同时保险公司的分入业务以及专业再保险公司将不再缴纳保障基金，成立中国保险保障基金有限责任公司（以下简称保险保障基金公司），对保障基金实施市场化、专业化的管理运作。

2009年修订的《保险法》总结保险保障基金及保险保障基金公司运作的经验，对保险保障基金制度进行了修改。《保险法》第100条规定：保险公司应当缴纳保险保障基金。保险保障基金应当集中管理，并在下列情形下统筹使用：（1）在保险公司被撤销或者被宣告破产时，向投保人、被保险人或者受益人提供救济；（2）在保险公司被撤销或者被宣告破产时，向依法接受其人寿保险合同的保险公司提供救济；（3）国务院规定的其他情形。保险保障基金筹集、管理和使用的具体办法，由国务院制定。另外，《保险法》第165条对保险公司“未按照规定缴纳保险保障基金”的行为规定了法律责任，《保险法》在经过2014年、2015年两次修正后，把保险公司“未按照规定缴纳保险保障基金”的法律责任规定在了现行《保险法》的第164条。

2022年11月10日，中国银保监会会同财政部、中国人民银行共同下发《保险保障基金管理办法》，自2022年12月12日起实施。这是《保障基金管理办法》自2008年颁布以来的首次修订。相比2008年版，2022年《保险保障基金管理办法》将现行的保险保障基金固定费率制调整为风险费率制，将财产保险公司、人身保险公司的暂停缴纳上限分别由占公司总资产的6%、1%调整为占行业总资产的6%、1%，同时进一步完善了保单救助机制以及保险保障基金管理机制。

（二）保险保障基金

我国统一的保险保障基金的建立始于2005年1月1日，自该日起开始实施的《保险保障基金管理办法》规定，境内中、外资保险公司均按季缴纳保险保障基金，由中国保监会集中管理和统筹使用。2008年9月《保险保障基金管理办法》实施之前，保险保障基金已累积逾100亿元人民币。在我国，保险保障基金也是金融行业里的第一个金融安全网的基金，但却不是第一个被使用的基金（第一个被使用的基金是证券投资者保护基金）。保险保障基金首次被使用是在2007年5月29日，中国保监会宣布启用保险保障基金收购新华人寿保险股份有限公司（以下简称新华人寿）股权，收购后将获得隆鑫集团、海南格林岛投资有限公司和东方集团实业共约2.7亿股股份，占总股本的22.53%，保险保障基金成为新华人寿的第一大股东。[①] 在这次因为查处新华人寿违规问题而由中国保监会作出《关于新华人寿保险股份有限公司股权转让的批复》的过程中，曾经遇到一些障碍，即不具有独立法人资格的保险保障基金是否具有收购新华人寿股权的资格？收购后如何进行工商登记？2008年9月发布的《保险保障基金管理办法》规定设立保险保障基金公司，从而使这个问题得到解决。此外，《保险保障基金管理办法》对基金的资金来源、保护范围、保护功能以及保险保障资金使用的程序和细节均作出了规定，从而使其成为一个具有可操作性的规则体系。

---

① 参见段庆文：《保险保障基金成为新华人寿最大股东》，http：//insurance.jrj.com.cn/2007/06/000000135221.shtml，最后访问时间：2014-05-16。

根据《保险保障基金管理办法》的规定，我国的保险保障基金分为财产保险保障基金和人身保险保障基金。财产保险保障基金由财产保险公司缴纳形成，人身保险保障基金由人身保险公司缴纳形成。在出现法定情形时，保险保障基金是指用于救助保单持有人、保单受让公司或者处置保险业风险的非政府性行业风险救助基金。所谓保单持有人，是指对保单利益依法享有请求权的主体，包括投保人、被保险人或者受益人。所谓保单受让公司，是指经营有人寿保险业务、长期健康保险业务、长期意外伤害保险业务和年金保险业务的保险公司被依法撤销或者依法实施破产的，接受该保险公司依法转让的人寿保险合同、长期健康保险合同、长期意外伤害保险合同和年金保险合同的经营相应保险业务的公司或特定机构。

保险保障基金的法定资金来源主要有：(1) 境内保险公司依法缴纳的保险保障基金；(2) 保险保障基金公司依法从被撤销或破产保险公司清算财产中获得的受偿收入；(3) 捐赠；(4) 上述资金的投资收益；(5) 其他合法收入。截至 2022 年 12 月 31 日，保险保障基金余额（汇算清缴前）为 2 032.98 亿元，其中财产保险保障基金 1 244.03 亿元，占比 61.19%；人身保险保障基金 788.95 亿元，占比 38.81%。《保险保障基金管理办法》第 16 条规定：有下列情形之一的，可以动用保险保障基金：(1) 保险公司被依法撤销或者依法实施破产，其清算财产不足以偿付保单利益的；(2) 国务院保险监督管理机构经商有关部门认定，保险公司存在重大风险，可能严重危害社会公共利益和金融稳定的；(3) 国务院批准的其他情形。在【案例 10—4】中，保险保障基金是在第（2）种情形下被动用的，使用的方式是注入资本、获得股权，增加被接管保险公司的偿付能力。

保险公司破产或被撤销，其清算财产不足以偿付保单责任的，保险保障基金将按照“绝对数补偿限额”和“比例补偿限额”相结合的方式对保单持有人或保单受让公司进行救济。对于非寿险保单持有人，保单持有人的损失在人民币 5 万元以内的部分，保险保障基金予以全额救助，对其超过人民币 5 万元的部分，若保单持有人为个人，则保险保障基金的救助金额为超过部分金额的 90%；若保单持有人为机构，则保险保障基金的救助金额为超过部分金额的 80%。所谓保单利益，是指在解除保险合同时，保单持有人有权请求退还的保险费、现金价值或者在保险事故发生或达到保险合同约定条件时，被保险人、受益人有权请求保险人赔偿或者给付的保险金。经营有人身保险业务的保险公司依法被撤销或依法实施破产的，其持有的人寿保险合同、长期健康保险合同、长期意外伤害保险合同和年金保险合同必须依法转让给其他经营相应保险业务的保险公司。不能达成转让协议的，由国务院保险监督管理机构指定保险公司或特定机构受让。

(三) 保险保障基金公司

保险保障基金公司依据《保险保障基金管理办法》成立，以国有独资公司的形式，负责保险保障基金的筹集、管理与使用。保险保障基金通过专业化公司管理运作的优势：一是理顺了保险保障基金筹集、管理和使用体制，有利于探索保险业风险管理和保险保障的市场化路径；二是能够选用专业人才，借助专业机构的力量，有利于促进保险保障基金保值增值，提升保险保障基金参与行业风险管理与风险处置的专业水平；三是赋予保险保障基金公司法人地位，解决操作层面的一些障碍，有利于保险保障基金公司在参与风险处置的过程中履行相应职责，提高保险保障基金参与行业救济与保险保障的能力。

2007 年 5 月，保险保障基金采取购买股权的方式对新华人寿进行救助，但保险保障基金控股后，面临的问题是如何转让股权。该问题在 2009 年 11 月得到解决，由中央汇金投资有限责任公司接受保险保障基金转让的股权。从现行《保险法》和《保险保障基金管理办法》的规定看，保险保障基金公司并未被授权以直接购买保险公司股权的方式来对其进行救助。保险保障基金公司的主要职责是：（1）筹集、管理、运作保险保障基金；（2）监测保险业风险，发现保险公司经营管理中出现可能危及保单持有人和保险行业的重大风险时，向国务院保险监督管理机构提出监管处置建议；（3）对保单持有人、保单受让公司等个人和机构提供救助或者参与对保险业的风险处置工作；（4）在保险公司被依法撤销或者依法实施破产等情形下，参与保险公司的清算工作；（5）管理和处分受偿资产；（6）国务院批准的其他业务。在现有金融稳定机制下，保险保障基金公司在依法向国务院保险监督管理机构提出对有重大风险的保险公司的处置建议时，应当及时将有关情况同时抄报财政部、中国人民银行。

保险保障基金公司在运作基金时，应当遵循安全性、流动性和收益性原则，在确保资产安全的前提下实现保值增值。保险保障基金是保单持有人的最后安全防线，安全性固然重要，但这笔资金又不能闲置，因此，应在保证安全性的前提下获取投资收益。保险保障基金的资金运用限于银行存款，买卖政府债券、中央银行票据、中央企业债券、中央级金融机构发行的金融债券，以及国务院批准的其他资金运用形式。保险保障基金公司可以委托专业的投资管理机构对保险保障基金进行投资管理，并对委托投资管理的保险保障基金实行第三方托管。

为满足依法救助保单持有人和保单受让公司、处置保险业风险的需要，经国务院保险监督管理机构商有关部门制定融资方案并报国务院批准后，保险保障基金公司可以多种形式融资。这为保险保障基金公司在基金耗尽时再融资提供了法律依据。

动用保险保障基金，首先由国务院保险监督管理机构拟定风险处置方案和使用办法，在会商有关部门后，报经国务院批准。保险保障基金公司参与风险处置方案和使用办法的拟定，并负责办理登记、发放、资金划拨等具体事宜。

保险公司被依法撤销或者依法实施破产的，在撤销决定作出后或者在破产申请依法向人民法院提出前，保单持有人可以与保险保障基金公司签订债权转让协议，保险保障基金公司以保险保障基金向其支付救助款，并获得保单持有人对保险公司的债权。清算结束后，保险保障基金公司获得的清偿金额多于支付的救助款的，保险保障基金公司应将差额部分返还给保单持有人。有学者认为，保险保障基金公司如同【案例 10—4】中那样成为大家保险集团有限公司的股东后，在未来通过股权转让方式退出时，其股权溢价部分的权益归属，有可能与保单持有人利益相冲突。①

保险保障基金公司依法建立健全公司治理结构、内部控制制度和风险管理制度，依法运营，独立核算。保险保障基金公司设立董事会，董事会成员由国务院保险监督管理机构、财政部、中国人民银行、国家税务总局、司法部推荐。董事长为公司法定代表人，由

① 参见王萍：《保险公司接管制度的原理阐释》，载《中国政法大学学报》，2021（1）。

国务院保险监督管理机构推荐，报国务院批准。保险保障基金公司应当按照《公司法》的规定设立有关组织机构，完善公司治理。

保险保障基金公司应当与国务院保险监督管理机构建立保险公司信息共享机制。国务院保险监督管理机构依法对保险保障基金公司的业务和保险保障基金的筹集、管理、运作进行监管。财政部负责保险保障基金公司的国有资产管理和财务监督。保险保障基金公司预算、决算方案由保险保障基金公司董事会制定，报财政部审批。保险保障基金公司解散须经国务院批准。

【问题与思考】

1. 如何理解我国金融机构破产的立法模式？
2. 试评我国有关金融机构的破产申请权人的法律规定。
3. 何谓金融机构“管制性破产”制度？它与《企业破产法》中的破产程序存在何种差异？
4. 如何界定金融机构的破产财产？
5. 金融机构破产中的债权申报有何种特点？
6. 简述金融机构破产的清偿顺序的特殊之处。
7. 简述金融衍生品交易在金融机构破产中的特殊保护规则。
8. 简述金融安全网制度在我国的发展及在金融机构破产中的职责。

【案例分析】

南方证券股份有限公司破产案

南方证券有限责任公司于1992年12月经中国人民银行批准发起设立，注册资本10亿元，由中国工商银行、中国农业银行、中国银行、中国建设银行、交通银行和中国人民保险公司联合发起，并由国内四十多家著名企业出资组建。

2000年，南方证券有限公司开始增资扩股，股本达到34.5亿元。截至2001年2月25日，南方证券有限公司实际募资21.38亿元，注册资本由10亿元增资扩股至34.5亿元。股东由46家变为68家，南方证券公司由有限责任公司变更为股份有限公司（以下把南方证券股份有限公司简称为南方证券）。因当时市场行情较好，南方证券吸收大量委托理财业务，并签订大量保底合约。之后，随着市场行情不断下跌，加上企业经营管理上的一系列失误，南方证券的包袱越来越重，机构债务近百亿元，其挪用客户保证金等违法违规经营行为频繁出现。2002年6月，南方证券领导班子变更，公司主要精力开始转入挽救陷于危机的南方证券。2003年下半年，南方证券危机不断扩大，2004年1月2日，中国证监会、深圳市政府宣布对南方证券实施行政接管。

2005年2月，中国人民银行提供80亿元再贷款以助南方证券偿付保证金。2005年4月29日，南方证券因挪用巨额客户交易结算资金，被中国证监会取消证券业务许可并责令关闭。根据南方证券行政接管领导小组的委托，深圳市政府于同日成立南方证券清算组，负责南方证券关闭后的清算工作。受南方证券清算组委托，德勤华永会计师事务所有限公司深圳分所出具德师（深圳）报财字（06）SS第003号“南方证券股份有限公司2005年12月31日执行商定程序的资产负债专项报告”。

上述报告的审计结果显示：截至2005年12月31日，南方证券的资产总额为106.31亿元，负债总额为228.08亿元，资不抵债金额为121.77亿元，资产负债率高达214.55%，已严重资不抵债。据统计，南方证券的主要资产包括其持有的股票，此外还包括房产和办公用品等。负债中包括挪用的个人保证金约80亿元、机构债务120多亿元以及其他负债，总额为228.08亿元。南方证券净负债121.77亿，意味着其股东可能颗粒无收。

在承接中国人民银行80多亿元再贷款的前提下，中国建银投资证券有限责任公司正式接手南方证券74家营业部和投行业务。2005年11月4日，南方证券所属营业部依法关闭，南方证券的正常客户交接完成之后自动转入中国建银投资证券有限责任公司。

2006年3月1日，原南方证券总裁阚某东，原南方证券总裁、董事长刘某，原南方证券总裁郭某先被深圳公安机关逮捕，涉嫌罪行是操纵证券交易价格。这是2004年1月2日南方证券危机全面爆发并被行政托管以来，原公司最高领导层首次被立案侦查，也是中国近些年来清理整顿特大型证券公司中，第一次严肃追究公司高管刑事责任的司法行动。

2006年6月6日，中国证监会批复同意南方证券破产还债。2006年8月16日，深圳市中级人民法院在第四审判庭公开开庭，宣告南方证券破产还债，并指定成立破产清算组对南方证券进行破产清算。

2006年10月27日，南方证券破产案第一次债权人会议在深圳市中级人民法院第一审判庭召开。根据破产清算组的统计，截至债权申报期届满日，共有404家债权人申报普通债权，另劳动债权申报涉及1 366人，申请取回权的有60家，申报债权的总额共计人民币35 225 575 516元，申请取回权的涉及金额近30亿元。

2007年11月23日，南方证券破产案第二次债权人会议召开，通过了“南方证券股份有限公司破产案第一次破产财产分配方案”，本次破产财产分配，采取股票实物分配和货币分配相结合的方式进行。其中，劳动债权和税款债权以现金全额清偿，普通债权以股票和现金按比例进行分配，可供分配的破产财产包括股票和货币，分别为：哈飞航空工业股份有限公司股票107 059 342股、哈药集团股份有限公司股票412 138 071股和现金。经审核确认的294家普通债权以股票和现金形式按比例进行分配，每100元普通债权可分得“哈飞股份”0.54股、“S哈药”股票2.09股、现金3.53元。深圳市中级人民法院经审查后，以（2006）深中法民七字第26—19号民事裁定书裁定：认可债权人会议通过的“南方证券股份有限公司第一次破产财产分配方案”。

根据以上案情思考以下问题：

1. 在我国现有法律体制下，对南方证券因挪用巨额客户交易结算资金而导致的客户债权如何处理？

2. 如何评价南方证券破产案第一次破产财产分配方案？

3. 如何理解证券公司“管制性破产”程序与破产清算程序之间的衔接？

【裁判文书】

新华信托破产清算案①

① 参见重庆市第五中级人民法院（2022）渝05破237号决定书（指定管理人）；重庆市第五中级人民法院（2022）渝05破237、246号民事裁定书（实质合并破产清算）；重庆市第五中级人民法院（2022）渝05破237、246号之二决定书（确定临时表决额）；重庆市第五中级人民法院（2022）渝05破237、246号之一决定书（指定债权人会议主席用）；重庆市第五中级人民法院（2022）渝05破237、246之二民事裁定书（宣告债务人破产）。

第十一章
合伙企业破产的特殊问题

本章概要

在合伙企业不能清偿到期债务时，我国《合伙企业法》赋予债权人两种选择：一是依法向人民法院提出破产清算申请，二是要求普通合伙人清偿。因此，合伙企业的破产原因仅是合伙企业的财产不能清偿到期债务，与合伙人的清偿能力无关。

《合伙企业法》第92条规定，债权人可以依法向人民法院提出破产清算申请，但未规定合伙企业及合伙人可以提出破产申请，亦未规定其可以申请和解或重整。该条规定的立法本意是不是限制合伙企业对和解或重整制度的适用，是不是限制合伙企业的破产申请权，需要司法解释加以明确。

根据我国《合伙企业法》的规定，如果合伙企业的债权人选择申请合伙企业破产，则破产管理人可以追究普通合伙人的无限连带责任，但并不必然导致合伙人的破产。债权人对其未受清偿的余债，在合伙企业破产程序终结后仍可继续要求普通合伙人予以清偿。

在合伙企业与合伙人同时进入破产程序的情况下，存在着合伙企业的债权人和合伙人的债权人针对不同主体的财产所享有的债权申报资格和受偿顺序的问题。对于这一问题，国外有不同的做法，学界也有多种主张，但是在“合伙企业债权优先原则”基础上修正而成的“并存债权原则”是一个不错的选择，即合伙企业财产要优先用于清偿合伙企业债务，未能获得清偿的合伙企业债务与合伙人个人债务平等地从合伙人个人财产中获得清偿。这一原则体现了合伙企业债务清偿的彻底性和无限连带性，且不存在损害合伙人个人的债权人的利益的问题。我国可借鉴采用。

参考文献

1. 王欣新．德国和英国的破产立法（一）．人民法院报，2005-10-21

2. 王欣新．德国和英国的破产立法（二）．人民法院报，2005-10-28

3. 王欣新．德国和英国的破产立法（三）．人民法院报，2005-11-04

4. 王欣新，徐阳光．完善有限合伙促进风险投资．检察日报网．http://www.jcrb.com/n1/jcrb964/ca514605.htm

5. 韩长印，何睿．合伙企业破产三题．河南省政法管理干部学院学报，2007（4）

6. 李敏华．合伙企业破产法理冲突评析．黑龙江省政法管理干部学院学报，2005（3）

7. 李敏华，蓝承烈．制约合伙企业破产目标实现各要素的界定．社会科学家，2005（6）

8. 刘永宝．基于法经济学的合伙企业破产问题分析．学海，2008（6）

9. 段威．合伙企业破产诸问题探析．河南社会科学，2007（3）

10. 佘红军．论合伙人债务的清偿顺序和比例．中外法学，1995（5）

11. 阮兴文．合伙企业债务与合伙人个人债务清偿顺序研究．云南大学学报（法学版），2005（1）

12. 田土诚．特殊普通合伙制度的健全完善．河南社会科学，2007（3）

13. 申丽凤．商合伙破产程序与实体问题研究．河北法学，2004（12）

14. 方流芳．关于合伙的几个问题．法学研究，1987（5）

15. 马强．合伙理论与实践若干问题研究．法制与社会发展，1998（5）

16. 王宗正．论合伙财产的法律性质．中外法学，1997（4）

17. 苏号朋．论合伙企业财产的法律性质．法学，1997（12）

18. 孙康．合伙企业破产法律思考．辽宁行政学院学报，2008（4）

19. 黄丽娟．论合伙企业破产分配的法律规范机制：以法人成为普通合伙人的情形为中心//王保树．中国商法年刊（2006）．北京：北京大学出版社，2007

20. 佘红军．论合伙人债务的清偿顺序和比例．中外法学，1995（5）

21. 马强．合伙债务清偿问题研究．法学家，1997（4）

22. 张玉梅．试析合伙的破产程序．中山大学学报论丛，2005（6）

23. 王欣新，王斐民．合伙企业破产的特殊性问题研究．法商研究，2010（2）

24. 刘新民．特殊的普通合伙企业债权人保护法律制度研究．社会科学研究，2011（4）

25. 夏凤英，董书萍．特殊的普通合伙企业若干问题研究．山东社会科学，2011（7）

26. 张有志．试论合伙企业破产的程序问题．市场周刊（理论研究），2011（4）

27. 许德风．破产中的连带债务．法学，2016（12）

28. 张永健．资产分割理论下的法人与非法人组织：《民法总则》欠缺的视角．中外法学，2018（1）

29. 曾思．资产分割理论下的企业财产独立性：经济功能与法律限制．中外法学，2019（5）

30. 赵吟．连带责任视角下个人与企业合并破产的准入规范．法学，2021（8）

31. 张晨颖．合伙企业破产法律问题研究．北京：法律出版社，2016

参考法规

1.《企业破产法》第 135 条
2.《合伙企业法》第 92 条
3. 最高人民法院《个人独资企业清算参照适用企业破产法批复》
4. 最高人民法院《企业破产法司法解释一》第 1～5 条

引　例　"好再来"饭店破产案

一、基本案情

甲、乙、丙三人合伙开办一饭店，并邀请厨师丁入伙，约定：由甲出 10 万元现金，乙出房产使用权 5 年，丙提供一辆客货两用车的使用权 5 年，丁出劳务，共同经营，经营期限为 5 年，对盈利甲、乙各取 30%，丙、丁各取 20%。第一年饭店盈利 10 万元，各合伙人按照合伙协议的约定进行了分配。第二年饭店效益下降，丙提出退伙，甲、乙、丁拒绝了丙的要求。丙于是自行将该车抵押给信用社贷款 10 万元，开了一个网吧。后来网吧被政府主管部门责令关闭，丙被罚款 2 万元。丁见饭店已无法维持，遂也提出退伙。此时蔬菜公司来催讨饭店欠其 15 万元的货款，饭店已经无力偿还。于是蔬菜公司诉至人民法院，要求法院宣告饭店破产。

二、法律问题

此案涉及的主要法律问题有以下几个：其一，合伙企业有破产能力吗？其二，合伙企业的破产财产的范围包括哪些？其三，信用社作为丙的个人债权人能否以丙欠它的 10 万元债权向合伙企业的管理人申报债权？其四，信用社能否对抵押的汽车行使优先受偿权？其五，政府就对丙开设网吧所处罚款能否向合伙企业的管理人申报债权？其六，饭店以其全部资产偿债后还有余债未能清偿，各合伙人是否需要继续偿还？

《企业破产法》第135条规定："其他法律规定企业法人以外的组织的清算，属于破产清算的，参照适用本法规定的程序。"《合伙企业法》第92条规定："合伙企业不能清偿到期债务的，债权人可以依法向人民法院提出破产清算申请，也可以要求普通合伙人清偿。合伙企业依法被宣告破产的，普通合伙人对合伙企业债务仍应承担无限连带责任。"据此，我国合伙企业破产制度得到确立。

关于对我国个人独资企业能否适用《企业破产法》进行破产清算，因为我国《个人独资企业法》没有明确规定，而一度存在疑问。最高人民法院《个人独资企业清算参照适用企业破产法批复》明确规定：根据《企业破产法》第135条的规定，在个人独资企业不能清偿到期债务，并且资产不足以清偿全部债务或者明显缺乏清偿能力的情况下，可以参照适用《企业破产法》规定的破产清算程序进行清算。根据《个人独资企业法》第31条的规定，人民法院参照适用破产清算程序裁定终结个人独资企业的清算程序后，个人独资企业的债权人仍然可以就其未获清偿的部分向投资人主张权利。由此，个人独资企业的破产能力得到了确认。从企业组织形式观察，个人独资企业是"一人制"普通合伙企业，其破产程序与实体规则可以参照适用合伙企业破产法律制度的规则，因此本书不再单独进行讨论。

对合伙企业破产如何"参照适用"破产法的具体制度还有待进一步研究，如合伙企业的破产原因、破产申请、破产财产、债权申报与受偿等问题具有哪些特殊性，因合伙企业破产而可能连带发生的合伙人破产应如何处理等。本章主要讨论合伙企业破产的特殊问题。

第一节　合伙企业的破产能力

一、我国关于合伙企业破产能力的立法规定

根据《企业破产法（试行）》和《民事诉讼法》（1991年）第十九章的规定，破产程序仅适用于企业法人（前者主要适用于全民所有制企业法人，后者主要适用于集体企业、私营企业、外商投资企业等企业法人）。非法人的自然人企业如个人独资企业、合伙企业等均无破产能力。在《企业破产法》的起草过程中，起草工作组内部对应扩大破产法的适用范围已经达成共识，但对破产法的适用范围扩大到何种程度，参与立法者的意见尚不一致。在2004年6月25日全国人大财经委员会提交全国人民代表大会常务委员会审议的《企业破产法（草案）》第2条规定："本法适用于下列民事主体：（一）企业法人；（二）合伙企业及其合伙人；（三）个人独资企业及其出资人；（四）其他依法设立的营利性组织。"该草案的说明明确指出："考虑到合伙企业的合伙人和个人独资企业的出资人对企业债务承担无限连带责任，当这两类企业破产时，可能连带到合伙人和出资人的个人财产。为公平清偿债务，维护我国企业立法和企业破产法的协调统一，也为今后建立个人破产制度积

累经验，草案将合伙企业合伙人和个人独资企业出资人可能出现的连带破产，一并纳入本法调整，并规定了相应的免责制度。”[①] 但在第二次审议草案时，当时的全国人大法律委员会认为：由于现行法律规定合伙企业的合伙人、个人独资企业的出资人对企业债务承担无限连带责任，这些企业破产必然连带牵涉到企业合伙人、出资人个人破产问题，而个人破产如何规范的问题还缺乏必要的实践经验，各方面的意见也不一致，将其纳入破产法的适用范围的条件尚不成熟。在征求各方意见之后，第 2 条规定的适用范围限定于企业法人，并建议在“附则”中增加一条，规定“合伙企业、个人独资企业的破产对本法规定的适用，由有关法律规定”[②]。最终通过的《企业破产法》在直接适用范围上未作实质性扩大，仅是通过第 135 条规定的参照适用范围涵盖了其他组织，具体范围有待于其他法律来确定。与《企业破产法》一同通过的《合伙企业法》（修正案）规定，合伙企业不能清偿到期债务的，债权人可以依法向人民法院提出破产清算申请，也可以要求普通合伙人清偿。据此，合伙企业具有破产能力。

二、关于合伙企业破产能力的理论探讨

合伙企业是指自然人、法人和非法人组织依照合伙企业法在中国境内设立的普通合伙企业和有限合伙企业。破产能力，即能够适用破产程序而得以被宣告破产的资格，是法院对债务人适用破产程序并宣告其破产的必要条件。从破产制度的历史发展看，早期的破产仅适用于个人。有学者评论说：“西方早期商业繁荣的一个重要的原因是个人破产的出现和发展。正是因为在现实商业活动中有了个人破产，才带动了西方早期和后期成熟市场经济的出现，先有个人破产后有公司破产，公司破产不过是个人破产的放大和延伸”[③]。自 19 世纪以来，随着公司制度的蓬勃发展、日益成熟，公司破产制度迅速得到了各国立法的重视和确认。个人和法人成为破产法适用的两类重要主体。合伙企业的组织特性与责任特性使个人破产制度成为合伙企业破产的核心，如果没有个人破产制度的确立，合伙企业的破产在实施上将存在诸多困难。反言之，即便建立个人破产制度，它也不能取代合伙企业的破产制度，因为合伙企业破产与个人破产并不完全相同。

合伙企业制度在最近二十年不断创新，迅速发展，契合了新时代经济发展的需要，合伙企业已经成为与公司并列的重要企业形态之一，因此使其成为平等的市场主体，拥有公平的竞争条件和得到平等的法律保护，对市场经济建设尤为重要。从理论上看，合伙企业具有破产能力的依据有二：一是诸多国家或地区的民事实体法均承认合伙的民事主体法律地位；二是既然在诉讼法之强制执行程序中合伙财产有执行的可能，在解释上合伙企业就

---

① 贾志杰：《关于〈中华人民共和国企业破产法（草案）〉的说明》，载《中华人民共和国全国人民代表大会常务委员会公报》，2006（7）。

② 蒋黔贵：《全国人大法律委员会关于〈中华人民共和国企业破产法（草案）〉修改情况的汇报》，载《中华人民共和国全国人民代表大会常务委员会公报》，2006（7）。

③ 李曙光：《关于新破产法起草中的几个重要问题》，载《政法论坛》，2002（3）。

应有破产能力。[①] 从实践看，国外立法对合伙企业的破产能力亦持肯定态度[②]，我国民事立法也确定了合伙企业具有不同于合伙人的主体地位，因此《企业破产法》确定合伙企业具有破产能力符合我国有关民事主体的立法及实践的需要。

第二节　合伙企业的破产原因

一、我国关于合伙企业破产原因的法律规定及其理论解释

破产原因，是指认定债务人丧失清偿能力，当事人得以提出破产申请，法院据以启动破产程序的法律事实，即引起破产程序发生的原因。根据《企业破产法》第 2 条的规定，破产原因实际上分为两种情况：第一，债务人不能清偿到期债务，并且资产不足以清偿全部债务；第二，债务人不能清偿到期债务，并且明显缺乏清偿能力。前者适用于债务人提出破产申请，资不抵债现象明显、易于判断的案件；后者适用于债权人提出破产申请以及债务人提出破产申请、资不抵债现象不易判断的案件。据此，《企业破产法》第 7 条第 2 款规定："债务人不能清偿到期债务，债权人可以向人民法院提出对债务人进行重整或者破产清算的申请。"

《合伙企业法》第 92 条规定："合伙企业不能清偿到期债务的，债权人可以依法向人民法院提出破产清算申请……" 据此，合伙企业的破产原因是"不能清偿到期债务"，与资不抵债无直接关联。在如何理解"合伙企业不能清偿到期债务"上，学界和实务界存在不同认识。

从国外的立法规定看，关于合伙企业的破产原因存在两种立法例。一种立法例是合伙企业的破产以各合伙人皆不能清偿合伙企业的债务为破产原因，以此体现合伙人的无限连带责任。另一种立法例是合伙企业的破产不以合伙人皆不能清偿合伙债务为前提，只要合伙企业财产不足以清偿其债务，就应当认定合伙企业破产。采取这种立法态度的国家认为，合伙企业具有独立的财产、独立的责任及独立人格，能够而且应当对自身债务承担责任，因此在破产原因的认定上无须涉及合伙人的清偿能力。[③]

我国理论界对这一问题也存在两种不同的观点。一种观点认为，因合伙企业非为绝对独立的法律实体，合伙人要对合伙企业承担无限连带责任，合伙企业的责任财产由合伙企业财产和合伙人个人财产组成，虽有清偿顺序差别，但属同等责任，所以，判定合伙企业

---

① 参见王艳敏、孙璐：《破产法》，28～29 页，广州，中山大学出版社，2005。

② 但各国破产法对合伙企业规定的破产程序不同。有些国家的立法明确规定破产法适用于合伙，但没有对其设计单独的程序，如德国、日本。有些国家由于债务人的经济组织类型繁多，并不是简单地按照有限责任和无限责任划分，因而，对非公司的合伙企业规定了破产程序的申请条件、破产界限、优先权等适用规则，如美国。参见付翠英编著：《破产法比较研究》，140 页，北京，中国人民公安大学出版社，2004。

③ 参见韩长印、何睿：《合伙企业破产三题》，载《河南省政法管理干部学院学报》，2007 (4)。

是否不能清偿到期债务，应考虑所有合伙人的整体清偿能力，仅在合伙企业财产已达“不能清偿到期债务”，合伙人的整体财产亦达“不能清偿”之状态时，合伙企业才具有破产原因。① 另一种观点则认为，合伙企业破产不以合伙人皆不能清偿合伙债务为前提。理由是：(1) 合伙企业作为一种重要的市场主体，其独立的人格已经得到了认同，对其破产原因的判断不应当牵涉合伙人个人偿债能力，否则将混淆两者的人格。(2) 采取此立法并不会消灭合伙人的无限连带责任。合伙企业破产只是导致了合伙企业主体资格的消灭，合伙企业的债权人在破产程序终结后仍然可以要求合伙人清偿债务。(3) 有利于债权人举证。要求债权人判断并证明各合伙人均丧失偿付能力非常困难，若启动对所有合伙人的债务追偿将会耗费债权人大量成本，若仅要求债权人证明合伙企业不能清偿则容易很多。(4) 合伙企业破产不仅关系到合伙企业债权人债权实现问题，而且对于合伙企业本身的存续、合伙人能否依法摆脱债务枷锁等问题也有重大意义，因此仅就合伙企业财产判断破产原因使上述问题有了特殊的独立意义和实现可能。②

笔者认为，对于合伙企业的破产原因，应当结合《合伙企业法》第 92 条和《企业破产法》第 2 条以及《企业破产法司法解释一》进行综合理解。

首先，普通合伙企业（含特殊的普通合伙企业）的破产原因有二：一是债务人申请破产时，其破产原因是不能清偿到期债务，而且资产不足以清偿全部债务（包括到期和未到期债务）；二是债权人申请破产时，破产原因是债务人不能清偿到期债务，而且债务人明显缺乏清偿能力。

其次，根据《企业破产法司法解释一》第 1 条第 2 款的规定，相关当事人以对债务人的债务负有连带责任的人未丧失清偿能力为由，主张债务人不具备破产原因的，人民法院不予支持。也就是说，合伙企业的无限责任合伙人的清偿能力不是判断合伙企业是否具备破产原因时应当考虑的因素。

最后，有限合伙企业的破产原因与普通合伙企业的破产原因应当一致。对于有限合伙企业而言，其合伙人构成的差异往往也可能要求适用不同的破产原因。譬如，在德国的有限合伙企业中，有限合伙人一般是自然人，而无限合伙人往往是有限责任公司。通常，该有限责任公司没有其他营业项目，财产亦有限，设立的目的仅是经营这一合伙企业。这种操作模式可以使名义上的无限合伙人在自然人层面上最终承担的仍然是有限责任，有利于投资人规避风险。对此类有限合伙企业，法律规定其破产原因可以是资不抵债。在该有限合伙企业破产时，其负无限责任的合伙人因是有限责任公司，且通常无足够财产承担连带责任，所以要连带破产，此时法院将指定一名破产管理人统一管理两个破产企业。但当无限合伙人是自然人时，资不抵债的破产原因便对其不再适用，也不再实行连带破产。③ 我国有限合伙企业中的普通合伙人与德国的情形有所不同，在我国承担有限责任的法人型企业可以成为普通合伙人，因此德国的经验虽具有借鉴意义，但是意义有限。我国在立法上尚无必要对有限合伙企业和普通合伙企业的破产原因作出区别性规定。

---

① 参见李敏华、蓝承烈：《制约合伙企业破产目标实现各要素的界定》，载《社会科学家》，2005 (6)。

② 参见韩长印、何睿：《合伙企业破产三题》，载《河南省政法管理干部学院学报》，2007 (4)。

③ 参见王欣新：《德国和英国的破产立法（一）》，载《人民法院报》，2005-10-21。

二、合伙企业破产原因的认定标准

《合伙企业法》第 92 条规定，在合伙企业不能清偿到期债务时，赋予债权人两种选择：一是依法向人民法院提出破产清算申请，二是要求普通合伙人清偿。因此，对于合伙企业的债权人而言，合伙企业的破产原因仅是合伙企业的财产不能清偿到期债务，与各合伙人的清偿能力无关。这种制度安排将合伙人纳入直接清偿顺序，有利于债权人与合伙人之间达成偿债的和解协议。同时，对于在合伙企业破产中未获得清偿的部分，债权人仍然可以向普通合伙人要求清偿，无须实行连带破产制度。此外，由于我国未建立个人破产制度，合伙企业与合伙人的连带破产制度在合伙人均为个人时也缺少实施的法律基础。综上，把合伙企业的破产原因限定于合伙企业不能清偿到期债务，符合我国《企业破产法》的立法本意，也符合我国的国情。因此，法院在审查合伙企业是否具备破产原因时，无须把合伙人的偿债能力列入“不能清偿”的考虑范围内。为了使“不能清偿”有一个明确的判断标准，《企业破产法司法解释一》第 2 条明确规定，同时存在以下三种情形的，人民法院应当认定债务人不能清偿到期债务：（1）债权债务关系依法成立；（2）债务履行期限已经届满；（3）债务人未完全清偿债务。因此，债权人申请合伙企业破产时，对于该合伙企业不能清偿到期债务须提供上述证据。我国台湾地区学者指出：“合伙既以非法人团体之形态从事经济活动，且其活动又独立于各合伙人之外，如合伙已达以合伙财产不足清偿合伙债务之状态时，为其清理合伙债务，进行破产和解或破产宣告，反可确保大多数债权人利益。如果合伙人认为有继续维持合伙团体存在之必要，尽可以提供其个人财产使其成为合伙财产之一部主张合伙并无和解或破产原因，且纵因合伙人不提供个人财产，以致和解或破产，对于合伙人之债权人向合伙人追偿之请求权并无不利影响，故亦无不利可言。”[①] 因此，在债权人提出破产申请时，合伙企业的合伙人认为合伙企业有存续必要的，可以通过补充合伙企业财产，对到期债务予以清偿或者达成和解，而经由该合伙企业在法定期限内向法院提出不具有破产原因之异议后，由法院裁定不予受理破产申请，或者由债权人撤回破产申请。

第三节　合伙企业的破产申请权

一、我国关于合伙企业破产申请权的立法规定

《合伙企业法》第 92 条规定债权人可以依法向人民法院提出破产清算申请，未规定合伙企业可以提出破产申请，亦未规定合伙企业可以申请和解或重整程序。根据《企业破产

① 陈计男：《破产法论》，37～38 页，台北，三民书局，1980。

法》的规定，合伙企业的破产清算可以参照适用《企业破产法》的程序。据此，合伙企业作为债务人也应享有破产申请权。此外，从法律规定的文义看，合伙企业只能适用破产清算程序，不适用和解和重整程序。但是，笔者认为，从整体解释看，破产和解和重整应当也可以适用于合伙企业，因此合伙企业及其债权人可以申请破产清算、和解和重整。

《合伙企业法》第 92 条未明确规定合伙企业可以提出破产申请，有的学者认为，这是不允许债务人提出破产申请，实质上剥夺了合伙企业和合伙人的破产申请权。这是对法律规定的误解。如前所述，根据《企业破产法》的规定，合伙企业的破产清算可以参照适用《企业破产法》的程序。据此，《企业破产法》关于债务人有破产申请权的规定，当然也可以适用于合伙企业，合伙企业有破产申请权，乃是不言之理。此外，合伙企业的部分或全部合伙人也可以提出破产申请。全部合伙人提出破产申请，实际上就是合伙企业作为债务人提出自愿破产申请，可以归于债务人提出破产申请；而部分合伙人提出破产申请，实际上是合伙企业的非自愿破产申请，因此法院应当征询合伙企业和其他合伙人的意见，再决定是否受理。

二、国外关于合伙企业破产申请权的规定

有些国家区分了有限合伙企业和一般合伙企业，并规定了不同的申请条件。譬如依印度 2016 年破产法的规定，公司和有限合伙企业涉及违约金额至少在 100 000 卢比以上才允许进入破产程序，对一般合伙企业和个人则无此要求。[①] 一般而言，除合伙企业外，合伙企业的债权人、合伙人的债权人、合伙企业的合伙人在符合条件的情况下，均有申请合伙企业破产的权利。

（一）合伙企业的债权人

合伙企业的债权人有权申请合伙企业破产。为了防止小额债权人滥用其破产申请权，有些国家的法律对于债权人申请破产作出持有债权数额、申请人数等方面的限制。这些限制也适用于合伙企业破产。

（二）合伙人的债权人

根据债权相对性原理，合伙人的个人债务应当首先以其个人财产清偿，个人财产不足以清偿的，该合伙人只能以其从合伙企业中分取的收益用于清偿或者依法请求人民法院强制执行该合伙人在合伙企业中的财产份额用于清偿。由于合伙人的债权人与合伙企业并不存在直接的债权债务关系，因此其不享有直接申请合伙企业破产的权利。例外的情形是，当所有的普通合伙人都被宣告破产时，合伙人的债权人可以对合伙企业提出破产申请。美国破产法规定，当所有的普通合伙人都被宣告破产时，可以由利害关系人对合伙企业提出破产申请。

---

① 参见郑联盛、艾莺、胡滨：《印度〈破产法〉与企业破产清算处置研究——兼论对中国破产法律体系改革的启示》，载《金融监管研究》，2020（4）。

（三）合伙企业的合伙人

对于公司等出资人承担有限责任的法人型企业而言，除特定条件下允许其出资人提出重整申请外，一般不允许出资人提出破产申请。但是，对于合伙企业而言，一般允许合伙人提出对该合伙企业的破产申请。这也是合伙企业破产中的特殊问题。

由于不同种类的合伙人所享有的权利、承担的义务存在一定差异，其破产申请权也有所不同。如有限合伙企业的有限合伙人无权提出破产申请，因为其无权执行合伙事务。

合伙企业的普通合伙人有权提出破产申请。合伙人申请破产分为两种情况：一是所有的普通合伙人均同意申请破产，二是一个或多个普通合伙人对合伙企业提出破产申请。前者由于取得了全体普通合伙人的同意，因而属于自愿破产申请；后者则存在一个或者部分普通合伙人反对提出破产申请，因而属于非自愿破产申请。在非自愿破产申请的情形下，法院会征询合伙企业和其他合伙人有无异议，在没有异议或者异议不能成立的情况下，法院才会受理破产申请。

在一些国家的破产立法上，每一个普通合伙人均有独立的破产申请权，但若破产申请不是由全体合伙人一致提出的，则申请人要证明合伙企业已达破产界限。① 按照美国破产法的规定，由合伙人自己提出的非自愿破产清算申请，可以不受债权人人数和债权数额的限制。② 因为合伙人毕竟不同于外部的普通债权人，所以这种清算在一定意义上类似于自愿清算，而在自愿清算中是没有债权数额限制的。③ 任何普通合伙人均可以提出对合伙企业的非自愿破产清算申请，如果全体合伙人均同意这种申请，则转为自愿破产申请。在美国合伙企业破产的实践中，合伙企业的破产申请主要有两种形式：一种是仅代表合伙企业提出的申请，另一种是同时代表合伙企业和有关合伙人的申请。绝大多数情况下，申请会是后一种情况。因为合伙企业的债务最终要由合伙人来承担，所以即使合伙人本身不提出清算申请，只要合伙企业的财产不足以偿付合伙企业的债务，法院也会要求每个合伙人提供其财产账目表，用来偿付合伙企业的债务。④

第四节　合伙企业的破产财产

一、合伙企业的财产范围

我国《企业破产法》规定，债务人财产包括破产申请受理时属于债务人的全部财产，以及破产申请受理后至破产程序终结前债务人取得的财产。这一规定同样可以适用于合伙

① 参见韩长印、何睿：《合伙企业破产三题》，载《河南省政法管理干部学院学报》，2007（4）。
② 参见［美］潘琪：《美国破产法》，37页，北京，法律出版社，1999。
③ 参见［美］潘琪：《美国破产法》，38页，北京，法律出版社，1999。
④ 参见［美］潘琪：《美国破产法》，6页，北京，法律出版社，1999。

企业破产财产范围的确定。在此需要注意的是，普通合伙人的个人财产不属于合伙企业破产财产。尽管普通合伙人对合伙企业债务承担无限连带责任，但由于普通合伙人和合伙企业毕竟是不同的法律主体，而且合伙企业的债权人就在合伙企业破产中未受清偿的部分仍可以向普通合伙人主张清偿，所以普通合伙人的个人财产不属于合伙企业破产财产。

有学者认为，合伙企业的破产财产应由下列三部分构成：合伙企业的财产、合伙企业破产管理人行使撤销权取得的财产以及合伙人用于清偿合伙债务的个人财产。[1] 这一说法是不妥的：第一，所谓合伙企业破产管理人行使撤销权取得的财产，本来就是合伙企业财产，是其不可分割的组成部分，因此不能构成独立于"合伙企业财产"之外的另一部分破产财产。《企业破产法》规定了撤销权，但并没有因此在债务人财产中单独划分出所谓的行使撤销权取得的财产。第二，所谓"合伙人用于清偿合伙企业债务的个人财产"，根本不属于合伙企业财产。虽然由于普通合伙人要对合伙企业的债务承担无限连带责任，其财产在合伙企业财产不足以清偿债务时要用于清偿合伙企业债务，但合伙企业与合伙人是不同的法律主体，所以合伙人的个人财产绝不是合伙企业财产。债务人的连带责任人的财产不是债务人的财产，这是法律的基本原则。

二、合伙企业财产的具体组成

《合伙企业法》第 20 条规定："合伙人的出资、以合伙企业名义取得的收益和依法取得的其他财产，均为合伙企业的财产。"据此，合伙企业的财产由两部分构成：一部分是合伙人的出资，另一部分是合伙企业收益积累的财产。合伙企业可以用劳务作为出资，这构成合伙企业破产财产认定中的一个特殊问题。

（一）合伙人的出资

《合伙企业法》第 16 条规定："合伙人可以用货币、实物、知识产权、土地使用权或者其他财产权利出资，也可以用劳务出资。"在此需要注意两个问题：一是合伙人出资财产的界定问题，二是特殊出资形式的问题。第一，须准确界定合伙人的出资财产。根据《合伙企业法》第 17 条第 1 款的规定，合伙人应当按照合伙协议约定的出资方式、数额和缴付期限，履行出资义务。但是在人民法院受理破产申请后，合伙人尚未完全履行出资义务的，管理人根据《企业破产法》第 35 条的规定，可以要求该合伙人缴纳所认缴的出资，而不受合伙协议约定的出资期限的限制。据此追索的财产属于合伙企业的财产。根据《合伙企业法》第 17 条第 2 款的规定，以非货币财产出资的，依照法律、行政法规的规定，需要办理财产权转移手续的，应当依法办理。也就是说，合伙人以非货币财产出资的，应当遵循物权变动的基本规则，即不动产所有权的变动以变更登记为要件，动产所有权的变动以转移占有为要件，而无形财产如注册商标专用权、专利权的转让应符合法律的特别规定。法律程序上的瑕疵如未办理登记手续使合伙人的出资无法被认定为合伙企业财产的，合伙企业可以依据合伙协议追究合伙人"出资不实"的责任。据此追回的财产属于合伙企业的财产。第二，特殊的出资形式能否构成破产财产？《合伙企业法》第 16 条规定，合伙人可

① 参见韩长印、何睿：《合伙企业破产三题》，载《河南省政法管理干部学院学报》，2007（4）。

以以“其他财产权利”出资，也可以用劳务出资。“其他财产权利”至少可以包括非专利技术，有学者甚至认为商誉、具有具体利益内容的单纯不作为亦可作为合伙人的出资。[①]在破产程序中此类出资是否也属于破产财产范围呢？有学者指出，劳务、技术因其具有“行为性”特征而不能成为合伙企业财产，信誉因其非物质性、人身性等特点亦不能构成合伙企业财产。[②]笔者认为，劳务、技术能力、商誉虽然可以作为合伙人对合伙企业的出资，并且能在合伙企业经营中产生效益，但是在破产清算程序中不属于破产财产。这是因为破产清算程序旨在实现破产财产对债权人的分配，即财产转让，而劳务、技术能力、商誉因具有人身依附性不能够在破产分配中转让（可转让者除外），不具有破产财产的基本特征，所以不能构成合伙企业的财产。

（二）合伙企业的收益积累的财产

《合伙企业法》第20条规定，以合伙企业名义取得的收益和依法取得的其他财产，属于合伙企业的财产。该规定有需完善之处，比如合伙人可能以自己的名义办理属于合伙企业的事项而取得财产，将此排除在合伙企业财产之外不尽合理。因此，有学者建议借鉴美国统一合伙法，规定以下情形下所得的财产属于合伙企业的财产：（1）以合伙企业的名义获得的财产；（2）以一个或者几个合伙人的名义获得的财产，在财产的转移证书中虽然没有指出合伙企业的名称，但指出了受让人的合伙人身份的；（3）使用合伙企业资产购买的财产被推定为合伙企业财产。[③]

此外，《合伙企业法》第96条规定：“合伙人执行合伙事务，或者合伙企业从业人员利用职务上的便利，将应当归合伙企业的利益据为己有的，或者采取其他手段侵占合伙企业财产的，应当将该利益和财产退还合伙企业；给合伙企业或者其他合伙人造成损失的，依法承担赔偿责任。”据此退还的利益和财产以及产生的赔偿，在破产清算中均应被列为破产财产。

《企业破产法》规定，破产申请受理后至破产程序终结前债务人取得的财产仍属于破产财产，因此，合伙企业在破产程序中取得的收益也应当属于破产财产。在此需注意，合伙企业依赖合伙人投入的劳务、技术、商誉所取得的财产，在破产申请受理后至破产程序终结前也属于破产财产。有的学者认为：劳务、技术秘密使用权、商誉等具有人身依附性的使用权在破产申请受理前产生的收益应当属于破产财产，在破产申请受理后产生的收益不应当属于破产财产。这样规定有利于促使提供此种使用权的合伙人在破产程序中积极劳动，促进破产程序的顺利进行，同时使合伙企业破产财产间接增加，即合伙人个人财产的增加能够使合伙企业的破产还债能力增强，否则，合伙人在破产程序中就会缺乏劳动欲望，一方面会阻碍破产程序的顺利进行，另一方面也会使合伙企业破产财产间接减少。[④]此论虽有一定实用性，但在法理上基础不明。笔者认为，根据《企业破产法》的规定，在破产申请受理后，即使是在清算程序中，合伙企业也有可能需要对未完成的经营活动加以

---

① 参见马强：《论合伙出资》，载《法律适用》，2001（9）。

② 参见陈年冰：《合伙企业财产的法律性质》，载《宁夏社会科学》，2004（5）。

③ 参见韩长印、何睿：《合伙企业破产三题》，载《河南省政法管理干部学院学报》，2007（4）。

④ 参见韩长印、何睿：《合伙企业破产三题》，载《河南省政法管理干部学院学报》，2007（4）。

继续，如对半成品继续生产完工，以取得利润。在这一过程中，合伙企业难免会用到合伙人投资的劳务、技术、商誉等，如果按照前述观点，则这些投资在破产申请受理后产生的收益不属于破产财产。这样，不仅违背法理，而且会严重损害债权人利益。只有在合伙企业不再继续经营，明确不再需要合伙人投资的劳务、技术、商誉时，合伙人借此产生的收益才可以归合伙人个人。如果实务中难以判断，则应以合伙企业注销时间作为合伙人可以收回这些具有人身依附性的投资的时间标准。

三、合伙企业破产管理人的撤销权

由于合伙企业自身的特殊性，在撤销权行使方面也需要作出一些特别的规定。如美国法律规定了合伙企业破产撤销权的行使分为两类：一类是欺诈性交易行为（fraudulent transfers），即破产申请前一年之内的对债务人财产的欺诈性转让行为或者由债务人设定的欺诈性义务，就合伙企业而言包括三种行为：（1）合伙企业向合伙人转移财产；（2）合伙企业向第三方转让财产；（3）其他任何转移合伙人财产的行为。另一类是偏颇性清偿行为（preferential transfers），即在清算申请提出前 90 天内并且是在债务人失去清偿能力的情况下，向某个债权人就已经存在的债务转让债务人的财产或权益，并且此种转让使该债权人获得大于在无此种转让时该债权人在债务人清算程序中本可获得的清偿。就合伙企业而言，此类行为包括两种行为：（1）将合伙企业的财产用于清偿合伙人的债务；（2）用合伙人的财产用于清偿合伙企业的债务。[①] 此外，美国破产法还对偏颇性清偿行为设定了一个特殊条款，即合伙企业对“关系人”（insider）的清偿仍属于破产撤销权行使的对象，并且将对该类偏颇性清偿的追索期间从 90 日延长到 1 年。这里所谓的“关系人”包括普通合伙人、普通合伙人的亲戚；当普通合伙人是合伙企业的债务人时，控制该普通合伙人的人和机构也属于关系人范畴。[②] 美国破产法如此详尽而细致地规定破产撤销权，是考虑了合伙企业的人合性特征，考虑了普通合伙人与合伙企业之间的特殊关系，以避免针对合伙企业财产作出的任何非公平性转让行为所可能导致的合伙企业破产财产的减少，以及合伙人连带责任承担能力的减弱。

第五节 合伙企业破产的债权申报和受偿

一、合伙人连带破产问题

合伙企业破产时的债权申报和受偿与法人型企业有所不同，区别之一就是合伙企业破

---

① See Steven A. Waters & Eric Terry, “Bankruptcy and Insolvency Issues for Partnerships, Lcs, and Their Owners: The good, the bad, and the ugly”, *Tex. J. Bus. L.* 51, Spring, 2003.

② See Nathan Levy JR, *Bankruptcy Handbook*, Little Brown and Company, 1993, p. 470.

产可能连带发生合伙人个人破产的问题。

所谓合伙人连带破产问题，是指由于合伙人对合伙企业债务的无限连带责任，在合伙企业破产中是否同时导致合伙人破产，或者说是否导致对合伙人个人财产适用破产程序，以及如果导致合伙人连带破产，其程序上和实体上应如何处理。它回答的是在破产程序中是否落实和具体如何落实合伙人的无限连带责任问题。[①] 在合伙企业破产情况下落实合伙人的无限连带责任有两种方式：一是不在合伙企业破产中解决，债权人就合伙企业财产通过破产分配未受偿的，在破产程序终结后向合伙人追偿；二是在合伙企业破产中解决，合伙企业破产程序开始后，合伙人个人财产也被纳入破产财产。从国外的相关立法看，有的国家采第二种方式。如德国旧破产法中，就曾将无限公司、两合公司中无限责任股东的全部私人财产也纳入破产财产。[②] 在我国有学者也认为，第二种方式虽然加大了破产程序的复杂度，但仍比第一种方式有利于债权债务的解决，有利于节约社会资源，因此，还是在合伙企业破产中落实合伙人连带责任比较适宜。[③] 也有学者认为，前一种选择对法律性质不同的问题分别处理自无不当，且利于不同问题的高效处理；后一种选择对相互存在必然联系的问题进行统一处理亦无不妥，且利于整体公平目标的实现。两种选择各有利弊，将选择权交由当事人自主行使似更为可取。[④]

现代破产法的目标与传统破产法的目标有所不同，不再是单纯保护债权人的利益，也要保护债务人的正当权益，而且还要维护社会整体利益。合伙企业的破产也是如此：如为彻底保护债权人利益，只需让所有的合伙人连带破产即可解决问题，但如考虑合伙人的利益与社会稳定，则应将合伙企业的破产与合伙人的破产分开。[⑤] 德国新破产法已经不再采取前述第二种做法。在我国《企业破产法》立法过程中，曾经在草案中规定采取第二种方式，即合伙企业的破产导致全体合伙人连带破产，全体合伙人免除自己受连带破产的条件是提供财产清偿合伙企业债务。由于反对意见较大，立法机关最终并未采取这一规定。我国《合伙企业法》采取的是前述第一种方式，如果合伙企业的债权人选择申请合伙企业破产，则破产管理人可以追究普通合伙人的无限连带责任，但并不发生合伙人的连带破产。债权人对于未受清偿的余债，在合伙企业破产程序终结后仍可继续要求普通合伙人予以清偿。

【经典导读】

德国新破产法关于合伙人连带破产的规定[⑥]

在德国，合伙企业破产时对其财产与责任要加以明确划分。但是，合伙企业破产并不同时连带发生各个合伙人的破产，也不必然导致合伙人的破产。破产程序启动后，虽然合伙人须对合伙企业的负债承担无限连带责任，但合伙企业的债权人不能个别直接行使对合伙人的追索权，而是由破产管理人统一追究，取得的财产归入破产财产后统一分配，以保证对所有债权人的公平清偿。破产管理人应当接管破产的合伙企业的财产与权利，但无权接管各合伙人（指无限责

① 参见申丽凤：《商合伙破产程序与实体问题研究》，载《河北法学》，2004（12）。
② 参见陈仲福：《联邦德国企业制度》，172页，北京，中国法制出版社，1990。
③ 参见申丽凤：《商合伙破产程序与实体问题研究》，载《河北法学》，2004（12）。
④ 参见段威：《合伙企业破产诸问题探析》，载《河南社会科学》，2007（3）。
⑤ 参见王欣新：《德国和英国的破产立法（一）》，载《人民法院报》，2005-10-21。
⑥ 参见王欣新：《德国和英国的破产立法（一）》，载《人民法院报》，2005-10-21。

任合伙人）的个人财产。在追究合伙人责任时，破产管理人与合伙人的其他债权人享有同等的受偿权利。在合伙企业破产时，法律并未规定对合伙人的财产直接产生约束效力，破产管理人对合伙人的财产通常也不采取扣押等保全措施。制约合伙人可能进行的转移财产、欺诈逃债行为的，主要是法律对违法行为规定的严格刑事责任以及破产法上的撤销权制度。由于破产撤销权问题十分复杂，所以即使是在律师事务所内，通常也是由专门的律师负责处理。实践中，德国约有5%的破产案件中存在刑事犯罪问题，约70%的破产案件中存在或轻或重的破产欺诈行为（主要是民主德国区域内市场经济尚不健全，存在较多的破产民事欺诈），所以设置严格的法律责任是非常必要的。

在德国，当合伙企业破产时，通常破产管理人不是通过诉讼或破产的方式追究各合伙人的无限连带责任，而是尽力与各合伙人达成和解协议，由合伙人拿出尽可能多的钱来清偿合伙企业无能还清的债务。在和解协议中，可能会涉及对各合伙人应负连带责任的部分免除及债务的延期清偿，会影响到债权人的利益，所以破产管理人要与合伙人达成债务清偿和解协议，事先必须经过债权人会议的同意。在和解协议达成并履行后，合伙企业的债权人就不得再就合伙企业无能清偿的余债追究合伙人的民事责任。

虽然在理论上讲，破产管理人可以通过对合伙人的诉讼程序或破产程序最大限度追究各个合伙人的无限连带责任，以实现形式上的债权人利益最大化，但是通过诉讼或破产程序追究此类责任成本高昂，不仅要支付诉讼费用，而且对合伙人财产的耗费也很大，另外还有时间成本，故在实践中，反而不一定能够真正在最大程度上维护债权人的利益。所以，破产管理人通常以和解方式解决各合伙人的无限连带责任问题。合伙人对采用此种方式解决债务问题较之采用破产方式也更有积极性，因其不会导致合伙人被宣告破产而彻底丧失信誉，有利于合伙人在社会经济生活中复生。此外，破产管理人也会尽最大努力从合伙人处求得最大程度的清偿：一方面，这是其法定职责，如不勤勉尽职，将被追究法律责任；另一方面，这也是其建立社会信誉的重要方式，有利于其在今后获得更多的破产管理人任职机会。

二、合伙企业债权人与合伙人的债权人的债权申报和受偿问题

（一）债权申报问题

在合伙企业的破产程序中，合伙企业的债权人有权申报债权，合伙人的债权人不能直接申报债权。《合伙企业法》规定普通合伙人对合伙企业债务承担无限连带责任，所以合伙企业的债权人在合伙企业不能清偿债务时，同时也是合伙人的债权人，但是因合伙企业与合伙人是不同的民事主体，且合伙企业并不对合伙人的债权人承担责任，所以两者的债权人在债务清偿问题上与合伙企业之间的法律关系不同。《合伙企业法》第42条第1款规定：“合伙人的自有财产不足清偿其与合伙企业无关的债务的，该合伙人可以以其从合伙企业中分取的收益用于清偿；债权人也可以依法请求人民法院强制执行该合伙人在合伙企业中的财产份额用于清偿。”一个合伙人只在合伙企业中占有一定的财产份额，而不是占有全部财产，合伙企业中尚有其他人的财产份额。由于财产权利人不同，所以合伙人的债权人不能是合伙企业的债权人。合伙人的债权人只能对该合伙人在合伙企业中的财产份额享有受偿权利，而不能对合伙企业的全部财产享有受偿权利，而在合伙企业财产分割之前，合伙人的债权人即使是对该合伙人在合伙企业中的财产份额也不能直接行使受偿权

利。根据《合伙企业法》的规定，除法律另有规定外，合伙人在合伙企业清算前，不得请求分割合伙企业的财产。而当合伙企业进入破产清算程序后，合伙人的债权人就不能再对该合伙人在合伙企业中的财产份额行使权利，必须待破产清算结束后有剩余财产时，才能要求进行财产份额分割，并对分割后的该合伙人的财产份额行使权利。

（二）债权受偿问题

在合伙企业的债务与合伙人的个人债务同时并存的情况下，当合伙企业的财产与合伙人在合伙企业外的其他个人财产不足以清偿各自的债务时，合伙企业的债权人有权要求合伙人以合伙企业外的其他个人财产对合伙企业的债务承担无限连带责任，而合伙人个人的债权人也有权要求合伙人以其在合伙企业中的财产份额用于清偿个人债务。由于清偿财产的部分竞合，两种债权人在债务清偿上必然发生冲突。因此，在合伙企业与合伙人同时被宣告破产的情况下，为保障清偿公平，必须对这两种不同性质的债务加以区分、分别处理，要明确不同债务的责任财产范围，明确不同的债权人对不同的财产是否享有相应的优先受偿权。虽然目前我国《企业破产法》未规定个人破产制度，对自然人合伙人尚不存在解决这一问题的迫切性，但个人破产制度的建立乃迟早之事，所以有必要对此问题进行研究，以为立法与执法奠定理论基础。而且普通合伙人中也存在法人合伙人，在实践中，合伙企业破产时法人合伙人丧失清偿能力的情况频频发生，即使对自然人合伙人不通过破产程序处理，为保障对法人合伙人的利害关系人清偿的公平，也需要确定解决问题的法律原则。

在合伙企业与合伙人同时被宣告破产的情况下，对于合伙企业的债权人与合伙人个人的债权人的债权如何清偿呢？对此，大陆法系国家的立法中大多并无明文规定，只是在理论上或者判例中存在着“企业债权优先”或者“个人债权优先”的主张或者做法；而英美法系国家则在判例中确立了“双重优先原则”，一些国家或者地区还把这一原则规定引入其制定法中。

英美法系国家的破产法大多规定，合伙企业的财产首先用于清偿合伙企业债权人的债权，而合伙人的个人财产则首先用于清偿其个人债权人的债权，即两方债权人分别对其对应债务人的责任财产优先受偿，故称“双重优先原则”。如果合伙人的财产在清偿合伙人的个人债权人的债权后还有剩余财产，则该财产被列入用来清偿合伙企业债权人的财产总额；如果合伙企业的财产在清偿合伙企业债权人的债权之后还有剩余财产，则应比照合伙人参与合伙企业的份额将该财产列入合伙人个人的破产财产总额。“双重优先原则”首创于1715年的英国，英国衡平法院的法官考伯勋爵在审理克劳德案时确立了该原则。该案的判决认为“由于共同财产或合伙财产优先用于清偿共同债务或合伙债务，那么同样的，单独财产也应当优先用于清偿个人的一切债务，并且，由于在所有共同债务清偿以前，单独债权人不得涉足共同财产，那么同理，在单独债务清偿以前，合伙债权人也不能就其在合伙财产中未受清偿的部分，要求用单独财产清偿”[①]。自此“双重优先原则”成为英国合伙

① Crane, *Partnership*, 2nd edition, West Publishing Co., 1952, p. 512. 转引自余红军：《论合伙人债务的清偿顺序和比例》，载《中外法学》，1995（5）。

法中的一项重要原则。美国 1898 年的破产法也确立了双重优先原则。

所谓“合伙企业债权优先原则”，也称“并存债权原则”，强调合伙人对合伙企业的无限连带责任。这一原则在实践中又体现为两种做法：一是严格的合伙企业债权优先原则，即德国、意大利的做法。在德国，实践中有时也会出现合伙企业与合伙人同时被宣告破产的情况。在这种情况下，合伙企业的破产管理人可以在合伙人的破产程序中全额申报债权，并与合伙人的债权人享有同等的受偿权利。但合伙人个人的破产管理人无权在合伙企业的破产程序中申报债权，只能就该合伙人在合伙企业中享有的份额要求清偿。由于只有在合伙企业清偿负债后仍有剩余财产时，才对各合伙人分配财产份额，而合伙企业破产后其财产已不足以清偿债务，所以依合伙人在合伙企业中的份额获得财产通常是不可能的。[①]诚如意大利学者罗伯特·巴巴伊奇所说：“由于合伙债权人不仅在合伙组织的破产程序中，而且在合伙人个人的破产程序中均能全额申报其债权（put forward their claims in full），所以其受偿前景通常是相当乐观的。”[②] 因此，严格的“合伙企业债权优先原则”不利于合伙人的个人债权人，但是对于合伙企业的债权人而言非常有利。二是宽松的“合伙企业债权优先原则”，即“并存债权原则”。它是指合伙财产先用于清偿合伙企业的债务，只有不足以清偿的债权部分才可以与合伙人的个人债权人一起从合伙人的个人财产中受偿，所以合伙企业的破产管理人不能在合伙人的破产程序中全额申报债权，而只能以清偿后的余额申报债权。这种做法同样将合伙企业的债权人置于优于合伙人个人债权人的地位，使其有两次受偿机会，故其也属于广义的“合伙企业债权优先原则”。美国合伙企业制度自 20 世纪 90 年代以来得到了迅速发展，合伙是一种法律实体的观点也被普遍接受，因此美国破产法第 723 条（a）明确规定，如果破产财产不足以充分清偿本章规定的关于合伙企业的案件以及合伙企业中负无限责任的合伙人应当负个人责任的案件的所有债权，合伙企业的托管人可以要求该合伙人根据现行适用的破产法以外的法律对合伙企业破产财产的不足负个人清偿责任。由此可见，美国破产法在这一问题上也采取宽松的“合伙企业债权优先原则”，即“并存债权原则”。

此外，理论上还有个人债权优先原则，是指合伙人个人财产先用于清偿合伙人的个人债务，其不足部分或者未受清偿的债权人与合伙企业债权人一起从合伙财产中受偿。[③] 这一原则忽视了合伙企业不同于合伙人的实体这一特点，而且过于强调对合伙人个人的债权人的保护，有失公允，因此其支持者寥寥，实践中也大多不采取这种做法。

对我国应如何解决这一问题，多数学者主张“双重优先原则”，认为合伙企业的债权人与合伙人的债权人作为平等的民事主体，应当遵从债权平等的民法基本原则，合伙人的无限连带责任并不改变其个人债权人享有债权的平等性，因此应借鉴英美国家的“双重优先原则”，这样，不仅可以平等保护各种类型的债权人，而且也并不会破坏合伙人对合伙企业债务承担无限连带责任。[④] 还有学者进一步论证说，在一个法人参加多个合伙企业或

---

① 参见王欣新：《德国和英国的破产立法（一）》，载《人民法院报》，2005-10-21。

② 张玉梅：《试析合伙的破产程序》，载《中山大学学报论丛》，2005（6）。

③ 参见余红军：《论合伙人债务的清偿顺序和比例》，载《中外法学》，1995（5）。

④ 参见韩长印、何睿：《合伙企业破产三题》，载《河南省政法管理干部学院学报》，2007（4）；王佐发：《“市场主体友好型”破产法：理论反思与制度建构——兼论中国破产法的修改》，载《中国政法大学学报》，2021（4）。

者一个合伙企业参加多个合伙企业（“复合伙”）的情形下，通过双重优先权原则来确定偿还债务的先后顺序，不失为一种行之有效的解决措施。① 有学者提出建议，在合伙企业破产导致合伙人破产的情况下，可以把两种程序合并，合伙企业的债权人和合伙人个人的债权人都以债权全额申报债权。然后按照合伙人内部责任的分配比例以及个人财产的总额确定合伙人个人破产财产，合伙人个人债权人以及按照比例享有合伙债权的债权人作为破产债权人，以其各自拥有的债权份额按比例受偿。② 还有的学者提出：所谓债权发生优先权原则，即在同时存在一个无限责任债务或一个无限连带责任债务和一个以上有限责任债务时（因为我们无法禁止当事人参加了某个合伙企业或投资创办了一个个人独资企业后再从事其他需承担有限责任的经济活动），应按照债务发生的时间先后顺序对不同债务分别进行清偿，清偿发生在先的债务前，不得先行清偿发生在后的债务。③

从法理上分析，严格的“合伙企业债权优先原则”与“双重优先原则”均存在不够全面公平之处。严格的“合伙企业债权优先原则”强调了合伙人对合伙企业的无限连带责任，但是允许合伙企业的债权人以其对合伙企业的债权全额，而不是以在合伙企业破产程序中受偿后的余额向合伙人的管理人申报债权，显然会影响合伙人个人的债权人的清偿利益，有失公平，而且与我国立法规定的合伙人对合伙企业的债权人承担的补充性连带责任的法律性质有悖。而“双重优先原则”强调合伙企业与合伙人以各自的财产优先清偿各自的债权，表面上看对双方债权人是公平的，但实际上排斥了法律明文规定的合伙人应对合伙企业债务承担的无限连带责任，显然是不妥的，而且还会出现债权人对合伙人不启动破产程序而可以就合伙企业未能清偿的债权向合伙人追偿，但进入破产程序后反而实际丧失这一权利的荒谬现象，甚至为此诱使欺诈行为发生。合并合伙企业与合伙人破产程序并共同分配的主张也是不妥的，这种主张实际上忽视了合伙企业财产必须优先清偿合伙企业债务的基本原则，允许合伙人的债权人参加对合伙企业财产的分配，这与破产首先是合伙企业破产，应以其为基本单位清算的前提是不相符的。这种做法实际上是以合伙人为清算基本单位，否定了合伙人对合伙企业的无限连带责任。而所谓债权发生优先权原则，明显与企业破产法的规定不相符，不能适用于破产程序。根据破产法的基本原则，同等权利性质的债权无论发生时间的先后，均有权获得平等清偿，即使是在破产申请受理时尚未到期的债权也享有平等受偿权利。

笔者认为，“并存债权原则”体现了合伙企业债务清偿的彻底平等性和合伙人责任的无限连带性。在合伙企业破产的情况下，其财产（由各个合伙人的财产份额合成）依法应当首先用于清偿合伙企业债务，除非破产清偿后存在剩余财产（通常不可能发生），否则不得向合伙人分配，所以合伙人的债权人一般不可能就合伙人在合伙企业中的份额获得财产。之所以合伙企业的财产要优先用于清偿合伙企业的债务，不允许合伙人个人的债权人参加受偿，是因为合伙企业是一种相对独立的民事主体，虽然其未能清偿的债务要由普通合伙人承担连带责任，但是在合伙企业的财产范围内，其是独立向其债权人（而不是向合

① 参见张玉梅：《试析合伙的破产程序》，载《中山大学学报论丛》，2005（6）。
② 参见付翠英编著：《破产法比较研究》，142页，北京，中国人民公安大学出版社，2004。
③ 参见阮兴文：《合伙企业债务与合伙人个人债务清偿顺序研究》，载《云南大学学报》，2005（1）。

伙人个人的债权人）承担责任的，这与公司股东的债权人在公司破产时不能申报其对股东的债权要求清偿是同理的，所以这种做法根本不存在损害合伙人个人的债权人利益的问题。认为这种做法会损害合伙人个人的债权人利益的观点，实际上是将合伙企业的财产混同于合伙人个人的财产，抹杀了不同民事主体间的财产关系和债权的相对性。

由于我国还未建立全国性的个人破产制度，对于未能在破产程序中获得清偿的对合伙企业的剩余债权，债权人可以依法向个人合伙人追偿。此时合伙企业的债权人因合伙人承担的无限连带责任已经成为合伙人个人的债权人，与合伙人的其他个人债权人之间不存在任何权利差别，所以应与合伙人的个人债权人平等地从合伙人个人财产中获得清偿。① 故，合伙企业的债权人在合伙企业不能清偿债务时选择申请合伙企业破产，也不意味着其对合伙人的连带清偿责任在合伙企业破产程序终结之后主张。② 根据美国破产法第 723 条，在合伙企业破产时，其破产管理人可以向普通合伙人追偿破产财团不足以清偿的债权，对破产财团是否不足尚未作出决定的，破产法院可以要求普通合伙人提供补偿或担保，并可以要求合伙人不得转让或处理任何个人财产。如果管理人从普通合伙人处获得的破产赔偿金额多于合伙企业的债权人应当获得的清偿总额，破产法院在发布公告和听证之后作出一个公平合理的财产分配决定，则管理人应当据此把盈余部分分配给合伙企业的普通合伙人。有学者认为，从立法历史来看，主要是根据各合伙人之间的相互追偿权确定返还比例。③

在已经建立个人破产制度的情形下，如果出现合伙企业和个人合伙人同时破产，则合伙企业破产管理人以合伙企业债权人未获得清偿的债权在个人合伙人破产程序中申报债权。只有这样，才符合我国合伙企业的法律特征，才符合我国破产法及合伙企业法的规定，符合公平清偿的原则。在这里需要注意两个问题：第一，在合伙企业破产的情形下，向承担无限连带责任的合伙人的追偿权应当统一由管理人行使，以解决权利冲突、处置效率降低等问题。当然，在破产清算程序终结后，未获得全额清偿的合伙企业债权人可以继续向承担无限连带责任而且未获得余债免除的合伙人追偿；第二，合伙企业的债权人在获得多重保障的同时不得超额受偿，对于超出合伙企业债权人确认债权额的清偿额，应当向普通合伙人返还。

【问题与思考】

1. 谈合伙企业的破产能力。
2. 试评我国合伙企业的破产原因。
3. 如何界定合伙企业的破产财产？
4. 合伙人出资的劳务是否属于破产财产？
5. 如何理解合伙人与合伙企业连带破产问题？
6. 在合伙企业与合伙人同时被宣告破产的情况下，合伙企业的债权人与合伙人个人的债权人如

① 参见王欣新、王斐民：《合伙企业破产的特殊性问题研究》，载《法商研究》，2010（2）。
② 参见赵吟：《连带责任视角下个人与企业合并破产的准入规范》，载《法学》，2021（8）。
③ 参见许德风：《破产中的连带债务》，载《法学》，2016（12）。

何申报债权？

7. 如何评价双重优先权原则、合伙企业债权优先原则、并存债权原则？

【案例分析】

养殖场破产案

2017年7月10日，甲（为两个自然人股东设立的有限责任公司）、乙（为两个自然人设立的合伙企业）、丙（为自然人）与退休农技师丁达成合伙协议。合伙协议约定：甲以货币出资10万元，乙以租来的一块农村集体土地使用权出资，丙以自有的一辆货车出资，丁以技术出资，设立养殖场养猪。合伙协议约定各合伙人平均分享盈利、分摊亏损。随后养殖场成立，注册为合伙企业。但甲实际出资5万元，乙未办理集体土地使用权变更手续，丙则在合伙协议约定的时间内把货车的所有权人变更为合伙企业。2018年，因发生猪瘟，养殖场亏损。2018年9月，某饲料厂催讨养殖场欠付的15万元饲料费，丁将丙出资的货车质押给该饲料厂。2019年1月，合伙人甲被A人民法院宣告破产，甲的破产管理人要求分割甲在合伙企业中的财产份额，但是遭到了合伙企业的拒绝，于是诉至B人民法院。2019年3月，合伙企业难以维持，某饲料厂请求甲、乙、丙、丁偿还合伙企业欠自己的15万元货款，还向C人民法院提出宣告该合伙企业破产的申请。

根据以上案情思考以下问题：

(1) C人民法院是否可以受理该破产申请？C法院能否宣告该合伙企业破产？为什么？

(2) 如果该合伙企业被C人民法院宣告破产，破产财产包括哪些财产？

(3) 某饲料厂对质押的货车是否享有优先受偿权？为什么？

(4) 在C人民法院宣告合伙企业破产后，该宣告是否对B人民法院受理的案件产生影响？

(5) 合伙企业的破产管理人能否针对甲尚未出资的5万元向甲的破产管理人申报债权？

某律师事务所申请破产清算案①

某律师事务所因严重资不抵债向法院申请破产清算，法院经审理驳回了该律师事务所的申请。该律师事务所提出了上诉并在上诉失败后向最高人民法院申请再审，其再审的理由是：(1) 该律师事务所是营利法人，以律师事务所的全部资产对其债务承担责任；(2) 该律师事务所已经严重资不抵债，申请破产清算符合法律规定；(3) 该律师事务所于2010年10月作出解散清算决议，并依法申请破产清算，符合《企业破产法》第135条的规定。最高人民法院经审查后认为：依照《企业破产法》第2条、第135条的规定，可以根据《企业破产法》规定清理债务或者重整的主体，主要包括企业法人或者其他法律规定可以参照该法进行破产清算的组织。该律师事务所作为不具有法人资格的专业服务机构，不能直接适用《企业破产法》进行破产清算。虽然该律师事务所是经市司法局同意进行的公司制律师事务所试点，根据规定，该律所可以参照公司形式进行内部管理，但是这并不代表该律师事务所系法律规定的营利法人。根据该律师事务所的章程，其对内适用《公司法》，对外适用《律师法》，而且目前亦无其他法律明确规定律师事务所可以参照《企业破产法》进行破产清算。因此，该律师事务所提出的关于其是营利法人，具备破产主体资格的理由，缺乏法律依据，最高人民法院驳回了该律师事务所的再审申请。

① 参见最高人民法院（2021）最高法民申1295号民事裁定书。

根据以上案情思考以下问题：

（1）合伙企业或个人独资企业依据《企业破产法》第 2、135 条参照适用《企业破产法》进行破产清算，但目前没有《律师法》等其他法律明确规定对律师事务所可以参照适用《企业破产法》进行破产清算。作为专业服务机构的律师事务所不具有法人资格，故对其不能参照适用《企业破产法》进行破产清算。这个裁判观点是否成立？

（2）该所虽然经重庆市司法局同意进行公司制律师事务所试点，但是其属于专业服务机构，不属于营利法人（企业法人），不能直接适用《企业破产法》进行破产清算。是否非营利法人不能直接适用《企业破产法》?

第十二章

关联企业合并破产

本章概要

关联企业在破产程序中的合并有实质合并与程序合并之区别。实质合并是对各关联企业的资产与负债的合并处理，即在破产程序中将多个关联企业视为一个单一企业，在统一财产分配与债务清偿的基础上进行破产重整或清算程序，所有企业同类债权人的清偿率相同，各企业的法人人格在破产程序中不再独立。在目前我国的实践中，实质合并主要以各关联企业的资产与负债严重混同导致法人人格混同为适用条件。在其他一些国家，欺诈、债权人受益、重整需要等，也可以构成适用实质合并破产程序的原因。实质合并破产的关键是对各个关联企业的资产与负债进行实质合并处理，不能误解为对各企业的组织合并。

程序合并是对多个关联企业破产程序的合并审理，在《破产审判会议纪要》中被称为协调审理，体现为对不同法院管辖的多个企业破产案件的程序并案审理、整体协调重整或破产清算，包括通过统一制定集团各企业独立而又相互协调、衔接的重整计划乃至整个集团企业合一的整体重整计划，达到挽救企业目的，或在清算程序中使破产财产实现更高的价值，使债权人得到较多分配。在程序合并中，各关联企业仍保持法人人格的独立，各企业的资产与债务清偿比例等分别确定。

参考文献

1. 王欣新．实质合并破产中法人人格严重混同的判断标准．法治日报，2021-06-09

2. 王欣新．《全国法院破产审判工作会议纪要》要点解读．法治研究，2019 (5)

3. 王欣新．谈关联企业实质合并重整后的法人资格问题．法制日报，2018-06-27

4. 丁燕．我国关联企业实质合并重整适用标准研究．山东法官培训学院学报，2021 (6)

5. 王欣新．关联企业实质合并破产标准研究．法律适用（司法案例），2017 (8)

6. 王欣新．关联企业的实质合并破产程序．人民司法（应用），2016 (28)

7. 徐阳光．论关联企业实质合并破产．中外法学，2017 (3)

8. 王欣新，周薇．论中国关联企业合并破产重整制度之确立．北京航空航天大学学报（社会科学版），2012 (2)

9. 王静．实质合并破产法律制度构造研究．北京：法律出版社，2021

10. 王欣新．破产法．北京：中国人民大学出版社，2019

参考法规

1.《公司法》第 20、21 条

2.《破产审判会议纪要》“六、关联企业破产”第 32～39 条

3.《民商审判会议纪要》“(四) 关于公司人格否认”

引 例 江苏省纺织工业（集团）进出口有限公司及其五家子公司实质合并破产重整案[①]

一、基本案情

申请人：江苏省纺织工业（集团）进出口有限公司、江苏省纺织工业（集团）轻纺进出口有限公司、江苏省纺织工业（集团）针织进出口有限公

① 案例来源：最高人民法院发布第 29 批指导性案例（指导案例 163 号）。

司、江苏省纺织工业（集团）机电进出口有限公司、无锡新苏纺国际贸易有限公司、江苏省纺织工业（集团）服装进出口有限公司共同的管理人。

被申请人：江苏省纺织工业（集团）进出口有限公司、江苏省纺织工业（集团）轻纺进出口有限公司、江苏省纺织工业（集团）针织进出口有限公司、江苏省纺织工业（集团）机电进出口有限公司、无锡新苏纺国际贸易有限公司、江苏省纺织工业（集团）服装进出口有限公司。

2017 年 1 月 24 日，南京市中级人民法院（以下简称南京中院）根据镇江福源纺织科技有限公司的申请，裁定受理江苏省纺织工业（集团）进出口有限公司（以下简称省纺织进出口公司）破产重整案，并于同日指定江苏东恒律师事务所担任管理人。2017 年 6 月 14 日，南京中院裁定受理省纺织进出口公司对江苏省纺织工业（集团）轻纺进出口有限公司（以下简称省轻纺公司）、江苏省纺织工业（集团）针织进出口有限公司（以下简称省针织公司）、江苏省纺织工业（集团）机电进出口有限公司（以下简称省机电公司）、无锡新苏纺国际贸易有限公司（以下简称无锡新苏纺公司）的重整申请及省轻纺公司对江苏省纺织工业（集团）服装进出口有限公司（以下简称省服装公司）的重整申请（其中，省纺织进出口公司对无锡新苏纺公司的重整申请经请示江苏省高级人民法院，指定由南京中院管辖）。同日，南京中院指定江苏东恒律师事务所担任管理人，在程序上对六家公司进行协调审理。2017 年 8 月 11 日，管理人以省纺织进出口公司、省轻纺公司、省针织公司、省机电公司、无锡新苏纺公司、省服装公司等六家公司人格高度混同为由，向南京中院申请对上述六家公司进行实质合并重整。

法院经审理查明：

1. 案涉六家公司股权情况

省纺织进出口公司注册资本 5 500 万元，其中江苏省纺织（集团）总公司（以下简称省纺织集团）出资占 60.71%，公司工会出资占 39.29%。省轻纺公司、省针织公司、省机电公司、无锡新苏纺公司、省服装公司（以下简称五家子公司）注册资本分别为 1 000 万元、500 万元、637 万元、1 000 万元、1 000 万元，省纺织进出口公司在五家子公司均出资占 51%，五家子公司的其余股份均由职工持有。

2. 案涉六家公司经营管理情况

（1）除无锡新苏纺公司外，其余案涉公司均登记在同一地址，法定代表人存在互相交叉任职的情况，且五家子公司的法定代表人均为省纺织进出口公司的高管，财务人员及行政人员亦存在共用情形，其中五家子公司与省纺织进出口公司共用财务人员进行会计核算，付款及报销最终审批人员相同。

（2）省纺织进出口公司和五家子公司间存在业务交叉混同情形，五家子公司的业务由省纺织进出口公司具体安排，且省纺织进出口公司与五家子公司之间存在大量关联债务及担保。

为防止随意对关联企业进行合并，损害公司的独立人格，损害部分债权人等利益相关者的合法权益，在收到合并重整申请后，南京中院对申请人提出的申请事项和事实理由进行了审查，同时组织债权人代表、债务人代表、职工代表、管理人、审计机构等进行全面的听证，听取各方关于公司是否存在混同事实的陈述，同时对管理人清理的债权债务情况、审计报告，以及各方提交的证据进行全面的审核，并听取了各方对于合并破产重整的意见。

依照《企业破产法》第1条、第2条的规定，南京中院于2017年9月29日作出（2017）苏01破1、6、7、8、9、10号民事裁定：省轻纺公司、省针织公司、省机电公司、无锡新苏纺公司、省服装公司与省纺织进出口公司合并重整。

依照《企业破产法》第86条第2款之规定，南京中院于2017年12月8日作出（2017）苏01破1、6、7、8、9、10号之二民事裁定：(1) 批准省纺织进出口公司、省轻纺公司、省针织公司、省机电公司、无锡新苏纺公司、省服装公司合并重整计划；(2) 终止省纺织进出口公司、省轻纺公司、省针织公司、省机电公司、无锡新苏纺公司、省服装公司合并重整程序。

法院生效裁判认为：公司人格独立是公司制度的基石，关联企业成员的破产亦应以适用单个破产程序为原则。但当关联企业成员之间存在法人人格高度混同、区分各关联企业成员财产成本过高、严重损害债权人公平清偿利益的情况时，可以适用关联企业实质合并破产方式进行审理，从而保障全体债权人能够公平受偿。

本案中，案涉六家公司存在人格高度混同情形，主要表现在：人员任职高度交叉，未形成完整独立的组织架构；共用财务及审批人员，缺乏独立的财务核算体系；业务高度交叉混同，形成高度混同的经营体，客观上导致六家公司收益难以正当区分；六家公司之间存在大量关联债务及担保，导致各公司的资产不能完全相互独立，债权债务清理极为困难。在此情形下，法院认为，及时对各关联企业进行实质性的合并，符合企业破产法关于公平清理债权债务，公平保护债权人、债务人合法权益的原则要求。企业破产法的立法宗旨在于规范破产程序，公平清理债权债务，公平保护全体债权人和债务人的合法权益，从而维护社会主义市场经济秩序。关联企业存在人格高度混同及不当利益输送，不仅严重影响各关联企业的债权人公平受偿，同时也严重影响了社会主义市场经济的公平竞争原则，从根本上违反了企业破产法的实质精神。在此情形下，对人格高度混同的关联企业进行合并重整，纠正关联企业之间不当利益输送、相互控制等违法违规行为，保障各关联企业的债权人公平实现债权，符合法律规定。具体到债权人而言，在分别重整的情形下，各关联企业中的利益实质输入企业的普通债权人将获得额外清偿，而利益实质输出企业的普通债权人将可能遭受损失。因此，在关联企业法人人格高度混同的情况下，单独重整将可能导致普通债权人公平受偿的权利受到损害。进行合并后的整体重整，部分账面资产占优势的关联企业债权人的债权清偿率，虽然可能较分别重整有所降低，使其利益表面上受损，但此种差异的根源在于各关联企业之间先前的不当关联关系，合并重整进行债务清偿正是企业破产法公平清理债权债务的体现。

依照《企业破产法》第1条、第2条的规定，南京中院于2017年9月29日作出（2017）苏01破1、6、7、8、9、10号民事裁定：省轻纺公司、省针织公司、省机电公司、无锡新苏纺公司、省服装公司与省纺织进出口公司合并重整。

合并重整程序启动后，管理人对单个企业的债权进行合并处理，同一债权人对六家公司同时存在债权债务的，经合并进行抵销后对债权余额予以确认，六家关联企业相互之间的债权债务在合并中作抵销处理，并将合并后的全体债权人合为一个整体进行分组。根据企业破产法规定，债权人分为有财产担保债权组、职工债权组、税款债权组、普通债权组，本案因全体职工的劳动关系继续保留，不涉及职工债权清偿问题，且税款已按期缴纳，故仅将债权人分为有财产担保债权组和普通债权组。同时设出资人组对出资人权益调整方案进行表决。

鉴于省纺织进出口公司作为省内具有较高影响力的纺织外贸企业，具有优质的经营资质及资源，同时五家子公司系外贸企业的重要平台，故重整计划以省纺织进出口公司等六家公司作为整体，引入投资人，综合考虑进入合并的公司的资产及经营优势、合并后债权人的清偿、出资人权益的调整等，予以综合设计编制。其中重点内容包括：

（1）引入优质资产进行重组，盘活企业经营。进入重整程序前，案涉六家公司已陷入严重的经营危机，重整能否成功的关键在于是否能够真正盘活企业经营。基于此，本案引入苏豪控股、省纺织集团等公司作为重整投资方，以所持上市公司股权等优质资产对省纺织进出口公司进行增资近12亿元。优质资产的及时注入对企业进行重组，形成新的经济增长因子，盘活关联企业的整体资源，提高债务清偿能力，恢复企业的经营能力，重塑核心竞争力和顺利推进重整方案执行奠定了坚实基础。同时，作为外贸企业，员工的保留是企业能够获得重生的重要保障。重整计划制定中，根据外贸企业特点，保留全部职工，并通过职工股权注入的方式，形成企业经营的合力和保障，从而保障重整成功后的企业能够真正获得重生。

（2）调整出资人权益，以"现金+债转股"的方式统一清偿债务，并引入"预表决"机制。案涉六家公司均系外贸公司，自有资产较少，在债务清偿方式上，通过先行对部分企业资产进行处置，提供偿债资金来源。在清偿方式上，对有财产担保、无财产担保债权人进行统一的区分。对有财产担保的债权人，根据重整程序中已处置的担保财产价值及未处置的担保财产的评估价值，确定有财产担保的债权人优先受偿的金额，对有财产担保债权人进行全额现金清偿。对无财产担保的普通债权人，采用部分现金清偿、部分以股权置换债权（债转股）的方式清偿的复合型清偿方式，保障企业的造血、重生能力，最大化保障债权人的利益。其中，将增资入股股东的部分股权与债权人的债权进行置换（债转股部分），具体而言，即重整投资方省纺织集团以所持（将其所持的）省纺织进出口公司的部分股份，交由管理人按比例置换债权人所持有的债权的方式进行清偿，省纺织集团免除省纺织进出口公司及五家子公司对其负有的因置换而产生的债务。清偿完毕后，债权人放弃对省纺织进出口公司及五家子公司的全部剩余债权。由于采用了“现金+债转股”的复合型清偿方式，债权人是否愿意以此种方式进行受偿，是能否重整成功的关键。因此，本案引入了“预表决”机制，在重整计划草案的制定中，由管理人就债转股的必要性、可行性及清偿的具体方法进行了预先的说明，并由债权人对此预先书面发表意见，在此基础上制定完善重整计划草案，并提交债权人会议审议表决。从效果看，通过“债转股”方式清偿债务，在重整计划制定过程中进行预表决，较好地保障了债权人的知情权和选择权，自主发表意见，从而使“债转股”清偿方式得以顺利进行。

2017 年 11 月 22 日，案涉六家公司合并重整后召开第一次债权人会议。管理人向债权人会议提交了合并重整计划草案，各关联企业继续存续。经表决，有财产担保债权组 100%同意，普通债权组亦 93.6%表决通过计划草案，出资人组会议也 100%表决通过出资人权益调整方案。法院经审查认为，合并重整计划制定、表决程序合法，内容符合法律规定，公平对待债权人，对出资人权益调整公平、公正，经营方案具有可行性。依照《企业破产法》第 86 条第 2 款之规定，南京中院于 2017 年 12 月 8 日作出（2017）苏 01 破 1、6、7、8、9、10 号之二民事裁定：(1) 批准省纺织进出口公司、省轻纺公司、省针织公司、省机电公司、无锡新苏纺公司、省服装公司合并重整计划；(2) 终止省纺织进出口公司、省轻纺公司、省针织公司、省机电公司、无锡新苏纺公司、省服装公司合并重整程序。

二、法律问题

本案涉及的法律问题有：关联企业成员之间出现何种情形，方可以适用关联企业实质合并重整？关联企业实质合并重整的法律效果是什么？

第一节　实质合并破产的基本理论

一、关联企业合并破产问题的提出

（一）关联企业存在的经济合理性

在市场经济中，企业集团与关联企业的存在已是常态。企业以集团形态经营可以弥补不够发达健全的市场交易制度，降低交易成本与商业风险，优化资源配置，避免独立企业间竞争中产生的社会成本与市场损耗，获取更大的经济效益，在经济上具有充分的合理性。通过合理组建集团成员企业，可将涉及环境责任、消费者责任、技术创新等高风险的营业限定于集团的特定成员，使其余企业免受潜在风险责任的牵连影响；可以规避行政限制，集中资源，有利于获得政府颁发的经营资质与牌照、业务许可证或特许证等。而跨国集团的结构则更易满足投资所在国在企业设立与经营监管等方面的要求，规避有关法律限制，减轻纳税等负担。

（二）关联企业的概念

在我国，关联企业的概念最初见于税法。于 1991 年制定的《外商投资企业和外国企业所得税法实施细则》第 52 条规定，税法第 13 条所说的关联企业，是指与企业有如下之一关系的公司、企业和其他经济组织：（1）在资金、经营、购销等方面，存在直接或间接的拥有和控制关系；（2）直接或者间接地同为第三者拥有或者控制；（3）其他在利益上相关联的关系。《公司法》中虽对控股股东、关联关系等作了规定，但是对关联企业并没有直接作出定义。联合国《贸易法委员会破产法立法指南》第三部分“破产企业集团对待办法”，对“企业集团”（与关联企业同义）的定义是：以控制权或举足轻重的所有权而相互联结的两个或多个企业。笔者认为，在我国关联企业可被定义为：通过股权、合同或其他方法如人事控制、表决权协议等，相互间存在直接或间接的控制与从属关系或重要影响的两个或多个企业。

我国的一些关联企业在设立时具有不当目的，通过对股权、控制权的恶意隐藏与规避设计，在其外观上可能难以看出存在外化的控制关系，但是实质上是关联企业。所以在关联企业的认定上要强调实质优于形式，要依据其彼此的经济联系，从实质内容来分析是否为关联企业。

（三）关联企业业态可能存在的弊端

集团企业经营的一体化程度可大致分为两种情况：其一是各关联企业虽然集合管理，统一战略布局，广泛合作，但独立经营，不存在资产、债务等人格方面的混同；其二是由于集团企业滥用控制权等不规范运作，各关联企业在资产、债务、经营决策、企业管理、人事任免等方面严重混同，实际上失去独立的法人人格。控制企业将资产、债务等在不同关联企业间非市场化转移，不仅损害相关企业及其债权人的权益，而且当其多个关联企业进入破产程序时，在财产界定、债务清理、资产追索、重整挽救等方面出现许多比独立企业破产更为复杂的新问题。正如有的学者所指出的，“关联企业在法律上的合法性却未必如其在经济上的合理性那样来得简单和自然”①。当通过行使撤销权、由控制公司承担债务连带责任、对关联公司的债权劣后清偿等方法，仍不能解决对各关联企业债权人的公平清偿、保障破产程序顺利进行时，就需要进行合并破产。

（四）关联企业合并破产的必要性

关联企业的破产可能产生与单体企业破产不同的复杂问题。第一，如何保障不同企业间债权人的受偿公平，即如何在集团中实现整体债权人的受偿公平？关联企业间非市场化的利益输送导致集团内权益与责任分配不均，在多个关联企业破产时，有的企业资产较多而债务较少，另一些企业则资产较少而负债甚多，甚至有的关联企业的设立就具有承接债务、恶意破产的欺诈目的，由此使各企业的债权人之间不能得到真正公平的债务清偿，甚至促使债务人恶意逃债。第二，如何保障破产程序的顺利进行？由于各关联企业的资产、负债、账簿、业务、人员等高度混同，加之错综复杂的不当关联交易，当企业分别独立破产时，法院和管理人的债权确认、财产区分等破产清算与企业重整工作存在极大困难，不仅破产成本增大，工作效率低下，影响司法效率，损害债权人的权益，甚至破产程序都难以正常进行。第三，在集团企业的统一控制下，各关联企业的生产经营体系往往不独立、不完整，资产与负债严重混同，各企业实际上往往仅是集团的一个经营部门。这就使企业的重整挽救在分别进行的模式下因运营业务与资产不完整、企业单体经营效益低下，而无法体现重整价值，企业挽救难以进行。第四，如何维护破产法的立法价值？当人格混同的关联企业分别破产或重整时存在的诸多弊端，对破产法有序、公平清偿的立法价值以及重整挽救制度的实现造成了严重损害，且在原有制度体系下难以得到矫正。为了解决这些关联企业破产中的难题，就需要建立关联企业合并破产制度，尤其是实质合并破产制度，保障债权人等利害关系人的合法权益，保障破产程序的顺利进行。

（五）关联企业合并破产的种类

关联企业在破产程序中的合并有实质合并与程序合并之区别。实质合并是对各关联企业的资产与负债的合并处理，即将多个关联企业在破产程序中视为一个单一企业，在统一财产分配与债务清偿的基础上进行破产重整或清算程序，所有企业同类债权人的清偿率相同，各企业的法人人格在破产程序中不再独立。实质合并破产的关键是对各个关联企业的资产与负债进行实质合并处理，不能误解为对各企业的组织合并。程序合并是对多个关联企业破产程序的集中合并审理，体现为将由不同法院管辖的多个企业破产案件程序上并案审理。在程序合并中，各关联企业仍保持法人人格的独立，各企业的资产与债务清偿比例

① 蒋大兴：《公司集团内部责任构造之传统模型讨论》，载徐学鹿主编：《商法研究》，第2辑，266页，北京，人民法院出版社，2000。

等分别确定。《破产审判会议纪要》中使用了协调审理的概念，其中既包括程序合并，也包括多个破产案件仍由不同法院分别审理，只是在法院间进行审理的协调工作。笔者认为，不同法院间单纯的审理协调工作与合并的概念无关，不属于合并破产的范围，也无须对此从合并破产角度进行特别规定。

在司法实践中，我们谈及的合并破产往往都是指实质合并破产，这也是适用最为广泛的关联企业合并破产方式。本书在此主要分析实质合并破产制度，对程序合并破产仅作简单介绍。这是因为程序合并破产涉及的法律问题相对简单，而且在原有理论与法律制度下基本上就可以解决，而实质合并破产需要许多理论与制度的创新或突破，更为人们所关注。

二、关联企业合并破产的立法状况与发展沿革

目前，关联企业实质合并破产的处理模式已成为我国司法实践中一项普遍适用的新制度，许多地方法院审理了大量的实质合并破产案件。但实质合并破产的模式尚未为我国《企业破产法》明确规定，这使该制度的应用缺乏法律支撑，适用时易发生滥用现象，实务中操作方法也不统一，影响到当事人的正当权益。

（一）现行立法与制度之缺失

我国对关联企业实质合并破产的必要性和重要性的认识是逐步深化的。《企业破产法》立法时对关联企业的实质合并破产问题尚无规定，在旧破产法实施时期，与企业集团关联企业破产有关的少数司法解释和规范性文件对实质合并破产是持否定态度的。如最高人民法院制定的《破产规定》第 79 条规定："债务人开办的全资企业，以及由其参股、控股的企业不能清偿到期债务，需要进行破产还债的，应当另行提出破产申请。"一些地方高级人民法院当时的内部指导文件也对关联企业实质合并破产明文禁止。如广东省高级人民法院 2003 年制定的《关于审理破产案件若干问题的指导意见》第 7 条规定："财产混同的多个关联企业同时向法院申请破产的，法院应责令其先予界定各自财产，然后再向法院申请破产。债权人同时申请财产混同的多个关联企业破产的，法院受理后应由清算组依法界定各个关联企业的财产，不应以财产混同为由并清算。"青海省高级人民法院 2003 年《关于规范审理企业破产案件的实施意见》第 5 条规定："申请企业破产时，严禁以任何理由将具有独立法人资格的关联企业或下属企业及其财产列入破产范围连带破产。破产案件必须是'一企一案'，不允许搞'多企一案'。"

随着关联企业破产中理论与实践问题的不断涌现，旧的观念与操作模式逐步得到扭转，在司法实践中出现了对实质合并破产的有益探索。最初，对关联企业的实质合并破产，法院主要参照适用《公司法》"法人人格否认"的规定，寻找法律适用的制度空间。2018 年最高人民法院出台《破产审判会议纪要》，其中对关联企业合并破产问题作有一些原则性规定，该文件虽然不属于司法解释，但对实践中实质合并破产问题的处理起到重要的指导作用。在《企业破产法》的修订中，关联企业实质合并破产制度将成为重要的补充修改内容。

(二) 关于实质合并破产的理论学说

关联企业实质合并制度是以 1947 年哥伦比亚大学阿道夫·伯利（Adolph Berle）教授创立的企业主体理论（Enterprise Entity Doctrine）为基础的。[①] 企业主体论，即整体责任论，是指如果在法律上相互独立的公司之间的经济联系足够密切，就可以将它们当作一个整体来处理。根据这一理论，判断一个公司是否为独立的法律主体，应看其公司事实（corporate fact）是否符合企业事实（enterprise fact）。所谓公司事实即法律事实，所谓企业事实即经济事实。[②] 如依法定程序成立的公司实际上也是经济事实上的独立主体，则其为独立的法律主体。如形式上独立的各公司实际上仅为某一企业的不同经营部门，则虽然其在外观上是独立法律主体，但从经济事实来看，关联公司应被视为同一主体。法院可无视各个公司在法律上的独立性，而将其当作一个实体上或经济上的同一体来追究企业整体的责任。企业主体论为关联企业合并破产提供了理论上的合理性。

依据上述理论，在美国法院就破产案件作出的一系列裁定中，法官根据衡平法逐步创设了实质合并原则，使之成为独立于公司法上的“揭开公司面纱”之外的新规则，建立起在破产程序中就各个关联企业债务人的全部财产向整体债权人进行公平分配的制度。实质合并具有的保障公平清偿、简化破产程序、消除关联企业破产棘手难题、避免耗时费力的资产和债务清理工作、有利于企业重整挽救等因素，也在相当程度上促进了实质合并破产规则的发展与适用。实质合并破产规则反映了随经济发展而与时俱进的司法进步，体现了法律制度追求实质公平和正义的终极目标。

(三) 国外经验之借鉴

实质合并破产制度是由美国法官根据衡平法创设出来的制度，美国法院的一系列判例对该制度的发展具有重要作用。在美国，关联企业实质合并理论与实务规则的建立也是经历了不同的阶段，从最初完全依赖公司法上的法人人格否认制度，逐步发展到根据破产法的需要建立起独立的特殊规则体系。

在早期，法官在对关联企业破产案件的审理中，以关联公司是否保持各自独立的法人人格为关键点，认为当子公司实际上是母公司的另一个自我，而公司的这种虚假人格独立会产生类似欺诈转让的结果时，各关联公司的破产程序就应当实质合并。因为各公司之间资产和负债的分配并不是基于经济现实需要，而是在控制权下被人任意摆布的，所以不应将债权人的受偿权利限制于某一关联公司，也不应要求债权人花费太大精力来证明资产的欺诈转移并设法纠正。这时实质合并适用的关键标准是各关联企业实际上是否混同为一个企业。这与法人人格否认制度的原理是相同的，但由于实质合并规则的法律后果比法人人格否认制度的法律后果更为严重，故其在行为要件方面的标准也更为严格。在各关联企业的人格混同达到无法区分程度、无法界定财产与债务的归属时，就应当彻底、全面否定关联企业的法人人格。此阶段的实质合并尚未完全形成特有的判断规则，而是借用法人人格

① See Berle, “The Theory of Enterprise Entity”, 47 *Colum. L. Rev.*, 1947, p. 343.

② See Berle, “The Theory of Enterprise Entity”, 47 *Colum. L. Rev.*, 1947, p. 344.

否认制度。

在 In re Vecco Construction Industries，Inc. 案中，法官将在决定债务人同其他关联主体是否需要进行实质性合并破产时应当考虑的情形总结为七种：第一，分离和确定个体企业资产和负债的难度；第二，是否存在合并的财务报表；第三，在单一地理位置的合并受益情况；第四，资产和营业的混同；第五，不同实体权益的同一性；第六，存在明显的和企业内部的债务担保；第七，未遵守正规企业形式的资产转移。[①]

此后，美国联邦第二巡回法院在 Chemical Bank New York Trust Co. v. Kheel 案（科尔案）中认为，如果公司集团内部财务状况达到“令人绝望的混同”的地步，法院应支持实质合并。科尔案涉及对由单一自然人所有或控制的 8 个船运公司同时进行破产清算。在该案中，“巨大的开支和困难使得重构债务人的财务记录来决定各公司之间对资产的权利、责任和所有权是不现实的”。尽管认识到实质合并破产有可能造成对不知道关联关系的债权人不公平，有些不知情的债权人的交易信赖这些集团中的单个公司，但由于本案中“令人绝望的混同”这一客观因素的存在，在保护信赖整个公司集团的债权人还是保护信赖集团内部单个公司的债权人之间中，法院作出了实质合并破产的决定。该案表明法院已经开始脱离早期对法人人格混同的完全依赖，开始逐渐向权衡各方当事人利益的综合保护倾斜，进而形成实质合并破产这一特有的制度。[②]

实质合并破产的裁定在美国破产法典中也能找到依据，其第 105 条规定了“衡平权利”：“只要是对贯彻相关法律规定所必要或有益的，法院均可以实施任何命令、程序或判决。”[③] 美国联邦最高法院在 2005 年 Acme Chemical Industrial Products，Inc.，v. Jean Tien 案中便据此做出了实质合并破产的裁定。该案中，进入破产程序的 Acme 及其下属的 Tapco 和 Capco 三家关联公司之间存在大量的日常内部担保和交易，并且缺乏相关财务记录。严重的混同使它们在公司事务中的地位无法区分，经营收入也无法合理分配。外部债权人常常将三者视为一个整体，Tapco 和 Capco 的债权人经常误以为它们的交易对象是 Acme，而 Acme 也确实以 Tapco 和 Capco 的名义与二者的债权人打交道，为它们提供担保甚至付款，所以 Acme 的 7 亿美元债务实际上应由三家企业共同负担。法院认为，如果不采用实质合并破产，那么 Acme 的债权人能获得 50%～60%的清偿比例，而 Tapco 和 Capco 的清偿率分别为 65%～75%和 7%，会使对整体债权人的清偿严重不公平。基于上述考虑，法院最终对这三家企业的资产与负债做出了实质合并的裁定。[④]

---

① 参见美国东部地区弗吉尼亚破产法院于 1980 年审理的 In re Vecco Construction Industries，Inc. 案。In re Vecco Construction Industries，Inc. 4 Bankr.（Bankr. E. D. Va.，1980），Bankruptcy Reporter，Volume 4，407－412 [Z].

② 参见美国联邦第二上诉巡回法院于 1966 年审理的 Chemical Bank New York Trust Co. v. Kneel 案。369 F. 2d 848（2d Cir.，1966），Federal Reporter，2d Series，Volume 369，845－849.

③ Section 105（a）-Power of the court：（a）The court may issue any order，process，or judgment that is necessary or appropriate to carry out the provisions of this title. No provision of this title providing for the raising of an issue by a party in interest shall be construed to preclude the court from，sua sponte，taking any action or making any determination necessary or appropriate to enforce or implement court orders or rules，or to prevent an abuse of process. 11 U. S. C. § 105（a）.

④ In the Supreme Court of the United States October Term 2005，No. 05－628.

在美国确定了实质合并破产原则后，其他国家和地区很快加以仿效。英国1986年破产法第165、167条规定，对跨国公司进行清算时，在法院的许可下，清算人有权力进行合并。新西兰公司法规定，只要法院认为公平合理，就可以对跨国公司的破产清算进行合并。法国重整与司法清算法规定，在一定条件下，子公司破产程序的效力可以及于母公司的财产，即实质合并破产。[①] 澳大利亚法院在决定是否实施合并计划方面有广泛的裁量权，通常考虑的因素包括：（1）集团中一个公司以及它的经理和职员与集团其他公司在经营上的牵涉程度；（2）集团中一个公司以及它的经理和职员对集团其他公司的债权人的处理；（3）集团中其他公司以及它的经理和职员的行为对被合并公司清算条件的成就的影响程度；（4）各合并公司经营的混合程度；（5）一个或更多债权人由于合并命令可能受到的有利或不利影响的程度。瑞士法院在决定是否适用实质合并破产时会考虑以下因素：（1）存在对债权人的妨碍或欺诈；（2）债权人交易系基于对整个集团的善意信赖；（3）各个公司间的财产和财务混同；（4）集团内公司全部或部分接近资本不足；（5）合并为重整计划提供便利；（6）通常而言，合并有利于债权人的利益。日本学者指出：在包括母子企业的联合企业中，在联合度很大的情形下，以形式上的法人资格为基准进行通常的破产程序被认为违反公平。如果财产大规模混同，用诸如否认权、取回权以及母公司债权劣后等个别的法律技术解决明显困难，可以进行实体上的合并。

联合国国际贸易法委员会第五工作组制定的《贸易法委员会破产法立法指南》，总结世界各国的立法与实践经验，在第三部分"破产企业集团对待办法"对关联企业合并破产问题作出了详尽的规定，对各国相关破产立法起到重要的指导作用。

我国对上述实质合并破产的实践经验应当予以充分重视，可进行积极借鉴。

第二节　实质合并破产的适用标准

一、实质合并破产的概念与意义

企业集团的实质合并破产，是指将多个（两个及两个以上，下同）关联企业视为一个单一企业，合并资产与负债，在统一财产分配与债务清偿的基础上进行破产程序（包括实质合并重整或清算）各企业的法人人格在破产程序中不再独立（在破产重整程序终结后可以恢复独立）。[②] 联合国贸易法委员会制定的《贸易法委员会破产法立法指南》第三部分"破产企业集团对待办法"在其"术语表"中简略地指出，"实质性合并"是"将企业集团两个或两个以上成员的资产和负债作为单一破产财产的组成部分对待"[③]。也就是说，"不

---

① See Jackson, *The Logic and Limits of Bankruptcy Law*, Har. Uni. Press, 1986.

② 参见王欣新：《关联企业的实质合并破产程序》，载《人民司法（应用）》，2016（28）。

③ 联合国《贸易法委员会破产法立法指南》第三部分"破产企业集团对待办法"，2页，联合国维也纳办事处英文、出版和图书馆科，2012。

考虑企业集团每个成员的独立身份而将其资产和负债合并，视同由单一实体持有的资产和承担的负债”[①]，统一进行破产程序。在我国，《破产审判会议纪要》在其第36条规定了实质合并审理的法律后果：人民法院裁定采用实质合并方式审理破产案件的，各关联企业成员之间的债权债务归于消灭，各成员的财产作为合并后统一的破产财产，由各成员的债权人在同一程序中按照法定顺序公平受偿。采用实质合并方式进行重整的，重整计划草案中应当制定统一的债权分类、债权调整和债权受偿方案。

实质合并破产的关键是对各关联企业的资产与负债合并统一处理。被合并的各关联企业相互之间的债权债务包括相互承担的保证责任，归于消灭。各关联企业相互之间提供的物权担保仍然存在，视为债务人为自己的债务设立物权担保。各关联企业的债权人就合并后的财产在同一程序中按照法定顺序共同公平受偿。原各关联企业相互之间存在的破产撤销权因权利义务主体的合一而不复存在，但涉及向第三人追回财产的情况除外。实质合并破产也可能使债权人产生新的权利，如原对不同关联企业分别享有债权和负有债务的当事人，因为对方主体不同而无法行使抵销权，在实质合并破产后，因债权主体与债务主体的合并而享有抵销权。对实质合并形成的破产抵销权应当予以承认。

需要强调指出的是，实质合并破产中的“合并”，不是公司法、企业法意义上的组织合并、形式合并，只是对资产与负债在破产程序中的实质合并处理。法院作出的实质合并破产的裁定或者命令，并不具有对所涉各个关联企业在破产程序中实行公司法上合并程序的效力，如注销被合并的公司等。即使在企业持续经营的重整程序中也是如此。在实质合并破产时，各合并企业的法人人格仅仅是在破产程序中不再独立。也就是说，在程序意义上讲，这是一种以对资产与负债统一处理为目的的法人人格模拟合并，在破产程序中只产生对资产与负债在实体法意义上的实质合并法律后果。而当破产程序，尤其是重整程序结束后，经过实质合并破产消除历史原因造成的法人人格混同的不当后果后，各个企业原则上保留原有的法人资格。如关联企业间需要进行公司法上的合并程序，则可以在经法院批准的重整计划中由各方当事人自行确定，但更多的是由重整成功后的企业自行决定。从前述“破产企业集团对待办法”有关规定采用的表述看，强调的都是“资产与负债”的合并，根本不涉及组织合并。法院在破产程序中[②]启动实质合并破产程序的司法文书是实质性合并令（在我国通常是裁定），法院并没有通过诉讼的程序对实质合并的事由如法人人格混同以及关联企业的组织合并作出确认的生效判决。也就是说，在破产程序中适用实质合并破产[③]，并不以法院事先作出取消各关联企业的独立法人人格的裁判为前提，故这与公司法上的企业合并是完全不同的。但是，实质合并破产虽然未经诉讼程序，法院在实质合并破产过程中对各方利害关系人仍应当给予充分的保护，“由于这类命令将会产生严重影响，必须按照建议137－138，保证程序公正和公平，让利益攸关方有机会发表意见并对

---

① 联合国《贸易法委员会破产法立法指南》第三部分“破产企业集团对待办法”，59页，联合国维也纳办事处英文、出版和图书馆科，2012。

② 法院在各个关联企业均未启动破产程序时决定实质合并的，由于没有正在运行的破产程序作为基础支撑，应当按照公司法规定的有关程序进行。

③ 但是，在破产程序之外，先将各关联企业合并，然后再就合并后的企业提出破产申请即所谓“先合并，后破产”的操作模式下，应当先由法院作出法人人格混同、进行企业合并的判决，因为合并是在破产程序之外进行的。

这类命令提出异议”①。

法律制度的建设要符合法律的立法目的。联合国贸易法委员会制定的《贸易法委员会破产法立法指南》在建议1～5中规定：为了确立和制定一部有效的破产法，应考虑下列关键目标：（1）为市场提供确定性以促进经济稳定和增长；（2）实现资产价值最大化；（3）在清算和重整之间求得平衡；（4）确保对处境相近的债权人的公平待遇；（5）及时、高效并公正地解决破产事务；（6）保全破产财产以便公平分配给债权人；（7）确保制定一部有透明度和可预测的破产法，并为收集和传播信息提供激励；（8）承认原已存在的债权人的权利，就优先债权的排序确定明确的规则。② 这些规定涵盖了破产法从法律制度到社会效果的全面立法调整目标，如果予以概括，并落实为我国现行立法已制定的破产程序要实现的司法价值目标，笔者认为，应当包括：对债权人公平、有序、高效、及时地清偿；实现债务人资产价值的最大化；为具有挽救希望与价值的债务人提供制度性挽救机会；在以上方面为市场经济的发展提供具有透明度、可预测性与确定性的制度以促进经济稳定和增长，维护社会经济秩序。实质合并破产的主要立法目的，是要打破企业集团破产时的形式公平，实现实质公平，保障对集团各企业的债权人的整体公平清偿；通过实质合并消除在区分、清理集团不同企业的资产、负债等事项上的时间、费用与社会成本，提高破产清算与企业挽救的实益效率。其实，在破产——这一企业最终处置环节中，某种意义上讲，效率有时体现的就是实质公平，没有效率、过度损耗资源成本的形式公平反而会损害当事人的实际利益③，会违背法律实质公平、正义的原则。

在中国引入实质合并破产制度，是因为在集团企业的经营过程中，已经出现各个关联企业在资产、负债、管理、经营、财务、人事等多方面的人格严重混同乃至欺诈逃债等问题，实际上已失去分别承担有限责任的基础即独立的法人人格，需要进行实质合并以实现破产法的公平清偿等立法目标。在破产实践中，对企业集团的多个关联企业进行实质合并破产（包括重整与清算）实际上已经进入了常态化，在“人民法院报”的公告栏中可以不时看到关于企业实质合并破产的公告。但目前我国有关实质合并破产的法律与制度资源的供给不足，除了要求立法机关尽快立法以解决无法可依、操作不规范的问题外，也要求破产法理论与实务工作者深入研究实质合并破产应当如何立法，以及如何通过法理与实务研究来指导解决实践中的司法需求。

二、适用实质合并破产的情况类别

对关联企业适用实质合并破产的标准，可以分为区分适用情况种类的类别性标准与确认每一种类中具体构成的行为性标准。两者的区别是，前者是一种概括性的标准，表明的是实质合并破产判断标准的不同情况，体现着立法价值的差异，具有指导性作用，而后者

① 联合国《贸易法委员会破产法立法指南》第三部分“破产企业集团对待办法”，64页，联合国维也纳办事处英文、出版和图书馆科，2012。

② 参见联合国《贸易法委员会破产法立法指南》，13页，联合国贸易法委员会纽约办事处，2006。

③ 参见王欣新：《关联企业的实质合并破产程序》，载《人民司法（应用）》，2016（28）。

则着重界定每一类别标准中的各种具体表现与构成，强调操作性。作出这种区分，一方面是要将可以适用实质合并破产的原则与具体情况相区别，以便从更为宏观的角度准确把握；另一方面是为了明确提示，在许多国家除法人人格混同之外，还存在其他可以适用实质合并破产的情形。

前述“破产企业集团对待办法”对各国在关联企业实质合并破产立法与司法方面的经验作了较为全面的总结。该办法在“立法建议”部分建议220指出：破产法可以具体规定，如果建议223[①]所规定的获准申请人提出请求，法院可以仅在下列几种有限情况下针对企业集团中两个或多个成员下令进行实质性合并：(a) 法院确信企业集团成员的资产和债务相互混合，以致没有过度的费用或迟延就无法分清资产所有权和债务责任；或(b) 法院确信企业集团成员从事欺诈图谋或毫无正当商业目的的活动，为取缔这种图谋或活动必须进行实质性合并。[②]“破产企业集团对待办法”还指出，一些法域中使用的另一个理由是，由于集团各成员在企业结构、经营业务和财务上的联系，或由于集团多个成员生产过程及其产品中蕴含的知识产权等整个集团共有资产的价值，实质性合并可能会给债权人带来更大的回报。[③]

笔者将上述“破产企业集团对待办法”对实质合并破产情况的规定予以概括总结，取其大同，认为适用实质合并破产的类别性标准可包括四种情形：一是“企业集团成员的资产和债务相互混合”，可以简称为法人人格混同；二是从事欺诈图谋或毫无正当商业目的的活动，简称欺诈；三是债权人受益标准，即实质合并破产可以给债权人更大的回报；四是重整需要，也就是为挽救企业、制订重整计划所需要。这些标准在理论上都是可以适用于对实质合并破产的认定的，相互之间往往具有一定的关联，存在交叉、重合、包容的关系，尽管在实践中部分标准不宜单独适用。在司法实践中，进行实质合并破产的企业往往都是同时存在多种情况的，仅由于一项原因而适用实质合并破产的情况较为少见。在上述标准类别中，第1、2项在采用实质合并破产制度的各国被普遍适用，而第3、4项在一些国家可能不作为独立标准，而是在适用其他标准时作为补强考虑因素。

法人人格混同是关联企业实质合并破产最主要的判定标准，但并不是唯一的判定标准。这就是法人人格混同理论与实质合并破产理论的区别，也是两者的法律依据——公司法与破产法的区别。从公司法的角度看，只有在法人人格混同的情况下才可以打破法人人格独立的壁垒，适用“揭开公司面纱”规则。但当我们跨入破产法领域探讨实质合并破产的判定标准时，除了考虑公司法上的法人人格混同理论外，必然还会对破产法的立法目的和价值角度予以特殊考量，权衡破产程序的费用成本、债权人收益、企业重整挽救成功等因素。如此，才可能适应破产法上制度的特殊需要，更好地发挥出实质合并的效用，妥善

---

① 联合国《贸易法委员会破产法立法指南》第三部分“破产企业集团对待办法”之建议223规定：“破产法应具体规定，获准提出实质性合并申请的人可以包括企业集团成员、这类企业集团任何成员的债权人或破产管理人。”——作者注

② 参见联合国《贸易法委员会破产法立法指南》第三部分“破产企业集团对待办法”，71、72页，联合国维也纳办事处英文、出版和图书馆科，2012。

③ 参见联合国《贸易法委员会破产法立法指南》第三部分“破产企业集团对待办法”，61页，联合国维也纳办事处英文、出版和图书馆科，2012。

解决司法实际问题。将法人人格的混同作为判断应否适用实质合并破产的唯一标准，完全局限于对公司法制度的套用，与其他大多数国家规定的实质合并破产的适用范围相比就显得有些狭窄，未能从破产法的角度作更全面的考虑。

在上述标准之外还有学者提出债权人信赖利益的标准，即以债权人与公司发生交易时，是基于对整个企业集团信用的信赖，还是基于对单个交易对手公司独立信用的信赖，来确定是否适用实质合并破产。“破产企业集团对待办法”指出：由于企业集团的性质以及其运作方式，集团成员之间可能存在着复杂的金融交易网，债权人可能是在与不同的成员，甚至与作为单一经济实体的整个企业集团打交道，而不是与个别成员打交道。[①] 为此，当债权人的交易是基于对整个集团信用的信赖而进行时，在理论上讲就可以适用实质合并破产。不过，笔者认为，债权人的信赖利益更多的是个别债权人反对实质合并破产的理由，即抗辩理由。因为债权人的信赖往往是一种主观状态，是不足以据此就认定应否实质合并破产的，是否实质合并破产的判断必须建立在可以证明信赖合理存在的各种客观证据的基础之上才可能被法院所采纳，而这些证据通常也就是证明法人人格混同、欺诈等现象存在的事实，当债权人可以证明这些事实时，往往也就不再需要以单纯的主观信赖作为实质合并的理由了，所以它难以真正构成独立的判断是否适用实质合并破产的类别性标准。但是，个别债权人确实可以在他人主张是否实质合并破产时以此作为反对理由，并寻求相应救济。此外，债权人信赖利益标准的适用还存在诸多复杂问题难以解决，如债权人的类别不同，对因侵权而产生的债权人而言就不存在信赖对象差异问题；再如，当多数债权人的信赖对象不同，提出支持或者反对实质合并破产的彼此相反的信赖利益时，以信赖利益作为标准就难以作出合理判断，更何况不同关联企业的债权人因实质合并破产而利益所受影响不同，所提出的信赖利益也可能出现主观偏差。此外，信赖关系还可能存在于关联企业之间相互保证担保的情况下，如适用实质合并破产，关联企业间的担保会因权利义务主体合一而消灭，如对各关联企业分别独立破产，则债权人可以分别从债务人和保证人处得到多重清偿，这种利益的纠葛也会使信赖利益标准的适用更为复杂，难以判断。

但是，在实质合并破产中完全排除债权人信赖的因素也不合适，特别是在关联企业存在误导行为，使债权人认为该集团各关联企业是一个经济整体的情况下。故笔者认为，债权人的信赖虽然不足以作为是否适用实质合并破产的独立判断标准，但可以作为依据其他标准判断时的考量因素之一。例如，浙江省高级人民法院《关于航运、造船企业破产案件的审理指引（征求意见稿）》将判断是否合并破产的因素分为内部因素与外部因素，其第32条规定：“（合并破产的外部因素判断）相关企业在对外宣传、人事任免及经营过程中混同使用关联公司名称，致使相关债权人无法区分的，可以视为符合合并破产的外部条件”。前述“破产企业集团对待办法”也将“对企业集团的实际性质进行不实陈述，致使债权人相信他们的交易对象为单一企业，而并非集团的某个成员”[②]，作为可以考虑适用实质合并破产的理由之一。

---

① 参见联合国《贸易法委员会破产法立法指南》第三部分“破产企业集团对待办法”，54页，联合国维也纳办事处英文、出版和图书馆科，2012。

② 联合国《贸易法委员会破产法立法指南》第三部分“破产企业集团对待办法”，57页，联合国维也纳办事处英文、出版和图书馆科，2012。

此外，前述“破产企业集团对待办法”认为，还可以将相关利益人协商一致作为适用实质合并破产的依据。① 当然，如果所有各方利害关系人能够协商一致，而不是以少数服从多数的强制方式，同意适用实质合并破产，不过是当事人在行使对自己民事权利的处分权，且没有损害他人利益，法院当然应当允许并作出实质合并破产的裁定。不过笔者认为，这虽然是法院可以适用实质合并破产的情况，但不具有判断标准的性质，因为这是只需核实而无须法院再运用裁判功能对关联企业具体情况作出任何判断的事项。

实质合并破产原则的适用是对公司法人独立人格的否定，而公司的独立性是公司法的核心原则之一，除特殊情形外应得到尊重。此外，实质合并破产可能会与债权人原有的诸多权利如表决权、受偿权以及优先权等产生冲突。由于对实质合并破产的相关因素进行考量，通常都是一种事后的分析，故而当事人对此往往完全不能进行事前的预测与规避，因而无论是从尊重公司独立性、保护独立企业债权人的利益出发，还是从法律的稳定性和可预测性出发，对实质合并破产应当严格、审慎适用。不得仅为简化程序、减少法院或管理人的工作量，或回避清偿矛盾、满足债权人的不当要求，甚至搜刮财产而滥用，否则不仅会造成对法人财产独立原则的根本冲击，而且将影响破产法立法目的的实现。为此，《破产审判会议纪要》第 32 条强调：人民法院在审理企业破产案件时，应当尊重企业法人人格的独立性，以对关联企业成员的破产原因进行单独判断并适用单个破产程序为基本原则。当关联企业成员之间存在法人人格高度混同、区分各关联企业成员财产的成本过高、严重损害债权人公平清偿利益时，可例外适用关联企业实质合并破产方式进行审理。

【经典导读】

法人人格混同标准②

法人人格混同标准是实质合并破产中普遍认同的标准，也是司法实践中采用最多的标准。《破产审判会议纪要》第 32 条也将法人人格混同作为适用实质合并破产的首要条件。从形式来看，该条规定类似于公司法有关人格否认制度的规定，在对破产案件是否适用实质合并进行审查时，也有不少法院参照最高人民法院第 15 号指导性案例有关关联企业人格混同情形认定的裁判要旨，按照关联企业在人员、业务、财务等方面存在交叉或混同的情况，导致各自财产无法区分且严重损害债权人利益的标准进行认定。实践中，还有的法院将合同纠纷等诉讼案件中已生效的个案判决中法院对关联企业存在人格混同情形的认定及否定关联企业法人人格并判令其承担连带责任的内容，直接作为破产程序中决定适用实质合并破产的理由。也有学者认为当关联企业之间存在纵向人格混同时，符合公司法等实体法或判例认可的法人人格否定标准的，就可以适用实质合并破产。

法人人格否认制度与实质合并破产制度都是从判例中发展而来的，都根源于企业主体理论，都是对关联企业间利用控制关系进行不当利益输送行为的救济，都在某种程度上否认了法律所拟制的法人人格的独立性，具有一定的相似之处。但是，实质合并破产已经脱离了公司法上的法人人格否认制度，成为破产法上的独立制度。以法人人格混同作为适用实质合并破产的判断标准时，与公司法上法人人格否认中的人格混同标准之间存在较大差异；公司法上对法人人格

---

① 参见联合国《贸易法委员会破产法立法指南》第三部分“破产企业集团对待办法”，60 页，联合国维也纳办事处英文、出版和图书馆科，2012。

② 参见王静：《实质合并破产法律制度构造研究》，161～169 页，北京，法律出版社，2021。

混同的认定，基于对关联企业在个别交易中不当利用关联关系的行为的纠正，仅产生了实施滥用法人独立人格的股东对个别债权人清偿时的连带责任承担。个案中否定法人独立人格判决的既判力仅能约束该诉讼的各方当事人，仅产生“一时一事”上的效果。公司法上的法人人格混同适用的范围局限于个案诉讼涉及的特定期间，仅针对该案中原、被告等当事人特定的交易行为及特定对象，所产生的法人人格否定的法律效果也仅限于该案诉讼当事人之间，并不是全面、永久、彻底地否定公司的法人人格。而且，法人人格混同是对滥用公司形式的救济，关注的是有限责任的合理界限，本质上是股东与公司债权人之间的利益衡量，并不会过多关注程序成本对于实质公平的影响。而实质合并破产则立足于破产法概括清偿及对关联企业所有债权人整体利益予以保护的视角，关注的是最终实现对全体债权人的公平清偿，必然要考虑厘清关联企业间错综复杂的财产关系可能导致的难以承受的破产程序运行成本，及由此造成的对债权人利益的损害。实质合并通过破产程序对于运行失范的关联企业不当行为进行整体纠正，所产生的法律效果是在破产程序中对所有关联企业的法人独立人格彻底、终局性的否定。正是基于不同的设立目的，二者在具体适用的标准上存在区别：公司法上的人格混同是为了纠正关联企业某项或某几项不当行为，当公司法人形式被滥用时，要实现对指向明确的个别债权人的保护，所以，关联企业在与该债权人涉及的相关交易中存在人格混同情形的，即可认为符合人格混同的标准。但是，当人格混同作为实质合并破产适用的类别性标准时，不仅止步于存在通常的混同情形，更要对各个关联企业整体运营情况进行判断，只有当关联企业彼此之间整体的混同已经达到了相当严重和混乱的程度，清理这种严重混同导致难以负担的成本及对债权人整体利益的严重损害时，才可能符合实质合并破产中法人人格混同的标准。所以，虽然法人人格混同情形在公司法的法人人格否认制度与破产法的实质合并破产制度中都存在，二者的表征也存在一定的相似性，但是，如前所述，二者存在重大区别，不具有可替代性，不能以诉讼案件中有关法人人格混同的个案判决作为决定适用实质合并破产的依据。

法人人格混同作为实质合并破产适用时具有明确指引作用的类别性标准，与公司法上人格混同认定的重要区别就在于关联企业整体上人格混同的情况已达到相当严重的程度并产生巨大的成本。至于这个严重程度如何衡量，前述“破产企业集团对待办法”总结了各国的实践和经验，指出，所要求达到的混同程度很难量化，不同法院会有不同描述：“有的称涉及的混合程度使得没有希望或实际上不可能分开；有的称涉及的混合程度使分清集团成员的相互关系和资产的所有权所需的时间和费用与结果不相称；所需的时间和费用非常多以致危及债权人任何净资产的变现；在有关成员之间分配资产和负债实质上是随心所欲的，没有实际的经济意义。”在此基础上，“破产企业集团对待办法”将区分资产和债务是否会发生过度的费用或迟延作为认定关联企业人格混合程度是否严重的核心标准。美国法院则在实践中经由判例积累，逐渐脱离了法人人格否认制度的范畴，发展出极具工具性价值的资产分离困难标准。美国联邦第二巡回法院在 Chemical 案中首次提出了资产分离困难标准，即区分公司各自债权债务成本过于巨大，“达到令人绝望的程度”。之后，Vecco 案中，法院进一步将确定企业的财产和负债的区分难易程度，即资产分离困难标准，列为判断是否实质合并破产的首要考虑因素。

笔者认为，从破产法的视角出发，破产程序是集中处理资产与债务的最终司法程序，目标是在全面清理债务人财产的基础上实现对全体债权人公平、及时的清偿，所以，适用实质合并破产时对于人格混同程度的判断，应当主要着眼于关联企业间财产的混同，核心是财产混同的程度及区分的成本。如果能够轻易地区分关联企业彼此之间的财产，自然可以通过个别破产的方式实现救济。但如果关联企业之间的财产难以区分，此时仍试图花费高昂的成本、冗长的时间进行区分，势必损害全体债权人的利益。所以，资产分离困难标准应当是实质合并破产中法人人格混同的核心判断标准，有的学者甚至认为这才是唯一的关键性因素。

1. 资产分离困难的识别要素

在具体案件中审查时，在资产分离困难标准的认定上，可以从财产混同的程度与区分成本两个方面提炼出实践中关联企业之间呈现的各种具体情形等要素，作为实质合并破产审查时的指引。

(1) 财产混同的程度。

就特定案件中关联企业之间财产混同的严重情形，前述“破产企业集团对待办法”总结了各国法院在关联企业间的运营方式及相互关系方面重点审查的因素，包括关联企业的财务及管理方式，各关联企业间资产与资金的调拨方式，各关联企业间相关记录的全面保存情况，关联企业内部规范、适当的流程要求，等等。笔者认为，从前述“破产企业集团对待办法”的总结以及对中美等国的司法经验的梳理来看，概括而言，可以围绕下列要素重点审查关联企业财产混同的程度：一是关联企业彼此之间合并财务报表、会计账簿、混用账户、统一财务管理等的情况，二是关联企业之间财务资料是否完备，三是关联企业间资金往来的情况及频繁程度，四是关联企业之间互联互保的情况与涉及的金额、规模，五是关联企业之间不动产、动产、货物、原料等主要资产的所有权登记及使用情况，六是资产、现金、银行贷款等在关联企业之间随意、非正常使用、划转、转移的情况，七是关联企业各自职工雇佣管理及工资支付的情况，八是各关联企业在日常开支、行政费用、财务费用及其他费用方面的拨付及承担的情况，九是关联企业之间应收及应付账款各自能否独立的情况。这些要素并非要求在判断是否实质合并破产时全部得到满足，可以作为判断资产分离困难程度的行为性要素进行综合考量。而且，这些情形在关联企业间应当是广泛存在的，是普遍、经常性的现象，持续时间较长，且在程度上具有显著性，如果只是个别、例外的情况，则不宜因此适用实质合并破产。

另外，从资产分割理论的视角而言，在前述财产混同的表征要素中，应当重点关注的是关联企业之间会计账簿与银行账户的完整性和独立性，这是衡量资产分割的社会效益与成本的重要因素。债权人基于准确、完整的会计账簿及独立的银行账户能够有效证明转移财产、逃避债务等侵害债权人利益的情形存在，从而引发法院规制关联企业的不当行为的，资产分割造成的代理成本相对有限。但是反之，如果缺乏独立、规范的会计账簿和银行账户，实质合并破产作为必要情形下对公司财产独立性限制的正当性则大大提升。如海航集团 321 家关联企业实质合并重整案中，在 321 家公司中有大量公司未设置独立的财务部门，甚至无财务工作人员，各公司之间资金往来频繁，但彼此债权债务往来记录混乱不清。这是法院最终认定 321 家公司存在混同的重要因素之一。

(2) 区分的成本。

区分的成本，是指破产程序中清产核资所需要的成本，主要包括管理人进行财务与法律调查、财产接管、债权审核、权属确认、追收资产等可能产生的成本；既包括确认及追收等恢复关联企业财产独立性的直接成本，也包括债权人资金被占用的收益损失及商业机会丧失等间接成本。就区分成本是否过高的判断而言，包含可能实际支出的费用与需要消耗的时间、人力等资源两个层面。具体而言，可以从下列情形来认定：一是财产混同情况严重，管理人履职所需的费用较高，而企业现存财产较少，各关联企业的管理人预计花费的破产费用及报酬合计已经超过关联企业现存所有财产。二是财产混同的情况严重到区分各关联企业各自的资产与债务所需要的费用将使债权人，尤其是无担保的普通债权人，现存的能够受偿的财产消耗殆尽或者大部分被消耗。三是在财产严重混同的基础上，扣除厘清各关联企业各自资产与债务的费用之后，关联企业中原本财产较多的企业的无担保普通债权人能够获得的清偿，已经少于那些资产负债率较高的关联企业的无担保普通债权人在单独破产程序中可能获得的清偿。四是关联企业之间财产混同的规模过大，或者混同的情况极为严重、极为复杂，以至于区分各自的财产基本不可能或者需要耗费大量的时间与资源，从而造成破产程序迟滞不前，给全体债权人造成严重的损失。如在重庆康年食品有限公司等 3 家关联企业合并重整案中，审计机构投入 7 名人员、历时 8 个月，仍然无法区分各公司的财产，无法出具财务审计意见。北大方正集团有限公司等 5 家关联企业实质合并重整案中，因 5 家公司的财务长期混同，内部往来款记账差异巨大，加之 2016 年之前财务记录不完整及资料缺失，审计机构无法对各公司出具单体审计报告。南京雨润食品有限公司等 44 家关联企业实质合并重整案中，据管理人调查及审计机构专项报告，44 家公司从 2013 年至 2015 年统借统还涉及借款金额达 66.44 亿元；从 2016 年至 2020 年非经营性关联往来多达 20 多万笔，金额合计 1 130.41 亿元。更为极端的情形如 Worldcom 案中，Worldcom 公司下属各公司之间仅在一个月内就发生了多达 60 万次的交易，交易金额高达 1 万亿美元。这种关联交易的规模与复杂程度使实质合并破产成为不得已的必然选择。前三种情形下，可以由管理人列出预计的费用、报酬进行测算，也可以借助独立的审计评估机构出具的专项报告，对具体数额进行大致的测算与比较研判；第四种情形下要考量破产程序运行的成本与效率，包括程序拖延造成的时间成本、债务人财产的持续贬值、债权人资金冻结及受偿期限延长与利息清偿折现等综合性损失，体现了破产法之效率原则的要求。正如有学者所指出的，在破产这一企业的最终清理程序中，效率在一定意义上就代表着实质公平。

2. 辅助性补强要素

需要指出的是，资产分离困难标准作为法人人格混同的核心标准，并非要完全否定用于判断人格是否高度混同的其他要素的存在。如“业务混同”“人员混同”等经营业务、组织机构、人员、场所方面具有同一性等提示法人人格混同的其他表征，可以佐证财产混同以至于资产分离困难产生的原因、表现、后果以及程度。在通常情况下，这些要素与财产混同是共存的，也能够为认定人格高度混同提供更为扎实的基础，因此，可以作为判断实质合并破产中的人格混同的辅助性补强要素。有实证研究也表明，在关联企业背景下进行法人人格否认时，法院会倾向同时使用包括财产混同与业务混同、人格混同在内的多个混同理由。有的法院也以列举的方式在审判指导文件中列明了个案中审查时可以用于辅助判断的混同情形。深圳市中级人民法院《审理企业重整案件的工作指引（试行）》第 46 条规定的认定关联企业法人人格高度混同的情形持续、普遍存在的要素，除财产混同方面的主要经营性财产难以区分、相互担保、财务凭证难以区分、账户混同使用等情形外，还包括生产经营场所未明确区分，主营业务相同，交易行为、交易方式、交易价格等受控制企业支配，交叉持股，董事、监事或高级管理人员交叉兼职，受同一实际控制人控制，各关联企业对人事任免、经营管理等重大决策事项不履行必要程序等各关联企业丧失独立性且无法体现独立意志的其他情形。最高人民法院相关司法解释征求意见稿中，也列举了用以认定人格混同的其他辅助判断情形。最高人民法院《关于适用〈中华人民共和国企业破产法〉若干问题的规定（六）（2017 年 11 月征求意见稿）》中区分了法人严重丧失财产独立性与意志独立性的情形，其中第 6 条列举了主要经营业务相同，交易行为、交易方式、交易价格等受控制企业支配，高管交叉任职，受同一实际控制人控制，各关联企业对人事任免、经营管理等重大决策事项不履行必要程序等表明各关联企业严重丧失法人意志独立性的情形。

在资产分割理论视角下，在财产混同之外应当予以重点关注的是各关联企业之间业务经营上的同一性。资产分割的安排有助于降低债权人的信息成本与监督成本，当公司的业务独立于股东的业务时，公司可以不受股东经营风险的影响，债权人在交易时只需关注公司的业务与经营风险。但是，如果关联企业基于整体的统一安排，在经营决策上均受制于控制企业或者实际控制人的决定，各关联企业经营的业务密切相关，具有高度关联性，那么，继续保持各关联企业的资产分割也不具有降低信息成本与融资成本的社会效益。反之，通过实质合并破产限制资产分割并不会造成过高的社会成本，还可以有效规制关联企业损害债权人利益的不当内部交易。这一要素在近来的大型关联企业实质合并破产案件中也多有呈现。如海航集团 321 家关联企业实质合并重整案中，经调查发现海航集团等 321 家公司的管理架构为“集团总部—事业部/产业集团—其他公司”的三级管控结构，海航集团董事局系核心决策机构，中间层“事业部/产业集团”则是管理平台，底层公司持有资产，依据海航集团、管理平台的指令开展工作；实行垂直化控制和管理。海航集团同时设置了集团办公室、计划财务部、合规法务部、人力资源部等专业部门，在三级管控结构外并行设立条块化管理架构，架空各公司的内部治理与决策机制；强调经营行为的统一性，对业务规划进行统一安排、管理，各公司无权自主对外签署合同。又如北大方正集团等 5 家关联企业实质合并重整案中，各公司的重大业务调整、重大资产处置、大额工程招投标、项目开发、重大诉讼等经营管理事项均由方正集团决策。部分公司甚至无经营管理层和职工，公章、财务章均由方正集团持有、保管，公司日常事务、对下属公司的经营管理及股东权利的行使等亦由方正集团直接决定。

三、对实质合并破产各类判断标准的分析

（一）对法人人格混同标准的分析

法人人格混同是实践中适用得最为普遍的实质合并破产理由。需注意的是，法人人格混同现象在公司法中所受的处理（导致“揭开公司面纱”）与在破产法中所受的处理（导致实质合并破产）是存在重大区别的，相互不具有可替代性，虽然两者均否定关联企业独立性的存在，适用的条件也有相似之处。

根据《公司法》第 20 条第 3 款的规定，法人人格混同导致“揭开公司面纱”规则的适用，主要是使股东（包括自然人与企业）承担子公司债务的连带责任，所以立法以“逃避债务”（无论为主观图谋还是客观效果）作为适用条件之一。这种情形下“揭开公司面纱”的方式属于自上而下的顺向揭开。从立法条文的文字看，未规定股东向子公司转移财产、不当交易、逃避债务时，可以逆向“揭开公司面纱”，要求子公司对股东的债务承担连带责任；也没有规定在同一股东控制下，横向各层次的关联企业之间因转移财产、不当交易等而导致资产与债务混同时，可以横向“揭开公司面纱”。尽管有学者认为，在法理上讲，应当允许逆向“揭开公司面纱”以及对姊妹公司横向“揭开公司面纱”[①]。此外，“揭开公司面纱”原则上适用于对关联企业之间个别不当交易关系的处理，强调对相关单项债务清

① 朱慈蕴：《公司法人格否认：从法条跃入实践》，载《清华法学》，2007（2）。

偿的连带责任，不影响公司的其他法律关系。“揭开公司面纱”体现的法人人格被否定，仅是对特定行为或事项在特定期间内（如非破产程序期间）的否定，其适用范围与法律后果受到限制。“揭开公司面纱”作为对个别债权人权利的保护手段，往往难以在集体清偿的破产程序中保证对集团企业整体债权人的清偿公平，因其与实质合并破产制度的设立目的是不同的。

实质合并破产是对集团关联企业法人人格混同等现象在破产程序中的特殊处理手段，在我国破产制度尚未适用于自然人的情况下，不会从关联企业再延伸至自然人，而且对关联企业与关联自然人能否进行实质合并破产也是存在不同观点的。实质合并破产对法人人格的否认，是全方位、彻底的最终否定，不再局限于个别的行为或事项或者对个别债务的清偿，所以也不再以是否逃避债务为适用条件。由于实质合并破产是对各关联企业的资产与负债的合并处理，所以不再要求合并后的控制企业对附属企业的债务单独承担额外责任。实质合并破产“使关联企业成员之间的所有债权债务关系完全消灭，财产完全合并，强调对全体债权人利益的维护，这在处理高度混同的关联企业破产案件中是一种更有力的手段”①。

这两种制度在具体适用条件上也是不同的，尤其是对法人人格混同程度的要求有较大差异。适用“揭开公司面纱”，只需要在公司的个别交易关系上发生人格混同即可，以纠正个别行为上的不公平。而实质合并破产的适用，在以法人人格混同作为判断标准时，则要求各个关联企业的人格混合整体上达到严重的程度，或区分成本过高，以至于没有过度的费用或迟延就无法分清资产权属和债务责任。所以，这两种制度是不具有可替代性的。关联企业之间仅仅存在相互担保关系，或清晰的资金、资产的相互调拨，或明确的债务相互承担，但能够加以区分，是不构成实质合并破产条件的，可以通过撤销权或“揭开公司面纱”等方式解决。

此外，两者在法律适用时所考虑的原则与要点也是不同的。实质合并破产在相当程度上已经脱离了对“揭开公司面纱”制度中的人格混同与不当控制的考虑，已形成基于破产法效率原则和保护债权人等要求所发展起来的独立认定原则。正如美国法官在某一案件的判决中所说，尽管许多导致了实质合并判决的考量可以导致公司法律人格应当被否认的结论，这种结论并不是必然的。当一个集团内部的相互经济关系达到令人绝望的模糊程度，并且试图将这些经济关系区分开来所花费的必需时间和成本十分巨大以至于将损害到用以清偿所有债权人的净资产之时，不需要考虑任何揭开公司面纱问题。②

根据前述“破产企业集团对待办法”的规定，判定关联企业的人格是否严重混合的标准之一，是区分资产和债务是否会发生过度的费用或迟延，即区分成本过高。区分资产和债务的费用，主要是指复杂的法律和财务调查、性质判定、行为纠正、财务调整、资产回收等方面发生的费用。所谓费用成本是从债权人利益角度考虑的成本，而不是为方便法院或管理人工作而减少的成本。有的人反对将关联企业间区分资产和债务的成本过高作为适

① 王欣新、周薇：《论中国关联企业合并破产重整制度的确立》，载《北京航空航天大学学报（社会科学版）》，2012（3）。

② 详见：https：//www.courtlistener.com/opinion/1538713/in-re-vecco-const-industries-inc/。

用的理由之一，这是不妥的。所谓成本过高，可能存在几种情况：第一，清理资产与债务混同的费用足以使债权人，尤其是无担保债权人的受偿数额大幅减少，使继续寻求以企业法人人格独立作为破产程序进行的基础就丧失了意义，与“实现债务人资产价值最大化”的破产立法与司法目标相冲突了。破产程序过高的成本给债权人带来的不再是公正，而是损失。第二，那些在外观上看资产较多的关联企业的普通债权人可能得到的清偿，在扣除资产和债务的区分费用及纠正调整效果后，已经与那些资产较少的关联企业的普通债权人在不进行实质合并破产时可能得到的清偿相差无几，以至于合并破产所造成的平均清偿率的降低，对资产较多关联企业的债权人已经不再构成损失。第三，区分资产和债务的破产费用以及大量的时间与资源成本，会使所有债权人受到严重的综合性损失，包括因清偿过度迟延而造成的时间损失以及清偿的折现损失等。

此外，从法律程序来讲，“揭开公司面纱”必须适用诉讼程序，法院以判决确定；而实质合并破产则适用非诉讼程序，法院以裁定或者合并令确定。

（二）对欺诈标准的分析

欺诈是另一项适用实质合并破产的充分理由。前述“破产企业集团对待办法”指出，如果“法院确信企业集团成员从事欺诈图谋或毫无正当商业目的的活动，为取缔这种图谋或活动必须进行实质性合并”[①]。例如，“占有支配地位的股东进行欺诈，其中包括以欺诈性手段抽走集团成员的资产或增加其负债，或者以对债权人进行欺诈作为该集团成员的经营目的”[②]。上述内容列举了两种适用实质合并破产的情况：其一是“欺诈”，其二是“毫无正当商业目的的活动”。后者与欺诈的含义实际相同[③]，所以可统一概括为欺诈。在此种情况下，如果有充分的证据证明当事人进行了欺诈行为，可以认定为欺诈。由于欺诈的构成具有一定的主观因素，有时可能没有充分的直接证据证明欺诈的存在，但人们进行任何活动都是有目的的，当有人进行被公认是毫无正当商业目的的活动，又因企业破产给债权人造成损失时，其背后的非正当目的就可以被推定为欺诈，据此进行实质合并破产。

根据前述“破产企业集团对待办法”的规定，所谓欺诈，并不是指公司日常经营中发生的欺诈，而是指其活动根本没有正当的商业目的，这可能与创建公司的用意及其创建后从事的活动有关［见《贸易法委员会破产法立法指南》第三部分“破产企业集团对待办法”第二章第 97（e）段[④]］。这类欺诈的实例包括：债务人几乎将其所有资产转移至某个

---

① 联合国《贸易法委员会破产法立法指南》第三部分“破产企业集团对待办法”，71、72 页，联合国维也纳办事处英文、出版和图书馆科，2012。

② 联合国《贸易法委员会破产法立法指南》第三部分“破产企业集团对待办法”，56 页，联合国维也纳办事处英文、出版和图书馆科，2012。

③ “此处所谓欺诈，并非是指公司日常经营中发生的欺诈，而是指其活动根本没有正当的商业目的”（联合国《贸易法委员会破产法立法指南》第三部分“破产企业集团对待办法”，63 页，联合国维也纳办事处英文、出版和图书馆科，2012）。

④ 该段的内容是：“将单个企业人为地划整为零，分成几个不同的实体，目的是把单一企业隔开，使其免受潜在负债的影响；未照例将集团各成员当作独立的法律实体，包括无视集团成员的有限责任或者把个人资产与公司资产混在一起；或者企业集团结构纯属伪装或幌子，例如，以公司的形式为手段，逃避法定义务或合同义务；”联合国《贸易法委员会破产法立法指南》第三部分“破产企业集团对待办法”，56 页，联合国维也纳办事处英文、出版和图书馆科，2012。

新设立的实体或其自身拥有的不同实体，是为了自己的利益而保全和保留这些资产；对其债权人进行阻挠、拖延和欺诈；设局假冒或庞氏骗局和此类其他欺诈计划。[①]

从上文内容对欺诈所举的实例看，有一部分欺诈行为与其他适用实质合并破产的判断标准，尤其是法人人格混同，完全不相干，如设局假冒、庞氏骗局以及对债权人进行阻挠、拖延和欺诈等；还有一部分欺诈行为与其他适用实质合并破产的判断标准在外观上易于混淆，如几乎将其所有资产转移至某个新设立的实体或其自身拥有的不同实体、以企业集团结构作为伪装逃避法定义务或合同义务等，与法人人格混同的外在表现就颇为相似。欺诈与法人人格混同的区别在于，前者具有明显的主观恶意，即使采用了各种可能导致法人人格混同的行为，也是以此作为欺诈之手段，而法人人格混同通常是由企业集团经济高度一体化的不规范运营模式造成的，虽然未能遵守法人企业独立经营的原则，但本身是有正当营业的，且主观上往往不一定具有欺诈的故意，或者说不具有足以被认定或推定为欺诈的证据。所以，欺诈是一个不依赖其他条件而存在的实质合并破产判断标准，无论是否存在法人人格混同问题，均可独立适用。此外，根据前述“破产企业集团对待办法”的要求，在企业集团成员存在欺诈的情况下，法院的态度是“必须进行实质性合并”，以取缔违法行为。

（三）对债权人受益标准的分析

对何谓债权人受益标准，存在不同的观点。有的学者认为，债权人受益标准是指，由于各债务人的混同程度，对债务人资产、债务的分别处理将对债权人的利益造成影响，合并破产将使所有债权人受益。[②] 也有的学者根据其他国家的司法实践，将是否符合债权人受益标准的判断条件分为两种情况：其一是实质合并破产有利于所有债权人，即不会造成任何债权人损失，只有受益。这种观点可以被称为绝对受益标准。其二是实质合并破产对整体债权人产生的利益大于其造成的损害，也就是对部分债权人而言，实质合并破产会带来损失，但该损失不会超过其他债权人或整体债权人获得的收益。也就是说，债权人整体上可以获益。这种观点可以被称为相对受益标准。在第一种情况下，因实质合并破产对所有债权人都有益，法院无须再作权衡，应当毫不犹豫地作出合并令或裁定。但对第二种情况而言，法院就必须在损失的合理性、可接受性，尤其是公平性等方面进行利益权衡，才能作出是否实质合并破产的公正判断。在司法实践中，第一种情况是较少的，多数都是第二种情况，所以需要法官公平、正确、有担当地作出裁判。

相较于关联企业实质合并破产可能产生相较于额外利益，即使债权人受益。这一利益可能来自几个方面：第一是来自关联企业破产财产合并处置而导致的“1+1>2”的配套性互补互增效应。第二是关联企业合并重整导致的集团整体运营价值的提升。如集团各成员在企业结构、经营业务和财务上的互益联系，或集团多个成员的生产过程及其产品中蕴含的知识产权、运营价值等整个集团共有资产等因合并重整而保值增值，给债权人带来比单

① 参见联合国《贸易法委员会破产法立法指南》第三部分“破产企业集团对待办法”，62、63页，联合国维也纳办事处英文、出版和图书馆科，2012。

② See In re Augie/Restivo Baking Co., 860 F2d. (2d Cir., 1988).

独破产重整所能带来的利益更大的利益。第三是因实质合并破产免除各企业资产与负债的区分和清理成本、降低破产费用、加快破产程序而得到的利益增加。但是，仅仅因为实质合并破产使原来形式上资产较多的企业的债权人的清偿率降低了，使原来形式上资产较少的企业的债权人（无论人数再多）相应获得较高清偿率而得到了利益，不能被视为符合债权人受益标准，因为这不过是将原有利益做了重新分配，使破产清偿趋于平均，并没有增加债权人新的整体收益，尽管这一调整从整体上保障了对债权人的清偿公平。

这一项标准可以是一项独立的标准，前提是符合上述第一种情况，即实质合并破产将使所有债权人都受益，无人受损。如果在所有利害关系人都能获益的情况下还不允许适用实质合并破产，非要让大家都受损，那这绝对不是对法律的正确适用。但是在符合上述第二种情况时，这一项标准往往难以完全独立地适用，需要同时符合法人人格混同等其他标准的基本要求，作为补强因素而适用。此外，由于合并破产能否使全体债权人受益往往并非实际清算或重整的市场操作结果，而只是模拟计算的比较结果，所以必须保证据以模拟计算的评估报告、财务报告公平、准确，并给予债权人等当事人以知情权、异议权等权利保障。

（四）对重整需要标准的分析

重整需要标准，主要是指为了保障企业重整挽救的成功而适用实质合并。实质合并可以提高企业重整的司法效率，使营业资源有效整合，给企业整体重整或营业整体出售带来价值提升与操作便利，不仅可以降低成本，实现破产案件的经济、效率，也可以更有力地保障企业挽救获得成功。①

一些经营高度一体化的集团企业中，其各下属企业之间在生产经营方面通常存在着较为明确的专业化分工，有的负责生产，有的负责采购，有的负责销售，有的负责研发，而每一个单独的企业往往不能构建完整的经营体系。这就使这些关联企业在分别独立进行重整时，运营资产和经营体系的不完整，单体经营独立效益低下，重整工作交叉重复，导致成本浪费、效率损失，且难以挽救成功。美国破产法第 1123 条（a）第 5 项（c）即作出规定，法院可以采取一定的手段促使重整计划的实施，如“将一个或多个债务人进行合并”。

根据科斯（Kors）、玛丽·伊丽莎白（Mary Elisabeth）在其论文中的概括，法院从这个角度裁定实质合并的理由包括：其一，实质合并可以通过提高债务人经营的可行性而提升债务人重整成功的可能性。其二，实质合并后确认一个重整计划比确认多个重整计划成本更低，从而可以节约管理费用。其三，实质合并可以使企业集团中有清偿能力的实体资助其他实体。②

笔者认为，重整需要对促进实质合并重整成功具有重要意义，但在大多数情况下不宜作为一项独立的实质合并破产标准。仅仅因为关联企业重整需要就完全否认各企业独立的

---

① 参见王欣新：《关联企业的实质合并破产程序》，载《人民司法（应用）》，2016（28）。

② See Kors，Mary Elisabeth. “Altered Egos：Deciphering Substantive Consolidation”，*U. Pitt. L. Rev.* 59，1997，p. 381.

法人人格，打破公司有限责任原则，实施实质合并破产，可能是不妥的。但因为重整通常可以最大限度地提高债权人的清偿利益，所以其本身也蕴含、叠加符合债权人受益标准，同时此类关联企业很可能还存在法人人格混同现象，所以一项综合判断标准是可以适用的。在不具备实质合并破产条件的情况下，仅为了解决关联企业因经营高度一体化而出现的单个企业重整困难问题，前述“破产企业集团对待办法”建议在保持各关联企业法人人格独立的前提下，通过程序合并（将各企业重整案件集中由某一法院审理的审理程序合并）与程序协调（包括各企业重整案件在不同法院审理时的相互协调、统一处理），制定相互协调乃至统一的重整计划的方法加以解决。

在借鉴各国有关实质合并破产的判断标准的同时，我们要适度保持标准的开放性，以应对不断发展变化的新情况。实践的发展总是具有不确定性，任何标准都不应一成不变，而要与时俱进，要与我国破产实践的国情需求相结合，在实践中不断细化和完善。我们应当在借鉴其他国家实质合并规则的同时，不断调校符合我国司法实践需要的实质合并破产判断标准，以满足法律适用的统一性要求。

四、对行为性标准的分析

司法实践中，人们在判断应否适用实质合并破产时，直观面对的往往不是前述经过总结上升为原则与理论的各种类别标准，而是关联企业表现出的各种具体行为与情况，并需要从中分析确定实质合并破产的具体标准。在实质合并破产具体标准的判断上，即使具备了某一单项构成要件，也并不表明就可以得出确定性结论，仍需要综合判断。

前述“破产企业集团对待办法”指出，法院发出实质合并令时，应当查明、确定与实质合并破产有关的一些适用要件，关键“在于如何权衡考虑各种要件以做出公正和公平的决定；任何一个要件都不一定是结论性的，特定案件中不一定存在所有要件。这些要件包括：存在集团的合并财务报表；集团所有成员合用一个银行账户；集团成员之间利益和所有权的统一；对个别资产和负债进行分离的难度；集团不同成员分担间接费用以及管理、财务和其他相关费用；存在集团内贷款以及贷款的交叉担保；集团成员为图方便不遵守适当手续而彼此转移资产或调拨资金的程度；资本的充足情况；资产或经营业务的混合；指定共同的董事或高级管理人员和举行董事会联合会议；共同营业地；与债权人的欺诈交易；鼓励债权人将集团视为单一实体的做法，使债权人不清楚同其打交道的究竟是集团的哪些成员，或者使集团成员间的法律界限模糊不清；以及实质性合并究竟是为了便于重整，还是为了债权人的利益。”① 可以看出，其列举的各种与认定实质合并破产有关的行为，涉及多种标准类别，所以权衡是否适用实质合并破产通常都会是一个综合性的判断过程。关于其他标准在前述部分已经作了较为深入的分析，而法人人格混同是实践中适用实质合并破产最为重要的标准，而且其具体表现形式多样，问题复杂，对其认识与理解也有差异，所以笔者下面仅对此项标准从行为角度进行具体分析。

---

① 联合国《贸易法委员会破产法立法指南》第三部分“破产企业集团对待办法”，62页，联合国维也纳办事处英文、出版和图书馆科，2012。

在对关联企业法人人格高度混同问题的分析中，要注意几个问题。第一，在分析法人人格高度混同问题时，要同时关注欺诈、债权人受益等其他判断因素，要看到是否适用实质合并破产的判断通常都是一个综合性的过程，在视野上不能仅囿于公司法上的法人人格混同，要从实质合并破产是破产法特有制度的角度考虑其特殊调整需要。第二，注意不宜将在企业集团化运营中因正常控制权行使而普遍存在的具有一定中性意义的行为或现象视为法人人格混同的主要表现和判断标准，如将经营业务相同，经营地点相同，相互担保或交叉持股，经营权力的集中控制，受同一实际控制人控制，董事、监事或高级管理人员交叉兼职等在一般性经营事务上的资源共用与互助、降低成本，视为主要的判断因素。这些因素在存在资产与负债严重混同的情况下，可以考虑在一定程度上作为补强证据，但是在资产与负债混同程度不高的情况下，不能将这些行为或现象作为存在法人人格混同的主要证据，滥用实质合并破产。第三，明确认定法人人格混同的关键性指标是资产与债务的严重混同以及与此相关的其他附生现象。

《破产审判会议纪要》第32条中对适用实质合并破产标准的表述是："关联企业成员之间存在法人人格高度混同、区分各关联企业成员财产的成本过高、严重损害债权人公平清偿利益。"虽然其已经突出了财产混同问题，但仍未能充分考虑其他适用因素，不足以满足实践中的普遍性需要。

"破产企业集团对待办法"指出，"有些法院已经将重点放在有限的几个因素上，特别是集团成员的事务是否高度混合以至只有付出高昂的费用并耗费大量的时间才能分清资产和负债，或集团成员是否从事欺诈或没有合法商业目的的活动。关于第一条理由，所要求的混合程度很难量化，不同法院有不同描述，有的称涉及的混合程度使得没有希望或实际上不可能分开；有的称涉及的混合程度使分清集团成员的相互关系和资产的所有权所需的时间和费用与结果不相称；所需的时间和费用非常多以致危及债权人任何净资产的变现；在有关成员之间分配资产和负债实质上是随心所欲，没有实际的经济意义。法院在做出决定认为特定案件中的混合程度使得有理由进行实质性合并时，审查了各种因素，包括集团成员运营方式和相互关系，其中包括管理和财务事项方面的关系；集团各成员的记录保持是否充分；是否遵守适当的公司手续；各成员之间调拨资金和资产的方式；以及有关集团运营的其他类似因素。"①

对是否适用实质合并破产需要作综合性的权衡与判断，但是必须抓住关键要素，也就是关系实质合并破产立法目标实现的要素。在以法人人格混同作为判断是否实质合并破产的标准时，最关键的要素就是集团关联企业之间资产与负债的混同程度及其衍生带来的进行企业独立区分是否会发生过高的费用或迟延。因为在实质合并破产中所合并的就是资产与负债，而不是法人人格、组织机构、办公场所、高管交叉任职等其他与破产程序关系不大的事项。破产程序所要解决的也是如何公平、有序、及时地将债务人的财产清偿给全体债权人，包括通过重整挽救程序清偿债权人。所以，只要集团各关联企业的资产与负债达到严重混同的程度，就会使破产程序的上述立法目标在关联企业独立破产的情况下无法实

① 联合国《贸易法委员会破产法立法指南》第三部分"破产企业集团对待办法"，62、63页，联合国维也纳办事处英文、出版和图书馆科，2012。

现，而必须启动实质合并破产。至于其他大部分集团公司都普遍存在的关联法人人格不够规范的各种表现与行为，往往是直接或间接围绕着资产与负债的混同而发生、存在的非主导性情况。在“破产企业集团对待办法”对实质合并破产的定义中，也是将资产与负债作为唯一的关键性因素。从某种意义上讲，当资产与负债的混同程度已经使其区分成本足以吞噬债权人相当部分清偿财产时，再探讨法人人格其他方面是否混同到需要实质合并的程度，对债权人来讲已经失去了实际意义，其他要件是否存在已不再具有结论性或否定性意义。所以，只要关联企业的资产与负债没有发生严重混同，即使存在其他方面的各种情形，也不能以法人人格混同为理由适用实质合并破产，而应当通过破产撤销权、“揭开公司面纱”、衡平居次等方法处理，或者在破产程序中通过程序合并、程序协调解决。

此外，在权衡是否适用实质合并破产时，还需注意破产法视角下的公平。例如“强迫某一类债权人与集团偿债能力较弱的某一成员的债权人平行分担债务，可能对这一类债权人不公平；给债权人整体带来的节余或益处是否大于对个别债权人造成的间接损害。有些债权人可能依赖集团某一特定成员的单独资产或独立法人身份进行交易，因此不得因为交易伙伴与其不知情的集团另一个成员之间的关系而拒绝向其全额偿付。还有一些债权人本来依赖整个集团的资产，因此限定其只能向集团某一成员的资产追偿是不公平的。”① 实质合并破产在某种意义上讲，是在各种不同层次、形式的公平之间权衡，寻求整体性的实质公平。

从我国的司法审判案例中也可以得到实质合并破产适用的许多启示。在审理浙江纵横集团有限公司等六公司重整案件时，审判人员发现上述六家公司实际由同一公司控制，各关联公司人格高度混同。这主要表现在：（1）财务混同。从表面上看，这六家公司财务均独立核算，但实际由控制公司浙江纵横集团有限公司支配。集团公司设立融资部门，专司资金的调配，各关联公司只设会计，不设银行出纳，全部的结算活动由集团融资部门操作。六公司之间的财务账簿、银行账号也混合使用。（2）高管、内部机构和经营场所混同。同一经营场所存在二个以上的关联公司，生产线为二个关联公司所有。（3）经营决策受制于集团公司，各关联公司无自主决策权和管理自由。各关联公司的原材料和产成品的采购和销售以及产品的定价权均由集团公司控制。（4）资产混同，难以区分单个公司的财产和负债。不仅集团公司与关联公司之间的财产难以分清，各关联公司之间的财产边界也不清晰。普遍存在一个公司对外融资，资金却由另一公司使用的情况。（5）关联公司资本显著不足。各关联公司的注册资本均是由集团公司通过借款的方式提供给各出资人，验资后，集团公司对该部分资本金全部予以抽回。各关联公司不能独立承担民事责任。（6）集团公司、关联公司之间存在贷款担保关系。这主要是集团公司借款，由关联公司担保；关联公司借款，由关联公司或集团公司担保。基于集团公司“1+5”公司法人人格高度混同，为公平清理债权债务，保护债权人的合法利益，经管理人的申请，法院决定实施合并重整。②

综上，实质合并破产是在集团企业的破产程序中，通过破除法人外观上的独立地位实现破产立法目标与实质公平的必要手段。在确定实质合并破产的适用时，必须考虑破产法

---

① 联合国《贸易法委员会破产法立法指南》第三部分“破产企业集团对待办法”，61页，联合国维也纳办事处英文、出版和图书馆科，2012。

② 参见陶蛟龙、史和新：《关联公司合并破产重整若干法律问题研究》，载《人民司法（应用）》，2012（3）。

上的特殊需要，仅仅囿于公司法的理论是不能妥善解决破产法问题的，更难以真正适应实质合并破产的实践需要。

【经典导读】

实质合并破产中法人人格严重混同的判断标准[①]

判定关联企业的人格混合程度是否达到需要适用实质合并破产的具体标准，是资产和债务是否混同到无法区分的程度，或者对资产和债务的独立区分费用等综合成本是否过高。破产法所要解决的是如何公平、有序、及时地将债务人财产清偿给全体债权人，包括通过重整挽救程序清偿债权人。破产法的立法目的就决定了，在法人人格混同时，判定是否适用实质合并破产的关键因素就应当是资产和债务是否严重混同。至于关联企业间存在的其他一些情况，如关联企业的控制人同一、高管相互兼职、经营场所的相同或一定程度上的混同使用、相互担保、相互融资等，是集团企业或多或少都会存在的正常运行特征。集团企业因对各关联企业存在控制权而形成，控制权最常态的表现就是控制人的同一、高管的相互兼职等。对这些现象单纯从混同角度分析，至多只能算是一般性事务的混同，而不涉及人格混同，不能作为适用实质合并破产的充分理由。在评价法人人格是否混同时，要将为保障集团企业对下属关联企业的正常控制以及相互协助、降低成本、方便工作等需要而存在的，不影响企业独立性的资源共用情况，与人格混同的情况相互区分。

对资产与负债严重混同的概念应当有正确的理解。第一，这种混同不要求关联企业间的资产和负债完全混同、全部无法区分，而要求主要的资产与负债相互混同，达到无法认定企业具有独立人格的程度。这是因为在实践中全部资产和负债完全混同的现象是很少发生的，运营中的企业肯定会有一些资产是产权明晰的，如办公设施、用品、产品等，但这并不妨碍其整体意义上存在资产与负债的严重混同。相反，基本正常运营的关联企业间有时也会出现少量资产和负债的混同，但这不构成实质合并破产的理由，即便需要予以纠正，也应采用其他方法。要正确理解和判断事务性质从量变到质变的过程与界限。

第二，资产与负债严重混同有两种表现情况。其一是资产与负债无法区分。这是指关联企业的资产与负债达到完全混同的程度。所谓“完全”不是指数额上的全部，而是指混同程度上的完全。无法区分是指资产与负债的混同造成无法确认导致其产生与现状的基础法律关系性质，无法区分各方的权利义务性质，无法界定彼此的收益或者亏损等权益、损失的承担等。需要注意的是，有些资产可能自其产生时起就存在混同现象，而有些资产则可能是从最初的各自独立，随着混同因素、权重的增加而逐步演化到严重混同。在从独立至混同的过程中，既要看到彼此独立的开始，也要看到最终严重混同的结果。不能只看前面而否定后面，也不能看到后面而困惑于前面，要客观、历史地分析混同的全过程并予以确认。

其二是区分的成本过高。所谓区分成本是一种综合性的集成成本，包括直接成本、间接成本以及社会成本。(1) 直接成本主要是指对资产与负债混同的识别确认成本和纠正后果成本。识别确认成本，是指通过对关联企业的财务专项审计、法律调查以及对企业股东、高管、财务人员的访谈等，查明关联企业间存在资产与负债混同各项具体情况的成本。纠正后果成本，是指对已查明的资产与负债混同情况进行独立性区分，采取法律等措施纠正非市场化配置资源各种不当后果的成本，如行使破产撤销权追回财产、纠正行为的成本，包括进行诉讼、仲裁的费

① 参见王欣新：《实质合并破产中法人人格严重混同的判断标准》，载《法治日报》，2021-06-09。

用、时间成本等。这些成本造成债务人企业中债权人可分配财产的直接减少。(2) 间接成本主要是指债权人等利害关系人的间接财产损失，如债务清偿时间推迟造成的财产贬值、磨损损耗等损失，未及时清偿产生的利息和收益损失、通货膨胀与货币贬值损失，因清偿资金的延迟回收而产生的替代使用资金的利息等借贷成本，负债的增加，以及因商业机会丧失而导致的间接损失，等等。(3) 社会成本主要是指，由于企业的土地、厂房、设备、人力等社会资源不能得到优化配置、及时使用，而造成社会财富的损耗和减少，社会负担的增加，经济发展的延缓，以及对资产与负债混同的独立区分而发生的对司法与社会资源的占用和耗费等。

区分成本过高的具体表现有：一是指对资产与债务混同的区分与纠正结果与费用成本，使原在外观上看似资产较多的关联企业的债权人的清偿率，低于合并破产时的平均清偿率。这时仍以法人人格独立为由对各关联企业分别适用独立破产程序就丧失了实际意义，与实现债权人清偿利益最大化的破产立法与司法目标相冲突。独立破产的过高成本给债权人带来的不再是公正，而是损失。二是区分资产和债务的费用以及大量的时间与资源成本，会使所有债权人受到严重的综合性损失。

在识别资产和负债是否混同时，要注意从财务账簿方面进行考察分析。《民商审判会议纪要》第10条指出，认定是否构成人格混同时，应当综合考虑以下因素："股东无偿使用公司资金或者财产，不作财务记载的；股东用公司的资金偿还股东的债务，或者将公司的资金供关联公司无偿使用，不作财务记载的；公司账簿与股东账簿不分，致使公司财产与股东财产无法区分"等。资产和负债是否都进入账簿记载，是一个很关键的识别因素。这里的账簿是指公开的、合法的账户，不包括非法的、内部的隐蔽账簿、私下账簿。在非法的、内部的隐蔽账簿、私下账簿中的记载，因为不为监管部门、交易人等知悉，不能被视为财务记载。

区分资产和债务的成本，涉及复杂的财务与法律调查、性质判定、行为纠正、财务调整、资产回收、诉讼和仲裁费等方面发生的工作与费用等成本，可能使债权人的清偿利益受到综合性损失。所以，将区分关联企业的资产和债务成本过高作为适用实质合并破产的事由，是符合破产法立法目标的。

案例12—1 南京建工产业集团有限公司等25家公司实质合并重整案①

申请人：南京建工产业集团有限公司管理人

…………

以上25家申请人代表人：张某军，管理人负责人

被申请人：南京建工产业集团有限公司，住所地在江苏省南京市××大道×××号。

法定代表人：赵某，该公司董事长

…………

① 案例来源：江苏省南京市中级人民法院（2021）苏01破20号之一至44号之一民事裁定书。

2021年6月30日，本院依法分别裁定受理南京建工产业集团有限公司（以下简称建工产业集团）、南京赛擎科技有限公司、南京庆亚企业管理有限公司、中海外江苏贸易发展有限公司、句容苏丰天和建设有限公司、南京朗清贸易有限公司、南京嘉盛景观建设有限公司、南京悦盛建设发展有限公司、嘉盛建设集团有限公司、南京嘉盛混凝土有限公司、南京东部路桥工程有限公司、南京建工集团有限公司、南京景丰建设发展有限公司、南京恒远混凝土构配件有限公司、南京畅路材料科技有限公司、江苏省房地产发展实业有限公司、江苏赤山湖生态旅游发展有限公司、南京嘉盛水泥制品有限公司、南京燕子矶保障房开发有限公司、南京市第四建筑工程有限公司、江苏赤山湖生态产业有限公司、江苏句容秦淮源开发建设有限公司、南京疏港大道投资管理有限公司、南京天隆置业发展有限公司、南京江北新能源开发管理有限公司（以下统称建工产业集团等25家公司）重整案，并于同日分别指定江苏法德东恒律师事务所、北京市中伦（南京）律师事务所、国浩律师（南京）事务所、上海市锦天城（南京）律师事务所担任建工产业集团等25家公司联合管理人。7月15日，建工产业集团等25家公司管理人以25家公司之间存在高度关联性且法人人格高度混同，具备实质合并重整必要性，也有利于保障债权人公平清偿利益，提升重整收益为由，向本院申请将上述25家公司重整案适用实质合并重整方式进行审理。7月20日，本院在全国企业破产重整案件信息网发布听证公告，并通知申请人、被申请人和相关利害关系人参加会议。后因疫情影响，本院延至9月3日组织召开听证会。申请人建工产业集团等25家公司管理人、被申请人建工产业集团等25家公司、债权人代表、债务人工会代表、职工代表、审计机构等现场参加了听证会，另有206家利害关系人通过全国企业破产重整案件信息网在线参加了听证会。

建工产业集团等25家公司管理人申请实质合并重整的主要理由如下：(1) 25家公司属于同一控制下的关联公司。建工产业集团对其他24家公司直接、间接控股或实际控制。(2) 25家公司法人人格高度混同。1）在建工产业集团过度支配和控制下，其他24家公司严重丧失法人意志独立性。主要表现为：一是统一管理制度。建工产业集团制定的规章制度适用范围包括其他24家公司。二是统一经营决策。建工产业集团根据业务经营需要，突破公司股权结构，对其他24家公司划分若干板块管理，实际最终决策权归属建工产业集团。三是统一内部控制。各公司董事、监事、高级管理人员人事任免权归属建工产业集团。建工产业集团直接任命或委派管理各公司财务人员，财务人员等存在兼职、混同情形。四是经营业务部门化。25家公司统一对外承接业务、统一采购材料、统一对外投资和处置重大资产等。2）建工产业集团等25家公司财产严重混同。建工产业集团通过对25家公司资金尤其融资资金的实际控制、统一调拨以及财务调账，从而形成25家公司共同的、虚拟的“资金池”，导致财产严重混同。（3）关联公司财产区分成本过高。25家公司之间长年存在频繁、巨额的非经营性资金往来，因会计核算不规范，彼此财产已难以区分，即使区分也将付出巨大时间和工作成本。（4）实质合并重整有利于维护债权人公平清偿利益，通过引入外部重整资源，促进重整成功和实现债权人利益最大化。

为证明建工产业集团等25家公司符合实质合并重整适用情形，申请人向本院提交了25家公司企业信用信息公示报告、立信会计师事务所（特殊普通合伙）出具的信会师报字［2021］第ZH50087号“南京建工产业集团有限公司等25家公司财务混同专项报告”（以下简称审计机构专项报告）、建工产业集团规章制度等内部文件、访谈笔录、有关内部往来记账凭证等财务资料、三方债权转让协议、房屋租赁协议等证据。

本院审查期间，徽商银行股份有限公司南京分行、徐工集团工程机械有限公司等4家利害关系人提出异议，理由主要包括：（1）关联企业实施集团化控制管理实属正常，建工产业集团等各公司均独立建账，财产能够区分，不应实质合并重整；（2）要求管理人对申报债权的优先效力、优先范围等予以确认；未来重整计划不能影响对25家公司以外的主体保证责任的追究；主张有关财产不属于破产财产等，否则不同意相关公司实质合并重整。除此之外，被申请人和其他利害关系人均未提出异议。听证中，对于有关利害关系人提出的异议和关注的其他重整事项及进展情况，建工产业集团等25家公司管理人也逐一作出相关说明，并在听证后进一步作了沟通解释。

结合申请人提交的证据材料和听证审查情况，本院查明如下事实：

（1）在关联关系上，建工产业集团等25家公司系关联公司，建工产业集团通过直接或间接持股、人事控制等方式控股或实际控制其他24家公司。建工产业集团等25家公司围绕建筑施工主业，以工程施工企业为主干，若干项目公司、建筑材料生产及销售公司为配套，通过股权控制、人事安排、资金管理、关联协作形成高度紧密的多层企业组织。

（2）在组织架构上，除个别董事、监事外，建工产业集团直接任命其他24家公司的法定代表人、董事、监事，对各公司的行政、人事、财务、融资、法务部门实行条线管理。各公司重大经营事项实际由建工产业集团决策或批准，公司治理机制失灵。2010年以来，建工产业集团制定的包括资产管理、人员管理、财务管理、印章管理、合同管理、对外投资以及日常管理等若干规章制度适用范围均包括了集团、下属分子公司、实控公司等。

（3）在资金管理上，25家公司融资统一由建工产业集团筹划、决策、实施、使用、偿还，融资计划均由建工产业集团融资部负责制订，融资资金均由建工产业集团资金部统一调度使用。各公司有经营性闲置资金的，也可能被统一调拨使用。审计机构对25家公司之间的2014年—2019年年末账面往来进行整理，检查非经营性往来余额形成过程并分析发生情况，形成财务混同专项报告。根据审计机构专项报告，上述期间内25家公司累计其他应收款借贷双方发生超过44 000笔，总金额约24 100亿元。25家公司间大量资金往来仅为走账，无采购、销售交易背景，与各公司的主营业务没有关系，部分公司存在资金往来进出未作相应账务处理以及通过三方债权债务转让调账但未作账务处理情况，导致公司间累计往来发生额存在不一致。因会计核算不规范，经常出现单边挂账，已难于逐一核对、清偿。25家公司间绝大部分资金占用并不计提、收取资金占用费。25家公司间因借款等原因形成一方为多方担保、多方为一方担保、相互担保等交错担保情况。经统计，互联互保合计187笔，金额合计861.95亿元，未发现担保方收取担保费或提供反担保情形。

对于25家公司中少部分公司其他应收款发生笔数占比相对较少，是否达到财产混同难以区分的情况，申请人和审计机构在听证中作出进一步说明：个别公司因成立时间较晚，与其他公司资金往来占比较少，但占其自身整个资金交易比重很大，而且该部分公司通过内部非经营性往来与其他公司财产形成了难以区分的网状混同情形。

(4) 在业务经营上，建工产业集团根据业务经营需要，突破公司股权结构，对其他24家公司进行板块化管理，有关重大项目以建工产业集团名义对外招揽，再交由各板块公司承接。有关对外采购按照建工产业集团制定的招标管理制度统一实施，有关对内采购按板块向内部贸易类公司采购，如南京畅路材料科技有限公司主要为南京东部路桥工程有限公司提供工程材料采购。有关资产处置由建工产业集团统筹安排专门公司处置。此外，部分公司还存在使用同一经营场所的情况。

(5) 在人员管理上，各公司的岗位设置及人员招聘均需按照建工产业集团的总体编制执行，高级管理人员（尤其是经理和财务人员）的人事任免权归属建工产业集团。根据审计机构专项报告，建工产业集团对各公司财务管理人员实施统一委派制度，多数公司存在由同一名高级财务管理人员任职管理情况。此外，江苏赤山湖生态旅游发展有限公司、江苏赤山湖生态产业有限公司等还存在混同使用同一批工作人员情形。

本院认为，关联企业存在有其经济合理性，但滥用控制关系，将资产、债务相互不当转移，势必损害关联企业破产状态下全体债权人的平等受偿权利。当关联企业成员之间存在法人人格高度混同、区分各关联企业成员财产的成本过高、严重损害债权人公平清偿利益时，可例外适用关联企业实质合并破产方式进行审理。

本案中，建工产业集团等25家公司已分别进入重整程序，本院综合以下因素，认为25家公司应当进行实质合并重整。

（1）建工产业集团等25家公司法人人格高度混同。认定关联企业成员间法人人格高度混同最基本的判断标准是公司是否具有独立意志和独立财产。建工产业集团是25家关联公司的核心控制企业，通过直接任命各公司的法定代表人、董事、监事和有关高级管理人员控制各公司重大经营事项决策权。建工产业集团对各公司实施板块化管理，统一对外承揽重大项目再交由各板块公司实际承接，指定采购和资产处置，关联公司整体经营呈现一定程度的部门化形态，非市场化协作导致集团内部利益界限模糊。在财务管理和资金调拨上，建工产业集团对各公司财务条线采取垂直化管理，财务管理人员交叉任职，融资资金使用管理高度一体化，统一由建工产业集团制定融资计划、调度使用和偿还。建工产业集团过度支配和控制其他24家公司经营管理，导致其空具人格形骸，并无独立意志，也导致资金、经营收益等长期、频繁、广泛在25家公司之间任意调配，法人财产亦不独立，财产边界不清，财产严重混同同时还存在经营人员和场所混同情形，故本院认为25家公司构成法人人格的严重混同。

（2）区分建工产业集团等25家公司财产的成本过高。破产程序是概括清偿程序，目标是实现对全体债权人公平、及时清偿。因此，实质合并破产适用主要着眼于关联企业成员间财产混同程度，核心在于区分成本是否过高以致难以承受。根据管理人调查和审计机构审计情况，建工产业集团等25家公司财产高度混同主要体现在资金混同上。2014年至2019年，25家公司累计其他应收款借贷双方发生超过44 000笔，总金额高达24 100亿元。虽然，25家公司均单独建账，但大量资金往来仅为走账，并无真实贸易背景和明确的对应关系，因资金规模巨大，且部分往来未作账务处理、会计核算不规范，难以逐一核对，无法准确还原。25家公司间因借款等原因形成大量关联互保、交错担保情形，进一步加剧了财产区分难度。

财产区分成本不仅包括财产区分的识别成本，还包括财产归集的纠正成本。这些成本不仅包含费用成本，也包含时间成本。本案中，区分成本过高不仅体现在需要涤除上述大量非市场关联交易因素影响，厘清各公司真实资产负债情况所需花费的识别成本，还需要考虑通过诉讼、执行等途径解决财产归属纠纷，实现各公司资产归集的纠正成本。而且，区分财产导致重整程序过度迟延，将造成债务未能及时清偿、商业机会丧失带来的损失。因此，对于本案有关财产能够区分，不应实质合并的异议，本院不予采纳。综上，出于成本和效率考量，本案若仍试图花费高昂成本作财产区分，势必损害全体债权人利益。

（3）实质合并重整有利于债权人利益保护。一方面，实质合并重整有利于实现全体债权人的公平清偿。实质合并重整首要目的是实现对全体债权人的公平清偿。建工产业集团等25家公司之间表面上不同资产负债状况并非真实市场交易结果，甚至可能导致部分公司资产负债严重失衡。25 家公司财产高度混同，已难以还原各公司真实资产负债状况，唯有依赖实质合并，方能矫正关联企业之间不当利益输送，妥当平衡各方债权人清偿利益。

另一方面，实质合并重整有利于提高全体债权人整体清偿率。在正向价值提升上，实质合并重整能够保留建工产业集团等 25 家公司运营链条的完整性和协同效应，保有经营效能，从而有助于引入外部重整资源，进一步增加关联企业重整价值和可行性，提升整体清偿率。在反向价值提升上，实施实质合并重整可以消灭关联企业之间的债权债务关系，避免 25 家公司间复杂的网状般相互追索。同时，关联企业财产经合并将以统一财产整体对待，节省了高昂的区分成本，起到反向提升债权清偿率的效果。整体清偿率的提升也能够尽力弥补单体破产状态下本应获得较高清偿率的债权人损失，尽管这种损失因为 25 家公司财产高度混同已难以查知。

至于本案中有关利害关系人要求确认自身债权优先效力及范围、对实质合并范围外主体保证责任追究、特定财产不属于破产财产等个性化诉求，与实质合并重整是否适用并无直接关联，有关担保权利性质及优先清偿顺位、特定财产归属等不因实质合并而受到影响，破产法等相关法律法规也为上述诉求提供了其他制度救济，故本院对于上述异议理由亦不予采纳。

综上所述，本院认为，建工产业集团等 25 家公司管理人申请将案涉 25 家公司进行实质合并重整具有事实及法律依据，本院予以支持。对建工产业集团等 25 家公司实质合并重整，符合企业破产法公平清理债权债务的基本原则。据此，依照《企业破产法》第 1 条、第 2 条、第 71 条之规定，裁定如下：

对南京建工产业集团有限公司等 25 家公司进行实质合并重整。

如不服本裁定，可以自本裁定送达之日起 15 日内向江苏省高级人民法院申请复议。

本裁定自即日起生效。

第三节　实质合并破产的程序

一、实质合并破产程序的启动

（一）适用实质合并破产的关联企业范围

适用实质合并破产的关联企业范围，是指关联企业存在实质合并破产原因时应否均适用实质合并破产。换言之，关联企业中所有存在法人人格高度混同等实质合并破产原因的企业，是否还应当同时具备破产原因才能适用实质合并破产？如何避免对被纳入实质合并破产的企业的人为选择或规避？存在法人人格严重混同等情况的关联企业如因未发生破产原因而不应进行实质合并破产时又应如何处理？这些是在进行实质合并破产时首先必须解决的问题。

第一，笔者认为，进行实质合并破产的关联企业应当同时具备实质合并破产原因和破产原因，对仅存在实质合并破产原因，未发生破产原因的关联企业，不适用实质合并破产。实质合并是在破产程序中适用的，所以判断应否实质合并破产的标准，首先是关联企业是否存在破产或重整原因，其次才是是否存在法人人格混同等实质合并破产原因。所谓未发生破产原因包括两种情况。其一，形式上未破产，即仅从该企业自身的外观情况（如债务、财务状况）来看未发生破产原因，但如通过行使撤销权等方式纠正关联企业间不合理的利益输送、负担承担，则该企业存在破产原因，所以其应当被纳入实质合并破产范围。其二，实质上未破产，是指在纠正对其他关联企业间不合理的利益输送、负担承担后，该关联企业本身仍不存在破产原因，则该企业原则上是不应被纳入实质合并破产程序的。

第二，上述原则在一些国家存在例外。前述“破产企业集团对待办法”指出，“一些法律规定允许有限的例外，若为以下情况则允许将单一申请延及集团其他成员：所有相关当事方都同意将集团一个以上成员列入在内；集团一个成员的破产可能会影响集团其他成员；申请所涉及的各当事方经济上一体化、紧密难分，例如资产相互掺和，或者控制权或所有权达到了一定的程度；或将集团视作单一实体具有特殊的法律意义，尤其对重整计划而言。”“集团高度集中的，破产法可基于将不符合启动标准的集团成员列入破产程序符合整个集团公司利益的理由，准许启动申请把这类成员列入在内。与确定必要集中程度相关的因素可能包括：集团成员之间的关系，对这种关系虽说法不一，但都涉及相当程度的相互依赖性或控制性；资产混杂不清；身份同一，依赖管理层和财政支助或不一定由集团成员间法律关系（例如母公司与受控集团成员间的关系）而产生的其他类似因素。可能适宜将集团非破产成员列入联合申请的另一种情况是‘集团’的存在是虚拟的。例如，当进行集团活动如同其涉及单一实体，而集团的存在纯属该单一实体活动的门面时，就可能发生这种情况。当成员间相互关联，实际上只有一个资产基础，集团成员之间不作法律上的区分，而管理层和债权人也将不同成员视为一个整体时，也会发生这种情况。”据此，未发生破产原因的关联企业也可以例外被纳入实质合并破产范围的理由有：其一，企业法人人格高度混同，资产实质同一，以至于所谓未发生破产原因的该关联企业实质上根本不具备独立存在的基础。其二，将其纳入实质合并破产范围符合整个集团的利益，如有利于制订适用于整个集团的重整计划草案，保障重整成功。其三，所有各方当事人同意，但这在实践中往往是十分困难的。这种实质合并破产的例外仅存在于一部分国家，适合于特定国情，并非普遍现象。对集团中所有存在法人人格高度混同的企业均适用实质合并破产，有助于避免对被纳入实质合并破产范围企业的人为选择或规避，避免出现新的不公平，从而也是有其一定的合理性的。不过笔者认为，在我国实质合并破产制度尚不完善的情况下，不宜扩大实质合并破产关联企业的范围。

为解决这一问题，前述“破产企业集团对待办法”中还介绍了一些国家采用的摊付令制度。所谓“摊付令为法院下达的命令，法院可在其中要求集团非破产成员提供一定的资金，以偿付已进入破产程序的集团其他成员的全部或部分债务，特别是在集团非破产成员对集团破产成员的作为不当时。此种不当行为例如可包括以不当价格将集团濒危成员的资产转往集团另一成员，或集团一个成员享用集团濒危成员积累的税务便利，使濒危成员的债权人在随后的破产程序中获得的清偿付款减少”。这一制度可以为我国所借鉴。

（二）实质合并破产程序的启动方式

实践中，实质合并破产程序的启动有多种方式，从外观上概括有三种类型。第一，各关联企业先分别进入破产程序，然后再实施实质合并破产。第二，部分关联企业先进入破产程序，再以申请实质合并破产的方式，对其他企业直接启动实质合并破产程序。第三，在破产程序启动前，各关联企业先行进行实质合并，再共同申请启动实质合并破产并进入破产程序。

第一种启动方式是进行实质合并破产最为常见的类型，其适用的前提是各企业均存在破产原因，可以先行分别启动破产程序。这种方式下实质合并破产申请与各企业的破产申请是分离的，所以不会将外观上看未发生破产原因或根本不存在破产原因的关联企业拉入破产程序，故在合并企业范围的确定上不会发生争议。但是，如果各个关联企业不在同一个法院的管辖之下，则可能出现分别进入破产程序后，还需要协调解决不同法院之间的管辖和案件移送问题

采用该种启动方式的如特毅系关联企业实质合并破产清算案。该案是上海首例适用实质合并规则审理的关联企业破产案件。上海特毅企业有限公司系由英属维尔京群岛金克莱斯勒有限公司出资设立的外商独资企业。上海特毅通用动力机械有限公司和上海美浩电器有限公司则是同由香港億毅集团有限公司出资设立的港商独资有限责任公司。这三家企业虽名义上是三个独立的法人，但实际经营地址相同，生产办公场所和资产均混同使用，除房地产外，设备、存货、低值易耗品等资产很难区分确切权属。这三家企业经营范围近似，都是围绕日本三菱公司的发动机特许专利合同展开业务，分别承担小型通用发动机的生产、销售、维修业务。这三家企业均由自然人潘某实际控制，只有一套管理班子。这三家企业的职工互相混合，劳动隶属关系模糊不清。这三家企业在资产、债务和业务、人事等方面存在高度混同的关联关系。

2008 年年初，这三家企业因资金链断裂，引发严重的债务问题。2008 年 5 月，经债权人申请，上海市金山区人民法院同时分别受理了这三家企业的破产清算案件。在审理过程中，管理人发现这三家企业存在高度的资产混同和债权债务混同，如进行分别清算，不但不能实现公平清偿的目的，而且存在清算时间过长、成本增加的问题，不利于保护债权人的合法权益。为此，管理人提出了将这三家企业破产财产合并清算、统一清偿的申请，法院裁定对这三起破产案件实质合并审理。

第二种启动方式可能将外观上看未发生破产原因的关联企业直接纳入破产程序。因对外观上看未发生破产原因的关联企业可能难以先启动个别的破产程序，所以在需要将其纳入实质合并破产程序时，这是一种有效的方法，但在申请和受理裁定中需要充分说明对其

进行实质合并破产的理由。在其他关联企业的管理人申请实质合并破产时，可能出现部分关联企业在无债权人或债务人提出破产申请即受理其破产案件的情况，从而与现行破产法对破产程序启动的一般规定存在不够协调之处。

采用该种启动方式的如沈阳欧亚集团关联企业实质合并破产清算案：沈阳欧亚集团是由以沈阳欧亚实业有限公司（以下简称欧亚实业）为核心的 17 家企业组成的企业集团。各关联企业由欧亚实业统一掌控、管理，所有企业均由实际控制人杨某直接控制和管理，关联企业间高管和内设机构混同，高管的工资均由欧亚实业支付，欧亚实业统一负责各关联企业的印章、财务专用章、法定代表人名章，以及企业法人营业执照正、副本的保管、使用。集团各成员企业的资产、财务严重混同，成员企业的资金由欧亚实业的副经理兼出纳一人管理、拨付；成员企业的收益统一上交欧亚实业；成员企业的财务核算均由欧亚实业的财务会计人员统一管理。集团各成员企业的所有流动资产均由欧亚实业的资产部负责统一管理，统一出入库，各企业的人格完全混同，就连欧亚集团资产部的人员也无法识别实物资产在企业间的具体归属。集团下属各成员企业除一家外，其余均在欧亚实业开发的“荷兰村”内统一办公，各成员企业的办公场所由欧亚实业统一分配。

辽宁省沈阳市中级人民法院于 2008 年 7 月裁定受理债权人对欧亚实业的破产申请，在案件审理过程中认定欧亚实业与沈阳万博商务有限公司等 17 家关联企业存在严重的法人人格混同，为公平清理债权、债务，保护债权人和债务人的合法权益，遂依照《企业破产法》第 1 条、第 4 条、第 30 条，《民事诉讼法》第 119 条之规定，裁定将其余 17 家企业并入欧亚实业的破产清算案件。在此种启动方式下，法院对原未进入破产程序的各关联企业作出实质合并破产裁定时，其裁定应当包括认定各关联企业发生破产原因应进入破产程序以及所有关联企业存在实质合并破产原因应进行实质合并破产两方面的内容。

第三种启动方式是由各关联企业共同提出破产申请和实质合并破产的联合申请，法院在受理各破产案件的同时启动实质合并破产程序。此方式较为少见，采用的案例如纵横控股集团有限公司实质合并重整案：2008 年 10 月，纵横控股集团有限公司（以下简称纵横集团）因资金链断裂发生重大财务危机而陷入破产境地。浙江省绍兴市中级人民法院在受理前的调查中发现，纵横集团对外投资散乱，担保关系和投融资关系错综复杂，资金往来交织混乱，财务管理极不规范，集团下属的多家公司之间人员、资产、财务、管理等严重混同。法院认为，对纵横集团及其五家子公司应当突破独立法人分别重整的原则，采用实质合并整体重整的方案。2009 年 6 月 12 日，浙江省绍兴市中级人民法院裁定受理纵横集团各关联企业实质合并重整申请，指定三家律师事务所分别为企业管理人，并成立了由法院牵头、区政府工作组配合、管理人执行、其他相关部门参与的重整工作团队。最终实质合并使企业重整获得成功。

但需注意的是，在有的案件中不是采用各关联企业联合申请的方式，而是由法院在受理破产申请前，先裁定将所有关联企业实质合并为一个单一企业，再裁定受理企业实质合并破产申请。也就是说，各个关联企业实际上是在破产程序外进行实质合并的。笔者认为，从法理角度分析还应慎用这种方式：这些关联企业不是在破产程序中依据破产法的原理进行实质合并的，而是先在破产程序外直接进行了企业的合并。一般而言，在破产程序外进行的关联企业实质合并要遵循公司法的规则，法院需要先对各关联企业进行实质合并作出判决，然后在启动破产程序时才能将实质合并的效力延续至破产程序中。但这时对破产程序外的实质合并在法理上如何解释？在公司法上作出关联企业实质合并裁判的法律依据是什么？应遵循何种程序？如何保障各方当事人的诉讼权利？能否适用上诉程序等？对这些问题目前缺乏相关法律规定。

二、实质合并破产的申请人

（一）申请主义与职权主义

在实质合并破产程序的启动上，存在申请主义和职权主义的区别。申请主义是指，法院应在当事人提出申请的前提下启动实质合并破产程序，无申请不得自行启动程序。职权主义是指，在法律作出授权或有特别规定的情况下，法院可以在无当事人申请的情况下依职权启动实质合并破产程序。

前述“破产企业集团对待办法”指出，虽然在有些国家，法院可以自行下令进行实质性合并破产，但由于这类命令对当事人的利益会产生严重影响，所以建议法院不宜依职权启动实质合并破产程序。笔者认为，在实质合并破产程序的启动上，我国不应采取职权主义。法院在关联企业破产程序中发现应当适用实质合并破产规则，但尚无人提出申请时，可以行使诉讼引导职能，向当事人释明实质合并规则的适用条件及法律后果，并促使当事人，尤其是管理人及时提出实质合并破产的申请。目前在我国的司法实践中，是以申请主义启动实质合并破产程序的，不过基本上都是管理人申请启动的。

（二）申请权人的范围

实质合并破产程序的申请人包括债权人、债务人即各关联企业；在已有关联企业启动破产程序的情况下，管理人可以作为申请人。清算义务人和出资人不宜享有申请权。

1. 债权人

债权人享有实质合并破产的申请权。债权人申请实质合并，不需要其同时是各个实质合并企业的债权人，只需是某一个实质合并企业的债权人即可。一般而言，债权人对获得公平清偿的要求最为强烈，对债务人的状况有一定了解，尤其是当不当关联关系导致其受偿率降低时，有申请实质合并破产的积极性。但多数债权人可能对实质合并破产的法律后果并不完全清楚，由于信息不对称而不具备充分的举证能力，不了解如何正确行使申请权。此外，关联企业中既有清偿率较高企业的债权人因自己的受偿率会降低，必然不愿意申请实质合并破产。这些情况导致债权人提出申请可能存在一定困难。实践中债权人申请实质合并破产的案例已经较为普遍，如安徽省南陵县人民法院（2012）南民破字第0002号民事裁定书指出，债权人以债务人南陵模具城置业有限公司不能清偿到期债务并且与南陵县模具城有限公司人格混同为由，向法院申请实质合并破产。法院经审查认为，债务人南陵模具城置业有限公司资不抵债、不能清偿到期债务，并且与南陵县模具城有限公司存在严重人格混同，遂裁定受理了债权人对该两公司的实质合并破产申请。

2. 债务人

债务人即各关联企业对自身经营状况以及相互间法人人格混同问题最为了解，能够提供较为充分的证据，具有申请启动实质合并破产程序的有利条件。尤其是通过实质合并重整，能够降低程序运行成本，充分体现企业整体重整价值，有利于集团企业重整成功。从这一角度看，债务人即各关联企业具有申请实质合并破产的动力。但实质合并破产后可能引发各关联企业滥用法人人格违法行为的法律责任，有时会使债务人即各关联企业对提出申请产生顾虑。而对那些原本就想利用关联关系进行破产欺诈、实现不正当利益的债务人来说，指望其提出实质合并申请是可能性不大的。实践中也存在不少债务人申请实质合并的案例，如四川省乐山市中级人民法院（2015）乐民破（预）字第6—1号民事裁定书指出，六个关联企业债务人以符合《企业破产法》第2条规定和人格严重混同为由向法院申请实质合并破产重整。法院经审查认为，该六个关联企业符合《企业破产法》第2条规定，并且存在人员、管理、资金等严重混同情形，遂裁定受理该六个企业实质合并破产重整申请。

3. 清算义务人

《企业破产法》规定清算义务人负有申请破产清算的义务，所以在理论上讲，清算义务人具有申请实质合并破产清算的可能。但清算义务人的法律地位决定了其要想申请实质合并破产清算，往往需要首先申请启动破产清算程序。而一旦破产清算程序启动，清算义务人便不再具有任何权利，企业将由管理人接管。所以一般而言，清算义务人不享有实质合并破产的申请权，对实质合并破产的启动也不具有实际意义。

4. 出资人

笔者认为，出资人不宜享有实质合并破产申请权。《企业破产法》规定，出资人在法定条件下可以申请重整。因为出资人与本企业的重整具有直接的实质性利益关系，所以立法在债务人不申请重整时给出资人以挽救企业的机会。而各关联企业的实质合并破产，决定的是各企业间，特别是其债权人的利益关系，而不是单个企业与出资人之间的关系，法律关系是不同的，出资人对实质合并破产也没有直接的利益关系，所以出资人不宜享有申请权。

5. 管理人

管理人享有提出实质合并破产的申请权。管理人全面接管破产关联企业，对关联企业法人人格是否混同等情况有较为深入的全面了解，对实质合并破产的效用也有更为清晰的认识。实质合并破产可以减少管理人的工作量，尤其是促进重整工作成功。因此，管理人具有提出实质合并破产或重整申请的动力与能力，并易于完成举证。我国已有实质合并破产案例大多是由管理人申请的，如特毅系合并破产案、湖南太子奶合并重整案，对管理人在申请实质合并破产方面的重要作用应当予以充分重视。如福建省泉州市中级人民法院（2016）闽05民破4号之一民事裁定书指出：管理人接管破产企业后，以破产企业与其他五家关联企业人格混同为由，向法院申请其他五家关联企业与破产企业一起合并破产。法院经审查认为，破产企业与其他五家关联企业人格高度混同，遂裁定其他五家企业与破产企业合并破产。

在司法实践中，实质合并破产申请提出得越早，越有利于破产程序的顺利进行；如申请提出得过晚，关联企业个别破产程序的深度进行可能会使实质合并丧失实际意义。

三、实质合并破产案件的管辖

实质合并破产的管辖问题缘于各个关联企业的司法地理位置可能不同，从而出现各关联企业跨多个法院的管辖地域时，实质合并破产案件应由何法院管辖，出现争议时又如何解决等问题。在理论上讲，实质合并破产案件的管辖可以由《民事诉讼法》规定，从而直接适用该法的有关规定。但鉴于实质合并破产案件的管辖具有特殊性，前述“破产企业集团对待办法”认为，在破产法中规定更为适宜。我国应当采取同样的原则，在破产法或其司法解释中规定，以确保管辖问题得到切实解决。

（一）实质合并破产案件管辖的确定原则

从其他国家立法以及实践情况看，实质合并破产的管辖主要有以下几种情况。

1. 控制企业住所地法院管辖

集团中的控制企业掌握各关联企业经营与管理的实际控制权，往往还集中了集团的主要资产和负债，是集团的控制与利益中心，由其住所地的法院管辖实质合并破产案件，有助于查明各关联企业的情况，提高案件的审理效率，更好地保障各方当事人的权益。所以，各国通常以此作为确定实质合并破产案件管辖法院的一般原则。在判断何为集团关联企业的控制企业时，要遵循实质重于形式的原则。

2. 核心企业住所地法院管辖

确定实质合并破产案件的管辖，在考虑控制关系的同时，还需将集团关联企业的财产、负债等实质营业情况以及实质合并破产构成因素的集中程度作为重要考量标准。有时控制企业仅是无具体经营业务与资产、从事股权控制和资本运作的纯粹控股公司，并不是破产法关注的实质合并破产因素即财产与负债意义上的核心。如果集中集团各关联企业主要资产和多数债权人的核心企业在远离控制企业住所地的地点，为提高法院的审理效率，减轻债权人的负担，选择核心企业住所地法院为管辖法院可能更为适宜。

3. 已受理关联企业破产案件的法院管辖

当关联企业的部分成员已进入破产程序时，对关联企业（包括未进入破产程序的企业）适用实质合并破产的申请，一般都是向已受理部分企业破产案件的法院提出。从这一角度讲，可以考虑实质合并破产案件由已受理部分关联企业破产案件的法院管辖。

在我国《破产审判会议纪要》规定了实质合并审理的管辖原则：“采用实质合并方式审理关联企业破产案件的，应由关联企业中的核心控制企业住所地人民法院管辖。核心控制企业不明确的，由关联企业主要财产所在地人民法院管辖。”目前在我国的司法实践中，法院首先受理其破产申请的关联企业，往往就是控制企业或者集中主要财产与负债的企业。

（二）管辖权争议的解决

在跨地域，尤其是跨省区的大型集团关联企业破产时，往往易发生法院间的管辖权争议，因此须建立跨地域实质合并破产案件管辖权争议的解决机制。《民事诉讼法》第 38 条第 2 款规定："人民法院之间因管辖权发生争议，由争议双方协商解决；协商解决不了的，报请它们的共同上级人民法院指定管辖。"《破产审判会议纪要》对管辖权争议的解决采取相同的原则，其第 35 条规定，"多个法院之间对管辖权发生争议的，应当报请共同的上级人民法院指定管辖"。

所谓对管辖权发生争议，是指多个法院之间就管辖权已经发生的争议，所以仅仅存在不同法院的管辖权，或者仅仅当事人（包括管理人）提出管辖权异议，尚不构成上述规定中所讲的争议。当事人（包括管理人）提出管辖权异议的，应按照《民事诉讼法》有关管辖权异议的程序处理。所谓争议是指某一法院受理实质合并破产案件后，其他法院对其管辖权提出异议，或者多个不同法院受理涉及关联企业实质合并破产案件，对管辖权不能通过协商达成协议的。

据此，一家法院在其他法院受理涉及关联企业实质合并破产案件之前，将原由其他法院管辖的破产案件通过实质合并破产的方式纳入本院管辖之下，尚不构成发生管辖权争议。只有在对方法院提出异议而双方又不能协商解决时，才视为发生管辖权争议。但是在司法实践中，为了表示对对方原有管辖权的尊重，通常在将其他法院管辖的破产案件通过实质合并破产纳入本院管辖之前，都会与其他法院进行沟通协商，以避免可能发生的争议。

四、实质合并破产申请的受理

（一）适用实质合并破产的决定权

对关联企业是否适用实质合并破产程序，应当由法院裁定确定。法院在审查并决定是否应作出实质合并破产的裁定时，应当以通知、听证等方式保障各关联企业及其债权人等利害关系人的知情权，并听取他们的意见。但是，是否进行关联企业实质合并破产的决定权在于法院，而不是各关联企业的债权人或债权人会议。

在实质合并破产的早期司法实践中，由于缺乏法律规定，为避免承担法律风险，对关联企业是否进行实质合并破产，存在由各关联企业的债权人会议表决通过，然后法院再裁定批准的操作模式。在个别国家也有由各关联企业的债权人会议表决适用实质合并破产的做法。笔者认为，在我国是否对关联企业适用实质合并破产应当由法院决定，而不能由债权人会议决定，不能把每个关联企业债权人会议通过作为适用实质合并破产的必要条件。理由在于：

其一，不符合司法实践的需要。虽然实质合并破产是对集团整体债权人的公平保护，但涉及多个关联企业，其中外观上资产较多、债务较少、清偿率相对较高的关联企业的债权人的利益会受到不利影响，该企业的债权人会议必然会表决反对实质合并破产，以避免降低其债权清偿率。如要求所有关联企业的债权人会议都表决通过，法院才能裁定进行实质合并破产，则可能会因部分企业债权人会议的反对实质合并破产无法进行。

其二，关联企业的实质合并破产，是对关联企业是否存在法人人格混同等实质合并破产事由的认定，涉及当事人的实体权利义务。这一认定具有司法效力，只有法院才有权作出，而债权人会议仅是债权人决定破产企业内部事务的自治平台，而且这一事项不属于

《企业破产法》规定的债权人会议的职权范围，其无权超越设立宗旨决定各关联企业的法人人格是否混同等问题。更何况各企业的债权人之间可能存在严重的利害冲突，债权人会议难以作出公平的表决。

为此，在我国的司法实践中，对关联企业是否进行实质合并破产，必须以法院的裁判为依据，而不能以各关联企业债权人会议的表决通过为法院裁定实质合并破产的先决条件，否则可能造成该项制度名存实亡。

（二）实质合并破产的受理程序

《破产审判会议纪要》第 33 条指出，人民法院收到实质合并申请后，应当及时通知相关利害关系人并组织听证，听证时间不计入审查时间。人民法院在审查实质合并申请过程中，可以综合考虑关联企业之间资产的混同程序及其持续时间、各企业之间的利益关系、债权人整体清偿利益、增加企业重整的可能性等因素，在收到申请之日起 30 日内作出是否实质合并审理的裁定。据此，法院对当事人提出的实质合并破产申请的审查方式是书面审查，而非开庭审理，同时辅之以召开利害关系人听证会。法院认为实质合并破产申请符合受理条件的，应当在收到申请之日起 30 日内作出受理实质合并破产申请的裁定，否则应不予受理。

关联企业的实质合并破产，可能对利害关系人，尤其是债权人的实体权利义务产生重大影响，所以必须保障利害关系人的知情权与异议权。对知情权的保障主要是通过通知、公告等信息披露与组织听证等方式，而对异议权的保障是通过对法院作出的实质合并破产裁定向上一级人民法院申请复议的方式。《破产审判会议纪要》第 34 条规定，“相关利害关系人对受理法院作出的实质合并审理裁定不服的，可以自裁定书送达之日起十五日内向受理法院的上一级人民法院申请复议”。

所谓相关利害关系人，包括债务人、债权人、债务人的保证人等各种因实质合并破产而利益受到影响的当事人。如各个关联企业之间往往设有担保，债务人的其他保证人在各个关联企业独立破产的情况下，其担保责任的承担可能会因关联企业中担保企业的清偿而减轻，但实质合并破产后其担保责任因合并企业间债权债务的消灭而加重，所以其应当享有异议权。为保障利害关系人拥有充分的知情权，顺利行使异议权，法院和管理人应当为其提供行使权利的便利条件，及时通报相关情况，做好释明工作，包括：告知实质合并破产对利害关系人之权利的影响，合并前后对各企业清偿率与整体清偿率的合理估算，如不进行实质合并破产对各企业之资产、负债进行法律调整的时间与费用成本的预期和对清偿率的影响等；如已经聘请专业中介机构对实质合并破产问题出具咨询报告的，该报告应当向所有利害关系人公开，保证利害关系人在掌握充分信息的前提下作出判断。

在司法实践中，由于申请复议并不停止实质合并破产裁定的执行，所以上一级人民法院在接到复议申请后，应当尽快对复议作出处理决定，以免因程序的进行和破产事务处理的不可逆而影响当事人的权益。此外，一旦上一级法院经复议要求撤销实质合并破产裁定，对于如何保障各关联企业恢复原状，无法恢复原状时如何解决利害关系人的损失、维护其权益这些可能的后续问题，也需确定解决办法。

五、实质合并破产的法律后果

（一）实质合并破产对债务关系的影响

法院裁定各关联企业进行实质合并破产后，被纳入实质合并破产范围的各关联企业之间的债权债务因权利义务主体合一而消灭，关联企业彼此之间提供的保证担保关系也随之消灭。债权债务的消灭也包括在关联企业彼此之间应当消灭的债务上附属设置的物权担保，即在内部债务关系基础上设置的物权担保消灭。但是，关联企业为其他关联企业的债务向关联企业外的第三人提供的物权担保并不消灭，即在外部债务关系基础上设置的物权担保依然成立，视为以同一企业自己的财产提供的担保，关联企业仍然在原担保财产的范围内承担责任。这时“要防止担保权人将其担保物权扩张到原先没有设置担保的财产上”①，如动产浮动抵押，不能将抵押权的范围扩大到其他关联企业原未设置抵押的财产上。集团各关联企业的财产全部合并，作为实质合并破产后形成的单一企业的破产财产，各关联企业的债权人作为实质合并破产后单一企业的债权人，在破产程序中按照统一的清偿比例公平受偿。

（二）实质合并破产对破产程序的影响

法院裁定受理实质合并破产申请后，涉及各关联企业实质合并前后破产程序的衔接。实质合并前各关联企业破产程序中已经完成的债权登记、债权确认、资产评估等工作的法律效力，在可以继续使用的前提下延续至实质合并破产程序中，但对于因关联企业之间提供保证担保而产生的重复债权申报应当依据实质合并破产的原则予以剔除、调整。实质合并之前各关联企业个别破产程序中已经发生、尚未清偿的破产费用和共益债务，由各关联企业实质合并后的破产财产清偿。

原已经进入破产程序的各关联企业破产申请被受理的时间，按照原法院作出受理原破产申请裁定的时间确定，不需要所谓统一确定各关联企业破产申请被受理时间，统一确定停止计算债权利息的时间点，统一申报债权的时间点等。有的人提出要统一确定各时间点，其前提是将实质合并理解为对各关联企业组织上的合并，认为：既然多个企业已经在组织上被合并为一个企业，当然不能有不同的破产程序时间点。这种观点是错误的。实质合并破产并不是对各关联企业进行组织合并，而仅仅是在破产程序中将各企业视为单一企业而进行资产与负债的统一处理，对于不影响实质合并破产目的的事项，如各关联企业进入破产程序和停止计算债权利息的时间点等，仍然应按照原有情况确定。但是，进入实质合并重整程序的，因重整主体发生重大变更，应当自实质合并重整裁定作出之日起，统一重新起算重整期间（而非破产申请被受理时间）。

此外，对被纳入实质合并范围的多个关联企业，并不要求实行同一性质的破产程序，即全部企业统一进行清算或者重整，可以根据实际情况对部分企业进行破产清算，对部分

---

①［美］查尔斯·J. 泰步：《美国破产法新论上册》，3版，韩长印等译，263页，北京，中国政法大学出版社，2017。

企业进行重整挽救，但对同类债务的清偿比例必须统一。[①]

（三）实质合并破产对管理人指定的影响

法院裁定受理关联企业实质合并破产申请后，应当依法指定管理人或者对原指定的管理人进行必要的调整。法院在受理破产申请的同时受理实质合并申请的，应当在裁定受理破产申请时指定实质合并案件的管理人。法院在受理实质合并破产申请前已经受理部分或全部关联企业破产申请的，可以继续指定原管理人为实质合并破产程序的管理人，也可以指定由多个原个别破产程序的管理人共同担任管理人，或重新指定管理人。

各关联企业原有破产程序转为实质合并破产程序后，未得到继续指定的原管理人应终止执行职务，向实质合并破产程序的管理人移交已接管的财产、印章、账簿、文书等资料及相关破产工作。

（四）实质合并破产对债权人投票权的影响

实质合并破产还会对重整计划的投票表决结果产生影响。各实质合并破产关联企业的所有债权人将统一对重整计划投票，单个或部分债权人对表决结果原有的影响力将因统一投票而改变：对合并前的特定债务人的重整拥有话语权的债权人，在合并后可能由于债权所占的比例变小而地位无足轻重；相应地，对合并前的最大关联企业拥有多数表决权的债权人，在合并之后可能失去控制地位。重整计划中可以通过把不同债务人的债权人置于不同的表决组中来解决这一问题。[②]

（五）实质合并破产对破产撤销权与抵销权的影响

在各关联企业实质合并破产后，原对各关联企业自身之行为的破产撤销权因权利义务主体的合一而不复存在，拟追回的财产也已经被纳入了统一分配的财产范围，但是涉及对实质合并破产企业范围以外主体行使撤销权的除外。实质合并破产也可能衍生新的权利，如原对不同关联企业分别享有债权和负有债务的债权人，因为主体不同而无法行使抵销权，但在实质合并破产后，因债权与债务主体的合并而享有抵销权。

（六）实质合并重整或和解后各关联企业独立法人人格的恢复

在实质合并重整程序（或和解程序，下同）终结后，面临的一个问题是，原来独立而在重整程序中被实质合并的各关联企业的法人资格应如何处理，对其独立法人人格应否予以恢复。

《破产审判会议纪要》在其“37. 实质合并审理后的企业成员存续”中规定，“适用实质合并规则进行破产清算的，破产程序终结后各关联企业成员均应予以注销。适用实质合并规则进行和解或重整的，各关联企业原则上应当合并为一个企业。根据和解协议或重整计划，确有需要保持个别企业独立的，应当依照企业分立的有关规则单独处理”。这一规

---

① 参见王欣新：《关联企业的实质合并破产程序》，载《人民司法（应用）》，2016（28）。

② 参见［美］查尔斯·J. 泰步：《美国破产法新论（上册）》，3版，韩长印等译，263页，北京，中国政法大学出版社，2017。

定是不妥的，它将破产法上对关联企业资产与负债的实质合并处理完全混同于公司法等组织法上的企业合并。这一规定对实质合并破产清算没有实质性影响，因为所有的破产清算企业最终都是要注销的，无论其是以破产清算完毕为理由，还是以所谓实质合并为理由，其最终效果相同。其对司法实践的不利影响突出表现在实质合并重整中。

如前所述，实质合并破产中的“合并”，不是公司法、企业法上的组织合并。当法院作出实质合并破产的裁定时，并不具有对所涉各关联企业在破产程序中启动公司法上的组织合并程序的效力，如注销被合并公司的登记等。即使是在维持企业持续存在与经营的重整程序中也是如此。实质合并后各企业的法人人格，仅仅是在破产程序中不再被视为独立的。也就是说，这是一种以对资产与负债合并统一公平处理为目的的法人人格模拟合并，目标是解决关联企业出现实质合并破产事由时，尤其是以资产与负债混同为关键特征的法人人格混同时造成的不当法律后果。虽然在破产程序中，实质合并对各关联企业的资产与负债产生实体法意义上的合并法律效力。但在重整程序结束，经过实质合并重整的法律处置，消除了各企业法人人格混同的各种不当法律后果，其独立的法人人格得到完全修复后，各关联企业自然应当恢复应有的正常独立状态。

要求对实施实质合并重整的各关联企业采取组织合并措施是没有法律依据的，也是违背法理的，而且将使集团企业的正常经营受到严重的不利影响，甚至无法继续经营生存。

首先，从法律上分析。在我国的司法实践中，适用关联企业实质合并重整最为典型、普遍的事由是法人人格严重混同。《公司法》第 20 条第 3 款规定：“公司股东滥用公司法人独立地位和股东有限责任，逃避债务，严重损害公司债权人利益的，应当对公司债务承担连带责任。”司法实践中，最初法院在没有相关立法的情况下，主要就是参照《公司法》这一有关“法人人格否认”的规定，解读出关联企业实质合并破产制度适用的空间。

需要强调指出的是，无论是在公司法上还是在破产法上，法人人格的混同并不是认定对各关联企业进行组织合并的法律理由，也不产生企业组织合并的法律效力与后果。在公司法上，对“公司股东滥用公司法人独立地位和股东有限责任，逃避债务，严重损害公司债权人利益”的处理，是揭开公司的面纱，由股东“对公司债务承担连带责任”，而不是合并企业。在破产法上，对各关联企业法人人格严重混同的处理，是进行实质合并破产，即对各企业的资产与负债统一处置，同样不是在组织上合并企业。也就是说，无论是在非破产程序中对于法人人格混同企业的揭开公司面纱，还是在破产程序中的实质合并，在法律上对法人人格混同的处置措施是，超越企业独立人格，纠正人格混同不当行为产生的各种不当法律后果，即解决的是债务清偿的法律责任问题，而不是企业组织合并问题。这是因为只要在重整程序中通过实质合并纠正了各关联企业法人人格混同的所有不当后果，各个关联企业之间便不再存在人格混同，根本没有进行组织合并的理由和需要。这时，各个关联企业的独立法人人格与组织独立应当得到法院与社会的充分尊重。相反，强行要求将适用实质合并规则的各关联企业合并为一个企业，是没有法律依据的。无论是在公司法中还是企业法中，乃至任何一个国家的破产法中，都没有法院可以以法人人格混同为理由强制企业进行组织合并的规定。由于强制合并都是没有法律依据的，《破产审判会议纪要》的前述规定要求对各关联企业先强制合并再强制分立，即所谓“根据和解协议或重整计划，确有需要保持个别企业独立的，应当依照企业分立的有关规则单独处理”，就更没有法律依据了。

其次，从实际操作效果看，这种对企业合并或分立的强制控制将对集团企业的正常运营造成严重的困难，将使集团企业形式的所有市场组织优势全部丧失，甚至无法继续经营，进而导致企业挽救失败，重整完全失去意义。在诸多关联企业被强制组织合并后，原各企业已经获得的政府颁发的经营资质与牌照（如金融许可牌照）、业务许可证或特许证等经营资质，将因为合并后的单一企业不再符合颁发条件而丧失，不仅企业的重整价值丧失，而且企业无法继续经营生存。原企业集团架构中有上市公司的，其上市公司也将因为强制组织合并而不再符合上市条件，丧失上市资格。金融企业的组织合并将使开展不同的金融业务企业间的防火墙被推翻，因不再符合金融监管规定而失去经营资格。此外，大型集团的各关联企业往往分布在全国各地不同省份，甚至在世界各国，强行合并后的公司治理与经营管理也会存在严重问题。例如，在辽宁辉山乳业集团有限公司与其关联企业的合并重整中，进行实质合并的企业有 83 家，海航集团的实质合并重整纳入了旗下 321 家公司。如果重整程序结束后这些企业都必须合并为一个企业，那么即使确有需要保持独立，按照《破产审判会议纪要》前述规定，也仅限于“个别”企业。这是不可想象的，将使整个集团无法维持正常管理与经营，失去存在基础。

综上所述，在实质合并破产中，对法人人格混同等问题，法院的司法权限是纠正违法行为的不当后果，而非介入属于当事人自治领域的企业组织形态问题，强制合并或分立都是不妥的。经过实质合并重整后的各个企业是否保留原有的法人资格，应当由市场决定，应当由重整成功后的企业根据集团运营的需要自主决定，而不应由法律或法院强制干预。

【案例 12—2】指导案例 165 号：重庆金江印染有限公司、重庆川江针纺有限公司破产管理人申请实质合并破产清算案①

基本案情

2015 年 7 月 16 日，重庆市江津区人民法院裁定受理重庆金江印染有限公司（以下简称金江公司）破产清算申请，并于 2015 年 9 月 14 日依法指定重庆丽达律师事务所担任金江公司管理人。2016 年 6 月 1 日，重庆市江津区人民法院裁定受理重庆川江针纺有限公司（以下简称川江公司）破产清算申请，于 2016 年 6 月 12 日依法指定重庆丽达律师事务所担任川江公司管理人。

金江公司与川江公司存在以下关联关系：1. 实际控制人均为冯某乾。川江公司的控股股东为冯某乾，金江公司的控股股东为川江公司，冯某乾同时也是金江公司的股东，且两公司的法定代表人均为冯某乾。冯某乾实际上是两公司的实际控制人。2. 生产经营场所混同。金江公司生产经营场地主要在江津区广兴镇工业园区，川江公司自 2012 年转为贸易公司后，没有生产厂房，经营中所需的库房也是与金江公司共用，其购买的原材料均直接进入金

① 最高人民法院审判委员会通过并于 2021 年 9 月 18 日发布。本案为指导案例，本书此处在引用时遵循了最高人民法院发布时的格式，对内容略作修改。

江公司的库房。3. 人员混同。川江公司与金江公司的管理人员存在交叉，且公司发展后期所有职工的劳动关系均在金江公司，但部分职工处理的仍是川江公司的事务，在人员工作安排及管理上两公司并未完全独立。4. 主营业务混同。金江公司的主营业务收入主要来源于印染加工及成品布销售、针纺加工及产品销售，川江公司的主营业务收入来源于针纺毛线和布的原材料及成品销售。金江公司的原材料大部分是通过川江公司购买而来，所加工的产品也主要通过川江公司转售第三方，川江公司从中赚取一定的差价。5. 资产及负债混同。两公司在对经营性财产如流动资金的安排使用上混同度较高，且均与冯某乾的个人账户往来较频繁，无法严格区分。在营业成本的分担和经营利润的分配等方面也无明确约定，往往根据实际利润及税务处理需求进行调整。两公司对外借款也存在相互担保的情况。

2016 年 4 月 21 日、11 月 14 日重庆市江津区人民法院分别宣告金江公司、川江公司破产。两案审理过程中，金江公司、川江公司管理人以两公司法人人格高度混同，且严重损害债权人利益为由，书面申请对两公司进行实质合并破产清算。2016 年 11 月 9 日，重庆市江津区人民法院召开听证会，对管理人的申请进行听证。金江公司、川江公司共同委托代理人、金江公司债权人会议主席、债权人委员会成员、川江公司债权人会议主席等参加了听证会。

另查明，2016 年 8 月 5 日川江公司第一次债权人会议、2016 年 11 月 18 日金江公司第二次债权人会议均表决通过了管理人提交的金江公司、川江公司进行实质合并破产清算的报告。

裁判结果

重庆市江津区人民法院于 2016 年 11 月 18 日作出（2015）津法民破字第 00001 号之四民事裁定：对金江公司、川江公司进行实质合并破产清算。重庆市江津区人民法院于 2016 年 11 月 21 日作出（2015）津法民破字第 00001 号之五民事裁定：认可“金江公司、川江公司合并清算破产财产分配方案”。重庆市江津区人民法院于 2017 年 1 月 10 日作出（2015）津法民破字第 00001 号之六民事裁定：终结金江公司、川江公司破产程序。

裁判理由

法院生效裁判认为，公司作为企业法人，依法享有独立的法人人格及独立的法人财产。人民法院在审理企业破产案件时，应当尊重企业法人人格的独立性。根据《企业破产法》第二条规定，企业法人破产应当具备资不抵债，不足以清偿全部债务或者明显缺乏清偿能力等破产原因。因此，申请关联企业破产清算一般应单独审查是否具备破产原因后，决定是否分别受理。但受理企业破产后，发现关联企业法人人格高度混同、关联企业间债权债务难以分离、严重损害债权人公平清偿利益时，可以对关联企业进行实质合并破产清算。本案中，因金江公司不能清偿到期债务，并且资产不足以清偿全部债务，法院于2015年7月16日裁定受理金江公司破产清算申请。因川江公司不能清偿到期债务且明显缺乏清偿能力，法院于2016年6月1日裁定受理川江公司破产清算申请。在审理过程中，发现金江公司与川江公司自1994年、2002年成立以来，两公司的人员、经营业务、资产均由冯某乾个人实际控制，在经营管理、主营业务、资产及负债方面存在高度混同，金江公司与川江公司已经丧失法人财产独立性和法人意志独立性，并显著、广泛、持续到2016年破产清算期间，两公司法人人格高度混同。另外，金江公司与川江公司在管理成本、债权债务等方面无法完全区分，真实性亦无法确认。同时，川江公司将85 252 480.23元经营负债转入金江公司，将21 266 615.90元对外集资负债结算给金江公司等行为，已经损害了金江公司及其债权人的利益。根据金江公司和川江公司管理人的实质合并破产清算申请，法院组织申请人、被申请人、债权人委员会成员等利害关系人进行听证，查明两公司法人人格高度混同、相互经营中两公司债权债务无从分离且分别清算将严重损害债权人公平清偿利益，故管理人申请金江公司、川江公司合并破产清算符合实质合并的条件。

【经典导读】

实质合并破产指导性案例点评①

2021年10月9日，最高人民法院发布第29批指导性案例，指导案例163号江苏省纺织工业（集团）进出口有限公司及其五家子公司实质合并破产重整案（以下简称江苏纺织实质合并重整案）和指导案例165号重庆金江印染有限公司、重庆川江针纺有限公司实质合并破产清算案（以下简称重庆金江实质合并清算案），是两个正确适用实质合并破产制度的典型案例。两案的实质合并破产裁定虽然都是在《全国法院破产审判工作会议纪要》（以下简称纪要）出台之前作出的，但都遵循了纪要规定的原则和内容，体现了法院依据法理和事实的正确探索。两法院对关联企业实质合并破产中的程序启动、审查申请方式、实质合并判断标准、实质合并法律效力等问题的规范审理与正确裁判，对于实现实质合并破产在司法实践中的准确适用，具有重要的规范指导作用，为纪要有关关联企业实质合并破产规定的施行以及《企业破产法》的修改提供了有益的经验与范例。

关联企业以企业集团形态经营已是市场经济的常态。以集团结构经营可以弥补不发达的市场制度，降低交易成本，锁定经营风险，优化资源配置，避免独立企业间竞争中产生的社会成本与市场损耗，获取更大的经济收益。关联企业相互之间都会存在程度不同的控制关系，存在控制关系是中性的概念，本身并不违法，更不能仅据此就主张进行实质合并破产。只要在关联企业之间不存在违背市场经济规则、滥用控制关系的问题，即使多个关联企业同时破产，也要

① 参见王欣新：《最高人民法院第29批破产类指导案例点评》，载《人民法院报》微博公众号，https://weibo.com/ttarticle/p/show?id=2309404693002466492633，最后访问时间：2021-10-16。

遵循纪要中关于“关联企业成员的破产应当以适用单个破产程序为原则”的规定。但是，一些关联企业间存在对控制关系的滥用，将资产、债务等资源与责任在不同企业间非市场化设定和转移，进行利益输送，导致法人人格的混同，损害相关企业，尤其是其债权人的权益。这时各关联企业独立破产就可能导致债务人恶意逃债，各关联企业资产与负债情况失实，债权人之间不能得到实质公平的清偿。而且因关联企业的法人人格高度混同，彼此间资产、负债无法区分或区分成本过高，各关联企业的运营资产和经营体系不完整，单体独立经营效益低下，难以实现债务人资产价值最大化和企业挽救的目的，使破产程序无法顺利进行。因此，只有遵循纪要的规定，审慎地对人格严重混同的关联企业采用实质合并破产的方法，才能解决司法实践中的难题。关联企业实质合并破产应符合的基础条件是：（1）拟实质合并企业均为关联企业；（2）各企业实质上均已发生破产原因；（3）各企业存在人格混同，尤其是资产与负债严重混同或区分成本过高。作为申请人的管理人等和审理法院应当对上述问题作出逐项的举证、说明和法律分析。

这两个指导性案例的裁判要点对法院审理实质合并破产案件具有指导性意义，主要体现在以下几个方面：

（1）明确是否应当进行实质合并破产的判断原则和审理要点，并对相关事实证据和法理依据进行深入的分析，作出具有事实和法律（理）依据的充分说理的裁判。根据纪要的规定，关联企业法人人格高度混同，各关联企业财产无法区分或区分成本过高，严重损害债权人公平清偿利益时，可以适用实质合并的方式进行审理。以江苏纺织实质合并重整案为例：江苏省南京市中级人民法院（以下简称南京中院）在审理中查明，除人员任职高度交叉、缺乏完整独立的组织架构，形成高度混同的业务经营混合体等在人员、业务方面的一般混同情形外，六家公司的资产与负债也存在严重混同，即判定是否应进行实质合并破产的关键因素严重混同。各企业缺乏独立的财务核算体系，互相之间存在大量利益法律关系不明的资金调度、关联债务及担保等，各企业的成本、收益难以正当区分，导致各企业的资产、负债高度混同，区分成本过高。南京中院在确认六家公司存在严重的法人人格混同后，裁定对其实质合并破产重整。在裁定中，南京中院对关联企业存在法人人格混同的各项事实与证据进行了深入的分析和法理论证，进而得出有说服力的实质合并重整裁判理由，而不是仅写上一两句形式主义的空话，使相关利害关系人对实质合并裁定不服，向上一级人民法院申请复议时，都难以对没有说理的裁定提出有针对性的反驳理由。不能说明事实与法律依据、不能以理服人的裁判，不是正当、合法的裁判，尤其是在实质合并破产案件中。两个指导案例对法院如何正确判断应否实质合并破产以及正确作出裁定具有重要的实践指导意义。

（2）实质合并破产的法律后果，是对各关联企业在破产程序中被视为一个企业，对其资产与负债进行模拟的合并处理。在实质合并重整后，各关联企业间的债务因债权债务主体的合一而消灭。各企业的财产作为合并后统一的破产财产，由全体债权人在同一程序中按照法定清偿顺位公平受偿。南京中院还指导管理人在实质合并重整的计划草案中，制定统一的债权分类、债权调整和债权受偿方案，将合并后的全体债权人作为一个整体进行分组表决。债权人对六家公司同时存在债权债务的，在合并后进行抵销。这些做法体现了关联企业实质合并重整中资产与负债统一处理、债权统一受偿的法律原则，具有规范指导意义。

（3）保障当事人的知情权、选择权与异议权。在这一点上，两案的审理法院均表现突出。如在江苏纺织实质合并重整案中，法院在接到实质合并重整申请后，组织债权人、债务人代表、职工代表、管理人、审计机构等进行听证，听取各方关于公司是否存在人格混同等事实的陈述；同时对管理人提交的资产与负债混同调查情况、审计专项报告以及各方提交的相关证据进行全面审核，在充分听取各方的意见后，慎重作出实质合并重整的裁定。在重整计划制定过程中，对“现金＋债转股”的债务清偿方案预先征求债权人意见，就债转股的必要性、可行性及清偿的具体方法，由管理人进行全面、充分说明，债权人对此预先书面发表意见即进行预表决，并在充分考虑债权人意见的基础上制订、完善重整计划草案，体现了出对债权人知情权、选择权与异议权的高度重视与保护，对破产审判实践具有一定的指导意义。

(4) 对关联企业破产方式的正确选择。重庆金江实质合并清算案由重庆市第五中级人民法院指定重庆市江津区人民法院（以下简称江津法院）于 2016 年审理。由于当时纪要尚未出台，对实质合并破产的判断标准等问题缺乏指导性的规定，江津法院主要是依据破产法法理和《公司法》的有关规定，判断如何处理更为复杂。据承办法官介绍，江津法院对如何处理关联企业的人格混同问题，曾仔细比较不同的法律解决手段。第一，对关联企业分别独立破产，对其滥用控制权损害债权人利益的行为通过破产撤销权、取回权等方式予以纠正；或者适用公司人格否认制度，通过揭开公司面纱，依据公司法的规定由控制股东及获利公司对其他关联企业的债务承担连带责任；或者对关联企业之间的债权适用衡平居次原则，列为破产劣后债权；或者三者适当并用。第二，采取程序合并方式审理，即协调审理。由同一法院受理两家公司的独立破产案件，指定同一管理人，协同处理两公司破产程序中的财产处置与变价、财产分配等重要事务，以实现破产财产价值最大化，保障债权人权益。第三，对各关联企业实行实质合并破产。借鉴联合国《贸易法委员会破产法立法指南》第三部分“破产企业集团对待办法”等域外制度规定和操作经验，在破产程序中将各关联企业视为一个统一主体，进行实质合并破产清算，以保障全体债权人的公平清偿权利。

这种审理思路对落实此后出台的纪要针对关联企业实质合并破产规定的相关原则具有重要意义。纪要强调对“关联企业成员的破产应当以适用单个破产程序为原则”，而江津法院优先考虑能否通过实质合并破产之外的法律手段解决问题，充分体现了这一原则，具有重要指导意义。在目前的司法实践中，存在一些滥用实质合并破产的情况。个别法院适用实质合并破产不是依据纪要规定的标准，不对事实情况进行客观的分析和判断，不是为保障全体债权人的公平清偿，而是为了实现其他目的，如降低法院或管理人的工作难度或减少困难，或迁就某些债权人的不合理要求，或单纯为所谓企业重整成功业绩，受利益诱导将不符合实质合并破产标准的优质资产或财产较多的企业强拉入合并破产程序中。这些做法均不符合纪要的规定，应予以纠正。

在管理人提出实质合并破产清算申请后，江津法院启动审查程序，召开听证会，两债务人公司、实际控制人、债权人委员会成员、各组别债权人等利害关系人与审计、评估等相关机构参加听证。江津法院审查了管理人提交的审计机构出具的对关联企业的专项审计报告、对法人人格混同的其他调查材料，以及债务人的财产和负债混同调查情况等证据，听取了债权人等利害关系人的意见。在根据权衡各种法律调整手段后，江津法院认为，两关联公司存在严重的滥用控制权、非市场化配置资源、任意调整债务责任、输送利益、资产与负债严重混同等情况，而通过前两种审理方式均不能有效解决关联公司的人格混同问题，为保障对全体债权人的公平清偿，最终决定采用实质合并破产方式。江津法院指出，“两公司人格高度混同、资产与负债难以分离（或分离时间、成本过高）、两公司存在不当得利益输送严重损害两公司债权人利益行为”等情形，经综合考虑关联企业之间资产的混同程度以及其持续时间、各企业之间的利益关系、债权人整体清偿利益，裁定受理两公司的实质合并破产申请。

江津法院裁定两公司实质合并清算后，管理人在法院指导下召开债权人会议，制订两公司破产财产统一拍卖、统一清偿分配的“财产变价方案”和“财产分配方案”，提交债权人会议表决，获得两公司债权人的高票通过，案件处理效果和社会反响良好。据该案承办法官介绍，重庆市高级人民法院在该案结案后，将该案作为指导性案例在重庆市的破产审判中推广适用，起到了良好的指导作用。

实质合并破产是在破产程序中突破法人人格独立的特殊调整措施，必须符合相应的法律条件，体现制度设置的法律目的，满足公平、公正、公开解决实际问题的社会需求。上述两个有关实质合并破产的案例有助于指导破产实践，具有重要的意义。

第四节　关联企业的程序合并破产

一、程序合并破产概念辨析

关联企业的程序合并破产在《破产审判会议纪要》第 39 条中被称为协调审理，在美国通常被称为“统一管理”①。本书使用的程序合并概念，是指将不同法院管辖或受理的多个关联企业独立破产案件合并于同一个法院统一审理，在各关联企业之间仍保持法人人格与资产独立、债务清偿比例分别确定的基础上，通过协调或统一破产清算程序，使破产财产实现更高的价值，使债权人得到更多的分配；或者通过制订协调或统一的集团各企业重整计划，乃至整个集团企业合一的整体重整计划，达到挽救集团企业目的。程序合并建立在各个关联企业均存在破产原因的基础上，对维护利害关系人权益和保障案件顺利审理具有重要的意义。它主要适用于集团各关联企业不存在法人人格混同或虽存在法人人格混同但未达到应当进行实质合并的程度，而又存在需要对各关联企业通过程序合并进行审理的情况，例如，各关联企业在集团内部存在业务经营上的上下游产业合作与专业化分工，在经营管理上存在一体化和协同性，合并程序协调审理有助于提高重整的成功率，提高债权人的清偿比例，等等。

有的学者认为，协调审理与程序合并是不同的概念，前者是指“关联企业破产时，通过法院、管理人和债权人的合作，协调各个破产程序的管理和进行，以保持关联企业之间的协调效应，提高破产重整机会。与以上两者相比，程序协调制度未合并任何财产或程序，各个程序保持独立”②。笔者认为，这一对协调审理的定位是正确的，但是此种类型的关联企业破产协调审理，不涉及任何对既有破产程序在实质或程序上的调整，所谓的协调完全是在法律制度之外法院、管理人或当事人之间的自行协商。这种协调审理可以说是任

---

① ［美］查尔斯·J. 泰步：《美国破产法新论（上册）》，3 版，韩长印等译，261 页，北京，中国政法大学出版社，2017。

② 郁琳：《关联企业破产整体重整的规制》，载《人民司法（应用）》，2016（28）。

何类型的牵扯到多个关联主体的案件都可能需要的，并不限于关联企业破产案件；它并没有建立任何新的制度，只涉及操作层面的事项，不需要通过制定立法来调整，因为这根本不属于关联企业合并破产的内容，与纪要中所规定的具有合并集中管辖功能的协调审理也存在根本区别。

在过去的司法实践中，对关联企业的实质合并破产适用得较多，而对程序合并手段则不够重视，较少适用。由此形成一些潜在的不良倾向，如为解决关联企业破产的一些特殊问题，对尚不具备实质合并条件、可以通过程序合并处理的关联企业滥用实质合并，或放弃程序合并处理，从而影响债权人等利害关系人的合法权益，并影响对企业的重整挽救。我们应当根据关联企业的实际情况正确地选择适用实质合并或程序合并方法来解决问题。

二、程序合并破产的法律适用

《破产审判会议纪要》第 39 条指出，在协调审理中，应保持关联企业成员的独立法律地位，协调审理不消灭关联企业成员之间的债权债务关系，不对关联企业成员的财产进行合并，各关联企业成员的债权人仍以该企业成员的财产为限依法获得清偿。但是在协调审理过程中，也要利用各种法律手段来解决关联企业成员之间尚未达到实质合并程度的法人人格混同和滥用控制权利形成的资源不当配置关系。根据《破产审判会议纪要》的规定，关联企业成员之间不当利用关联关系形成的债权，应当劣后于其他普通债权受偿；该劣后债权的债权人不得就其他关联企业成员提供的特定财产优先受偿，即双方之间设置的物权担保无效。《破产审判会议纪要》关于关联企业成员之间不当债权劣后受偿的规定，对司法实践具有重要指导意义。这是我国首次在法律文件中适用衡平居次规则使母公司对子公司的债权居于劣后地位。此外，破产撤销权对于解决关联企业之间程序合并时存在的破产欺诈和偏袒性清偿行为也具有重要调整作用，应当在程序合并中得到充分运用。

当多个关联企业成员破产的案件为不同的法院管辖或受理时，需要启动对多个破产案件的合并审理程序。这是仅靠所谓的协调审理无法解决的。《破产审判会议纪要》第 38 条对关联企业破产案件程序合并的管辖原则作出规定：“多个关联企业成员均存在破产原因但不符合实质合并条件的，人民法院可根据相关主体的申请对多个破产程序进行协调审理，并可根据程序协调的需要，综合考虑破产案件审理的效率、破产申请的先后顺序、成员负债规模大小、核心控制企业住所地等因素，由共同的上级法院确定一家法院集中管辖。”据此规定，程序合并的申请人与实质合并的申请人范围相同。此规定所列确定管辖的原则有：首先，要考虑破产案件审理的效率，有了效率就可以节省时间成本、费用成本、社会成本，获得更多收益。其次，要考虑破产申请的先后顺序，尤其是案件受理顺序，由先接到申请或受理案件的法院集中管辖，自然也有助于提高效率，避免程序浪费。再次，要考虑各关联企业的负债规模大小，也就是可能涉及的破产事务的集中地。最后，要考虑核心控制企业住所地。这主要是为了更好地解决各关联企业之间资产、业务乃至负债的协调处理关系。当然，根据企业具体情况还可能需要考虑其他因素。最终确定程序合并审理中的集中管辖法院，是各方的共同上级法院。从该规定看，即使各个接受破产申请或受理案件的法院彼此之间对管辖可以协商一致，没有争议，也应当由它们的共同上级法院确定管辖。在这一点上程序合并与实质合并不同。

【案例 12—3】云南煤化工集团有限公司及下属四家企业程序合并重整案①

2017 年 6 月 30 日，云南省昆明市中级人民法院顺利审结了云南煤化工集团有限公司（以下简称煤化工集团）及其下属四家企业系列重整的全部案件，化解了企业债务危机，实现了上市公司保壳、集团整体改革脱困的目标——企业集团 650 亿元负债中的 500 余亿元得到清偿，同时实现了产业结构的调整——处理僵尸企业，关闭下属煤矿企业 18 家，清理每年 357 万吨的过剩煤炭产能，妥善分流安置职工 14 552 人，为企业集团的后续健康发展奠定了基础。

煤化工集团五家企业呈多级产权结构，其中有一家上市公司，破产案件分属于云南省昆明市中级人民法院（以下简称昆明中院）、云南省曲靖市中级人民法院及其下级沾益区人民法院三个法院管辖。在债权人对集团企业向各法院分别提出重整申请后，云南省高级人民法院与相关法院研究分析了五家企业的内部关系和上市公司的保壳目标等情况，通过指定管辖将集团系列重整案件通过程序合并归集至昆明中院统一管辖，确保了企业集团重整工作的统一协调、系统处理和整体推进。在程序合并重整的基础上，充分考虑单个重整主体与集团内其他重整主体、程序外集团企业的联动调整、有序衔接，遵循最大限度维护债权人利益、各方利益平衡共赢的理念，制订出集团各企业相互衔接、上下联动，具有创新性的重整计划草案，一体化解决了企业集团的挽救问题。

煤化工集团在程序合并基础上制订的整体协调重整计划，整合了集团所有资源，显著提高了对债权人的清偿比例，同时保障了企业集团生产运营体系的完整与市场价值的保值。在统一协调重整程序的保障下，管理人科学地制订了体现“自下而上”重整工作顺序的系列重整计划草案。系列重整方案考虑到上层公司主要从事股权的控股经营而少有可用于直接还债的实际资产，煤化工集团和云维集团均为下属公司提供大量担保，而下属公司很少为集团提供担保的现实，首先使下属公司先完成重整，一方面，在其部分清偿债权后，逐级减少上级公司为下级公司承担的担保债务，至于未清偿的债权则通过担保关系由上级集团继续清偿；另一方面，通过下级公司偿还上级公司的借款等债权，向上级企业输送现金、股票等偿债资源，解决了集团企业间债务和偿债资源不匹配、清偿时间错期等问题。实践证明，程序合并保障下的“自下而上”重整思路，奠定了煤化工集团系列重整案成功的基础。应当说，创新性地结合企业实际运用程序合并重整，是煤化工集团系列重整案成功的关键环节之一，其经验值得借鉴。

---

① 案例来源：王欣新：《重整涅槃向生 处置落后产能》，载《中国审判》，2017（33）。

云维股份是上市公司，陷入经营困境和财务困境，已无力清偿到期债务，并面临暂停上市及退市风险。集团企业重整的一项关键性工作，是将上市公司的重整与重大资产重组有序衔接，以化解退市危机，并为集团企业清偿债务提供资源。为此，管理人制订了有针对性的重整计划草案：第一，以资本公积金转增股本，并通过对出资人权益的调整方案，由全体股东无偿让渡部分股票，用于清偿债权人。由此不仅提高了云维股份的偿债能力，还向云维集团及煤化工集团输送了股票偿债资源。第二，根据偿债资源情况，针对金融普通债权与非金融普通债权制订不同的清偿方案。第三，在通过重整程序豁免债务，取得债务重组收益，化解退市危机的同时，进行重大资产重组，使两者密切衔接，保障企业挽救成功。此外，云南省政府通过同法院之间建立的“府院联动”机制，尊重法院独立行使审判权，积极落实政府的维稳属地责任及公共服务和社会管理职能，主动与法院协调解决重整程序中衍生的职工救济、安置等社会问题，充分发挥破产法在僵尸企业处置方面的作用。

【问题与思考】

1. 实质合并破产制度有什么重要意义？
2. 如何理解实质合并破产的适用标准？
3. 在以法人人格混同为由适用实质合并破产时应当着重关注哪些判断要素？
4. 实质合并破产有何法律效力与后果。
5. 实质合并破产程序终结后应当如何处理关联企业的法人人格？
6. 什么是程序合并破产？其具有什么法律效力？

参考书目

1. 王欣新．破产法．4 版．北京：中国人民大学出版社，2019.
2. 王欣新．破产法理论与实务疑难问题研究．北京：中国法制出版社，2011.
3. 王欣新．绝境再生：破产法市场化法治化实施之路．北京：法律出版社，2022.
4. 王欣新．破产王道．北京：法律出版社，2021.
5. 王卫国．破产法精义．2 版．北京：法律出版社，2020.
6. 韩长印．破产法学．北京：中国政法大学出版社，2016.
7. 韩长印．破产疑难案例研习报告．北京：法律出版社，2022.
8. 邹海林．破产法：程序理念与制度结构解析．北京：中国社会科学出版社，2016.
9. 汤维建．企业破产法新旧专题比较与案例应用．北京：中国法制出版社，2006.
10. 李曙光．破产法的转型．北京：法律出版社，2013.
11. 李永军．破产法：理论与规范研究．北京：中国政法大学出版社，2013.
12. 李永军，王欣新，邹海林，徐阳光．破产法. 2 版. 北京：中国政法大学出版社，2017.
13. 许德风．破产法论：解释与功能比较的视角．北京：北京大学出版社，2015.
14. 齐明．破产法学：基本原理与立法规范．武汉：华中科技大学出版社，2013.
15. 齐树洁．破产法研究. 修订版. 厦门：厦门大学出版社，2005.
16. 赵万一．新编破产法案例教程．北京：中国民主法制出版社，2008.
17. 邹海林．破产程序和破产法实体制度比较研究．北京：法律出版社，1995.
18. 许胜锋．困境企业的退出与再生之路．北京：人民法院出版社，2011.
19. 郭毅敏．破产重整：困境上市公司复兴新视野．北京：人民法院出版社，2010.
20. 郑志斌，张婷．公司重整制度中的股东权益问题．北京：北京大学出版社，2012.
21. 胡利玲．困境企业拯救的法律机制研究．北京：中国政法大学出版社，2009.
22. 吴传颐．比较破产法．北京：商务印书馆，2013.
23. 谢俊林．中国破产法律制度专论．北京：人民法院出版社，2005.

24. 汪世虎．破产管理人选任机制创新研究．武汉：华中科技大学出版社，2019.

25. 杨忠孝．破产法上的利益平衡问题研究．北京：北京大学出版社，2008.

26. 陈荣宗．破产法．台北：三民书局，1986.

27. 耿云卿．破产法释义．台北：五南图书出版公司，1993.

28. 潘琪．美国破产法．北京：法律出版社，1999.

29. ［日］伊藤真．破产法．刘荣军，鲍荣振，译．北京：中国社会科学出版社，1995.

30. ［日］石川明．日本破产法．何勤华，周桂秋，译．北京：中国法制出版社，2000.

31. ［美］大卫·G. 爱泼斯坦，史蒂夫·H. 尼科勒斯，詹姆斯·J. 怀特．美国破产法．韩长印，等译．北京：中国政法大学出版社，2003.

32. ［英］费奥娜·托米．英国公司和个人破产法．汤维建，等译．北京：北京大学出版社，2010.

33. 李飞．当代外国破产法．北京：中国法制出版社，2006.

34. ［德］乌尔里希·福尔斯特．张宇晖，译．北京：中国法制出版社，2020.

35. ［德］莱茵哈德·波克．德国破产法导论．王艳柯，译．北京：北京大学出版社，2014.

图书在版编目（CIP）数据

破产法原理与案例教程/王欣新主编．--3版．--北京：中国人民大学出版社，2024.1

21世纪法学系列教材/曾宪义，王利明总主编

ISBN 978-7-300-32363-3

Ⅰ.①破… Ⅱ.①王… Ⅲ.①破产法-中国-教材 Ⅳ.①D922.291.92

中国国家版本馆CIP数据核字（2023）第227767号

21世纪法学系列教材

总主编　曾宪义　王利明

破产法原理与案例教程（第三版）

主　编　王欣新

副主编　王斐民

Pochanfa Yuanli yu Anli Jiaocheng

出版发行	中国人民大学出版社		
社　　址	北京中关村大街31号	**邮政编码**	100080
电　　话	010－62511242（总编室）		010－62511770（质管部）
	010－82501766（邮购部）		010－62514148（门市部）
	010－62515195（发行公司）		010－62515275（盗版举报）
网　　址	http://www.crup.com.cn		
经　　销	新华书店		
印　　刷	北京七色印务有限公司	**版　　次**	2010年7月第1版
开　　本	787 mm×1092 mm　1/16		2024年1月第3版
印　　张	32.25 插页1	**印　　次**	2024年1月第1次印刷
字　　数	760 000	**定　　价**	88.00元

《　　　　　　　　》* 任课教师调查问卷

为了能更好地为您提供优秀的教材及良好的服务，也为了进一步提高我社法学教材出版的质量，希望您能协助我们完成本次小问卷，完成后您可以在我社网站中选择与您教学相关的1本教材作为今后的备选教材，我们会及时为您邮寄送达！如果您不方便邮寄，也可以申请加入我社的**法学教师QQ群：436438859（申请时请注明法学教师）**，然后下载本问卷填写，并发往我们指定的邮箱（cruplaw@163.com）。

邮寄地址：北京市海淀区中关村大街31号中国人民大学出版社806室收

邮　　编：100080

再次感谢您在百忙中抽出时间为我们填写这份调查问卷，您的举手之劳，将使我们获益匪浅！

基本信息及联系方式：※

姓名：________ 性别：________ 课程：________

任教学校：____________ 院系（所）：____________

邮寄地址：____________ 邮编：__________

电话（办公）：________ 手机：________ 电子邮件：________

调查问卷：※

1. 您认为图书的哪类特性对您选用教材最有影响力？（　　）（可多选，按重要性排序）

   A. 各级规划教材、获奖教材　　B. 知名作者教材

   C. 完善的配套资源　　D. 自编教材

   E. 行政命令

2. 在教材配套资源中，您最需要哪些？（　　）（可多选，按重要性排序）

   A. 电子教案　　B. 教学案例

   D. 教学视频　　C. 配套习题、模拟试卷

3. 您对于本书的评价如何？（　　）

   A. 该书目前仍符合教学要求，表现不错将继续采用

   B. 该书的配套资源需要改进，才会继续使用

   C. 该书需要在内容或实例更新再版后才能满足我的教学，才会继续使用

   D. 该书与同类教材差距很大，不准备继续采用了

4. 从您的教学出发，谈谈对本书的改进建议：____________

____

____

选题征集：如果您有好的选题或出版需求，欢迎您联系我们：

联系人：黄　强　联系电话：010-62515955

索取样书：书名：____________________

书号：____________________

备注：※为必填项。